현대인의 법과 생활

이환경 저

형설출판사
www.hyungseul.co.kr

머리말

이 책은 법학의 기초적 이론과 더불어 사례를 통하여 우리 일상생활에서 일어날 수 있는 사례들의 해결 방법을 간략하게 고찰하였다. 그리하여 자칫 벌어지기 쉬운 법학이론과 실제 사이의 간격을 좁히고, 흥미 있는 사례를 통하여 교육적 재미와 학습동기를 유발하여 교육효과를 제고시키려는 데에 중점을 두었다. 대학에서 법과 생활이라는 강의를 수강하는 학생들을 대상으로 법의 내용을 쉽게 전달하고자 하는 취지에서 준비된 것으로, 우리 주변에서 자주 발생하는 사례를 연구한 것이므로 대학생들뿐만 아니라 일반인들에게도 유용한 교재라 할 수 있다.

우리가 보통 딱딱한 학문이라는 선입견을 가지고 있는 법학의 세계를 새로운 차원에서 재조명하고자 하였다. 법의 일반적 개념과 법학의 기초이론을 통하여 법학 공부의 방향을 제시하고, 몇 가지 현대법학의 중요한 테마들을 논의함으로써 인문 · 사회과학은 물론 자연과학 · 예술분야와도 상호의존관계에 있는, 따라서 살아 있고 흥미 있는 세계를 갖는 학문으로서 법학을 다루려고 노력한 교재이다.

아무튼 이 책이 대학생들이나 일반인들에게 법의 내용을 쉽게 전달하는 조그마한 등불이 되어줄 것을 기대하면서, 앞으로 이 책을 보다 나은 내용으로 계속하여 개정해 나갈 것을 약속한다.

끝으로 바쁜 일과에도 불구하고 이 책이 나오기까지 많은 도움과 희생을 아끼지 않은 노은하에게 감사를 표하며 학문적으로 크게 성공하기를 빈다. 또한 본서의 출간을 위해 애써 주신 형설출판사의 장지익 회장님을 비롯하여 편집부의 여러 선생님들께도 감사의 말씀을 드린다.

2022년 1월 5일

이환경 씀

차 례

제1편 법과 생활 사례

제3편 법학 입문

제 1 편
법과 생활 사례

제1장 | 헌 법

헌법(Constitution)은 국민의 기본권을 보장하고 국가의 통치체제를 규정하는 국가의 기본법인 동시에 최고법이다.

제1절
헌법총설

Ⅰ. 헌법의 일반이론

[사례-저항권] 1979년 10월 26일 당시 중앙정보부장(현재는 국가정보원장)이던 김재규씨는 궁정동 만찬장에서 박정희대통령을 저격하였다. 김재규씨는 재판과정에서 「야수의 심정으로 유신의 심장을 쏘았다」라는 진술을 했으나, 결국 사형선고를 받고 형장의 이슬로 사라졌다.

그런데 그 당시 궁정동 만찬장에서 역사의 현장을 함께 지켜보았던 가수 심순봉씨와 모델 신재숙씨는 독재자 박정희 전대통령을 저격한 김재규 전 중앙정보부장의 행위는 저항권의 행사라고 생각하는데, 심순봉씨와 신재숙씨의 생각은 정당한 것일까?

▶ **해설** : 저항권(抵抗權, right of resistance)이라 함은 민주적 · 법치국가적 질서

를 침해하거나 파괴하려고 하는 국가기관 또는 공권력의 담당자에 대하여, 다른 법적 구제방법이 더 이상 없을 경우에(저항권의 보충성), 주권자로서의 국민이 그 민주적·법치국가적 질서를 유지하고 회복하기 위하여 최후의 비상수단으로서(저항권의 최후수단성), 그 국가기관이나 공권력의 담당자에 대하여 저항할 수 있는 권리를 말한다.

현행헌법은 저항권을 직접 규정하고 있지 아니하다. 다만 헌법전문에 「불의에 항거한 4·19 민주이념을 계승하고」라는 문구를 삽입하고 있고, 제10조는 「모든 국민은 인간으로서의 존엄과 가치를 가지며, 행복을 추구할 권리를 가진다. 국가는 개인이 가지는 불가침의 기본적 인권을 확인하고 이를 보장할 의무를 진다」라고 하고 있으며, 제37조 제1항은 「국민의 자유와 권리는 헌법에 열거되지 아니한 이유로 경시되지 아니한다」라고 하여 저항권을 간접적으로 규정하고 있다.

그러나 판례는 저항권을 부인하고 있다. 대법원은 1979년 박정희 대통령 살해사건 이른바 김재규 사건에 대하여 「저항권이 실정법에 근거를 두지 못하고 오직 자연법에만 근거하고 있는 한 법관은 이를 재판규범으로 원용할 수가 없다. 더구나 오늘날 저항권의 존재를 긍정하는 학자 사이에서도 그 구체적 개념의 의미·내용이나 성립요건에 관해서는 견해가 구구하여 일치한다 할 수 없어 결국 막연하고 추상적인 개념임을 면할 수 없고, 이미 헌법에 저항권의 존재를 선언한 몇 개의 입법례도 그 구체적 요건은 서로 다르다 할 것이니, 헌법 및 법률에 저항권에 관하여 아무런 규정이 없는 우리나라의 현 단계에서는 더욱이 이 저항권이론을 재판의 준거규범으로 채용하기를 주저하지 아니할 수 없다」라고 판시하였다(대판 1980.5.20, 90도306). 따라서 심순봉씨와 신재숙씨의 생각은 정당하지 않다.

Ⅱ. 대한민국헌법총설

1. 법치주의

[사례] 중국 등 사회주의국가들이 급격하게 변화하면서 이른바 「사회적 법치주의」라는 것을 강조하고 있다. 「법은 종교보다 강한 아편이다」라고까지 주장한 이들 사회주의국가

들이 왜 법치주의를 강조하고 나오는 것일까?

▶ **해설** : 사회주의국가들은 종래에는 사회주의이론에 따른 사회주의적 합법성밖에는 주장하지 않았고, 모든 것을 경제에 의해 하부구조의 변화로 설명하였는데, 개방화 이후 법치주의가 필요함을 적극적으로 주장하고 있다. 이것은 사회주의국가들의 통치자들도 국가를 통치하기 위해서는 법의 중요성을 깨닫게 되고, 법치주의야말로 인간이 경험적으로 만들어 낸 최선의 제도라는 것을 의미한다.

사회적 법치주의는 정치에 의한 법통제를 극복하고 법의 우위, 법의 독자성을 주장하는 데에 기초하고 있다. 그러나 구소련의 붕괴로 사회주의국가들의 법치주의의 현실은 상당히 복잡한 상황에 처해져 있다고 할 수 있다.

(1) 법치주의의 의의

① 법치주의의 개념

법치주의(法治主義)라 함은 근대시민국가에 있어서 통치원리의 하나로서 「인(人)의 지배」나 「폭력의 지배」가 아닌 「법의 지배」(rule of law)를 의미한다. 다시 말하면 국가가 국민의 자유와 권리를 제한하거나 국민에게 새로운 의무를 부과하려 할 때에는 의회가 제정한 법률에 의하거나 그에 근거가 있어야 하며(의회주의와 법률의 우위), 또 법률은 국민만이 아니라 국가권력의 담당자도 준수하여야 한다는 자유주의적 · 민주주의적 성격을 가진 통치원리가 법치주의이다.

② 법치주의의 목적 · 기초 · 내용

법치주의의 목적은 국민의 자유와 권리의 보장이고, 그 제도적 기초는 권력의 분립이며, 그 내용은 법률의 우위 · 법률에 의한 행정 · 법률에 의한 재판이다.

(2) 법치주의의 역사적 전개

① 영미에 있어서의 법의 지배의 원리

영국에 있어서 법의 지배는 법의 우위라고도 한다. 법의 우위는 지배자의 전단적(專斷的)인 권력행사를 억제할 목적으로 중세 이래 영국헌법을 일관하고 있는 법이념이었다. 이것이 17세기에 와서는 에드워드 코크(E. Coke)에 의하여 「법의 지배」라는 형식으로 주장되고, 명예혁명에 의하여 제도적으로 확립되고, 다이

시(A. V. Dicey)에 의하여 이론적으로 체계화되었다. 영국에서 발달한 법의 지배의 원리는 미국에서 법원에 의한 위헌법률심사제 내지 사법권의 우위로 전개되었다.

② 독일에 있어서의 법치국가론

독일에 있어서 법치국가의 개념은 경찰국가나 관료국가에 대립하는 개념으로서 성립하였다. 고전적 법치국가론을 의미하는 시민적·형식적 법치국가론은 18세기말에 슈타인, 오토 마이어, 슈탈 등에 의하여 다양하게 전개되었다.

(3) 법치주의의 위기와 실질적 법치주의의 등장

① 법치주의의 위기

시민적 법치국가에 있어서 그 법치주의는 형식적 법치주의를 의미하는 것이었다. 오토 마이어에 의하여 체계화된 형식적 법치주의는「행정과 재판이 의회가 제정한 법률에 적합하도록 행하여질 것을 요청할 뿐, 그 법률의 목적이나 내용을 문제 삼지 아니하는 형식적 합법주의」를 의미하는 것이었다. 형식적 법치주의는 독재체제하에서는 법률을 개인의 권익보호를 위한 수단이 아니라 억압의 수단으로 악용하게 되었다. 이 경우에 법치주의는「법의 지배」가 아니라 법률을 도구로 이용한「합법적 지배」를 의미할 뿐이었다.

제2차 세계대전의 결과로 독일 등 파쇼제국이 패배하자 이와 같은 형식적 법치주의는 자취를 감추고, 실질적 법치주의가 그것을 대신하게 되었다.

② 실질적 법치주의의 등장

오늘날에는 형식적 법치주의뿐만 아니라 법률의 목적과 내용도 정의에 합치하는 정당한 것이 아니면 안 된다고 하는 실질적 법치주의가 요청되고 있다. 실질적 법치주의라 함은 법적 안정성의 유지와 더불어 인간의 존엄성 존중이라든가 실질적 평등과 같은 정의의 실현을 내용으로 하는, 그러한 법에 의한 통치의 원리를 말한다.

(4) 한국헌법에 있어서의 법치주의의 구현

① 법치주의의 구현방법

법치주의의 구현방법으로는 ㉠ 성문헌법주의, ㉡ 기본권과 적법절차의 보장, ㉢ 효과적인 권리구제제도, ㉣ 권력분립주의의 채택, ㉤ 행정부에 대한 포괄적 위임입법의 금지, ⓑ 행정의 합법률성과 행정의 사법적 통제, ⓢ 위헌법률심사제의 채택, ⓞ 국가권력행사의 예측가능성의 보장과 신뢰보호의 원칙 등을 들 수 있다.

② 법치주의의 예외(제한)

헌법은 대통령에게 긴급명령권과 긴급재정·경제처분 및 그 명령권(헌법 제76조), 그리고 계엄선포권(헌법 제77조)을 인정하고 있다.

2. 국 적

[사례 1] K대생 고민중군은 헌법재판소가 2001년 11월 29일 재외동포의 출입국과 법적 지위에 관한 법률 제2조 제2호에 대한 헌법소원심판에서 헌법불합치결정을 내린 것을 보고, 국적과 시민권 및 영주권이 어떻게 다른가 하고 곰곰이 생각하였다. 국적과 시민권 및 영주권은 과연 어떻게 다른 것일까?

▶ **해설** : 국적(國籍, nationality)이라 함은 국민으로서의 신분 또는 국민이 되는 자격을 말한다. 따라서 한국 국민의 자(子)로 출생하여 한국 국적을 취득한 자라도 그 부모가 출생신고를 하지 아니하여 호적에 올라 있지 않은 상태라면 현실적으로 한국 국민으로 처우를 받을 수 없다. 현행헌법 제2조 제1항은「대한민국의 국민이 되는 요건은 법률로 정한다」라고 하여 국적법정주의(國籍法定主義)를 규정하고 있다. 이에 관한 법률이 국적법이다. 우리나라의 국적법은 단일국적주의, 속인주의(父母兩系血統主義), 이중국적자의 국적선택제도 등을 원칙으로 하고 있다.

우리나라를 비롯하여 일본, 중국, 대만, 유럽제국가 등은 국적제도를 시행하고 있는데 대하여, 미국, 캐나다, 호주 등과 같은 영미법계 국가에서는 시민권이라는 제도를 시행하고 있다. 시민권제도를 시행하는 국가에서는 시민권자가 현실적으로 그 나라의 공민(公民) 신분으로서 각종 권리와 의무의 주체가 된다. 그러한 의미에서 시민권과 국적은 대등한 개념이라고 할 수 있다.

이에 대하여 영주권은 국적과 상관없이 외국 정부로부터 그 나라에 영주(무기한 체류, 장기체류)할 수 있도록 부여받은 권리 또는 자격을 의미한다. 그러므로 한국 사람이 외국에서 영주권을 취득하였다면 한국인 신분을 계속 유지하면서 그 나라 정부로부터 그 나라에 영주할 수 있는 자격을 취득한 것을 의미하는 것이며, 그 나라의 국적 또는 시민권을 취득한 것과는 구분된다. 따라서 한국 사람이 외국의 영주권을 취득했다고 해서 한국 국적을 상실하게 되지는 아니한다.

[사례 2] K대생 고민중군의 동생 고민해양은 오빠 고민중에게 외국 영주권을 취득한 재외국민은 국내에서 일반 국민과 똑같은 권리를 행사할 수 있느냐고 질문을 하였다. 과연 그럴까?

▶ **해설** : 외국 영주권을 취득한 사람도 한국인 신분은 계속 유지되므로 일반 국민과 마찬가지로 우리나라에 입국하거나 체류하는 데 있어서는 아무런 제한을 받지 아니한다.

다만 영주권 소지자는 그 영주권을 포기하기 전까지는 주민등록을 할 수 없게 되어 있어 국내에서 선거(투표)권을 행사할 수 없고, 취업이나 재산보유 등 경제활동 면에서 일반국민에 비하여 상대적으로 불편을 겪게 된다. 반대로 영주권 소지자는 일반 국민과 달리 거주여권을 발급받고 또한 남자는 병역의무가 면제되는 등 국내 비거주자인 것을 전제로 한 특혜도 제공받게 된다.

[사례 3] 농촌노총각 나홀로씨는 우직하게 일만 열심히 하여 다른 농업인들에 비하여 돈을 꽤 많이 벌었으나 결혼을 하지 못해 술로 세월을 보내던 중 K결혼상담소의 소개로 극적으로 2020년 3월 2일 중국 연변처녀인 조선족양과 결혼을 하게 되었고, 그날 혼인신고를 하였다. 사실은 조선족양은 취업목적으로 위장혼인을 한 것이라 결혼한 지 5개월 만에 현금 3억 원을 가지고 새벽에 도주하였다. 이 경우 조선족양은 한국 국적을 취득할 수 있을까?

▶ **해설** : 구 국적법에 의하면 외국인 여성이 한국 사람과 결혼하면 자동으로 한국 국적을 취득하게 되어 있었다(반면 한국 사람과 결혼한 외국인 남성은 3년 이상 우리나라에 거주한 경우에 한해 법무부장관의 귀화허가를 받아야만 한국 국적을 취득할 수 있었음). 그러나 현행 국적법은 국적을 취득할 목적으로 위장 혼인하는 것을 방지하기 위하여 한국 국민과 혼인한 외국인은 남녀 모두 일정한 요건을 갖추고 법무부장관의 귀화허가

를 받아야만 한국 국적을 취득할 수 있도록 하였다.

현행 국적법에 의하면 배우자가 대한민국의 국민인 외국인으로서, 그 배우자와 혼인한 상태로 대한민국에 2년 이상 계속하여 주소가 있는 자이거나 그 배우자와 혼인한 후 3년이 경과하고 혼인한 상태로 대한민국에 1년 이상 계속하여 주소가 있는 자는 귀화허가를 받을 수 있다(동법 제6조 제2항). 따라서 조선족양은 국적법 제6조 제2항에 해당하지 아니하므로 한국 국적을 취득하지 못한다.

[사례 4] 시골서 올라온 이순자씨는 서울 구로구에 있는 「탈레반 봉제공장」에서 일을 하다가 아프가니스탄 출신 무슬림(Muslim)인 오사마 빈 라덴씨와 눈이 맞아 전격 동거에 들어갔다. 그 결과 임신한 이순자씨는 1년 후에 아이를 낳았으나, 고민이 생겼다. 현행 국적법에 의하면 남편인 오사마 빈 라덴씨는 일정한 요건을 갖추고 법무부장관의 귀화허가를 받아야만 한국국민이 되는데, 그 동안 아이는 호적을 어떻게 해야 할지 걱정이 태산 같다. 이순자씨는 어떻게 해야 할까?

▶ **해설** : 현행 국적법에 의하면 부모양계혈통주의를 채택함에 따라 출생한 당시에 부 또는 모가 대한민국의 국민인 자는 출생과 동시에 대한민국의 국적을 취득한다(국적법 제2조 제1항). 그러므로 외국인 아버지와 한국인 어머니 사이에서 출생한 자녀도 한국 국적을 취득하게 되므로 그 자녀의 호적을 만들 수 있어야 할 것이다.

그런데 우리 민법(제781조 제1항)에 의하면 혼인 중 출생자는 반드시 아버지의 성(姓)과 본(本)을 따르고 아버지의 호적(戶籍)에 입적하도록 되어 있는 바, 위 사례처럼 아버지가 외국인인 자녀의 경우 입적시킬 아버지의 호적이 없을 뿐만 아니라 반드시 아버지의 성(姓)을 따르게 할 것인지 여부 및 본(本)은 어떻게 할 것인지 여부가 문제되었다.

이 문제의 해결을 위하여 현행 국적법은 부칙(附則)으로 아버지가 외국인인 자는 어머니의 성과 본을 따를 수 있고 어머니의 호적에 입적하도록 민법을 개정하였다. 따라서 이순자씨는 아이를 자기의 성과 본을 따를 수 있도록 할 수 있고, 자기의 호적에 입적시킬 수 있도록 할 수 있다.

3. 국제법존중주의

[사례] 군산에서 찢어지게 가난한 생활을 하던 양공주씨는 가난이 싫어 친구 민들레씨를 꼬셔 고향을 벗어나 의정부시 「금오클럽」에서 주한미군들을 상대로 웃음을 팔고 있었다. 그러면서도 동생들의 학비를 대느라 꼬박꼬박 매월 30만 원씩을 고향에 있는 부모에게 부치곤 하였다. 그렇게 힘든 생활을 하던 어느 날 새벽 5시 경에 술에 취한 미군 마이클 일병이 운전하던 군용트럭에 치어 중상을 입었다. 그런데 마이클일병은 미국으로 건너가 더니 전혀 소식이 없었다. 양공주씨는 이때에 어떻게 해야 하나?

▶ **해설** : 헌법 제6조 제1항은 「헌법에 의하여 체결·공포된 조약과 일반적으로 승인된 국제법규는 국내법과 같은 효력을 가진다」라고 하여, 국제법존중의 원칙을 명백히 하고 있다. 또한 헌법 제60조 제2항은 「국회는 선전포고, 국군의 외국에의 파견 또는 외국군대의 대한민국영역 안에서의 주류에 대한 동의권을 가진다」라고 규정하고 있다.

헌법 제6조 제1항 및 제60조 제2항과 관련된 5만여 명에 달하는 주한미군과 가족 및 군속 등의 한국 내의 법적 지위와 국내법의 적용범위를 규율하기 위한 한미주둔군지위협정(SOFA)은 대한민국과 미합중국간에 1966년 체결되었으며, 1991년 1차 개정을 거쳐 2001년에 2차 개정을 하게 되었다. 2001년 1월에 양국간의 정식 서명을 거쳐 국회의 동의를 얻어 2001년 3월 29일 김대중 대통령이 공포하였고, 동년 4월 2일부터 한미주둔군지위협정의 효력이 발생하게 되었다.

한미주둔군지위협정(SOFA, The Status of Forces Agreement)의 정식 명칭은 「대한민국과 아메리카합중국간의 상호방위조약 제4조에 의한 시설과 구역 및 대한민국에서의 합중국군대의 지위에 관한 협정(Agreement under article IV of the mutual defence treaty between the Republic of Korea and the United States of America regarding facilities and areas and the status of the United States Armed Forces in the Republic of Korea)」이다.

한미주둔군지위협정(SOFA) 제23조 제5항에 의하면 공무집행 중의 합중국군대의 구성원이나 고용원(대한민국국민이거나 대한민국에 통상적으로 거주하는 고용원을 포함한다)의 작위 또는 부작위(不作爲) 또는 합중국군대가 법률상 책임을 지는 기타의 작위, 부작위 또는 사고로서 대한민국 안에서 대한민국정부 이외의 제3자에 손해를 가한 것으로부터 발생하는 청구권은 대한민국이 다음의 규정에 따라 이를 처리한다. 청구는 대한민국군대의 행동으로부터 발생하는 청구권에 관한 대한민국의 법령에 따라 제기하고 심사하며 해결하거나 또는 재판한다.

따라서 양공주씨는 대한민국의 국가배상법이 정하는 바에 의하여 대한민국, 즉 정부에 손해배상을 청구할 수 있다.

4. 선거제도

[사례] 1996년에 실시된 제15대 국회의원총선거 당시 선거구마다 1명씩 국회의원을 선출하는 경기도 성남시 분당구의 유권자는 231,900명인데 대하여, 전라남도 무안군구의 유권자는 52,925명밖에 되지 아니하였다. 그 결과 성남시 분당구의 유권자의 투표가치는 무안군구의 유권자의 투표가치에 비하여 4.4분의 1 정도밖에 되지 아니하였다. 분당구에 사는 김선거씨는 이것이 평등선거에 위반된다고 보아 분당에 사는 사람들이 무안군에 사는 사람들보다 항상 손해 본다고 생각했는데, 김선거씨의 생각은 정당한가?

▶ 해설 : 평등선거는 투표의 표면가치의 평등성만을 요구하는 것이 아니라 투표의 결과가치의 평등성까지 요구한다. 위 사례의 경우 평등선거를 규정한 헌법 제41조 제1항과 제67조 제1항, 그리고 법 앞의 평등을 규정한 헌법 제11조에 위반된다. 우리 헌법재판소도 최대선거구와 최소선거구의 인구비율이 4 : 1을 넘는 경우에는 헌법에 위반된다고 판시하였다(헌재결 1995.12.27, 95헌마224・239・285・373(병합)). 또한 헌법재판소는 선거법상 국회의원 선거구 획정 조항에 대한 헌법소원심판에서 「최대 선거구와 최소 선거구간 인구편차가 3.88 대 1에 달하는 현행 선거구역표와 근거규정인 선거법 25조는 선거권의 평등을 침해하는 것이다. 헌법소원이 제기된 경기 안양시 동안구 선거구와 인구가 가장 적은 경북 고령・성주군의 경우 인구편차가 3.65 대 1에 이르고, 최대선거구인 경기 의정부시와는 3.88 대 1에 이르는 등 국민 한 사람의 투표가치가 선거구에 따라 크게 달라 헌법의 평등선거 정신에 어긋난다. 선거구간 인구편차는 2 대 1 이하가 가장 바람직하지만 이에 대한 논의가 이뤄진 지 5년밖에 되지 않는 현실을 감안해 위헌의 기준이 되는 인구편

차는 3 대 1로 결정했다」라고 하여 7 대 2의 다수의견으로 헌법불합치 결정을 내렸다(헌재결 2001.10.25, 2000헌마92). 따라서 김선거씨의 생각은 정당하다.

(1) 선거의 의의

선거(選擧)라 함은 유권자의 집합체인 선거인단(選擧人團)이 의원이나 대통령과 같은 국민을 대표하는 국가기관을 선임하는 합성행위를 말한다.

(2) 선거의 정치적 기능

선거의 정치적 기능은 단순히 의원이나 대통령과 같은 국가기관을 선출하는 데 그치는 것이 아니라, 그 밖에도 여러 가지 기능을 수행한다.

첫째, 의회와 정부에서 그 대표자를 교체함으로써 입법부와 행정부의 쇄신을 기할 수 있다.

둘째, 선거민이 입법자나 정권담당자의 교체를 자유롭게 할 수 있게 되면, 선거는 민의에 의한 정치를 가능하게 할 수 있다.

셋째, 민의에 반하는 지배를 방지할 수 있게 되면, 선거는 혁명이나 쿠데타를 예방할 수 있다.

(3) 선거의 기본원칙

현행헌법 제41조 제1항과 제67조 제1항은 「국민의 보통 · 평등 · 직접 · 비밀 선거」를 선거의 기본원칙으로 규정하고 있다.

① 보통선거

보통선거라 함은 성별 · 종교 · 사회적 신분 · 인종 · 교육 · 재력 · 납세액 등을 요건으로 하지 아니하고, 일정한 연령에 달한 모든 국민에게 원칙적으로 선거권을 인정하는 제도를 말한다.

② 평등선거

평등선거라 함은 1인 1표를 원칙으로 하고, 모든 선거인의 투표가치를 평등한 것이 되게 하는 제도를 말한다. 평등선거는 투표의 표면가치의 평등성(平等性)만을 요구하는 것이 아니라 투표의 결과가치의 평등성까지 요구한다. 따라서 오늘날 특히 문제가 되는 것은 인구비례라든가 선거구획정과 의원정수배분의 불균형에서 생기는 불평등의 문제이다.

≪판 례≫

평등선거의 원칙은 평등의 원칙이 선거제도에 적용된 것으로서 투표의 수적 평등, 즉 복수투표제 등을 부인하고 모든 선거인에게 1인 1표를 인정함을 의미할 뿐만 아니라 투표의 성과가치의 평등, 즉 1표의 투표가치가 대표자선정이라는 선거의 결과에 대하여 기여한 정도에 있어서도 평등하여야 함을 의미한다. 「부산 해운대구 · 기장군 선거구」와 「서울 강남구 을선거구」는 전국선거구의 평균인구수(175,460명, 1995.6.30 현재)에서 상하 60%의 편차(상한 280,736명, 하한 70,184명)를 넘어선 것으로서 위 각 선거구의 획정은 국회의 재량의 한계를 일탈한 것이므로 위헌이다(憲裁決 1995.12.27, 95헌마224 등 병합).

③ 직접선거

직접선거는 선거인이 대표자를 직접 선출하는 제도이다.

④ 비밀선거

비밀선거는 선거인이 누구에게 투표하였는가를 제3자가 알지 못하게 하는 제도이다.

⑤ 자유선거

자유선거라 함은 선거인이 자유롭게 선거권을 행사하고 기권(棄權)의 경우에도 전혀 제재를 가하지 않는 제도를 말한다. 이에 대하여 강제선거라 함은 선거인이 정당한 이유 없이 기권한 경우에는 제재를 가하는 제도를 말한다.

(4) 대표제와 선거구

선거제도의 내용을 이루는 것은 대표제와 선거구의 획정방법이다.

① 대표제

㉠ 대표제의 의의와 유형

대표제(代表制)라 함은 대표결정의 방식 또는 의원정수의 배분방법을 말한다. 이에는 다수대표제, 소수대표제, 비례대표제, 직능대표제, 할증제, 병용제 등이 있다.

㉡ 다수대표제

다수대표제(多數代表制)라 함은 대표자의 선출을 그 선거구에 있는 다수자의 의사에 따르게 하는 방법, 즉 다수자만이 대표자를 낼 수 있고, 소수자는 대표자를 내는 것이 불가능한 제도를 말한다. 다수대표제에는 절대적 다수대표제와 상대적 다수대표제가 있다.

㉢ 소수대표제

소수대표제(少數代表制)라 함은 한 선거구에서 2인 이상의 대표자를 선출하는 제도를 말하며, 소수당도 대표자를 낼 수 있도록 하기 위한 제도이다.

㉣ 비례대표제

비례대표제(比例代表制)라 함은 각 정당에게 그 득표수에 비례하여 의석을 배분하는 대표제를 말한다. 비례대표제의 종류는 3백여 종까지 있으며, 본래의 목적은 사표(死票)를 가능한 한 적게 하고 선거인의 의사를 정확하게 의회에 반영시키려고 하는 데에 있다.

㉤ 직능대표제

직능대표제(職能代表制)라 함은 선거인을 각 직역(職域)으로 나누고 그 직역을 단위로 대표자를 선출하는 제도를 말한다.

㉥ 할증제

할증제(割增制)라 함은 유효투표총수의 25% 이상 또는 30% 이상 등 일정한 득표율(%) 이상을 득표한 정당에 대하여 득표수에 비례한 의석이 아니라 할애 또는 증감을 하여 총의석수의 과반수라든가 3분의 2에 해당하는 의석을 배분하는 제도를 말한다.

㉦ 병용제

병용제(倂用制)라 함은 비례대표제와 다수대표제 등을 병용하는 제도를 말한다.

② 선거구제도

㉠ 선거구의 의의와 유형

선거구라 함은 선거인단을 나누는 지역을 말한다. 선거구제에는 소선거구제, 중선거구제, 대선거구제가 있다.

㉡ 소선거구제

ⓐ 소선거구제의 의의

소선거구제(小選擧區制)라 함은 한 선거구에서 1인의 대표자를 선출하는 제도를 말한다. 투표는 단기(單記)를 원칙으로 하고 결정은 다수결에 의한다.

ⓑ 소선거구제의 장점

(ⅰ) 2대정당제를 확립할 수 있고, 그 결과 정국의 안정을 확보할 수 있다.

(ⅱ) 지역이 협소하므로 선거운동이 쉽고, 경비가 절약된다.

(ⅲ) 입후보자의 적부(適否)에 일반선거인이 정통하다.

(ⅳ) 선거인과 의원 사이의 거리감을 줄일 수 있다.

(ⅴ) 보궐선거(補闕選擧)와 재선거(再選擧)를 행하기 쉽다.

ⓒ 소선거구제의 단점

(ⅰ) 다수당에게 절대 유리하다.

(ⅱ) 당선인 이외의 자가 획득한 표가 사표(死票)가 된다.

(ⅲ) 정당의 득표율과 의석의 배분이 불균형하게 된다.

(ⅳ) 게리맨더링의 위험성이 가장 강하다.

(ⅴ) 매수 기타 부정에 의한 부패의 가능성이 크다.

(ⅵ) 지방적 소인물이 당선될 가능성이 크다.

※ [게리맨더링]

게리맨더링(Gerrymandering)의 폐해는 선거구가 클수록 적다. 과거 미국에서 게리(Gerry)가 매사추세츠 주 지사(知事)때 샐러맨더(salamander)형(전설에 나오는 불 속에서 산다는 화사(火蛇))의 한 선거구가 나타났다. 이것은 후보자가 선거구를 자기에게 유리하도록 만든 결과이다. 이후 이러한 부당한 기형의 선거구를 게리맨더링이라고 하였다.

㉢ 중선거구제

중선거구제(中選擧區制)라 함은 한 선거구에서 2인~4인의 대표자를 선출하는 제도를 말한다.

㉣ 대선거구제

ⓐ 대선거구제의 의의

대선거구제(大選擧區制)라 함은 한 선거구에서 5인 이상의 대표자를 선출하는 제도를 말한다.

ⓑ 대선거구제의 장점

(i) 연기(連記)를 제한하면 소수당에 유리하다.

(ii) 소선거구제에 비하여 사표(死票)가 적어진다.

(iii) 선거간섭이나 부정선거의 효과를 감쇄할 수 있으므로 선거의 공정을 기할 수 있다.

(iv) 인물선택의 범위가 넓기 때문에 국민대표에 적합한 후보자를 선택할 수 있다.

(v) 선거시의 쟁점은 정당의 강령(綱領)이나 정책이기 때문에 후보자와 유권자의 수준도 높아질 수 있다.

ⓒ 대선거구제의 단점

(i) 군소정당의 난립으로 정국의 불안정을 초래할 위험이 있다.

(ii) 지역이 광대하므로 선거운동이 어렵고 경비가 많이 든다.

(iii) 입후보자에 대한 적부판단(適否判斷)이 어렵다.

(iv) 선거인들의 무관심이 나타나기 쉽다.

(v) 보궐선거(補闕選擧)와 재선거(再選擧)를 행하기 어렵다.

(5) 현행헌법과 공직선거제도

① 선거권

18세 이상의 국민은 대통령과 국회의원의 선거권이 있다. 그리고 18세 이상의 국민으로서 선거인명부작성기준일 현재 당해 지방자치단체의 관할구역 안에 주민등록이 되어 있는 자는 그 구역에서 선거하는 지방의회의원과 지방자치단체의 장의 선거권이 있다(공직선거법 제15조).

② 피선거권

선거일 현재 5년 이상 국내에 거주하고 있는 40세 이상의 국민은 대통령의 피선거권이 있으며, 18세 이상의 국민은 국회의원의 피선거권이 있다. 그리고 선거일 현재 계속하여 60일 이상 당해 지방자치단체의 관할구역 안에 주민등록이 되어 있는 주민으로서 18세 이상의 국민은 그 지방의회의원과 지방자치단체의 장의 피선거권이 있다(공직선거법 제16조).

③ 의원정수

국회의 의원정수는 지역구국회의원(253인)과 비례대표국회의원(47인)을 합하여 300인으로 한다.

④ 선거기간

선거기간은 대통령선거의 경우는 23일, 국회의원선거와 지방의회의원선거 및 지방자치단체의 장선거의 경우는 14일이다(공직선거법 제33조 제1항).

⑤ 선거일

임기만료에 의한 선거의 선거일은 대통령선거의 경우는 임기만료 전 70일 이후 첫 번째 수요일로 하고, 국회의원선거의 경우는 그 임기만료 전 50일 이후 첫 번째 수요일로 하며, 지방의회의원선거와 지방자치단체의 장선거의 경우는 임기만료 전 30일 이후 첫 번째 수요일로 한다(공직선거법 제34조).

⑥ 투표방법

선거는 기표방법(記票方法)에 의한 투표로써 한다. 투표는 직접 또는 우편으로 하되 1인 1표로 한다(공직선거법 제146조).

⑦ 선거운동

선거운동이라 함은 공직선거에서 특정의 후보자를 당선되게 하거나 되지 못하게 하기 위한 행위를 말한다. 헌법은 제116조에서 선거운동의 원칙으로서 기회균등과 선거경비국고부담을 원칙으로 하는 선거공영제(選擧公營制)를 규정하고 있다.

(6) 미국의 대통령선출절차

① 미국의 대통령선출절차

미국대통령은 4년마다 3단계의 선거에 의하여 선출된다.

㉠ 제1단계 : 각주별(各州別)로 공화·민주 양당의 전당대회에 파견할 대의원 선출(代議員選出)과 그 전당대회에서의 대통령후보지명

공화·민주 양당의 대의원선출방식에는 예비선거(primary election)와 당원집회(caucus)의 두 종류가 있다. 예비선거에서는 당원들의 직접투표에 의하여 대의원을 선출하고, 당원집회에서는 사전에 선발된 유력당원들이 모여 협의와 투표로써 대의원을 선출한다. 다음 각 주에서 예비선거나 당원집회를 통하여 선출된 대의원이 모여 당의 정·부통령후보를 지명하는 전당대회가 개최된다.

㉡ 제2단계 : 대통령선거인단선출(大統領選擧人團選出)(대통령선거인선거)

ⓐ 미국의 대통령선거는 일반 유권자가 각 주에 할당된 선거인을 선출하고 그 선거인이 다시 대통령을 선출하는 간접선거제이다. 미국연방헌법은 선거인선거를 11월의 첫 월요일 다음에 오는 화요일에 실시하도록 규정하고 있다.

ⓑ 각 주의 선거인은 그 주의 상·하원의원 수와 동수로 선출된다(상원의원 100인, 하원의원 435인). 상원의원(上院議員)은 주마다 2명씩 배정되어 있으나, 하원의원은 인구비례로 할당되기 때문에 인구가 많은 주일수록 선거인수도 많다. 따라서 캘리포니아주, 뉴욕주, 플로리다주, 텍사스주 등 선거인수가 많은 큰 주에서 승리하는 것이 당선의 관건이 된다.

ⓒ 현재 대통령선거인 총수는 콜롬비아 특별구(워싱턴 D.C.)의 3인을 포함하여 538명이며, 대통령에 당선되려면 과반수 선인 270명 이상의 선거인을 확보하여야 한다.

ⓓ 선거인선거는 미국전체가 아니라 각 주 단위로 개표를 진행하며, 한 주에서 한 표라도 표를 더 많이 얻은 후보가 그 주의 선거인단표를 독점한다(승자일괄득표제 : Winner takes all 방식).

ⓔ 더욱이 선거인은 개인의 독자적 의사에 따라 투표하는 것이 아니라 일반투표의 결과에 따라 기계적(자동적)으로 투표하여야 한다는 전통적 원칙이 확립되어 있기 때문에 미국의 대통령선거는 사실상 직접선거제이다.

㉢ 제3단계 : 대통령선거인단에 의한 대통령선출

ⓐ 선거인이 12월 둘째 수요일의 다음 월요일에 형식상 각 주의 주도(州都)에서 정·부통령의 선출을 위한 투표를 한다. 그리고 투표용지를 상원의장에게 송부하고 상원의장은 그 다음해 1월 6일 오후 1시에 상·하원합동회의에서 선거인단의 투표결과를 집계하고 당선자를 공표한다.

ⓑ 그러나 사실상으로는 일반국민은 11월의 선거일에 대통령후보에 직접 투표하는 것과 마찬가지이기 때문에 선거일 당일 저녁이면 컴퓨터 집계로 대통령 당선자는 이미 결정되며, 선거인단투표는 단지 요식행위에 불과하다.

ⓒ 오늘날 선거인의 존재는 사실상 무의미하다. 다만 어느 주가 선거인수를 얼마나 갖고 있느냐가 중요할 뿐이다.

ⓓ 대통령에 당선되기 위해서는 선거인단표의 과반수득표(270명)가 필요하다.

만일에 어떠한 후보도 과반수 선인 270명 이상의 선거인을 확보하지 못하면 대통령선출은 하원으로 넘어간다. 하원에서 대통령을 선출할 때에는 각 주별로(각 주의 하원의원이 일단이 되어) 1표씩 투표하며 3분의 2 출석에 50개 주의 과반수득표가 요구된다.

② 미국의 대통령선거제도의 문제점

㉠ 미국의 대통령선거제도의 가장 큰 특징인 동시에 가장 큰 문제점은 선거인단제도이다.

이는 승자일괄득표제의 원칙에서 비롯된다. 즉 각 주의 일반투표에서 한 주에서 한 표라도 표를 더 많이 얻은 후보가 그 주의 선거인단표를 독점한다. 따라서 전국에 걸쳐 일반투표에서 최고득표한 후보가 선거인단 투표에서는 차점득표할 가능성이 있으며, 이러한 경우 일반투표에서 차점득표한 후보가 대통령으로 선출되게 된다. 즉 일반투표에서 차점득표한 소수대통령(少數大統領, minority president, 가짜대통령)이 등장하게 된다.

㉡ 하원에 의한 대통령의 선출가능성이다.

ⓐ 소수대통령의 출현 못지않게 심각한 문제는 하원에 의한 대통령의 선출가능성이다. 만일에 어떠한 후보도 선거인단표의 과반수를 얻지 못하는 경우에는 하원이 대통령을 선출한다.

ⓑ 미국 수정헌법 제12조는 이 경우 각 주는 똑같이 1표씩 행사한다고 규정하고 있다. 그러므로 이 경우 인구가 적은 알래스카주 등은 캘리포니아주, 뉴욕주, 플로리다주, 텍사스주 등과 같이 인구가 많은 주와 동등한 영향력을 행사하게 된다. 따라서 극단적인 경우는 인구가 적은 26개주가 힘을 합쳐서 어떤 후보를 대통령으로 선출한다면 전 미국인구의 20%도 안 되는 주들이 대통령을 선출하는 결과가 된다.

ⓒ 뿐만 아니라 하원에서의 대통령선출은 정치적 결탁에 의하여 좌우되기 쉽다.

제2절
기본권론

인권 또는 인간의 권리(human rights)라 함은 인간이 인간이기 때문에 당연히 갖는다고 생각되는 권리를 말한다. 우리나라 헌법에서는 기본권(基本權)이라는 용어를 사용하고 있다. 기본권이라 함은 헌법이 보장하는 국민의 기본적 권리를 말한다.

Ⅰ. 국가인권위원회

[사례] 서울 강동구 천호동 423「천호동 텍사스촌」의 오OO씨 등 매춘여성 3명은 2002년 1월 4일「단속을 나온 경찰들이 증거를 남긴다며 강제로 옷을 벗게 하고 나체사진을 찍거나, 조사과정에서 어떤 자세로 했느냐 등 관계없는 질문으로 수치심을 주었고, 매춘을 했다는 사실을 시인하지 않으면 집에 전화를 걸어 알리겠다는 협박을 하였다」며 국가인권위원회에 진정서를 제출하였다. 국가인권위원회는 이 진정서를 어떻게 처리하여야 할까?

▶ **해설** : 국가인권위원회법에 의하면 ① 국가기관, 지방자치단체 또는 구금·보호시설의 업무수행과 관련하여 헌법 제10조 내지 제22조에 보장된 인권을 침해당한 경우, ② 법인, 단체 또는 사인(私人)에 의하여 평등권침해의 차별행위를 당한 경우에 피해자(오OO씨 등 매춘여성 3명) 또는 그 사실을 알고 있는 사람이나 단체는 국가인권위원회에 그 내용을 진정할 수 있다(동법 제30조).

국가인권위원회가 진정을 조사한 결과 인권침해가 일어났다고 판단하는 때에는 단속경찰(피진정인), 그 소속기관·단체 또는 감독기관의 장에게 ① 구제조치의 이행, ② 법령·제도·정책·관행의 시정 또는 개선을 권고할 수 있다(동법 제44조).

국가인권위원회는 진정을 조사한 결과 진정의 내용이 범죄행위에 해당하고 이에 대하여 형사처벌이 필요하다고 인정할 때에는 검찰총장에게 그 내용을 고발할 수 있다. 국가인권위원회가 진정을 조사한 결과 인권침해가 있다고 인정할 때에는 단속경찰(피진정인) 또는 인권침해에 책임이 있는 자에 대한 징계를 소속기관 등의 장에게 권고할 수 있다(동법 제45조).

진정에 관한 국가인권위원회의 조사, 증거의 확보 또는 피해자(오OO씨 등 매춘여성 3명)의 권리구제를 위하여 필요하다고 인정하는 경우에 국가인권위원회는 피해자(오OO씨 등 매춘여성 3명)를 위하여 대한법률구조공단 또는 그 밖의 기관에 법률구조를 요청할 수 있다(동법 제47조).

Ⅱ. 법 앞의 평등

[사례] 「너무해 병원」에 근무하는 미혼 간호사인 진처녀씨는 근로계약을 체결할 당시에 「혼인할 경우에는 사직한다」라는 약정에 서명을 하였다. 그럼에도 그 후 결혼한 진처녀씨가 자진하여 사직하지 아니하자 「너무해 병원」은 진처녀씨를 해고하였다. 진처녀씨는 이에 대하여 무효라고 주장할 수 있을까?

▶ **해설** : 「너무해 병원」과 진처녀씨간에 체결된 「독신조항」(결혼퇴직제를 규정한 조항)은 헌법 제10조의 인간의 존엄성존중조항, 제11조 제1항의 법 앞의 평등과 남녀평등조항, 그리고 제36조 제1항의 민주적인 혼인제도에 관한 조항에 위배된다고 할 수 있다. 특히 남녀고용평등과 일·가정 양립 지원에 관한 법률 제11조 제2항은 「사업주는 여성근로자의 혼인·임신 또는 출산을 퇴직사유로 예정하는 근로계약을 체결하여서는 아니된다」라고 규정하고 있다.

따라서 진처녀씨는 「너무해 병원」에 대하여 해고무효확인을 구하는 소(訴)를 제기할 수 있다.

1. 헌법규정

헌법은 전문에서 「정치 · 경제 · 사회 · 문화의 모든 영역에 있어서 각인의 기회를 균등히 하고……국민생활의 균등한 향상을 기하고」라고 선언하고 있고, 제11조는 「① 모든 국민은 법 앞에 평등하다. 누구든지 성별 · 종교 또는 사회적 신분에 의하여 정치적 · 경제적 · 사회적 · 문화적 생활의 모든 영역에 있어서 차별을 받지 아니한다. ② 사회적 특수계급의 제도는 인정되지 아니하며, 어떠한 형태로도 이를 창설할 수 없다. ③ 훈장 등의 영전(榮典)은 이를 받은 자에게만 효력이 있고, 어떠한 특권도 이에 따르지 아니한다」라고 하여, 법 앞의 평등을 비롯하여 성별 · 종교 · 사회적 신분에 의한 차별의 금지, 사회적 특수계급제도의 금지, 영전일대의 원칙 등을 규정하고 있다.

2. 평등의 원칙과 평등권

(1) 일반적 평등의 원칙

① 일반적 평등의 원칙의 의의

일반적 평등의 원칙이라 함은 모든 인간을 원칙적으로 평등하게 다룰 것을 요구하는 법원칙을 말한다.

② 「법 앞에 평등」의 의미

㉠ 「법」의 의미

여기서 말하는 「법」은 국회에 의하여 제정된 형식적 의미의 법률뿐만 아니라 모든 법을 말한다.

㉡ 「법 앞에」의 의미

「법 앞에」라는 것이 행정과 사법만을 구속하는 의미인가(법적용평등설, 입법자비구속설) 아니면 입법까지도 구속하는 의미인가(법내용평등설, 입법자구속설)가 문제되고 있다. 생각건대 법의 내용 그 자체가 불평등한 것이면, 그것을 아무리 평등하게 적용할지라도 불평등한 결과가 되기 때문에 입법 · 행정 · 사법의 모든 국가작용을 구속한다고 본다.

㉢ 「평등」의 의미

「평등」의 의미에 관해서는 절대적 평등설과 상대적 평등설이 대립하고 있다. 절대적 평등설은 다시 무제한적 절대평등설과 제한적 절대평등설로 나누어진다. 상대적 평등설은 모든 인간을 평등하게 처우하되, 정당한 이유가 있거나 합리적 근거가 있는 차별 내지 불평등은 허용된다고 보는 입장이다.

㉣ 상대적 평등의 기준

독일에서는 상대적 평등의 기준으로서 「자의의 금지」를 들고 있다. 미국에서는 상대적 평등의 기준으로서 「합리적 차별」을 들고 있다. 미국에서는 적극적 평등실현조치(affirmative action)라는 이론이 있다. 이 이론은 경제적 · 사회적 약자(생활무능력자 · 여성 · 소수민족 등)에 대하여 인도주의적 입장에서 특별대우나 특별급여(생계비지급 · 심야작업금지 · 중노동금지 등)를 함으로써 실질적 평등을 실현하려고 하는 현대적 평등원리이다.

(2) 구체적 평등권

① 구체적 평등권의 의의

구체적 평등권은 국가로부터 불평등한 처우를 받지 아니하고 또 국가에 대하여 평등한 처우를 요구할 수 있는 개인의 주관적 공권이다.

② 구체적 평등권의 내용

㉠ 차별금지사유

ⓐ 성 별

성별에 의한 차별금지는 곧 남녀평등을 의미한다. 이에 따라 공법상의 영역에서는 물론, 사법상의 영역에서도 남녀의 성에 관한 가치판단을 기초로 하여 차별대우를 하는 것은 허용되지 아니한다.

그러나 남녀의 성에 관한 가치판단의 결과가 아니라 남녀의 사실적(생리적) 차이에 의거한 차별이라든가 그 밖의 합리적 이유(공공복리 등)에 의한 차별은 허용된다. 예컨대 남성에게만 병역의무를 부과하는 것, 강간죄의 처벌대상을 남자에 한하고 여자의 정조만을 보호하는 것(형법 제297조) 등은 합리적인 것이므로 헌법상 허용된다.

ⓑ 종 교

종교 또는 신앙에 의한 차별금지는 곧 종교평등을 의미한다.

ⓒ 사회적 신분

사회적 신분에는 선천적 신분(귀화인이나 전과자의 자손 또는 존속(尊屬) · 비속(卑屬)의 지위 등)뿐만 아니라 인간이 후천적으로 사회에서 장기간 점하는 지위로서 일정한 사회적 평가를 수반하는 지위가 포함된다(후천적 신분설, 다수설).

ⓛ 차별금지영역

차별이 금지되는 영역은 모든 생활영역이다.

ⓐ 정치적 생활영역

정치적 생활영역에 있어서는 선거권, 피선거권, 공무담임권, 국민투표권 등에서의 차별은 허용되지 아니한다.

ⓑ 경제적 생활영역

경제적 생활영역에 있어서도 고용 · 임금 · 담세율 등에서의 차별은 허용되지 아니한다.

ⓒ 사회적 생활영역

사회적 생활영역에 있어서도 주거 · 여행 · 공공시설 등에서의 차별, 적자(嫡子)와 서자(庶子)의 차별, 혼인과 가족생활에 있어서의 남녀의 차별은 허용되지 아니한다.

ⓓ 문화적 생활영역

문화적 생활영역에 있어서도 교육에 있어서 기회균등의 박탈 등은 허용되지 아니한다.

Ⅲ. 생명권의 한계와 제한

생명이라 함은 「아직 비생명적인 것」 또는 「사(死)」에 반대되는 인간의 인격적 · 육신적 존재형태 즉 생존을 말한다.

1. 사형문제

[사례] 천안시 매주리에 사는 나억울씨는 재미교포출신 미모의 모델 최승희씨를 살해한 혐의로 체포되어 대법원에서 사형판결이 확정되어 형장의 이슬로 사라졌다. 그 후 최승희씨를 살해한 진범이 목졸라씨라고 판명됐을 경우에 나억울씨의 가족은 어떻게 해야 되나?

▶ **해설** : 나억울씨의 가족은 국가에 대하여 형사보상을 청구할 수 있다. 또한 목졸라씨에 대하여 민사상 손해배상을 청구할 수 있다.

(1) 사형존폐의 문제

사형폐지론과 사형존치론의 논거에 관하여는 이미 설명한 제1편 제10장 법의 제재 제2절 법의 제재의 종류 Ⅰ. 국내법상의 제재 3. 형사법상의 제재를 참조하기 바란다.

(2) 판 례

법률로써 생명권을 제한할 수 있는가에 관해서는 학설이 대립하고 있다. 독일 기본법은 사형을 명문으로 금지하고 있고(제102조), 독일의 통설과 판례도 사형제도는 위헌이라고 하였다.

이에 대하여 우리나라의 대법원판례는「헌법 제9조에는 "모든 국민은 신체의 자유를 가진다. 법률에 의하지 아니하고는 체포·구금·수색·심문·처벌과 강제노역을 받지 아니한다"라고 규정함으로써 처벌에 관한 규정을 법률에 위임하였을 뿐 그 처벌의 종류를 제한한 바 없을 뿐 아니라 헌법 제28조 제2항은 "국민의 모든 자유와 권리는 질서를 유지하고 공공복리를 위하여 필요한 경우에 한하여 법률로써 제한한다"라고 규정함으로써 질서유지와 공공복리를 위하여는 법률로써 자유와 권리를 제한할 수 있음을 헌법이 허용하였는바, 현재 우리나라의 실정과 국민의 도덕적 감정 등을 고려하여 국가의 형사상 정책으로서 질서유지와 공공복리를 위하여 형법·군형법 등에 사형이라는 처벌의 종류를 규정하였다 하여도 이것을 헌법에 위반된 조문이라 할 수 없으므로 소론은 현행실정법의 견지에서는 이유 없다고 아니할 수 없다」라고 하고 있다(대판 1990.4.24, 90도319 ; 대판 1987.9.8, 67도1458 ; 대판 1963.2.28, 62도241).

헌법재판소도 「형법 제250조 제1항이 규정하고 있는 살인의 죄는 인간생명을 부정하는 범죄행위의 전형이고, 이러한 범죄에는 그 행위의 태양이나 결과의 중대성으로 미루어 보아 반인륜적 범죄라고 규정지워 질 수 있는 극악한 유형의 것들도 포함되어 있을 수 있는 것이다. 따라서 사형을 형벌의 한 종류로서 합헌이라고 보는 한 그와 같이 타인의 생명을 부정하는 범죄행위에 대하여 행위자의 생명을 부정하는 사형을 그 불법효과의 하나로서 규정한 것은 행위자의 생명과 가치가 동일한 하나의 혹은 다수의 생명을 보호하기 위한 불가피한 수단의 선택이라고 볼 수밖에 없으므로 이를 가리켜 비례의 원칙에 반한다고 할 수 없어, 헌법에 위반되는 것이 아니다」라고 하여 사형제도는 합헌이라고 판시하였다(헌재결 1996.11.28, 95헌바1).

(3) 사 견

생각건대 인간의 생명은 인간의 실존 그 자체이고 모든 기본권의 논리적 전제이며 본질적 내용을 이루고 있다. 사형이 아닌 무기징역으로 하더라도, 국가안전보장·질서유지에는 전혀 문제가 없을 것이며 인간으로서의 존엄과 가치 및 생명권의 본질적 내용의 침해금지를 고려할 때 사형제도는 위헌이라고 본다.

2. 안락사

[사례] 베트남에서 영화를 찍다 불의의 교통사고를 당한 영화배우 겸 탤런트 김성찬씨가 여러 달 동안 「안락사 병원」에서 사경을 헤매고 있다. 그의 가족과 동료들은 입원비를 대느라 고생하고 있으며, 그의 소생가능성은 거의 없다. 그는 인공호흡기와 정맥주사만으로 살아가고 있을 뿐이다. 이러한 사실을 안타깝게 여기고 있던 인정 많은 간호사 반인정씨는 어느 날 인공호흡기의 플러그가 느슨하게 꽂혀 있는 것을 발견하고도 즉시 이를 고쳐 놓지 않았다. 그 결과 김성찬씨는 사망하였다. 이러한 안락사가 허용될 수 있을까?

▶ **해설** : 안락사는 인간의 생명권을 침해하는 점에서 위헌이라고 본다. 따라서 반인정씨가 행한 안락사는 허용되지 아니한다.

(1) 안락사의 유형

안락사(安樂死)는 ① 협의의 안락사 · 도태적(淘汰的) 안락사 · 존엄사로, ② 적극적 안락사 · 소극적 안락사로 구분된다. 협의의 안락사는 회생가능성이 없는 환자의 생명을 고통이 없는 방법으로 단절하는 행위를 말한다. 도태적 안락사는 생존할 가치가 없다고 인정되는 자의 생명을 인위적으로 단절하는 행위를 말한다. 존엄사는 회복의 가망이 없는 불치의 질병으로 빈사상태(瀕死狀態)에 빠진 환자에 대하여 그 의사에 따르거나 의식이 없는 경우에는 보호자의 의사에 따라 인간다운 죽음을 맞이할 수 있도록 인위적으로 생명을 단축시키는 행위를 말한다.

적극적 안락사는 의사가 직접적으로 생명의 단절을 야기시키는 것을 말한다. 소극적 안락사는 생명을 연장할 수 있는 조치를 취하지 않음으로써 사망이 결과되는 경우를 말한다.

(2) 안락사의 허용 여부

안락사의 허용 여부에 관해서는 안락사를 부정하는 견해와 안락사를 긍정하는 견해가 대립하고 있다. 이는 주로 의사가 시행한 안락사의 문제에 국한되어 논의되고 있다. 일본의 나고야 고등재판소는 위법성조각기준으로서 다음 여섯 가지를 들고 있다(안락사를 긍정하는 견해). 첫째, 현대의학의 기술과 지식에 비추어 보아 불치의 병이고 더욱이 죽음이 목전에 절박하였을 것, 둘째, 환자의 고통이 심하여 누구든지 정말로 그것을 볼 수 없을 정도에 이를 것, 셋째, 오로지 환자의 고통을 완화할 목적으로 사용되어 질 것, 넷째, 환자의 의식이 명료하여 의사를 표명할 수 있는 경우에는 본인의 진지한 촉탁이나 승낙이 있을 것, 다섯째, 의사에 의하여 행해짐을 원칙으로 하고 다만 그에 의하여 행해질 수 없는 사정이 있을 경우에는 수긍할 수 있는 특수한 사정이 있을 것, 여섯째, 그 방법이 윤리적으로 타당하다고 인정될 수 있을 것 등이 그것이다.

이와 같이 일본판례는 의사에 의하여 시행되는 안락사의 경우에는 대체로 관대한 입장을 취하고 있다. 우리나라의 경우 의사가 아닌 일반인에 의하여 행해진 안락사에 대해서는 형법은 엄격하다. 우리 형법 제252조 제1항은 사람의 촉탁(囑託) 또는 승낙을 받아 그를 살해한 자는 1년 이상 10년 이하의 징역에 처한다고 규정하고 있다. 그러나 대법원은 2009년 5월 21일 안락사 중 존엄사를 인정하였다. 대법원이 제시한 존엄사 허용기준으로는 첫째, 의식의 회복가능성이 없을 것, 둘째, 생명과 관련된 중요한 생체기능의 상실이 회복 불가능할 것, 셋째, 신체상태에 비추어 짧은 기간 내에 사망할 수 있음이 명백할 것, 넷째, 환자의 연명치료 중단의사가 있을 것 등을 들고 있다(네 가지 요건을 모두 충족시켜야 함).

그리고 2016년 2월 3일에 제정된 존엄사법 즉 호스피스・완화의료 및 임종과정에 있는 환자의 연명의료결정에 관한 법률(2019.03.28 시행, 약칭 : 연명의료결정법)은 존엄사(尊嚴死)를 인정하고 있다. 여기서 임종과정이라 함은 회생의 가능성이 없고, 치료에도 불구하고 회복되지 아니하며, 급속도로 증상이 악화되어 사망에 임박한 상태를 말한다(연명의료결정법 제2조 제1호). 임종과정에 있는 환자라 함은 담당의사와 해당 분야의 전문의 1명으로부터 임종과정에 있다는 의학적 판단을 받은 자를 말한다(연명의료결정법 제2조 제2호). 말기환자(末期患者)라 함은 적극적인 치료에도 불구하고 근원적인 회복의 가능성이 없고 점차 증상이 악화되어 보건복지부령으로 정하는 절차와 기준에 따라 담당의사와 해당 분야의 전문의 1명으로부터 수개월 이내에 사망할 것으로 예상되는 진단을 받은 환자를 말한다(연명의료결정법 제2조 제3호).

그리고 연명의료라 함은 임종과정에 있는 환자에게 하는 심폐소생술, 혈액 투석, 항암제 투여, 인공호흡기 착용 및 그 밖에 대통령령으로 정하는 의학적 시술(체외생명유지술(ECLS), 수혈, 혈압상승제 투여, 그 밖에 담당의사가 환자의 최선의 이익을 보장하기 위해 시행하지 않거나 중단할 필요가 있다고 의학적으로 판단하는 시술)로서 치료효과 없이 임종과정의 기간만을 연장하는 것을 말한다(연명의료결정법 제2조 제4호). 연명의료중단등결정이라 함은 임종과정에 있는 환자에 대한 연명의료를 시행하지 아니하거나 중단하기로 하는 결정을 말한다(연명의료결정법 제2조 제5호).

호스피스・완화의료(이하 호스피스라 한다)란 다음 각 목의 어느 하나에 해당하는 질환으로 말기환자로 진단을 받은 환자 또는 임종과정에 있는 환자(이하 호스피스대상환자라 한다)와 그 가족에게 통증과 증상의 완화 등을 포함한 신체적, 심리사회적, 영적 영역에 대한 종합적인 평가와 치료를 목적으로 하는 의료를 말한다(연명의료결정법 제2조 제6호).

① 암
② 후천성면역결핍증
③ 만성 폐쇄성 호흡기질환
④ 만성 간경화

연명의료중단에 대한 환자의 의사확인방법으로는 두 가지가 있다. 첫째, 환자의 의사능력이 있는 경우에는 연명의료계획서(말기・임종기환자 작성가능, 환자가족 2인 이상의 진술)나 사전연명의료의향서(원하는 모든 사람 작성가능, 보통 건강한 사람) + 담당의사 및 해당 분야의 전문의 1명의 확인이 있어야 한다(연명의료결정법 제17조). 둘째, 환자의 의사능력이 없고 환자의 의사를 확인할 수도 없는 경우에는 미성년자인 환자의 법정대리인(친권자에 한정한다)이 연명의료중단등결정의 의사표시를 하고 담당의사 및 해당 분야 전문의 1명의 확인이 있거나 환자가족 전원의 합의(배우자와 1촌 이내의 직계비속・직계존속, 배우자와 1촌 이내의 직계비속・직계존속이 없는 경우에는 2촌 이내의 직계비속・직계존속, 2촌 이내의 직계비속・직계존속이 없는 경우에는 형제자매)와 담당의사 및 해당 분야 전문의 1명의 확인이 있어야 한다(연명의료결정법 제18조).

요컨대 안락사의 합헌성 여부에 관해서는 학설이 대립하고 있지만 안락사도 인간의 생명권을 침해하는 점에서 위헌이라고 본다.

3. 낙태(인공임신중절)

[사례 1] 「경희여행사」에 근무하는 요조숙녀인 정숙한씨는 지난 여름휴가 때 대천해수욕장에 피서 갔다가 직장상사인 음흉한씨의 마수에 걸려 강제로 성관계를 가져 결국 임신을 하고 말았다. 이에 충격을 받은 정숙한씨는 낙태를 하였는 바, 이 경우 정숙한씨는 낙태죄로 처벌을 받는가?

▶ **해설** : 이 사례는 인공임신중절 또는 태아의 생명권에 관한 문제이다. 이 사례에서 정숙한씨는 형법 제269조에 의하여 낙태죄로 처벌을 받지만 모자보건법 제14조 제1항 제3호에 따른 강간에 의하여 임신된 경우에 해당되어 처벌되지 않는다.

[사례 2] 산부인과의사 최소파씨는 이른바 「밀레니엄 베이비」를 갖게 된 여대생 임신해양이 고민하며 찾아와서 「남자친구한테 강간당해 임신했다」고 울며불며 임신중절수술을

해 달라고 사정하므로 안타깝기도 하고 사실이라고 믿어 임신중절수술을 해 주었다. 최소파씨와 임신해양은 형법상 책임을 지나?

▶ **해설** : 이 경우의 낙태는 모자보건법에 비추어 보더라도 합법적인 임신중절사유에 해당한다고 할 수 없다. 따라서 임신해양은 형법상 낙태죄, 최소파씨는 동의에 의한 낙태죄로 처벌된다.

(1) 의 의

낙태(落胎)라 함은 태아(胎兒)가 모체 밖에서는 생명을 유지할 수 없는 시기에 태아와 그 부속물을 인공적으로 모체 밖으로 배출하여 살해하는 것을 말한다.

(2) 낙태(인공임신중절)의 허용 여부

낙태(인공임신중절(人工姙娠中絶))의 허용 여부에 관해서는 태아의 생명권우월론과 여성의 자기결정권우월론이 대립하고 있다. 2019년의 헌법재판소의 결정은 2012년의 헌법재판소의 결정에 비하여 태아의 생명권보다 여성의 자기결정권에 보다 중점을 두고 있다.

(3) 판 례

헌법재판소는 형법 제270조 제1항에 대한 위헌소원심판에서 「① 자기낙태죄 조항(형법 제269조 제1항)의 위헌 여부—인간의 생명은 고귀하고, 이 세상에서 무엇과도 바꿀 수 없는 존엄한 인간 존재의 근원이며, 이러한 생명에 대한 권리는 기본권 중의 기본권이다. 태아가 비록 그 생명의 유지를 위하여 모(母)에게 의존해야 하지만, 그 자체로 모와 별개의 생명체이고 특별한 사정이 없는 한 인간으로 성장할 가능성이 크므로 태아에게도 생명권이 인정되어야 한다. 헌법이 태아의 생명을 보호하는 것은 그것이 인간으로 될 예정인 생명체라는 이유 때문이지, 그것이 독립하여 생존할 능력이 있다거나 사고능력, 자아인식 등 정신적 능력이 있는 생명체라는 이유 때문이 아니다. 그러므로 태아가 독자적 생존능력을 갖추었는지 여부를 그에 대한 낙태 허용의 판단 기준으로 삼을 수는 없다. 다만 수정이 되었다고 하여 수정란이 정상적으로 자궁에 착상할 가능성이 아주 높은 것은 아니며, 그 단계에서는 임신 여부를 확인하기도 어려우므로 자궁에 착상하기 이전 단계의 수정란을 그 이후의 태아와 동일하게 취급하지 아니하는 것은 그 나름의 합리성이 인정될 수 있으며, 또한 진통시부터는 태아가 산모로부터 독립하여 생존이 가능하므로 그 때를 기준으로 사람으로 취급하는 것도 합리적이라고 할 것이다.

② 한편, 낙태를 처벌하지 않거나 형벌보다 가벼운 제재를 가하게 된다면 현재보다도 훨씬 더 낙태가 만연하게 되어 자기낙태죄 조항의 입법목적을 달성할 수 없게 될 것이고, 성교육과 피임법의 보편적 상용, 임부에 대한 지원 등은 원하지 않는 임신을 미연에 방지하는 수단이 될 수 있을지는 모르나 불법적인 낙태를 방지할 효과적인 수단이 되기에는 부족하다. 나아가 입법자는 일정한 우생학적 또는 유전학적 정신장애나 신체질환이 있는 경우와 같은 예외적인 경우에는 임신 24주 이내의 낙태를 허용하여(모자보건법 제14조, 동법 시행령 제15조), 불가피한 사정이 있는 경우에는 태아의 생명권을 제한할 수 있도록 하고 있다. 이것에서 더 나아가 사회적·경제적 사유로 인한 낙태로까지 그 허용의 사유를 넓힌다면, 자칫 자기낙태죄 조항은 거의 사문화되고 낙태가 공공연하게 이루어져 인간생명에 대한 경시풍조가 확산될 우려마저 없지 않다. 나아가 자기낙태죄 조항으로 제한되는 사익인 임부의 자기결정권이 위 조항을 통하여 달성하려는 태아의 생명권 보호라는 공익에 비하여 결코 중하다고 볼 수 없다. 따라서 자기낙태죄 조항이 임신 초기의 낙태나 사회적·경제적 사유에 의한 낙태를 허용하고 있지 아니한 것이 임부의 자기결정권에 대한 과도한 제한이라고 보기 어려우므로, 자기낙태죄 조항은 헌법에 위반되지 아니한다.

③ 이 사건 법률조항의 위헌 여부—이 사건 법률조항은 조산사가 임부의 촉탁이나 승낙을 받아 낙태를 하게 한 경우를 징역형으로만 처벌하도록 규정하고 있으나, 그 법정형의 상한이 2년 이하의 징역으로 되어 있어 법정형의 상한 자체가 높지 않을 뿐만 아니라, 비교적 죄질이 가벼운 낙태에 대하여는 작량감경이나 법률상 감경을 하지 않아도 선고유예 또는 집행유예 선고의 길이 열려 있으므로, 행위의 개별성에 맞추어 책임에 알맞은 형벌을 선고할 수 없도록 하는 지나치게 과중한 형벌을 규정하고 있다고 볼 수 없다. 그러므로 이 사건 법률조항은 책임과 형벌 간의 비례원칙에 위배되지 아니한다.

④ 낙태는 행위태양에 관계없이 태아의 생명을 박탈하는 결과를 초래할 위험이 높고, 일반인에 의해서 행해지기는 어려워 대부분 낙태에 관한 지식이 있는

의료업무종사자를 통해 이루어지며, 태아의 생명을 보호해야 하는 업무에 종사하는 자가 태아의 생명을 박탈하는 시술을 한다는 점에서 비난가능성 또한 크다. 나아가 경미한 벌금형은 낙태시술의 기능이나 낙태에 사용하는 약품 등을 알고 있는 것을 남용하여 영리행위를 추구하는 조산사에 대하여는 위하력을 가지기 어렵다. 이러한 점들을 고려하여 입법자가 이 사건 법률조항에 대하여 형법상 동의낙태죄(제269조 제2항)와 달리 벌금형을 규정하지 아니한 것이 형벌체계상의 균형에 반하여 헌법상 평등원칙에 위배된다고도 할 수 없다」라고 하여 조산사 등이 부녀의 촉탁 또는 승낙을 받아 낙태하게 한 때에는 2년 이하의 징역에 처하도록 규정한 형법 제270조 제1항 중 '조산사'에 관한 부분에 대하여 헌법에 위반되지 아니한다는 결정(합헌결정)을 선고하였다(헌재결 2012.08.23., 2010헌바402).

이에 대하여 헌법재판소는 2019년 4월 11일 형법 제269조 제1항(이하 '자기낙태죄 조항'이라 한다)과 제270조 제1항 중 '의사'에 관한 부분(이하 '의사낙태죄 조항'이라 한다)이 헌법에 위반되는지 여부에 대하여 「1. 자기낙태죄 조항에 대한 판단

가. 제한되는 기본권

○ 헌법 제10조 제1문이 보호하는 인간의 존엄성으로부터 일반적 인격권이 보장되고, 여기서 개인의 자기결정권이 파생된다. 자기결정권은 인간의 존엄성을 실현하기 위한 수단으로서 인간이 자신의 생활영역에서 인격의 발현과 삶의 방식에 관한 근본적인 결정을 자율적으로 내릴 수 있는 권리다. 자기결정권에는 여성이 그의 존엄한 인격권을 바탕으로 하여 자율적으로 자신의 생활영역을 형성해 나갈 수 있는 권리가 포함되고, 여기에는 임신한 여성이 자신의 신체를 임신상태로 유지하여 출산할 것인지 여부에 대하여 결정할 수 있는 권리가 포함되어 있다.

○ 자기낙태죄 조항은 모자보건법이 정한 일정한 예외를 제외하고는 임신기간 전체를 통틀어 모든 낙태를 전면적 · 일률적으로 금지하고, 이를 위반할 경우 형벌을 부과하도록 정함으로써 임신한 여성에게 임신의 유지 · 출산을 강제하고 있으므로, 임신한 여성의 자기결정권을 제한하고 있다.

나. 임신한 여성의 자기결정권 침해 여부

(1) 입법목적의 정당성 및 수단의 적합성

○ 태아는 비록 그 생명의 유지를 위하여 모(母)에게 의존해야 하지만, 그 자체로 모(母)와 별개의 생명체이고, 특별한 사정이 없는 한 인간으로 성장할 가능성이 크므로, 태아도 헌법상 생명권의 주체가 되며, 국가는 태아의 생명을 보호할 의무가 있다.

○ 자기낙태죄 조항은 태아의 생명을 보호하기 위한 것으로서 그 입법목적이 정당하고, 낙태를 방지하기 위하여 임신한 여성의 낙태를 형사처벌하는 것은 이러한 입법목적을 달성하는 데 적합한 수단이다.

(2) 침해의 최소성 및 법익의 균형성

○ 임신·출산·육아는 여성의 삶에 근본적이고 결정적인 영향을 미칠 수 있는 중요한 문제이므로, 임신한 여성이 임신을 유지 또는 종결할 것인지를 결정하는 것은 스스로 선택한 인생관·사회관을 바탕으로 자신이 처한 신체적·심리적·사회적·경제적 상황에 대한 깊은 고민을 한 결과를 반영하는 전인적(全人的) 결정이다.

○ 국가가 생명을 보호하는 입법적 조치를 취함에 있어 인간생명의 발달단계에 따라 그 보호정도나 보호수단을 달리하는 것은 불가능하지 않다. 산부인과 학계에 의하면 현 시점에서 최선의 의료기술과 의료 인력이 뒷받침될 경우 태아는 마지막 생리기간의 첫날부터 기산하여 22주(이하 "임신 22주"라 한다) 내외부터 독자적인 생존이 가능하다고 한다. 이처럼 태아가 모체를 떠난 상태에서 독자적인 생존을 할 수 있는 경우에는, 그렇지 않은 경우와 비교할 때 훨씬 인간에 근접한 상태에 도달하였다고 볼 수 있다.

○ 한편 자기결정권이 보장되려면 임신한 여성이 임신 유지와 출산 여부에 관하여 전인적 결정을 하고 그 결정을 실행함에 있어서 충분한 시간이 확보되어야 한다. 즉, 여성이 임신 사실을 인지하고, 자신을 둘러싼 사회적·경제적 상황 및 그 변경가능 여부를 파악하며, 국가의 임신·출산·육아 지원정책에 관한 정보를 수집하고, 주변의 상담과 조언을 얻어 숙고한 끝에, 만약 낙태하겠다고 결정한 경우 낙태 수술을 할 수 있는 병원을 찾아 검사를 거쳐 실제로 수술을 완료하기까지 필요한 기간이 충분히 보장되어야 한다.

○ 이러한 점들을 고려하면, 태아가 모체를 떠난 상태에서 독자적으로 생존할 수 있는 시점인 임신 22주 내외에 도달하기 전이면서 동시에 임신 유지와 출산 여부에 관한 자기결정권을 행사하기에 충분한 시간이 보장되는 시기(이하 착상 시부터 이 시기까지를 '결정가능기간'이라 한다)까지의 낙태에 대해서는 국가가 생명보호의 수단 및 정도를 달리 정할 수 있다고 봄이 타당하다.

○ 임신한 여성의 안위는 태아의 안위와 깊은 관계가 있고, 태아의 생명 보호를 위해 임신한 여성의 협력이 필요하다는 점을 고려하면, 태아의 생명을 보호한다는 언명은 임신한 여성의 신체적·사회적 보호를 포함할 때 실질적인 의미를 가질 수 있다. 원치 않는 임신을 예방하고 낙태를 감소시킬 수 있는 사회적·제도적 여건을 마련하는 등 사전적·사후적 조치를 종합적으로 투입하는 것이 태아의 생명 보호를 위한 실효성 있는 수단이 될 수 있다.

○ 낙태갈등 상황에서 형벌의 위하가 임신한 여성의 임신종결 여부 결정에 미치는 영향이 제한적이라는 사정과 실제로 형사처벌되는 사례도 매우 드물다는 현실에 비추어 보면, 자기낙태죄 조항이 낙태갈등 상황에서 태아의 생명 보호를 실효적으로 하지 못하고 있다고 볼 수 있다.

○ 모자보건법이 정한 일정한 예외에 해당하지 않으면 모든 낙태가 전면적·일률적으로 범죄행위로 규율됨으로 인하여 낙태에 관한 상담이나 교육이 불가능하고, 낙태에 대한 정확한 정보가 충분히 제공될 수 없다. 낙태 수술과정에서 의료 사고나 후유증 등이 발생해도 법적 구제를 받기가 어려우며, 비싼 수술비를 감당하여야 하므로 미성년자나 저소득층 여성들이 적절한 시기에 수술을 받기 쉽지 않다. 또한 자기낙태죄 조항은 헤어진 상대 남성의 복수나 괴롭힘의 수단, 가사·민사 분쟁의 압박수단 등으로 악용되기도 한다.

○ 모자보건법상의 정당화사유에는 다양하고 광범위한 사회적·경제적 사유에 의한 낙태갈등 상황이 전혀 포섭되지 않는다. 예컨대, 학업이나 직장생활 등 사회활동에 지장이 있을 것에 대한 우려, 소득이 충분하지 않거나 불안정한 경우, 자녀가 이미 있어서 더 이상의 자녀를 감당할 여력이 되지 않는 경우, 부부가 모두 소득활동을 해야 하는 상황이어서 어느 일방이 양육을 위하여 휴직하기 어려운 경우, 상대 남성과 교제를 지속할 생각이 없거나 결혼 계획이 없는 경우, 상대 남성이 출산을 반대하고 낙태를 종용하거나 명시적으로 육아에 대한 책임

을 거부하는 경우, 다른 여성과 혼인 중인 상대 남성과의 사이에 아이를 임신한 경우, 혼인이 사실상 파탄에 이른 상태에서 배우자의 아이를 임신했음을 알게 된 경우, 아이를 임신한 후 상대 남성과 헤어진 경우, 결혼하지 않은 미성년자가 원치 않은 임신을 한 경우 등이 이에 해당할 수 있다.

○ 자기낙태죄 조항으로 인해 임신한 여성은 임신 유지로 인한 신체적·심리적 부담, 출산과정에 수반되는 신체적 고통·위험을 감내하도록 강제당할 뿐 아니라 이에 더하여 다양하고 광범위한 사회적·경제적 고통까지도 겪을 것을 강제당하는 결과에 이르게 된다.

○ 자기낙태죄 조항은 모자보건법에서 정한 사유에 해당하지 않는다면 결정가능기간 중에 다양하고 광범위한 사회적·경제적 사유를 이유로 낙태갈등 상황을 겪고 있는 경우까지도 예외 없이 전면적·일률적으로 임신의 유지 및 출산을 강제하고, 이를 위반한 경우 형사처벌하고 있다.

○ 따라서, 자기낙태죄 조항은 입법목적을 달성하기 위하여 필요한 최소한의 정도를 넘어 임신한 여성의 자기결정권을 제한하고 있어 침해의 최소성을 갖추지 못하였고, 태아의 생명 보호라는 공익에 대하여만 일방적이고 절대적인 우위를 부여함으로써 법익균형성의 원칙도 위반하였다고 할 것이므로, 과잉금지원칙을 위반하여 임신한 여성의 자기결정권을 침해하는 위헌적인 규정이다.

2. 의사낙태죄 조항에 대한 판단

○ 자기낙태죄 조항은 모자보건법에서 정한 사유에 해당하지 않는다면, 결정가능기간 중에 다양하고 광범위한 사회적·경제적 사유로 인하여 낙태갈등 상황을 겪고 있는 경우까지도 예외 없이 임신한 여성에게 임신의 유지 및 출산을 강제하고, 이를 위반한 경우 형사처벌한다는 점에서 위헌이므로, 동일한 목표를 실현하기 위하여 임신한 여성의 촉탁 또는 승낙을 받아 낙태하게 한 의사를 처벌하는 의사낙태죄 조항도 같은 이유에서 위헌이라고 보아야 한다.

3. 소 결

○ 태아의 생명을 보호하기 위하여 낙태를 금지하고 형사처벌하는 것 자체가 모든 경우에 헌법에 위반된다고 볼 수는 없다. 그런데 자기낙태죄 조항과 의사낙태죄 조항에 대하여 각각 단순위헌 결정을 할 경우, 임신 기간 전체에 걸쳐 행해진 모든 낙태를 처벌할 수 없게 됨으로써 용인하기 어려운 법적 공백이 생

기게 된다.

○ 입법자는 위 조항들의 위헌적 상태를 제거하기 위해 낙태의 형사처벌에 대한 규율을 형성함에 있어서, 결정가능기간을 어떻게 정하고 결정가능기간의 종기를 언제까지로 할 것인지, 태아의 생명 보호와 임신한 여성의 자기결정권의 실현을 최적화할 수 있는 해법을 마련하기 위해 결정가능기간 중 일정한 시기까지는 사회적·경제적 사유에 대한 확인을 요구하지 않을 것인지 여부까지를 포함하여 결정가능기간과 사회적·경제적 사유를 구체적으로 어떻게 조합할 것인지, 상담요건이나 숙려기간 등과 같은 일정한 절차적 요건을 추가할 것인지 여부 등에 관하여 앞서 우리 재판소가 설시한 한계 내에서 입법재량을 가진다.

○ 따라서 자기낙태죄 조항과 의사낙태죄 조항에 대하여 단순위헌 결정을 하는 대신 각각 헌법불합치 결정을 선고하되, 다만 입법자의 개선입법이 이루어질 때까지 계속적용을 명하는 것이 타당하다. 입법자는 늦어도 2020. 12. 31.까지는 개선입법을 이행하여야 하고, 그때까지 개선입법이 이루어지지 않으면 위 조항들은 2021. 1. 1.부터 효력을 상실한다」라고 하여 재판관 4(헌법불합치) : 3(단순위헌) : 2(합헌)의 의견으로, 임신한 여성의 자기낙태를 처벌하는 형법 제269조 제1항, 의사가 임신한 여성의 촉탁 또는 승낙을 받아 낙태하게 한 경우를 처벌하는 형법 제270조 제1항 중 '의사'에 관한 부분은 모두 헌법에 합치되지 아니하며, 위 조항들은 2020. 12. 31.을 시한으로 입법자가 개정할 때까지 계속 적용된다는 결정(헌법불합치)을 선고하였다(헌재결 2019.04.11, 2017헌바127).

(4) 형법과 모자보건법

① 형 법

형법 제269조는 「① 부녀가 약물 기타 방법으로 낙태한 때에는 1년 이하의 징역 또는 2백만 원 이하의 벌금에 처한다. ② 부녀의 촉탁 또는 승낙을 받아 낙태하게 한 자도 제1항의 형과 같다」라고 규정하고 있다. 또한 동법 제270조는 「① 의사, 한의사, 조산사, 약제사 또는 약종상(藥種商)이 부녀의 촉탁 또는 승낙을 받아 낙태하게 한 때에는 2년 이하의 징역에 처한다. ② 부녀의 촉탁 또는 승낙 없이 낙태하게 한 자는 3년 이하의 징역에 처한다」라고 규정하고 있다.

② 모자보건법

한편 우리나라는 태아의 생명권과 임부(姙婦)의 생명·신체·인격권이 충돌할 경우, 「낙태를 허용할 정당화사유」로서 모자보건법(母子保健法) 제14조에서 ㉠ 본인 또는 배우자가 대통령령이 정하는 우생학적(優生學的) 또는 유전학적 정신장애나 신체질환이 있는 경우(연골무형성증, 낭성섬유증 및 그 밖의 유전성 질환으로서 그 질환이 태아에 미치는 위험성이 높은 질환), ㉡ 본인 또는 배우자가 대통령령이 정하는 전염성질환이 있는 경우(풍진, 톡소플라즈마증 및 그 밖에 의학적으로 태아에 미치는 위험성이 높은 전염성 질환), ㉢ 강간 또는 준강간(準强姦)에 의하여 임신된 경우, ㉣ 법률상 혼인할 수 없는 혈족 또는 인척간에 임신된 경우, ㉤ 임신의 지속이 보건의학적 이유로 모체의 건강을 심히 해하고 있거나 해할 우려가 있는 경우 등 다섯 가지 사유를 들고 있다.

의사는 위 다섯 가지 사유 중 하나에 해당되는 경우에 한하여 본인과 배우자의 동의를 얻어 인공임신중절수술을 할 수 있다(모자보건법 제14조 제1항). 다만 배우자의 사망·실종·행방불명 기타 부득이한 사유로 인하여 동의를 얻을 수 없는 경우에는 본인의 동의만으로 인공임신중절수술을 할 수 있다(모자보건법 제14조 제2항).

이 모자보건법의 규정에 따른 인공임신중절수술을 받은 자와 수술을 행한 자는 형법 제269조와 제270조 제1항의 규정에 불구하고 처벌하지 아니한다(모자보건법 제28조).

Ⅳ. 사생활의 비밀과 자유

[사례 1] 얼굴과 몸매가 빼어난 K대생 육체파양은 여름방학 때 친구들과 함께 화진포해수욕장으로 피서를 갔다. 그런데 「K잡지사」 김몰카사진기자는 수영복을 입고 모래사장에서 공놀이를 하는 육체파양의 모습을 보고 망원렌즈가 달린 카메라로 아무도 모르게 수십 장의 사진을 촬영하여 육체파양의 동의도 없이 잡지 「사건과 실화」 8월호 표지에 실었다. 이 경우 육체파양은 「K잡지사」에 대하여 위자료의 청구권을 행사할 수 있을까?

▶ **해설** : 이 사례에서 육체파양이 해수욕장에서 수영복차림으로 공놀이를 하고 있는 중 육체파양의 동의도 없이 촬영한 후 잡지의 표지에 공표한 것은 육체파양의 인격권(초상권)을 위법하게 침해한 것이고, 동시에 그 침해의 정도가 중대하다고 볼 수 있다.

따라서 육체파양은 첫째, 인격권(초상권)의 침해로 인한 정신적 고통에 대한 대가, 즉 위자료를 청구할 수 있고, 둘째, 아직 사용하지 않은 사진을 다음 호 잡지에 싣는 것을 중단할 것을 청구할 수 있다.

[사례 2] 깜찍한 외모와 뛰어난 가창력 그리고 팬들을 압도하는 무대매너 등으로 남녀노소를 불문하고 크게 어필되어 대한민국 최고의 인기를 끌고 있는 가수 「트와이스」는 을지로 L백화점에서 방송에 출연할 때 입을 옷을 고르다가 점원에 의해 절도혐의를 받아 쇼핑백을 수색당했다. 「트와이스」는 이에 대하여 어떠한 법적 구제방법을 강구할 수 있을까?

▶ **해설** : 이 사례에서 「트와이스」는 사인(私人)인 L백화점에 의하여 사생활의 비밀과 자유가 침해된 경우이므로, 「트와이스」는 원인배제청구, 손해배상청구, 정정보도의 청구 등의 방법으로 구제 받을 수 있다.

1. 헌법규정

헌법 제17조는 「모든 국민은 사생활의 비밀과 자유를 침해받지 아니한다」라고 하여, 사생활의 비밀과 자유를 보장하고 있다.

2. 사생활의 비밀과 자유의 의의

사생활의 비밀과 자유의 불가침은 「사생활의 내용을 공개당하지 아니할 권리」, 「사생활의 자유로운 형성과 전개를 방해받지 아니할 권리」, 그리고 「자신에 관한 정보를 통제할 수 있는 권리」를 그 내용으로 하는 복합적 성질의 권리이다.

3. 사생활의 비밀과 자유의 내용

(1) 사생활의 비밀의 불가침

사생활의 비밀은 「사생활의 내용을 공개당하지 아니할 권리」로서 ① 개인에 관한 난처한 사적 사항의 불가침, ② 명예나 신용의 불가침, ③ 인격적 징표(人格的 徵表)의 불가침 등 주로 비밀영역 또는 인격적 영역의 불가침을 그 내용으로 한다.

(2) 사생활의 자유의 불가침

사생활의 자유는 「사생활의 자유로운 형성과 전개를 방해받지 아니할 권리」로서 ① 사생활평온의 불가침, ② 사생활의 자유로운 형성과 유지의 불가침을 그 내용으로 한다.

(3) 자기정보통제권

자기정보통제권은 자신과 자신의 보호·감독하에 있는 자에 관한 정보를 함부로 침해당하지 아니하며, 자신이 그 정보를 통제할 수 있는 권리를 말한다.

4. 사생활의 비밀과 자유의 한계와 제한

(1) 사생활의 비밀과 자유의 한계

언론기관에 의하여 사생활의 내용이 공개 또는 폭로되거나 오해를 낳게 하는 표현이 행하여 질 때, 또는 인격적 징표가 영리적 목적으로 이용당할 때, 사생활의 비밀·자유와 표현의 자유 중 어느 것을 우선시킬 것인가에 관해서는 학설이 대립하고 있다.

① 권리포기의 이론

권리포기의 이론이라 함은 일정한 사정하에서는 사생활의 비밀과 자유를 포기한 것으로 간주한다는 이론이다.

② 공익의 이론

공익의 이론이라 함은 국민의 알권리의 대상이 되는 것을 알리는 것이 공공의 이익이 되므로, 보도적 가치·교육적 가치가 있는 사실을 알리는 것은 개인의 사생활의 비밀과 자유에 우선하기 때문에, 침해행위가 될 수 없거나 면책사유가 된다는 이론이다.

③ 공적 인물의 이론

공적(公的) 인물의 이론이라 함은 사생활의 비밀과 자유가 침해되었다고 주장하는 자의 사회적 지위에 따라 사생활의 비밀과 자유의 한계가 결정되어야 한다면서, 유명인의 경우에는 그 사생활이 공개될지라도 통상인에 비하여 수인(受忍)하여야 할 경우가 많다는 이론이다.

(2) 사생활의 비밀과 자유의 제한

사생활의 비밀과 자유는 헌법 제37조 제2항에 따라 국가안전보장·질서유지 또는 공공복리를 위하여 필요한 경우에는 법률로써 제한할 수 있다.

5. 사생활의 비밀과 자유의 침해와 구제

(1) 공권력에 의한 침해와 구제

공권력에 의하여 사생활의 비밀과 자유가 침해된 경우에는 청원(請願), 손해배상청구(損害賠償請求), 관계공무원의 징계, 법률·명령의 위헌심사, 헌법소원(憲法訴願) 등의 방법으로 구제 받을 수 있다.

(2) 사인에 의한 침해와 구제

사인(私人)에 의하여 사생활의 비밀과 자유가 침해된 경우에는 원인배제청구, 손해배상청구, 정정보도(訂正報道)의 청구 등의 방법으로 구제 받을 수 있다.

Ⅴ. 종교의 자유

[사례] 무속인(巫俗人)인 신통한씨는 요즘 불만이 많다. 정부에서 크리스마스와 석가탄신일을 공휴일로 지정한 것은 특정종교에 대한 우대로서 종교를 이유로 한 차별이라는 생각에서이다. 신통한씨의 생각은 정당한가?

▶ **해설** : 헌법 제20조는 「① 모든 국민은 종교의 자유를 가진다. ② 국교(國教)는 인정되지 아니하며, 종교와 정치는 분리된다」라고 하여, 종교의 자유와 국교부인 및 정교분리(政教分離)의 원칙을 규정하고 있다.

국가가 특정종교를 보호하거나 억압하기 위하여 재정적·경제적 특혜를 부여하거나 부당한 대우를 하는 것은 허용되지 아니한다. 그러나 크리스마스와 석가탄신일의 공휴일제는 추석이나 구정(舊正)의 경우처럼 오늘날에는 특별한 종교적 의미가 없는 하나의 습속으로 인식되기 때문에 무방하다. 따라서 신통한씨의 생각은 쓸데없는 불만이다.

Ⅵ. 예술의 자유

[사례] 예술대학에 재학 중인 K대생 우아미양은 어지러운 한국의 정치풍토를 풍자 · 비판한 누드댄스를 퍼포먼스형식으로 준비하여 수원시청 앞에서 공연하던 중 수원경찰서에 연행되었다. 우아미양은 예술의 자유를 보장받을 수 없을까?

▶ **해설** : 헌법 제22조 제1항은 「모든 국민은 예술의 자유를 가진다」라고 하여 예술의 자유를 보장하고 있다. 이와 같이 현행헌법은 예술의 자유를 보장하고 있지만, 국민의 모든 자유와 권리는 국가안전보장, 질서유지 또는 공공복리를 위하여 필요한 경우에 한하여 법률로써 제한할 수 있다(헌법 제37조 제2항). 이에 관한 법률로는 공연법과 집회 및 시위에 관한 법률이 있다.

위 사례의 경우 아무리 그 목적이 정당하다고 할지라도 교통이 빈번한 시청 앞에서 누드댄스를 퍼포먼스형식으로 공연하는 것은 질서유지를 위하여 현행법상 제한된다고 할 수 있다.

Ⅶ. 직업선택의 자유

[사례] 「남서울은행」은 1996년 10월 1일 영업상 비밀을 보호하기 위하여 매주리 지점장 이인재씨와 퇴직 후 25년간 경업금지의무(競業禁止義務)를 부과하는 계약을 체결하였다. 그런데 이인재씨는 자기의 능력만을 믿고 1997년 10월 1일 사표를 제출하였고, 동년 12월 18일 「남서울은행」을 설립하여 영업을 시작하였다. 이 경우에 「남서울은행」은 이인재씨에 대하여 무효라고 주장할 수 있을까?

▶ **해설** : 이 사례는 직업선택의 자유와 경업금지의무에 관한 문제이다. 헌법 제

15조는 「모든 국민은 직업선택의 자유를 가진다」라고 하여 직업선택의 자유를 규정하고 있다. 또한 상법 제17조는 「상업사용인(商業使用人)은 영업주의 허락 없이 자기 또는 제3자의 계산으로 영업주의 영업부류에 속한 거래를 하지 못한다」라고 하여 경업금지의무를 규정하고 있다. 이인재씨가 이 경업금지의무에 위반하는 행위를 한 경우에 그 행위 자체는 유효하다. 다만 그 거래가 자기의 계산으로 한 것인 때에는 「남서울은행」은 이를 「남서울은행」의 계산으로 한 것으로 볼 수 있고, 제3자의 계산으로 한 것인 때에는 「남서울은행」은 이인재씨에 대하여 이로 인한 이득의 양도를 청구할 수 있다.

그리고 이 경업금지의무는 특별한 약정이 없는 한 고용관계가 존속하는 동안에만 진다. 특별한 약정에 의하여 고용관계가 종료된 후에도 경업금지가 가능하지만 그 기간은 20년을 초과할 수 없다고 본다(상법 제41조 제2항). 따라서 경업금지의무를 부과하는 계약은 유효하나 다만 5년간은 무효이다.

1. 헌법규정

헌법 제15조는 「모든 국민은 직업선택의 자유를 가진다」라고 하여 직업선택의 자유를 보장하고 있다.

2. 직업선택의 자유의 의의

직업이라 함은 사람이 생활의 기본적 수요를 충족시키기 위하여 행하는 계속적인 경제적 소득활동으로서 공공에 해(害)가 되지 아니하는 것을 말하며, 이러한 내용을 가진 활동인 한 그 종류나 성질을 불문한다. 직업선택의 자유는 사경제적 소득활동을 자기가 원하는 바에 따라 자유로이 선택할 수 있는 자유를 말한다.

3. 직업선택의 자유의 주체

직업선택의 자유는 모든 국민이 그 주체가 될 수 있다. 또한 직업선택의 자유는 자연인뿐만 아니라 사법인(私法人)도 그 주체가 될 수 있다. 직업선택의 자유는 인간의 권리가 아니라 국민의 권리이기 때문에, 외국인은 원칙적으로 그 주체가 될 수 없다.

4. 직업선택의 자유의 내용

(1) 직업결정의 자유

직업결정의 자유라 함은 자기가 원하는 바에 따라 직업을 자유로이 선택할 수 있는 자유를 말한다.

(2) 직업수행의 자유

직업선택의 자유에는 선택한 직업을 수행(영위)할 직업수행의 자유 내지 선택한 직종에 종사할 직업종사의 자유가 당연히 포함된다.

(3) 전직의 자유

직업선택의 자유에는 현재 종사하고 있는 직업으로부터 다른 직업으로 자유로이 전환할 수 있는 전직(轉職)의 자유가 포함된다.

(4) 무직업의 자유

직업선택의 자유에는 원하는 직업이 발견되지 않을 경우에 직업을 가지지 아니할 무직업의 자유가 포함된다.

5. 직업선택의 자유의 효력

(1) 대국가적 효력

직업선택의 자유는 입법권 · 행정권 · 사법권 등 모든 국가권력을 직접 구속하는 효력을 가지고 있다.

(2) 제3자적 효력

직업선택의 자유는 기본권의 제3자적 효력에 관한 간접적용설에 따라 사인 상호간의 법률관계에도 효력을 가진다. 최근에는 기업이 영업상 비밀을 보호하기 위하여 근로자에게 퇴직 후에도 일정기간 비밀보지(秘密保持) 또는 경업금지의무를 부과하는 계약을 체결하는 경우가 많이 있다.

6. 직업선택의 자유의 제한

직업선택의 자유 중에서 직업결정의 자유, 전직의 자유, 무직업의 자유는 내심(內心)의 작용을 그 보호대상으로 하는 자유이기 때문에, 법률에 의해서도 제한될 수 없는 절대적 자유이다.

그러나 직업수행의 자유, 특히 영업의 자유는 헌법 제37조 제2항에 따라 국가안전보장·질서유지 또는 공공복리를 위하여 필요한 경우에는 법률로써 제한할 수 있다.

Ⅷ. 소비자의 권리

소비자의 권리 내지 소비자기본권이라 함은 소비자가 그들의 인간다운 생활을 영위하기 위하여 공정한 가격으로 양질의 물품 또는 용역을 적절한 유통구조를 통하여 적기에 구입하거나 사용할 수 있는 권리를 말한다.

1. 방문판매 등에 관한 법률

「방문판매 등에 관한 법률」(2002.3.30. 법률 제6688호 전문개정)이 2002년 3월 30일 개정되었다. 「방문판매 등에 관한 법률」을 개정한 이유는 통신판매에 관한 규정을 보완하여 「전자상거래 등에서의 소비자보호에 관한 법률」이 제정됨에 따라 이 법의 적용대상을 방문판매 및 다단계판매 중심으로 개편하고, 소비자피해가 빈발하는 전화권유판매·계속거래 등을 이 법의 적용대상에 새로이 추가하는 한편, 다단계판매업자가 소비자피해보상보험계약 등에 가입하는 것을 의무화하고, 법령상 의무를 위반한 사업자에 대한 시정조치명령·과징금제도 등을 도입함으로써 국민생활과 밀접하고 소비자 피해가 빈발하는 특수판매분야에서의 공정한 거래질서를 확립하기 위한 것이다.

[사례 1] K대 신입생 오순진군은 2022년 3월 10일 청운관 407호실에서 용인교재컨설팅 판매원 사기한씨로부터 월수입 500만 원 보장이라는 감언이설에 속아 번역사자격증 교재를 100만 원에 샀다. 그러나 알고 보니 그것은 정도가 지나친 광고에 불과하였다. 이 때에 오순진군은 어떠한 법적 방법으로 구제 받을 수 있을까?

▶ **해설** : 이 사례는 방문판매(訪問販賣)에 관한 문제이다. 방문판매라 함은 재화(財貨) 또는 용역(일정한 시설을 이용하거나 용역의 제공을 받을 수 있는 권리를 포함한다)의 판매(위탁 및 중개를 포함한다)를 업(業)으로 하는 자(이하 「판매업자」라 한다)가 방문의 방법으로 그의 영업소·대리점 기타 총리령이 정하는 영업장소(이하 「사업장」이라 한다) 외의 장소에서 소비자에게 권유하여 계약의 청약을 받거나 계약을 체결하여 재화 또는 용역을 판매하는 것을 말한다(방문판매 등에 관한 법률 제2조 제1호). 여기서 「기타 총리령이 정하는 영업장소」라 함은 영업소·대리점·지점·출장소 등 명칭 여하에 불구하고 소유 또는 임차하거나 점용허가를 받은 장소에서 일정한 시설을 갖추고 3월 이상 계속적으로 영업하는 고정된 장소를 말한다.

오순진군은 방문판매로 재화(상품)를 샀을 경우에는 계약서를 교부받은 날 또는 재화를 공급받은 날로부터 14일 이내, 할부거래로 샀을 경우에는 서면으로 7일 이내에 조건 없이 계약에 관한 청약을 철회(撤回)할 수 있다(방문판매 등에 관한 법률 제8조 제1항, 할부거래에 관한 법률 제5조). 두 가지 모두 해당되는 경우에는 긴 기간을 적용하게 된다. 예를 들어 방문판매이면서 동시에 할부거래인 경우에는 14일 이내에 철회할 수 있다. 다만 오순진군(소비자)은 다음 각호의 1에 해당하는 경우에는 방문판매업자의 의사에 반하여 청약을 철회할 수 없다. ① 소비자에게 책임 있는 사유로 재화 등이 멸실 또는 훼손된 경우(다만 재화 등의 내용을 확인하기 위하여 포장 등을 훼손한 경우를 제외한다), ② 소비자의 재화 등의 사용 또는 일부 소비에 의하여 그 가치가 현저히 감소한 경우, ③ 시간의 경과에 의하여 재판매가 곤란할 정도로 재화 등의 가치가 현저히 감소한 경우, ④ 복제가 가능한 재화 등의 포장을 훼손한 경우, ⑤ 그 밖에 거래의 안전을 위하여 대통령령으로 정하는 경우(소비자의 주문에 의하여 개별적으로 생산되는 재화 등)가 그것이다(방문판매 등에 관한 법률 제8조 제2항).

그러나 오순진군(소비자)은 「방문판매 등에 관한 법률」 제8조 제1항 또는 제2항의 규정에 불구하고 재화 등의 내용이 표시・광고의 내용과 다르거나 계약내용과 다르게 이행된 경우에는 당해 재화 등을 공급받은 날부터 3월 이내, 그 사실을 안 날 또는 알 수 있었던 날부터 30일 이내에 청약을 철회할 수 있다(동법 제8조 제3항).

재화 등의 훼손에 대하여 소비자의 책임이 있는지의 여부, 계약이 체결된 사실 및 그 시기, 재화 등의 공급사실 및 그 시기 또는 계약서의 교부사실 및 그 시기 등에 관하여 다툼이 있는 경우에는 방문판매업자가 이를 입증하여야 한다(동법 제36조).

만일에 오순진군이 미성년자로서 법정대리인(예컨대 부모)의 동의 없이 계약을 체결한 경우에는 오순진군 자신이 또는 그의 법정대리인이 취소할 수 있다(민법 제140조). 취소권은 추인(追認)할 수 있는 날로부터 3년 내에, 법률행위를 한 날로부터 10년 내에 행사하여야 한다(민법 제146조).

철회사유가 발생한 경우에는 청약철회의사를 내용증명(우체국에서 주소・성명・생년월일・철회의사 등을 기재한 편지형식)으로 발송한다. 또한 물건을 반품할 경우 등기소포나 택배 등 증거확보가 가능한 방법으로 처리하도록 한다. 청약의 철회는 서면을 발송한 날에 그 효력이 발생한다(방문판매 등에 관한 법률 제8조 제4항).

오순진군(소비자)은 청약을 철회한 경우에는 이미 공급받은 재화를 반환하여야 하며(동법 제9조 제1항), 방문판매업자는 재화를 반환받은 날부터 3영업일 이내에 이미 지급받은 재화의 대금을 환급하여야 한다(동법 제9조 제2항). 또한 공급받은 재화의 반환에 필요한 비용은 방문판매업자가 부담하며 방문판매업자는 오순진군(소비자)에게 청약철회를 이유로 위약금(違約金) 또는 손해배상을 청구할 수 없다(동법 제9조 제9항).

※ [내용증명]

① 의 의

내용증명 또는 내용증명우편(內容證明郵便)은 발신인이 수신인에게 어떠한 내용의 문서를 언제 발송했다는 사실을 우체국에서 증명하여 주는 특수우편제도이다. 내용증명은 문서를 정확히 전달하는 기능뿐만 아니라 내용을 증명할 필요가 있는 경우에 사용한다. 내용증명은 장래에 상대방과의 다툼에 대비한다는 것이 본질이다.

② 작성방법

편지지나 복사용지에 한쪽 면만을 사용하여 상대방에게 알리고자 하는 내용을 6하 원칙에 따라 구체적으로 기재한다.

㉠ 제 목

편지의 목적(예컨대「계약해제통보」,「손해배상청구」등)을 쓴다.

㉡ 수신인과 발신인의 주소·성명

당사자(수신인과 발신인)의 주소를 정확히 기재한다. 반드시 봉투 겉면 주소와 일치하여야 한다.

㉢ 본 문

사실관계와 자기주장을 쓴다. 청약철회인 경우 계약 경위를 명시하고 철회하겠다는 의사표시 정도로 충분하나, 그 외는 가능한 한 6하 원칙에 따라 구체적으로 기재한다.

㉣ 발신일자와 발신인

발송 날짜를 쓰고 발신인에 도장을 찍거나 사인한다.

㉤ 기 타

내용은 반드시 한글 또는 한자로 써야 한다. 영어는 고유명사와 첨부물에 한해 쓸 수 있다.

③ 발송절차

내용증명의 작성(원본)이 완료되면 2부를 복사(등본)하여 총 3부의 문서로 만들어 발신인에 도장을 찍거나 사인한다. 그 다음 원본과 함께 우체국 접수창구에 제출한다. 그러면 우체국은 원본은 수신인에게 발송하고, 등본 1부는 발신인에게 보관하게 하며, 나머지 등본 1부는 우체국에서 보관한다.

④ 이용범위 및 재증명의 청구

내용증명은 국내우편물의 특수취급이기 때문에 외국으로는 발송할 수 없고, 다만 국내에 거주하는 외국인에 대하여는 발송할 수 있다.

발신인이나 수신인이 내용증명문서의 등본이나 원본을 분실한 때에는 내용증명을 발송한 다음날부터 3년 내에는 발송우체국에서 내용증명의 열람이나 재증명(복사)을 청구할 수 있다.

[서식] 내용증명

계약해제통보

수신인
　주소 :
　성명 :

발신인
　주소 :
　성명 :

1. 발신인은 2022. 3. 10. K대에서 귀사의 방문판매원 사기한씨로부터 번역사자격증교재에 대한 구입의사를 밝혔고, 2022. 3. 12. 위 물건을 배달받았습니다(계약시기와 배달시기).

2. 그러나 위 물건을 배달받은 후 확인하여 보니, …… 점에서 광고와 다르다는 것을 알게 되었습니다(철회사유).

3. 이에 「방문판매 등에 관한 법률」에 따라 구입의사를 철회하고자 합니다(철회의사).

2022. 3. 20
발신인 오순진 인

[사례 2] K대생 천리안씨는 「글로벌코리아(Global Korea)」라는 업체로부터 평생회원에 가입하면 물품 구입시 10% 할인 혜택을 준다며 가입을 권유하는 전화를 수차례 받았다. 회원 가입을 하면 할인회원권과 함께 43만 원 상당의 어학교재와 테이프를 준다는 텔레마케터의 말에 천리안씨는 회원가입을 하였다. 며칠 후 「글로벌코리아(Global Korea)」 업체에 회비 100만 원을 송금하였으나, 업체에서는 할인회원권과 테이프만 보내 주고 어학교재는 보내 주지 않았다. 회원에 가입하기 전에는 텔레마케터가 계속 전화를 했으나 회원 가입 후에는 전화도 하지 않고 안내책자는 물론 어학교재를 보내주지 않고 있다.

그 날 곰곰이 생각해 보니 할인회원권이 학생에게는 별로 도움이 안 되는 것 같아 천리안씨는 담당 텔레마케터에게 해약을 요구하자 담당 텔레마케터는 담당 팀장에게 전화를 하라고 했고 담당 팀장은 신경질적으로 짜증을 내며 절대 해약이 안 된다고 한다. 천리안씨는 어떻게 하여야 할까?

▶ **해설** : 이 사례는 「할인회원권업」과 전화권유판매에 관한 문제이다. 소비자분쟁해결기준에 의하면 「할인회원권업」이라 함은 여러 업종의 판매업소를 가맹점으로 확보한 후 회원을 모집하고 일정금액의 회비를 받아 운영하는 업종을 말한다. 할인서비스 유형에는 가전제품 구입시 할인 등 제품구입시의 물품할인과 여행, 콘도, 스키장 이용시 할인 등 서비스 할인이 있다.

이 사례는 전화권유판매로 용역을 공급받은 경우이므로 천리안씨는 계약서를 교부받은 날 또는 용역을 공급받은 날로부터 서면으로 14일 이내에 조건 없이 계약에 관한 청약을 철회(撤回)할 수 있다(방문판매 등에 관한 법률 제8조 제1항). 다만 천리안씨(소비자)에게 ① 책임 있는 사유로 재화 등이 멸실 또는 훼손된 경우(다만 재화 등의 내용을 확인하기 위하여 포장 등을 훼손한 경우를 제외한다), ② 소비자의 재화 등의 사용 또는 일부 소비에 의하여 그 가치가 현저히 감소한 경우, ③ 시간의 경과에 의하여 재판매가 곤란할 정도로 재화 등의 가치가 현저히 감소한 경우, ④ 복제가 가능한 재화 등의 포장을 훼손한 경우, ⑤ 그 밖에 거래의 안전을 위하여 대통령령으로 정하는 경우(소비자의 주문에 의하여 개별적으로 생산되는 재화 등)에는 청약을 철회할 수 없다(방문판매 등에 관한 법률 제8조 제2항).

또한 이 사례는 「방문 판매 등에 관한 법률」 제8조 제1항 또는 제2항의 규정에 불구하고 재화 또는 용역의 내용이 표시 · 광고의 내용과 다르거나 계약내용과 다르게 이행된 경우이므로 천리안씨는 재화 또는 용역을 공급 받은 날부터 3월 이내, 그 사실을 안 날 또는 알 수 있었던 날부터 30일 이내에 청약을 철회할 수 있다(방문판매 등에 관한 법률 제8조 제3항).

[사례 3] K대생 나컴맹씨는 하루에 100개의 광고를 일년 동안 보면 컴퓨터가 자신의 소유가 된다는 생활정보지를 보고 전화로 문의하니 무료 컴퓨터 제공광고를 낸 K중개업체(인터넷 광고대행사)가 사무실을 방문하라고 권유하여 K중개업체를 방문하였다. 이 때에 무료 컴퓨터 제공 광고를 낸 K중개업체에서는 광고주로부터 받은 광고료를 소비자 계좌로 매월 일정 금액 적립해줌으로써 그 적립금으로 컴퓨터 할부금을 갚게 된다는 것이라고 하여 계약을 체결하였다. 게다가 소비자보호를 위하여 H캐피탈과 계약을 맺었다는 얘기를 듣고 전혀 의심 없이 계약서에 서명하였다.

얼마 전 광고를 클릭하기 위하여 K사이트에 들어갔는데 연결이 되지 않아 K중개업체로 전화를 했더니 통화가 되지 않았고, 며칠 후 H캐피탈로부터 중개업체는 부도가 났으니 돈을 입금하라는 독촉 전화를 받았다. 너무도 황당한 나컴맹씨는 이 경우에 어떻게 하여야 하나?

▶ **해설** : 무료 컴퓨터 관련 중개업체들은 사이트를 개설하여 소비자가 광고를 클릭한 만큼의 금액을 적립하여 줄 뿐 실제 컴퓨터 구입은 할부금융사와 소비자 사이에 이루어진다는 점을 유의하여야 한다. 실질적으로 K중개업체가 광고주로부터 광고료를 환수하지 못한 경우, 적립금 지불약속을 이행하지 않는 경우, 부실운영 등으로 부도가 난 경우에는 소비자가 나머지 할부금을 갚아야 한다.

만일에 K중개업체가 부도가 나지 않은 경우에는 나컴맹씨는 K중개업체에 계약해제의사를 내용증명으로 발송하는 것이 바람직하다고 할 수 있다.

2. 내용증명과 소비자의 권리

[사례 1] 2022년 당시 미성년자였던 경솔한양은 이동전화서비스에 가입하면서 일주일 내에 부모의 동의를 받지 못하면 대리점에서 계약을 해제해주기로 약속하였다. 부모의 동의를 받지 못해 3일 후 가입 대리점에 이를 알리고, 단말기를 반납하고 계약해제를 요구하였다. 그러나 계약 해제가 계속 지연되더니 업체로부터 신용불량 등록 및 법적 절차에 착수하겠다는 통고장을 받았다. 성년이 된 지금 경솔한양은 어떻게 해야 할까?

▶ **해설** : 일단 경솔한양은 협박성 독촉장을 받았을 경우 해당 대리점에 서면으로 내용증명을 발송하여 이의를 제기한다. 또한 경솔한양은 법정대리인(부모)의 동의 없이 계약을 체결하였으므로 추인(追認)할 수 있는 날로부터 3년 내에, 계약을 한 날로부터 10년 내에 취소권을 행사할 수 있다(민법 제146조).

[사례 2] 현재 25살인 김경박군은 고등학교 때 노상에서 문학전집을 구입하였다. 당시 미성년자인 상태로 계약을 했고, 부모님이 전화로 계약해제를 요청해 업체 직원이 이를 처리하겠다고 응답하였다. 이 말을 믿고 취소 처리가 해결된 것으로 알고 있었는데 7년이 지난 작년 말에 연체금까지 1백만 원이 가산되어 청구되었고, 지난해 말부터 미납된 도서대금을 내라면서 그렇지 않으면 법원에 소송을 걸겠다고 밤낮없이 협박전화하고 있다. 김경박군은 어떻게 해야 할까?

▶ **해설** : 일단 김경박군(소비자)은 협박성 독촉장을 받았을 경우 해당 업체에 서면으로 내용증명을 발송하여 이의를 제기한다. 또한 김경박군이 해당 업체로부터 지급명령서를 받았을 경우에는 2주일 이내에 이의신청을 하여야 한다. 만일에 김경박군이 아무런 조치를 취하지 않으면 지급명령은 판결과 동일한 효력을 갖는다는 점을 유의하여야 한다.

이 사례의 경우 김경박군은 소멸시효제도를 이용하면 된다. 소멸시효(消滅時效)라 함은 권리의 불행사라는 사실상태가 일정기간 동안 계속됨으로써 권리소멸의 효과가 발생하는 시효를 말한다. 이 사례와 같은 물품대금채권은 소멸시효기간이 3년이다. 따라서 해당 업체는 도서대금을 청구할 수 없고, 김경박군은 도서대금을 지급하지 않아도 된다.

3. 여행업과 소비자의 권리

[사례 1] 나불만씨는 사이판 4박5일 신혼여행 상품을 계약 후 여행대금 200만 원을 지불하였다. 계약당시 여행사에서 제공한 일정표에는 허니문 특전으로 과일바구니, 해상스포츠 등을 무료로 제공한다고 기재되어 있었으나 여행 출발 당일 교부한 일정표상에는 동력을 이용하는 것은 유료라고 표시되어 있었고 현지에서 특전 내용이 이행되지 않았다. 이 경우 나불만씨는 피해보상을 받을 수 있을까?

▶ **해설** : 국외여행 표준약관 제13조(여행조건의 변경요건 및 요금 등의 정산)에 의하면, 여행조건은 다음 각 호의 1의 경우에 한하여 변경될 수 있다. ① 여행자의 안전과 보호를 위하여 여행자의 요청 또는 현지사정에 의하여 부득이하다고 쌍방이 협의한 경우, ② 천재지변, 전란, 정부의 명령, 운송·숙박기관 등의 파업·휴업 등으로 여행의 목적을 달성할 수 없는 경우가 그것이다.

이 사례의 경우 국외여행 표준약관에서 정한 일정변경 조건에 해당하지 않으므로 소비자가 입은 피해를 보상받을 수 있다. 따라서 나불만씨는 피해보상을 받을 수 있다.

[사례 2] 나황당씨는 여행사를 통해 4박5일간 필리핀 여행을 다녀왔다. 여행기간 중에 1일당 미화 80불 상당의 식사를 제공받기로 되어 있었으나 실제 제공된 식사는 이에 못 미치는 부실한 식사로 판단되고 서비스도 엉망인데 이러한 경우 나황당씨는 피해보상을 받을 수 있을까?

▶ **해설** : 「소비자분쟁해결기준」에 의하면 국외여행의 경우 ① 여행사의 계약조건 위반으로 인한 피해(여행 후), ② 여행계약의 이행에 있어 여행종사자의 고의 또는 과실로 여행자에게 손해를 끼쳤을 경우에는 여행자가 입은 손해를 배상하여야 한다.

따라서 이 사례의 경우 나황당씨는 당초 계약상의 식사비용과 실제 제공된 식사비용의 차액을 배상 받을 수 있다. 다만 이러한 경우 부실한 식사에 대한 입증자료를 준비하여야만 문제 해결에 도움이 될 수 있다.

[사례 3] 고지식씨는 여행사를 통해 유럽의 역사유적 7박8일간 관광을 다녀왔다. 여행기간 중 여행 안내원이 박물관 입장료, 놀이시설 이용료 등을 여행 현지에서 내라고 하여 추가요금을 모두 지불하고 구경을 했는데 귀국 후 당시 관광안내서를 확인하여 보니 이런 비용이 여행요금에 모두 포함되어 있었다. 이 경우 고지식씨는 피해보상을 받을 수 있을까?

▶ **해설** : 「소비자분쟁해결기준」에 의하면 국외여행의 경우 여행사의 계약조건 위반으로 인한 피해의 경우에는 여행자가 입은 손해를 배상하여야 한다.

따라서 이 사례의 경우 고지식씨는 당초 계약과 달리 현지에서 지불한 박물관 입장료, 놀이시설 이용료 등 추가로 지불한 비용은 배상받을 수 있다(현지에서 추가로 지불한 경비 환급을 요구할 수 있다).

[사례 4] 기차표씨는 충주 수안보 등을 관광하는 여행을 계약하고 관광을 하였다. 그런데 돌아오는 길에 원래 계약과는 달리 안양까지 오지 않고 수원에서 내려주어 하는 수 없이 안양까지 택시를 타고 귀가하였다. 이 경우 기차표씨는 택시비를 배상받을 수 있을까?

▶ **해설** : 「소비자분쟁해결기준」에 의하면 국내여행의 경우 ① 여행사의 계약조건 위반으로 인한 피해(여행 후), ② 여행사 또는 여행종사자의 고의 또는 과실로 인한 여행자의 피해 ③ 여행 중 위탁수하물의 분실, 도난, 기타 사고로 인한 피해, ④ 여행사의 고의·과실로 인해 여행일정의 지연 또는 운송 미완수의 경우에는 여행자가 입은 손해를 배상하여야 한다.

이 사례의 경우 여행 후 여행사의 계약조건 위반으로 인한 피해의 경우(일정변경)에 해당한다. 따라서 기차표씨는 천재지변에 의한 것이 아니라면 기차표씨가 지불한 택시비의 보상을 요구할 수 있다.

[사례 5] 어떨결씨는 지난 2월 여행사를 통해 3박4일의 제주도 신혼여행을 계약하고 여행경비 600,000원을 지불하였다. 계약할 때 현지의 숙소는 특급호텔이라고 했는데 막상 제주도에 도착하여서는 1급호텔을 지정받아 투숙하게 되었다. 이 경우 어떨결씨는 호텔비용의 차액을 돌려 받을 수 있을까?

▶ **해설** : 「소비자분쟁해결기준」에 의하면 국내여행의 경우 여행사의 계약조건 위반으로 인한 피해(여행 후)의 경우에는 여행자가 입은 손해를 배상하여야 한다.

이 사례의 경우 여행 후 여행사의 계약조건 위반으로 인한 피해의 경우(숙박지 변경)에 해당한다. 따라서 어떨결씨는 현지 1급호텔과 특급호텔과의 요금 차액을 배상받을 수 있다.

4. 상품권과 소비자의 권리

[사례 1] 「청운세탁소」를 운영하는 김양복씨는 2022년 3월 14일에 권면금액 30만 원짜리 양복상품권을 선물로 받았다. 상품권을 발행한 「회기양복점」에 가서 양복을 맞추려고

하였으나 그 주인인 이한복씨는 발행일로부터 기간이 많이 경과되었다며 10만 원을 추가로 지불할 것을 요구하였다. 상품권에는 유효기간이 명시되어 있지 않아 사용기간 제한이 있는지를 알지 못했다. 이 경우 김양복씨는 법적으로 어떻게 해야 하나?

▶ **해설** : 1999년 2월 상품권법이 폐지됨에 따라 기존의 상품권관련 피해보상규정을 보완하였다. 「소비자분쟁해결기준」에 의하면 유효기간이 설정되지 않은 상품권은 상법상 상사채권 소멸시효기간(5년)이 적용된다. 그러므로 5년이 경과하지 않은 상품권은 현금이나 물품 또는 용역을 제공받을 수 있다. 따라서 김양복씨는 30만 원을 환불받거나 30만 원 상당의 양복을 제공받을 수 있다.

※ [소비자분쟁해결기준]

소비자기본법 제16조 제2항의 규정에 의하여 소비자와 사업자간의 분쟁의 원활한 해결을 위하여 소비자기본법시행령 제8조의 규정에 의한 일반적 소비자분쟁해결기준에 따라 품목별로 소비자피해를 보상할 수 있는 기준을 정해 놓은 규정이 「소비자분쟁해결기준」이다.

「소비자분쟁해결기준」은 분쟁 당사자간의 별도의 의사표시가 없고 피해 소비자가 품목별 보상기준에 따른 보상만을 청구하는 경우에 한하여 피해보상의 기준이 된다. 그러나 실제로는 소비자원·소비자단체의 소비자피해 상담·합의권고 과정에서 분쟁해결을 위한 가이드라인으로 주로 적용되며, 따라서 사업자 또는 소비자가 이의를 제기할 경우에는 강제력이 없으며 최종적으로는 민사소송에 의하여 해결하여야 한다.

[사례 2] 우매한씨는 K호텔 패키지 이용권을 2022년 2월 1일 30만 원에 구입하였다. 상품권의 유효기간은 30일이었는데 이를 미처 확인하지 못한 상태에서 미국출장을 다녀온 뒤 상품권면에 「본 권의 유효기간은 30일이며 유효기간에 한해서만 사용하실 수 있습니다」라고 쓰여 있는 것을 발견하였다. 당시는 이미 유효기간이 20일 정도 지난 상태였다. K호텔측에 문의를 하였더니 유효기간이 지난 상품권은 회사 방침상 사용할 수 없다며, 사실상 사용불가 방침을 통보하였다. 우매한씨는 이 경우에 어떻게 해야 하나?

▶ **해설** : 「소비자분쟁해결기준」에 의하면 비록 상품권의 유효기간이 경과하였다

하더라도 상사채권 소멸시효기간(5년) 이내인 경우에는 권면금액의 90%에 해당하는 현금이나 물품 또는 용역을 제공하도록 규정하고 있다.

이 사례의 경우 상품권의 유효기간이 경과한 것은 사실이지만, 실질적으로 권리를 행사할 수 있게 된 구입일을 기준으로 보았을 때 상사채권 소멸시효기간인 5년은 경과하지 않았다. 따라서 「소비자분쟁해결기준」에 따라 K호텔측(사업자)은 우매한씨(소비자)에게 권면금액의 90%에 해당하는 현금을 상환하거나 용역을 제공하여야 할 의무가 있다.

[사례 3] 나속타씨는 K백화점 식품매장에서 10만 원권 상품권으로 과일을 사려고 상품권을 제시하였다. 그러나 매장 담당직원은 할인행사 기간이라며 상품권 받기를 거절하였다. 나속타씨는 상품권 권면에 분명히 이 매장에서도 상품권을 사용할 수 있도록 기재되어 있다며 이의를 제기하였다. 그럼에도 담당직원은 회사의 내부방침 때문에 어쩔 수 없다고 한다. 속에서 불이 날 것만 같은 나속타씨는 그 담당직원이 야속하기만 한데, 나속타씨는 이 경우에 어떻게 해야 하나?

▶ **해설** : 「소비자분쟁해결기준」에 의하면 할인매장 또는 할인기간 중이라는 이유 등으로 상품권 상환을 거부하여서는 아니 되며, 만일 이에 위반하여 상품권 사용을 거부할 경우 상품권 발행자(직영매장 포함)와 상품권 발행자가 지정한 자(상품권 사용 가맹점 등)는 상품권을 제시한 사람에게 당해 상품을 제공하거나 상품권의 권면금액 전액을 현금으로 환급하여야 한다고 규정하고 있다.

이 사례의 경우 할인기간 중에는 상품권을 받지 말라는 회사의 내부방침을 이유로 상품권 사용을 거부하는 것은 부당하다. 따라서 나속타씨는 당해 상품을 제공받거나 상품권의 권면금액 전액을 현금으로 환급받을 수 있다.

※ [상품권관련 피해유형과 보상기준]

① 잔액 현금환급을 거부하는 경우(금액상품권)

여기서 금액상품권이라 함은 상품권의 권면에 기재된 금액에 상응하는 물품 또는 용역을 제공받을 수 있는 상품권을 말한다(상품권표준약관 제2조). 상품권의 권면금액(권면에 기재된 금액)이 1만 원을 초과하는 경우에는 60% 이상 구매시 잔액을 환급받을 수 있고, 상품권의 권면금액이 1만 원 이하인 경우에는 80% 이상 구매시 잔액을 환급받을 수 있다(상품권표준약관 제7조).

② 유효기간의 경과를 이유로 상환을 거부하는 경우

유효기간이 경과한 상품권이라도 상사채권 소멸시효기간(5년) 이내인 경우에는 권면금액의 90%에 해당하는 현금이나 물품 또는 용역을 제공받을 수 있다(상품권표준약관 제6조).

③ 할인매장 또는 할인기간이라는 이유로 상환을 거부하는 경우

이 경우 상품권의 권면금액 전액이나 당해 물품 또는 용역을 제공받을 수 있다. 다만 미리 상품권면에 기재한 특정매장(할인매장 제외)에 대하여 상품권의 사용을 제한할 수 있다(상품권표준약관 제3조).

④ 특정상품 또는 용역에 대하여 상환을 거부하는 경우

이 경우 상품권의 권면금액 전액이나 당해 물품 또는 용역을 제공받을 수 있다. 다만 미리 상품권면에 기재한 물품 또는 용역에 대하여 상품권의 사용을 제한할 수 있다(상품권표준약관 제3조).

⑤ 상품권의 사용매수를 제한하는 경우

이 경우 상품권의 권면금액 전액이나 당해 물품 또는 용역을 제공받을 수 있다.

⑥ 물품 또는 용역의 제공이 불가능하거나 지체되어 당해 상품권의 현금상환을 요구하였으나 이를 거부하는 경우

이 경우에는 상품권의 권면금액 전액을 받을 수 있다.

5. 머리염색과 소비자의 권리

[사례] 유행에 민감한 K대생 최패션양은 미용실에서 1차 탈색 후 2차 탈색을 하던 중 스팀기를 쓰고 있었는데 너무 뜨거워 미용사에게 말했으나 적절한 조치를 해 주지 않았다. 그 결과 처음에는 모발이 상하거나 갈라지는 모발손상과 머리카락이 심하게 빠지는 탈모증상으로 나타나더니 나중에는 머리 속에서 진물이 나와 병원에 갔더니 뼈가 보일 정도로 화상이 심하고 1차 수술 후 피부이식수술과 모근수술을 해야 하며 후유장애가 발생할 수 있다고 한다. 1차 수술비만 1천만 원이 들었으나 미용실에서는 손해배상을 해줄 수 없다고 하고 있다. 이 경우 최패션양은 어떻게 하여야 하나?

▶ **해설** : 머리염색과 관련하여 피해가 발생한 경우에 이에 대한 손해배상이 원만하게 이루어지지 않고 있다. 그 이유는 피해가 발생한 경우 머리염색제 성분 자체의 문제인지 미용실의 과실인지 입증하기가 어려워 머리염색제 제조업체와 미용실에서 서로 책임을 미루기 때문이다.

최패션양은 우선 해당 미용실과 합의를 해보고, 합의가 안 되면 피부과전문의 진단서, 치료비 영수증 등 입증자료를 첨부하여 피해구제를 한국소비자원에 청구한다.

6. 학원운영업과 소비자의 권리

[사례] K대생 박수강씨는 인터넷에 광고를 띄운 「바이든 외국어학원」을 찾아가 미국생활영어강좌를 6개월 동안 수강하기로 하고, 수강료 60만 원을 지불하였다. 그러나 애당초 학원 측의 설명과는 달리 허위사실 또는 허위광고 등에 의한 계약의 체결, 정원을 초과한 수강자의 교습, 무자격 또는 자격미달의 강사에 의한 교습 등 상당한 피해가 발생하였다. 이 경우 박수강씨는 피해구제를 받을 수 있을까?

▶ **해설** : 이 경우는 학원측의 허위·과장광고 등으로 소비자(수강생)를 유인·모집한 경우이므로 학원의 설립·운영 및 과외교습에 관한 법률 시행령과 「소비자분쟁해결기준」, 그리고 학원표준약관(제12조)에 의하면 박수강씨(소비자)는 수강해약을 하여 수강료 60만 원 전액을 환불받을 수 있다.

7. 택배 및 퀵서비스업과 소비자의 권리

[사례 1] 박소포씨는 H택배를 통하여 용인에서 서울에 있는 형 박대포씨에게 붕어즙(시중가 30만 원)을 보냈다. 그러나 도착일이 2일이나 지연돼 붕어즙이 부패되어 복용이 불가능하였다. 박소포씨는 이에 대한 손해배상을 요구했으나 H택배는 소비자가 포장을 잘못하여 부패한 것이라며 손해배상을 거부하고 있다. 박소포씨는 이 경우 어떻게 해야 하나?

▶ **해설** : 택배를 의뢰할 때에는 반드시 물품의 종류와 물품 가액을 운송장에 기재하고 식품과 같이 변질될 우려가 있는 품목은 운송에 주의할 것을 부탁하는 것이 좋다. 그래야만 나중에 문제가 생겼을 경우 손해배상을 받기가 쉽다.

택배표준약관(제10조)에 의하면 사업자는 고객이 운송장에 필요한 사항을 기재하지 아니한 경우, 운송에 적합한 포장이 되지 않은 경우, 운송물이 살아있는 동물·동물사체 등인 경우에는 운송물의 수탁을 거절할 수 있다. 또한 「소비자분쟁해결기준」과 택배표준약관(제20조)에 의하면 사업자는 자기 또는 사용인 기타 운송을 위하여 사용한 자가 운송물의 수탁·인도·보관 및 운송에 관하여 주의를 태만히 하지 않았음을 증명하지 못하는 한, 고객에게 운송물의 멸실, 훼손 또는 연착으로 인한 손해를 배상하여야 한다.

이 사례의 경우 사업자가 붕어즙의 운송을 수락했고 사업자의 과실로 운송이 지연돼 부패의 원인이 됐다면 당연히 손해배상의 책임을 져야 한다. 따라서 H택배(사업자)는 박소포씨(소비자)에게 30만 원을 배상하여야 한다.

[사례 2] 노트북씨는 용인시에서 서울 회기동까지 컴퓨터의 운송을 의뢰하였다. 담당 직원은 의뢰한 물품이 고가품이므로 「파손면책」 특약에 날인해 달라고 요구하였다. 그런데 인도된 물품을 보니 액정이 깨져 수리비 20만 원이 들었다. 이에 대한 보상을 요구하니 「파손면책」 특약을 들어 보상해 줄 수 없다고 한다. 노트북씨는 이 경우 피해구제를 받을 수 있을까?

▶ **해설** : 택배표준약관(제22조)에 의하면 사업자는 천재지변 기타 불가항력적인 사유에 의하여 발생한 운송물의 멸실·훼손 또는 연착에 대해서는 손해배상책임을 지지 아니한다.

운송계약조건으로 운송장에 「파손면책」을 기재하였을 경우에는 어떻게 되는가가 문제된다. 여기서 「파손면책특약」이라 함은 택배회사가 소비자로부터 포장이 부실하거나 깨지기 쉬운 물품을 의뢰받을 경우 수탁을 거절할 수 있으며 이 때에 소비자가 이와 같은 위험을 감수하고도 운송을 의뢰하면서 만일에 파손되더라도 사업자에게 책임을 묻지 않겠다는 특약을 말한다. 다만 「파손면책」은 통상의 주의의무를 다하여 운송을 하였음에도 파손된 경우 면책이 주어지는 것이지 사업자가 운송을 잘못하여 파손된 경우에 대해서는 면책이 주어지지 않는다.

2001년 7월 11일 공정거래위원회에서 승인한 택배표준약관에서는 소비자에게 일방적으로 불리한 내용을 담고 있는 「파손면책」 조항을 「약관의 규제에 관한 법률」 위반으로 삭제하였다. 따라서 노트북씨는 수리비 20만 원을 보상받을 수 있다.

[사례 3] 김홍삼씨는 H택배를 통하여 용인에서 서울로 형 김수삼씨에게 시가 20만 원 정도 되는 인삼을 보냈는데 수취인 김수삼씨가 이를 받지 못했다고 김홍삼씨에게 알려왔다. 김홍삼씨는 운송장을 복사하여 H택배에 보냈으나 H택배는 얼마 전에 이미 폐업한 것으로 확인되었다. 김홍삼씨는 이 경우 피해구제를 받을 수 있을까?

▶ **해설** : 피청구인인 H택배가 폐업됐기 때문에 김홍삼씨는 사실상 피해보상을 받을 수 없다.

8. 중고내구재와 소비자의 권리

[사례] 성격이 쾌활한 K대생 명랑한군은 자취방에 사용할 중고 냉장고를 구입하여 사용하던 중 구입 후 1달 만에 냉장고가 고장이 나서 작동이 되지 않았다. 중고가전제품 판매상인 나아비씨는 중고품이 언제 고장날지 자기도 알 수 없다며 피해보상을 거절하였다. 명랑한군은 이 경우 구제받을 수 있을까?

▶ **해설** : 「소비자분쟁해결기준」에 의하면 중고 가전제품(TV, 냉장고, 세탁기에 한함)이 ① 판매업자가 보증한 기간 이내에 정상적인 사용상태에서 성능·기능상의 하자가 발생한 경우에는 무상수리 또는 수리비 보상(보증여부·보증기간 등은 개별 약정에 따름)을 받을 수 있다. ② 판매업자가 품질보증에 관한 사항을 명시적으로 소비자에게 고지하지 않은 경우 ㉠ 보증기간 이내에 정상적인 사용상태에서 성능·기능상의 하자가 발생한 경우에는 무상수리 또는 수리비 보상을 받을 수 있고, ㉡ 보증기간 이내에 동일 하자가 4회째 발생하거나, 여러 부위의 하자가 5회째 발생한 경우에는 구입가 환급을 받을 수 있다(품질보증 기간은 구입일로부터 6개월로 함).

이 사례와 같이 판매업자가 품질보증에 관한 사항을 명시적으로 소비자에게 고지하지 않은 경우 6개월간 성능 보장을 해주어야 하므로 명랑한군은 무상수리 또는 수리비 보상을 받을 수 있다.

참고로 중고자동차의 경우 판매업자가 보증한 기간 이내에 보증을 약정한 부품에 하자 발생시 무상수리 또는 수리비 보상을 받을 수 있다.

9. 신종 서비스업과 소비자의 권리

(1) 결혼 정보업과 소비자의 권리

[사례] 33세의 회사원인 남총각씨는 K결혼정보회사에 가입비 70만 원을 선불하면서 10회의 소개를 받기로 하고 4회 소개를 받았으나, 마음에 드는 사람이 없던 중, 대학동창 소개로 만난 여처녀양과 결혼을 약속하게 되었다. 이에 따라 더 이상 K결혼정보회사의 소개의 필요가 없어짐에 따라 남총각씨는 K결혼정보회사에 계약해지를 통보하였다. 이 경우 남총각씨는 얼마나 돌려받을 수 있을까?

▶ **해설** : 「소비자분쟁해결기준」에 의하면 사업자의 귀책사유로 인한 해약(解約)의 경우 서비스 개시 전에는 가입비 환급 및 가입비의 20%를 배상받을 수 있고, 서비스 개시 후에는 가입비 − [가입비 × (소개횟수/총횟수)] + 가입비의 20%를 환급받을 수 있다. 이에 대하여 소비자의 귀책사유로 인한 해약의 경우 서비스 개시 전에는 가입비의 80%를 환급받을 수 있고, 1회 이상 소개 후에는 가입비의 80% × (잔여횟수/총횟수)를 환급받을 수 있다.

따라서 남총각씨는 56만 원(70만 원 × 80%) × 6/10 = 33만6천 원을 돌려받을 수 있다.

(2) 산후 조리원과 소비자의 권리

[사례] 2022년 2월 25일이 출산 예정일인 주부 나산모씨는 2022년 1월 1일 시설이 좋고 산후조리를 잘 해준다고 소문이 난 K산후조리원과 출산 예정일(2월 25일)에 입소하기로 계약하고, 계약금으로 100만 원을 지급하였다. 그러나 그 후 건강이 좋지 않은 나산모씨를 염려하여 나산모씨의 친정어머니가 직접 산후조리를 해 주겠다고 하므로 나산모씨는 2022년 2월 1일 K산후조리원에 계약해지를 통보하였다. 이 경우 나산모씨는 얼마나 돌려받을 수 있을까?

▶ **해설** : 「소비자분쟁해결기준」에 의하면 입소 전 계약해제의 경우 ① 사업자의 귀책사유로 인한 경우에는 계약금 환급 및 계약금의 100%를 배상받을 수 있고, ② 소비자의 귀책사유로 인한 경우에는 ㉠ 입소예정일 전 9일 이후에는 계약금 전액을 환급받을 수 없고, ㉡ 입소예정일 전 10일~

20일 이전에는 계약금의 30%를 환급받을 수 있으며, ㉢ 입소예정일 전 21일~30일 이전에는 계약금의 60%를 환급받을 수 있고, ㉣ 입소예정일 전 31일 이전 또는 계약 후 24시간 이내에는 계약금 전액을 환급받을 수 있다.

이에 대하여 입소 후 계약해지의 경우 ① 사업자의 귀책사유로 인한 경우에는 총이용 요금에서 이용기간에 해당하는 요금액을 공제한 잔액을 환급받고, 총이용 요금의 10%를 배상받을 수 있으며, ② 소비자의 귀책사유로 인한 경우에는 총이용 요금에서 [이용기간에 해당하는 요금액 + 총이용 요금의 10%]를 공제한 잔액을 환급받을 수 있다.

이 사례의 경우 나산모씨의 귀책사유로 인하여 입소예정일 전 21일~30일 이전에 계약해제를 하였으므로 나산모씨는 계약금의 60%인 60만 원을 돌려받을 수 있다.

10. 할부거래에 관한 법률과 소비자의 권리

[사례] 인터넷씨는 무료 컴퓨터 제공광고(하루에 100개의 광고를 일 년 동안 보면 컴퓨터가 자신의 소유가 된다)와 관련하여 신용카드회사(신용제공자)를 통하여 할부로 컴퓨터를 150만 원에 구입하기로 계약하였다. 그러나 인터넷씨가 컴퓨터를 인도 받지 못하였거나 수리를 맡겼으나 되돌려 받지 못한 경우 및 컴퓨터를 인도 받고 광고료를 받지 못한 경우에는 어떻게 하여야 할까?

▶ **해설** : 할부거래에 관한 법률(제16조 제1항 제4호 및 동조 제2항, 제16조 제1항 제2호 및 동조 제2항)에 근거하여 인터넷씨(소비자)는 빠른 시일 내에 신용카드회사(신용제공자)에 항변권(할부금 지급거절 의사표시)을 행사하여 할부금 지급을 거절할 수 있다. 할부거래에 관한 법률에 의하면 할부가격이 대통령령이 정한 금액(대통령령으로 정한 금액이라 함은 10만 원을 말한다. 다만 여신전문금융업법에 의한 신용카드를 사용하여 할부거래를 하는 경우에는 20만 원을 말한다. 할부거래에 관한 법률시행령 제6조 참조) 이상인 경우에 한하여 신용카드회사(신용제공자)에 할부금의 지급거절의사를 통지한 후 그 할부금의 지급을 거절할 수 있다(제12조 제1항 제2호 및 동조 제2항). 항변권은 장차 입증을 위하여 내용증명(우편)으로 발송한다.

만일에 항변권을 행사하였음에도 불구하고 신용카드회사에 할부금이 결제되었다면 인터넷씨는 다음의 서류를 구비하여 한국소비자원에 피해구제를 청구한다. ① 양 당사자 인적사항, 피해경위서, 할부금융약정서(카드회사는 매출전표나 대금청구서 사본), 컴퓨터 보급계약서(컴퓨터 제공업체와 계약한 서류), ② 컴퓨터를 인도받지 못한 경우에는 미인도 확인서, 항변권을 행사한 내용증명사본(신용카드회사, 컴퓨터 제공업체에 보낸 것), ③ 광고료를 받지 못한 경우에는 계약에서부터 현재 상황에 이르기까지의 상황을 일목요연하게 작성한 서류가 그것이다.

11. 신용카드업과 소비자의 권리

[사례 1] 공무원 나태한씨는 오전 11시 경 사무실의 의자에 상의를 벗어 걸어 놓았는데 신용카드와 현금 10만 원을 도난당하였다. 이 사실을 오후 1시 경 발견하고 신용카드사에 분실신고를 하였는데 그 사이 300만 원이나 부정사용되었다. 신용카드사를 방문하여 도난경위서를 작성하던 중 카드 뒷면에 서명을 하였는지를 기록하는 란에 「서명하지 않았음」으로 썼다. 그랬더니 신용카드사에서는 미서명 카드에 대해서는 보상해 줄 수 없다고 한다. 나태한씨는 이 경우 어떻게 해야 하나?

▶ **해설** : 「여신전문금융업법」에 의하면 분실·도난 신고를 통지한 날로부터 60일 전까지 제3자가 부정사용한 경우 전액 보상을 받을 수 있다(동법 제16조 제1항). 다만 신용카드개인회원 약관에 의하면 ① 카드의 미서명·관리소홀·대여·양도·보관·담보제공 등으로 인한 부정사용의 경우, ② 카드의 비밀번호 유출로 인한 부정사용의 경우, ③ 물품의 판매 또는 용역의 제공을 가장한 불법매출에 관련된 부정사용의 경우, ④ 부정사용의 피해조사를 위하여 카드사가 정한 조사에 협조하지 아니한 경우, ⑤ 분실·도난사실을 알고도 정당한 사유 없이 늦게 신고한 경우, ⑥ 천재지변·전쟁·내란·풍수해 기타 이와 비슷한 변란으로 인한 질서문란 중에 생긴 부정사용의 경우 등의 경우에는 신고일로부터 60일의 기간 이내임에 불구하고 보상하지 않는다고 규정하고 있다.

이 사례의 경우 나태한씨(소비자)가 카드 이면(뒷면)에 서명하지 않았다는 자술서를 제출하였으므로 신용카드회사가 이에 근거하여 보상을 거절한다면 달리 대항할 방법이 없다. 다만 신용카드회사에서 회원(소비자)에게 면책조항에 대한 설명이 미흡하였던 점을 감안하여 피해금액 중 일부만 보상해 줄 수는 있다.

일반적으로 신용카드 이면(뒷면)에 서명을 하도록 하는 취지는 부정사용자가 매출전표에 기재한 서명과 신용카드 이면의 회원 본래 서명과의 차이를 통하여 가맹점으로 하여금 본인이 아님을 알 수 있게 함으로써 신용카드 부정사용의 확산을 방지하기 위한 것이다.

[사례 2] 부인 김홍실씨는 남편 김청실씨의 신용카드를 사용하다가 분실하였다. 이 경우 남편 김청실씨는 신용카드회사에 분실전의 사용대금과 분실에 따른 손실액을 요청할 수 있을까?

▶ **해설** : 신용카드는 카드회원 본인만이 사용할 수 있는 것이므로 비록 부부간이라 할지라도 부인에게 카드를 양도한 상태에서는 분실사실에 관계없이 분실전의 사용대금과 분실에 따른 손실금액 모두를 회원 본인(남편)이 부담하여야 한다.

따라서 이 사례의 경우 남편 김청실씨는 신용카드회사에 분실전의 사용대금과 분실에 따른 손실금액을 요청할 수 없다.

[사례 3] 회사원 피해자씨는 강도의 강박에 의하여 신용카드를 빼앗기고 비밀번호를 알려주었다. 강도는 현금서비스를 받아 도망갔는데, 이 경우 피해자씨는 신용카드회사로부터 보상을 받을 수 있을까?

▶ **해설** : 일반적으로 현금서비스 등 회원 본인 카드의 비밀번호 유출로 인한 부정사용의 경우 신용카드회사로부터 보상을 받을 수 없다. 다만 신용카드개인회원 약관에 의하면 회원은 분실·도난신고 접수일로부터 60일전 이전에 제3자에 의한 카드 부정사용에 대해서 신용카드개인회원 약관에서 정한 회원의 과실사유가 없었음을 입증하여 보상신청을 하는 경우 신용카드회사로부터 보상을 받을 수 있다.

따라서 이 사례의 경우 피해자씨는 강도의 강박에 의한 사고에 의하여 카드의 비밀번호 유출로 인한 피해를 당했으므로 신용카드회사로부터 보상을 받을 수 있다. 다만 경찰조서 등 객관적인 자료에 의하여 인정되는 경우에 한하여 보상받는 경우가 많음을 유의하여야 한다.

[사례 4] 신속한씨는 백화점에서 지갑을 소매치기 당했다. 신속한씨는 3시간 후 신용카드가 분실된 것을 알고 곧바로 신용카드회사에 분실신고를 하였다. 그런데 이미 200만 원의 부정매출이 발생하였다. 이 경우 신속한씨는 보상받을 수 있을까?

▶ **해설** : 「여신전문금융업법」에 의하면 분실·도난 신고를 통지한 날로부터 60일 전까지 제3자가 부정사용한 경우 전액 보상을 받을 수 있다. 신속한씨(회원)의 과실이 없다면 분실신고 전 60일간 발생한 부정사용 금액은 신용카드회사로부터 전액 보상받는다.

신용카드개인회원 약관에 의하면 회원은 카드를 분실하거나 도난당한 경우에는 즉시 신용카드회사에 그 내용을 전화 등으로 신고하여야 한다. 이 경우 신용카드회사는 즉시 신고접수자·접수번호·신고시점 등 접수사실을 확인할 수 있는 사항을 회원에게 알려 주며, 회원은 이러한 사항을 확인하여야 한다. 이러한 절차를 이행한 경우 회원은 분실·도난으로 인한 부정사용 대금에 대하여 보상신청을 하고자 할 때에는 신용카드회사가 정하는 소정양식에 따라 서면으로 보상신청을 하여야 하며, 이 경우 분실·도난신고 접수시점으로부터 60일전 이후에 발생한 제3자의 카드 부정사용금액에 대하여는 신용카드회사로부터 보상을 받을 수 있으며, 보상신청시에는 신용카드 1매당 2만 원의 수수료를 회원이 부담하여야 한다.

이 사례의 경우 신속한씨(소비자)는 신용카드회사에 2만 원의 수수료를 내고 보상신청서를 작성하면 200만 원을 보상받을 수 있다.

[사례 5] 어설픈씨는 신용카드로 100만 원짜리 스마트폰을 구입하였다. 그런데 판매처에서 가맹점 수수료라며 구입금액의 3%를 요구해 어쩔 수 없이 수수료를 지불하였다. 이 경우 어설픈씨는 수수료를 내야 하는가?

▶ **해설** : 가맹점 수수료는 소비자가 지급하는 것이 아니다. 소비자는 할부 구입시 신용카드회사에 지급하는 수수료 외에는 어떤 수수료도 지급할 필요가 없다. 신용카드로 대금 결제시 신용카드가맹점이 가맹점 수수료를 신용카드 회원에게 부담하게 하는 것은 여신전문금융업법 제19조 제4항(가맹점의 준수사항)을 위반하는 것이다.

따라서 어설픈씨(소비자)는 이미 지급한 가맹점 수수료를 환불받을 수 있다.

[사례 6] 나곤혹씨는 얼마 전 K신용카드회사로부터 카드를 발급받은 사실이 없는데도 카드사용대금을 납부하라는 독촉을 받았다. 경위를 알아보니 약 6개월 전 옛 직장동료가 본인명의로 카드를 발급받아 부정사용하고 변제하지 않은 것이었으며 현재 여러 건의 부정행위를 하고 잠적하였음이 밝혀졌다. K신용카드회사에 사실을 설명하고 본인이 카드를 발급받은 것이 아니므로 대금청구를 철회토록 요구했으나 K신용카드회사에서는 제출된 서류에 본인 주민등록증, 건강보험증 등의 복사본이 첨부되어 있음을 볼 때 본인이 위계하거나 동료에게 카드발급을 허락한 것이라고 주장하며 대금을 납부하지 않으면 법적 조치하겠다고 한다. 이 경우 나곤혹씨의 책임은 어떻게 되는 걸까?

▶ **해설** : 「소비자분쟁해결기준」에 의하면 명의도용(名義盜用)에 따른 신용카드 부정발급, 카드의 위·변조에 의해 제3자가 부정사용한 경우 명의인(名義人)의 카드대금 채무는 무효이다. 그러므로 원칙적으로 본인이 신청하지 않은 카드대금은 지불할 책임이 없다.

직장동료의 부정사용이 명백하다면 우선 이 사람을 사법기관(司法機關)에 형사 고소(刑事告訴)하는 것이 추후 일어날지도 모르는 분쟁에 유리하다. 다만 문제는 소비자가 신용카드를 신청·발급받지 않았음을 어떻게 입증할 것인가이다. 명의도용 사고의 경우 카드발급 신청서에 기록된 인적 사항과 직장·주소 등을 추적하거나 필적조사 등을 통하여 대부분 명의도용자를 찾아낼 수 있다. 일단 명의를 도용한 사람만 찾아내면 피해를 당한 회원은 손해를 보지 않아도 된다.

따라서 이 사례의 경우 나곤혹씨는 K신용카드회사로부터 피해보상을 받을 수 있다.

[사례 7] 허술한씨는 일신상의 이유로 작년 3월 회사에 사표를 낸 뒤 갖고 있던 신용카드를 해지하기 위하여 신용카드회사를 방문했다가 자신이 쓰지도 않은 1천만 원의 카드대금이 있다는 사실을 발견하였다. 알고 보니 허술한씨와 같은 회사에 다니던 동료 나쁜애씨가 책상 서랍에 넣어두었던 신용카드를 훔친 뒤 비밀번호를 알아내 물품 할부구입, 현금서비스, 카드론 등으로 신용카드를 사용했던 것이다.

그런데 나쁜애씨가 신용카드 비밀번호를 알아낸 뒤 신용카드를 다시 제자리에 갖다 두었기 때문에 허술한씨는 신용카드 도난 사실을 알지 못했고, 나쁜애씨가 신용카드와 관련된 모든 연락처와 주소를 자기 앞으로 바꿔놓았기 때문에 부정사용한 사실도 전혀 알 수가 없었다. 허술한씨는 또 평소 신용카드를 사용하지 않았기 때문에 신용카드 사용대금 청구서가 오지 않는 것을 이상하게 여기지 않았다.

이런 사실들이 드러난 뒤 나쁜애씨는 모두 자신이 저지른 짓임을 순순히 시인하였고, 허술한씨는 신용카드회사에 이를 알리며 본인확인을 소홀히 한 데 대해 항의하였다. 그랬더니 신용카드회사는 서명이 필요한 물품구입 금액은 탕감해주겠지만, 현금서비스나 카드론은 비밀번호가 유출된 탓이니 허술한씨 책임이라며 지금까지 계속 갚으라고 독촉하고 있다.

비밀번호는 지금 살고 있는 집으로 이사하기 전 집의 전화번호였으니 대충 자동응답전화(ARS)로 눌러보고 알았을 것 같은데, 그것을 의도적인 유출이라고 볼 수 있는지, 왜 신용카드 소유자가 아닌 다른 사람 이름의 통장으로 대출을 해주고서 회원에게만 책임을 묻는지 이해할 수 없다. 이 경우 허술한씨는 구제받을 수 있는 방법이 없을까?

▶ **해설** : 「여신전문금융업법」에 의하면 분실・도난 신고를 통지한 날로부터 60일전까지 제3자가 부정사용한 경우 전액 보상을 받을 수 있다. 그러나 일반적으로 현금서비스 등 회원 본인 카드의 비밀번호 유출로 인한 부정사용의 경우 신용카드회사로부터 보상을 받을 수 없다(신용카드개인회원약관 참조). 현금서비스는 회원관리 부주의로 간주하기 때문에 신고 이전에 발생한 금액에 대해서는 보상을 받을 수 없다.

그러나 카드론은 본인 여부 확인을 제대로 한 뒤 신청이 이루어져야 하므로 명의도용(名義盜用)으로 인한 보상요구가 가능할 것으로 판단된다. 따라서 이 사례의 경우 신용카드회사가 카드론 금액까지 소비자에게 책임을 전가한다면 위의 내용에 허술한씨(소비자)의 이름, 주소, 전화번호와 카드론 신청서 사본 등 관련자료를 첨부하여 한국소비자원에 피해구제를 청구하면 구제받을 수 있다.

[사례 8] K대 신입생 문제아군은 아직 미성년자이다. 지난해 2월경 한 지하철역 들머리에서 신용카드를 발급받았다. 소득이 없고 미성년자인데도 발급자격이 되느냐고 물었으나 모집원들은 아무런 문제가 없으니 신청서만 쓰면 된다고 했다. 현재 300만 원의 대금을 연체한 상태인데 신용카드회사는 자식이 쓴 것이니 문제아군의 부모가 갚으라며 계속 독

촉하고 있다. 문제아군은 회사의 독촉과 부모에 대한 죄책감 때문에 가출해 버렸고, 문제아군의 부모 형편으로는 300만 원을 갚을 도리가 없다. 이 경우 문제아군의 부모는 어떻게 해야 하나?

▶ **해설** : 현행 민법상 만 19세로 성년이 된다(민법 제4조). 미성년자가 신용카드 발급을 받는 법률행위를 함에는 법정대리인의 동의를 얻어야 한다(민법 제5조). 만일에 문제아군이 미성년자로서 법정대리인의 동의 없이 계약을 체결한 경우에는 문제아군 자신이 또는 그의 법정대리인(부모 등)이 취소할 수 있다(민법 제140조). 그 취소한 법률행위는 처음부터 무효인 것으로 본다(민법 제141조). 따라서 만일에 부모의 동의 없이 신용카드를 발급받아 사용했다면 신용카드발급 계약 자체가 무효이며, 이 때에 발생한 사용대금 역시 납부하지 않아도 된다.

그러나 민법에는 이러한 경우에도 미성년자(제한능력자)는 그 행위로 인하여 받은 이익이 현존하는 한도에서 상환할 책임이 있다고 규정하고 있다(민법 제141조).

서울지법 민사합의23부(재판장 김문석 부장판사)는 2002년 12월 27일 곽아무개(19)양 등 44명이 삼성카드 등 7개 금융기관을 상대로 낸 채무부존재확인 청구소송에서 「미성년자의 카드발급 계약은 무효」라는 취지의 판결을 하면서, 수수료와 연체료를 제외한 사용대금 자체는 카드사들이 돌려받을 수 있는 길을 열어줬다. 이는 법을 위반하면서까지 미성년자에게 신용카드를 무분별하게 발급한 신용카드회사가 1차적인 원인제공자이지만, 이를 분별없이 사용한 것 또한 부당이득(不當利得)이라고 본 것이다.

따라서 신용카드회사가 문제아군(미성년자)을 상대로 부당이득반환 청구소송을 제기하면 문제아군은 사용대금(카드회사들이 카드를 사용한 미성년자를 대신해 지급한 원금)을 상환하여야 한다.

[사례 9] 공사판 노동자 노가다씨는 2022년 3월 10일 지하철 퇴근길에 소매치기를 당해 지갑과 신용카드를 분실하였다. 분실 즉시 신고를 하고 재발급 신청을 하였다. 신용카드가 도착하지 않아 신용카드회사와 우체국에 문의하였더니 2022년 3월 17일 노가다씨의 아파트로 우송한 것으로 확인됐는데, 경비원이 이를 보관하고 있다가 잃어버려 100만 원의 현금서비스가 부정사용된 것으로 밝혀졌다.

보상신청을 하였지만 신용카드회사쪽은 비밀번호가 누설돼 현금서비스가 발생한 사안이므로 카드의 전달 여부에 관계없이 비밀번호 누설 책임은 노가다씨가 져야 한다며 대금결제를 요구하고 있다. 이 경우 노가다씨는 어떻게 해야 하나?

▶ **해설** : 「소비자분쟁해결기준」에 의하면 발급카드 수령전 제3자에게 전달되어 부정사용된 경우 전액 보상받을 수 있다. 다만 ① 회원이 카드 배달일로부터 1년 이상 경과한 후 보상신청을 하고, 미수령에 대한 입증을 하지 못하는 경우, ② 회원이 카드 미수령에 따른 사고발생 사실(타인수령 등)을 인지하였으나, 카드사에 신고를 지연함으로써 부정사용대금이 발생한 경우에는 과실상계가 가능하다.

신용카드회사가 회원에게 카드 사용대금을 정당하게 청구하기 위해서는 최소한 두 가지 요건이 필요하다. 첫째는 카드 회원이 신용카드를 사용할 수 있도록 반드시 회원 본인에게 전달하여야 한다. 둘째는 전달과정에서 문제가 발생해 부정사용된 경우에는 회원 본인의 잘못으로 문제가 생겼다는 사실을 신용카드회사가 입증하여야 한다.

이 사례의 경우 신용카드를 노가다씨에게 전달하지 못한 신용카드회사가 노가다씨에게 책임을 요구하려면 노가다씨가 비밀번호를 누설해 현금서비스 부정사용이 발생했다는 사실을 입증하여야 한다. 따라서 신용카드회사는 노가다씨에게 부정사용 대금 전액을 보상하여야 하고(면책하여야 하고), 다만 경비원에게는 일부 책임을 요구할 수 있다(법원의 판례 중에도 대리 수령인에게 70% 책임을 부담시킨 사례가 있다).

[사례 10] 나답답씨는 K컴퓨터학원에 1년 과정을 등록하고 등록금 360만 원을 12개월 할부로 결제하였다. 그러나 학원 강의가 시작된 지 3개월 만에 학원 사정을 이유로 정상적인 강의가 이뤄지지 않더니 급기야 문을 닫고 말았다. 신용카드회사에서는 학원쪽에서 계약을 이행하지 않아 발생한 문제이기 때문에 전적으로 당사자와 학원이 알아서 해결할 사항이라고 한다. 신용카드회사는 계속해서 대금 청구서를 보내오고 있다. 이 경우 나답답씨는 어떻게 하여야 할까?

▶ **해설** : 현행 「할부거래에 관한 법률」은 소비자가 신용카드회사에 할부금의 지급을 거절할 수 있는 항변권(抗辯權)을 인정하고 있다(동법 제16조). 다

만 항변권은 매수인이 신용제공자(신용카드회사)에게 목적물(동산 또는 용역)의 대금을 2월 이상의 기간에 걸쳐 3회 이상 분할하여 지급하고, 그 대금의 완납 전에 매도인으로부터 동산(動産)의 인도 또는 용역의 제공을 받기로 하는 계약에만 적용한다(동법 제2조).

매수인(소비자)은 다음 각호의 1에 해당하는 사유가 있는 경우에는 매도인에게 할부금의 지급을 거절할 수 있다(동법 제16조 제1항). ① 할부계약이 무효·취소 또는 해제된 경우, ② 목적물의 전부 또는 일부가 목적물의 인도 또는 용역의 제공 시기까지 매수인에게 인도 또는 제공되지 아니한 경우, ③ 매도인이 하자담보책임(瑕疵擔保責任)을 이행하지 아니한 경우, ④ 기타 매도인의 채무불이행으로 인하여 할부계약의 목적을 달성할 수 없는 경우가 그것이다. 「소비자분쟁해결기준」에 의하면 소비자는 카드사에 할부금 지급거절 의사를 통지한 시점 이후에 도래하는 할부금에 대한 지급거절을 할 수 있다. 지급거절은 할부가격이 20만 원 이상인 경우에 한하며, 할부기간 이내에 카드사에 서면으로 요청하여야 하고, 카드사의 요청이 있는 경우에는 항변사유를 제시하여야 한다.

이 사례의 경우 나답답씨는 신용카드회사에 항변권을 행사하여 할부금 지급거절 의사를 통지한 시점 이후에 도래하는 할부금에 대한 지급거절을 할 수 있다(할부금 지급거절 통보서를 보낸 날을 기준으로 그 이전에 지급한 할부금은 돌려받을 수 없으며, 앞으로 내야 할 할부금에 대해서만 지급거절을 할 수 있다).

[사례 11] 「우미관」 뒷골목의 주먹황제 김두한씨는 통신판매로 부동산 분양상담사 자격증 관련 교재를 구입하면서 대금 48만 원을 12개월 할부로 결제하였다. 김두한씨는 이틀 뒤 교재를 배달받았지만 생각이 달라져 그 다음날 교재를 반송하고, 동시에 구매계약을 철회해 달라고 가맹점에 통보하였다. 그런데 그 뒤 가맹점과 연락이 끊겨 신용카드회사에 카드대금 청구 중지를 요청하였으나 신용카드회사는 가맹점이 알아서 할 일이라며 대금납부를 독촉하고 있다. 이 경우 구제방법이 없을까?

▶ **해설** : 현행 「할부거래에 관한 법률」은 소비자(매수인)는 계약서를 교부받은 날부터 7일(다만 그 계약서를 교부받은 때보다 재화 등의 공급이 늦게 이루어진 경우에는 재화 등을 공급받은 날부터 7일) 이내에 할부계약에 관한

청약을 철회할 수 있다. 다만 목적물의 성질 또는 계약체결의 형태에 비추어 철회를 인정하는 것이 적당하지 아니한 경우로서 대통령령이 정하는 것(자동차, 건설기계, 선박, 항공기, 냉동기, 전기 냉방기, 보일러, 할부가격이 10만 원 미만인 할부계약(다만 여신전문금융업법에 의한 신용카드를 사용하여 할부거래를 하는 경우에는 할부가격이 20만 원 미만인 할부계약), 소비자의 주문에 따라 개별적으로 제조되는 재화 등의 공급을 목적으로 하는 할부계약)에 대하여는 그러하지 아니하다(동법 제8조 제1항).

소비자(매수인)가 계약에 관한 청약을 철회하고자 하는 때에는 7일 이내에 매도인에게 철회의 의사표시가 기재된 서면을 발송하여야 한다(동법 제8조 제3항). 청약의 철회는 서면을 발송한 날에 그 효력이 발생한다(동법 제8조 제4항). 매수인이 신용카드로 할부계약을 한 경우에는 7일 이내에 매도인(가맹점)뿐만 아니라 신용카드회사에도 철회의 의사표시가 기재된 서면을 발송하여야 한다(동법 제7조 제1항). 그 이유는 텔레마케팅이나 방문판매의 경우 영세한 가맹점이 많아 계약에 관한 청약철회를 통보하여도 문을 닫거나 연락이 두절되는 사례가 많기 때문이다.

따라서 이 사례의 경우 김두한씨는 계약서를 교부받은 날 또는 교재를 받은 날로부터 서면으로 7일 이내에 신용카드회사에 할부계약에 관한 청약을 철회하면 대금납부를 거절할 수 있다.

※ [신용카드 전문가들이 말하는 9가지 신용카드 사고 예방법]

① 발급 즉시 신용카드 뒷면에 서명한다.

신용카드를 수령하면 신용카드 앞면에 영문 이름이 새겨져 있는지 확인한 후, 신용카드 뒷면에 자필 서명하여야 한다. 서명 없는 신용카드는 부정사용시 피해보상을 받을 수 없다.

② 회원약관을 꼼꼼히 살핀다.

회원약관에는 각종 유용한 정보 외에도 신용카드 사고시 회원의 귀책사유가 열거돼 있다.

③ 필요 없는 신용카드는 소각하거나 집에 보관한다.

사용하지도 않는 신용카드를 지갑에 넣고 다니는 사람이 지갑을 분실할 경우 사고액은 신용카드 수에 비례할 수밖에 없다.

④ 신용카드 한도액을 가능한 한 낮춘다.

수입에 비하여 터무니없이 높은 한도액을 받았을 경우 신용카드사에 연락하여 낮춰 놓도록 한다.

⑤ 신용카드의 대여 및 양도는 절대 금한다.

신용카드를 다른 사람에게 빌려줌으로써 발생한 부정사용액은 어떤 경우에도 피해보상을 받을 수 없다(여신전문금융업법 제15조). 배우자나 자녀·부모 등 직계가족에게 대여 또는 양도한 경우에도 피해보상을 받을 수 없다.

⑥ 신용카드의 거래승인과 매출전표 작성 등은 본인이 보는 앞에서 작성하도록 한다.

특히 해외에서 여행사 가이드나 점원 등 다른 사람에게 신용카드를 건네주어 매출전표가 작성될 경우 허위·중복 청구는 물론 신용카드 위조범죄에 악용될 수 있다.

⑦ 매출전표는 신용카드대금 청구서가 올 때까지 보관한다.

회원용 매출전표는 카드대금 청구서가 올 때까지 보관하였다가 청구금액을 확인하고 청구금액이 다를 경우에 증빙서류로 활용하여야 한다. 카드이용 후 매출을 취소할 경우에는 반드시 취소 전표를 별도로 요구하도록 한다.

⑧ 신용카드사 SMS(short message service) 서비스를 이용한다.

SMS 서비스는 회원이 신용카드를 사용하면 바로 회원 휴대폰에 카드 사용 여부를 알려준다. 부정사용 여부를 곧바로 확인할 수 있다.

⑨ 메신저나 인터넷 채팅시 신용카드번호나 비밀번호를 알려주지 않는다.

절대 신용카드번호나 비밀번호를 노출하여서는 안 된다. 비밀번호로 주민등록번호나 차량번호 등 알기 쉬운 번호는 피하도록 한다.

[한국경제신문 2002. 5. 29. 참조]

12. 체육시설업 · 레저용역업 · 할인회원권업과 소비자의 권리

[사례 1] 평소 운동을 좋아하는 금메달씨는 스포츠센터 회원에 가입하면서 보증금으로 1백만 원을 지불한 지 2년이 지났다. 계약 당시 1년이 지나면 해약이 가능하다고 했으나 최근 탈퇴하려고 하니 일방적으로 5년이 지나야 해약이 가능하다며 거절하고 있다. 이 경우 금메달씨는 피해구제를 받을 수 있을까?

▶ **해설** : 이 사례는「체육시설업」에 관한 문제이다. 여기서「체육시설업」이라 함은 수영장, 체력단련장, 테니스장, 대중종합체육시설업, 골프연습장 등을 말한다.

「체육시설의 설치 · 이용에 관한 법률시행령」에 의하면 회원의 탈퇴 또는 탈퇴자에 대한 입회금액(회원자격을 부여받는 대가로 회원을 모집하는 자에게 지불하는 일체의 금액)의 반환시기에 관하여는 회원을 모집한 자와 회원간의 약정에 따르되, 회원으로 가입한 이후 회원권익에 관한 약정이 변경되는 경우에는 기존 회원은 탈퇴할 수 있으며, 탈퇴자가 입회금의 반환을 요구하는 때에는 지체 없이 이를 반환하여야 한다(동법시행령 제19조 제2호).

따라서 금메달씨(소비자)는 스포츠센터측에 계약시 1년이 경과된 후 해약이 가능하다고 한 사실을 입증하여 해지를 요구하고 보증금 1백만 원을 환급받을 수 있다.

[사례 2] 평소 활력이 넘치는 기운찬씨는 스포츠센터 회원으로 가입하면서 3백만 원(보증금 1백만 원, 입회비 1백50만 원, 기타 비용 50만 원)을 지불하였다. 그런데 이사를 가게 돼 해약을 문의하였더니 스포츠센터측에서는 회원권 거래가 원활하지 못하다며 보증금 1백만 원만 환불해 주고 입회비는 환불이 불가능하다고 한다. 이 경우 기운찬씨는 어떻게 해야 하나?

▶ **해설** : 체육시설 회원권의 입회비 문제와 관련하여 1991년 5월 약관심사위원회 및 1994년 4월 공정거래위원회에서「입회비는 그 명칭에 관계없이 성격상 보증금과 구별하기 어렵고 법률적 성질은 시설 이용권에 대한 대가로서의 성격을 갖는 것이므로 탈퇴할 경우 시설 이용권의 반환과 함께 입회비도 반환되어야 한다」며 업체들의 입회비 불반환 조항에 대하여 무효 심결을 내리고 시정 · 권고한 바 있다.

그러나 공정거래위원회의 시정 · 권고에도 불구하고 업체들이 시정하지 않았고 이에 정부에서는 1994년 6월「체육시설의 설치 · 이용에 관한 법률」을 개정하여 입회비도 반환하도록 명문화하였다.

입회할 때 내는 돈(입회금액)은 회원으로 가입하는 사람이 회원자격을 부여받는 대가로 회원을 모집하는 자에게 지불하는 일체의 금액이다.

입회금액의 반환시기에 관하여는 회원을 모집한 자와 회원간의 약정에 따르되, 회원으로 가입한 이후 회원권익에 관한 약정이 변경되는 경우에는 기존 회원은 탈퇴할 수 있으며, 탈퇴자가 입회금의 반환을 요구하는 때에는 지체 없이 이를 반환하여야 한다(체육시설의 설치·이용에 관한 법률시행령 제19조 제2호).

따라서 이 사례의 경우 입회비를 환불해 주지 않는 것은 부당하므로 기운찬씨는 보증금과 함께 입회비를 환불받을 수 있다.

[사례 3] 각종 자격증시험에 심신이 지친 K대생 안활력씨는 스쿼시 및 헬스클럽 코치가 직장으로 찾아와 최고의 시설에서 전문코치가 강습을 해준다며 스포츠센터의 가입을 권유하여 6개월 회원으로 등록하고 42만 원을 지불하였다. 그러나 막상 스포츠센터를 이용해보니 시설이 미흡하고 강사도 수시로 바뀌는 등 불편하여 약 3주 정도 이용하다가 중도 해지를 요청하였다.

그러나 담당 코치는 위약금과 이용료, 그리고 가입시 제공한 라켓과 운동복 등에 대해 터무니없는 비용을 요구하다가 현재는 다른 사람에게 양도하라며 해지를 거절하고 있다. 이 경우 안활력씨는 피해구제를 받을 수 있을까?

▶ 해설 : 「방문판매 등에 관한 법률」에 의하면 계속거래업자 등(계속거래 또는 사업권유거래를 업으로 하는 자)과 계속거래 등(계속거래 또는 사업권유거래)의 계약을 체결한 소비자는 언제든지 계약 기간 중 계약을 해지할 수 있다(동법 제29조). 또한 「소비자분쟁해결기준」과 「체력단련장(헬스장) 이용 표준약관」에 의하면 사업자의 귀책사유로 인한 계약해제의 경우 개시일 이전에는 전액환급 및 총 이용금액(총 가입금액)의 10%를 배상받을 수 있고, 개시일 이후에는 취소일까지의 이용일수에 해당하는 금액을 공제한 금액 환급 및 총 이용금액의 10%를 배상받을 수 있다. 이에 대하여 소비자의 귀책사유로 인한 계약해제의 경우 개시일 이전에는 총 이용금액(총 가입금액)의 10% 공제 후 환급받을 수 있고, 개시일 이후에는 취소일까지의 이용일수에 해당하는 금액과 총 이용금액의 10% 공제 후 환급받을 수 있다.

따라서 이 사례의 경우 안활력씨(소비자)는 계속거래로써 이 계약에 대하여 중도해지를 요구하여 취소일까지의 이용일수(180일 중 21일 이용)에 해당하는 금액(4만9천 원)과 총 이용금액의 10%에 해당하는 위약금(4만2천 원), 그리고 운동용품(라켓과 운동복 등)에 대한 적정한 비용을 공제한 금액을 환급받을 수 있다.

[사례 4] 왕초보씨는 직장을 방문한 스키 리조트 영업사원으로부터 스키장 회원권에 대한 설명을 듣고 그 자리에서 입회 신청을 하였다. 인터넷뱅킹으로 2백만 원을 송금했지만 충동 계약이라는 생각이 들어 일주일 만에 해약을 요구하는 서신을 우체국의 내용증명으로 발송하였다. 그러나 회사측에서는 해약은 절대 안 된다고 하면서 입회비 반환을 거절하고 있다. 이 경우 왕초보씨는 피해구제를 받을 수 있을까?

▶ **해설** : 레저 회원권은 영업 사원을 통하여 「사업장 이외의 장소」에서 계약을 체결하는 사례가 많다. 이 경우 「방문판매 등에 관한 법률」에 따라 영업 사원은 소비자에게 계약서와 약관을 교부하여야 한다.

따라서 이 사례의 경우 왕초보씨는 레저 업체 회원으로 가입신청을 한 뒤 계약서를 교부 받은 날부터 14일 이내에 서면으로 해약을 요구하면 해약이 가능하다(방문판매 등에 관한 법률 제8조 제1항).

[사례 5] K대생 나분해씨는 전국의 우량 고객에게 물품을 구입할 때 10% 할인 혜택을 준다는 할인 회원권 가입 권유전화를 받고 신용 상태 확인을 위해 필요하다고 해 카드 번호를 불러주었다. 나분해씨는 회원 가입을 허락하지 않았는데도 회원으로 가입돼 있어 해약을 요구했으나 업체에서는 회피하고 있다. 이 경우 나분해씨는 피해구제를 받을 수 있을까?

▶ **해설** : 이 사례는 「할인회원권업」과 「전화권유판매」에 관한 문제이다. 「소비자분쟁해결기준」에 의하면 「할인회원권업」이라 함은 여러 업종의 판매업소를 가맹점으로 확보한 후 회원을 모집하고 일정금액의 회비를 받아 운영하는 업종을 말한다. 최근에는 텔레마케터가 전화를 통해 회원가입을 권유하는 경우도 많다. 이 때에 매출전표에 본인이 서명을 하지 않고 단순히 카드 번호만으로도 카드사와 가맹점간의 매출 특약에 의하여 매출로 인정되므로 주의하여야 한다.

이 사례의 경우 전화권유판매의 방법으로 계약을 체결한 경우에 해당하므로 나분해씨는 「방문판매 등에 관한 법률」에 따라 계약서를 교부받은 날부터 14일 이내에 서면으로 조건 없이 계약에 관한 청약을 철회(撤回)할 수 있다(동법 제8조 제1항). 또한 신용카드로 할부결제하면 「할부거래에 관한 법률」에 따라 계약서를 교부받은 날로부터 7일 이내에 철회의 의사표시가 기재된 서면을 발송하여 조건 없이 신용카드회사 및 가맹점에 청약을 철회할 수 있다(동법 제8조). 신용카드회사는 해당 가맹점에 대금지급을 보류하므로 효과적으로 해약이 가능하다.

참고로 「소비자분쟁해결기준」에 의하면 레저용역업(이벤트 주관, 주말농장, 결혼준비대행, 영화예매 등)과 할인회원권업(여러 업종의 판매업소를 가맹점으로 확보한 후 회원을 모집하고 일정 금액의 회비를 받아 운영하는 업종)과 관련하여 소비자가 피해를 입은 경우에는 체육시설업과 동일한 기준으로 보상받을 수 있다.

※ [소비자피해구제절차]

제1단계 : 피해구제청구

소비자는 피해의 구제를 한국소비자원(연락처 : 043-880-5500, 웹사이트 : www.kca.go.kr)에 청구한다(소비자기본법 제55조). 한국소비자원 원장은 당사자에 대하여 피해보상에 대한 합의를 권고한다(소비자기본법 제57조).

제2단계 : 분쟁조정신청

30일 이내에 합의가 이루어지지 아니할 경우 한국소비자원 원장 또는 관계 당사자는 지체 없이 한국소비자원에 설치된 소비자분쟁조정위원회에 분쟁조정신청을 한다(소비자기본법 제58조). 소비자분쟁조정위원회는 30일 이내에 분쟁조정을 하고, 지체 없이 조정결과를 당사자에게 통지하며, 당사자가 통지를 받은 날부터 15일 이내에 서면으로 수락거부의사를 표시하지 않는 경우에는 분쟁조정을 수락한 것으로 본다(소비자기본법 제66조～제67조).

제3단계 : 관할법원에 소의 제기

당사자가 수락거부의사를 표시하여 조정이 성립되지 않은 경우에는 관할법원에 소송을 제기한다.

Ⅸ. 청구권적 기본권

1. 형사보상청구권

[사례] 회기동에서 K대생들을 상대로 「뱃속에 거지」라는 분식집을 하는 장길산씨는 2022년 3월 3일 서울역에서 친구 임꺽정씨를 기다리던 중 불심검문에 걸려 조사를 받았다. 그런데 현상광고에 실린 신창원과 나이, 본적, 인상착의가 비슷하다는 이유로 경찰서로 강제 연행되어 조사받고 검사에 의해 구속되고 기소되어 재판까지 받았으나, 2022년 9월 3일에 무죄판결을 받아 석방되었다. 너무나도 억울한 장길산씨는 피가 거꾸로 솟구치는 듯한 감정을 억제할 길이 없어 법률전문가를 찾아 법률자문을 구하였다. 이 경우 법적 구제가 가능할까?

▶ **해설** : 장길산씨는 국가에 형사보상을 청구할 수 있다. 즉 장길산씨는 무죄판결이 확정된 날로부터 5년 이내에 무죄판결을 한 법원에 형사보상을 청구할 수 있다. 구금 또는 노역장유치에 대한 보상에 있어서는 그 구금일수에 따라 1일 최저임금액 이상 대통령령이 정하는 금액 이하의 비율에 의한 보상금을 지급한다(형사보상 및 명예회복에 관한 법률 제4조).

또한 수사과정과 형사절차상의 위법 또는 오판에 관계공무원의 고의 또는 과실이 있는 경우에는 형사보상을 받을 자는 그 밖의 손해배상도 청구할 수 있다(동법 제5조).

(1) 헌법규정

헌법 제28조는 「형사피의자 또는 형사피고인으로서 구금되었던 자가 법률이 정하는 불기소처분(不起訴處分)을 받거나 무죄판결을 받은 때에는 법률이 정하는 바에 의하여 국가에 정당한 보상을 청구할 수 있다」라고 하여 형사보상청구권을 보장하고 있다. 이에 관한 법률로는 형사보상 및 명예회복에 관한 법률이 있다.

(2) 형사보상청구권의 의의

형사보상청구권이라 함은 형사피의자 또는 형사피고인으로서 구금되었던 자가 불기소처분을 받거나 공판의 결과 무죄의 확정판결을 받은 경우에 그 자가 입은 정신적 · 물질적 손실을 보상하여 주도록 국가에 대하여 청구할 수 있는 권리를 말한다.

(3) 형사보상청구권의 내용

① 형사보상청구권의 성립요건

㉠ 형사피의자의 권리

ⓐ 주 체

형사피의자(刑事被疑者)로서 구금되었던 자이다. 형사피의자라 함은 범죄의 혐의를 받아 수사기관에 의하여 수사의 대상이 되어 있는 자로서 아직 공소의 제기가 없는 자를 말한다.

ⓑ 구금되었을 것

구금이라 함은 형사소송법상의 구금으로서 미결구금(未決拘禁)의 경우와 형집행의 경우를 말한다. 형사피의자로서 불기소처분을 받은 경우일지라도 불구속이었던 자는 형사보상을 청구할 수 없다.

ⓒ 법률이 정하는 불기소처분을 받았을 것

법률이 정하는 불기소처분이라 함은 사실상 죄를 범하지 아니하였다고 인정할 명백한 이유가 있거나 구금될 때로부터 공소를 제기하지 아니하는 처분을 할 사유가 존재하여, 검사가 공소를 제기하지 아니하는 처분을 말한다.

㉡ 형사피고인의 권리

ⓐ 주 체

형사피고인(刑事被告人)으로서 구금되었던 자이다. 형사피고인이라 함은 검사에 의하여 공소를 제기당한 자를 말한다.

ⓑ 구금되었을 것

형사피고인으로서 무죄판결을 받은 경우일지라도 불구속이었던 자는 형사보상을 청구할 수 없다.

ⓒ 무죄판결을 받았을 것

무죄판결이라 함은 당해 절차에 의한 무죄판결의 경우만이 아니고 재심 또는 비상상고절차에 의한 무죄판결의 경우까지 포함된다.

② 형사보상청구의 절차

형사보상청구는 불기소처분의 고지나 통지를 받은 날로부터 3년 이내, 무죄재판이 확정된 사실을 안 날로부터 3년, 무죄재판이 확정된 때로부터 5년 이내(형사보상 및 명예회복에 관한 법률 제8조, 제28조)에 불기소처분을 한 검사가 소속하는 지방검찰청(지청)의 피의자보상심의회(동법 제28조 제1항) 또는 무죄판결을 한 법원(동법 제7조)에 하여야 한다.

③ 형사보상청구에 대한 결정 및 재판

형사보상청구는 피의자보상심의회가 결정하거나 법원합의부에서 재판한다(동법 제14조 제1항, 제27조 제3항).

피의자보상의 경우에 피의자보상심의회의 보상결정에 대하여는 법무부장관의 재결을 거쳐 행정소송을 제기할 수 있다(동법 제28조 제4항). 피고인보상의 경우에 법원의 보상결정, 보상의 청구를 기각한 결정에 대하여는 즉시항고(卽時抗告)를 할 수 있다(동법 제20조).

④ 형사보상의 내용

구금 또는 노역장유치에 대한 보상에 있어서는 그 구금일수에 따라 1일당 보상청구의 원인이 발생한 연도의 최저임금법에 따른 일급(日給) 최저임금액 이상 대통령령이 정하는 금액 이하의 비율에 의한 보상금을 지급한다. 사형집행에 대한 보상에 있어서는 집행 전 구금에 대한 보상금 외에 3천만 원 이내에서 모든 사정을 고려하여 법원이 상당하다고 인정하는 액을 가산하여 보상금을 지급한다(동법 제5조).

2. 범죄피해자구조청구권

[사례] 명문인 K대 장학생 성실해씨는 충북 청주에서 공부를 열심히 하여 서울까지 유학을 와 모범적으로 학교생활을 하고 있었다. 2022년 3월 3일 밤늦게까지 아르바이트를 하고 자취방으로 돌아오다가 복면을 한 무장강도를 만나 중상을 입게 되었다.

성실해씨는 장학생이면서도 아르바이트를 하지 않으면 안 될 정도로 극도로 생계유지가 곤란하였을 뿐만 아니라 경찰도 그 무장강도를 체포하지 못했다. 성실해씨의 소식을 접하게 된 절친한 친구 정마나씨는 안타까운 나머지 법률전문가에게 법률자문을 구하였다. 이러한 경우 법적 구제가 가능할까?

▶ **해설** : 성실해씨는 2025년 3월 3일까지 청주지방검찰청 또는 서울지방검찰청에

설치된 범죄피해구조심의회에 구조금지급신청을 하면 대통령령이 정하는 바에 의하여 장해구조금을 지급받을 수 있다.

(1) 헌법규정

헌법 제30조는 「타인의 범죄행위로 인하여 생명·신체에 대한 피해를 받은 국민은 법률이 정하는 바에 의하여 국가로부터 구조를 받을 수 있다」라고 하여 범죄피해자구조청구권을 보장하고 있다.

(2) 범죄피해자구조청구권의 의의

범죄피해자구조청구권이라 함은 타인의 범죄행위로 인하여 생명·신체에 대한 피해를 받은 국민이 법률이 정하는 바에 의하여 국가에 대하여 유족구조·장해구조 또는 중장해구조를 청구할 수 있는 권리를 말한다.

(3) 범죄피해자구조청구권의 주체

범죄피해자구조는 피해자가 사망한 경우에는 그 유족이, 장해·중장해를 당한 경우에는 본인이 청구하는 것이 원칙이다. 이 때의 유족은 ① 배우자 및 피해자의 사망 당시 피해자의 수입에 의하여 생계를 유지하고 있느냐의 여부에 관계없이 자녀, ② 부모, ③ 손자·손녀, ④ 조부모, ⑤ 형제자매이다(범죄피해자보호법 제18조 제1항).

태아는 유족의 범위를 정함에 있어서는 이미 출생한 것으로 본다(동법 제18조 제2항). 유족구조금의 지급을 받을 유족의 순위는 동법 제18조 제1항에 열거한 순서로 하고, 부모의 경우에는 양부모(養父母)를 선순위로 하고 친생부모를 후순위로 한다(동법 제18조 제3항). 외국인이 피해자이거나 유족인 경우에는 국가의 상호보증이 있는 경우에 한하여 적용한다(동법 제23조).

(4) 범죄피해자구조청구권의 내용

① 범죄피해자구조청구권의 성립요건

범죄피해자구조청구권이 성립하기 위해서는 ㉠ 타인의 범죄행위로 인하여, ㉡ 생명·신체에 대한 피해를 받은 자가, 피해의 전부 또는 일부를 배상받지 못한 경우이거나 자기 또는 타인의 형사사건의 수사 또는 재판에서 고소·고발 등 수사단서를 제공하거나 진술, 증언 또는 자료제출을 하다가 구조피해자가 된 경우이어야 한다(범죄피해자보호법 제16조).

여기서 생명·신체에 대한 피해는 사망 또는 중장해를 당한 경우에 국한된다. 재산에 대한 피해를 받은 경우에는 범죄피해자구조청구권이 성립하지 않는다.

② 범죄피해자구조청구권의 내용

범죄피해자구조청구권의 내용은 구조금의 청구와 지급이다. 범죄피해구조금은 유족구조금과 장해구조금 및 중상해구조금으로 구별한다(범죄피해자보호법 제17조). 유족구조금은 구조피해자의 사망 당시의 월급액이나 월실수입액 또는 평균임금에 18개월 이상 36개월 이하의 범위에서 유족의 수와 연령 및 생계유지상황 등을 고려하여 대통령령으로 정하는 개월 수를 곱한 금액으로 한다. 장해구조금과 중상해구조금은 구조피해자가 신체에 손상을 입은 당시의 월급액이나 월실수입액 또는 평균임금에 2개월 이상 36개월 이하의 범위에서 피해자의 장해 또는 중상해의 정도와 부양가족의 수 및 생계유지상황 등을 고려하여 대통령령으로 정한 개월 수를 곱한 금액으로 한다(동법 제22조).

(5) 범죄피해구조금의 지급방법과 절차

범죄피해구조금의 지급방법은 일시금으로 지급한다(범죄피해자보호법 제17조). 그리고 범죄피해구조금의 지급에 관한 사항을 심의·결정하기 위하여 지방검찰청에 범죄피해구조심의회를 둔다(동법 제24조 제1항).

범죄피해구조금을 지급받고자 하는 자는 당해 범죄피해의 발생을 안 날로부터 3년 또는 당해 범죄피해가 발생한 날로부터 10년 이내에 그 주소지·거주지 또는 범죄발생지를 관할하는 범죄피해구조심의회에 신청하여야 한다(동법 제25조). 범죄피해구조금의 지급을 받을 권리는 그 구조결정이 당해 신청인에게 송달된 날로부터 2년간 행사하지 아니하면 시효로 소멸된다(동법 제31조). 범죄피해구조금의 지급을 받을 권리는 양도 또는 담보로 제공하거나 압류할 수 없다(동법 제32조).

(6) 범죄피해자구조청구권의 제한

범죄피해자보호법 제19조에 의하면 ① 범죄행위 당시 구조피해자와 가해자 사이에 친족관계가 있는 경우에는 구조금을 지급하지 아니한다. ② 구조피해자가 다음 각 호의 어느 하나에 해당하는 행위를 한 때에는 구조금을 지급하지 아니한다. ㉠ 해당 범죄행위를 교사 또는 방조하는 행위, ㉡ 과도한 폭행·협박 또는 중대한 모욕 등 해당 범죄행위를 유발하는 행위, ㉢ 해당 범죄행위와 관련하여 현저하게 부정한 행위, ㉣ 해당 범죄행위를 용인하는 행위, ㉤ 집단적 또는 상습적으로 불법행위를 행할 우려가 있는 조직에 속하는 행위, ㉥ 범죄행위에 대한 보복으로 가해자 또는 그 친족이나 그 밖에 가해자와 밀접한 관계가 있는 사람의 생명을 해치거나 신체를 중대하게 침해하는 행위, ㉦ 폭행·협박 또는 모욕 등 해당 범죄행위를 유발하는 행위, ㉧ 해당 범죄피해의 발생 또는 증대에 가공(加功)한 부주의한 행위 또는 부적절한 행위

또한 동법 제19조에 의하면 구조피해자 또는 그 유족과 가해자 사이의 관계, 그 밖의 사정을 고려하여 구조금의 전부 또는 일부를 지급하는 것이 사회통념에 위배된다고 인정될 때에는 구조금의 전부 또는 일부를 지급하지 아니할 수 있다.

Ⅹ. 교육을 받을 권리

[사례] K고 허약한군은 소아마비후유증으로 정상인에 비하여 보행에 약간의 지장을 받고 있다. 하지만 당당히 허군은 K대 의예과에 응시하여 필답고사에 합격하였으나 신체검사 결과 지체부자유자라는 이유로 K대로부터 불합격처리되었다. 허군은 이 경우 구제받을 수 있을까?

▶ **해설** : 헌법 제31조는「① 모든 국민은 능력에 따라 균등하게 교육을 받을 권리를 가진다. ② 모든 국민은 그 보호하는 자녀에게 적어도 초등교육과 법률이 정하는 교육을 받게 할 의무를 진다. ③ 의무교육은 무상으로 한다. ④ 교육의 자주성·전문성·정치적 중립성 및 대학의 자율성은 법률이 정하는 바에 의하여 보장된다. ⑤ 국가는 평생교육을 진흥하여야 한다. ⑥ 학교교육 및 평생교육을 포함한 교육제도와 그 운영, 교육재정 및 교원의 지위에 관한 기본적인 사항은 법률로 정한다」라고 하여, 교육을 받을 권리를 규정하고 있다. 허약한군이 소아마비후유증으로 정상인에 비하여 보행에 약간의 지장이 있을지라도 의예과에서 교육을 이수함에 있어서 특별한 지장이 없다고 보여지는 사안에서 지체부자유자라는 이유로 불합격처리하는 것은 학문의 자유, 대학의 자율성, 학사행정의 자율성을 존중할 필요가 있다 할지라도 현저히 균형과 공정을

잃은 행위라고 할 수 있다. 그러므로 그것은 사회통념상 합리성이 없다고 할 것이고, 재량권의 범위를 크게 벗어난 행위로서 효력을 인정할 수 없다고 할 수 있다. 따라서 허군의 입학은 허용되어야 한다고 본다.

XI. 국방의 의무

헌법 제39조는 「① 모든 국민은 법률이 정하는 바에 의하여 국방의 의무를 진다. ② 누구든지 병역의무의 이행으로 인하여 불이익한 처우를 받지 아니한다」라고 하여 국방의 의무를 규정하고 있다.

≪판 례≫

헌법재판소는 병역법 제5조 제1항(병역종류조항)에 대한 위헌소원심판에서 「① 병역의 종류에 양심적 병역거부자에 대한 대체복무제를 규정하지 아니한 병역법 제5조 제1항(병역종류조항, 현역, 예비역, 보충역, 병역준비역, 전시근로역)은 헌법에 합치되지 아니한다.

② 양심적 병역거부자에 대한 대체복무제를 규정하지 아니한 병역종류조항은 과잉금지원칙에 위배하여 양심적 병역거부자의 양심의 자유를 침해한다.

③ 헌법재판소는 2004년 입법자에 대하여 국가안보라는 공익의 실현을 확보하면서도 병역거부자의 양심을 보호할 수 있는 대안이 있는지 검토할 것을 권고하였는데, 그로부터 14년이 경과하도록 이에 관한 입법적 진전이 이루어지지 못하였다. 그사이 국가인권위원회, 국방부, 법무부, 국회 등 국가기관에서 대체복무제 도입을 검토하거나 그 도입을 권고하였으며, 법원에서도 최근 하급심에서 양심적 병역거부에 대해 무죄판결을 선고하는 사례가 증가하고 있다. 이러한 모든 사정을 감안해 볼 때 국가는 이 문제의 해결을 더 이상 미룰 수 없으며, 대체복무제를 도입함으로써 병역종류조항으로 인한 기본권 침해 상황을 제거할 의무가 있다.

④ 다수결을 기본으로 하는 민주주의 의사결정구조에서 다수와 달리 생각하는 이른바 '소수자'들의 소리에 귀를 기울이고 이를 반영하는 것은 관용과 다원성을 핵심으로 하는 민주주의의 참된 정신을 실현하는 길이 될 것이다.

⑤ 병역종류조항에 대해 단순위헌 결정을 할 경우 병역의 종류와 각 병역의 구체적인 범위에 관한 근거규정이 사라지게 되어 일체의 병역의무를 부과할 수 없게 되므로, 용인하기 어려운 법적 공백이 생기게 된다. 더욱이 입법자는 대체복무제를 형성함에 있어 그 신청절차, 심사주체 및 심사방법, 복무분야, 복무기간 등을 어떻게 설정할지 등에 관하여 광범위한 입법재량을 가진다. 따라서 병역종류조항에 대하여 헌법불합치 결정을 선고하되, 다만 입법자의 개선입법이 이루어질 때까지 계속적용을 명하기로 한다.

⑥ 입법자는 늦어도 2019. 12. 31.까지는 대체복무제를 도입하는 내용의 개선입법을 이행하여야 하고, 그때까지 개선입법이 이루어지지 않으면 병역종류조항은 2020. 1. 1.부터 효력을 상실한다」라고 하여 재판관 6(헌법불합치) : 3(각하)의 의견으로 헌법에 합치되지 아니하며, 2019. 12. 31.을 시한으로 입법자가 개정할 때까지 계속 적용된다는 결정을 선고하였다(헌재결 2018.6.28, 2011헌바379).

제3절 통치구조론

Ⅰ. 국 회

1. 국회의원의 불체포특권

[사례] 헌나라당 장형근 의원이 1989년 국가안전기획부 대공수사국장 시절 서경원 전 의원의 밀입북사건을 수사하면서 직접 그를 고문했다고 하는 서 전 의원의 진술과 그 당시 안기부직원들의 진술이 나와 검찰이 「서경원사건」을 재수사하고 있다. 이는 최근 장형근 의원이 헌나라당 부산집회에서 「빨치산식 수법」발언과 함께 「김대중 씨는 서경원 전 의원으로부터 공작금 5만 달러 중 1만 달러를 받았고, 서경원 의원이 북한에 밀입북한 것

을 알면서도 불고지했다」라고 하면서, 「김총재가 싹싹 빌어 노태우 대통령이 정치적으로 봐준 것」이라는 발언을 하였다.

이에 대하여 서 전 의원과 구정치국민회의는 허위사실에 의한 명예훼손혐의로 고소·고발하였다. 그러나 장형근 의원은 검찰의 소환에 적극 불응하고 있는데 국회의원의 특권과 관련하여 이 사례를 법적으로 평가하라.

▶ **해설** : 이 사례는 국회의원의 불체포특권에 관한 문제이다. 헌법 제44조는 국회의원의 불체포특권을 규정하고 있다. 회기 중에는 의원을 체포·구금할 수 없으므로 장형근 의원은 불체포특권이 인정된다. 다만 국회의 동의(재적의원과반수의 출석과 출석의원과반수의 찬성으로 의결)가 있는 경우에는 불체포특권이 인정되지 아니하므로 장형근 의원은 체포·구속될 수 있다.

한편 1989년 서경원 전 의원사건을 수사했던 검사는 증거인멸죄나 직무유기죄가 성립될 가능성이 있으나 공소시효(5년~7년)가 지나 형사상 처벌은 불가능하다고 할 수 있다.

(1) 헌법규정

헌법 제44조는 「① 국회의원은 현행범인인 경우를 제외하고는 회기 중 국회의 동의 없이 체포 또는 구금되지 아니한다. ② 국회의원이 회기 전에 체포 또는 구금된 때에는 현행범인이 아닌 한 국회의 요구가 있으면 회기 중 석방된다」라고 하여 국회의원의 불체포특권(不逮捕特權)을 규정하고 있다.

(2) 불체포특권의 내용

① 불체포특권에 관한 원칙

첫째, 회기 중에는 의원을 체포·구금할 수 없다. 회기 중이라 함은 집회일로부터 폐회일까지의 기간을 말하며, 휴회 중도 회기 중에 포함된다. 체포·구금이라 함은 자유를 구속하는 모든 처분을 말하며, 이에는 형사소송법상의 강제처분뿐만 아니라 경찰관직무집행법에 의한 보호조치·감호처분 또는 격리처분과 같은 행정상의 강제처분까지 포함된다.

둘째, 회기 전에 체포·구금된 때에도 국회의 요구가 있으면 석방하여야 한다. 회기 전이라 함은 회기가 시작되기 이전뿐만 아니라 전 회기도 이 중에 포함된다. 국회의 석방요구는 재적의원과반수의 출석과 출석의원과반수의 찬성으로 의결하면 된다.

② 불체포특권의 예외

첫째, 현행범인인 경우에는 불체포특권이 인정되지 아니한다. 여기서 현행범인이라 함은 형사소송법에서 말하는 현행범인을 말하며, 국회의원의 국민대표성과 그 헌법상의 기능에 비추어 준현행범인(準現行犯人)은 여기에 포함되지 않아야 한다.

둘째, 국회의 동의가 있는 경우에는 불체포특권이 인정되지 아니한다.

셋째, 회기 전에 체포·구금되고 또 현행범인이 아닌 경우에도, 국회의 석방요구가 없으면 불체포특권이 인정되지 아니한다.

2. 국회의원의 면책특권

[사례] 요즈음 이른바 「언론대책문건」을 둘러싼 여야간 공방이 확산되며, 국회의원의 면책특권의 한계에 관한 논란이 일고 있다. 1999년 10월 25일 헌나라당 장형근 의원은 국회대정부질문(國會對政府質問)에서 전 국가정보원장인 구정치국민회의 이종찬 부총재와 이강래 전 정무수석이 그 문건을 작성하여 김대중 대통령에게 보고된 뒤 구체적으로 실행(홍석현 중앙일보사장 구속)되었다고 폭로하였다.

그러나 10월 27일 그 문건작성자가 「중앙일보」 문일현 기자로 밝혀졌고, 10월 29일에는 장 의원에게 그 문건을 전달한 사람은 「평화방송」 이도준 기자로 밝혀졌다. 특히 이 기자는 이종찬 부총재사무실에서 그 문건을 절취하여 복사한 후 장 의원에게 전달하였다. 한편 이 전 정무수석은 장 의원을 상대로 명예훼손죄로 형사 고소하였다. 이 사례를 법적으로 평가하라.

▶ **해설** : 면책의 대상이 되는 행위는 직무상 행위이기 때문에 원내에서 행한 발언일지라도 의제와 관계가 없는 발언은 면책의 대상이 되지 아니한다. 정규의 절차에 따라서 한 발언일지라도 명예훼손적이거나 심한 모욕적인 언사는 직무상 행위 그 자체와는 관계가 없는 것이다. 따라서 그것은 면책되지 아니하고 명예훼손죄나 모욕죄가 성립될 수 있다(다수설).

이 사례에서 이 기자가 문건을 전달하면서 「이 전 정무수석이 작성한 것이다」라고 말을 했다면 장의원은 명예훼손죄가 성립되지 않을 가능성이 높다. 다만 그 문건이 허위라는 사실을 알고도 폭로하여 타인의 명예를 훼손하였다면 명예훼손죄가 성립되지만 이를 입증하기가 어려울 것이다.

한편 이도준 기자는 우선 절도죄가 성립되고 그 문건을 전달한 대가로 돈을 받았다면 배임죄도 성립될 수 있다. 또한 면책특권은 위법성조각사유가 아니라 처벌조각사유에 지나지 아니하므로 이기자가 「이 전 정무수석이 작성한 것이다」라고 말을 했다면 명예훼손죄의 공범으로 처벌된다.

(1) 헌법규정

헌법 제45조는 「국회의원은 국회에서 직무상 행한 발언과 표결에 관하여 국회 외에서 책임을 지지 아니한다」라고 하여 국회의원의 발언과 표결의 자유, 즉 면책특권(免責特權)을 규정하고 있다.

(2) 면책특권의 내용

① 면책의 대상과 범위

여기서 국회라 함은 국회가 활동하고 있는 모든 장소를 말하며, 따라서 국회의 본회의나 위원회가 개최되고 있는 장소이면 모두 여기에 포함된다. 면책의 대상이 되는 행위는 직무상 행위이기 때문에 원내에서 행한 발언일지라도 의제와 관계가 없는 발언은 면책의 대상이 되지 아니한다. 발언이라 함은 의제(議題)에 관한 의사의 표시를 말하고, 표결이라 함은 의제에 관하여 찬·반의 의사를 표시하는 것을 말한다.

② 면책의 효과

면책의 효과는 국회 외에서 책임을 지지 아니한다는 것이다. 국회 외에서 책임을 지지 아니한다는 것을 의미하므로 국회 내에서는 책임을 물을 수 있다. 여기서 책임이라 함은 원외에서의 민사상·형사상 및 징계상의 책임, 즉 법적 책임만을 의미한다.

Ⅱ. 대통령

[사례-전직대통령에 대한 예우] 최근에 김영삼 전 대통령이 「전직대통령으로서 걸맞은

예우를 받아야 한다」면서 정부에 대하여 개인사무실(100평 규모)을 요청한 사실이 언론에 보도되었다. 전직대통령이라고 해서 이런 예우를 해주는 것이 정당한지는 일반국민의 법감정에 비추어 이해가 가지 않는다. 이런 경우 「전직대통령예우에 관한 법률」에 따른 예우가 가능할까? 그리고 12 · 12사태와 5 · 17쿠데타에 따른 재판에서 유죄판결을 받고 교도소에서 복역한 후 사면 받은 전두환 · 노태우 전직대통령 등의 경우에도 「전직대통령예우에 관한 법률」이 계속해서 적용될까?

▶ **해설** : 헌법 제85조는 「전직대통령의 신분과 예우에 관하여는 법률로 정한다」라고 하여, 재직 중의 대통령은 물론 전직대통령도 그에 상응하는 신분과 예우를 하도록 하고 있다. 「전직대통령예우에 관한 법률」은 전직대통령 또는 그 유족에 대하여 적용한다(전직대통령예우에 관한 법률 제3조). 전직대통령에 대하여는 연금을 지급하며, 연금지급액은 지급 당시의 대통령보수연액의 100분의 95 상당액으로 한다(동법 제4조). 그리고 전직대통령을 위한 기념사업을 민간단체 등이 추진하는 경우에는 관계법령이 정하는 바에 따라 필요한 지원을 할 수 있다(동법 제5조의 2). 또한 전직대통령은 비서관 3인을 둘 수 있으며(동법 제6조 제1항), 전직대통령 또는 그 유족에 대하여는 관계법령이 정하는 바에 따라 다음의 예우를 할 수 있다. ① 필요한 기간의 경호 · 경비, ② 교통 · 통신 및 사무실의 제공 등의 지원, ③ 본인 및 그 가족에 대한 가료, ④ 기타 전직대통령으로서 필요한 예우 등이 그것이다(동법 제6조 제3항).

「전직대통령예우에 관한 법률」을 제정한 것은 전직대통령이 과거 대통령으로서의 직무수행에 대한 보훈, 퇴직 후의 생활의 보장, 전직대통령으로서의 품격의 유지 그리고 그 유족 등에 대한 생활의 보장 등을 고려한 것이다. 김영삼 전 대통령측이 정부에 대하여 사무실을 요청한 것은 법적으로 정당하나, 다만 정부는 관계법령이 정하는 바에 따라 예우를 할 수 있기 때문에 사무실제공을 하지 않을 수도 있다.

전직 대통령이 다음 각 호의 1에 해당하는 경우에는 제6조 제3항 제1호의 규정에 의한 예우를 제외하고는 이 법에 의한 전직 대통령으로서의 예우를 하지 아니한다. ① 재직 중 탄핵결정을 받아 퇴임한 경우, ② 금고 이상의 형이 확정된 경우, ③ 형사처분을 회피할 목적으로 외국정부에 대하여 도피처 또는 보호를 요청한 경우, ④ 대한민국의 국적을 상실한 경우가 그것이다(동법 제7조 제2항). 그러므로 전두환 · 노태우 전직대통령 등의 경우에 대법원에 의해 각각 무기징역, 징역 17년을 선고받음으로써 「전직대통령예우에 관한 법률」이 더 이상 적용되지 않는다.

Ⅲ. 헌법재판소

[사례 1] 기막혀씨는 부인이 출산 도중 의사의 과실로 사망하여 검찰에 고소하였으나, 담당검사는 의사에게 과실이 없다며 불기소처분을 내렸다. 의사는 기씨의 부인이 진통을 느끼고 극심한 고통을 호소함에도 불구하고 초산이라 분만이 오늘밤에나 가능하다며 낚시를 하러 갔다.

그 동안 기씨의 부인은 하혈을 너무 많이 하여 종합병원으로 이송되어야 할 만큼 위독한 상황이었음에도 불구하고 밤늦게 돌아온 의사는 본인이 분만을 유도하다가 그만 사망하고 말았다. 검사의 불기소처분을 받은 기막혀씨는 이에 불복하여 항고 및 재항고를 하였는데 다시 기각처분통지를 받았다. 기막혀씨는 더 이상 구제방법이 없을까?

▶ **해설** : 기막혀씨는 검사의 불기소처분에 대하여 재항고 기각결정통지를 받은 날로부터 30일 이내에 헌법재판소에 헌법소원심판을 청구할 수 있다.

1. 헌법규정

현행헌법은 헌법재판소는 「법률이 정하는 헌법소원(憲法訴願)에 관한 심판」을 관장한다(헌법 제111조 제1항 제5호)라고 함으로써 헌법소원제도를 신설하였다.

2. 헌법소원의 의의

헌법소원이라 함은 헌법에 위반하는 법령·처분 등 공권력의 행사 또는 불행사로 인하여 자신의 헌법상 보장된 기본권이 직접적 그리고 현실적으로 침해당한 경우에 헌법재판기관에 대하여 당해 공권력의 행사 또는 불행사의 위헌 여부를 심사하여 그 권리를 구제하여 주도록 청구할 수 있는 제도를 말한다.

3. 헌법소원심판청구의 요건

(1) 실질적 요건

다른 법률에 구제절차가 있는 경우에는 그 절차를 모두 거친 후가 아니면 청구할 수 없다(보충성의 원칙, 헌법재판소법 제68조 제1항). 예컨대 검사의 불기소처분에 대하여는 검찰항고절차를 반드시 거쳐야 한다.

(2) 절차적 요건

① 헌법소원의 심판청구서

헌법소원의 심판청구서에는 ㉠ 청구인 및 대리인의 표시, ㉡ 침해된 권리, ㉢ 침해의 원인이 되는 공권력의 행사 또는 불행사, ㉣ 청구이유, ㉤ 기타 필요한 사항 등을 기재하여야 한다(동법 제71조 제1항).

② 변호사강제주의

변호사를 대리인으로 선임하지 아니하면 심판청구를 하거나 심판수행을 하지 못한다(동법 제25조 제3항).

③ 청구기간

헌법소원심판은 그 사유가 있음을 안 날로부터 60일 이내에, 그 사유가 있은 날로부터 180일 이내에 청구하여야 한다. 다만 다른 법률에 의한 구제절차를 거친 헌법소원심판은 그 최종결정을 통지 받은 날로부터 30일 이내에 청구하여야 한다(동법 제69조 제1항).

4. 헌법소원의 인용결정

헌법소원의 인용결정은 모든 국가기관과 지방자치단체를 기속하며, 피청구인은 결정취지에 따라 새로운 처분을 하여야 한다(동법 제75조).

[사례 2] 조선족 유랑자씨는 입국사기로 인하여 가정이 풍비박산 나거나 임금체불과 폭행, 인격모독을 당하며 불법체류자로 살아가고 있다. 이에 분노를 느낀 유랑자씨는 「암울했던 역사적 상황으로 인해 어쩔 수 없이 조국을 떠나야 했던 동포들을 돕지는 못할망정 재미 · 유럽동포들과 조선족 · 구소련 지역 거주 동포(고려인)를 차별대우하는 것은 부당

하다」며 동포의 대상에서 조선족·구소련 지역 거주 동포(고려인)를 제외한 재외동포의 출입국과 법적 지위에 관한 법률 제2조 제2호에 대하여 헌법소원심판을 헌법재판소에 청구하였다. 유랑자씨의 주장은 정당한가?

▶ **해설** : 현재 재외동포의 출입국과 법적 지위에 관한 법률은 해외거주 동포들에 대하여 내국인과 거의 동일한 대우를 보장하고 있다. 2년 동안 국내체류가 가능하고, 기간도 자유로이 연장할 수 있으며, 취업이나 토지·금융거래 등 경제활동에서도 거의 제한을 받지 않는다. 그러나 1999년에 시행된 재외동포의 출입국과 법적 지위에 관한 법률은 재외동포의 혜택 대상에서 조선족과 구소련 지역 거주 동포(고려인)를 제외하였다.

헌법재판소는 2001년 11월 29일 재외동포의 출입국과 법적 지위에 관한 법률 제2조 제2호에 대한 헌법소원심판에서 「① 재외동포법은 외국국적동포 등에게 광범한 혜택을 부여하고 있는바, 그 적용대상에서 "대한민국 정부수립 이전에 국외로 이주한 자 중 외국국적 취득 이전에 대한민국의 국적을 명시적으로 확인받지 않은 자와 그 직계비속"(정부수립이전이주동포), 즉 대부분의 중국동포와 구소련동포 등을 제외한 것은, 이들 또한 외국의 국적을 취득한 우리의 동포라는 점에서 같고, 국외로 이주한 시기가 대한민국 정부수립 이전인가 이후인가는 결정적인 기준이 될 수 없으며, 사회경제적 또는 안보적 우려도 엄밀한 검증을 거친 것이라고 볼 수 없을 뿐 아니라, 재외동포법상 외국국적동포에 대한 정의규정에는 일응 중립적인 과거국적주의를 표방하고, 시행령으로 일제시대 독립운동을 위하여 또는 일제의 강제징용이나 수탈을 피하기 위해 조국을 떠날 수밖에 없었던 중국동포나 구소련동포가 대부분인 대한민국 정부수립 이전에 이주한 자들에게 외국국적 취득 이전에 대한민국의 국적을 명시적으로 확인받은 사실을 입증하도록 요구함으로써 이들을 재외동포법의 수혜대상에서 제외한 것은 정당성을 인정받기 어려우므로, 이 사건 심판대상규정은 합리적 이유 없이 정부수립이전이주동포를 차별하는 자의적인 입법이다.

② 다만 법률이 평등원칙에 위반된다고 판단되는 경우에도 그 위헌적 상태를 제거하여 평등원칙에 합치되는 상태를 실현하는 선택의 문제는 입법자에게 맡겨진 일이고, 이 사건 심판대상규정에 대하여 단순위헌결정을 선고하면 외국국적동포의 경우는 재외동포법이 부여하는 지위

가 그 순간부터 상실되어 법치국가적으로 용인하기 어려운 법적 공백과 그로 인한 혼란을 야기할 수 있으므로, 입법자가 합헌적인 방향으로 법률을 개선할 때까지 2003. 12. 31.을 한도로 잠정적으로 적용하게 한다」 라고 하여 헌법불합치결정을 내렸다(헌재결 2001.11.29, 99헌마494). 따라서 유랑자씨의 주장은 정당하다.

제2장 | 인터넷법

제1절
전자상거래

Ⅰ. 전자상거래의 의의

아직까지 전자상거래의 개념과 범주에 대한 일치된 견해가 없는 상황이지만, 좁은 의미의 전자상거래는 최소한 인터넷을 통하여 제품 및 서비스의 주문이 이루어지는 거래를 의미한다.

특히 사업자와 소비자간의 전자상거래(Business-to-Consumer Electronic Commerce 또는 B2C Electronic Commerce)는 상품의 검색, 계약체결, 주문, 대금결제, 제품의 배송과 서비스의 제공 등 일련의 거래과정의 전부 또는 일부가 인터넷과 같은 전기통신매체를 통하여 이루어지는 거래를 말한다.

2002년 3월 30일 법률 제6687호로 공포된 「전자상거래 등에서의 소비자보호에 관한 법률」에서 전자상거래라 함은 전자거래(전자거래기본법 제2조 제5호의 규정에 의한 전자거래를 말한다)의 방법으로 상행위를 하는 것을 말하고(동법 제2조 제1호), 전자거래라 함은 재화나 용역을 거래함에 있어서 그 전부 또는 일부가 전자문서에 의하여 처리되는 거래를 말한다. 또한 통신판매(우편・전기통신 그 밖에 총리령이 정하는 방법에 따라 재화 또는 용역의 판매에 관한 정보를 제공하고 소비자의 청약에 의하여 재화 또는 용역을 판매하는 것)도 「전자상거래 등에서의 소비자보호에 관한 법률」의 적용대상이 된다(동법 제2조 제2호).

Ⅱ. 사 례

[사례 1] 심마니씨는 인터넷쇼핑몰 「야호(주)」를 통하여 컴퓨터를 구입하려고 100만 원을 지불하였는데, 약속한 날짜가 상당히 지났는데도 주문한 컴퓨터가 도착하지 않고 있다. 심마니씨는 이 경우에 어떻게 해야 하나?

▶ **해설** : 인터넷으로 상품을 구입하는 경우에는 사업자에 대한 정확한 자료를 파악하는 것이 좋다. 우선 심마니씨는 「야호(주)」에 배송 여부를 조회해 본다. 배송완료가 체크되는데도 도착하지 않는 경우는 배달사고이므로 사업자에게 재배달과 빠른 인도를 독촉한다.

「야호(주)」의 사정으로 아직도 배달을 이행하지 못하고 있다면 심마니씨는 계속 기다릴 것인지 아니면 계약을 철회할 것인지 판단하여야 한다. 만일에 철회하고자 한다면 「야호(주)」에 계약위반에 따른 철회를 요청하고, 또한 신용카드로 할부결제를 한 경우에는 신용카드회사에도 위 사실을 알려 철회를 요청(다만 금액이 20만 원 이상인 경우에만 해당한다)하거나 철회할 수 있도록 협조를 요청한다(할부거래에 관한 법률 제8조, 할부거래에 관한 법률시행령 제6조 참조). 심마니씨는 청약철회 의사를 「야호(주)」와 신용카드회사에 내용증명으로 발송한다.

[사례 2] K대생 지마켓씨는 사업자가 아닌 대학생 박옥션씨가 아르바이트로 개설한 인터넷경매사이트에서 디지털카메라를 구입했는데 일반카메라로 배달되었다. 지마켓씨는 이 경우에 어떻게 해야 하나?

▶ **해설** : 인터넷경매와 관련된 소비자 피해는 주로 설명(계약)과 다른 상품이 배달되거나 배달 지연되는 경우, 인터넷경매사이트에서 직거래로 판매자에게 송금했으나 상품이 배달되지 않은 경우, 하자(瑕疵)가 있는 상품이 배달되거나 낙찰된 상품에 대하여 일방적으로 판매 취소하는 경우 등으

로 나타나고 있다.

인터넷경매는 사업자와 개인간의 거래(B2C)와 개인과 개인간의 거래(C2C)로 나누어진다. 사업자와 개인간의 거래(인터넷경매)의 경우에는 인터넷상에서 상품정보를 보고 구입한 물건이 상품정보(설명)와 다르거나 하자(瑕疵)가 있는 상품이 배달되는 때에는 배달된 날로부터 3월 이내, 그 사실을 안 날 또는 알 수 있었던 날로부터 30일 이내에 청약철회(반품 · 교환 및 환불조치)를 할 수 있다.

그러나 개인과 개인간의 거래(인터넷경매)의 경우에는 사업자와 소비자간의 거래에서 발생하는 「소비자문제」가 아닌 「개인과 개인간의 거래문제」이기 때문에 사실상 법적으로 구제받을 수 있는 방법이 없다. 다만 이 경우에 지마켓씨는 피해를 당한 사실을 경찰청 사이버안전국(연락처 : 182, 웹사이트 : www.cyberbureau.police.go.kr)에 신고하여 도움을 받을 수는 있다.

[사례 3] 평소 인터넷을 좋아하던 사이버씨는 인터넷으로 상품을 구입하고 구입대금(요금)을 송금하였는데 상품을 구입했던 사이트가 폐쇄되었다. 이 경우 사이버씨는 어떠한 법적 방법으로 구제받을 수 있을까?

▶ **해설** : 전자상거래는 사업자와 소비자가 서로 보지 못한 상태에서 온라인(on-line)을 통하여 거래를 하기 때문에, 사업자의 사기 또는 기만적인 거래로 인한 소비자피해가 발생할 가능성이 높다.

사이트가 폐쇄되었다면 오프라인(off-line)상에서 사업자와의 연락이 가능한지를 우선 확인해 보고 연락이 되는 경우 사업자주소로 불편사항 및 그에 따른 계약해제의사를 내용증명으로 발송한다. 사업자 측과 연락이 되지 않더라도 사업자주소로 불편사항 및 그에 따른 계약해제의사를 내용증명으로 발송한다.

만일에 사업자의 인터넷 홈페이지가 폐쇄되거나 사업자가 부도가 나거나 도주한 경우 등으로 인하여 사업자의 행방이 확인되지 않거나 연락이 되지 않는 경우에는 사실상 법적으로 구제받을 수 있는 방법이 없다. 다만 이 경우에 사이버씨는 피해를 당한 사실을 경찰청 사이버안전국(연락처 : 182, 웹사이트 : www.cyberbureau.police.go.kr)에 신고하여 도움을 받을 수는 있다.

[사례 4] 박분노씨는 K홈쇼핑의 광고를 보고 진주 5종 세트를 구입하였다. 광고에서는 진품 양식 진주라고 했으나 배달된 제품은 모조품이어서 항의하자 처음에는 발뺌을 하다가 결국 인정하였다. 분통이 터진 박분노씨가 반품을 요구하자 위약금 20%와 택배비를 부담하라고 한다. 이 경우에 박분노씨는 피해구제를 받을 수 있을까?

▶ **해설** : 가정에서 방송을 시청하면서 편안하게 물건을 구입할 수 있는 전문 TV 홈쇼핑 채널(예컨대 롯데홈쇼핑, 현대홈쇼핑 등)을 모방한 유사 홈쇼핑 업체들의 난립으로 이로 인한 소비자들의 불만과 피해가 잇따르고 있다.

TV홈쇼핑은 통신판매에 해당한다. 그러므로 TV홈쇼핑의 경우 「전자상거래 등에서의 소비자보호에 관한 법률」과 「할부거래에 관한 법률」이 적용된다. 「전자상거래 등에서의 소비자보호에 관한 법률」에서 통신판매라 함은 우편·전기통신 그 밖에 총리령이 정하는 방법에 따라 재화 또는 용역(일정한 시설을 이용하거나 용역의 제공을 받을 수 있는 권리를 포함한다)의 판매에 관한 정보를 제공하고 소비자의 청약에 의하여 재화 또는 용역을 판매하는 것을 말한다.

다만 방문판매 등에 관한 법률(제2조 제3호)의 규정에 의한 전화권유판매를 제외한다. 여기서 「그 밖에 총리령이 정하는 방법」이라 함은 다음 각호의 방법을 이용하여 소비자에게 재화 또는 용역에 관한 정보를 제공하거나 소비자의 청약에 의하여 재화 또는 용역을 판매하는 것을 말한다.

① 광고물·광고시설물·전단지·방송·신문 및 잡지 등을 이용하는 방법, ② 판매자와 직접 대면하지 아니하고 우편환·우편대체·지로 및 계좌이체 등을 이용하는 방법이 그것이다.

박분노씨는 통신판매로 재화(상품)를 샀을 경우에는 계약서를 교부받은 날 또는 재화를 공급받은 날로부터 7일 이내(다만, 그 계약서를 교부받은 때보다 재화 등의 공급이 늦게 이루어진 경우에는 재화 등을 공급받거나 공급이 개시된 날부터 7일), 할부거래로 샀을 경우에는 서면으로 7일 이내에 조건 없이 계약에 관한 청약을 철회(撤回)할 수 있다(전자상거래 등에서의 소비자보호에 관한 법률 제17조 제1항, 할부거래에 관한 법률 제8조).

다만 박분노씨(소비자)는 다음 각호의 1에 해당하는 경우에는 통신판매업자의 의사에 반하여 청약을 철회할 수 없다(전자상거래 등에서의 소비자보호에 관한 법률 제17조 제2항).

① 소비자에게 책임 있는 사유로 재화 등이 멸실 또는 훼손된 경우(다만 재화 등의 내용을 확인하기 위하여 포장 등을 훼손한 경우를 제외한다), ② 소비자의 사용 또는 일부 소비에 의하여 재화 등의 가치가 현저히 감소한 경우, ③ 시간의 경과에 의하여 재판매가 곤란할 정도로 재화 등의 가치가 현저히 감소한 경우, ④ 복제가 가능한 재화 등의 포장을 훼손한 경우, ⑤ 디지털콘텐츠(부호・문자・도형・색채・음성・음향・이미지 및 영상 등(이들의 복합체를 포함한다)의 자료 또는 정보로서 그 보존 및 이용의 효용을 높일 수 있도록 디지털 형태로 제작하거나 처리한 것)의 제공이 개시된 경우, ⑥ 그 밖에 거래의 안전을 위하여 대통령령으로 정하는 경우(소비자의 주문에 의하여 개별적으로 생산되는 재화 등)가 그것이다.

그러나 박분노씨(소비자)는 「전자상거래 등에서의 소비자보호에 관한 법률」 제17조 제1항 및 제2항의 규정에 불구하고 재화 등의 내용이 표시・광고의 내용과 다르거나 계약내용과 다르게 이행된 경우에는 당해 재화 등을 공급받은 날부터 3월 이내, 그 사실을 안 날 또는 알 수 있었던 날부터 30일 이내에 청약을 철회할 수 있다(동법 제17조 제3항).

재화 등의 훼손에 대하여 소비자의 책임이 있는지의 여부, 재화 등의 구매에 관한 계약이 체결된 사실 및 그 시기, 재화 등의 공급사실 및 그 시기 등에 관하여 다툼이 있는 경우에는 통신판매업자가 이를 입증하여야 한다(동법 제17조 제5항).

철회사유가 발생한 경우에는 청약철회의사를 통신판매업자(회사)가 정한 절차로 발송한다. 또한 물건을 반품할 경우 등기소포나 택배 등 증거확보가 가능한 방법으로 처리하도록 한다. 청약의 철회는 서면을 발송한 날에 그 효력이 발생한다(동법 제17조 제4항).

박분노씨는 청약을 철회한 경우에는 이미 공급받은 재화를 반환하여야 하며(동법 제18조 제1항), 통신판매업자는 재화를 반환받은 날부터 3영업일 이내에 이미 지급받은 재화의 대금을 환급하여야 한다(동법 제18조 제2항). 또한 공급받은 재화의 반환에 필요한 비용은 소비자가 부담하며 통신판매업자는 소비자에게 청약철회를 이유로 위약금(違約金) 또는 손해배상을 청구할 수 없다(동법 제18조 제9항). 다만 제17조 제3항의 규정에 따른 청약철회 등의 경우 재화 등의 반환에 필요한 비용은 통신판매업자가 부담한다(동법 제18조 제10항). 따라서 박분노씨는 위약금 20%와 택배비를 부담할 필요가 없다.

[사례 5] 세일을 좋아하는 반공짜씨는 C방송채널을 보다가 H홈쇼핑업체에 3만9천9백 원짜리 티셔츠 3종 세트를 주문하였다. 다음날 입금하고 기다렸으나 계속 보내준다는 말만 되풀이하고 배달해주지 않았다. 이젠 연락마저 제대로 되지 않아 C방송채널에 문의하니 그 업체는 부도가 났다고 한다. 이 경우에 반공짜씨는 어떻게 하여야 하나?

▶ **해설** : 전문 TV홈쇼핑 채널로 승인된 종합유선방송사(CJ온스타일, 현대홈쇼핑, 롯데홈쇼핑, GS SHOP, NS홈쇼핑, 홈앤쇼핑, 신세계쇼핑, 공영쇼핑, 쇼핑엔티, SK스토아, K쇼핑, W쇼핑) 외의 종합유선방송과 중계유선방송에서 제공된 TV홈쇼핑으로 피해를 당했을 경우에 소비자들이 이들 방송사업자에게 그 책임을 묻거나 피해요청을 할 수 없다는 점을 유의하여야 한다.

사업자가 부도가 나거나 도주한 경우 등으로 인하여 사업자의 행방이 확인되지 않거나 연락이 되지 않는 경우에는 사실상 법적으로 구제받을 수 있는 방법이 없다. 따라서 반공짜씨(소비자)는 H홈쇼핑업체가 부도났으므로 사실상 법적으로 구제받을 수 있는 방법이 없다.

[사례 6] 기분파씨는 인터넷상에서 충동적으로 스캐너를 구입하였는데, 구입하고 보니 광고의 내용과 달라 마음에 들지 않았다. 기분파씨는 구입한 스캐너를 취소하고 싶은데 어떻게 해야 할까?

▶ **해설** : 전자상거래의 경우 「전자상거래 등에서의 소비자보호에 관한 법률」과 「할부거래에 관한 법률」이 적용된다. 「전자상거래 등에서의 소비자보호에 관한 법률」에서 전자상거래라 함은 전자거래(전자거래기본법 제2조 제5호의 규정에 의한 전자거래를 말한다)의 방법으로 상행위를 하는 것을 말하고(동법 제2조 제1호), 전자거래라 함은 재화나 용역을 거래함에

있어서 그 전부 또는 일부가 전자문서에 의하여 처리되는 거래를 말한다(전자거래기본법 제2조 제5호).

기분파씨는 통신판매로 재화(상품)를 샀을 경우에는 계약서를 교부받은 날 또는 재화를 공급받은 날로부터 7일 이내, 할부거래로 샀을 경우에는 서면으로 7일 이내에 조건 없이 계약에 관한 청약을 철회(撤回)할 수 있다(전자상거래 등에서의 소비자보호에 관한 법률 제17조 제1항, 할부거래에 관한 법률 제8조). 다만 기분파씨(소비자)는 다음 각호의 1에 해당하는 경우에는 통신판매업자의 의사에 반하여 청약을 철회할 수 없다(전자상거래 등에서의 소비자보호에 관한 법률 제17조 제2항). ① 소비자에게 책임 있는 사유로 재화 등이 멸실 또는 훼손된 경우(다만 재화 등의 내용을 확인하기 위하여 포장 등을 훼손한 경우를 제외한다), ② 소비자의 사용 또는 일부 소비에 의하여 재화 등의 가치가 현저히 감소한 경우, ③ 시간의 경과에 의하여 재판매가 곤란할 정도로 재화 등의 가치가 현저히 감소한 경우, ④ 복제가 가능한 재화 등의 포장을 훼손한 경우, ⑤ 디지털콘텐츠(부호·문자·도형·색채·음성·음향·이미지 및 영상 등(이들의 복합체를 포함한다)의 자료 또는 정보로서 그 보존 및 이용의 효용을 높일 수 있도록 디지털 형태로 제작하거나 처리한 것)의 제공이 개시된 경우, ⑥ 그 밖에 거래의 안전을 위하여 대통령령으로 정하는 경우(소비자의 주문에 의하여 개별적으로 생산되는 재화 등)가 그것이다.

그러나 기분파씨(소비자)는 「전자상거래 등에서의 소비자보호에 관한 법률」 제17조 제1항 및 제2항의 규정에 불구하고 재화 등의 내용이 표시·광고의 내용과 다르거나 계약내용과 다르게 이행된 경우에는 당해 재화 등을 공급받은 날부터 3월 이내, 그 사실을 안 날 또는 알 수 있었던 날부터 30일 이내에 청약을 철회할 수 있다(동법 제17조 제3항).

재화 등의 훼손에 대하여 소비자의 책임이 있는지의 여부, 재화 등의 구매에 관한 계약이 체결된 사실 및 그 시기, 재화 등의 공급사실 및 그 시기 등에 관하여 다툼이 있는 경우에는 통신판매업자가 이를 입증하여야 한다(동법 제17조 제5항).

철회사유가 발생한 경우에는 청약철회의사를 통신판매업자(회사)가 정한 절차로 발송한다. 또한 물건을 반품할 경우 등기소포나 택배 등 증거확보가 가능한 방법으로 처리하도록 한다. 청약의 철회는 서면을 발송한 날에 그 효력이 발생한다(동법 제17조 제4항).

기분파씨는 청약을 철회한 경우에는 이미 공급받은 재화를 반환하여야 하며(동법 제18조 제1항), 통신판매업자는 재화를 반환받은 날부터 3영업일 이내에 이미 지급 받은 재화의 대금을 환급하여야 한다(동법 제18조 제2항). 또한 공급받은 재화의 반환에 필요한 비용은 소비자가 부담하며 통신판매업자는 소비자에게 청약철회를 이유로 위약금(違約金) 또는 손해배상을 청구할 수 없다(동법 제18조 제9항).

[사례 7] K대생 하나로양은 초고속인터넷 「두르패스(주)」에 가입하였으나, 서버불량으로 인한 통신장애, 광고와 달리 접속속도가 매우 느린 점 등 서비스에 불만을 가지고 있다. 하나로양은 이 경우 어떻게 해야 할까?

▶ **해설** : 우선 하나로양은 사실조사 후 피해가 나타날 경우(타 사업자들의 통상속도에 현저히 미치지 못하는 경우) 「두르패스(주)」의 약관(約款)에 따라 요금감면 또는 손해배상 등의 조치를 받을 수 있다. 또한 약관에 명시된 피해보상 이외에 정신적인 손해배상을 청구하려면 법원에 입증자료를 첨부하여 소액재판을 청구하면 된다.

[사례 8] K대생 배우리양은 토익시험을 준비하기 위하여 1년간의 인터넷토익강좌 교육신청을 하고 수강료 12만 원을 지불하였다. 며칠 후 교재를 받았고 사업자의 사이트에 접속(로그인)하여 강의내용을 이용하려고 하였으나 접속이 되지 않았다.

사이트에 들어가지 못해 오프라인 강좌에 대한 소식도 알지 못한 상태이며 여러 가지 조치에도 불구하고 로그인이 되지 않아 사이트를 이용할 수 없었다. 배우리양은 사업자가 제공하는 서비스를 전혀 이용하지 못한 상태여서 사업자에게 해약을 하고자 하는데, 어떻게 해야 하나?

▶ **해설** : 원칙적으로 소비자의 자발적인 동의에 의하여 계약이 체결되고 정상적인 사용상태일 경우에는 사업자에게 계약해제를 강요할 수 없다. 그러나 계약내용의 일부가 이행되지 않는 등 피해가 발생한 경우에는 사업자에게 과실책임을 물어 계약해제를 할 수 있다. 다만 일시적 장애인 경우에는

계약해제를 하기 어렵다. 그 이유는 인터넷상에서 일시적인 장애는 일정 수준까지는 용인(容忍)할 수밖에 없는 환경적 요소이기 때문이다.

그러나 사업자의 서버관리에 문제가 있다고 확인이 된 경우에는 사업자의 책임이므로 계약해제를 할 수 있다. 배우리양은 우선 사업자에게 계약해제의사를 내용증명으로 발송하는 것이 바람직하다.

[사례 9] 김주부씨는 얼마 전 무심코 본 전화요금 고지서에서 타사 정보서비스 이용료라는 항목으로 10만 원이 청구된 것을 발견하였다. 전화국, 통신업체, 소프트웨어 제공업체 등을 통하여 그 내역을 문의하였더니 인터넷게임 관련 요금이 청구된 것이었다.

프로 게이머가 꿈인 고등학생 아들 김게임군이 아버지가 휴대폰을 집에 두고 출근한 휴대폰 전화번호와 아버지 주민등록번호 입력 등의 절차를 거쳐 인터넷유료게임인 「디아블로」를 이용한 금액이 합산 청구된 결과였다. 전화요금과 휴대폰요금, 그리고 인터넷게임 관련 요금을 합친 금액이 총 30만 원에 이르렀는데, 김주부씨는 어떻게 하여야 하나?

▶ **해설** : 인터넷뱅킹, 신용카드 외에 사이버 거래에서의 결제수단으로 최근 각광받고 있는 유・무선 전화결제시스템은 이용자들이 간단한 절차를 거치면 월말의 전화요금에 물품 구입비, 서비스 이용비 등이 통합되어 청구되는 결제방법이다. 앞으로 유・무선 전화결제시스템은 이용의 편리성을 내세워 주요 결제수단으로 확대될 가능성이 높다.

그런데 최근에 신용카드를 발급받지 못한 미성년자들이 인터넷게임사이트에 접속하고, 이러한 전화결제서비스를 선택하는 일이 많아지면서 전화요금이 많이 청구된 뒤에야 뒤늦게 이 사실을 안 부모들의 피해가 커지고 있다.

만일에 김게임군(소비자)이 인터넷유료게임을 사용하기 전 부모의 동의 없이 결제가 이뤄졌다면 김주부씨는 이용요금이 전화요금에 청구된 사실을 확인한 즉시 인터넷게임사이트업체에 내용증명을 발송하여 이의를 제기하는 것이 바람직하다. 그래도 처리가 되지 않을 경우에는 개인정보침해신고센터(연락처 : 서울 국번없이 1336, 지방 02-1336, 웹사이트 : www.cyberprivacy.or.kr)에 신고(또는 개인정보분쟁조정위원회에 분쟁조정을 신청)하거나 한국소비자원(연락처 : 043-880-5500, 웹사이트 : www.kca.go.kr)에 계약서 등 입증자료를 가지고 피해구제청구를 한다.

※ [개인정보분쟁조정위원회]

개인정보분쟁조정위원회는 날로 급증하고 있는 개인정보침해로 인한 당사자간의 분쟁을 조정하기 위하여 「정보통신망이용촉진 및 정보보호 등에 관한 법률」 제33조에 의해 설립된 법정기구이다. 개인정보침해와 관련한 피해구제를 소송비용과 시간이 많이 소요되고 처리절차가 복잡한 법원의 소송절차에 의할 경우 신속성과 전문성 측면에서 문제점이 발생할 수 있다.

개인정보분쟁조정제도는 이러한 개인정보와 관련한 피해의 특성을 고려하여 전문기관에 의하여 신속·간편·공정하게 분쟁을 해결할 수 있도록 마련된 소송 외적 분쟁해결 수단의 하나이다.

[서식] 개인정보분쟁조정 신청서

<table>
<tr><th colspan="5">개인정보분쟁조정 신청서</th></tr>
<tr><td rowspan="5">신청인</td><td colspan="2">성 명
(기관일 경우 대표 및 기관명을 기재)</td><td colspan="2"></td></tr>
<tr><td>연 령</td><td>만 세</td><td>성 별</td><td>남 / 여</td></tr>
<tr><td rowspan="3">연락처</td><td>전화번호</td><td colspan="2"></td></tr>
<tr><td>전자우편</td><td colspan="2"></td></tr>
<tr><td>주 소</td><td colspan="2">시 구(읍, 면) 동</td></tr>
<tr><td rowspan="3">피신청인</td><td colspan="2">성 명 (업체명)</td><td colspan="2"></td></tr>
<tr><td rowspan="2">연락처</td><td>전화번호</td><td colspan="2"></td></tr>
<tr><td>웹사이트명</td><td colspan="2"></td></tr>
<tr><td>사건개요
(6하원칙에
따라
간결하게
작성)</td><td colspan="4"></td></tr>
</table>

정보통신망이용촉진및정보보호등에관한법률 제36조 제1항에 의거 위와 같이 분쟁조정을 신청합니다.

첨부 : 관련 증거자료

2021. . .

신청인 : ㉔

대리인 : ㉔

개인정보분쟁조정위원회 위원장 귀하

※ 대리인이 신청하는 경우 위임장을 작성하여 첨부하여야 한다.

[사례 10] 유대폰씨는 인터넷사이트에서 우연히 「휴대폰을 12~24개월 정도 장기간 이용해준다는 계약 조건에 따른 보상 차원에서 가입비만 내면 무료로 휴대폰을 준다」고 광고를 한 인터넷쇼핑몰 「인터파커」와 계약을 체결하여 휴대폰을 개통하였다. 한 달 후 유대폰씨는 요금청구서에 단말기 할부금이 청구된 내용을 보고 대리점에 확인을 요청하였더니, 대리점 직원은 자기들의 실수라면서 다음 달부터 청구되지 않도록 조치를 취하겠다고 약속하였다.

그런데 3개월 동안은 약속이 지켜지더니 최근 2개월 동안 단말기 대금이 이체되고 있고, 본사에서는 대리점과 해결하라는데 현재 대리점과 판매업체 모두 연락이 되지 않고 있다. 유대폰씨는 이 경우에 어떻게 하여야 하나?

▶ **해설** : 단말기 보조금 지급이 금지된 이후 「계약서에만 형식적으로 할부라고 작성하고, 사실은 무료로 단말기를 제공하겠다」고 하며 소비자를 유혹하는 인터넷사이트가 많다. 그런데 휴대폰이 개통된 후 단말기 대금을 작성된 계약서 내용대로 청구하는 피해가 발생하고 있으므로 유대폰씨(가입자)는 계약서를 사실대로 작성하는 것이 안전하다. 또한 판매업체나 대리점이 가입자와 약속한 사항을 부인할 수 있으므로 광고자료를 확보하여 둔다.

만일에 유대폰씨(소비자)가 할부금 청구중지를 요청했음에도 불구하고 시정이 되지 않을 경우에는 우선 추가 청구중지에 대한 내용증명우편(內容證明郵便)을 발송하고 본사에 부당행위를 통보한다. 그래도 처리가 되지 않을 경우에는 방송통신위원회(연락처 : 02-500-9000, 웹사이트 : www.kcc.go.kr)에 신고하거나 한국소비자원(연락처 : 043-880-5500, 웹사이트 : www.kca.go.kr)에 계약서 등 입증자료를 가지고 피해구제청구를 한다.

[사례 11] 한미르씨는 휴대폰 단말기를 구입하면 김치냉장고를 사은품으로 준다는 인터넷사이트 광고를 보고, 40만 원에 휴대폰 이용계약을 하였다. 그런데 계약 후 배달된 김치냉장고는 당초 약속과는 달리 용량이 적고, 구형 모델인데다가 메이커가 없는 제품이었다. 계약해제를 요구하자 휴대폰이 일단 개통되었기 때문에 해약은 불가능하다고 한다. 이 경우에 한미르씨는 어떻게 하여야 하나?

▶ **해설** : 이 사례는 한미르씨(소비자)가 사은품 미끼에 걸려 시중보다 비싼 비용

으로 휴대폰을 개통하게 된 경우이다. 이 경우 한미르씨는 방송통신위원회(연락처 : 02-500-9000, 웹사이트 : www.kcc.go.kr)에 신고하거나 한국소비자원(연락처 : 043-880-5500, 웹사이트 : www.kca.go.kr)에 피해구제청구를 한다.

※ [전자상거래시 주의할 점]

첫째, 소비자의 주문내역을 확인해주는 절차를 갖춘 업체와 거래한다. 그리고 최종 주문 전에 주문내역을 반드시 프린트하여 둔다.

둘째, 증거자료를 보관한다. 온라인을 통하여 이루어진 구매요청서(주문서), 접수확인번호 등 증거자료는 출력하여 보관한다. 나중에 법적 분쟁이 발생할 경우에 해결하는 데 증거자료가 된다.

셋째, 개인정보 보호대책을 갖춘 업체와 거래하고 개인정보 유출에 주의한다. 또한 비밀번호는 자신만 알 수 있도록 독창적으로 만들고, 절대 다른 사람에게 알려주어서는 안 된다.

넷째, 대금은 신용카드로 결제한다. 「할부거래에 관한 법률」(제16조)과 신용카드개인회원 약관에 의하면 소비자가 20만 원 이상의 상품을 할부구입 시 계약이 무효·취소·해제되었을 경우, 쇼핑몰업체에서 하자담보책임(瑕疵擔保責任)을 이행하지 않을 경우, 제 시간에 상품이 배달되지 않을 경우에 소비자는 신용카드회사를 상대로 대금지급을 거절할 수 있다.

다섯째, 개인간의 거래는 특별히 주의하여야 한다. 개인간의 거래는 어디까지나 자기책임이 원칙이기 때문에 특별히 주의하여야 한다.

여섯째, 무료서비스, 지나치게 저렴한 가격, 과다한 경품 제공 등은 조심한다.

일곱째, 인터넷쇼핑을 끝낸 뒤에는 반드시 로그아웃(logout)을 하여야 한다. 특히 PC방에서는 절대로 인터넷쇼핑을 하여서는 아니 된다.

여덟째, 회원으로 가입할 때 업체의 약관을 꼼꼼히 읽어보고, 가급적이면 공정거래위원회(http://www.ftc.go.kr)에서 승인한 표준약관을 사용하는 업체와 거래한다.

제2절

인터넷과 범죄

Ⅰ. 사이버성폭력

사이버성폭력이라 함은 인터넷, PC통신 등에서 원하지 않는 성적인 언어(외모나 성적 취향, 음담패설 등)나 이미지로 상대방에게 불쾌감 또는 위압감 등의 피해를 주는 행위를 의미한다. 또한 성적인 접근이나 제안을 명시적으로 제시하지 않더라도 성적인 은유나 암시로 상대방이 불쾌감을 느끼게 된 경우도 사이버성폭력이라고 할 수 있다. 사이버성폭력에는 사이버성희롱, 사이버스토킹, 사이버음란물 전시 등 여러 가지가 있다.

1. 사이버성희롱

[사례] HK텔레콤에 근무하는 30세 남자 하이텔씨는 대화방에서 유치원교사 신비로양과 처음에 자연스럽게 개인정보(전화번호, E-mail 주소)를 교환하며 가벼운 얘기로 채팅을 하다가 갑자기 성과 관련된 음란한 글을 보내기 시작하였다. 그러자 신비로양은 불쾌감을 느껴 오늘 재수 없다는 글을 남기고 대화방을 빠져나왔다. 이에 격분한 하이텔씨는 K인터넷사이트의 게시판에 신비로양의 신상명세서와 함께 「섹스파트너 구함」, 「나 뿅 가게 해 줄 남자」, 「애인 구함」 등의 내용을 올려놓아 신비로양을 하루 수십 통의 음란전화와 전자우편(E-mail)에 시달리게 하였다. 이 경우에 신비로양이 구제받는 방법은 무엇이고, 하이텔씨는 어떻게 처벌되나?

▶ **해설** : 이 사례는 사이버성희롱에 관한 문제이다. 사이버성희롱이라 함은 채팅이나 전자우편(E-mail)을 통하여 상대방에게 성적 수치심이나 모멸감을 일으키는 하는 음향, 글, 영상을 보내는 행위를 말한다. 대부분의 채팅이나 전자우편에서 보여 지는 성폭력이 대표적인 사이버성희롱이다.

신비로양은 우선 증거자료(① 휴대폰에 발신전화표시서비스를 신청하여 전화를 건 상대방의 전화번호를 확인하고, 상대방에게 해당 사이트 게시판을 알려달라고 요청, ② 상대방의 ID와 패스워드를 통하여 문제의 해당 사이트에 들어가 가해사실 확인, ③ 피해내용 복사)를 확보하여 해당 사이트운영자에게 피해사실을 알리고 게시물 삭제를 요청한다. 게시판에 따라 게시자가 접속한 인터넷규약주소(IP address)가 보여 지기도 한다. 이때 가해자가 남긴 전자우편주소와 인터넷규약주소(IP address)는 하이텔씨를 추적할 수 있는 단서가 될 수 있다.

하이텔씨는 성폭력범죄의 처벌 등에 관한 특례법(제13조)에 의하여 통신매체이용음란죄로 처벌된다. 성폭력범죄의 처벌 등에 관한 특례법 제13조는 자기 또는 다른 사람의 성적 욕망을 유발하거나 만족시킬 목적으로 전화·우편·컴퓨터 기타 통신매체를 통하여 성적 수치심이나 혐오감을 일으키는 말이나 음향, 글이나 도화, 영상 또는 물건을 상대방에게 도달하게 한 자는 2년 이하의 징역 또는 500만 원 이하의 벌금에 처한다고 규정하고 있다.

2. 사이버스토킹

[사례] 직장 여성 한메일씨(25세)는 퇴근 후 평소대로 통신에 접속하였다. 각종 게시판을 둘러 본 후 오랜만에 대화방에 들어갔다. 그녀가 들어간 방에는 「나교활」(33세, 직장인)이라고 소개하는 남자가 대화 상대를 기다리고 있었다. 몇 마디의 즐거운 대화가 오고갔다. 미혼에 직장인이라는 공통점 때문인지 대화가 잘 되었다. 그런데 남자는 슬슬 성에 관련한 이야기로 화제를 돌리더니 「첫 경험은 언제 해봤냐」, 「어떤 체위를 즐기냐」 등을 물어왔다. 평소 같았으면 곧바로 방을 빠져나갔을 테지만 그날은 왠지 달랐다. 그리고는 얼굴도 모르는데 어쩌겠냐는 생각에 천연덕스럽게 대답하였다. 마치 자신의 이야기가 아닌 다른 사람의 경험을 이야기 하듯이. 시간이 갈수록 농도는 더욱 짙어졌다. 대화는 한마디로 섹스에 관한 수다였다. 그렇게 얼마간 대화가 오가자 남자가 연락처를 물었다. 얘기가 잘 통한다며 한번 만나자는 말과 함께. 연락처를 가르쳐주고 난 후 한메일씨는 그제서야 자신이 평소의 궤도에서 벗어나 행동하였음을 알았다. 부랴부랴 대화방을 빠져 나와 접속을 끊었다.

다음 날이었다. 통신에 접속하니 몇 통의 메일이 도착해 있었다. 모두 대화방에서 만

났던 그 남자의 만나자는 메일이었다. 그녀는 아무런 반응을 보이지 않았지만 메일은 다음 날도, 그 다음 날도 끊이지 않고 계속되었다. 그뿐만이 아니었다. 그녀가 통신에 접속만 하면 귀신같이 그 남자로부터 쪽지가 마구 날아왔다. 처음엔 그다지 거부감 있는 단어는 사용하지 않았지만 조금 지나자 노골적인 육담(肉談)을 늘어놓기 시작했다. 어제도 오늘도 진드기처럼 계속하여..... 나교활씨는 어떻게 처벌될까?

▶ **해설** : 이 사례는 사이버스토킹에 관한 문제이다. 사이버스토킹(cyber-stalking)이라 함은 전화, 이동통신, 대화방, 게시판 또는 전자우편(E-mail) 등 정보통신망을 이용하여 성적 대화를 요청하거나 음란메시지를 전달하여 특정인의 의사와 관계없이 지속적으로 접근을 시도하여 괴롭히는 경우를 말한다.

나교활씨를 형사처벌하려면 증거를 확보하여야 한다. 개인적으로는 ID를 바꾸고 휴대폰이나 가정의 유선전화에 발신전화표시서비스를 신청하고 녹음기도 설치하여 위협하는 내용의 증거를 확보한다.

그 다음 정보통신윤리위원회에 설치된 사이버명예훼손·성폭력상담센터(연락처 : 02-3415-0182, 웹사이트 : http://www.cyberhumanrights.or.kr)에 신고하거나 경찰서나 검찰청에 고소를 한다. 그러면 나교활씨는 경범죄처벌법(장난전화), 성폭력범죄의 처벌 등에 관한 특례법(통신매체이용음란죄), 형법(협박죄) 등에 의하여 처벌된다.

3. 사이버음란물 전시

[사례] 나띠앙씨는 황수O씨, 최진O씨 등 유명 연예인의 사진과 다른 포르노(porno)사진을 합성하여 자신의 홈페이지에 올려놓고, 또 무차별적으로 다른 사람들에게 그 사진들을 전자우편(E-mail)으로 보냈다. 나띠앙씨는 어떠한 형사처벌을 받을까?

▶ **해설** : 나띠앙씨는 정보통신망이용촉진 및 정보보호 등에 관한 법률(제61조)에 의한 사이버명예훼손죄, 성폭력범죄의 처벌 등에 관한 특례법(제13조)에 의한 통신매체이용음란죄, 형법(제307조)에 의한 명예훼손죄(名譽毁損罪)로 처벌된다.

구체적인 처벌규정은 다음과 같다. 정보통신망이용촉진 및 정보보호 등에 관한 법률은 「사람을 비방할 목적으로 정보통신망을 통하여 공연히 허위의 사실을 적시하여 타인의 명예를 훼손한 자는 7년 이하의 징역, 10년 이하의 자격정지 또는 5천만 원 이하의 벌금에 처한다」라고 규정하고 있다(동법 제61조 제2항).

성폭력범죄의 처벌 등에 관한 특례법은 「자기 또는 다른 사람의 성적 욕망을 유발하거나 만족시킬 목적으로 전화·우편·컴퓨터 기타 통신매체를 통하여 성적 수치심이나 혐오감을 일으키는 말이나 음향, 글이나 도화, 영상 또는 물건을 상대방에게 도달하게 한 자는 2년 이하의 징역 또는 2천만 원 이하의 벌금에 처한다」라고 규정하고 있다(동법 제13조).

형법은 「공연히 허위의 사실을 적시하여 사람의 명예를 훼손한 자는 5년 이하의 징역, 10년 이하의 자격정지 또는 1천만 원 이하의 벌금에 처한다」라고 규정하고 있다(동법 제307조 제2항).

Ⅱ. 사이버명예훼손

[사례 1] K시에 사는 김코넷씨는 1996. 2. 8. 23:43 경 데이콤 운영의 PC통신으로 일반 가입자들이 열람 가능한 천리안에 개설된 주제토론실란에 「박지원, 꼴깝 떨고 있네」라는 제목으로, 「국민회의 대변인 박지원이 에세이 집을 발간했는데...나는 국민회의에서 김대중 만큼 싫어하는 사람이 박지원이기 때문에 그가 책을 썼다는 기사를 읽고 속으로 이런 생각이 들었다. 꼴깝 떨고 있네. 내가 너무 싫어해서 그렇게 보이는 것인지 모르지만, 참으로 한마디 한마디가 저질스럽다. 국민회의 논평을 듣고도 눈살을 찌푸리지 않는 사람들이 솔직히 좀 이상하게 보인다. 그 사팔뜨기가 부천 어디에서 출마한다는데, 당선 여부가 전국에서 가장 궁금한 지역 중의 하나이다. 아무튼 정치인 저질 발언록을 만들면 가장 많은 페이지에 걸쳐 저질 발언을 한 박지원이 수필집을 썼다는 말을 들으니 우습다는 생각이 든다. 수필집보다 차라리 나의 저질 발언록 같은 책을 발간하면 훨씬 수입이 좋을 것 같은데...」라는 등 내용의 문건을 게재하여 공연히 사실을 적시하여 위 박지원을 비방하였다.

또 같은 달 11. 23:02경 같은 장소에서 천리안에 개설된 주제토론실란에 「박지원은 저질이다」라는 제목으로, 「박지원이가 저질인 근거를 대보라고요. 참나 개가하는 말이 전부 저질인데 특별히 따로 근거를 제시해야 하나요? 그 사팔뜨기가 하는 말 전부 저질이에요. 박지원이가 과거 전두환 정권에게 붙어 아부했다는 사실을 이야기들은 적은 있지만 그따위 저질스러운 이야기를 대변인이 해도 되는 것입니까? 박지원이 같은 수준은 민주정치가 너무 과분해요. 그런 놈들은 과거 5·6공 정권에 빌붙어 사는 것이 훨씬 어울리는 인간이어요. 아니면 유신정권이나... 한국적 민주주의라는 말은 바로 박지원이 같은 놈에게 어울리는 이야기 아닙니까?」라는 등 내용의 문건을 게재하여 공연히 사실을 적시하여 위 박지원을 비방하였다. 이에 박지원은 김코넷씨에 대하여 고소하였으나 피해자 박지원은 이 사건 공소가 제기된 후인 1996. 7. 30. 피고인에 대한 처벌을 희망하지 아니하는 의사표시를 하였다. 김코넷씨는 어떤 형사처벌을 받는가?

▶ **해설** : 김코넷씨는 공직선거법(제251조)에 의하여 후보자비방죄, 형법(제307조)에 의하여 명예훼손죄, 정보통신망이용촉진 및 정보보호 등에 관한 법률(제61조)에 의하여 사이버명예훼손죄로 처벌된다. 그러나 명예훼손죄와 사이버명예훼손죄는 반의사불벌죄(反意思不罰罪)이므로 피해자의 명시한 의사에 반하여 공소(公訴)를 제기할 수 없다(형법 제312조 제2항, 정보통신망이용촉진 및 정보보호 등에 관한 법률 제61조 제3항). 그러므로 김코넷씨는 공직선거법(제251조)에 의하여 후보자비방죄로만 처벌된다.

실제로 서울지방법원 형사부는 1996. 8. 22. 피해자 박지원이 이 사건 공소가 제기된 후인 1996. 7. 30. 피고인에 대한 처벌을 희망하지 아니하는 의사표시를 하였음이 명백하므로 형사소송법 제327조 제6호(공소기각의 판결)에 의하여 공소(公訴)를 각 기각(棄却)하여야 할 것이나 이와 각 상상적 경합범(想像的 競合犯)의 관계에 있는 판시 각 공직선거 및 선거부정방지법위반죄를 유죄로 인정한 이상 주문에서 따로 공소기각을 선고하지 아니한다고 하면서, 이상의 이유로 주문과 같이 판결하였다(서울지방법원 제23형사부 1996.8.22, 96고합472).

[주 문]

피고인을 벌금 1,000,000원에 처한다.

피고인이 위 벌금을 납입하지 아니하는 경우 금 20,000원을 1일로 환산한 기간 피고인을 노역장에 유치한다.

위 벌금에 상당한 금액의 가납을 명한다.

1. 의 의

사이버명예훼손이라 함은 인터넷게시판이나 성 관련 사이트에 특정인의 사생활, 특히 성생활과 이와 관련한 허위사실을 음향, 글, 영상 등으로 올려서 개인의 명예를 훼손하는 행위를 말한다.

2. 처벌규정

(1) 정보통신망이용촉진 및 정보보호 등에 관한 법률

정보통신망이용촉진 및 정보보호 등에 관한 법률 제61조는 「① 사람을 비방할 목적으로 정보통신망을 통하여 공연히 사실을 적시하여 타인의 명예를 훼손한 자는 3년 이하의 징역이나 금고 또는 2천만 원 이하의 벌금에 처한다. ② 사람을 비방할 목적으로 정보통신망을 통하여 공연히 허위의 사실을 적시하여 타인의 명예를 훼손한 자는 7년 이하의 징역, 10년 이하의 자격정지 또는 5천만 원 이하의 벌금에 처한다. ③ 제1항 및 제2항의 죄는 피해자의 명시한 의사에 반하여 공소를 제기할 수 없다」라고 규정하고 있다.

(2) 형 법

형법 제307조는 「① 공연히 사실을 적시하여 사람의 명예를 훼손한 자는 2년 이하의 징역이나 금고 또는 500만 원 이하의 벌금에 처한다. ② 공연히 허위의 사실을 적시하여 사람의 명예를 훼손한 자는 5년 이하의 징역, 10년 이하의 자격정지 또는 1천만 원 이하의 벌금에 처한다」라고 규정하고 있다.

3. 보호법익

명예훼손죄(名譽毁損罪)의 보호법익은 명예이다. 여기서 명예라 함은 외부적 명예, 즉 사람의 인격에 대한 사회적 평가를 말한다.

4. 객 체

명예훼손죄의 객체는 사람이다. 여기서 말하는 사람에는 자연인(自然人)뿐만 아니라 법인(法人)이 포함된다. 이 때의 자연인에는 유아와 정신병자뿐만 아니라 사자(死者)도 포함된다(형법 제308조).

5. 행 위

명예훼손죄의 행위는 공연히 허위의 사실을 적시하여 사람의 명예를 훼손하는 것이다.

(1) 공연성(公然性)

「공연히」라 함은 불특정 또는 다수인이 인식할 수 있는 상태를 말한다.

(2) 사실의 적시

사실의 적시(摘示)라 함은 사람의 사회적 가치 내지 평가를 저하시키는 데 충분한 사실을 지적하는 것을 말한다.

(3) 훼 손

훼손이라 함은 반드시 현실로 명예를 침해함을 요하지 아니하고, 사회적 평가를 저하시킬 위험상태를 발생시키는 것을 말한다.

6. 반의사불벌죄

사이버명예훼손죄는 피해자의 명시한 의사에 반(反)하여 공소(公訴)를 제기할 수 없다(정보통신망이용촉진 및 정보보호 등에 관한 법률 제61조 제3항). 명예훼손죄는 피해자의 명시한 의사에 반하여 공소를 제기할 수 없다(형법 제312조 제2항). 이것이 반의사불벌죄(反意思不罰罪)이다.

7. 정보삭제요청권 및 반박게재요청권

정보통신망이용촉진 및 정보보호 등에 관한 법률 제44조는 「① 정보통신망을 이용하여 일반에게 공개를 목적으로 제공된 정보로 인하여 법률상 이익이 침해된 자는 해당 정보를 취급한 정보통신서비스제공자에게 당해 정보의 삭제 또는 반박내용의 게재를 요청할 수 있다. ② 정보통신서비스제공자는 제1항의 규정에 의한 당해 정보의 삭제 등의 요청을 받은 때에는 지체 없이 필요한 조치를 취하고 이를 즉시 신청인에게 통지하여야 한다」라고 하여 정보삭제요청권 및 반박게재요청권을 규정하고 있다.

정보통신망이용촉진 및 정보보호 등에 관한 법률 제44조가 정보삭제요청권 및 반박게재요청권을 규정한 것은 대량의 정보가 빠른 속도로 광범위하게 전파되는 인터넷시대에 있어서 형사고발에 의한 법적구제는 그 기간이 최소한 몇 달은 걸릴 것이기 때문에 사법적 구제에 앞서 가급적 조속히 피해를 최소화하기 위한 것이다.

[사례 2] 정다음씨는 인터넷사이트에서 사이버명예훼손 피해를 당했는데 가해자를 모르는 경우 어떻게 대처하여야 하나?

▶ **해설** : 인터넷이나 PC통신망에서 명예훼손을 당한 경우 인터넷의 특성인 익명성으로 인하여 가해자를 알 수 없는 경우가 많다. 정다음씨(피해자)가 명예훼손 피해를 당한 경우에는 가해자의 신원확인 여부와 관계없이 일반적으로 「정보통신망을 이용하여 일반에게 공개를 목적으로 제공된 정보로 인하여 법률상 이익이 침해된 경우」에 해당할 수 있으므로 이를 입증한 때에는 피해자는 해당 정보를 취급한 정보통신서비스제공자에게 당해 정보의 삭제 또는 반박내용의 게재를 요청할 수 있다. 또한 정보통신윤리위원회에 설치된 사이버명예훼손 · 성폭력상담센터(연락처 : 02-3415-0182, 웹사이트 : http://www.cyberhumanrights.or.kr)에 신고하여 구제받을 수 있다.

정다음씨가 가해자의 신원을 확인하여 형사처벌을 원하는 경우 피해자로서 정보통신망이용촉진 및 정보보호 등에 관한 법률 제61조에 따라 경찰이나 검찰 등 수사기관에 고소할 수 있으며, 수사기관이 수사에 의하여 가해자를 찾아내어 처벌하게 된다.

[사례 3] 사이버명예훼손을 일반 명예훼손보다 가중 처벌하는 이유는 무엇일까?

▶ **해설** : 인터넷상에서의 명예훼손행위는 인터넷의 특성인 시 · 공간적 무제한성, 고도의 신속성과 전파성 등으로 인하여 현실세계에서 발생되는 경우보

다 훨씬 큰 피해를 줄 수 있기 때문에, 형법상의 일반 명예훼손보다 그 형을 가중하여 정보통신망이용촉진 및 정보보호 등에 관한 법률 제61조에서 규정하고 있는 것이다.

[사례 4] 사이버명예훼손에 대하여 정보통신윤리위원회가 피해자를 대신하여 고발하거나 손해배상을 청구하여 줄 수는 없을까?

▶ **해설** : 사이버명예훼손죄는 피해자의 명시한 의사에 반(反)하여 공소를 제기할 수 없는 반의사불벌죄(反意思不罰罪)이기 때문에 당사자가 아닌 제3자는 개입할 수 없다. 다만 사이버명예훼손죄는 반의사불벌죄이기 때문에 고소하였다가 가해자가 깊이 뉘우치고 반성할 경우 언제든지 고소를 취하하여 혼만 내주고 풀어 줄 수도 있다.

Ⅲ. 해 킹

[사례] 동창회 사이트 「유러브스쿨」 전 대표이사 동호회씨는 PC방에서 26차례에 걸쳐 영어학습 사이트인 (주)온코리아닷컴의 서버에 무단 접속한 뒤 DB서버, 미디어서버, 웹서버를 해킹, 회원 관리용 파일 6개와 학습용 파일 2천500여개를 삭제하였다. 동호회씨는 수익금을 반씩 나눠 갖는 조건으로 (주)온코리아닷컴과 업무제휴를 맺고 자사 사이트에서 회원을 모집해오다 예상 수익을 거두지 못하자 자사 사이트를 통한 유료회원 가입을 늘리기 위해 해킹을 하였다.

(주)온코리아닷컴은 해킹으로 사이트 운영이 3일간 중단됐으며, 서버에 내장된 컴퓨터기반영어인증시험(CBT) 자료와 토플·토익 등 강의자료가 삭제돼 17억 원의 피해를 봤다. 동호회씨는 어떤 형사처벌을 받는가?

▶ **해설** : 이 사례는 해킹(hacking)에 관한 문제이다. 해킹이라 함은 컴퓨터시스템에 불법으로 접근하여 정보를 빼내거나 파괴하는 행위를 말한다. 여기서 해커(hacker)라 함은 타인의 컴퓨터에 불법으로 접근하여 컴퓨터에 고장을 일으키게 하거나 컴퓨터에 수록된 정보를 탐지하거나 자료를 변조 또는 파괴하는 사람을 말한다.

동호회씨는 정보통신망이용촉진 및 정보보호 등에 관한 법률(제62조)

에 의하여 5년 이하의 징역 또는 5천만 원 이하의 벌금에 처해진다.

Ⅳ. 컴퓨터 바이러스유포

[사례] 이모콘씨는 인터넷서비스업체에 가입하였으나 서비스에 불만이 많아 공개자료실에 소프트웨어를 올리면서 「오사마 빈 라덴」 컴퓨터 바이러스를 유포시키는 바람에 공개자료실의 서비스가 중단되었다. 이 경우에 이모콘씨는 어떤 형사처벌을 받는가?

▶ **해설** : 이 사례는 컴퓨터 바이러스에 관한 문제이다. 컴퓨터 바이러스는 사용자 몰래 다른 프로그램에 자기 자신을 복사하는 프로그램을 의미하며, 더 정확한 의미에서는 컴퓨터의 프로그램이나 실행 가능한 부분을 변형하여, 여기에 자기 자신 또는 자기 자신의 변형을 복사하는 명령어들의 조합이라고 할 수 있다. 바이러스라는 이름이 붙은 이유는 생물학적인 바이러스가 자기 자신을 복제하는 유전인자를 가지고 있는 것처럼 컴퓨터 바이러스도 자기 자신을 복사하는 명령어를 가지고 있기 때문이다. 따라서 컴퓨터 바이러스라는 말보다는 「컴퓨터 바이러스 프로그램(Computer Virus Program)」이라는 말이 더 정확한 표현이다.

이모콘씨는 형법(제141조 제1항)의 공용 전자기록 등의 무효죄, 형법(제314조 제2항)의 전자기록 손괴 · 정보처리장애 · 업무방해죄, 형법(제366조)의 전자기록 등의 무효죄, 정보통신기반보호법(제28조 제1항)의 정보통신기반시설 교란 · 마비 · 파괴죄, 정보통신망이용촉진 및 정보보호 등에 관한 법률(제62조)의 악성프로그램 전달 · 유포죄 등에 의하여 처벌된다.

구체적인 처벌규정은 다음과 같다. 형법 제141조 제1항은 「공무소에서 사용하는 서류 기타 물건 또는 전자기록 등 특수매체기록을 손상 또는 은닉(隱匿)하거나 기타 방법으로 그 효용을 해한 자는 7년 이하의 징역 또는 1천만 원 이하의 벌금에 처한다」라고 규정하고 있다.

형법 제314조 제2항은 「컴퓨터 등 정보처리장치 또는 전자기록 등 특수매체기록을 손괴(損壞)하거나 정보처리장치에 허위의 정보 또는 부정한 명령을 입력하거나 기타 방법으로 정보처리에 장애를 발생하게 하여 사람의 업무를 방해한 자도 제1항의 형(5년 이하의 징역 또는 1천 500만 원 이하의 벌금)과 같다」라고 규정하고 있다.

형법 제366조는 「타인의 재물, 문서 또는 전자기록 등 특수매체기록을 손괴 또는 은닉 기타 방법으로 그 효용을 해한 자는 3년 이하의 징역 또는 700만 원 이하의 벌금에 처한다」라고 규정하고 있다.

정보통신기반보호법 제28조 제1항은 「제12조(주요정보통신기반시설 침해행위 등의 금지)의 규정을 위반하여 주요정보통신기반시설을 교란·마비 또는 파괴한 자는 10년 이하의 징역 또는 1억 원 이하의 벌금에 처한다」라고 규정하고 있다.

정보통신망이용촉진 및 정보보호 등에 관한 법률 제62조는 「제48조 제2항(누구든지 정당한 사유 없이 정보통신시스템, 데이터 또는 프로그램 등을 훼손·멸실·변경·위조 또는 그 운용을 방해할 수 있는 프로그램(악성프로그램)을 전달 또는 유포하여서는 아니 된다)의 규정을 위반하여 악성프로그램을 전달 또는 유포한 자는 5년 이하의 징역 또는 5천만 원 이하의 벌금에 처한다」라고 규정하고 있다.

V. 인터넷사기

[사례] K고등학생 계자식군은 인터넷 채팅사이트 「땅사랑(skyland)」에 접속하여, 「아가씨 있습니다. 쪽지주세요」라는 비밀대화방을 만든 뒤 성인남자 90명으로부터 윤락알선 대가로 1인당 10만 원씩 모두 900만 원을 받아 가로챘다. 계자식군은 단속을 피하기 위하여 2~3통의 쪽지가 도착하면 대화방을 폐쇄한 뒤 「쪽지대화」를 통하여 윤락대상의 신체조건 등을 협의한 뒤 알선료를 통장에 입금 받고 연락을 끊는 수법을 사용하였다. 이와 같이 인터넷을 이용하여 윤락알선을 미끼로 돈을 가로챈 계자식군은 어떤 형사처벌을 받는가?

▶ **해설** : 계자식군은 형법 제347조의 2에 의하여 컴퓨터 등 사용사기죄로 처벌된다. 형법 제347조의 2는 「컴퓨터 등 정보처리장치에 허위의 정보 또는 부정한 명령을 입력하거나 권한 없이 정보를 입력, 변경하여 정보처리를 하게 함으로써 재산상의 이익을 취득하거나 제3자로 하여금 취득하

게 한 자는 10년 이하의 징역 또는 2천만 원 이하의 벌금에 처한다」라고 규정하고 있다.

Ⅵ. 스팸메일

[사례] 인터넷 포털사이트 드림위즈(dreamwiz)에 근무하는 모바일씨는 하루에도 스팸메일(spam-mail)이 100통씩 오는 바람에 이를 지우느라 매일 1시간 이상을 허비하고 있다. 이 경우에 모바일씨는 어떻게 법적으로 대처하여야 하나?

▶ **해설** : 이 사례는 스팸메일에 관한 문제이다. 스팸메일(spam-mail)이라 함은 광고 또는 비방 등을 목적으로 수신자가 원치 않는 메일을 불특정 다수인에게 한꺼번에 대량 발송하는 것을 말한다. 각종 광고업체나 홍보업체, 유통업체, 학원 등에서 발송하는 메일이 대표적인 스팸메일이다. 스팸메일은 수신자의 동의 없이 무작위로 뿌려지는 것이 특징이다. 최근에는 광고메일 전문 대행업체까지 생겨 성업 중이다. 「당첨을 축하합니다」, 「요청하신 자료입니다」 등의 제목으로 위장하는 사례도 많다. 휴대전화로 문자메시지를 보낸 뒤 700 유료서비스로 연결하는 수법도 쓴다.

스팸메일 차단 전문업체 아이돌피아(www.yespam.com)는 초·중·고생 328명을 대상으로 음란·광고메일 접촉실태를 조사한 결과 전체의 67.5%가 스팸메일 때문에 고통을 받고 있는 것으로 조사됐다고 2001년 12월 20일 밝혔다.

정보통신망이용촉진 및 정보보호 등에 관한 법률에 의하면 누구든지 수신자의 명시적인 수신거부의사에 반하는 영리목적의 광고성 정보를 전송하여서는 아니 된다(동법 제50조 제1항). 영리목적의 광고성 정보를 전자우편·전화·모사전송 그 밖에 대통령령이 정하는 매체를 이용하여 전송하는 자는 대통령령이 정하는 바에 따라 다음 각호의 사항을 광고성 정보에 명시하여야 한다. ① 전송정보의 유형 및 주요내용, ② 전송자의 명칭 및 연락처, ③ 전자우편주소를 수집한 출처(전자우편에 한한다), ④ 수신거부의 의사표시를 쉽게 할 수 있는 조치 및 방법에 관한 사항 등이 그것이다.

정보통신망이용촉진 및 정보보호 등에 관한 법률 제50조 제1항의 규정을 위반하여 영리목적의 정보를 전송한 자와 제50조 제2항의 규정을 위반하여 광고성 정보에 명시하지 아니하거나 허위로 명시한 자는 1천만 원 이하의 과태료에 처한다(동법 제67조 제1항 제15호, 제15호의 2). 과태료는 대통령령이 정하는 바에 의하여 정보통신부장관이 부과 · 징수한다(동법 제67조 제2항).

실제로 2001년 8월 13일에 인터넷 업체인 OO는 네티즌들에게 스팸메일(광고성 E-mail)을 보냈다가 정보통신부로부터 300만 원의 과태료 처분을 받았다. 2, 3월에 수신자가 받지 않겠다고 하는데도 정보기술 교육과정을 알리는 전자우편을 세 차례나 보낸 것이 드러났기 때문이다. 정보통신부는 정보통신망이용촉진 및 정보보호 등에 관한 법률에 따라 이 같은 내용의 첫 과태료 처분을 내리고 앞으로 스팸메일에 대한 단속을 강화할 것이라고 밝혔다.

이 사례의 경우 모바일씨는 우선 명시적인 수신거부 의사표시를 하고, 불법스팸대응센터(연락처 : 서울 국번 없이 1336, 지방 02-1336, 웹사이트 : http://www.spamcop.or.kr)에 스팸메일을 신고한다(정보통신부는 2003년 1월 24일 불법스팸메일에 좀 더 빠르고 전문적으로 대응하기 위하여 기존 불법스팸메일신고센터를 불법스팸대응센터로 확대 개편하였다). 신고할 때에는 처음 받은 스팸메일과 수신거부의사를 밝힌 메일, 그리고 수신거부 후 다시 온 스팸메일 등을 원본 그대로 첨부하여야 한다.

신고를 접수한 불법스팸대응센터는 수신거부의사를 표시하였음에도 불구하고 반복하여 광고성 전자우편을 발송해온 경우, 전자우편 제목에 (광고) 또는 (성인광고) 표시를 하지 않는 경우, 전자우편 본문에 수신거부 방법을 설정하지 않는 경우 등의 신고에 대하여 사실확인 후 위반업체를 정보통신부에 통보하여 시정명령 또는 과태료가 부과되도록 하고 있다.

Ⅶ. 전자우편(E-mail)과 국가보안법

[사례] 지OO씨는 2000년 4월부터 추적이 불가능한 게임방 컴퓨터를 이용, 국내 「진보네트워크」와 여러 노동조합 홈페이지에 「백두장군」이라는 제목으로 북한을 찬양하는 글을 전자우편으로 보내거나 가공의 인물명의로 개설한 홈페이지에 북한을 찬양하는 글을 게시하였다. 이 경우에 지OO씨는 어떤 형사처벌을 받나?

▶ **해설** : 서울지법은 「지OO씨가 북한 김일성 부자의 업적을 미화찬양하고 북한 정권의 정통성을 합리화하는 등의 글을 발송, 국내 진보네트워크 홈페이지 등의 메일링리스트 그룹 가입자들이 그 내용을 열람할 수 있도록 했다. 이는 국가의 존립을 위태롭게 한다는 것을 알면서 이적표현물을 반포·게시한 것으로 국가보안법 위반에 해당한다」고 판시하면서, 지OO씨(35)에 대하여 국가보안법 제7조 찬양·고무죄를 적용, 징역1년·자격정지 2년에 집행유예 2년을 선고하였다(서울지법 2000.11.3, 2000고단5745).

제3절 인터넷과 컴퓨터저작권 및 도메인

Ⅰ. 인터넷과 컴퓨터저작권

[사례] 나복제씨는 마이크로소프트사의 엠에스워드 프로그램을 집에서 복제하여 개인적으로 사용하고 있다. 나복제씨의 행위는 컴퓨터프로그램보호법에 위반되는가?

▶ **해설** : 이 사례는 컴퓨터프로그램저작권의 제한에 관한 문제이다. 컴퓨터프로그램보호법 제12조(프로그램저작권의 제한)에 의하면 다음 각호의 1에 해

당하는 경우에는 그 목적상 필요한 범위 안에서 공표된 프로그램을 복제 또는 사용할 수 있다.

① 재판을 위하여 필요한 경우

② 초·중등교육법, 고등교육법에 의한 학교 및 다른 법률의 규정에 의하여 설립된 교육기관(상급학교 입학을 위한 학력이 인정되거나 학위를 수여하는 교육기관에 한한다)에서 교육을 담당하는 자가 당해 프로그램의 종류, 용도, 전체 프로그램에서 복제된 부분이 차지하는 비중, 복제의 부수 및 특성에 비추어 프로그램저작권자의 이익을 부당하게 해하지 아니하는 범위 안에서 수업과정에 제공할 목적으로 하는 경우

③ 초·중등교육법에 의한 학교 및 이에 준하는 학교의 교육목적을 위하여 필요한 교과용 도서에 게재하는 경우

④ 가정과 같은 한정된 장소에서의 개인적인 목적(영리를 목적으로 하는 경우를 제외한다)으로 하는 경우

⑤ 초·중등교육법, 고등교육법에 의한 학교 및 이에 준하는 학교의 입학시험 그 밖의 학식 및 기능에 관한 시험 또는 검정을 목적(영리를 목적으로 하는 경우를 제외한다)으로 하는 경우

⑥ 프로그램의 기초를 이루는 아이디어 및 원리를 확인하기 위하여 프로그램의 기능을 조사·연구·시험하는 경우(정당한 권원에 의하여 프로그램을 사용하는 자가 당해 프로그램을 사용 중인 때에 한한다) 등이 그것이다.

그러므로 나복제씨의 행위는 컴퓨터프로그램보호법 제12조 제4호에 해당되어 형사처벌되지 않는다. 그런데 문제는 대부분의 사람들은 가정에서 직접 복제하여 사용하는 것이 아니라 시중에서 상업적으로 복제한 것을 구입하여 가정에서 사용하고 있다. 이 경우까지 허용될 것인가가 문제되고 있다. 이 점에 관해서는 부정적인 견해가 지배적이다. 따라서 가정과 같은 한정된 장소에서의 개인적인 목적의 복제에는 반드시 이용자 본인이 직접 가정에서 복제한 경우에 한정된다.

Ⅱ. 인터넷과 도메인

[사례] 국내 K기업이 프랑스 샤넬회사의 승낙 없이 chanel.co.kr이라는 도메인을 등록하고 향수, 란제리, 기타 성관련 상품을 판매하는 것이 법적으로 허용되는 것인가?

▶ **해설** : 부정경쟁방지 및 영업비밀보호에 관한 법률 제2조는 다음과 같이 규정하고 있다. 부정경쟁방지 및 영업비밀보호에 관한 법률 제2조에서 부정경쟁행위라 함은 그 목적의 여하를 불문하고 국내에 널리 인식된 타인의 성명・상호(商號)・표장(標章) 기타 타인의 영업임을 표시하는 표지(標識)와 동일하거나 이와 유사한 것을 사용하여 타인의 영업상의 시설 또는 활동과 혼동을 하게 하는 행위를 말한다. 그러므로 K기업이 프랑스 샤넬 회사의 승낙 없이 chanel.co.kr이라는 도메인을 등록하고 향수, 란제리, 기타 성관련 상품을 판매하는 것이 법적으로 허용되지 않는다.

그리고 샤넬회사는 부정경쟁방지 및 영업비밀보호에 관한 법률 제4조에 의하여 국내 K기업에 대하여 해당 도메인 사용의 금지를 청구할 수 있고, 또한 동법 제5조에 의하여 손해배상도 청구할 수 있다.

이 사례는 프랑스 샤넬회사가 문제의 국내기업에 대하여 제소(提訴)한 실제 있었던 사건이다. 서울지방법원은 1999년 10월 8일 프랑스 샤넬회사가 문제의 국내기업에 대하여 제소(提訴)한 도메인네임 사용금지를 요구하는 사건에 대하여 부당경쟁행위라고 판시하였다. 판결의 주요 내용은 다음과 같다.

1. 인정사실

(1) 당사자의 지위

원고 샤넬은 CHANEL 또는 샤넬이라는 상표로 화장품, 의류를 비롯하여 악세사리, 핸드백 등 수많은 패션제품을 디자인하여 생산, 판매하는 프랑스공화국의 법인이고, 원고 샤넬유한회사는 위와 같은 업종에 종사하는 원고 샤넬의 한국 내 자회사로서 원고 샤넬의 제품을 한국에서 독점적으로 수입, 판매하는 자(원래의 상호는 샤넬코리아주식회사였다가 1997. 12. 29. 조직변경하면서 현재의 상호로 변경되었다)이다.

피고는 아래에서 보는 바와 같이 chanel.co.kr이라는 인터넷도메인네임(이하 이 사건 도메인네임이라 한다)의 홈페이지를 운영하면서 인터넷통신망으로 성인 용품 등을 판매하는 자이다.

(2) 원고들의 등록상표 및 상호의 주지저명성

① 원고 샤넬은 향수 등의 화장품류나 속옷, 악세사리 등을 지정상품으로 하여 CHANEL 또는 샤넬표장을 문자상표로, 의류·화장품·향수류 판매대행업을 지정서비스업으로 하여 샤넬표장을 서비스표로 각 등록하였고, 원고 샤넬유한회사는 모회사인 원고 샤넬로부터 위 등록 상표 및 서비스표의 통상사용권을 설정 받아 한국 내에서 위 상표 및 서비스표를 사용하여 원고 샤넬의 제품을 독점적으로 수입, 판매하고 있다.

② 그런데, 원고 샤넬은 1924년 코코 샤넬에 의해 창립되어 고급 패션사업을 시작한 이래 오랜 기간 동안 의류, 향수 및 악세사리 등 분야에서 독특한 디자인을 개발하고 우수한 품질의 제품을 생산, 판매함으로써 세계적으로 유명한 업체로 성장하였고, 이에 따라 창립자의 성을 딴 CHANEL이라는 상호와 상표는 원고 샤넬의 영업 또는 그 상품을 지칭하는 표장으로서 외국에서는 물론 우리나라에서도 일반인에게 널리 알려지게 되었다.

특히, 1988년 우리나라 특허청 발행 외국 상표자료집에 원고 샤넬의 상표가 저명상표로 등재되어 있고, 1998년 우리나라 특허청 발행 주로 도용되는 국내·외 상표집에 원고 샤넬의 상표가 가장 자주 도용되는 저명 외국상표 중 하나로 기재되어 있으며, 영어사전에도 Chanel이 디자이너인 원고 샤넬의 창립자 또는 위 원고 제품의 상표를 지칭하는 것으로 기재되어 있고, 또 원고 샤넬의 표장과 유사한 표장을 등록하고자 한 등록출원 상표들에 대하여 위 원고 표장의 주지저명성을 이유로 특허청에서 이를 등록 거절한 사실이 있을 정도이다.

(3) 피고의 도메인네임 등록 및 영업행위

피고는 원고들의 승낙을 받지 아니하고 1998. 12. 30. 국내 .kr 도메인네임의 등록업무를 담당하고 있는 한국전산원 산하의 한국인터넷정보센터(Korea Network Information Center, 약칭하여 KRNIC)에 chanel.co.kr(여기서 .kr은 우리나라를 뜻하는 1단계 도메인이고, .co는 기업/상용기관을 뜻하는 2단계 도메인이다)이라는 인터넷도메인네임을 등록한 다음 그 홈페이지 여러 곳에 Chanel International 또는 샤넬인터내셔널이라는 상호를 표시하고(특히 회사소개란에 회사명칭을 샤넬인터내셔널이라 표시하였다), 페르몬향수, 콘돔 등을 비롯한 각종 성관련 상품과 란제리(여성용 기능성 속옷) 등의 목록을 게시하여 이를 판매하였는바, 특히 페르몬향수의 광고에는 프랑스 직수입품이라 표시하였다.

2. 당사자의 주장 및 판단

(1) 원고들의 주장

원고들은, 피고가 위와 같이 국내에 주지된 원고들의 상호 등과 유사한 이 사건 도메인네임 및 상호를 무단으로 사용하여 통신판매업을 하는 행위는 부정경쟁방지및영업비밀보호에관한법률(이하 부정경쟁방지법이라고 한다) 소정의 상품주체 혼동행위 또는 영업주체 혼동행위에 해당한다고 하면서 이러한 부정경쟁행위의 중지 또는 그 예방을 구한다.

(2) 부정경쟁행위 해당여부

① 부정경쟁방지법 제2조 제1호 나목은 국내에 널리 인식된 타인의 상호 등과 동일 또는 유사한 것을 사용하여 타인의 영업상의 활동 등과 혼동을 일으키게 하는 행위를 부정경쟁행위의 하나로 규정하고 있는바, 이러한 영업주체 혼동행위로서의 부정경쟁행위는 영업표지의 주지성, 주지된 영업표지와 동일 또는 유사한 것을 사용하는 행위, 이로 인하여 영업주체의 혼동을 일으킬 것 등을 그 요건으로 하고 있다.

② 살피건대, 원고 샤넬의 상호 등 영업표지가 국내에 널리 알려져 있는 사실 및 피고가 원고 샤넬의 상호 등을 포함한 이 사건 도메인네임 및 Chanel International 또는 샤넬인터내셔널이라는 상호나 표시를 원고들의 승낙 없이 자신의 홈페이지에 사용하였음은 앞에서 본 바와 같고, 이러한 도메인네임이나 상호 등은 원고 샤넬의 상호 등 영업표지와 동일, 유사한 영업표지라 할 것이다.

③ 나아가 위와 같이 유사한 영업표지의 사용이 영업주체의 혼동을 일으키는가에 관하여 보건대, 무릇 부정경쟁방지법 소정의 영업주체의 혼동은 주체의 동일

성에 관한 협의의 혼동 외에 양자 사이에 거래상, 경제상 또는 조직상 어떠한 관계가 있는 것은 아닐까 하는 생각이 들게끔 하는 광의의 혼동 또는 후원관계의 혼동도 포함될 뿐만 아니라 현실의 혼동에 한하지 않고 혼동의 위험이 있는 경우까지도 포함된다고 할 것이고, 이러한 혼동의 위험은 식별력이 특히 강한 저명 영업표지의 경우에 더욱 크며, 혼동의 위험이 있는 이상 반드시 동종의 상품을 생산, 판매하는 경우에 한정되지 않는다.

이에 비추어 이 사건을 살펴보면, 대다수의 경우 도메인네임은 광고나 선전 등의 목적상 자신의 영업이나 상표를 표창하는 영문철자로 이루어져 있고 또 기업의 경우에 .kr로 끝나는 우리나라의 국가코드 도메인(nTLD : national top-level domain)을 등록함에 있어 그 2단계 도메인으로 .co를 일반적으로 사용하므로, 한국에서의 원고 샤넬 또는 그 영업과 관련이 있는 기업의 홈페이지를 찾으려는 일반인으로서는 원고 샤넬의 상호나 상표의 영문철자를 그대로 사용한 이 사건 도메인네임을 자연스럽게 생각하고 이를 통해 피고의 홈페이지에 접속하게 된다는 점, 앞에서 본 바와 같이 피고의 홈페이지에는 Chanel International 또는 샤넬인터내셔널이라는 상호나 표시가 곳곳에 사용되었고, 또 게시된 상품목록도 원고 샤넬이 상표등록을 하고 제조, 판매하는 상품인 향수나 여성용 속옷과 유사하거나 동일한 페르몬향수 및 란제리를 포함하고 있었으며, 더구나 위 페르몬향수에 대한 소개에는 프랑스 직수입품이라고 표시하고 있던 점, 원고 샤넬의 상호나 상표는 일반인에게까지 널리 알려진 저명한 영업표지 또는 상표로서 강한 식별력을 가지는 점 등을 종합해 보면 비록 피고가 위와 같은 페르몬향수나 란제리 외에 콘돔 등 성관련 상품도 함께 판매하고 있었다 하더라도 피고의 홈페이지에 접속하는 일반인으로서는 피고의 위와 같은 영업행위가 원고 샤넬과 어떠한 관련이 있는 것이 아닌가 하는 생각을 가지게 될 것이므로, 위와 같이 chanel.co.kr이라는 도메인네임과 샤넬인터내셔널이라는 표지 등을 사용한 피고의 영업행위는 원고 샤넬의 영업과 사이에 영업주체의 혼동을 일으킨다고 할 것이다.

④ 그렇다면, 피고가 위와 같이 국내에 주지된 원고 샤넬의 상호 등과 유사한 이 사건 도메인네임 및 상호를 무단으로 사용하여 통신판매업을 하는 행위는 부정경쟁방지법 소정의 타인의 영업표지가 갖는 명성에 편승하여 수요자를 유인하

여 부정한 이익을 얻고자 하는 영업주체 혼동행위라 할 것이므로, 피고는 그로 인하여 영업상 이익이 침해되거나 침해될 우려가 있는 원고들에게 그 침해의 중지 및 예방으로서 원고 샤넬의 영업표지와 동일, 유사한 별지 제1목록 기재 각 문자를 피고의 상호로 사용하거나 인터넷홈페이지에 사용하여서는 아니 되고, 별지 제2목록 기재 각 문자를 피고의 인터넷도메인네임으로 사용하여서는 아니 되며, 나아가 원고들에게 이 사건 도메인네임의 등록말소절차를 이행할 의무가 있다.

제4절
인터넷과 손해배상책임

Ⅰ. 무료 전자우편 정보 분실과 손해배상책임

[사례] 인터넷포털서비스업체의 하나인 「OO커뮤니케이션」이 2000년 5월 e메일 서비스의 서버를 교체하는 과정에서 장애가 발생하는 사고가 발생하였다. 피해를 입은 윤OO씨 등 네티즌 2명은 자신들이 전자편지함에 보관 중이던 전자우편 등이 모두 사라져 버렸다며 「1인당 1천만 원씩 지급하라」는 손해배상청구소송을 서울지법에 제기하였다. 이들은 「업체는 회원수를 기반으로 자신의 사이트에 광고를 끌어들여 수익을 창출하고 회원 개인정보 자체가 상당한 자산이 되는 만큼 e메일 제공을 단순한 무료서비스로 볼 수 없다. 업체 측은 회원들의 정보를 별도로 보관할 의무가 있었다」고 주장하였다. 이들의 주장은 정당한가?

▶ **해설** : 서울지법(여남구 판사)은 2001년 12월 24일 「이 사건은 e메일 서비스 제공자와 네티즌간 소송으로 유료 계약도 아니기 때문에 전통적인 의미에서의 손해배상이나 채무불이행 사건처럼 법리를 적용하기 어렵다. 원고들이 위자료를 청구해야 할 만큼 중요한 자료라면 이에 대한 백업 의무도 네티즌에게 있다고 봐야 할 것이다」라고 판시하여 원고 패소판결을 내렸다.

Ⅱ. 자유게시판에 불법복제물이 게시된 경우와 손해배상책임

[사례] K대학교 웹사이트 자료실 게시판에 누군가가 저작권자의 승낙 없이 「cocktail」이라는 제목으로 「멀티미디어 저작도구인 Cocktail입니다」라는 설명과 함께 그 프로그램을 zip파일로 압축시킨 문서인 cocktail.zip파일을 첨부하여 등록하였다.

그 후 피해 회사가 위 자료실게시판에 이 사건 게시물이 등록되어 있는 것을 알게 되어 K대학교에 이를 항의하자 K대학교는 곧바로 위 자료실 게시판을 폐쇄하였으며 그 때까지 위 업로드된 이 사건 프로그램의 조회건수는 약 400회에 이르렀다. 그 결과 칵테일 저작권자는 결정적인 손해를 입었다. 이 경우에 K대학교는 손해배상책임이 있는가?

▶ **해설** : 이 경우 K대학교는 특별한 사정이 없는 한 손해배상책임이 없다. 즉 불법행위에 관하여 자신이 직접적인 고의를 가지고 있지 아니한 이상 원칙적으로 그러한 장소나 시설의 제공사실만을 가지고 곧바로 침해에 대한 직접적인 책임을 부담하는 것으로 보아야 할 아무런 근거가 없는 것이다.

이 사례는 실제 있었던 사건이며, 1999년 12월 3일 서울지방법원에서 선고된 판결의 주요내용은 다음과 같다.

서울지방법원은 「살피건대 일반적으로 불법행위책임에 있어서 그 책임은 당해 침해행위의 직접적인 귀속자가 부담하는 것일 뿐 이로 인한 책임을 제3자에게 물을 수 없음이 원칙이라 할 것이고, 다만 교사·방조에 의한 공동불법행위책임이나 사용자책임의 법리에서와 같이 침해행위를 직접적으로 행하지 아니한 제3자라 하더라도 침해행위 또는 침해행위자와의 관련성이 있는 것으로 평가되는 경우에 한하여 예외적으로 그 제3자를 상대로 그 책임을 물을 수 있다 할 것이다.

이러한 점에서 볼 때, 컴퓨터를 사용한 PC통신이나 인터넷 등 온라인을 통하여 다수의 이용자로 하여금 자료의 전송 등을 수행할 수 있도록 이른바 사이버공간이라는 장소와 시설을 제공하고 이용자의 요구에 의하여 이용자의 행위를 매개하여 주는 과정에서 타인의 저작권 기타 권리를 침해하는 자료의 전송 등이 이루어진 경우에 있어서도 그와 같은 자료의 전송 등을 통한 타인의 권리침해에 관한 1차적인 책임은 여전히 이를 직접적으로 수행한 이용자에게 있다 할 것이고, 인터넷 등 온라인의 속성상 컴퓨터 사용의 보편화로 불특정다수의 이용자들에 의한 침해행위가 비교적 간단한 조작으로 용이하게 수행될 수 있는 반면 그 침해행위로 인한 파급효과는 순식간에 걸쳐 광범위하게 확대될 수 있다는 점을 감안하더라도 그와 같은 전송 등이 가능하도록 장소나 시설을 제공한 것에 불과한 자는 이를 통하여 발생하는 불법행위에 관하여 자신이 직접적인 고의를 가지고 있지 아니한 이상 원칙적으로는 그러한 장소나 시설의 제공사실만을 가지고 곧바로 침해에 대한 직접적인 책임을 부담하는 것으로 보아야 할 아무런 근거가 없는 것이며, 다만 예외적으로 이들이 이용자의 침해행위를 적극적으로 야기하였다거나 우연한 기회나 권리자로부터의 고지를 통하여 이용자의 침해물 또는 침해행위의 존재를 인식하고도 이를 방치한 경우 또는 이들이 침해행위를 통제할 권리와 능력이 있고 그 침해행위로부터 직접적인 재산상 이익을 얻는 경우 등과 같이 이용자의 직접적인 침해행위와 동일하게 평가할 수 있을 만한 특별한 사정이 있는 경우에는 그 책임을 인정하여야 할 경우가 있을 수 있으며 그러한 경우에 해당하는지 여부는 결국 당해 사건에서 제공되는 서비스의 구조나 형태, 범위, 침해행위의 정도 및 태양 등 제반 사정들을 종합하여 구체적으로 판단될 수밖에 없는 것이라 하겠다.

돌이켜 이 사건으로 돌아와 살피건대, 피고가 이용자들에 의한 자료등록 및 조회가 가능하도록 이 사건 홈페이지상에 자료실게시판을 개설한 이외에는 이 사건 게시물의 등록과 관련하여 어떠한 직접적인 행위를 수행한 바 없었음은 앞서 본 바와 같은 이상 위 자료실게시판을 제공하였다는 사정만을 가지고 곧바로 이 사건 게시물의 등록에 관한 직접적인 책임을 물을 수는 없다 하겠고, 나아가 이 사건 게시물의 등록과 관련한 책임을 물을 수 있는 특별한 사정이 존재하는지 여부에 관하여 보기로 한다.

위 인정사실에 나타난 바와 같이 ① 피고의 위 자료실게시판은 이용자의 범위에 관하여 아무런 제한 없이 개방되어 있었던 관계로 피고가 불특정한 이용자에 의한 불법행위를 사전에 일일이 통제할 수 있었을 것으로 기대하기 어려운 점, ② 위 자료실게시판에의 자료 등록과정이 관리자에 의한 선별과정을 거침이 없이 자동화된 기술적 과정을 통하여 수행되는 체제로 운영됨에 따라 피고가 이 사건 게시물의 등록이 이루어질 당시 게시물의 내용을 미리 검토할 수 없어 사전에 저작권침해사실의 존재를 인식할 수 없었던 점, ③ 교육기관으로서의 피고의 지위 및 위 자료실게시판의 이용과 관련하여 이용자들에게 이용료를 부과하지 않는 무료 운영방식 등에 비추어 위 자료실게시판의 설치목적이 영리성의 추구에 있다고 보기 어려운 점, ④ 피고가 권리자인 원고 회사의 항의를 받은 이후 이 사건 게시물의 등록이 이루어진 위 자료실게시판 자체를 폐쇄하기에 이른 점 등 제반 사정을 종합하여 보면, 피고가 위 자료실게시판을 설치, 운영함에 있어서 불법복제물의 등록여부를 수시로 확인하고 통제하여야 할 구체적인 주의의무가 발생하였다거나 나아가 침해행위의 직접적인 행위자가 아닌 제3자로서 이 사건 게시물의 등록 및 존속에 관하여 피고에게 그 책임을 부담시켜야 할 특별한 사정이 존재한다고 보기도 어렵다 할 것이다.

따라서 피고가 이 사건 게시물의 등록과 관련하여 어떠한 책임을 부담한다는 전제 하에 피고를 상대로 이 사건 프로그램에 관한 저작권 침해의 책임을 물어 재산적 또는 정신적 손해의 배상을 구하는 이 사건 청구는 결국 나머지 점에 관하여 따질 것이 없이 이유 없다 할 것이다」라고 하여 원고들(칵테일주식회사, 이상협)의 청구를 모두 기각한다고 판시하였다(서울지법 1999.12.3, 98가합111554).

제3장 | 행정법

행정법(administrative law)이라 함은 행정의 조직과 작용 및 구제에 관한 국내공법을 말한다.

제1절 영업허가

[사례] K대 휴학생 구직란군은 취업하기도 어렵고 가정형편이 어려워지자 대학교 앞에 있는 상가건물을 임대하여 음식점을 영업하려고 한다. 그런데 구직란군은 행정법관계에 대한 지식이 없어 어떤 행정관청에 가서 허가를 받아야 하는지 전혀 알지 못한다. 이 경우에 구직란군은 어떻게 하여야 하나?

▶ **해설** : 이 사례는 식품위생법에 관한 문제이다. 식품위생법 제22조는 「① 대통령령이 정하는 영업을 하고자 하는 자는 대통령령이 정하는 바에 따라 영업의 종류별·영업소별로 식품의약품안전청장, 시·도지사, 시장·군수 또는 구청장의 허가를 받아야 한다.……⑤ 대통령령이 정하는 영업을 하고자 하는 자는 대통령령이 정하는 바에 따라 영업의 종류별·영업소별로 식품의약품안전청장 또는 시·도지사에게 신고하여야 한다.

신고한 사항 중 대통령령이 정하는 중요한 사항을 변경하거나 폐업하고자 하는 때에도 또한 같다」라고 규정하고 있다.

식품위생법시행령 제7조는 영업의 종류로서 ① 식품제조·가공업, ② 즉석판매제조·가공업, ③ 식품첨가물제조업, ④ 식품운반업, ⑤ 식품소분·판매업(식용얼음판매업 등), ⑥ 식품보존업(식품냉동·냉장업 등), ⑦ 용기·포장류제조업, ⑧ 식품접객업을 규정하고 있다. 식품접객업은 다시 휴게음식점영업, 일반음식점영업, 단란주점영업, 유흥주점영업, 위탁급식영업으로 나누어 진다. 휴게음식점영업이라 함은 음식류를 조리·판매하는 영업으로서 음주행위가 허용되지 아니하는 영업(주로 다류를 조리·판매하는 다방 및 주로 빵·떡·과자·아이스크림류를 제조·판매하는 과자점형태의 영업을 포함한다)을 말한다. 일반음식점영업이라 함은 음식류를 조리·판매하는 영업으로서 식사와 함께 부수적으로 음주행위가 허용되는 영업을 말한다. 그리고 단란주점영업이라 함은 주로 주류를 조리·판매하는 영업으로서 손님이 노래를 부르는 행위가 허용되는 영업을 말한다. 또한 위탁급식영업이라 함은 집단급식소를 설치·운영하는 자와의 계약에 의하여 그 집단급식소 내에서 음식류를 조리하여 제공하는 영업을 말한다.

식품위생법시행령 제9조는 영업허가를 받아야 할 업종에 대하여 규정하고 있다. 식품위생법 제22조 제1항의 규정에 의하여 허가를 받아야 하는 영업은 다음과 같다. ① 식품위생법시행령 제7조 제3호의 식품첨가물제조업, ② 식품위생법시행령 제7조 제6호 가목의 식품조사처리업, ③ 식품위생법시행령 제7조 제8호 다목의 단란주점영업과 동호 라목의 유흥주점영업이 그것이다.

식품위생법시행령 제10조는 영업의 허가관청에 대하여 규정하고 있다. 식품위생법시행령 제7조 제3호의 식품첨가물제조업 및 동조 제6호 가목의 식품조사처리업의 영업허가는 식품의약품안전청장이 행한다. 식품위생법시행령 제7조 제8호 다목의 단란주점영업과 동호 라목의 유흥주점영업의 영업허가는 시장·군수 또는 구청장이 행한다.

식품위생법시행령 제13조는 영업신고를 하여야 할 업종에 대하여 규정하고 있다. 식품위생법 제22조 제5항의 규정에 따라 식품의약품안전청장에게 신고를 하여야 하는 영업은 식품 등 수입판매업으로 하고,

시·도지사에게 신고를 하여야 하는 영업은 다음 각호의 영업으로 한다. ① 식품위생법시행령 제7조 제1호의 식품제조·가공업, ② 제7조 제2호의 즉석판매제조·가공업, ③ 제7조 제4호의 식품운반업, ④ 제7조 제5호의 식품소분·판매업, ⑤ 제7조 제6호 나목의 식품냉동·냉장업, ⑥ 제7조 제7호의 용기·포장류제조업, ⑦ 제7조 제8호 가목의 휴게음식점영업과 동호 나목의 일반음식점영업이 그것이다.

이 사례에서 구직란군이 하고자 하는 것은 식품영업 그 중에서도 식품접객업(휴게음식점영업, 일반음식점영업)에 해당하는 것이다. 따라서 구직란군은 시·도지사에게 신고를 하여 음식점영업을 하면 된다.

제2절 행정정보공개청구권

[사례] K대학원생 소신껏씨는 전직대통령예우에 관한 논문을 작성하던 중 전직대통령예우에 관한 구체적인 통계가 필요하여 K행정기관에 관련 통계의 공개를 청구하였다. 그러나 K행정기관은 대상정보가 전직대통령예우에 관한 것이기 때문에 비공개한다고 결정하였다. 이 경우에 소신껏씨가 법적으로 대처할 수 있는 방법은?

▶ **해설** : 소신껏씨는 K공공기관으로부터 정보공개 여부의 결정통지를 받은 날 또는 비공개의 결정이 있는 것으로 보는 날부터 30일 이내에 K공공기관에 서면으로 이의신청을 할 수 있다(공공기관의 정보공개에 관한 법률 제16조 제1항). K공공기관은 이의신청을 받은 날부터 7일 이내에 그 이의신청에 대하여 결정하고 그 결과를 소신껏씨에게 지체 없이 서면으로 통지하여야 한다(동법 제16조 제2항). K공공기관은 이의신청을 각하(却下) 또는 기각(棄却)하는 결정을 한 때에는 소신껏씨에게 행정심판 또는 행정소송을 제기할 수 있다는 취지를 결과통지와 함께 통지하여야 한다(동법 제16조 제3항).

또한 소신껏씨는 행정심판법이 정하는 바에 따라 행정심판을 청구할 수 있을 뿐만 아니라(동법 제17조 제1항), 이의신청절차를 거치지 아니하고 행정심판을 청구할 수 있다(동법 제17조 제2항). 또한 소신껏씨는 행정소송법이 정하는 바에 따라 행정소송을 제기할 수 있다(동법 제18조 제1항).

Ⅰ. 공공기관의 정보공개에 관한 법률의 목적

공공기관의 정보공개에 관한 법률은 공공기관이 보유·관리하는 정보의 공개의무 및 국민의 정보공개청구에 관하여 필요한 사항을 정함으로써 국민의 알권리를 보장하고 국정에 대한 국민의 참여와 국정운영의 투명성을 확보함을 목적으로 한다(동법 제1조).

Ⅱ. 정 의

공공기관의 정보공개에 관한 법률에서 사용하는 용어의 정의는 다음과 같다(동법 제2조).

1. 「정보」라 함은 공공기관이 직무상 작성 또는 취득하여 관리하고 있는 문서·도면·사진·필름·테이프·슬라이드 및 컴퓨터에 의하여 처리되는 매체 등에 기록된 사항을 말한다.
2. 「공개」라 함은 공공기관이 이 법의 규정에 의하여 정보를 열람하게 하거나 그 사본 또는 복제물을 교부하는 것 등을 말한다.
3. 「공공기관」이라 함은 국가, 지방자치단체, 정부투자기관관리기본법 제2조의 규정에 의한 정부투자기관 기타 대통령령이 정하는 기관(① 초·중등교육법 및 고등교육법 기타 다른 법률에 의하여 설치된 각급학교, ② 특별법에 의하여 설립된 특수법인, ③ 공무원연금법 제47조 제2호 내지 제4호의 규정에 의한 퇴직연금의 지급정지대상기관)을 말한다.

Ⅲ. 정보공개의 절차

1. 정보공개의 청구방법

정보의 공개를 청구하는 자(이하 「청구인」이라 한다)는 당해 정보를 보유하거나 관리하고 있는 공공기관에 다음 각호의 사항을 기재한 정보공개청구서를 제출하여야 한다(공공기관의 정보공개에 관한 법률 제8조 제1항). ① 청구인의 이름·주소등록번호 및 주소, ② 공개를 청구하는 정보의 내용 및 사용목적이 그것이다.

정보공개청구의 대상이 이미 널리 알려진 사항이거나 청구량이 과다하여 정상적인 업무수행에 현저한 지장을 초래할 우려가 있는 경우에는 청구된 정보의 사본 또는 복제물의 교부를 제한할 수 있다(공공기관의 정보공개에 관한 법률 제8조 제2항).

2. 정보공개여부의 결정

공공기관은 공공기관의 정보공개에 관한 법률 제8조의 규정에 의하여 정보공개의 청구가 있는 때에는 청구를 받은 날부터 15일 이내에 공개여부를 결정하여야 한다(동법 제9조 제1항). 정보공개를 청구한 날부터 30일 이내에 공공기관이 공개 여부를 결정하지 아니한 때에는 비공개의 결정이 있는 것으로 본다(동법 제9조 제4항).

3. 정보공개여부결정의 통지

공공기관은 제9조의 규정에 의하여 정보의 공개를 결정한 때에는 공개일시·공개장소 등을 명시하여 청구인에게 통지하여야 한다(동법 제11조 제1항).

공공기관은 제1항의 규정에 의하여 정보를 공개함에 있어 당해 정보의 원본이 오손 또는 파손될 우려가 있거나 그 밖에 상당한 이유가 있다고 인정될 때에는 당해 정보의 사본 등을 공개할 수 있다(동법 제11조 제2항).

공공기관은 제9조의 규정에 의하여 정보의 비공개결정을 한 때에는 그 내용을 청구인에게 지체 없이 서면으로 통지하여야 한다. 이 경우 비공개사유·불복방법 및 불복절차를 명시하여야 한다(동법 제11조 제3항).

4. 비용부담

정보의 공개 및 우송 등에 소요되는 비용은 실비의 범위 안에서 청구인의 부담으로 한다(동법 제15조 제1항).

Ⅳ. 불복구제절차

불복구제절차에는 이의신청, 행정심판, 행정소송이 있다.

1. 이의신청

청구인이 정보공개와 관련하여 공공기관의 처분 또는 부작위로 인하여 법률상 이익의 침해를 받은 때에는 공공기관으로부터 정보공개 여부의 결정통지를 받은 날 또는 제9조 제4항의 규정에 의한 비공개의 결정이 있는 것으로 보는 날부터 30일 이내에 당해 공공기관에 서면으로 이의신청을 할 수 있다(동법 제16조 제1항).

공공기관은 이의신청을 받은 날부터 7일 이내에 그 이의신청에 대하여 결정하고 그 결과를 청구인에게 지체 없이 서면으로 통지하여야 한다(동법 제16조 제2항).

공공기관은 이의신청을 각하(却下) 또는 기각(棄却)하는 결정을 한 때에는 청구인에게 행정심판 또는 행정소송을 제기할 수 있다는 취지를 제2항의 규정에 의한 결과통지와 함께 통지하여야 한다(동법 제16조 제3항).

2. 행정심판

청구인이 정보공개와 관련하여 공공기관의 처분 또는 부작위로 인하여 법률상 이익의 침해를 받은 때에는 행정심판법이 정하는 바에 따라 행정심판을 청구할 수 있다(동법 제17조 제1항). 청구인은 제16조의 규정에 의한 이의신청절차를 거치지 아니하고 행정심판을 청구할 수 있다(동법 제17조 제2항).

3. 행정소송

청구인이 정보공개와 관련하여 공공기관의 처분 또는 부작위로 인하여 법률상 이익의 침해를 받은 때에는 행정소송법이 정하는 바에 따라 행정소송을 제기할 수 있다(동법 제18조 제1항).

제3절 질서행정

[사례] K대생 최뚝심씨는 등교 길에 학교 앞에서 경찰로부터 주민등록증의 제시를 요구받고 제시하였으나, 또다시 경기파출소까지 동행할 것을 요구받았다. 최뚝심씨는 이에 응하지 않을 수 있을까?

▶ **해설** : 헌법 제12조 제3항은 「체포 · 구속 · 압수 또는 수색을 할 때에는 적법한 절차에 따라 검사의 신청에 의하여 법관이 발부한 영장을 제시하여야 한다. 다만 현행범인인 경우와 장기 3년 이상의 형에 해당하는 죄를 범하고 도피 또는 증거인멸의 염려가 있을 때에는 사후에 영장을 청구할 수 있다」라고 하여 적법절차에 의한 영장제도(영장주의)를 규정하고 있다.

이와 같이 헌법 제12조 제3항에 따르면 최뚝심씨에게는 영장을 제시하여야 하는 것이 원칙이나, 경찰관직무집행법 제3조에 따르면 「① 경찰관은 수상한 거동 기타 주위의 사정을 합리적으로 판단하여 어떠한 죄를 범하였거나 범하려 하고 있다고 의심할 만한 상당한 이유가 있는 자 또는 이미 행하여진 범죄나 행하여지려고 하는 범죄행위에 관하여 그 사실을 안다고 인정되는 자를 정지시켜 질문할 수 있다. ② 그 장소에서 제1항의 질문을 하는 것이 본인(당해인)에게 불리하거나 교통의 방해가 된다고 인정되는 때에는 질문하기 위하여 부근의 경찰서·지서·파출소 또는 출장소에 동행할 것을 요구할 수 있다」라고 규정하고 있다.

그러나 개정 경찰관직무집행법 제3조 제2항 단서는 이러한 경찰관의 동행요구를 거절할 수 있다고 규정하고 있다. 그러므로 최뚝심씨는 등교 길에 주민등록증의 제시를 요구받고(이를 불심검문이라 한다) 경찰관의 동행(이를 임의동행이라 한다)까지 요구받았을 때에는 정당하게 이를 거절할 수 있다.

제4절 공무상 재해

[사례] 박순경씨는 지난 달 31일 비번임에도 불구하고 기소중지자(起訴中止者) 일제검거를 위하여 현장근무를 하다가 대상업소에서 제공한 양주 한 잔을 걸친 채 「엑스터시노래방」에서 놀다가 보고하러 파출소로 가던 중 교통사고를 당하여 사망하였다. 경찰 측에서는 박순경씨가 술을 마셔서 교통사고가 난 것이라며 유족보상금을 지급하지 않고 있다.

박순경씨의 가족은 박순경씨의 빠듯한 월급으로 생계를 꾸려왔기 때문에 당장 끼니 걱정을 할 정도로 어려운 형편이다. 박순경씨의 가족은 좋은 방법이 없을까?

▶ **해설** : 공무원연금법에 의하면 「① 공무원이 공무상 질병 또는 부상으로 인하여 재직 중에 사망하거나, 퇴직 후 3년 이내에 그 질병 또는 부상으로 인하여 사망한 때에는 그 유족에게 유족보상금을 지급한다. ② 제1항의

유족보상금의 금액은 공무원 또는 공무원이었던 자의 보수월액의 36배에 상당하는 금액으로 한다」라고 하여 유족보상금을 규정하고 있다(동법 제61조).

다만 이 사례에서 문제가 되는 것은 박순경씨가 ① 비번인 날 사고를 당하였다는 점, ② 술을 마시고 노래방에서 놀았다는 점, ③ 보고하러 파출소로 가던 중 교통사고를 당했다는 점에서 공무상 재해로 인정될 수 있느냐의 여부이다. 이 사례를 구체적으로 살펴보면 ① 근무가 아닌 비번인 날 사고를 당하였다고 할지라도 기소중지자 일제검거를 위하여 현장근무를 하였음은 당연히 근무 중이라고 보아야 한다. ② 술을 마시는 등 근무수칙을 지키지 않았거나 노래방에서 노래를 하는 등 근무를 태만히 한 점은 인정되지만 기소중지자 검거근무를 마치고, ③ 이를 보고하기 위하여 파출소로 가던 중 교통사고를 당하여 사망하였다면 공무원연금법 제61조의 「부상으로 인하여 재직 중에 사망한 경우」에 해당하므로 박순경씨의 가족은 유족보상금을 당연히 받을 수 있다.

유족보상금을 받으려면 우선 공무원연금관리공단에 신청을 하고, 만일에 받아들여지지 아니할 경우에는 행정심판을 청구하고, 그래도 인정되지 아니할 경우에는 행정소송을 제기할 수 있다.

만일에 박순경씨가 20년 미만 재직하고 사망한 때에는 유족연금을 받지 못하고, 그 유족에게 유족일시금을 지급한다(공무원연금법 제60조).

제5절
행정상의 손해배상

[사례 1] 김병장씨는 육군 백골부대에서 일병으로 근무하고 있는 군인인데, 사격장에서 훈련을 받던 중 동료 오발탄 일병의 총기오발로 오른쪽 다리에 관통상을 입고 입원치료하였으나 결국 오른쪽 다리를 절단하고 의병제대하게 되었다. 이 경우에 김병장씨는 어

떠한 보상을 받을 수 있을까?

▶ **해설** : 헌법 제29조 제2항과 국가배상법 제2조 제1항 단서는 군인·군무원·경찰공무원·향토예비군대원 등에 대해서는 특정한 손해에 관하여 법정보상만을 인정하고, 국가배상청구권을 부인하고 있다. 따라서 김병장씨는 군인연금법 등에 의한 보상 이외에 국가배상은 청구할 수 없다.

[사례 2] 용인시에 사는 노재수씨는 5일 전에 밤늦게 귀가하던 중 하수도 맨홀뚜껑이 없어진 곳에서 발을 헛디뎌 오른쪽 다리가 부러져 경기병원에 입원하여 치료를 받고 있다. 그 당시 주위에는 어떤 경고의 표지도 없었다. 이 경우 노재수씨는 법적 구제를 받는 것이 가능할까?

▶ **해설** : 국가배상법 제5조는 영조물의 설치·관리의 하자로 인한 손해배상을 규정하고 있다. 영조물의 설치·관리의 하자로 인한 손해배상의 요건은 ① 영조물의 ② 설치·관리의 하자로 인한 ③ 손해의 발생이다.

첫째, 여기서 영조물(營造物)이라 함은 행정주체가 직접 공적 목적을 달성하기 위하여 제공한 유체물 및 기타 관리할 수 있는 자연력을 말한다. 판례는 맨홀, 도로, 가로수, 전신주, 공중전화, 공중화장실, 건널목경보기 등이 영조물임을 인정하였다. 둘째, 영조물의 설치·관리의 하자는 객관적으로 판단하고, 관리자의 과실유무는 불문한다(통설·판례). 셋째, 영조물의 설치·관리의 하자로 인한 손해가 발생하여야 한다. 영조물의 설치·관리의 하자와 손해발생 사이에는 상당인과관계가 있어야 한다.

이 사례에서는 위 세 가지 요건을 충족하고 있으므로 노재수씨는 국가배상법 제5조 제1항에 따라 손해배상을 청구할 수 있다.

Ⅰ. 의 의

행정상의 손해배상이라 함은 공무원의 위법한 직무행위 또는 국가나 공공단체가 관리·경영하는 사업 또는 설비의 하자로 말미암아 개인에 대하여 손해를 가져오게 한 경우에 국가나 공공단체가 그 손해를 배상하는 것을 말한다.

Ⅱ. 법적 근거

헌법 제29조는 「① 공무원의 직무상 불법행위로 손해를 받은 국민은 법률이 정하는 바에 의하여 국가 또는 공공단체에 정당한 배상을 청구할 수 있다. 이 경우 공무원 자신의 책임은 면제되지 아니한다. ② 군인·군무원·경찰공무원 기타 법률이 정하는 자가 전투·훈련 등 직무집행과 관련하여 받은 손해에 대하여는 법률이 정하는 보상 외에 국가 또는 공공단체에 공무원의 직무상 불법행위로 인한 배상은 청구할 수 없다」라고 하여 국가·공공단체에 대한 손해배상 청구권을 규정하고 있다. 그리고 이에 관한 법률로는 국가배상법이 있다.

Ⅲ. 유 형

1. 공무원의 위법한 직무행위로 인한 손해배상

국가배상법 제2조는 「① 국가 또는 지방자치단체는 공무원이 그 직무를 집행함에 당하여 고의 또는 과실로 법령에 위반하여 타인에게 손해를 가하거나 자동차손해배상보장법의 규정에 의하여 손해배상의 책임이 있는 때에는 이 법에 의하여 그 손해를 배상하여야 한다. 다만, 군인·군무원·경찰공무원 또는 향토예비군대원이 전투·훈련 기타 직무집행과 관련하거나 국방 또는 치안유지의 목적상 사용하는 시설 및 자동차·선박·항공기 기타 운반기구 안에서 전사(戰死)·순직(殉職) 또는 공상(公傷)을 입은 경우에 본인 또는 그 유족이 다른 법령의 규정에 의하여 재해보상금·유족연금·상이연금(傷痍年金) 등의 보상을 지급 받을 수 있을 때에는 이 법 및 민법의 규정에 의한 손해배상을 청구할 수 없다. ② 제1항 본문의 경우에 공무원이 고의 또는 중대한 과실이 있는 때에는 국가 또는 지방자치단체는 그 공무원에게 구상(求償)할 수 있다」라고 규정하고 있다.

2. 영조물의 설치 · 관리의 하자로 인한 손해배상

국가배상법 제5조는 「① 도로 · 하천 기타 공공의 영조물의 설치 또는 관리에 하자(瑕疵)가 있기 때문에 타인에게 손해를 발생하게 하였을 때에는 국가 또는 지방자치단체는 그 손해를 배상하여야 한다. 이 경우에는 제2조 제1항 단서, 제3조 및 제3조의 2의 규정을 준용한다. ② 제1항의 경우에 손해의 원인에 대하여 책임을 질 자가 따로 있을 때에는 국가 또는 지방자치단체는 그 자에 대하여 구상할 수 있다」라고 규정하고 있다.

제6절 교통사고와 민사상 · 형사상 · 행정상 책임

Ⅰ. 교통사고처리특례법

[사례 1] K대 김운전교수는 아침 승용차를 운전하며 K대로 가던 중 손수레를 끌고 신호등이 없는 횡단보도를 건너가던 김보행씨를 발견하고 급정거하였으나, 이미 때는 늦어 김보행씨를 치어 전치 8주의 상해를 입혔다. 이 경우 김운전교수는 형사처벌을 받는가?(다만 김운전교수는 이미 자동차종합보험에 가입하였다고 가정한다).

▶ **해설** : 김운전교수는 자동차종합보험에 가입하였다고 할지라도 횡단보도에서의 보행자보호의무를 위반하였으므로 교통사고처리특례법에 의하여 처벌(5년 이하의 금고 또는 2천만 원 이하의 벌금)을 받는다.

[사례 2] 운전할 때 도로상에서 보행자를 치어 다치게 한 경우 업무상과실치사상죄가 성립된다고 하는데, 영화 「해피엔드」로 이름이 알려진 영화배우 전도연양은 자동차운전면허증은 가지고 있으나 자동차를 살 경제적인 여유가 없어서 가끔 친구의 차를 빌려서 운전을 하고 있다. 이러한 경우도 업무상과실이 될까?

▶ **해설** : 교통사고처리특례법 제3조 제1항에서 말하는 업무상이라 함은 산업재해보상보험법에서 말하는 업무상과는 의미가 다르고 계속적 · 반복적으로 운전하는 경우를 말한다. 그러므로 운전을 직업적으로 하는가의 여부에 관계없이 계속적 · 반복적으로 운전하는 경우에는 업무성이 있다고 할 수 있다.

따라서 자동차운전면허증을 가지고 운전하는 경우에는 영업용이든 자가용이든, 자동차를 처음 사서 운전하다가 사고를 낸 경우이든 친구차를 빌려서 운전하다가 사고를 낸 경우이든 모두 업무성이 있다고 할 수 있으므로 전도연양은 업무상과실치사상죄가 성립한다.

1. 서 설

교통사고와 형사처벌에 관한 법률로는 교통사고처리특례법(交通事故處理特例法)이 있다. 교통사고처리특례법은 업무상과실 또는 중대한 과실로 교통사고를 일으킨 운전자에 관한 형사처벌 등의 특례를 정함으로써 교통사고로 인한 피해의 신속한 회복을 촉진하고 국민생활의 편익을 증진함을 목적으로 한다(동법 제1조).

업무상과실 또는 중대한 과실로 교통사고를 일으킨 운전자는 원칙적으로 형법상 업무상과실치사상죄 또는 중과실치사상죄로 처벌받아야 하지만 사고운전자는 생활리듬을 잃고 생계에 막대한 지장을 초래할 수 있다. 그래서 제정된 법이 교통사고처리특례법이다. 교통사고처리특례법은 교통사고에 관한 한 형법 제268조의 업무상과실치사상죄 또는 중과실치사상죄에 대한 특별법의 관계에 있다고 할 수 있다.

2. 적용범위

교통사고처리특례법은 차의 운전자에게 적용된다.

(1) 차

교통사고처리특례법에서 차(車)라 함은 도로교통법 제2조 제17호에 따른 차를 말한다(동법 제2조 제17호). 도로교통법에서 차라 함은 자동차(승용자동차 · 승합자동차 · 화물자동차 · 특수자동차 · 이륜자동차 등) · 건설기계 · 원동기장치자전거 · 자전거 또는 사람이나 가축의 힘 그 밖의 동력(動力)에 의하여 도로에서 운전되는 것으로서 철길 또는 가설(架設)된 선에 의하여 운전되는 것과 유모차 및 행정안

전부령으로 정하는 보행보조용 의자차(수동휠체어, 전동휠체어 및 의료용 스쿠터) 외의 것을 말한다.

≪판 례≫

손수레가 도로교통법 제2조 제13호에서 규정한 사람의 힘에 의하여 도로에서 운전되는 것으로서 「차」에 해당하고 이를 끌고 가는 행위를 차의 운전행위로 볼 수 있다 하더라도 손수레를 끌고 가는 사람이 횡단보도를 통행할 때에는 걸어서 횡단보도를 통행하는 일반인과 마찬가지로 보행자로서 보호조치를 받아야 할 것이므로 손수레를 끌고 횡단보도를 건너는 사람은 교통사고처리특례법 제3조 제2항 제6호 및 도로교통법 제48조 제3호에서 규정한 「보행자」에 해당한다고 해석함이 상당하다(대판 1990.10.16, 90도761).

(2) 운전자

교통사고처리특례법은 운전자에게만 적용되므로 운전석 옆의 운전보조자나 그 밖의 동승자에 대하여는 적용되지 아니한다.

3. 처벌의 특례

(1) 교통사고의 처벌형량

① 치사 · 상사고

차의 운전자가 업무상과실 또는 중대한 과실로 교통사고로 인하여 사람을 사상(死傷)에 이르게 한 때에는 5년 이하의 금고(禁錮) 또는 2천만 원 이하의 벌금에 처한다(교통사고처리특례법 제3조 제1항).

여기서 말하는 업무상이라 함은 산업재해보상보험법에서 말하는 업무상과는 의미가 다르고 계속적 · 반복적으로 운전하는 경우를 말한다.

② 물적 피해사고

차 또는 노면전차(路面電車, 도로상의 일부에 부설한 레일 위를 주행하는 전차)의 운전자가 업무상과실 또는 중대한 과실로 자동차운전 중 다른 사람의 건조물(建造物)이나 그 밖의 재물을 손괴(損壞)한 때에는 2년 이하의 금고 또는 5백만 원 이하의 벌금에 처한다(도로교통법 제151조).

(2) 교통사고처리특례법의 특례가 인정되는 경우(형사처벌 되지 않는 경우)

① 피해자와 합의가 이루어져 처벌을 원하지 아니한다는 의사표시가 있는 경우

차의 교통으로 업무상과실치상죄 또는 중과실치상죄와 도로교통법 제151조(물적 피해사고)의 죄를 범한 운전자에 대하여는 피해자의 명시적인 의사에 반하여 공소(公訴)를 제기할 수 없다(교통사고처리특례법 제3조 제2항). 즉 교통사고처리특례법상의 업무상과실치상죄 또는 중과실치상죄와 도로교통법상의 손괴죄(損壞罪)는 반의사불벌죄이다.

여기서 반의사불벌죄(反意思不罰罪)라 함은 고소권자의 고소가 없어도 수사기관이 수사를 하여 공소를 제기할 수 있고, 법원에서도 유죄판결을 내릴 수 있지만 피해자가 처벌을 원하지 아니한다는 의사를 명시적으로 표시한 경우에는 처벌할 수 없는 죄를 말한다.

교통사고에 있어서 합의라 함은 피해자와 가해자간에 피해에 대한 배상을 약정하고, 그 약정이 있으면 그 이후에는 가해자에게 일체의 책임을 묻지 아니하기로 약속하는 것을 말한다.

처벌불원의 의사표시는 고소취소의 경우와 같이 제1심 판결선고 전까지 할 수 있다(형사소송법 제232조).

② 교통사고를 일으킨 차가 자동차종합보험 또는 공제보험에 가입된 경우

교통사고를 일으킨 차가 자동차종합보험 또는 공제보험(共濟保險, 여객자동차운수사업법 · 화물자동차운수사업법상의 공제보험)에 가입된 경우에는 업무상과실치상죄 또는 중과실치상죄와 도로교통법 제151조(물적 피해사고)의 죄를 범한 운전자에 대하여는 공소(公訴)를 제기할 수 없다. 다만 피해자가 신체의 상해로 인하여 생명에 대한 위험이 발생하거나 불구(不具) 또는 불치(不治)나 난치(難治)의 질병에 이르게 된 경우에는 그러하지 아니하다(교통사고처리특례법 제4조 제1항, 2011.4.12 개정). 자동차종합보험은 임의보험이고, 자동차손해배상책임보험은 강제보험이다.

(3) 교통사고처리특례법의 특례가 인정되지 않는 경우(형사처벌되는 경우)

① 피해자가 사망한 경우

피해자가 사망한 경우에는 교통사고처리특례법의 특례가 인정되지 아니한다.

또한 음주 또는 약물의 영향으로 정상적인 운전이 곤란한 상태에서 자동차를 운전하여 사람을 사망에 이르게 한 사람은 무기 또는 3년 이상의 징역에 처한다(특정범죄 가중처벌 등에 관한 법률 제5조의 11, 2018.12.18 개정).

② 차의 운전자가 교통사고(인적 피해사고) 야기 후 도주하거나 사고장소로부터 옮겨 유기도주한 경우

차의 운전자가 업무상과실치상죄 또는 중과실치상죄를 범하고 피해자를 구호하는 등의 조치를 취하지 아니하고 도주하거나 피해자를 사고장소로부터 옮겨 유기하고 도주한 경우에는 특정범죄가중처벌 등에 관한 법률에 의하여 가중 처벌된다.

㉠ 단순도주

피해자를 치사(致死)하고 도주하거나 도주 후에 피해자가 사망한 때에는 무기 또는 5년 이상의 징역에 처한다. 피해자를 치상(致傷)한 때에는 1년 이상의 유기징역또는 500만 원 이상 3천만 원 이하의 벌금에 처한다(특정범죄가중처벌 등에 관한 법률 제5조의 3 제1항).

여기서 도주(逃走)라 함은 피해자를 구호하는 등의 의무를 다하지 아니하고 사고장소를 떠나는 것을 말한다.

≪판 례≫

1) 특정범죄가중처벌 등에 관한 법률 제5조의 3 제1항 소정의 「피해자를 구호하는 등 도로교통법 제50조 제1항의 규정에 의한 조치를 취하지 아니하고 도주한 때」라 함은 사고운전자가 사고로 인하여 피해자가 사상을 당한 사실을 인식하였음에도 불구하고 피해자를 구호하는 등 도로교통법 제50조 제1항에 규정된 의무를 이행하기 이전에 사고현장을 이탈하여 사고야기자로서 확정될 수 없는 상태를 초래하는 경우를 말한다(대판 1996.8.20, 96도1415).
2) 교통사고시 피고인이 피해자와 사고 여부에 관하여 언쟁하다가 동승했던 아내에게 「네가 알아서 처리해라」며 현장을 이탈하고 그의 아내가 사후 처리를 한 경우, 피고인이 피해자를 구호하지 아니하고 사고현장을 이탈하여 사고야기자로서 확정될 수 없는 상태를 초래한 경우에 해당하지 않는다(대판 1997.1.21, 96도2843).

3) 피해정도가 경미하고 교통사고 후 피해상태를 확인한 후 피해변제조로 금원을 지급하려고 하였으나 피해자가 이를 거절하면서 사고신고하자고 하였는데도 인적 사항이나 연락처를 알려주지 아니한 채 도주하였다면 구호조치를 다하였다고 볼 수 없다(대판 1993.11.26, 93도2346).
4) 도로교통법 제50조 제2항의 입법취지와 헌법상의 보장된 진술거부권 및 평등원칙에 비추어 볼 때, 위 조항 소정의 교통사고를 야기한 자의 신고의무는 교통사고를 일으킨 모든 경우에 항상 요구되는 것이 아니라, 사고의 규모나 당시의 구체적인 상황에 따라 피해자의 구호 및 교통질서의 회복을 위하여 당사자의 개인적인 조치를 넘어 경찰관의 조직적 조치가 필요한 상황에서만 있는 것이라고 해석하여야 할 것이다(대판 1991.6.25, 91도1013).

㉡ 유기도주

피해자를 치사하고 도주하거나 도주 후에 피해자가 사망한 때에는 사형·무기 또는 5년 이상의 징역에 처한다. 피해자를 치상한 때에는 3년 이상의 유기징역에 처한다(특정범죄가중처벌 등에 관한 법률 제5조의 3 제2항).

여기서 유기(遺棄)라 함은 신체나 정신의 불완전으로 인하여 보호를 요하는 자를 보호 없는 상태에 둠으로써 그 생명과 신체를 위험하게 하는 것을 말한다.

③ 음주측정요구에 불응한 경우

차의 운전자가 교통사고처리특례법 제3조 제1항의 죄 중 업무상과실치상죄 또는 중과실치상죄를 범하고 「도로교통법」 제44조 제2항을 위반하여 음주측정요구에 불응(운전자가 채혈측정(採血測定)을 요청하거나 동의한 때에는 제외한다)한 때에는 교통사고처리특례법의 특례가 인정되지 아니한다(교통사고처리특례법 제3조 제2항 단서, 2016.12.2 개정). 이때에는 1년 이상 3년 이하의 징역 또는 500만 원 이상 1천만 원 이하의 벌금에 처한다(도로교통법 제148조의 2, 2018.3.27. 개정).

④ 차의 운전자가 다음 12개 항목에 해당하는 행위로 인하여 인적 피해사고를 야기한 경우(업무상과실치상죄 또는 중과실치상죄를 범한 경우)

차의 운전자가 다음 12개 항목에 해당하는 행위로 인하여 인적 피해사고를 야기한 경우(업무상과실치상죄 또는 중과실치상죄를 범한 경우)에는 교통사고처리특례법의 특례가 인정되지 아니한다(교통사고처리특례법 제3조 제2항 단서 2016.12.2 개정).

㉠ 신호 또는 지시에 따를 의무위반

㉡ 중앙선침범 및 고속도로 또는 자동차전용도로에서의 횡단·유턴·후진금지위반

㉢ 속도위반(제한속도 매시 20km 초과)

도로교통법(제17조 제1항 또는 제2항의 규정)에 의한 제한속도를 매시 20킬로미터를 초과하여 운전한 경우에는 교통사고처리특례법의 특례가 인정되지 아니한다(교통사고처리특례법 제3조 제2항 제3호). 일반도로(고속도로 및 자동차전용도로를 제외한 모든 도로)에서는 매시 60km 이내(다만 4차로(편도 2차로) 이상의 도로에서는 매시 80km 이내)이다(도로교통법시행규칙 제19조).

㉣ 앞지르기방법·금지시기·금지장소 또는 끼어들기금지위반

㉤ 철길건널목통과방법위반

㉥ 횡단보도에서의 보행자보호의무위반

㉦ 무면허운전

㉧ 음주 및 약물복용운전

음주운전이라 함은 혈중 알콜농도가 0.03% 이상으로 술을 마시고 운전하는 것을 말한다(도로교통법 제44조 제4항 2019.6.25 시행). 약물복용운전이라 함은 약물의 영향으로 정상한 운전을 하지 못할 염려가 있는 상태에서의 운전을 말한다.

㉨ 보도침범 및 보도횡단방법위반

㉩ 승객추락방지의무위반

㉪ 어린이보호구역 안전운전의무위반

㉫ 자동차의 화물이 떨어지지 아니하도록 필요한 조치를 하지 아니한 운전의무위반(교통사고처리특례법 2016.12.2 개정)

≪판 례≫

1) 차선이 설치된 도로의 중앙선은 서로 반대방향으로 운행하는 차선이 접속하는 경계선에 다름 아니어서 차선을 운행하는 운전자로서는 특단의

사정이 없는 한 반대차선 내에 있는 차량은 이 경계선을 넘어 들어오지 않을 것으로 신뢰하여 운행하는 것이므로, 부득이한 사유가 없는데도 고의로 이러한 경계선인 중앙선을 넘어 들어가 침범당한 차선의 차량운행자의 신뢰에 어긋난 운행을 함으로써 사고를 일으켰다면 교통사고처리특례법 제3조 제2항 단서 제2호가 정한 처벌특례의 예외규정인 중앙선침범사고에 해당한다(대판 1995.5.12, 95도512).

2) 교통사고처리특례법 제3조 제2항 단서 제10호에서 말하는 「도로교통법 제35조 제2항의 규정에 의한 승객의 추락방지의무를 위반하여 운전한 경우」라 함은 도로교통법 제35조 제2항에서 규정하고 있는 대로 「차의 운전자가 타고 있는 사람 또는 타고 내리는 사람이 떨어지지 아니하도록 하기 위하여 필요한 조치를 하여야 할 의무」를 위반하여 운전한 경우를 말하는 것이 분명하고, 차의 운전자가 문을 여닫는 과정에서 발생한 일체의 주의의무를 위반한 경우를 의미하는 것은 아니므로, 승객이 차에서 내려 도로상에 발을 딛고 선 뒤에 일어난 사고는 승객의 추락방지의무를 위반하여 운전함으로써 일어난 사고에 해당하지 아니한다(대판 1997.6.13, 96도3266).

Ⅱ. 교통사고 관련 사례

[사례 1] 대형가수 패튀김씨는 나란히 달리고 있던 트럭에 신경을 쓰다가 정류소에 정차 중인 버스의 앞쪽에 뛰어든 어린이를 치어 즉사케 하였다. 어린이의 부모와는 합의가 될 것 같은데 형사처분과정에서 피해자의 과실이 적용될 수 있을까?

▶ **해설** : 교통법규를 준수하며 차를 운전하는 운전자는 다른 차의 운전자도 역시 교통법규를 준수할 것이라고 믿고 운전을 하면 되므로 다른 차의 운전자의 위법으로 인하여 사고가 발생한 경우에는 교통법규를 준수한 운전자에게는 과실이 없다는 원칙이 있다. 이것이 운전자의 신뢰의 원칙이다. 차 대 사람의 사고에 있어서는 차 대 차의 사고에 있어서만큼 널리 인정되고 있지는 않으나 차 대 사람의 사고에 있어서도 점차 신

뢰의 원칙을 인정하고 있는 추세이다. 예컨대 고속도로에서 무단횡단하는 사람을 사상한 경우, 육교 밑을 무단횡단하는 사람을 사상한 경우에는 운전자에게 과실이 없다. 그러나 어린이 · 노인 · 신체장애자 등과 같이 교통법규를 준수할 능력이 없을 경우에는 신뢰의 원칙이 인정되지 않는다.

정류소에 정차 중인 버스의 옆을 통과할 때에는 버스의 승객이나 보행자가 버스의 전후에서 도로를 횡단할 가능성이 얼마든지 예측되는 것이므로 서행을 하지 않고 나란히 달리고 있는 트럭에만 신경을 쓰고 있었다면 패튀김씨의 과실이 크다고 할 수 있다. 그러나 패튀김씨가 버스의 승객이나 보행자의 횡단을 예측하고 서행을 하였는데도 불구하고 어린이가 뛰어든 것이라면 패튀김씨의 과실은 비교적 적다고 할 수 있다. 그 이유는 보호자의 감독불충분 등 피해자측에게도 상당한 과실이 인정된다고 할 수 있기 때문이다. 아무튼 형사처분과정에서는 피해자측의 과실도 적용된다.

≪판 례≫

차량의 운전자로서는 횡단보도의 신호가 적색인 상태에서 반대 차선상에 정지하여 있는 차량의 뒤로 보행자가 건너오지 않을 것이라고 신뢰하는 것이 당연하고 그렇지 아니할 사태까지 예상하여 그에 대한 주의의무를 다하여야 한다고는 할 수 없다(대판 1993.2.23, 92도2077).

[사례 2] 부주의씨는 새벽에 국도를 시속 약 40km로 운전하던 중 앞차가 갑자기 진로를 좌로 회전하므로 그도 이에 따라 좌로 회전하였으며 앞차의 전방에 무엇인가 검은 물체의 그림자가 보이는 듯 했으나 설마 그것이 사람이라고는 생각하지 않고 마음속으로는 주의를 하면서 진행하였지만 뒷바퀴에 사람을 치어 즉사케 하였다. 그 죽은 사람은 국도의 2차선에 누워있었다는데 부주의씨의 사건은 어떻게 처리될까?

▶ **해설** : 이 경우 판례에 의하면 주간의 경우에는 60%, 야간의 경우에는 40% 정도의 운전자의 과실을 인정하고 있다(대판 1991.5.28, 91도840).

[사례 3] 최근 광운아파트단지에서는 출퇴근차량을 줄이려는 정부시책에 따라 「같은 방

향 차 함께 타기운동」이 벌어져 한마음씨는 옆집 차로 같이 출근을 하게 되었는데 그만 한마음씨가 탄 차가 중앙선을 침범하면서 교통사고가 발생하여 한씨가 많이 다쳤다. 물론 피해차의 승객도 중상을 입었다. 그런데 보험회사측에서는 한마음씨가 무상으로 그 차에 탔었다는 이유로 치료비의 70%만 지급하겠다고 한다. 이러한 경우 어떻게 해야 될까?

▶ **해설** : 위 사례의 경우를 호의동승(好意同乘)이라고 한다. 호의동승에 관하여 과거의 대법원판례는 「사고차량에 무상으로 동승하여 그 운행으로 인한 이익을 누리는 지위에 있었다 하여 특별한 사정이 없는 한 이를 손해배상의 감경사유로 할 수 없다」라고 판시하여 손해배상에서의 감경을 인정하지 아니하였다(대판 1987.1.20, 84다카2250). 그러나 그 후의 대법원판례는 「운행의 목적, 호의동승자와 운행자와의 관계, 피해자가 차량에 동승하게 된 경위 등을 종합하여 가해자에게 일반의 교통사고와 같은 책임을 지우는 것이 신의칙이나 형평의 원칙에 비추어 매우 불합리한 것으로 인정되는 경우에는 그 배상액을 감경할 수 있다」라고 판시하여 호의동승자에 대한 손해배상액이 감경될 수도 있음을 인정하였다(대판 1987.12.22, 86다카2984).

그러나 한마음씨의 경우는 출퇴근차량을 줄이려는 정부시책에 따라 주민들이 벌인 자치운동의 일환으로 호의동승을 하게 된 것이므로 대법원에서 판시하고 있는 감경사유에 해당하지 아니한다고 할 것이다. 따라서 한마음씨는 손해배상을 전액 받을 수 있다. 만일에 계속하여 보험회사측에서 손해배상액을 감경하겠다고 할 경우에는 소송을 제기하기 전에 금융분쟁조정위원회에 조정을 신청하는 것이 바람직하다.

Ⅲ. 자동차손해배상보장법

[사례] 목수인 김대패씨는 새벽에 공사현장에 가던 중 정체불명의 자동차에 치여 다리가 부러지는 중상을 입었다. 그런데 김대패씨는 찢어지게 가난한 데다 뺑소니운전자를 아직 잡지 못하여 당장 치료비 걱정이 태산 같다. 이 경우에 김대패씨가 법적으로 구제받을 수 있는 방법은 없을까?

▶ **해설** : 김대패씨는 일정한 사항(김대패씨의 성명 및 주소 등)을 기재한 청구서를 건설교통부장관에게 제출한다. 현재는 동부화재해상보험(주), 동양화재해상보험(주), 제일화재해상보험(주), LIG화재해상보험(주), 신동아화재해상보험(주), 삼성화재해상보험(주), 쌍용화재해상보험(주), 현대화재해상보험(주)에 위탁하여 시행하고 있다.

김대패씨는 가까운 이들 화재해상보험(주) 지점에 가서 피해보상을 청구하면 건설교통부장관은 2천만 원(1급상해)에서 80만 원(14급상해)의 범위 안에서 보상금을 지급한다(자동차손해배상보장법시행령 제3조).

1. 서 설

뺑소니교통사고의 경우 피해자는 원칙적으로 사고를 낸 운전자에게 피해보상을 청구하여야 한다. 그러나 뺑소니교통사고의 경우 사고를 낸 운전자를 당장 찾을 수 없기 때문에 피해자가 생활이 어려운 경우에는 당장 피해보상(치료비) 걱정을 할 수밖에 없다.

그래서 정부는 자동차손해배상보장법에 따라 뺑소니자동차, 책임보험미가입자자동차, 도난자동차 등에 의한 사망 또는 부상에 대하여 책임보험(대인배상)의 보험금의 한도에서 피해자가 입은 피해를 보상하고 있다.

현재 정부는 피해보상업무를 동부화재해상보험(주), 동양화재해상보험(주), 제일화재해상보험(주), LIG화재해상보험(주), 신동아화재해상보험(주), 삼성화재해상보험(주), 쌍용화재해상보험(주), 현대화재해상보험(주)에 위탁하여 시행하고 있다(자동차손해배상보장법 제37조). 따라서 피해자는 가까운 이들 화재해상보험(주) 지점에 가서 피해보상을 청구하면 된다.

2. 자동차손해배상보장사업

정부는 다음 각 호의 1에 해당하는 경우에는 피해자의 청구에 따라 책임보험의 보험금의 한도에서 그가 입은 피해를 보상한다(자동차손해배상보장법 제26조). ① 자동차보유자를 알 수 없는 자동차의 운행으로 인하여 사망하거나 부상한 경우, ② 보험가입자 등이 아닌 자가 손해배상의 책임을 지게 되는 경우 등이 그것이다.

3. 보상금의 청구

(1) 보상금의 내용

피해자가 사망한 경우에는 1억 원(다만 그 손해액이 2천만 원 미만인 경우에는 2천만 원으로 한다), 부상한 경우에는 2천만 원(1급상해)에서 80만 원(14급상해)의 범위 안에서, 후유장해가 생긴 경우에는 1억 원(1급장해)에서 630만 원(14급장해)의 범위 안에서 보상금을 지급한다(자동차손해배상보장법시행령 제3조).

(2) 보상금의 청구방법과 절차

피해자는 대통령령이 정하는 바에 의하여 자동차손해배상보장사업자(건설교통부장관)에 대하여 보상금을 자기에게 직접 지급할 것을 청구할 수 있다(자동차손해배상보장법 제9조).

피해자(피해자가 사망한 때에는 피해보상을 받을 권리를 가진 자)가 보상을 청구하는 때에는 다음 각 호의 사항을 기재한 청구서를 건설교통부장관(건설교통부장관이 업무를 위탁한 때에는 그 업무를 위탁받은 보험사업자 등 또는 보험관련단체를 말한다)에게 제출하여야 한다(자동차손해배상보장법시행령 제16조 제1항). ① 청구인의 성명 및 주소, ② 청구인과 사망자와의 관계(피해자가 사망한 경우에 한한다), ③ 피해자 및 가해자의 성명 및 주소, ④ 사고발생의 일시·장소 및 개요, ⑤ 당해 자동차의 종류 및 등록번호(자동차보유자를 알 수 없는 자동차의 운행으로 인하여 사망하거나 부상한 경우에는 기재하지 아니한다), ⑥ 청구금액 등이 그것이다.

위 청구서에는 다음 각호의 서류를 첨부하여야 한다(자동차손해배상보장법시행령 제16조 제2항). ① 진단서 또는 검안서, ② 자동차손해배상보장법시행령 제16조 제1항 제2호 내지 제4호의 규정에 의한 사항을 증명할 수 있는 서류(이 경우 제1항 제4호의 규정에 의한 사항을 증명할 수 있는 서류는 사고장소를 관할하는 경찰서장의 확인이 있어야 한다)가 그것이다.

(3) 압류 · 양도의 금지와 시효

보상청구권은 이를 압류 또는 양도할 수 없다(자동차손해배상보장법 제32조). 또한 보상청구권은 2년간 이를 행사하지 아니하면 시효로 인하여 소멸한다(동법 제33조).

Ⅳ. 교통사고와 합의

[사례] K대생 김도로씨는 오전 등교하기 위하여 길을 건너던 중 김주행씨가 운전하던 자가용차에 치어 머리를 다치는 중상을 당하였다. 사고의 결과 언어장해의 후유증이 남아 있는데 가해자인 김주행씨가 합의를 보자고 한다. 김도로씨는 도대체 어떻게 해야 할까?

▶ **해설** : 김도로씨는 후유증이 나타날지의 여부는 아직 확실하지 아니하므로 너무 급히 합의를 보지 않는 것이 좋다. 교통사고에 있어서 합의라 함은 피해자와 가해자간에 피해에 대한 배상을 약정하고, 그 약정이 있으면 그 이후에는 가해자에게 일체의 책임을 묻지 아니하기로 약속하는 것을 말한다. 그러므로 합의를 하면 원칙적으로 합의금 이상의 손해배상청구권을 행사할 수 없다. 따라서 예상하지 못한 후유증이 장래에 나타날 우려가 있는지의 여부 등을 의사와 상의한 후 합의를 보는 것이 좋다.

한편 김도로씨는 합의를 보는 경우 청구할 수 있는 손해의 항목을 빠뜨리지 않고 계산에 포함시킨다. 손해배상의 범위는 적극적인 손해(치료비 · 입원비 등)와 소극적인 손해(교통사고로 인하여 생업을 하지 못하여 입은 예상수입상실 등)를 포함한다. 또한 정신적 고통에 따른 위자료도 청구할 수 있다.

요컨대 김도로씨는 합의를 보는 경우 「장래 후유증이 나타날 경우 그 부분에 대하여는 별도의 배상을 한다」라는 특약(特約)을 넣어두는 것이 바람직하다.

[서식] 일반적인 합의서 양식

합 의 서

피해자 : 김도로
가해자 : 김주행

1. 사고일시 : 2021년 3월 3일 오전 8시 30분경
2. 사고장소 : 경기도 용인시 기흥구 덕영대로 1732 경희대학교 앞
3. 상해의 부위 · 정도 : 우상완골절, 좌하퇴타박
4. 차량번호 : 경기 가-3333호

제1조 위의 교통사고에 의하여 가해자 김주행은 피해자 김도로에게 손해배상으로 금 500만 원을 지급할 의무가 있음을 인정하고, 금일 위 금액을 지급하며 김도로는 이를 수령하였다.

제2조 김도로는 금후 어떠한 사정이 발생하더라도 김주행에게 아무런 청구를 하지 않을 것임은 물론, 고소 등 일체의 행위를 하지 않을 것을 약속한다.

이상과 같이 합의한다.

2021년 5월 5일
용인시 기흥구 덕영대로 1733
피해자 김도로 (인)
용인시 기흥구 덕영대로 1734
가해자 김주행 (인)

제4장 | 형 법

형법(刑法)은 일정한 규범에 위반된 행위를 범죄라 하여 그 행위에 형벌을 과하는 법규범이다. 즉 일정한 범죄가 발생한 경우에 이에 대하여 일정한 형벌을 과하는 법이 형법이라고 할 수 있다.

제1절
국가적 법익에 대한 죄

Ⅰ. 공무집행방해죄

[사례] 정의파씨는 경찰관으로부터 임의동행을 요구받았으나 이에 응하지 않고 거절하자 경찰관은 정의파씨에게 공무집행을 방해한다고 하였다. 과연 정의파씨의 행위가 공무집행방해죄에 해당할까?

▶ **해설** : 경찰관직무집행법 제3조는「① 경찰관은 수상한 거동 기타 주위의 사정을 합리적으로 판단하여 어떠한 죄를 범하였거나 범하려 하고 있다고 의심할 만한 상당한 이유가 있는 자 또는 이미 행하여진 범죄나 행하여지려고 하는 범죄행위에 관하여 그 사실을 안다고 인정되는 자를 정지

시켜 질문할 수 있다. ② 그 장소에서 제1항의 질문을 하는 것이 본인(당해인)에게 불리하거나 교통의 방해가 된다고 인정되는 때에는 질문하기 위하여 부근의 경찰서 · 지서 · 파출소 또는 출장소에 동행할 것을 요구할 수 있다」라고 규정하고 있다.

그러나 개정 경찰관직무집행법 제3조 제2항 단서는 이러한 경찰관의 동행요구를 거절할 수 있다고 규정하고 있다. 그러므로 정의파씨는 경찰관의 임의동행을 요구받았을 때에는 정당하게 이를 거절할 수 있다. 따라서 영장의 제시 없는 경찰관의 임의동행요구에 응하지 아니한 것만으로는 공무집행방해죄가 성립되지 않는다.

관련 판례를 보면 「경찰관이 임의동행을 요구하며 손목을 잡고 뒤로 꺾어 올리는 등으로 제압하자 거기에서 벗어나려고 몸싸움을 하는 과정에서 경찰관에게 경미한 상해를 입힌 경우 위법성이 결여된 행위라고 본 사례」가 있다(대판 1999.12.28, 98도138).

≪판 례≫

대법원은 「일반적으로 형법 제136조가 규정하는 공무집행방해죄는 공무원의 직무집행이 적법한 경우에 한하여 성립하는 것이고 여기서 적법한 공무집행이라고 함은 그 행위가 공무원의 추상적 권한에 속할 뿐 아니라 구체적 직무집행에 관한 법률상 요건과 방식을 갖춘 경우를 가리키는 것이므로, 이러한 적법성이 결여된 직무행위를 하는 공무원에 대항하여 폭행을 가하였다고 하더라도 이를 공무집행방해죄로 다스릴 수는 없고, 비록 사법경찰관 등이 피의자에 대한 구속영장을 소지하였다 하더라도 피의자를 체포하기 위해서는 체포 당시에 피의자에 대한 범죄사실의 요지, 구속의 이유와 변호인을 선임할 수 있음을 말하고 변명할 기회를 준 후가 아니면 체포할 수 없고, 이와 같은 절차를 밟지 아니한 채 실력으로 연행하려 하였다면 적법한 공무집행으로 볼 수 없다」라고 판시하였다(대판 1996.12.23, 96도2673 : 대판 1991.5.10, 91도453).

Ⅱ. 무고죄

[사례] 집안대대로 가난하여 이를 악물고 열심히 살고 있는 어금니씨는 최근에 어처구니 없는 일을 당하였다. 영업상 경쟁관계에 있는 이웃 술집주인 간교한씨가 어금니씨는 세무서직원에게 정기적으로 뇌물을 상납(上納)하므로 세금을 적게 낸다며 근거 없는 허위사실을 관할경찰서장에게 진정하였던 것이다. 이런 경우에 간교한씨를 형사처벌할 수 있을까?

▶ **해설** : 이 사례는 무고죄에 관한 문제이다. 무고죄(誣告罪)는 타인으로 하여금 형사처분 또는 징계처분을 받게 할 목적으로 공무소(公務所) 또는 공무원에 대하여 허위의 사실을 신고함으로써 성립하는 범죄로서 10년 이하의 징역 또는 천500만 원 이하의 벌금에 처하도록 하고 있다(형법 제156조).

여기서 허위라 함은 객관적 진실에 반하는 것을 말한다. 신고라 함은 자진하여 사실을 고지하는 것을 말한다. 신고의 방법에는 제한이 없다. 서면에 의하거나 구두(口頭)에 의하거나 불문하며, 서면에 의하는 경우에는 그 명칭이 고소장이거나 진정서이거나 불문한다. 또한 기명에 의하거나 익명에 의하거나 또 자기명의에 의하거나 타인명의에 의하거나 불문한다.

그리고 무고죄가 성립하기 위해서는 행위자가 공무소 또는 공무원에 대하여 허위의 사실을 신고한다는 인식이 있어야 한다(고의의 존재). 다만 무고죄에 있어서 범의(犯意)는 반드시 확정적 고의임을 요하지 아니하고 미필적 고의(未必的 故意)로도 충분하므로, 무고죄는 신고자가 진실하다는 확신 없는 사실을 신고함으로써 성립하고 그 신고사실이 허위라는 것을 확신함을 필요로 하지 않는다(대판 1997.3.28, 96도2417).

이 사례의 경우 어금니씨에 대한 간교한씨의 행위가 어금니씨로 하여금 형사처분을 받게 할 목적으로 공무원에 대하여 허위의 사실을 진정한 것이라면 무고죄가 성립될 수 있다(대판 1984.5.15, 84도125 : 대판 1991.12.13, 91도2127).

제2절 사회적 법익에 대한 죄

Ⅰ. 공문서위조죄

[사례] 평생을 정처 없이 떠돌아다니는 부평초씨는 서울 역에서 개그맨이 꿈인 K대생 신동엽씨가 분실한 주민등록증을 습득하여 그 주민등록증의 사진을 제거하고 자기의 사진을 붙여 사용하다가 적발되었다. 이 경우 부평초씨의 행위는 어떤 죄가 성립되나?

▶ **해설** : 형법 제225조는 「행사할 목적으로 공무원 또는 공무소의 문서 또는 도화(圖畵)를 위조(僞造) 또는 변조(變造)한 자는 10년 이하의 징역에 처한다」라고 규정하고 있고, 형법 제229조는 「제225조 내지 제228조의 죄에 의하여 만들어진 문서, 도화, 전자기록 등 특수매체기록, 공정증서원본(公正證書原本), 면허증, 허가증, 등록증 또는 여권(旅券)을 행사한 자는 그 각 죄(罪)에 정한 형에 처한다」라고 규정하고 있다.

대법원은 「피고인이 행사할 목적으로 타인의 주민등록증에 붙어 있는 사진을 떼어내고 그 자리에 피고인의 사진을 붙였다면 이는 기존 공문서의 본질적 또는 중요 부분에 변경을 가하여 새로운 증명력을 가지는 별개의 공문서를 작성한 경우에 해당하므로 공문서위조죄를 구성한다」라고 판시하였다(대판 1991.9.10, 91도1610). 따라서 이 사례의 경우 부평초씨의 행위는 공문서위조 및 동행사의 죄가 성립된다.

≪판 례≫

대법원은 「① 형법 제237조의 2에 따라 전자복사기, 모사전송기 기타 이와 유사한 기기를 사용하여 복사한 문서의 사본도 문서원본과 동일한 의미를 가지는 문서로서 이를 다시 복사한 문서의 재사본도 문서위조죄 및 동행사죄의 객체인 문서에 해당한다 할 것이고, 진정한 문서의 사본을 전자복사기를 이용하여 복사하면서 일부 조작을 가하여 그 사본 내용과 전혀 다르게 만드는 행위는 공공의 신용을 해할 우려가 있는 별개의 문서사본을 창출하는 행위로서 문서위조행위에 해당한다. ② 타인의 주민등록증사본의 사진란에 피고인의 사진을 붙여 복사하여 행사한 행위가 공문서위조죄 및 동행사죄에 해당한다」라고 판시하였다(대판 2000.9.5, 2000도2855).

Ⅱ. 도박에 관한 죄

[사례] 「여인천하(주)」에 근무하는 정난정씨, 박경빈씨, 홍희빈씨는 퇴근 후 저녁식사비를 갹출(醵出)하기 위해 각자 약 3만 원 정도의 밑천을 가지고 한판 당 약 5천 원 정도, 판돈 약 6만 원 정도의 고스톱을 하였다. 그녀들은 도박죄로 처벌되는가?

그런데 박경빈씨는 김안로씨가 이끄는 사기도박단의 꾐(temptation)에 빠져 최근 3개월 동안 6회에 걸쳐 포커를 쳐서 약 3천만 원을 잃었다. 박경빈씨는 사기도박단의 꾐에 빠져 돈을 잃었는데도 형사처벌을 받아야 하나?

▶ **해설** : 정난정씨, 박경빈씨, 홍희빈씨가 저녁식사비를 재미있게 마련하기 위해서 한 고스톱은 모든 사정을 고려하여 볼 때 일시적 오락이라고 볼 수 있다. 따라서 정난정씨, 박경빈씨, 홍희빈씨는 도박죄로 처벌되지 않는다.

박경빈씨의 행위는 도박에 필요한 우연성이 결여되어 있으므로 박경빈씨에게는 도박죄의 성립이 부정된다.

1. 형법규정

형법 제246조는 「① 재물로써 도박한 자는 500만 원 이하의 벌금 또는 과료에 처한다. 단, 일시 오락정도에 불과한 때에는 예외로 한다. ② 상습으로 제1항의 죄를 범한 자는 3년 이하의 징역 또는 2천만 원 이하의 벌금에 처한다」라고 하여 도박죄 내지 상습도박죄(常習賭博罪)를 규정하고 있다.

2. 주 체

주체에는 제한이 없다. 다만 도박은 2인 이상 사이에서 행하여지므로 도박죄는 필요적 공범(必要的 共犯)에 해당한다.

3. 행 위

도박죄의 행위는 재물(財物)로써 도박하는 것이다.

(1) 재물로서

「재물로서」라는 것은 재물을 걸고라는 의미이다. 여기서 「재물을 걸고」라는 것은 재물을 승자에게 줄 것을 약속하는 것을 의미한다. 여기서 재물에는 금전뿐만 아니라 동산, 부동산도 포함된다.

(2) 도 박

도박이라 함은 재물을 걸고 우연(偶然)에 의하여 재물의 득실을 결정하는 것을 말한다. 여기서 「우연」이라 함은 당사자가 확실히 예견하거나 영향을 미칠 수 없는 사정을 말한다.

도박과 관련하여 편면적 도박(片面的 賭博)이 가능한가가 다시 말하면 도박이라고 하기 위하여 당사자 쌍방에 우연을 요하는가가 문제되고 있다. 이는 사기도박(詐欺賭博)의 경우에 도박죄가 성립할 것인가의 문제이다. 통설과 판례는 사기도박에는 도박에서 요구되는 우연성이 결여되어 있다는 이유로 도박죄의 성립을 부정한다(부정설). 따라서 사기도박자에게는 사기죄가 성립하고, 그 상대방에게는 범죄의 성립을 부정한다.

4. 위법성

일시 오락정도에 불과한 때에는 도박죄는 성립하지 않는다. 일시 오락정도에 대한 판단은 내기오락의 시간과 장소, 당사자의 사회적 지위 및 재산정도, 내기에 건 재물의 근소성, 오락으로 얻은 재물의 용도 등 모든 상황을 참작하여 객관적으로 판단하여야 한다.

제3절
개인적 법익에 대한 죄

Ⅰ. 사기의 죄

[사례] 평소 남을 등쳐먹는 짓을 밥 먹듯이 하는 양아치씨는 K시의 가정집에 몰래 침입하여, 현금 50만 원과 보석을 훔친 뒤 단란주점에서 여종업원과 술을 마시고 2차까지 갔으나 화대(花代) 30만 원을 주지 않았고, 심지어 여종업원의 자취방에서 1주일 동안 주지육림(酒池肉林)에 빠져 세월 가는 줄 몰랐다. 때늦은 후회를 한 여종업원은 화대 총 240만 원을 주지 않았다고 양아치씨를 상대로 고소하였는데, 양아치씨는 화대를 주지 않았다고 해서 형사처벌을 받을까?

▶ **해설** : 이 사례는 사기죄에 관한 문제이다. 형법 제347조는 「① 사람을 기망하여 재물의 교부를 받거나 재산상의 이익을 취득한 자는 10년 이하의 징역 또는 2천만 원 이하의 벌금에 처한다. ② 전항의 방법으로 제3자로 하여금 재물의 교부를 받게 하거나 재산상의 이익을 취득하게 한 때에도 전항의 형과 같다」라고 하여 사기죄(詐欺罪)를 규정하고 있다.

대법원은 「일반적으로 부녀와의 성행위 자체는 경제적으로 평가할 수 없고, 부녀가 상대방으로부터 금품이나 재산상 이익을 받을 것으로 약속하고 성행위를 하는 약속 자체는 선량한 풍속 기타 사회질서에 위반한 사항을 내용으로 하는 법률행위로서 무효이지만, 사기죄의 객체가 되는 재산상의 이익이 반드시 사법상 보호되는 경제적 이익만을 의미하지 아니하고, 부녀가 금품 등을 받을 것을 전제로 성행위를 하는 경우 그 행위의 대가는 사기죄의 객체인 경제적 이익에 해당하므로, 부녀를 기망하여 성행위 대가의 지급을 면하는 경우 사기죄가 성립한다」라고 판시하였다(대판 2001.10.23, 2001도2991). 따라서 양아치씨는 여종업원(부녀)을 기망하여 성행위 대가의 지급을 면한 경우에 해당하므로 사기죄로 처벌된다.

Ⅱ. 손괴의 죄

[사례] 평소 참을성이 없는 성급한씨는 집으로 가던 중 이웃집에서 기르는 개가 으르렁거리다가 갑자기 자기를 물려고 하기에 몽둥이로 때렸는데 죽어버렸다. 개 주인은 값비싼 개이므로 변상하지 않으면 고소하겠다고 하는데, 이 경우 성급한씨는 형사처벌을 받아야 할까?

▶ **해설** : 이 사례는 재물손괴죄(財物損壞罪)와 긴급피난(緊急避難)에 관한 문제이다. 형법 제366조는 「타인의 재물, 문서 또는 전자기록 등 특수매체기록을 손괴 또는 은닉 기타 방법으로 그 효용을 해한 자는 3년 이하의 징역 또는 700만 원 이하의 벌금에 처한다」라고 하여 재물손괴죄를 규정하고 있다.

그러나 타인의 재물을 손괴하면 언제나 처벌되는 것은 아니고 그 행위가 정당행위, 정당방위, 긴급피난, 피해자의 승낙 등의 요건을 갖추면 처벌받지 아니한다(형법 제20조 내지 제24조).

이 사례에서 성급한씨의 경우에는 긴급피난(緊急避難)과 관계되어 있는바, 긴급피난이란 자기 또는 타인의 법익에 대한 현재의 위난을 피하기 위한 행위로서 상당한 이유가 있는 때에는 처벌하지 않는 것을 말한다(형법 제22조 제1항, 민법 제761조). 그러나 그러한 위난을 피할 다른 수단이 있거나 적절한 방법이 있었다면 과잉피난행위가 되어 정황에 따라 그 형을 감경 또는 면제할 수 있을 뿐이며(형법 제22조 제3항, 제21조 제2항), 그러한 위난이 없음에도 있다고 오인한 때에는 오상피난(誤想避難)으로 처벌될 수 있다.

따라서 성급한씨의 경우에도 갑자기 물려고 덤벼드는 개를 몽둥이로 때려죽이지 않고서는 객관적으로 자기를 보호할 다른 수단이 없는 유일한 수단이었다면 긴급피난으로서 처벌받지 않을 것이나, 만일에 개를 몽둥이로 때려죽이지 않고도 피할 방법이 있었던 상황인 경우에는 과잉피난행위가 되어 재물손괴죄에 해당되고 다만 그 형이 감경 또는 면제될 수 있을 뿐이다. 또한 개가 물려고 하지 않았음에도 물려고 한 것으로 오인하여 개를 몽둥이로 때려 죽였다면 재물손괴죄가 성립될 수 있다.

제4절

성범죄와 형사처벌

Ⅰ. 성풍속에 관한 죄

1. 간통죄

(1) 형법규정

형법 제241조는 「① 배우자 있는 자가 간통한 때에는 2년 이하의 징역에 처한다. 그와 상간(相姦)한 자도 같다. ② 전항의 죄는 배우자의 고소가 있어야 논한다. 단 배우자가 간통을 종용(慫慂) 또는 유서(宥恕)한 때에는 고소할 수 없다」라고 하여 간통죄(姦通罪)를 규정하고 있다.

(2) 판례

헌법재판소는 형법 제241조(간통죄)의 위헌 여부에 대한 헌법소원심판에서 「① 선량한 성도덕과 일부일처주의 혼인제도의 유지 및 가족생활의 보장을 위하여나 부부간의 성적 성실의무의 수호를 위하여, 그리고 간통으로 인하여 야기되는 배우자와 가족의 유기, 혼외자녀 문제, 이혼 등 사회적 해악의 사전예방을 위하여 배우자 있는 자의 간통행위를 규제하는 것은 불가피한 것이며, 그러한 행위를 한 자를 2년 이하의 징역에 처할 수 있도록 규정한 형법 제241조의 규정은 성적 자기결정권에 대한 필요 및 최소한의 제한으로서 헌법 제37조 제2항에 위반되지 않는다.

② 간통죄가 피해자의 인내심이나 복수심의 다과 및 행위자의 경제적 능력에 따라 법률적용의 결과가 달라지는 측면이 있는 점을 무시할 수는 없으나, 이는 개인의 명예와 사생활보호를 위하여 간통죄를 친고죄로 하는데서 오는 부득이한 현상으로서 형법상 다른 친고죄에도 나타날 수 있는 문제이지 특별히 간통죄에

만 해당되는 것은 아니며, 배우자 있는 자의 간통행위 규제가 불가피하고 배우자 모두에게 고소권이 인정되어 있는 이상 간통죄의 규정은 헌법 제11조 제1항의 평등원칙에도 반하지 아니한다.

③ 간통죄의 규정은 헌법 제36조 제1항의 규정에 반하는 법률이 아니라 오히려 위 헌법규정에 의하여 국가에게 부과된, 개인의 존엄과 양성의 평등을 기초로 한 혼인과 가족생활의 유지·보장의무 이행에 부합하는 법률이다.

다만 입법자로서는 그동안 꾸준히 제기되고 있는 간통죄폐지론의 논거로 주장되고 있는바, 첫째 기본적으로 개인간의 윤리적 문제에 속하는 간통죄는 세계적으로 폐지추세에 있으며, 둘째 개인의 사생활 영역에 속하는 내밀한 성적 문제에 법이 개입함은 부적절하고, 셋째 협박이나 위자료를 받기 위한 수단으로 악용되는 경우가 많으며, 넷째 수사나 재판과정에서 대부분 고소 취소되어 국가형벌로서의 처단기능이 약화되었을 뿐만 아니라, 다섯째 형사정책적으로 보더라도 형벌의 억지효나 재사회화의 효과는 거의 없고, 여섯째 가정이나 여성보호를 위한 실효성도 의문이라는 점 등 간통죄폐지론의 주장과 관련하여, 우리의 법의식의 흐름과의 면밀한 검토를 통하여 앞으로 간통죄의 폐지 여부에 대한 진지한 접근이 요구된다」라고 하여 합헌결정을 하였다(헌재결 2001.10.25, 2000헌바60).

또한 헌법재판소는 탤런트 옥소리씨가 제기한 간통죄 헌법소원에 대하여「이 사건 법률조항은 개인의 성적 자기결정권, 사생활의 비밀과 자유를 제한하나, 과잉금지원칙에 위반되지 아니한다. 즉 이 사건 법률조항은 국가와 사회의 기초를 이루는 가족생활의 초석인 혼인관계를 보호하고, 사회질서를 유지하기 위한 것으로 입법목적의 정당성이 인정되고, 혼인관계에 파괴적 영향을 미치는 간통 및 상간행위는 법이 개입할 수 없는 순수한 윤리적·도덕적 차원의 문제는 아니므로 이 사건 법률조항이 형벌의 제재를 동원한 행위금지를 선택한 것은 입법목적 달성을 위한 적절한 수단이다. 다만 '형벌'의 제재 규정이 지나친 것인지 문제되나, 이는 기본적으로 입법정책의 문제로서 입법형성의 자유에 속한다. 간통이 사회질서를 해치고 타인의 권리를 침해하는 경우에 해당한다고 보는 우리의 법의식은 현재에도 여전히 유효하고, 혼인과 가족생활의 해체를 초래할 위험이 있는 간통 및 상간행위에 대한 사전예방의 강한 요청에 비추어 간통 및 상간행위를 형사처벌하기로 한 입법자의 판단이 자의적인 것이라 할 수 없다. 나아가 이 사건 법률조항으로 인하여 침해되는 사익은 법률혼관계가 유지되고 있는 동안 간통할 수 없고, 법률상 배우자 있는 자라는 사실을 알면서 상간할 수 없다는 특정한 관계에서의 성행위 제한으로 비교적 경미함에 비하여 달성되는 공익은 선량한 성도덕의 수호 및 혼인과 가족제도 보장으로 높은 중요성이 있어 법익균형성 역시 인정되므로 이 사건 법률조항이 과잉금지원칙에 위배하여 개인의 성적 자기결정권, 사생활의 비밀과 자유를 침해한다고 볼 수 없다. 한편 이 사건 법률조항은 법정형으로 징역형만을 규정하고 있으나, 그 상한이 높지 않고, 죄질이 가벼운 경우 선고유예까지 선고할 수 있으므로 지나치게 과중한 형벌을 규정하고 있다고 보기 어렵다」라고 하여 1표차로 합헌결정을 하였다(헌재결 2008.10.30, 2007헌가17).

또한 헌법재판소는 형법 제241조 위헌소원심판에서 「① 심판대상조항은 선량한 성풍속 및 일부일처제에 기초한 혼인제도를 보호하고 부부간 정조의무를 지키게 하기 위한 것으로서, 헌법상 보장되는 성적 자기결정권 및 사생활의 비밀과 자유를 제한한다.

② 그런데 사회 구조 및 결혼과 성에 관한 국민의 의식이 변화되고, 성적 자기결정권을 보다 중요시하는 인식이 확산됨에 따라, 간통행위에 대하여 이를 국가가 형벌로 다스리는 것이 적정한지에 대해서는 이제 더 이상 국민의 인식이 일치한다고 보기 어렵게 되었다. 또한 비록 비도덕적인 행위라 할지라도 본질적으로 개인의 사생활에 속하고 사회에 끼치는 해악이 그다지 크지 않거나 구체적 법익에 대한 명백한 침해가 없는 경우에는 국가권력이 개입해서는 안 된다는 것이 현대 형법의 추세이고, 이에 따라 전세계적으로 간통죄는 폐지되고 있다. 혼인과 가정의 유지는 당사자의 자유로운 의지와 애정에 맡겨야지, 형벌을 통하여 타율적으로 강제될 수 없는 것이다.

③ 현재 간통행위가 처벌되는 비율, 간통행위에 대한 사회적 비난의 정도에 비추어 보아 형사정책상 일반예방 및 특별예방의 효과를 거두기는 어렵게 되었다. 부부 간 정조의무 및 여성 배우자의 보호는 간통한 배우자를 상대로 한 재판상 이혼 청구(민법 제840조 제1호), 손해배상청구(민법 제843조, 제806조), 자(子)의 양육, 면접교섭권의 제한·배제 등의 결정에서의 불이익 부여(민법 제837조, 837조의2), 재산분할청구(민법 제839조의2) 등에 의하여 보다 효과적으로 달성될 수 있다. 오히려 간통죄가 유책의 정도가 훨씬 큰 배우자의 이혼수단으로 활용되거

나 일시 탈선한 가정주부 등을 공갈하는 수단으로 악용되고 있기도 하다.

이상을 종합해 보면, 심판대상조항은 그 수단의 적절성과 침해최소성을 갖추지 못하였다고 할 것이다.

④ 그리고 위와 같이 혼인제도 및 부부 간 정조의무 보호라는 공익이 더 이상 심판대상조항을 통하여 달성될 것으로 보기 어려운 반면, 심판대상조항은 국민의 성적 자기결정권 등의 기본권을 지나치게 제한하고 있으므로 법익 균형성도 상실하였다.

⑤ 결국 심판대상조항은 과잉금지원칙에 위배하여 국민의 성적 자기결정권 및 사생활의 비밀과 자유를 침해하는 것으로서 헌법에 위반된다」라고 하여 위헌결정을 하였다(헌재결 2015.02.26, 2009헌바17).

2. 음행매개죄

(1) 형법규정

형법 제242조는「영리의 목적으로 사람을 매개하여 간음하게 한 자는 3년 이하의 징역 또는 천5백만 원 이하의 벌금에 처한다」라고 하여 음행매개죄(淫行媒介罪)를 규정하고 있다(2012.12.18 개정).

(2) 영리의 목적

음행매개죄는 목적범으로 고의 이외에 영리(營利)의 목적, 즉 재산적 이익을 취득할 목적이 있어야 한다.

(3) 객 체

음행매개죄의 객체는 사람이므로 남녀를 불문한다.

(4) 행 위

음행매개죄의 행위는 사람을 매개하여 간음하게 하는 것이다. 여기서 매개라 함은 사람을 간음에 이르도록 알선하는 행위를 말한다.

3. 음화 등 반포 · 판매 · 임대 · 공연전시 · 상영죄

[사례] 김죽마씨는 특수인쇄업에 종사하고 있는 건실한 청년이다. 어느 날 갑자기 절친한 친구인 박고우씨가 인터넷에서 다운받은 전라의 외설사진 한 장을 가지고 와서는 자기의 방에 걸어 놓겠다고 하면서 5장을 복제해 달라고 부탁하기에 김죽마씨는 마지못해 그 사진을 복제하여 그 친구에게 무상으로 넘겨주었다. 이 경우 김죽마씨는 형법상 죄가 되나?

▶ **해설** : 형법 제243조에서 말하는 반포라 함은 불특정 또는 다수인에 대하여 무상으로 교부하는 것을 말하고, 유상으로 교부하면 판매에 해당된다. 이 사례의 경우 친구 한 사람에게 사진을 복제하여 무상으로 교부한 데 불과하므로 음화 등 반포죄가 성립되지 않는다.

또한 음화 등 제조죄는 반포할 목적으로 음란한 물건을 제조함으로써 성립하는 범죄이므로 이 사례의 경우 반포할 목적이 없어 음화 등 제조죄도 성립되지 않는다.

(1) 형법규정

형법 제243조는 「음란(淫亂)한 문서, 도화(圖畫), 필름 기타 물건을 반포, 판매 또는 임대하거나 공연히 전시 또는 상영한 자는 1년 이하의 징역 또는 5백만원 이하의 벌금에 처한다」라고 하여 음화(淫畫) 등 반포(頒布) · 판매 · 임대 · 공연전시 · 상영죄를 규정하고 있다.

(2) 행 위

음화 등 반포 · 판매 · 임대 · 공연전시 · 상영죄의 행위는 음란한 문서 등을 반포 · 판매 · 임대 · 공연전시 · 상영하는 것이다. 반포라 함은 불특정 또는 다수인에 대하여 무상으로 교부하는 것을 말한다. 판매라 함은 불특정 또는 다수인에 대하여 유상으로 교부하는 것을 말한다. 임대라 함은 불특정 또는 다수인에 대하여 유상으로 대여하는 것을 말한다. 그리고 공연전시라 함은 불특정 또는 다수인이 관람할 수 있는 상태에 두는 것을 말한다. 또한 상영이라 함은 영상자료를 화면에 비추어 보는 것을 말한다. 음란에 대해서는 후술한다.

(3) 음 란

① 개 념

표현의 자유 및 예술의 자유와 공중도덕 및 사회윤리는 상호간에 긴장하면서 모순을 보여준다. 예술의 자유의 역사는 예술의 자유에 대한 규제의 역사라고 해도 과언이 아니다. 음란(淫亂) 또는 외설(猥褻)이라 함은 「성욕의 흥분 또는 만족을 목적으로 하는 행위로서 선량한 풍속에 반하고 사람으로 하여금 수치나 혐오를 느끼게 하는 것」을 말한다.

② 음란 여부의 판단기준

㉠ 학 설

음란 여부의 판단기준에 관해서는 학설이 대립하고 있다. 요컨대 음란성의 기준은 작품 중의 개개의 부분에 특히 영향 받기 쉬운 사람에 대한 것이 아니고, 작품 전체와의 관련에 있어서 동시대의 사회통상인의 성적 정서를 고려하여야 한다.

㉡ 판 례

미국연방대법원의 밀러(Miller)판결은 음란물의 판단기준으로서 다음을 제시하였다. ⓐ 사회의 일반인기준의 원칙, ⓑ 지역사회기준의 원칙, ⓒ 전체평가의 원칙, ⓓ 명백히 노골적인 성묘사, 즉 순수한 포르노물만이 음란물이라는 원칙, ⓔ 중대한 사회적(또는 문학적 · 예술적 · 정치적 · 과학적) 가치가 없어야 할 것 등이 그것이다. 우리 대법원판례도 이와 같은 취지로 판결하고 있다.

대법원은 고야(Goya)의 명화 「나체의 마야」를 옵셋으로 인쇄하여 성냥갑 속에 넣어서 판매한 것을 음화라고 하였다(대판 1970.10.30, 70도1879). 그러나 대법원은 염재만씨의 소설 「반노(叛奴)」에 대해서는 자아발견을 주제로 한 작품이라면 그 표현에서 음란성을 인정할 수 없다고 하였다. 염재만씨는 1심에서 유죄판결, 2심에서 무죄판결을 거쳐 무려 6년 7개월이 경과한 후인 1975년 12월 9일에 대법원에 의하여 최종적으로 무죄판결을 받았다. 반면 1969년 건국대학교 교수였던 박승훈씨의 소설 「영점하의 새끼들」은 음란성을 인정하였다.

그리고 대법원은 1995년 2월 10일 조동수씨의 소설 「꿈꾸는 열쇠」에 대하여 유죄판결을 내렸고(대판 1995.2.10, 94도2266), 또한 1995년 6월 16일 연세대학교 교수였던 마광수씨의 소설 「즐거운 사라」에 대하여 유죄판결을 내렸으며(대판 1995.6.16, 94도2413), 또한 2000년 10월 27일 장정일씨의 소설 「내게 거짓말을 해봐」에 대하여 유죄판결을 내렸다(대판 2000.10.27, 98도679).

③ 예술작품과 음란성

우리는 오늘날 마음의 양식과 향기가 되는 많은 문학작품과 영화들이 한때 음란(외설)의 낙인을 뒤집어 쓴 채 판금(販禁)당하고 난도질당한 역사를 잘 알고 있다. 멀리는 「자유부인」, 「반노」, 「영점하의 새끼들」 등에 대한 음란시비를 거쳐 「꿈꾸는 열쇠」, 「즐거운 사라」, 「내게 거짓말을 해봐」 그리고 장선우 감독의 영화 「거짓말」에 대한 형사소추 및 시민단체의 고발은 음란성이란 기준이 얼마나 현실적으로 중대한 영향을 미치고 있는가를 보여준다.

대법원은 염재만씨의 소설 「반노」에 대하여 「작품 '반노'는 인간의 성에 대한 본능을 주제로 하고 있고 몇 군데 성교장면이 나오기는 하나, 남녀간의 성교에서 향락적이고 유희적인 면을 탈색해 버리고 본능에 의한 맹목적인 성교와 그 뒤에 오는 허망함을 반복 묘사함으로써 그 전체적인 내용의 흐름이 인간에 내재하는 향락적인 성교에 반항함으로써 결국 그로부터 벗어나 새로운 자아를 발견하는 과정으로 이끌어 매듭된 사실을 인정할 수 있으니, 이에 비추어 이 사건 소설을 음란한 작품이라고 단정할 수 없다」라고 판시하였다(대판 1975.12.9, 74도976).

그러나 대법원은 조동수씨의 소설 「꿈꾸는 열쇠」에 대하여 「원심이 이 사건 소설(상금이가 등목을 시작하면 나는 금새 숨이 가빠지곤 했다. 그래서 입을 벌리고 숨을 몰아쉬었다. 꼬챙이 구멍을 통해 보는 거였으므로 상금이의 몸이 한눈에 들어오지도 않았지만, 누가 볼 새라 몸을 오그리고 비누칠을 하고 몸을 오그려 문질렀으므로 나는 감질이 났다. 하지만 그게 더 나를 흥분시켰다. 해서 나는 상금이가 목욕을 할 때는 참을 수 없어서 자위행위를 해야 했다. 마치 내가 시원스럽게 상금이의 몸을 펴서 비누칠을 해주고 문지르며 닦아주기라도 하는 것처럼 상상을 하면서……상금이는 그때 중학생이어서 키만 컸지 사내같이 비쩍 마른 몸에 겨우 젖 몽우리가 생기고 있었다. 그런데 젖꼭지는 오디처럼 시커멓고 크다랬다. 그런 상금이가 자기의 육체에는 호기심이 유별났다. 목욕보다도 상금이는 자기 육체를 상대로 장난질에 정신이 없었다. 크다란 젖꼭지를 손으로 문질러보기도 하고 비누칠을 한 다음 튕겨보기도 했으며 허리를 구부려 자기의 아랫 것을 내려다보기도 했다. 상금이는 역삼각형의 부위가 불룩하게 솟아 있었다. 자세를 이리저리 바꾸어가며 그곳을 들여다보고 음핵을 애무해보고, 그러며 혼자 볼기짝에 힘을 주며 몸을 비틀 때쯤이면 상금이로부터 시작된 자위행위가 그쯤에서는 나도 사정에 이르는 거였다. 그러니까 나는 매일 밤 미처 덜 자란 상금이의 육체에다 사정을 하는 거였다(139면))의 음란성을 판단함에 있어 일반 보통인을 증인으로 채택하여 그로 하여금 위 소설을 읽게 한 후 성욕이 자극되었는지 또는 성적 흥분이 유발되었는지 등의 여부를 검증하는 절차를 거치지 아니하였다고 하여도 원심이 일반 보통인의 정서를 그 판단의 규준으로 하여 그 판시와 같은 이유로 이 사건 소설이 위 법조 소정의 음란성의 요건을 충족하는 음란문서라고 판단한 이상 원심판결에 위 법조 소정의 음란성에 대한 법리를 오해한 위법이 있다고 할 수는 없다 할 것이다」라고 하여 유죄판결을 내렸다(대판 1995.2.10, 94도2266).

그리고 대법원은 마광수씨의 소설 「즐거운 사라」에 대하여 「원심이 채용한 증거들을 기록과 대조하여 검토하여 보면, 이 사건 소설 '즐거운 사라'는 미대생인 여주인공 '사라'가 성에 대한 학습요구의 실천이라는 이름 아래 벌이는 자유분방하고 괴벽스러운 섹스행각 묘사가 대부분을 차지하고 있는데, 그 성희의 대상도 미술학원선생, 처음 만난 유흥가손님, 여중동창생 및 그의 기둥서방, 친구의 약혼자, 동료대학생 및 대학교수 등으로 여러 유형의 남녀를 포괄하고 있고, 그 성애의 장면도 자학적인 자위행위에서부터 동성연애, 그룹섹스, 구강성교, 항문성교, 카섹스, 비디오섹스 등 아주 다양하며, 그 묘사방법도 매우 적나라하고 장황하게 구체적이고 사실적으로 또한 자극적이고 선정적으로 묘사하고 있어서 위 소설은 위와 같이 때와 장소, 상대방을 가리지 않는 다양한 성행위를 선정적 필치로 노골적이고 자극적으로 묘사하고 있는 데다가 나아가 그러한 묘사부분이 양적 · 질적으로 문서의 중추를 차지하고 있을 뿐만 아니라 그 구성이나 전개에 있어서도 문예성 · 예술성 · 사상성 등에 의한 성적 자극의 완화의 정도가 별로 크지 아니하여 주로 독자의 호색적 흥미를 돋우는 것으로밖에 인정되지 아니하는 바, 위와 같은 여러 점을 종합하여 고찰하여 볼 때 이 사건 소설은 작가가 주장하는 '성논의의 해방과 인간의 자아확립'이라는 전체적인 주제를 고려한다고 하더라도 음란한 문서에 해당되는 것으로 보지 않을 수 없다. 나아가 오늘날 각종 영상 및 활자매체 등을 통하여 성적 표현이 대담 · 솔직하게 이루어지고 있고 다양한 성표현 등이 방임되어 오고 있는 것이 일반적인 추세라고 하여도, 정상적인 성적 정서와 선량한 사회풍속을 침해하고 타락시키는 정도의 음란물까지 허용될 수는 없는 것이어서 그 한계는 분명하게 그어져야 하고 오늘날 개방된 추세에 비추어보아도 이 사건 소설은 그 한계를 벗어나는 것임이 분명하다. 따라서 원심이 이 사건 소설을 음란문서라고 인정한 것은 정당하다」라고 판시하여 유죄판결을 내렸다(대판 1995.6.16, 94도2413).

또한 대법원은 장정일씨의 소설 「내게 거짓말을 해봐」에 대하여 「이 사건 소설 「내게 거짓말을 해봐」는 38세의 유부남인 작가 '제이'가 서울과 여러 도시들을 다니며 18세의 여고생 '와이'와 벌이는 괴벽스럽고 변태적인 섹스행각의 묘사가 대부분을 차지하고 있는 점(이 사건 소설책의 맨 뒤에 있는 작품해설에 의하더라도 이러한 부분이 3/4이라고 한다), 주인공인 '제이'는 여러 여자를 성적으로 탐닉하는 유부남이며, '와이'는 성 경험이 전혀 없는 상태에서 한달여 동안 '제이'와 이른바 폰섹스를 하고 '제이'와 함께 괴벽스러운 섹스행각을 벌이면서도 이를 자연스럽게 받아들일 뿐만 아니라 이를 행복이라고 생각하는 점, 주인공 외에 위 소설에 등장하는 인물들도 학생을 성의 대상으로 보는 미술선생 및 교수, 동성에 대한 연애의 감정을 가지고 있는 듯한 여학생 등 성적으로 왜곡된 인물들인 점, '제이'가 '와이' 등과 하는 성애의 장면이 폰섹스, 구강성교, 항문성교, 가학 및 피학적인 성행위, 1남 2녀간의 섹스 등 매우 다양할 뿐만 아니라 그 묘사방법도 노골적이고도 아주 구체적인 점, 그러한 묘사부분이 양적으로나 질적으로 이 사건 소설의 중추를 차지하고 있는 점을 알 수 있는 바, 그렇다면 이 사건 소설은 피고인이 주장하는 바와 같은 주제를 고려하더라도, 그리고 오늘날 우리 사회의 보다 개방된 성관념에 비추어 보더라도 음란하다고 보지 않을 수 없다」라고 판시하여 유죄판결을 내렸다(대판 2000.10.27, 98도679).

또한 대법원은 연극 「미란다」에 대하여 「원심은 증거를 종합하여 제1심 판시의 연극 [……] 제6장 마지막 부분에 이르러 피고인이 위 김도연을 폭행하여 실신시킨 다음 침대 위에 쓰러져 있는 그녀에게 다가가서 입고 있던 옷을 모두 벗기고 관객들에게 정면으로 그녀의 전신 및 음부까지 노출된 완전나체의 상태로 만든 다음, 그녀의 양손을 끈으로 묶어 창틀에 매달아 놓고 자신은 그 나신을 유심히 내려다보면서 자위행위를 하는 장면을 7분 내지 8분 동안 연기한 사실 [……]을 인정한 다음, ① 위 김도연이 완전나체의 상태에서 그녀의 음부가 관람객들에게 정면으로 노출되는 방식으로 연기가 행하여졌다는 점, 피고인이 위 김도연을 창틀에 묶고 자위행위를 하는 등 가학적이고 변태적인 성행위의 장면을 연출한 점에서 볼 때 성에 관한 묘사, 연출의 정도가 지나치게 상세하고 노골적일 뿐만 아니라 위 나체상태의 연기가 상당 기간 지속되어 위 성의 묘사, 연출이 작품전체에서 차지하는 비중이 결코 작지 않은 점 등을 고려하면 위 공연행위는 정상인의 성욕을 자극하여 성적 흥분을 유발하거나 그 호색적 홍미를 돋우기에 충분한 것이라고 할 수 있고, ② 피고인은 위 연극이 원작인 존 파울즈의 '콜렉터'를 원작으로 하여 사회적 관계로부터 단절된 폐쇄적 공간 속에서 남녀 주인공이 보여주는 삶의 몰가치성과 삶에의 의지라는 양면적 모습이라는 사상성을 표현하기 위하여 위와 같이 연기한 것이라고 주장하나, 증거들을 종합하면 위 연극 제6장의 장면은 원작에도 없는 내용을 연출가인 피고인이 각색하여 상세히 묘사한 것이거나 극단적으로 과장한 것임을 인정할 수 있는 바, 이러한 과장된 각색의 정도와 성묘사의 노골성에 비추어 볼 때 반드시 위 장면들의 연출이 위 주제를 표현하기 위하여 필요 불가결하였다고 보기 어려울 뿐만 아니라, ③ 피고인은 또한 주제의식의 표출과 무대조명의 조절을 통하여 위 공연행위로 인한 성적 자극을 완화하였다고 주장하나, 비록 위 장면들을 통하여 위 연극의 사상성과 예술성이 다소간 표현되었으며 위 나체상태의 연기 때마다 무대조명을 어둡게 조절하였다고 하더라도 관객들이 위 배우들의 나체를 충분히 관찰할 수 있었을 뿐 아니라 위 연기들이 관객석으로부터 모두 4~5m도 떨어져 있지 않은 곳에서 행하여진 이상, 그 성적 자극의 전달이 즉감적 · 직접적이어서 성적 흥분의 유발정도가 방송 또는 영화의 경우와는 비교가 될 수 없을 정도인 점에 비추어 무대 위의 조명정도 또는 작품의 사상성 · 예술성에 의한 성적 자극의 완화 정도가 그로 인하여 관객들의 성에 관한 건전한 관념을 해하지 않게 할 정도라고는 볼 수 없으므로, 위 나체상태의 연기들이 일반 보통인의 성욕을 자극하여 성적 흥분을 유발하고 정상적인 성적 수치심을 해하여 선량한 사회풍속 또는 도의관념에 반하는 행위에 해당하는 음란한 행위라고 판단하였는바, 기록에 의하여 살펴보면 원심의 이러한 사실 인정과 판단은 그대로 수긍이 되고 거기에 소론과 같은 위법이 있다고 할 수 없다」라고 판시하여 유죄판결을 내렸다(대판 1996.6.11, 96도980).

≪판 례≫

1) 대법원은 여성용자위기구나 돌출콘돔이 음란한 물건인지 여부에 관하여 「음란한 물건이라 함은 성욕을 자극하거나 흥분 또는 만족케 하는 물품으로서 일반인의 정상적인 성적 수치심을 해치고 선량한 성적 도의관념에 반하는 것을 가리킨다고 할 것인 바, 이 사건 여성용자위기구나 돌출콘돔의 경우 그 자체로 남성의 성기를 연상케 하는 면이 있다 하여도 그 정도만으로 그 기구 자체가 성욕을 자극, 흥분 또는 만족시키게 하는 물건으로 볼 수 없을 뿐만 아니라, 일반인의 정상적인 성적 수치심을 해치고 선량한 성적 도의관념에 반한다고도 볼 수 없으므로, 위와 같은 성기구들은 음란한 물건에 해당한다고 볼 수 없다」라고 판시하였다(대판 2000.10.13, 2000도3346).

2) 대법원은 「이 사건 오렌지 걸(Orange Girl), 오렌지 걸 2(Orange Girl 2), 오렌지 걸 4(Orange Girl vol. 4), 헬로우 미스터(Hello Mr.)는 여러 장소에서 전라 또는 반라의 상태로 다양한 자세를 취하고 있는 우리나라 여자 모델들을 촬영한 사진들을 수록한 사진첩으로서, 그 수록된 사진들 중에는 비키니 수영복 차림으로 서서 한쪽 손을 팬티 속에 넣어 국부를 만지는 모습의 사진, 음모의 일부가 보이는 전라의 상태로 침대 위에 눈을 감고 누워 있는 모습의 사진(이상 오렌지 걸), 수영복 차림 또는 속이 비치는 잠옷과 끈 형태의 팬티 차림으로 침대 또는 방바닥에서 무릎을 꿇고 엎드려 있는 모습을 뒤쪽에서 촬영하여 엉덩이와 국부 부위를 유난히 강조한 사진(오렌지 걸, 헬로우 미스터), 전라로 엎드린 자세에서 다리를 벌리고 엉덩이를 치켜 세워 얇은 천으로 국부 주변을 가리고 있는 모습을 뒤쪽에서 촬영하여 역시 천으로 가려져 있는 국부 부위를 강조한 사진(오렌지 걸 2), 여자가 사무실에서 성적 감정에 도취된 표정으로 자신의 유방이나 국부를 만지면서 옷을 하나씩 벗어 나가다가 전라로 되어 책상 위에 누워 국부 위에 종이를 대고 눈을 감고서 손으로 국부를 만지는 모습의 일련의 사진들(오렌지 걸 4)이 있다.

이들 사진들은 모델의 의상상태, 자세, 촬영배경, 촬영기법이나 예술성 등에 의하여 성적 자극을 완화시키는 요소는 발견할 수 없고, 오히려 사진 전체로 보아 선정적 측면을 강조하여 주로 독자의 호색적 흥미를 돋구는 것으로서 일반 보통인의 성욕을 자극하여 성적 흥분을 유발하고 정상적인 성적 수치심을 해하는 것으로서 성적 도의관념에 반하는 것이라고 아니할 수 없고, 성에 관한 표현이 종전과 비교하여 점차 자유로워지고 있는 작금의 세태를 감안하더라도 오늘날 우리의 사회통념에 비추어 볼 때 피고인의 주장과 같이, 이 사건 사진첩에 남자 모델이 전혀 등장하지 아니하고 남녀간의 정교 장면에 관한 사진이나 여자의 국부가 완전히 노출된 사진이 수록되어 있지 않다는 것만으로 달리 볼 수는 없다 할 것이다. 따라서 이 사건 사진첩들을 음란한 도화라고 판단한 원심의 조치는 정당하다」라고 판시하였다(대판 1997.8.22, 97도937).

4. 음화 등 제조 · 소지 · 수입 · 수출죄

형법 제244조는 「제243조의 행위에 공(供)할 목적으로 음란한 물건을 제조, 소지, 수입 또는 수출한 자는 1년 이하의 징역 또는 5백만 원 이하의 벌금에 처한다」라고 하여 음화 등 제조 · 소지 · 수입 · 수출죄를 규정하고 있다.

5. 공연음란죄

(1) 형법규정

형법 제245조는 「공연히 음란한 행위를 한 자는 1년 이하의 징역, 5백만 원 이하의 벌금, 구류(拘留) 또는 과료(科料)에 처한다」라고 하여 공연음란죄(公然淫亂罪)를 규정하고 있다.

(2) 행 위

공연음란죄의 행위는 공연히 음란한 행위를 하는 것이다. 여기서 「공연히」라 함은 불특정 또는 다수인이 인식할 수 있는 상태를 말한다. 「음란한 행위」라 함은 성욕의 흥분 · 만족 또는 자극을 목적으로 하는 행위로서 선량한 풍속에 반하고 사회통상인으로 하여금 수치나 혐오를 느끼게 하는 행위를 말한다. 성교(性交), 성기를 노출하는 행위 등이 대표적인 예이다.

음란한 행위는 시대와 장소에 따라 달리하는 상대적 개념이다. 따라서 오늘날에 있어서는 남녀의 키스·포옹 또는 젖가슴의 노출만으로는 음란한 행위라고 할 수 없을 것이다. 다만 다수인이 보는 앞에서 공연음란죄의 음란한 행위에 이르지 않는 정도의 과다한 노출행위로 수치심이나 불쾌감을 주면 경범죄처벌법에 의하여 처벌된다(동법 제1조 제41호).

(3) 고 의

공연음란죄가 성립하려면 행위자가 공연히 음란한 행위를 한다는 사실을 인식하여야 한다(고의의 존재). 따라서 공연성입증을 위하여 음란행위목격자·음란행위상대자·음란한 행위상황·현장검증 등이 조사되어야 한다.

≪판 례≫

형법 제245조 소정의 음란한 행위라 함은 일반 보통인의 성욕을 자극하여 성적 흥분을 유발하고 정상적인 성적 수치심을 해하여 성적 도의관념에 반하는 것을 가리킨다고 할 것이고, 위 죄는 주관적으로 성욕의 흥분 또는 만족 등의 성적인 목적이 있어야 성립하는 것은 아니지만 그 행위의 음란성에 대한 의미의 인식이 있으면 족하다고 할 것인 바, 원심이 인정한 바와 같이 피고인이 불특정 또는 다수인이 알 수 있는 상태에서 옷을 모두 벗고 알몸이 되어 성기를 노출하였다면, 그 행위는 일반적으로 보통인의 정상적인 성적 수치심을 해하여 성적 도의관념에 반하는 음란한 행위라고 할 것이고, 또 피고인이 승용차를 손괴하거나 타인에게 상해를 가하는 등의 행패를 부리던 중 경찰관이 이를 제지하려고 하자 이에 대항하여 위와 같은 행위를 한 데에는 피고인이 알몸이 되어 성기를 드러내어 보이는 것이 타인의 정상적인 성적 수치심을 해하는 음란한 행위라는 인식도 있었다고 보아야 할 것이다(대판 2000.12.22, 2000도4372).

Ⅱ. 강간과 추행의 죄

1. 강간죄

[사례] 영화 속에 나오는 여주인공처럼 K대생 가련한양은 우연한 기회에 「L재벌」 2세인 신선로씨를 알게 되어 1달간의 연애 끝에 전격적으로 약혼까지 하게 되었다. 그러던 어느 날 밤 집으로 가는 도중이었던 가련한양은 집 근처에서 검은 색 양복을 입은 정체불명의 괴한들에게 납치되어 윤간(輪姦)을 당하였다.

그 후에 알고 보니 신선로씨와의 결혼을 결사적으로 반대하던 신선로씨의 어머니가 가련한양과 자기 아들 사이를 떼어 놓으려고 OOO파 조폭들을 매수하여 저지른 무섭고도 더러운(dirty) 공작이었다. 이 경우에 가련한양은 신선로씨의 어머니를 성폭력범죄로 고소하여 처벌받게 할 수 있을까?

▶ **해설** : 강간죄는 남자뿐만 아니라 여자도 그 주체가 될 수 있다. 따라서 비련(悲戀)의 여주인공 가련한양은 신선로씨의 어머니를 상대로 고소하여 특수강간죄의 공범으로 처벌시킬 수 있다(성폭력범죄의 처벌 등에 관한 특례법 제4조 제1항).

(1) 형법규정

형법 제297조는 「폭행 또는 협박으로 사람을 강간한 자는 3년 이상의 유기징역에 처한다」라고 하여 강간죄(强姦罪)를 규정하고 있다(2012.12.18 개정). 또한 형법 제297조의 2는 「폭행 또는 협박으로 사람에 대하여 구강, 항문 등 신체(성기는 제외한다)의 내부에 성기를 넣거나 성기, 항문에 손가락 등 신체(성기는 제외한다)의 일부 또는 도구를 넣는 행위를 한 사람은 2년 이상의 유기징역에 처한다」라고 하여 유사강간죄를 규정하고 있다(2012.12.18 신설).

(2) 주 체

강간죄는 남자뿐만 아니라 여자도 그 주체가 될 수 있다. 여자가 정신병자인 남자를 사주하여 다른 여자를 강간한 경우, 여자가 남자와 공동하여 강간한 경우 등이 대표적인 예이다.

(3) 객 체

강간죄의 객체는 사람이므로 남녀를 불문한다. 강간죄의 객체와 관련하여 부부사이에도 강간죄가 성립하는가가 문제되고 있다. 대법원판례는 부부사이에도 강간죄가 성립하는 것으로 보고 있다(대판 2013.5.16, 2012도14788).

≪판 례≫

대법원은 「① 형법 제297조는 '폭행 또는 협박으로 부녀를 강간한 자'라고 하여 객체를 부녀에 한정하고 있고 위 규정에서 부녀라 함은 성년이든 미성년이든, 기혼이든 미혼이든 불문하며 곧 여자를 가리키는 것이다. 무릇 사람에 있어서 남자, 여자라는 성의 분화는 정자와 난자가 수정된 후 태아의 형성 초기에 성염색체의 구성(정상적인 경우 남성은 xy, 여성은 xx)에 의하여 이루어지고, 발생과정이 진행됨에 따라 각 성염색체의 구성에 맞추어 내부생식기인 고환 또는 난소 등의 해당 성선이 형성되고, 이어서 호르몬의 분비와 함께 음경 또는 질, 음순 등의 외부성기가 발달하며, 출생 후에는 타고난 성선과 외부성기 및 교육 등에 의하여 심리적, 정신적인 성이 형성되는 것이다.

그러므로 형법 제297조에서 말하는 부녀, 즉 여자에 해당하는지 여부도 위 발생학적인 성인 성염색체의 구성을 기본적인 요소로 하여 성선, 외부성기를 비롯한 신체의 외관은 물론이고 심리적, 정신적인 성, 그리고 사회생활에서 수행하는 주관적, 개인적인 성역할(성전환의 경우에는 그 전후를 포함하여) 및 이에 대한 일반인의 평가나 태도 등 모든 요소를 종합적으로 고려하여 사회통념에 따라 결정하여야 한다.

② 피고인이 어릴 때부터 정신적으로 여성에의 성귀속감을 느껴 왔고 성전환 수술로 인하여 남성으로서의 내·외부성기의 특징을 더 이상 보이지 않게 되었으며 남성으로서의 성격도 대부분 상실하여 외견상 여성으로서의 체형을 갖추고 성격도 여성화되어 개인적으로 여성으로서의 생활을 영위해 가고 있다 할지라도, 기본적인 요소인 성염색체의 구성이나 본래의 내·외부성기의 구조, 정상적인 남자로서 생활한 기간, 성전환수술을 한 경위, 시기 및 수술 후에도 여성으로서의 생식능력은 없는 점, 그리고 이에 대한 사회 일반인의 평가와 태도 등 여러 요소를 종합적으로 고려하여 보면 사회

통념상 여자로 볼 수는 없다」라고 하여 성전환수술을 받은 자는 강간죄의 객체인 부녀에 해당하지 않는다고 판시하였다(대판 1996.6.11, 96도791).

그러나 대법원은 여성으로 성전환한 남성을 성폭행하여 성폭력범죄의 처벌 및 피해자보호 등에 관한 법률 위반(주거침입 강간 등) 혐의로 기소된 A(29)씨의 상고심에서 「피해자가 어릴 때부터 여성으로서 성적 정체성을 갖고 행동해 오다 성전환증 확진을 받고 수술을 받았으며, 여성으로서 확고부동한 성적 정체성을 보유하고 있다. 따라서 형법에서 정한 강간죄의 객체인 '부녀(婦女)'에 해당하는 것으로 본다」고 판시하였다(대판 2009.9.10).

그리고 대법원 전원합의체(주심 신영철 대법관)는 2013년 5월 16일 흉기로 부인을 위협해 강제로 성관계를 맺은 혐의(특수강간 등)로 기소된 A(45)씨의 상고심에서 「① 강간죄의 객체인 '부녀'란 성년 · 미성년, 기혼 · 미혼을 불문하고 여자를 가리키는 것이며, 법률상 처(妻)를 강간죄의 객체에서 제외하는 명문의 규정도 없다. 또 1953년 제정된 구 형법은 강간죄를 제32장 '정조에 관한 죄'에 규정하였지만, 1995년 형법이 개정되면서 그 장의 제목이 '강간과 추행의 죄'로 변경됐다. 이는 강간죄의 보호법익이 현재 또는 장래의 배우자인 남성을 전제로 한 관념으로 인식될 수 있는 '여성의 정조' 또는 '성적 순결'이 아니라 자유롭고 독립된 개인으로서 여성이 가지는 성적 자기결정권이라는 사회 일반의 보편적 인식과 법감정이 반영된 것으로 봐야 한다.

② 부부 사이에 민법상의 동거의무가 인정되고 여기에는 배우자와의 성생활을 함께 할 의무가 포함되지만, 폭행 · 협박에 의한 강요된 성관계를 감내해야 할 의무까지 있다고 보긴 어렵다. 이 같은 점을 종합할 때 강간죄의 객체인 '부녀'에는 법률상의 처가 포함되고, 혼인관계가 파탄된 경우뿐만 아니라 실질적인 혼인관계가 유지되고 있는 경우에도 남편이 아내의 반항을 억압하고 아내를 간음한 경우에는 강간죄가 성립한다고 보아야 할 것이다」라고 하여 정상적으로 가정을 꾸려나가고 있는 부부 사이라도 남편이 폭행 · 협박을 동원해 아내가 거부하는데도 강제로 성관계를 하였다면 강간죄로 처벌하여야 한다고 판시하였다(대판 2013.5.16, 2012도14788).

(4) 행 위

강간죄의 행위는 폭행 또는 협박으로 사람을 강간하는 것이다.

① 폭행 · 협박

폭행이라 함은 사람에 대한 힘의 행사를 말하고, 협박이라 함은 상대방에 대한 해악의 통고를 말한다. 폭행 · 협박의 정도는 상대방의 반항을 불능 또는 현저히 곤란하게 할 정도임을 요한다. 강간하려고 뺨을 때리고 가만히 있지 않으면 죽여 버리겠다고 하며 치마를 찢은 경우가 대표적인 예이다.

② 강 간

강간(强姦)이라 함은 폭행 또는 협박으로 상대방의 반항을 곤란하게 하고 사람을 간음하는 것을 말한다. 여기서 간음(姦淫)이라 함은 남성의 성기를 여성의 성기에 삽입하거나 여성의 성기를 남성의 성기에 삽입하는 것을 말한다.

③ 착수시기와 기수시기

강간죄는 사람을 강간하기 위하여 폭행 또는 협박을 개시하면 실행의 착수가 인정된다. 그러므로 간음(성관계)이 없었더라도 폭행 또는 협박을 개시(남성이 여성을 힘으로 제압하여 옷을 벗기기 시작)하면 실행의 착수가 인정되어 강간미수죄로 처벌된다. 남성의 성기가 완전히 삽입되거나 사정(射精) 또는 성욕의 만족이 있을 것을 요하지 않는다.

≪판 례≫

1) 대법원은 「강간죄의 실행의 착수가 있었다고 하려면 강간의 수단으로서 폭행이나 협박을 한 사실이 있어야 할 터인데 피고인이 강간할 목적으로 피해자의 집에 침입하였다 하더라도 안방에 들어가 누워 자고 있는 피해자의 가슴과 엉덩이를 만지면서 간음을 기도하였다는 사실만으로는 강간의 수단으로 피해자에게 폭행이나 협박을 개시하였다고 하기는 어렵다」라고 판시하였다(대판 1990.5.25, 90도607).
2) 대법원은 「여자 혼자 있는 방문을 두드리고 여자가 위험을 느끼고 가까이 오면 뛰어내리겠다고 하는데도 창문으로 침입하려 한 때에는 폭행에 착수하였다고 할 수 있으므로 강간죄의 착수가 있다고 해야 한다」라고 판시하였다(대판 1991.4.9, 91도288).

※ [친고죄 폐지]

형법 제32장 강간과 추행의 죄는 친고죄가 폐지되었다(2013년 6월 19일부터 시행). 여기서 친고죄(親告罪)라 함은 고소권자의 고소가 없으면 처벌할 수 없는 죄를 말한다.

2. 강제추행죄

(1) 형법규정

형법 제298조는「폭행 또는 협박으로 사람에 대하여 추행한 자는 10년 이하의 징역 또는 천5백만 원 이하의 벌금에 처한다」라고 하여 강제추행죄(强制醜行罪)를 규정하고 있다.

(2) 주 체

강제추행죄는 남자뿐만 아니라 여자도 그 주체가 될 수 있다.

(3) 객 체

강제추행죄의 객체는 사람이므로 남녀를 불문한다. 그러므로 여자가 남자를 추행하는 경우에도 강제추행죄가 성립한다. 강제추행죄의 객체와 관련하여 부부사이에도 강제추행죄가 성립하는가가 문제되고 있다. 부부관계의 특수성을 고려하여 부부사이에는 강제추행죄가 성립하지 않는 것으로 보는 것이 타당하다.

(4) 행 위

강제추행죄의 행위는 폭행 또는 협박으로 사람에 대하여 추행하는 것이다.

① 폭행 · 협박

여기서 폭행은 강간죄의 경우와는 달리 상대방의 반항을 완전히 억압할 정도임을 요하지 아니하고 상대방의 의사의 임의성을 상실하게 할 정도이면 충분하다.

② 추 행

추행이라 함은 상대방의 성적 자유를 침해하는 음란한 행위로서 성적 수치심 · 혐오감을 느끼게 하는 일체의 행위를 말한다. 여자의 옷을 벗기거나 성기 ·

젖가슴 등을 만지는 행위 등이 대표적인 예이다.

※ [기습추행]

법원은 「기습추행」이라는 개념을 통하여 폭행 또는 협박의 수단이라는 엄격한 요건을 완화하고 있다. 즉 피해자가 반항할 사이도 없이 기습적으로 추행한 경우(신체를 만진 경우) 기습적으로 신체를 만진 행위 자체가 폭행인 동시에 추행이라고 보며, 따라서 강제추행죄가 성립한다. 폭행 또는 협박의 수단이 없었더라도 자신이 원치 않는데도 성적 수치심을 느끼게 하는 신체접촉을 하였다면 그 자체로 강제추행죄가 성립할 수 있다. A남이 벤치에 앉아 있는 B녀의 가슴을 기습적으로 움켜쥐고 도망간 경우가 기습추행의 대표적인 예이다.

《곰탕집 성추행 사건 판례》

1심 법원은 2017년 11월 대전의 한 곰탕집에서 일행을 배웅하던 중 옆을 지나치던 여성의 엉덩이를 움켜잡은 혐의로 기소된 A씨에 대하여 「피해자가 피해 내용 등을 일관되고 구체적으로 진술하고 있고, 손이 스친 것과 움켜잡힌 것을 착각할 만한 사정도 없어 보인다」라고 하여 검찰이 구형한 벌금 300만원보다 무거운 징역 6개월을 선고하고 A씨를 법정구속하였다. 또 성폭력 치료프로그램 40시간 이수와 아동·청소년 관련기관에 3년간 취업제한도 명령하였다.

2심 법원은 「A씨가 경찰 조사에서 신체접촉이 없었다는 취지로 말한 식당 내 CCTV를 본 뒤 신체접촉이 있을 수도 있다는 취지로 진술하는 등 신체접촉 여부와 관련해 일관되지 못한 진술을 하였다」라고 하여 추행 정도와 가족들의 탄원 등을 고려해 징역 6개월에 집행유예 2년을 선고하였다. 또 성폭력 치료프로그램 40시간 이수, 사회봉사 160시간, 아동·청소년 관련기관에 3년간 취업제한도 명령하였다.

대법원 형사2부(주심 안철상 대법관)는 「피해자 등의 진술은 내용의 주요부분이 일관되며 경험칙에 비추어 비합리적이거나 진술 자체로 모순되는 부분이 없고 허위로 피고인에게 불리한 진술을 할 동기나 이유가 분명하게 드러나지 않는 이상 그 신빙성을 함부로 배척해서는 안 된다. A씨가 손으로 피해자의 엉덩이를 만짐으로써 강제추행하였다는 공소사실을 유죄로 인정한 원심 판단에 법리오해나 심리미진 등의 잘못이 없다」라고 하여 강제추행 혐의로 기소된 A씨에게 징역 6개월에 집행유예 2년을 선고한 원심을 확정하였다(대판 2019.12.12, 2019도5797).

3. 준강간죄 · 준유사강간죄 · 준강제추행죄

형법 제299조는 「사람의 심신상실 또는 항거불능의 상태를 이용하여 간음 또는 추행을 한 자는 제297조, 제297조의 2 및 제298조의 예에 의한다(강간죄나 유사강간죄, 강제추행죄와 같이 처벌한다)」라고 하여 준강간죄(準强姦罪) · 준유사강간죄 · 준강제추행죄(準强制醜行罪)를 규정하고 있다(2012.12.18. 개정).

산부인과 의사가 마취주사를 놓고 치료를 가장하여 간음한 경우, 학원원장이 구인광고를 보고 찾아온 여성들에게 수면제를 탄 음료수로 정신을 잃게 한 뒤 간음한 경우 등이 준강간죄의 대표적인 예이다. 여성이 잠든 상태를 이용하여 젖가슴에 성기를 대고 비벼대는 경우가 준강제추행죄의 대표적인 예이다.

4. 강간 등 상해 · 치상죄

형법 제301조는 「제297조, 제297조의 2 및 제298조부터 제300조까지의 죄를 범한 자가 사람을 상해하거나 상해에 이르게 한 때에는 무기 또는 5년 이상의 징역에 처한다」라고 하여 강간 등 상해 · 치상죄를 규정하고 있다(2012.12.18 개정).

강간치상죄(强姦致傷罪)에는 강간죄를 범한 자가 상해에 이르게 한 경우는 물론 강간미수죄를 범한 자가 상해에 이르게 한 경우도 포함된다. 강간 등 상해 · 치상죄는 친고죄가 아니므로 합의하더라도 처벌된다.

5. 강간 등 살인 · 치사죄

형법 제301조의 2는 「제297조, 제297조의 2 및 제298조부터 제300조까지의 죄를 범한 자가 사람을 살해한 때에는 사형 또는 무기징역에 처한다. 사망에 이르게 한 때에는 무기 또는 10년 이상의 징역에 처한다」라고 하여 강간 등 살인 · 치사죄를 규정하고 있다(2012.12.18 개정). 강간 등 살인 · 치사죄는 친고죄가 아니므로 합의하더라도 처벌된다.

6. 미성년자 등에 대한 간음죄

형법 제302조는「미성년자 또는 심신미약자(心神微弱者)에 대하여 위계(僞計) 또는 위력(威力)으로써 간음 또는 추행을 한 자는 5년 이하의 징역에 처한다」라고 하여 미성년자 등에 대한 간음죄를 규정하고 있다.

7. 업무상 위력 등에 의한 간음죄

형법 제303조는「① 업무, 고용 기타 관계로 인하여 자기의 보호 또는 감독을 받는 사람에 대하여 위계 또는 위력으로써 간음한 자는 7년 이하의 징역 또는 3천만 원 이하의 벌금에 처한다. ② 법률에 의하여 구금된 사람을 감호(監護)하는 자가 그 사람을 간음한 때에는 10년 이하의 징역에 처한다」라고 하여 업무상 위력 등에 의한 간음죄를 규정하고 있다(2018.10.16. 개정).

8. 혼인빙자 등에 의한 간음죄

(1) 형법규정

형법 제304조는「혼인을 빙자하거나 기타 위계로써 음행의 상습 없는 부녀를 기망하여 간음한 자는 2년 이하의 징역 또는 5백만 원 이하의 벌금에 처한다」라고 하여 혼인빙자 등에 의한 간음죄를 규정하고 있다(2012.12.18 삭제).

(2) 판 례

헌법재판소는 형법 제304조에 대한 위헌소원심판에서「① 이 사건 법률조항은 남녀 평등의 사회를 지향하고 실현해야 할 국가의 헌법적 의무(헌법 제36조 제1항)에 반하는 것이자, 여성을 유아시(幼兒視)함으로써 여성을 보호한다는 미명 아래 사실상 국가 스스로가 여성의 성적자기결정권을 부인하는 것이 되므로, 결국 이 사건 법률조항이 보호하고자 하는 여성의 성적자기결정권은 여성의 존엄과 가치에 역행하는 것이다.

② 이 사건 법률조항에 혼인을 빙자한 남성을 형사처벌함으로써 사회적 약자인 여성의 성적자기결정권을 보호하고자 하는 입법목적의 정당성을 인정해 준다

고 하더라도, 아래의 점들을 고려하면, 그 목적을 달성하기 위하여 혼인빙자간음행위를 형사처벌하는 것은 수단의 적절성과 피해최소성을 갖추지 못하였다.

-개인의 성행위와 같은 사생활의 내밀영역에 속하는 부분에 대하여는 그 권리와 자유의 성질상 국가는 간섭과 규제를 가능하면 최대한으로 자제하여 개인의 자기결정권에 맡겨야 하며, 다른 생활영역과는 달리 사생활, 특히 성적 사생활 영역에서 형법적 보호의 필요성과 형벌의 필요성을 판단함에 있어서는 보다 엄격한 기준을 적용해야 하는 것이다.

-최근의 우리 사회는 급속한 개인주의적·성개방적인 사고의 확산에 따라 성과 사랑은 법으로 통제할 사항이 아닌 사적인 문제라는 인식이 커져 가고 있으며, 전통적 성도덕의 유지라는 사회적 법익 못지않게 성적자기결정권의 자유로운 행사라는 개인적 법익이 더 한층 중요시되는 사회로 변해가고 있다. 이처럼 결혼과 성에 관한 국민의 법의식에 많은 변화가 생겨나 여성의 착오에 의한 혼전 성관계를 형사 법률이 적극적으로 보호해야 할 필요성은 이미 미미해졌고, 혼전 성행위를 유발하는 빙자의 방법과 관련하여 혼인빙자에 의한 간음으로부터만 여성을 보호하고자 하는 것은 더 이상 국가의 과제가 아니다.

-성인 부녀자의 성적인 의사결정에 폭행·협박·위력의 강압적 요인이 개입하는 등 사회적 해악을 초래할 때에만 가해자를 강간죄 또는 업무상 위력 등에 의한 간음죄 등으로 처벌받게 하면 족할 것이고, 성인이 어떤 종류의 성행위와 사랑을 하건, 그것은 원칙적으로 개인의 자유 영역에 속하고, 다만 그것이 외부에 표출되어 명백히 사회에 해악을 끼칠 때에만 법률이 이를 규제하면 충분하다.

-개개인의 행위가 비록 도덕률에 반하더라도 본질적으로 개인의 사생활에 속하고 사회유해성이 없거나 법익에 대한 명백한 침해가 없는 경우에는 국가권력이 개입해서는 안 된다는 사생활에 대한 비범죄화 경향이 현대 형법의 추세이고, 세계적으로도 혼인빙자간음죄를 폐지해 가는 추세이며 일본, 독일, 프랑스 등에도 혼인빙자간음죄에 대한 처벌규정이 없다.

-과거에 비하여 혼인빙자간음행위가 적발되고 또 처벌까지 되는 비율이 매우 낮아졌고, 고소 이후에도 수사나 재판 과정에서 고소취소되어 공소권없음 또는 공소기각으로 종결되는 사건이 상당수에 이름으로써 혼인빙자간음죄는 행위

규제규범으로서의 기능을 잃어가고 국가 형벌로서의 처단기능이 약화되었다. 아울러 여성의 사회적 · 경제적 활동이 활발하여짐에 따라 여성의 생활능력과 경제적 능력이 향상됨으로써 여성이 사회적 · 경제적 약자라는 전제가 모든 남녀관계에 적용되지는 않게 되었고, 여성도 혼인과 상관없이 성적자기결정을 하는 분위기가 널리 확산되었는바, 그럼에도 국가가 나서서 그 상대방인 남자만을 처벌한다는 것은 그 자체가 아직도 여성을 사회적 약자로 보아 여성을 비하하는 것이 된다.

– 혼인빙자간음죄는 친고죄로서 자기결정에 의하여 자기책임하에서 스스로 정조를 포기한 여성의 고소취소 여부에 따라 검사의 소추 여부 및 법원의 공소기각 여부가 결정되므로, 이 사건 법률조항이 여성의 성적자기결정권 보호라는 목적과는 달리 혼인빙자간음 고소 및 그 취소가 남성을 협박하거나 그로부터 위자료를 받아내는 수단으로 악용되는 폐해도 종종 발생하는바, 이는 국가의 공형벌권이 정당하게 행사되고 있다고는 볼 수 없는 것이다.

③ 이 사건 법률조항은 개인의 내밀한 성생활의 영역을 형사처벌의 대상으로 삼음으로써 남성의 성적자기결정권과 사생활의 비밀과 자유라는 기본권을 지나치게 제한하는 것인 반면, 이로 인하여 추구되는 공익은 오늘날 보호의 실효성이 현격히 저하된 음행의 상습 없는 부녀들만의 '성행위 동기의 착오의 보호'로서 그것이 침해되는 기본권보다 중대하다고는 볼 수 없으므로, 이 사건 법률조항은 법익의 균형성도 상실하였다」라고 하여 위헌결정을 하였다(헌재결 2009.11.26, 2008헌바58).

9. 미성년자에 대한 간음 · 추행죄

형법 제305조는 「① 13세 미만의 사람에 대하여 간음 또는 추행을 한 자는 제297조, 제297조의 2, 제298조, 제301조 또는 제301조의 2의 예에 의한다. ② 13세 이상 16세 미만의 사람에 대하여 간음 또는 추행을 한 19세 이상의 자는 제297조, 제297조의 2, 제298조, 제301조 또는 제301조의 2의 예에 의한다(2020.5.19. 신설)」라고 하여 미성년자에 대한 간음 · 추행죄를 규정하고 있다(2012.12.18 개정).

10. 상습범

제305조의 2는「상습으로 제297조, 제297조의 2, 제298조부터 제300조까지, 제302조, 제303조 또는 제305조의 죄를 범한 자는 그 죄에 정한 형의 2분의 1까지 가중한다」라고 하여 상습범(常習犯)을 규정하고 있다(2012.12.18 개정).

Ⅲ. 성폭력범죄의 처벌 등에 관한 특례법

1. 총 칙

(1) 목 적

성폭력범죄의 처벌 등에 관한 특례법(2020.05.19 개정, 2020.11.20 시행)은 성폭력범죄의 처벌 및 그 절차에 관한 특례를 규정함으로써 성폭력범죄 피해자의 생명과 신체의 안전을 보장하고 건강한 사회질서의 확립에 이바지함을 목적으로 한다(동법 제1조).

(2) 정 의

성폭력범죄의 처벌 등에 관한 특례법에서 성폭력범죄라 함은 다음 각 호의 1에 해당하는 죄를 말한다(동법 제2조 제1항).

① 형법 제2편 제22장 성풍속에 관한 죄 중 음행매개죄(제242조), 음화 등의 반포 등에 관한 죄(제243조), 음화 등의 제조 등에 관한 죄(제244조), 공연음란죄(제245조)

② 형법 제2편 제31장 약취(略取)와 유인(誘引) 및 인신매매의 죄 중 추행, 간음 또는 성매매와 성적 착취를 목적으로 범한 제288조 또는 추행, 간음 또는 성매매와 성적 착취를 목적으로 범한 제289조, 제290조(추행, 간음 또는 성매매와 성적 착취를 목적으로 제288조 또는 추행, 간음 또는 성매매와 성적 착취를 목적으로 제289조의 죄를 범하여 약취, 유인, 매매된 사람을 상해하거나 상해에 이르게 한 경우에 한정한다), 제291조(추행, 간음 또는 성매매와 성적 착취를 목적으로 제288조 또는 추행, 간음 또는 성매매와 성적 착취를 목적으로 제289조

의 죄를 범하여 약취, 유인, 매매된 사람을 살해하거나 사망에 이르게 한 경우에 한정한다), 제292조[추행, 간음 또는 성매매와 성적 착취를 목적으로 한 제288조 또는 추행, 간음 또는 성매매와 성적 착취를 목적으로 한 제289조의 죄로 약취, 유인, 매매된 사람을 수수(授受) 또는 은닉한 죄, 추행, 간음 또는 성매매와 성적 착취를 목적으로 한 제288조 또는 추행, 간음 또는 성매매와 성적 착취를 목적으로 한 제289조의 죄를 범할 목적으로 사람을 모집, 운송, 전달한 경우에 한정한다] 및 제294조(추행, 간음 또는 성매매와 성적 착취를 목적으로 범한 제288조의 미수범 또는 추행, 간음 또는 성매매와 성적 착취를 목적으로 범한 제289조의 미수범, 추행, 간음 또는 성매매와 성적 착취를 목적으로 제288조 또는 추행, 간음 또는 성매매와 성적 착취를 목적으로 제289조의 죄를 범하여 발생한 제290조제1항의 미수범 또는 추행, 간음 또는 성매매와 성적 착취를 목적으로 제288조 또는 추행, 간음 또는 성매매와 성적 착취를 목적으로 제289조의 죄를 범하여 발생한 제291조제1항의 미수범 및 제292조제1항의 미수범 중 추행, 간음 또는 성매매와 성적 착취를 목적으로 약취, 유인, 매매된 사람을 수수, 은닉한 죄의 미수범으로 한정한다)의 죄

③ 형법 제2편 제32장 강간과 추행의 죄 중 강간죄(제297조), 유사강간죄(제297조의 2), 강제추행죄(제298조), 준강간 · 준강제추행죄(제299조), 미수범의 죄(제300조), 강간 등 상해 · 치상죄(제301조), 강간 등 살인 · 치사죄(제301조의 2), 미성년자 등에 대한 간음죄(제302조), 업무상 위력 등에 의한 간음죄(제303조), 미성년자에 대한 간음 · 추행죄(제305조)

④ 강도강간죄(형법 제339조)

⑤ 특수강도강간 등의 죄 내지 미수범의 죄(성폭력범죄의 처벌 등에 관한 특례법 제3조 내지 제14조)

2. 처벌 및 절차에 관한 특례

(1) 처벌에 관한 특례

[사례 1] 「궁전다방」 종업원인 장녹수양은 여관으로 커피배달을 갔다. 장양은 손님인 연산군씨와 함께 커피를 마시던 중 갑자기 연씨가 목에 과도를 들이대고 협박하는 바람에

겁이나 저항도 하지 못한 채 강간을 당하였고, 당시 가지고 있었던 현금 10만원까지 강탈당하였다. 그 후 장녹수양은 임신이 되었고 결국 임신중절수술까지 받았다. 장녹수양과 연산군씨는 어떻게 처벌되나?

▶ **해설** : 연산군씨의 범죄행위는 특수강도강간죄에 해당되므로 연산군씨는 성폭력범죄의 처벌 등에 관한 특례법 제3조 제2항에 의하여 사형, 무기징역 또는 10년 이상의 징역형으로 처벌된다. 한편 장녹수양은 임신중절수술을 받았을지라도 모자보건법 제14조 제1항 제3호에 따른 강간 또는 준강간에 의하여 임신된 경우에 해당되어 처벌되지 않는다.

[사례 2] K대생 황당한양은 어느 날 혼잡한 지하철 안에서 성치한씨로부터 추행을 당했다. 그 당시 성치한씨는 황당한양 바로 뒤에 서서 몸을 철저히 밀착시키고 거친 숨을 몰아쉬면서 신음소리를 내는가 하면 고의로 중심을 잃고 넘어지는 척하면서 황당한양의 엉덩이에 성기를 비벼대는 등 불쾌한 행동을 하였다. 황당한양이 변태적인 성치한씨를 성폭력범죄로 처벌시킬 수 있는 방법은 없을까?

▶ **해설** : 황당한양은 성치한씨를 상대로 고소를 하면 성치한씨는 성폭력범죄의 처벌 등에 관한 특례법 제11조(공중밀집장소에서의 추행죄)에 의하여 3년 이하의 징역 또는 3천만 원 이하의 벌금형으로 처벌된다.

[사례 3] 성추구씨와 성유희양은 K시 「엑스터시 러브호텔」에서 격정적으로 환희에 찬 광란(狂亂)의 뜨거운 관계를 가졌다. 그들은 며칠 후 S인터넷사이트에서 벌거벗은 적나라한 자신들의 모습이 촬영된 동영상을 보고 충격을 받았다. 이에 수치심과 분노를 느낀 성추구씨와 성유희양은 「엑스터시 러브호텔」 업주를 상대로 하여 성폭력범죄로 처벌시킬 수는 없을까?

▶ **해설** : 성추구씨와 성유희양은 「엑스터시 러브호텔」 업주를 상대로 고소를 하면 「엑스터시 러브호텔」 업주는 성폭력범죄의 처벌 등에 관한 특례법 제14조(카메라 등 이용촬영죄)에 의하여 7년 이하의 징역 또는 5천만 원 이하의 벌금형으로 처벌된다.

① 특수강도강간 등

주거침입, 야간주거침입절도, 특수절도 등의 죄를 범한 사람이 형법 제297조

(강간), 제297조의 2(유사강간), 제298조(강제추행) 및 제299조(준강간 · 준강제추행)의 죄를 범한 때에는 무기징역 또는 5년 이상의 징역에 처하고(성폭력범죄의 처벌 등에 관한 특례법 제3조 제1항), 특수강도죄를 범한 사람이 형법 제297조(강간), 제297조의 2(유사강간), 제298조(강제추행) 및 제299조(준강간 · 준강제추행)의 죄를 범한 때에는 사형, 무기징역 또는 10년 이상의 징역에 처한다(동법 제3조 제2항).

여기서 야간주거침입절도라 함은 야간에 문호(門戶) 또는 담장 기타 건축물의 일부를 손괴(損壞)하고 사람이 주거하거나 간수하는 저택, 건조물(建造物), 선박 또는 점유하는 방실(傍室)에 침입하여 타인의 재물을 절취하는 것을 말한다. 특수절도라 함은 2인 이상이 합동하여 타인의 재물을 절취하는 것을 말한다. 특수강도라 함은 야간에 사람의 주거, 관리하는 건조물, 선박이나 항공기 또는 점유하는 방실에 침입하여 폭행 또는 협박으로 타인의 재물을 강취(强取)하거나 흉기를 휴대하거나 2인 이상이 합동하여 폭행 또는 협박으로 타인의 재물을 강취하는 것을 말한다.

② 특수강간 등

흉기 기타 위험한 물건을 휴대하거나 2인 이상이 합동하여 강간죄를 범한 사람은 무기징역 또는 7년 이상의 징역에 처하고(동법 제4조 제1항), 강제추행죄를 범한 사람은 5년 이상의 유기징역에 처한다(동법 제4조 제2항). 또한 흉기 기타 위험한 물건을 휴대하거나 2인 이상이 합동하여 준강간 · 준강제추행의 죄를 범한 사람은 제1항 또는 제2항의 예에 의한다(동법 제4조 제3항).

③ 친족관계에 의한 강간 등

친족관계에 있는 사람이 폭행 또는 협박으로 사람을 강간한 경우에는 7년 이상의 유기징역에 처하고(동법 제5조 제1항), 폭행 또는 협박으로 사람을 강제추행한 경우에는 5년 이상의 유기징역에 처한다(동법 제5조 제2항). 또한 친족관계에 있는 사람이 사람에 대하여 준강간 · 준강제추행의 죄를 범한 때에는 제1항 또는 제2항의 예에 의한다(동법 제5조 제3항). 이때의 친족의 범위는 4촌 이내의 혈족 · 인척(姻戚)과 동거하는 친족으로 한다(동법 제5조 제4항). 이 경우의 친족은 사실상의 관계에 의한 친족을 포함한다(동법 제5조 제5항).

④ 장애인에 대한 강간 · 강제추행 등

신체적인 또는 정신적인 장애가 있는 사람에 대하여 「형법」 제297조(강간)의 죄를 범한 사람은 무기징역 또는 7년 이상의 징역에 처한다(성폭력범죄의 처벌 등에 관한 특례법 제6조 제1항). 신체적인 또는 정신적인 장애가 있는 사람에 대하여 폭행이나 협박으로 다음 각 호의 어느 하나에 해당하는 행위를 한 사람은 5년 이상의 유기징역에 처한다(동법 제6조 제2항).

㉠ 구강 · 항문 등 신체(성기는 제외한다)의 내부에 성기를 넣는 행위

㉡ 성기 · 항문에 손가락 등 신체(성기는 제외한다)의 일부나 도구를 넣는 행위

신체적인 또는 정신적인 장애가 있는 사람에 대하여 「형법」 제298조(강제추행)의 죄를 범한 사람은 3년 이상의 유기징역 또는 3천만 원 이상 5천만 원 이하의 벌금에 처한다(동법 제6조 제3항). 신체적인 또는 정신적인 장애로 항거불능 또는 항거곤란 상태에 있음을 이용하여 사람을 간음하거나 추행한 사람은 제1항부터 제3항까지의 예에 따라 처벌한다(동법 제6조 제4항). 위계(僞計) 또는 위력(威力)으로써 신체적인 또는 정신적인 장애가 있는 사람을 간음한 사람은 5년 이상의 유기징역에 처한다(동법 제6조 제5항). 위계 또는 위력으로써 신체적인 또는 정신적인 장애가 있는 사람을 추행한 사람은 1년 이상의 유기징역 또는 1천만 원 이상 3천만 원 이하의 벌금에 처한다(동법 제6조 제6항). 장애인의 보호, 교육 등을 목적으로 하는 시설의 장 또는 종사자가 보호, 감독의 대상인 장애인에 대하여 제1항부터 제6항까지의 죄를 범한 경우에는 그 죄에 정한 형의 2분의 1까지 가중한다(동법 제6조 제7항).

⑤ 13세 미만의 미성년자에 대한 강간 · 강제추행 등

13세 미만의 사람에 대하여 강간죄를 범한 사람은 무기징역 또는 10년 이상의 징역에 처한다(동법 제7조 제1항). 13세 미만의 사람에 대하여 폭행이나 협박으로 다음 각 호의 어느 하나에 해당하는 행위를 한 사람은 7년 이상의 유기징역에 처한다(동법 제7조 제2항). ㉠ 구강 · 항문 등 신체의 내부에 성기를 넣는 행위, ㉡ 성기 · 항문에 손가락 등 신체의 일부나 도구를 넣는 행위가 그것이다.

13세 미만의 사람에 대하여 강제추행의 죄를 범한 사람은 5년 이상의 유기징역에 처한다(동법 제7조 제3항). 13세 미만의 사람에 대하여 준강간 · 준강제추행

의 죄를 범한 사람은 제1항부터 제3항의 예에 따라 처벌한다(동법 제7조 제4항). 위계 또는 위력으로서 13세 미만의 사람을 간음하거나 추행한 사람은 제1항부터 제3항의 예에 따라 처벌한다(동법 제7조 제5항).

⑥ 강간 등 상해 · 치상

제3조 제1항(주거침입강간 등), 제4조(특수강간 등), 제6조(장애인에 대한 간음 등), 제7조(13세 미만의 미성년자에 대한 강간 · 강제추행 등) 또는 제15조(제3조 제1항, 제4조, 제6조 또는 제7조의 미수범)의 죄를 범한 사람이 다른 사람을 상해하거나 상해에 이르게 한 때에는 무기징역 또는 10년 이상의 징역에 처한다(동법 제8조 제1항).

제5조(친족관계에 의한 강간 등) 또는 제15조(제5조의 미수범)의 죄를 범한 사람이 다른 사람을 상해하거나 상해에 이르게 한 때에는 무기징역 또는 7년 이상의 징역에 처한다(동법 제8조 제2항).

⑦ 강간 등 살인 · 치사

제3조(특수강도강간 등)부터 제7조(13세 미만의 미성년자에 대한 강간 · 강제추행 등)까지, 제15조(제3조부터 제7조까지의 미수범)의 죄 또는 형법 제297조(강간), 제297조의 2(유사강간) 및 제298조(강제추행)부터 제300조(미수범)까지의 죄를 범한 사람이 다른 사람을 살해한 때에는 사형 또는 무기징역에 처한다(성폭력범죄의 처벌 등에 관한 특례법 제9조 제1항).

제4조(특수강간 등), 제5조(친족관계에 의한 강간 등) 또는 제15조(제4조 또는 제5조의 미수범)의 죄를 범한 사람이 다른 사람을 사망에 이르게 한 때에는 무기징역 또는 10년 이상의 징역에 처한다(동법 제9조 제2항).

제6조(장애인에 대한 간음 등), 제7조(13세 미만의 미성년자에 대한 강간 · 강제추행 등) 또는 제15조(제6조, 제7조의 미수범)의 죄를 범한 사람이 다른 사람을 사망에 이르게 한 때에는 사형, 무기징역 또는 10년 이상의 징역에 처한다(동법 제9조 제3항).

⑧ 업무상 위력 등에 의한 추행

업무 · 고용 기타 관계로 인하여 자기의 보호 또는 감독을 받는 사람에 대하여 위계 또는 위력으로써 추행한 사람은 3년 이하의 징역 또는 1천5백만 원 이하의 벌금에 처한다(동법 제10조 제1항). 법률에 의하여 구금된 사람을 감호(監

護)하는 사람이 그 사람을 추행한 때에는 5년 이하의 징역 또는 2천만 원 이하의 벌금에 처한다(동법 제10조 제2항, 2018.10.16. 개정).

《비서 성추행 사건 판례》

최호식 전 호식이두마리치킨 회장은 2017년 6월 서울 강남의 한 일식집에서 자신의 비서로 일하던 A씨와 식사하며 강제로 신체 접촉을 한 혐의로 기소되었다. 또 A씨를 호텔로 강제로 끌고 가려 한 혐의도 받았다. 이 과정에서 A씨가 호텔에서 도망쳐 나와 택시에 타려 하자 최 전 회장이 뒤쫓아 나왔다가 지나가던 여성에게 제지당하는 모습이 담긴 CCTV 영상이 공개되기도 하였다. 이후 A씨는 2차 피해가 우려된다며 고소를 취하했지만, 목격자 진술과 CCTV자료로 수사가 이루어졌다.

1심 법원은 「최 전 회장은 업무상 보호·감독관계에 있는 A씨를 주말 저녁식사 자리에 나오게 한 뒤 업무상 지위를 이용하여 추행까지 하였고, 지속적으로 A씨를 탓하며 본인의 책임은 회피하려고 하는 등 범행 후 정황도 좋지 않다」라고 하여 징역 1년에 집행유예 2년 등을 선고하였다.

2심 법원도 「최 전 회장의 범행에 대한 피해자의 진술을 신빙할 수 있고, 증거를 종합하면 유죄를 인정한 원심 판단에 수긍이 간다」라고 하여 1심 법원처럼 판시하였다.

대법원 형사3부(주심 민유숙 대법관)도 2020년 05월 28일 성폭력 범죄의 처벌 및 피해자 보호 등에 관한 법률상 업무상 위력 등에 의한 추행 혐의로 기소된 최 전 회장에게 징역 1년에 집행유예 2년을 선고하고, 80시간의 성폭력치료 프로그램 수강을 명령한 원심을 확정하였다(대판 2020.05.28., 2020도1492).

⑨ 공중밀집장소에서의 추행

대중교통수단, 공연·집회장소 기타 공중(公衆)이 밀집하는 장소에서 사람을 추행한 사람은 3년 이하의 징역 또는 3천만 원 이하의 벌금에 처한다(동법 제11조, 2020.5.19 개정). 지하철에서 여성의 등 뒤에 서서 성기를 비벼대는 행위가 대표적인 예이다. 공중밀집장소에서의 추행죄는 강제추행죄와 달리 폭행 또는 협박의 수단을 요하지 않는다.

⑩ **성적 목적을 위한 다중이용장소 침입행위**

자기의 성적 욕망을 만족시킬 목적으로 화장실, 목욕장 · 목욕실 또는 발한실(發汗室), 모유수유시설, 탈의실 등 불특정 다수가 이용하는 다중이용장소에 침입하거나 같은 장소에서 퇴거의 요구를 받고 응하지 아니하는 사람은 1년 이하의 징역 또는 1천만 원 이하의 벌금에 처한다(동법 제12조, 2020.5.19 개정).

⑪ **통신매체이용음란**

자기 또는 다른 사람의 성적 욕망을 유발하거나 만족시킬 목적으로 전화 · 우편 · 컴퓨터 기타 통신매체를 통하여 성적 수치심이나 혐오감을 일으키는 말이나 음향, 글이나 도화(그림), 영상 또는 물건을 상대방에게 도달하게 한 사람은 2년 이하의 징역 또는 2천만 원 이하의 벌금에 처한다(동법 제13조, 2020.5.19 개정). 심야에 전화로 음담패설을 하는 경우, 전화로 성행위를 하는 듯한 신음소리를 내는 경우 등이 대표적인 예이다.

⑫ **카메라 등 이용촬영**

성폭력범죄의 처벌 등에 관한 특례법 제14조는 「① 카메라나 그 밖에 이와 유사한 기능을 갖춘 기계장치를 이용하여 성적 욕망 또는 수치심을 유발할 수 있는 사람의 신체를 촬영대상자의 의사에 반하여 촬영한 자는 7년 이하의 징역 또는 5천만 원 이하의 벌금에 처한다(2020.5.19. 개정). ② 제1항에 따른 촬영물 또는 복제물(복제물의 복제물을 포함한다. 이하 이 항에서 같다)을 반포 · 판매 · 임대 · 제공 또는 공공연하게 전시 · 상영한 자 또는 제1항의 촬영이 촬영 당시에는 촬영대상자의 의사에 반하지 아니한 경우에도 사후에 그 촬영물 또는 복제물을 촬영대상자의 의사에 반하여 반포 등을 한 자는 7년 이하의 징역 또는 5천만 원 이하의 벌금에 처한다(2020.5.19. 개정). ③ 영리를 목적으로 촬영대상자의 의사에 반하여 정보통신망 이용촉진 및 정보보호 등에 관한 법률의 정보통신망을 이용하여 제2항의 죄를 범한 자는 3년 이상의 유기징역에 처한다(2020.5.19. 개정). ④ 제1항 또는 제2항의 촬영물 또는 복제물을 소지 · 구입 · 저장 또는 시청한 자는 3년 이하의 징역 또는 3천만 원 이하의 벌금에 처한다(2020.5.19. 신설). ⑤ 상습으로 제1항부터 제3항까지의 죄를 범한 때에는 그 죄에 정한 형의 2분의 1까지 가중한다(2020.5.19. 신설)」라고 하여 카메라 등 이용촬영죄를 규정하고 있다.

※ [몰래카메라(불법촬영)의 범죄유형과 형사처벌]

① 몰래카메라를 설치한 경우

몰래카메라를 설치한 경우에는 주거침입죄(형법 제319조)로 처벌된다(3년 이하의 징역 또는 5백만 원 이하의 벌금). 또한 카메라 등 이용촬영죄의 미수범(성폭력범죄의 처벌 등에 관한 특례법 제15조)으로 처벌된다(7년 이하의 징역 또는 5천만 원 이하의 벌금).

② 몰래카메라로 촬영한 경우

몰래카메라로 촬영한 경우에는 카메라 등 이용촬영죄(성폭력범죄의 처벌 등에 관한 특례법 제14조)로 처벌된다(7년 이하의 징역 또는 5천만 원 이하의 벌금).

③ 몰래카메라로 촬영한 영상을 유포한 경우

몰래카메라로 촬영한 영상을 유포한 경우에는 카메라 등 이용촬영죄(성폭력범죄의 처벌 등에 관한 특례법 제14조)로 처벌된다(7년 이하의 징역 또는 5천만 원 이하의 벌금).

④ 몰래카메라로 단순한 사생활을 촬영한 경우

몰래카메라로 단순한 사생활을 촬영한 경우에는 사생활의 침해를 이유로 민사상 손해배상을 청구할 수 있을 뿐이다.

⑤ 몰래카메라로 촬영하면서 음성까지 녹음한 경우

몰래카메라로 촬영하면서 음성까지 녹음한 경우에는 통신비밀보호법에 의하여 타인 간의 대화비밀을 침해한 것으로 10년 이하의 징역으로 처벌된다(통신비밀보호법 제16조).

⑬ 성폭력범죄의 처벌 등에 관한 특례법 제14조의 2는 「① 반포 등을 할 목적으로 사람의 얼굴·신체 또는 음성을 대상으로 한 촬영물·영상물 또는 음성물(이하 이 조에서 "영상물 등"이라 한다)을 영상물 등의 대상자의 의사에 반하여 성적 욕망 또는 수치심을 유발할 수 있는 형태로 편집·합성 또는 가공(이하 이 조에서 "편집 등"이라 한다)한 자는 5년 이하의 징역 또는 5천만 원 이하의 벌금에 처한다. ② 제1항에 따른 편집물·합성물·가공물(이하 이 항에서 "편집물 등"이라 한다) 또는 복제물(복제물의 복제물을 포함한다. 이하 이 항에서 같다)을 반포 등을 한 자 또는 제1항의 편집 등을 할 당시에는 영상물 등의 대상

자의 의사에 반하지 아니한 경우에도 사후에 그 편집물 등 또는 복제물을 영상물 등의 대상자의 의사에 반하여 반포 등을 한 자는 5년 이하의 징역 또는 5천만 원 이하의 벌금에 처한다. ③ 영리를 목적으로 영상물 등의 대상자의 의사에 반하여 정보통신망을 이용하여 제2항의 죄를 범한 자는 7년 이하의 징역에 처한다. ④ 상습으로 제1항부터 제3항까지의 죄를 범한 때에는 그 죄에 정한 형의 2분의 1까지 가중한다」라고 하여 허위영상물 등의 반포 등의 죄를 규정하고 있다(2020.5.19. 신설).

⑭ 성폭력범죄의 처벌 등에 관한 특례법 제14조의 3은 「① 성적 욕망 또는 수치심을 유발할 수 있는 촬영물 또는 복제물(복제물의 복제물을 포함한다)을 이용하여 사람을 협박한 자는 1년 이상의 유기징역에 처한다. ② 제1항에 따른 협박으로 사람의 권리행사를 방해하거나 의무 없는 일을 하게 한 자는 3년 이상의 유기징역에 처한다. ③ 상습으로 제1항 및 제2항의 죄를 범한 경우에는 그 죄에 정한 형의 2분의 1까지 가중한다」라고 하여 촬영물 등을 이용한 협박·강요죄를 규정하고 있다(2020.5.19. 신설).

※ [디지털 성범죄 피해자 지원센터]

2018년 4월 30일부터 여성가족부에서 「디지털 성범죄 피해자 지원센터」를 개설하고 불법촬영물 삭제를 지원하여 주고 있다. 피해자가 지원을 받기 위해서는 「디지털 성범죄 피해자 지원센터」 사이트(www.women1366.kr/stopds)에 방문하여 상담신청을 남기면 된다. 이 경우 불법촬영물이 게시되어 있다는 최소한의 근거자료는 남겨주어야 한다. 현재 올라와 있는 URL을 남기는 것이다. 그러면 「디지털 성범죄 피해자 지원센터」에서 해당 사이트가 어디인지 파악한 후 직접 삭제요청을 하여 불법촬영물을 없애주고 있다. 뿐만 아니라 최근 「성폭력방지 및 피해자 보호 등에 관한 법률」이 개정되어 불법촬영물을 삭제하는 데 든 비용은 궁극적으로 가해자가 부담하도록 하고 있다. 즉, 우선적으로 국가가 삭제비용을 부담한 후 가해자에게 통지하여 30일 이내에 해당 비용을 납부하도록 하는 것이다(구상권 행사).

※ [성폭력범죄에 대처하는 방법]

첫째, 사건이 발생한 후 가급적이면 빨리 경찰과 검찰 등 수사기관에 신고하는 것이 좋다. 특히 성관계를 전제로 하는 강간의 경우 가급적이면 빨리 신고하여야 피해자의 몸에서 정액을 검출하고(병원), 가해자의 DNA와 대조하여 성관계가 있었다는 것을 입증한다.

둘째, 사건 발생 현장은 훼손하지 말고 그대로 두도록 한다. 사건 발생 현장의 증거들은 수사기관이 직접 수집한다.

셋째, 구체적으로 증거를 수집한다. 몸에 멍이 들거나 상처가 난 곳은 없는지, 범행 과정에서 눌러서 부어오르거나 빨갛게 된 부위는 없는지 꼼꼼히 살펴보고 수사기관이나 병원에 진술한다. 바로 신고를 못한 경우에는 초점을 잘 맞춰서 휴대폰으로 사진이라도 반드시 찍어 둔다. 이러한 상처들은 성폭력(성관계)이 강제로 이루어졌다는 것을 입증하는 증거가 될 수 있다.

넷째, 물증이 없는 경우 사건과 간접적으로 연관된 정황증거들이 있을지 최대한 고민한다. 예컨대 범죄 이전과 이후에 주고받은 문자나 카카오톡 메시지 등을 근거로 가해자와 피해자가 평소에 친밀한 관계(평소 스킨십을 나눌만한 사이)가 전혀 아니었다는 것을 입증할 수도 있다. 또한 범죄 이후 가해자가 사과한 내용 등을 통하여 자백을 확보할 수도 있다.

다섯째, 컴퓨터나 노트·메모장, 특히 일기장에 피해사실(성범죄날짜, 시간, 장소, 상황 등)을 구체적이고 일관성 있게 기록하고, 수사나 재판과정에서 구체적이고 일관성 있게 진술한다. 일기장에 기록하는 방법도 있지만 음성녹음, 카카오톡, 메모 앱을 사용한다면 내용이 기록된 날짜를 증명할 수 있는 이점이 있다. 그리고 사건 직후의 피해자의 심경도 기록한다.

성폭력범죄 사건의 경우 피해자의 기록과 진술은 강력한, 때로는 유일한 증거가 되기도 한다. 다른 범죄보다 피해자의 기록과 진술에 강력한 힘이 실리는 것이다. 피해자가 사건 발생 당시의 상황을 최대한 구체적이고 일관성 있게 기록하고 진술한다면 그만큼 신빙성(信憑性)이 높아진다. 가장 중요한 것은 피해자의 기록과 진술의 구체성과 일관성이다. 그러므로 진술할 때마다 내용이 조금씩 달라진다면 당연히 신빙성이 낮아질 수밖에 없다.

피해자가 경찰과 검찰 등 수사기관에서 진술한 내용은 모두 문서로 기록되어 재판이 끝날 때까지 두고두고 검토되고 거론된다.

(2) 절차에 관한 특례

① 고소제한에 대한 예외

성폭력범죄에 대하여는 형사소송법 제224조(고소의 제한) 및 군사법원법 제266조의 규정에 불구하고 자기 또는 배우자의 직계존속을 고소할 수 있다(성폭력범죄의 처벌 등에 관한 특례법 제18조).

② 보호관찰

법원이 성폭력범죄를 범한 사람에 대하여 형의 선고를 유예할 경우에는 1년 동안 보호관찰(保護觀察)을 받을 것을 명할 수 있다. 다만 성폭력범죄를 범한 소년에 대하여 형의 선고를 유예한 경우에는 반드시 보호관찰을 명하여야 한다(동법 제16조 제1항).

③ 피의자의 얼굴 등 공개

검사와 사법경찰관은 성폭력범죄의 피의자가 죄를 범하였다고 믿을 만한 충분한 증거가 있고, 국민의 알권리 보장, 피의자의 재범 방지 및 범죄예방 등 오로지 공공의 이익을 위하여 필요할 때에는 얼굴, 성명 및 나이 등 피의자의 신상에 관한 정보를 공개할 수 있다. 다만, 피의자가 「청소년 보호법」 제2조 제1호의 청소년에 해당하는 경우에는 공개하지 아니한다(동법 제25조).

④ 심리의 비공개

성폭력범죄에 대한 심리(審理)는 그 피해자의 사생활을 보호하기 위하여 결정으로 이를 공개하지 아니할 수 있다(동법 제31조).

Ⅳ. 성희롱

[사례] 사회 초년생인 상큼한양은 대학 졸업을 앞두고 지난 해 10월 부산녹색공단 폐기물업체 「(주)해운대」에 우수한 성적으로 입사하여 성실하게 회사생활을 하고 있었다. 그런데 그 회사 전무인 나엉큼씨는 상큼한양에게 「애인이 돼달라」며 노골적인 성적 농담을 거듭하고, 손과 어깨를 어루만지며, 여관 앞으로 차를 태우고 가 동침을 강요하는 등의 행위를 하였다. 이 경우 상큼한양은 어떠한 법적 방법으로 구제 받을 수 있을까?

▶ **해설** : 직장 내 성희롱(性戲弄)이라 함은 사업주·상급자 또는 근로자가 직장 내의 지위를 이용하거나 업무와 관련하여 다른 근로자에게 성적 언동 등으로 성적 굴욕감 또는 혐오감을 느끼게 하거나 성적 언동 또는 그 밖의 요구 등에 따르지 아니하였다는 이유로 근로조건 및 고용에서 불이익을 주는 것을 말한다(남녀고용평등과 일·가정 양립 지원에 관한 법률 제2조). 또한 양성평등기본법은 「성희롱이란 업무, 고용, 그 밖의 관계에서 국가기관·지방자치단체 또는 대통령령으로 정하는 공공단체의 종사자, 사용자 또는 근로자가 다음 각 목의 어느 하나에 해당하는 행위를 하는 경우를 말한다. ① 지위를 이용하거나 업무 등과 관련하여 성적 언동 또는 성적 요구 등으로 상대방에게 성적 굴욕감이나 혐오감을 느끼게 하는 행위, ② 상대방이 성적 언동 또는 요구에 대한 불응을 이유로 불이익을 주거나 그에 따르는 것을 조건으로 이익 공여의 의사 표시를 하는 행위」라고 하여 성희롱을 규정하고 있다(동법 제3조).

성희롱(性戲弄)을 받은 경우 상큼한양은 회사 내에서 자율적으로 분쟁을 해결하고 해결되지 않으면 신속하게 다음과 같은 법적 구제절차를 밟아야 한다.

첫째, 상큼한양은 사업주나 「(주)해운대」에 설치된 노사협의회에 고충 신고를 한다(남녀고용평등과 일·가정 양립 지원에 관한 법률 제25조). 고충 신고는 구두, 서면, 우편, 전화, 팩스 또는 인터넷 등의 방법으로 하여야 한다(남녀고용평등과 일·가정 양립 지원에 관한 법률시행령 제18조 제1항). 사업주는 제1항에 따라 고충 신고를 받은 경우 특별한 사유가 없으면 신고 접수일부터 10일 이내에 신고된 고충을 직접 처리하거나 「근로자참여 및 협력증진에 관한 법률」에 따라 설치된 노사협의회에 위임하여 처리하게 하고, 사업주가 직접 처리한 경우에는 처리 결과를, 노사협의회에 위임하여 처리하게 한 경우에는 위임 사실을 상큼한양에게 알려야 한다(동법 제18조 제2항). 또한 사업주가 성희롱행위자인 나엉큼씨에 대한 징계조치를 취하지 아니한 경우에는 지방고용노동행정기관의 장에게 진정을 제기할 수 있다.

둘째, 직장 내 성희롱으로 인하여 피해자인 상큼한양이 해고, 휴직, 전직, 정직, 감봉 기타 징계 등을 당한 경우 노동위원회에 구제신청을 할 수 있다.

셋째, 상큼한양은 사업주와 성희롱행위자인 나엉큼씨에 대하여 정신적・물질적 고통에 따른 민사상 손해배상을 청구할 수 있다.

넷째, 사업주 또는 근로자 등 가해자의 성희롱 행위가 성폭력범죄의 처벌 등에 관한 특례법, 형법 등에 위배되었을 경우 피해자인 상큼한양은 이들에 대하여 고소・고발할 수 있다.

실제로 여성특별위원회(현 남녀차별개선위원회)는 2000년 3월 31일 전원회의를 열어 이와 유사한 사례에서 남녀차별금지 및 구제에 관한 법률이 시행된 이후 처음으로 성희롱과 관련하여 시정조치를 권고하였다. 사건발생 후 시정조치권고에 이르기까지 830만 원(월급 80만 원×6개월, 조사경비 50만 원, 정신적 피해배상 300만 원)을 지급하도록 권고하였다.

≪판 례≫

대법원은 「피해자(서울대우조교)」가 엔엠알기기 담당 유급조교로서 정식 임용되기 전후 2, 3개월 동안, 가해자가 기기의 조작 방법을 지도하는 과정에서 피해자의 어깨, 등, 손 등을 가해자의 손이나 팔로 무수히 접촉하였고, 복도 등에서 피해자와 마주칠 때면 피해자의 등에 손을 대거나 어깨를 잡았고, 실험실에서 "요즘 누가 시골 처녀처럼 이렇게 머리를 땋고 다니느냐"고 말하면서 피해자의 머리를 만지기도 하였으며, 피해자가 정식 임용된 후에는 단둘이서 입방식을 하자고 제의하기도 하고, 교수연구실에서 피해자를 심부름 기타 명목으로 수시로 불러들여 위아래로 훑어보면서 몸매를 감상하는 듯한 태도를 취하여 피해자가 불쾌하고 곤혹스러운 느낌을 가졌다면, 화학과 교수 겸 엔엠알기기의 총책임자로서 사실상 피해자에 대하여 지휘・감독관계에 있는 가해자의 위와 같은 언동은 분명한 성적인 동기와 의도를 가진 것으로 보여지고, 그러한 성적인 언동은 비록 일정 기간 동안에 한하는 것이지만 그 기간 동안만큼은 집요하고 계속적인 까닭에 사회통념상 일상생활에서 허용되는 단순한 농담 또는 호의적이고 권유적인 언동으로 볼 수 없고, 오히려 피해자로 하여금 성적 굴욕감이나 혐오감을 느끼게 하는 것으로써 피해자의 인격권을 침해한 것이며, 이러한 침해행위는 선량한 풍속 또는 사회질서에 위반하는 위법한 행위이고, 이로써 피해자가 정신적으로 고통을 입었음은 경험칙상 명백하다」라고 하여 대학교수의 조교에 대한 성적인 언동이 불법행위를 구성한다고 판시하였다(대판 1998.2.10, 95다39533).

※ [성희롱 여부의 판단]

성희롱 여부의 판단은 피해자의 주관적 사정을 고려하되, 사회통념상 합리적인 사람이 피해자의 입장이라면 문제가 되는 행동에 대하여 어떻게 판단하고 대응하였을 것인가를 함께 고려하여야 한다.

※ [성희롱 및 성폭력 빈도 국가순위]

단위 : %

국 가	순위	점수	국 가	순위	점수
노르웨이 Norway	1	9.15	벨기에 Belgium	24	7.82
아이슬란드 Iceland	2	8.97	일본 Japan	25	7.77
덴마크 Denmark	3	8.95	영국 UK	26	7.76
스웨덴 Sweden	4	8.91	인도 India	27	7.70
핀란드 Finland	5	8.86	스페인 Spain	28	7.55
오스트리아 Austria	6	8.78	인도네시아 Indonesia	29	7.51
싱가포르 Singapore	7	8.72	칠레 Chile	30	7.51
이스라엘 Israel	8	8.55	헝가리 Hungary	31	7.40
그리스 Greece	9	8.55	한국 Korea	32	7.26
캐나다 Canada	10	8.53	체코 Czech Republic	33	7.26
룩셈부르크 Luxembourg	11	8.44	멕시코 Mexico	34	7.25
스위스 Switzerland	12	8.41	중국 China	35	7.22
프랑스 France	13	8.31	베네수엘라 Venezuela	36	7.14
네덜란드 Netherlands	14	8.29	태국 Thailand	37	7.07
이탈리아 Italy	15	8.28	브라질 Brazil	38	7.06
호주 Australia	16	8.27	미국 USA	39	7.00
홍콩 Hong Kong	17	8.24	필리핀 Philippines	40	6.99
터키 Turkey	18	8.23	아르헨티나 Argentina	41	6.95
아일랜드 Ireland	19	8.18	대만 Taiwan	42	6.92
독일 Germany	20	8.10	폴란드 Poland	43	6.07
뉴질랜드 New Zealand	21	8.04	러시아 Russia	44	6.03
포르투갈 Portugal	22	7.97	콜롬비아 Colombia	45	5.56
말레이시아 Malaysia	23	7.85	남아공 South Africa	46	4.68

주 : 점수가 높을수록 성희롱과 폭력이 없는 국가임

출처 : IMD, World Competition Yearbook(1998)

Ⅴ. 스토킹범죄의 처벌 등에 관한 법률

[사례] 회사원 나찐득씨는 2021년 10월 21일부터 5개월간 영화배우 김혜수씨를 「사랑한다」고 하면서 집요하게 따라 다니며 괴롭히고 있다. 그동안에도 끊임없이 스토킹행각을 벌이다 여러 차례 경찰에 입건되기도 하였다. 최근에는 매일 30여회씩 김혜수씨에게 전화를 걸어 「너만을 사랑한다」, 「같이 살자」는 등의 음성메시지를 보내고, 밤과 낮을 가리지 아니하고 이메일과 휴대폰으로 음담패설을 담은 내용을 보내며, 심지어는 집에도 찾아와 소란을 피우고 있다. 김혜수씨는 이 경우 어떻게 해야 할까?

▶ 해설 : 김혜수씨는 일단 관할경찰서나 검찰청에 고소를 하면 나찐득씨는 스토킹범죄의 처벌 등에 관한 법률위반으로 처벌된다.

1. 총칙

(1) 목적

이 법은 스토킹범죄의 처벌 및 그 절차에 관한 특례와 스토킹범죄 피해자에 대한 보호절차를 규정함으로써 피해자를 보호하고 건강한 사회질서의 확립에 이바지함을 목적으로 한다(스토킹범죄의 처벌 등에 관한 법률(약칭: 스토킹처벌법 2021. 10. 21. 시행) 제1조).

(2) 정의

① 스토킹행위

「스토킹행위」란 상대방의 의사에 반(反)하여 정당한 이유 없이 상대방 또는 그의 동거인, 가족에 대하여 다음 각 목의 어느 하나에 해당하는 행위를 하여 상대방에게 불안감 또는 공포심을 일으키는 것을 말한다(동법 제2조 제1호).

㉠ 접근하거나 따라다니거나 진로를 막아서는 행위

㉡ 주거, 직장, 학교, 그 밖에 일상적으로 생활하는 장소(이하 "주거등"이라 한다) 또는 그 부근에서 기다리거나 지켜보는 행위

㉢ 우편・전화・팩스 또는 「정보통신망 이용촉진 및 정보보호 등에 관한 법

률」 제2조 제1항 제1호의 정보통신망을 이용하여 물건이나 글·말·부호·음향·그림·영상·화상(이하 "물건등"이라 한다)을 도달하게 하는 행위

㉣ 직접 또는 제3자를 통하여 물건등을 도달하게 하거나 주거등 또는 그 부근에 물건등을 두는 행위

㉤ 주거등 또는 그 부근에 놓여져 있는 물건등을 훼손하는 행위

② 스토킹범죄

「스토킹범죄」란 지속적 또는 반복적으로 스토킹행위를 하는 것을 말한다(동법 제2조 제2호).

③ 피해자

「피해자」란 스토킹범죄로 직접적인 피해를 입은 사람을 말한다((동법 제2조 제3호).

2. 스토킹범죄 등의 처리절차

(1) 스토킹행위 신고 등에 대한 응급조치

사법경찰관리는 진행 중인 스토킹행위에 대하여 신고를 받은 경우 즉시 현장에 나가 다음 각 호의 조치를 하여야 한다(동법 제3조).

① 스토킹행위의 제지, 향후 스토킹행위의 중단 통보 및 스토킹행위를 지속적 또는 반복적으로 할 경우 처벌 경고

② 스토킹행위자와 피해자등의 분리 및 범죄수사

③ 피해자등에 대한 긴급응급조치 및 잠정조치 요청의 절차 등 안내

④ 스토킹 피해 관련 상담소 또는 보호시설로의 피해자등 인도(피해자등이 동의한 경우만 해당한다)

(2) 긴급응급조치

사법경찰관은 스토킹행위 신고와 관련하여 스토킹행위가 지속적 또는 반복적으로 행하여질 우려가 있고 스토킹범죄의 예방을 위하여 긴급을 요하는 경우 스토킹행위자에게 직권으로 또는 스토킹행위의 상대방이나 그 법정대리인 또는 스토킹행위를 신고한 사람의 요청에 의하여 다음 각 호에 따른 조치를 할 수 있다(동법 제4조 제1항).

① 스토킹행위의 상대방이나 그 주거등으로부터 100미터 이내의 접근 금지

② 스토킹행위의 상대방에 대한 「전기통신기본법」 제2조 제1호의 전기통신을 이용한 접근 금지

사법경찰관은 제1항에 따른 조치(이하 "긴급응급조치"라 한다)를 하였을 때에는 즉시 스토킹행위의 요지, 긴급응급조치가 필요한 사유, 긴급응급조치의 내용 등이 포함된 긴급응급조치결정서를 작성하여야 한다(동법 제4조 제2항).

(3) 긴급응급조치의 승인 신청

사법경찰관은 긴급응급조치를 하였을 때에는 지체 없이 검사에게 해당 긴급응급조치에 대한 사후승인을 지방법원 판사에게 청구하여 줄 것을 신청하여야 한다(동법 제5조 제1항). 제1항의 신청을 받은 검사는 긴급응급조치가 있었던 때부터 48시간 이내에 지방법원 판사에게 해당 긴급응급조치에 대한 사후승인을 청구한다. 이 경우 제4조 제2항에 따라 작성된 긴급응급조치결정서를 첨부하여야 한다(동법 제5조 제2항). 지방법원 판사는 스토킹행위가 지속적 또는 반복적으로 행하여지는 것을 예방하기 위하여 필요하다고 인정하는 경우에는 제2항에 따라 청구된 긴급응급조치를 승인할 수 있다(동법 제5조 제3항). 사법경찰관은 검사가 제2항에 따라 긴급응급조치에 대한 사후승인을 청구하지 아니하거나 지방법원 판사가 제2항의 청구에 대하여 사후승인을 하지 아니한 때에는 즉시 그 긴급응급조치를 취소하여야 한다(동법 제5조 제4항). 긴급응급조치기간은 1개월을 초과할 수 없다(동법 제5조 제5항).

(4) 긴급응급조치의 통지 등

사법경찰관은 긴급응급조치를 하는 경우에는 스토킹행위의 상대방이나 그 법정대리인에게 통지하여야 한다(동법 제6조 제1항). 사법경찰관은 긴급응급조치를 하는 경우에는 해당 긴급응급조치의 대상자(이하 "긴급응급조치대상자"라 한다)에게 조치의 내용 및 불복방법 등을 고지하여야 한다(동법 제6조 제2항).

(5) 긴급응급조치의 변경 등

긴급응급조치대상자나 그 법정대리인은 긴급응급조치의 취소 또는 그 종류의 변경을 사법경찰관에게 신청할 수 있다(동법 제7조 제1항). 스토킹행위의 상대방

이나 그 법정대리인은 제4조 제1항 제1호의 긴급응급조치가 있은 후 스토킹행위의 상대방이 주거등을 옮긴 경우에는 사법경찰관에게 긴급응급조치의 변경을 신청할 수 있다(동법 제7조 제2항). 스토킹행위의 상대방이나 그 법정대리인은 긴급응급조치가 필요하지 아니한 경우에는 사법경찰관에게 해당 긴급응급조치의 취소를 신청할 수 있다(동법 제7조 제3항). 사법경찰관은 정당한 이유가 있다고 인정하는 경우에는 직권으로 또는 제1항부터 제3항까지의 규정에 따른 신청에 의하여 해당 긴급응급조치를 취소할 수 있고, 지방법원 판사의 승인을 받아 긴급응급조치의 종류를 변경할 수 있다(동법 제7조 제4항). 긴급응급조치(제4항에 따라 그 종류를 변경한 경우를 포함한다. 이하 이 항에서 같다)는 다음 각 호의 어느 하나에 해당하는 때에 그 효력을 상실한다(동법 제7조 제5항).

㉠ 긴급응급조치에서 정한 기간이 지난 때

㉡ 법원이 긴급응급조치대상자에게 다음 각 목의 결정을 한 때(ⓐ 제4조 제1항 제1호의 긴급응급조치에 따른 스토킹행위의 상대방과 같은 사람을 피해자로 하는 제9조 제1항 제2호에 따른 조치의 결정, ⓑ 제4조 제1항 제1호의 긴급응급조치에 따른 주거등과 같은 장소를 피해자(스토킹행위의 상대방과 같은 사람을 피해자로 하는 경우로 한정한다)의 주거등으로 하는 제9조 제1항 제2호에 따른 조치의 결정, ⓒ 제4조 제1항 제2호의 긴급응급조치에 따른 스토킹행위의 상대방과 같은 사람을 피해자로 하는 제9조 제1항 제3호에 따른 조치의 결정)

(6) 잠정조치의 청구

검사는 스토킹범죄가 재발될 우려가 있다고 인정하면 직권 또는 사법경찰관의 신청에 따라 법원에 제9조 제1항 각 호의 조치를 청구할 수 있다(동법 제8조 제1항). 피해자 또는 그 법정대리인은 검사 또는 사법경찰관에게 제1항에 따른 조치의 청구 또는 그 신청을 요청하거나, 이에 관하여 의견을 진술할 수 있다(동법 제8조 제2항). 사법경찰관은 제2항에 따른 신청 요청을 받고도 제1항에 따른 신청을 하지 아니하는 경우에는 검사에게 그 사유를 보고하여야 한다(동법 제8조 제3항).

(7) 스토킹행위자에 대한 잠정조치

법원은 스토킹범죄의 원활한 조사·심리 또는 피해자 보호를 위하여 필요하다고 인정하는 경우에는 결정으로 스토킹행위자에게 다음 각 호의 어느 하나에 해당하는 조치(이하 "잠정조치"라 한다)를 할 수 있다(동법 제9조 제1항).

① 피해자에 대한 스토킹범죄 중단에 관한 서면 경고

② 피해자나 그 주거등으로부터 100미터 이내의 접근 금지

③ 피해자에 대한 「전기통신기본법」 제2조 제1호의 전기통신을 이용한 접근 금지

④ 국가경찰관서의 유치장 또는 구치소에의 유치

제1항 각 호의 잠정조치는 병과(倂科)할 수 있다(동법 제9조 제2항). 법원은 잠정조치를 결정한 경우에는 검사와 피해자 및 그 법정대리인에게 통지하여야 한다(동법 제9조 제3항). 법원은 제1항 제4호에 따른 잠정조치를 한 경우에는 스토킹행위자에게 변호인을 선임할 수 있다는 것과 제12조에 따라 항고할 수 있다는 것을 고지하고, 다음 각 호의 구분에 따른 사람에게 해당 잠정조치를 한 사실을 통지하여야 한다(동법 제9조 제4항). ㉠ 스토킹행위자에게 변호인이 있는 경우: 변호인, ㉡ 스토킹행위자에게 변호인이 없는 경우: 법정대리인 또는 스토킹행위자가 지정하는 사람이 그것이다. 제1항 제2호 및 제3호에 따른 잠정조치기간은 2개월, 같은 항 제4호에 따른 잠정조치기간은 1개월을 초과할 수 없다. 다만, 법원은 피해자의 보호를 위하여 그 기간을 연장할 필요가 있다고 인정하는 경우에는 결정으로 제1항 제2호 및 제3호에 따른 잠정조치에 대하여 두 차례에 한정하여 각 2개월의 범위에서 연장할 수 있다(동법 제9조 제5항).

(8) 잠정조치의 집행 등

법원은 잠정조치 결정을 한 경우에는 법원공무원, 사법경찰관리 또는 구치소 소속 교정직공무원으로 하여금 집행하게 할 수 있다(동법 제10조 제1항). 제1항에 따라 잠정조치 결정을 집행하는 사람은 스토킹행위자에게 잠정조치의 내용, 불복방법 등을 고지하여야 한다(동법 제10조 제2항). 피해자 또는 그 법정대리인은 제9조 제1항 제2호의 잠정조치 결정이 있은 후 피해자가 주거등을 옮긴 경우에는 법원에 잠정조치 결정의 변경을 신청할 수 있다(동법 제10조 제3항).

(9) 스토킹범죄의 피해자에 대한 전담조사제

검찰총장은 각 지방검찰청 검사장에게 스토킹범죄 전담 검사를 지정하도록 하

여 특별한 사정이 없으면 스토킹범죄 전담 검사가 피해자를 조사하게 하여야 한다(동법 제17조 제1항). 경찰관서의 장(국가수사본부장, 시·도경찰청장 및 경찰서장을 의미한다. 이하 같다)은 스토킹범죄 전담 사법경찰관을 지정하여 특별한 사정이 없으면 스토킹범죄 전담 사법경찰관이 피해자를 조사하게 하여야 한다(동법 제17조 제2항). 검찰총장 및 경찰관서의 장은 제1항의 스토킹범죄 전담 검사 및 제2항의 스토킹범죄 전담 사법경찰관에게 스토킹범죄의 수사에 필요한 전문지식과 피해자 보호를 위한 수사방법 및 수사절차 등에 관한 교육을 실시하여야 한다(동법 제17조 제3항).

3. 벌칙

(1) 스토킹범죄

스토킹범죄를 저지른 사람은 3년 이하의 징역 또는 3천만 원 이하의 벌금에 처한다(동법 제18조 제1항). 흉기 또는 그 밖의 위험한 물건을 휴대하거나 이용하여 스토킹범죄를 저지른 사람은 5년 이하의 징역 또는 5천만 원 이하의 벌금에 처한다(동법 제18조 제2항). 제1항의 죄는 피해자가 구체적으로 밝힌 의사에 반하여 공소를 제기할 수 없다(동법 제18조 제3항).

(2) 형벌과 수강명령 등의 병과

법원은 스토킹범죄를 저지른 사람에 대하여 유죄판결(선고유예는 제외한다)을 선고하거나 약식명령을 고지하는 경우에는 200시간의 범위에서 다음 각 호의 구분에 따라 재범 예방에 필요한 수강명령(「보호관찰 등에 관한 법률」에 따른 수강명령을 말한다. 이하 같다) 또는 스토킹 치료프로그램의 이수명령(이하 "이수명령"이라 한다)을 병과(倂科)할 수 있다(동법 제19조 제1항). ① 수강명령: 형의 집행을 유예할 경우에 그 집행유예기간 내에서 병과, ② 이수명령: 벌금형 또는 징역형의 실형을 선고하거나 약식명령을 고지할 경우에 병과과 그것이다. 법원은 스토킹범죄를 저지른 사람에 대하여 형의 집행을 유예하는 경우에는 제1항에 따른 수강명령 외에 그 집행유예기간 내에서 보호관찰 또는 사회봉사 중 하나 이상의 처분을 병과할 수 있다(동법 제19조 제2항). 제1항에 따른 수강명령 또는 이수명령의 내용은 다음 각 호와 같다(동법 제19조 제3항). ① 스토킹 행동의 진단·상담, ② 건전한 사회질서와 인권에 관한 교육, ③ 그 밖에 스토킹범죄를 저지른 사람의 재범 예방을 위하여 필요한 사항이 그것이다.

제1항에 따른 수강명령 또는 이수명령은 다음 각 호의 구분에 따라 각각 집행한다(동법 제19조 제4항). ① 형의 집행을 유예할 경우: 그 집행유예기간 내, ② 벌금형을 선고하거나 약식명령을 고지할 경우: 형 확정일부터 6개월 이내, ③ 징역형의 실형을 선고할 경우: 형기 내가 그것이다.

제1항에 따른 수강명령 또는 이수명령이 벌금형 또는 형의 집행유예와 병과된 경우에는 보호관찰소의 장이 집행하고, 징역형의 실형과 병과된 경우에는 교정시설의 장이 집행한다. 다만, 징역형의 실형과 병과된 이수명령을 모두 이행하기 전에 석방 또는 가석방되거나 미결구금일수 산입 등의 사유로 형을 집행할 수 없게 된 경우에는 보호관찰소의 장이 남은 이수명령을 집행한다(동법 제19조 제5항).

형벌에 병과하는 보호관찰, 사회봉사, 수강명령 또는 이수명령에 관하여 이 법에서 규정한 사항 외에는 「보호관찰 등에 관한 법률」을 준용한다(동법 제19조 제6항).

(3) 잠정조치의 불이행죄

제9조 제1항 제2호 또는 제3호의 잠정조치를 이행하지 아니한 사람은 2년 이하의 징역 또는 2천만 원 이하의 벌금에 처한다(동법 제20조).

(4) 과태료

정당한 사유 없이 긴급응급조치(검사가 제5조 제2항에 따른 긴급응급조치에 대한 사후승인을 청구하지 아니하거나 지방법원 판사가 같은 조 제3항에 따른 승인을 하지 아니한 경우는 제외한다)를 이행하지 아니한 사람에게는 1천만 원 이하의 과태료를 부과한다(동법 제21조 제1항). 제19조 제1항에 따라 수강명령 또는 이수명령을 부과받은 후 정당한 사유 없이 보호관찰소의 장 또는 교정시설의 장의 수강명령 또는 이수명령 이행에 관한 지시에 불응하여 「보호관찰 등에 관한 법률」 또는 「형의 집행 및 수용자의 처우에 관한 법률」에 따른 경고를 받은 후 다시 정당한 사유 없이 수강명령 또는 이수명령 이행에 관한 지시에 불응한 사람에게는 500만 원 이하의 과태료를 부과한다(동법 제21조 제2항). 제1항 및 제2항에 따른 과태료는 대통령령으로 정하는 바에 따라 관계 행정기관의 장이 부과·징수한다(동법 제21조 제3항).

4. 문제점(한계)

첫째, 스토킹범죄의 처벌 등에 관한 법률은 다양한 유형의 온라인 스토킹을 처벌하기 어렵다는 한계가 있다. 스토킹범죄의 처벌 등에 관한 법률은 우편·전화·팩스 또는 「정보통신망 이용촉진 및 정보보호 등에 관한 법률」 제2조 제1항 제1호의 정보통신망을 이용하여 물건이나 글·말·부호·음향·그림·영상·화상을 도달하게 하는 행위를 스토킹행위의 하나로 규정하여 온라인 스토킹을 처벌할 수 있는 길을 열어놓았다. 그러나 당사자의 허락 없이 개인정보를 수집하거나 이렇게 얻어낸 개인정보를 합성·가공·유포하여 다른 범죄에 사용하는 행위(예컨대 피해자의 개인정보를 소셜미디어에 올리거나 피해자의 반려동물을 학대하는 행위 등) 등을 처벌하기 어렵다.

둘째, 스토킹범죄의 처벌 등에 관한 법률에 규정된 긴급응급조치나 잠정조치는 그 기간이 최장 6개월에 그치고, 피해자가 수사기관에 신고해야만 하기 때문에 한계가 있다. 그러므로 대리인도 법원에 직접 보호조치를 할 수 있고, 그 조치를 최장 3년까지 연장할 수 있는 피해자보호명령제도가 도입되어야 한다.

셋째, 스토킹 피해자의 정보 유출에 대한 철저한 대비와 규정도 필요하다고 본다. 이를 위해서 수사기관에 신고할 때에 인적 사항 기재 생략, 인적 사항 공개 금지, 민사소송을 제기할 때에 비실명 사건 처리 등의 규정을 갖추어야 한다.

Ⅵ. 성매매알선 등 행위의 처벌에 관한 법률

[사례] 여성으로는 드물게 총경까지 오른 김강자서장이 종암경찰서로 부임하였다. 부임 전 근무지인 옥천경찰서에서 티켓다방을 뿌리 뽑아 다방업주들에게 악명(?) 높았던 김강자서장의 부임으로 속칭 「텍사스촌」이라 불리는 미아리윤락가 포주들은 공포분위기에 휩싸여 전전긍긍하고 있다. 김강자서장은 업주들을 소환하여 미성년자는 절대 고용하지 않

는다는 각서까지 받으며 「미성년자 매매춘과의 전쟁」을 선포하였다.

그런데 포주들 중에서 강심장으로 알려진 나악질씨는 만 22세 된 러시아출신 인터걸 나타샤킨스키양을 고용하여 손님인 김외도씨와 윤락행위를 하게 하였다. 이때에 평생을 소신으로 살아온 최칼날검사는 나씨와 나타샤킨스키양 그리고 김씨를 구속하였고, 이에 대해 나씨는 미성년자를 고용한 것도 아닌데 왜 구속하느냐고 항변하였다. 나씨의 항변은 정당한가?

▶ **해설** : 나악질씨는 성매매알선 등 행위의 처벌 제4조, 제19조에 의하여 7년 이하의 징역 또는 7천만 원 이하의 벌금형으로 처벌된다. 나타샤킨스키양과 김외도씨는 성매매알선 등 행위의 처벌에 관한 법률 제4조, 제21조에 의하여 1년 이하의 징역이나 3백만 원 이하의 벌금·구류 또는 과료형으로 처벌된다.

1. 목 적

성매매알선 등 행위의 처벌에 관한 법률은 성매매·성매매알선 등 행위 및 성매매 목적의 인신매매를 근절하고, 성매매피해자의 인권을 보호함을 목적으로 한다(성매매알선 등 행위의 처벌에 관한 법률 제1조).

2. 용어의 정의

(1) 성매매

성매매라 함은 불특정인을 상대로 금품 그 밖의 재산상의 이익을 수수·약속하고 다음 각목의 어느 하나에 해당하는 행위를 하거나 그 상대방이 되는 것을 말한다(동법 제2조 제1항).

① 성교행위

② 구강·항문 등 신체의 일부 또는 도구를 이용한 유사성교행위

(2) 성매매알선 등 행위

성매매알선 등 행위라 함은 다음 각목의 어느 하나에 해당하는 행위를 하는 것을 말한다(동법 제2조 제1항).

① 성매매를 알선·권유·유인 또는 강요하는 행위

② 성매매의 장소를 제공하는 행위
③ 성매매에 제공되는 사실을 알면서 자금·토지 또는 건물을 제공하는 행위

3. 금지행위

누구든지 다음 각호의 어느 하나에 해당하는 행위를 하여서는 아니 된다(동법 제4조).

① 성매매
② 성매매알선 등 행위
③ 성매매 목적의 인신매매
④ 성을 파는 행위를 하게 할 목적으로 타인을 고용·모집하거나 성매매가 행하여진다는 사실을 알고 직업을 소개·알선하는 행위
⑤ 제1호·제2호 및 제4호의 행위 및 그 행위가 행하여지는 업소에 대한 광고행위

4. 불법원인으로 인한 채권무효

성매매알선 등 행위를 한 자, 성을 파는 행위를 할 자를 고용·모집하거나 그 직업을 소개·알선한 자 또는 성매매 목적의 인신매매를 한 자가 그 행위와 관련하여 성을 파는 행위를 하였거나 할 자에게 가지는 채권은 그 계약의 형식이나 명목에 관계 없이 이를 무효로 한다. 그 채권을 양도하거나 그 채무를 인수한 경우에도 또한 같다(동법 제10조).

5. 벌 칙

(1) 10년 이하의 징역 또는 1억 원 이하의 벌금

다음 각호의 어느 하나에 해당하는 자는 10년 이하의 징역 또는 1억 원 이하의 벌금에 처한다(동법 제18조 제1항).

① 폭행 또는 협박으로 성을 파는 행위를 하게 한 자
② 위계 또는 이에 준하는 방법으로 성을 파는 자를 곤경에 빠뜨려 성을 파는 행위를 하게 한 자

③ 친족·고용 그 밖의 관계로 타인을 보호·감독하는 것을 이용하여 성을 파는 행위를 하게 한 자
④ 위계 또는 위력으로 성교행위 등 음란한 내용을 표현하는 영상물 등을 촬영한 자

(2) 3년 이하의 징역 또는 3천만 원 이하의 벌금

다음 각호의 어느 하나에 해당하는 자는 3년 이하의 징역 또는 3천만 원 이하의 벌금에 처한다(동법 제19조 제1항).
① 성매매알선 등 행위를 한 자
② 성을 파는 행위를 할 자를 모집한 자
③ 성을 파는 행위를 하도록 직업을 소개·알선한 자

(3) 7년 이하의 징역 또는 7천만 원 이하의 벌금

다음 각호의 어느 하나에 해당하는 자는 7년 이하의 징역 또는 7천만 원 이하의 벌금에 처한다(동법 제19조 제2항).
① 영업으로 성매매알선 등 행위를 한 자
② 성을 파는 행위를 할 자를 모집하고 그 대가를 지급받은 자
③ 성을 파는 행위를 하도록 직업을 소개·알선하고 그 대가를 지급받은 자

(4) 1년 이하의 징역이나 3백만 원 이하의 벌금·구류 또는 과료

성매매를 한 자는 1년 이하의 징역이나 300만 원 이하의 벌금·구류 또는 과료에 처한다(동법 제21조 제1항).

제5장 | 민 법

제1절 총 칙

Ⅰ. 권리주체와 권리능력

[사례] 한의학의 대가 유명한씨가 사망할 때에 유명한씨의 처 임신해씨는 포태중이었으며, 그 후에 유복자씨가 출생하였다. 유명한씨의 사망이 나폭력씨의 살인으로 인한 경우에 유복자씨는 나폭력씨에 대하여 손해배상을 청구할 수 있을까? 또한 유복자씨는 유명한씨의 재산을 상속할 수 있을까?

▶ **해설** : 권리의 주체라 함은 사법상의 권리의 귀속자를 말한다. 이 권리의 주체가 될 수 있는 지위 또는 자격을 권리능력 또는 법인격이라고 한다. 민법 제3조는 「사람은 생존한 동안 권리와 의무의 주체가 된다」라고 하였으므로 모든 자연인(自然人)은 출생에 의하여 권리능력을 취득한다. 태아는 권리능력이 없으나 예외적으로 태아의 보호를 위하여 출생한 것으로 보고 권리능력을 인정하는 경우도 있다(민법 제762조, 제1000조 제3항, 제1001조, 제1064조).

이 사례의 경우 불법행위로 인한 손해배상의 청구에 대해서 태아의 권리능력이 의제되므로(민법 제762조), 유복자씨는 나폭력씨에 대하여 손해배상을 청구할 수 있다. 또한 재산상속에 대해서도 태아의 권리능력이 의제되므로(민법 제1000조 제3항), 유복자씨는 유명한씨의 재산을 상속할 수 있다.

Ⅱ. 행위능력과 제한능력자

1. 법률행위능력(행위능력)

모든 사람은 권리능력이 인정되지만 권리능력자가 구체적·현실적으로 권리를 취득하고 의무를 부담하는 것은 별개의 문제이다. 각종의 권리를 취득하고 의무를 부담하게 되는 원인에는 여러 가지가 있으나, 가장 중요한 것은 법률행위이다. 권리능력자가 이 법률행위에 의하여 일정한 법률효과를 발생하게 할 수 있는 능력을 법률행위능력이라고 한다.

의사무능력자(意思無能力者)가 법률행위의 무효를 주장하려면 행위 당시에 의사능력이 없었음을 증명하여야 한다. 그러나 이 증명은 쉬운 일이 아니다. 또한 그것이 증명된 경우에는 의사무능력자를 능력자로 믿고 거래를 한 상대방은 예기치 않은 손해를 받을 염려가 있다. 또한 만일에 상대방이 이러한 손해의 발생을 미연에 방지하기 위하여 거래를 할 때마다 의사능력의 유무를 확인하여야 한다면, 그것은 거래의 신속을 해치게 된다.

여기서 민법은 거래의 안전과 신속을 위하여 의사능력이 불완전한 자를 획일적으로 제한능력자로 규정하여, 그 자의 법률행위는 그때그때에 의사능력이 있었느냐의 여부에 관계없이 일률적으로 취소할 수 있도록 하였다. 이것이 제한능력자제도이다.

2. 제한능력자의 유형

민법상 제한능력자로는 미성년자, 피성년후견인, 피한정후견인이 있다.

(1) 미성년자

[사례 1] 2021년 경희고등학교 3년생인 18세 구미성군은 마음에 드는 땅이 있어 주인인 영화배우 리차드 기어와 계약을 체결하였다. 이 경우의 계약은 유효한가?

▶ **해설** : 이 사례는 미성년자의 법률행위에 관한 문제이다. 미성년자가 법률행위를 하려면 원칙적으로 법정대리인의 동의를 얻어야 하며, 이에 위반한 행위는 취소할 수 있다(민법 제5조). 따라서 구미성군 또는 그의 법정대리인이 리차드 기어와의 계약을 취소할 수 있다.

[사례 2] 구미성군은 마음을 잡지 못한데다가 아버지 구두쇠씨가 용돈을 거의 주지 않아 아버지의 집문서와 인감도장을 갖고 자기의 주민등록등본을 위조하여 집을 줄리아 로버츠에게 팔고는 그 돈을 갖고 가출하였다. 구두쇠씨는 자기 아들의 재산처분행위를 취소할 수 있는가?

▶ **해설** : 이 사례는 무능력자의 사술에 관한 문제이다. 무능력자가 사술로써 능력자로 믿게 한 때에는 그 행위를 취소하지 못한다. 또한 미성년자나 한정치산자가 사술로써 법정대리인의 동의 있는 것으로 믿게 한 때에도 그 행위를 취소하지 못한다(민법 제17조).

여기서 사술에는 단순히 말로만 속인 경우는 포함되지 아니하고, 주민등록등본을 위조하여 속이거나 법정대리인의 동의서를 위조하여 속인 경우만이 포함된다. 따라서 법정대리인인 구두쇠씨는 자기 아들인 구미성군의 재산처분행위를 취소하지 못한다. 또한 구미성군도 취소하지 못한다. 이것은 미성년자와 거래한 상대방을 보호하기 위한 것이다.

또한 무능력자의 상대방인 줄리아 로버츠는 사기를 이유로 자기의 의사표시를 취소하거나(민법 제110조) 불법행위를 이유로 손해배상을 청구할 수 있다(민법 제750조).

[사례 3] 그 후 구미성군은 마음을 잡고 공부를 열심히 하여 2022년 70년의 역사를 자랑하는 명문인 K대에 수석으로 입학을 하였다. 그런데 구미성군은 미모의 전 백악관비서 출신인 르윈스키양과 사랑에 빠져 동년 4월 급기야 결혼을 하게 되었고, 결혼한 지 얼마 지나지 않아 클린턴 전 대통령과 르윈스키양과의 과거가 경희일보에 폭로되자 동년 5월

이혼서류에 도장을 찍었다.

그 후 구미성군은 21세기 최고의 엔터테이너 마이클 잭슨으로부터 빌라 한 채를 구입하였는데 등기부상에는 29평으로 되어 있어 실제로 측량을 해보니 28평이었다. 구미성군은 마이클 잭슨에게 가격을 내려 달라고 할 수 있을까?

▶ **해설** : 이 사례는 혼인을 한 미성년자의 법률행위와 등기에 관한 문제이다. 미성년자가 혼인을 한 때에는 성년자로 본다(민법 제826조의 2). 그리고 연령적으로 미성년인 동안에 이혼 등으로 혼인이 해소되더라도 다시 미성년자로 되지는 않는다. 따라서 구미성군과 마이클 잭슨과의 계약은 유효하다.

그리고 집을 계약할 때 등기부상의 면적과 실제 면적이 다른 경우가 있다. 그러나 실제로 존재하는 그 집을 사고팔기로 합의한 것이므로, 계약을 해제하거나 손해배상을 청구할 수 없다.

① 의 의

미성년자(未成年者)는 만 19세 미만의 자이다(민법 제4조).

② 미성년자의 법률행위

미성년자가 법률행위를 하려면 원칙적으로 법정대리인의 동의를 얻어야 하며, 이에 위반한 행위는 취소할 수 있다(민법 제5조). 그러나 다음의 경우에는 법정대리인의 동의 없이 단독으로 유효한 법률행위를 할 수 있는 예외가 인정되어 있다.

㉠ 단순히 권리만을 얻거나(부담이 없는 증여의 승낙) 의무만을 면하는 행위(채무면제에 대한 승낙, 민법 제5조 제1항 단서)

이러한 행위는 미성년자에게 이익을 줄 뿐이고 불이익을 주지 않기 때문이다. 그러나 경제적으로 유리한 매매, 재산상속과 같이 이익을 줄 뿐만 아니라 의무도 주는 행위는 단독으로 하지 못한다.

㉡ 법정대리인이 범위를 정하여 처분을 허락한 재산의 처분행위(민법 제6조)

㉢ 법정대리인으로부터 특정의 영업을 허락받은 경우에, 그 영업에 관한 행위(민법 제8조 제1항)

㉣ 혼인을 한 미성년자의 행위(민법 제826조의 2)

미성년자가 혼인을 한 때에는 성년자로 본다(민법 제826조의 2). 우리 민법상 남녀 모두 만 18세에 달한 때에는 혼인을 할 수 있으므로(민법 제807조), 이러한 혼인적령(婚姻適齡)에 달한 미성년자도 혼인을 할 수 있다. 미성년자가 혼인을 할 때에는 부모의 동의를 얻어야 한다. 그러한 미성년자가 혼인을 하면 성년이 된 것으로 법률상 의제(擬制)된다는 것이다. 따라서 혼인을 한 미성년자는 친권에 복종하지 않을 뿐만 아니라 성년자와 같이 행위능력을 취득한다.

㉤ 타인의 대리인으로서 하는 대리행위(민법 제117조)

㉥ 만 17세 이상이 된 미성년자의 단독유언행위(민법 제1061조, 제1062조)

(2) 피성년후견인

① 의 의

가정법원은 질병, 장애, 노령, 그 밖의 사유로 인한 정신적 제약으로 사무를 처리할 능력이 지속적으로 결여된 사람에 대하여 본인, 배우자, 4촌 이내의 친족, 미성년후견인, 미성년후견감독인, 한정후견인, 한정후견감독인, 특정후견인, 특정후견감독인, 검사 또는 지방자치단체의 장의 청구에 의하여 성년후견개시의 심판을 한다(민법 제9조).

② 피성년후견인의 행위와 취소

피성년후견인의 법률행위는 취소할 수 있다(민법 제10조).

(3) 피한정후견인

① 의 의

가정법원은 질병, 장애, 노령, 그 밖의 사유로 인한 정신적 제약으로 사무를 처리할 능력이 부족한 사람에 대하여 본인, 배우자, 4촌 이내의 친족, 미성년후견인, 미성년후견감독인, 성년후견인, 성년후견감독인, 특정후견인, 특정후견감독인, 검사 또는 지방자치단체의 장의 청구에 의하여 한정후견개시의 심판을 한다(민법 제12조).

② 피한정후견인의 행위와 동의

가정법원은 피한정후견인이 한정후견인의 동의를 받아야 하는 행위의 범위를 정할 수 있다(민법 제13조).

3. 제한능력자의 행위의 효과

법정대리인의 동의를 필요로 하는 경우에, 그 동의를 얻지 않고서 한 제한능력자의 행위는 제한능력자 자신이 또는 그의 법정대리인이 취소할 수 있다(민법 제140조). 취소한 때에는 그 행위는 처음부터 무효였던 것이 된다(민법 제141조).

4. 제한능력자의 거래상대방의 보호

제한능력자의 행위는 제한능력자 측에 의하여 특별한 경우를 제외하고는 언제나 취소할 수 있음이 원칙이다. 그러므로 제한능력자와 거래한 상대방은 극히 불안정한 상태에 놓이게 된다.

따라서 제한능력자의 거래상대방을 보호하고 거래의 안전을 확보해야 할 필요성이 생기게 된다. 여기서 민법은 거래상대방의 보호를 위한 제도로서 확답을 촉구할 권리, 철회권 · 거절권, 취소권의 배제를 규정하고 있다.

(1) 확답을 촉구할 권리

제한능력자의 상대방은 제한능력자가 능력자가 된 후에 그에게 1개월 이상의 기간을 정하여 그 취소할 수 있는 행위를 추인할 것인지 여부의 확답을 촉구할 수 있다. 능력자로 된 사람이 그 기간 내에 확답을 발송하지 아니하면 그 행위를 추인(追認)한 것으로 본다(민법 제15조 제1항).

제한능력자가 아직 능력자가 되지 못한 경우에는 그의 법정대리인에게 확답을 촉구를 할 수 있고, 법정대리인이 그 정하여진 기간 내에 확답을 발송하지 아니한 경우에는 그 행위를 추인한 것으로 본다(민법 제15조 제2항).

특별한 절차가 필요한 행위(법정대리인이 영업 · 차재(借財) · 보증 등을 할 때 친족회의 동의를 얻어야 하는 경우)는 그 정하여진 기간 내에 그 절차를 밟은 확답을 발송하지 아니하면 취소한 것으로 본다(민법 제15조 제3항).

(2) 철회권 · 거절권

제한능력자가 맺은 계약은 추인이 있을 때까지 상대방이 그 의사표시를 철회

(撤回)할 수 있다. 다만, 상대방이 계약 당시에 제한능력자임을 알았을 경우에는 그러하지 아니하다(민법 제16조 제1항). 제한능력자의 단독행위는 추인이 있을 때까지 상대방이 거절할 수 있다(민법 제16조 제2항). 위의 철회나 거절의 의사표시는 제한능력자에게도 할 수 있다(민법 제16조 제3항).

(3) 취소권의 배제

제한능력자가 속임수로써 자기를 능력자로 믿게 한 경우에는 그 행위를 취소할 수 없다(민법 제17조 제1항). 미성년자나 피한정후견인이 속임수로써 법정대리인의 동의가 있는 것으로 믿게 한 경우에도 그 행위를 취소할 수 없다(민법 제17조 제2항).

Ⅲ. 실종선고

[사례] 2022년 3월 3일 새벽 안개낀 부산항부두. 덥수룩한 수염, 검게 그을린 얼굴, 우수에 찬 모습, 색이 바래고 찢어진 검은 외투를 입은 사나이가 터벅터벅 걷고 있었다. 그는 바로 한때 경희여행사직원이었던 방랑자씨였다.

그는 2012년 3월 3일 승선했던 엔젤호가 난파하여 무인도에서 유일하게 살아남았다가 무인도를 지나던 회기호에 의하여 극적으로 구조되었다. 집에 돌아와 보니 문패는 놀랍게도 자기의 가장 절친한 친구인 부정한씨로 되어있었고, 더 놀라운 것은 부정한씨와 자기 부인인 배신자씨가 한 침대에 같이 누워 있었다(부씨와 배씨는 법적으로 결혼했다고 가정). Oh My God! 게다가 배신자씨는 상속받은 토지의 상당부분을 나몰라씨에게 매도하였다. 교수님 전 이제 법적으로 어떻게 해야 하나요.

▶ **해설** : 방랑자씨는 우선 가정법원에 실종선고취소청구를 하여야 한다(민법 제29조 제1항). 가정법원에 의하여 실종선고가 취소되면 가족관계는 배신자씨가 선의인 경우에는 실종선고가 취소될지라도 부정한씨와의 재혼은 유효하고, 악의인 경우에는 부정한씨와의 재혼은 무효이다.

한편 재산관계는 첫째, 실종선고를 받은 방랑자씨의 재산을 배신자씨가 상속한 후 이를 나몰라씨에게 양도한 경우에는 배신자씨와 나몰라씨가 선의인 때에는 나몰라씨의 전득행위는 유효하고, 배신자씨는 반환의무가 있다. 둘째, 배신자씨는 선의이나 나몰라씨가 악의인 때에는 나몰라씨와 배신자씨는 반환의무가 있다. 셋째, 배신자씨는 악의이나 나몰라씨가 선의인 때에도 나몰라씨와 배신자씨는 반환의무가 있다.

1. 의 의

실종선고(失踪宣告)라 함은 부재자의 생사불명의 상태(생존의 증명도 사망의 증명도 할 수 없는 상태)가 일정기간 계속된 경우에 이해관계인이나 검사의 청구에 의하여 법원이 행하는 선고를 말한다.

2. 요 건

부재자의 생사불명의 상태가 일정기간 동안 계속된 후에 이해관계인이나 검사가 가정법원에 청구한다(민법 제27조). 실종기간은 보통의 경우(보통실종)에는 5년이고, 부재자의 생존을 증명할 수 있는 최후의 시기로부터 기산(起算)한다. 특별한 경우(특별실종)에는 1년이다. 특별실종으로서 민법은 ①「전지(戰地)에 임한 자」, ②「침몰한 선박 중에 있던 자」, ③「추락한 항공기 중에 있던 자」, ④「기타 사망의 원인이 될 위난을 당한 자」 등 네 가지를 들고 있다.

3. 절 차

가정법원은 6개월 이상의 기간을 정하여 그 기간 내에 부재자 본인이나 부재자를 아는 자에 대하여 신고하도록 공고(공시최고)를 하고, 이 공시최고기간(公示催告期間)이 지나도록 신고가 없을 때에 실종선고를 하여야 한다.

4. 효 과

실종선고를 받은 자는 실종기간이 만료한 때에 사망한 것으로 본다(민법 제28조). 그러므로 상속이 개시되고, 유언은 효력을 발생하며, 혼인은 해소된다. 따라서 본인의 생존 기타의 반증(反證)을 들어 실종선고의 효과를 뒤집지 못하며,

이 효과를 뒤집으려면 실종선고를 취소하여야 한다.

그러나 실종선고는 사람의 권리능력을 박탈하는 제도는 아니다. 그러므로 실종선고를 받은 자가 다른 곳에서 생존하고 있는 때에는, 그곳에서의 생활관계에 관하여는 권리능력을 계속 갖는다.

5. 실종선고의 취소

(1) 원 칙

실종선고를 받은 자가 생존한 사실 또는 실종기간이 만료한 때와 상이한 때에 사망한 사실의 증명이 있으면 법원은 본인·이해관계인 또는 검사의 청구에 의하여 실종선고를 취소하여야 한다(민법 제29조 제1항). 그 결과 실종선고는 전혀 없었던 것이 된다.

(2) 예 외

그런데 위 원칙을 관철한다면 실종선고를 신뢰했던 자는 예기치 않은 불이익을 받을 염려가 있다. 여기서 민법은 다음과 같은 예외를 두고 있다.

첫째, 실종선고 후 그 취소 전에 선의(善意)로 한 행위의 효력에 영향을 미치지 아니한다(민법 제29조 제1항 단서). 이에 대하여 악의(惡意)로 한 행위는 효력이 없다. 그 행위가 계약인 때에는 양 당사자 중의 일방만이 악의일지라도 그 행위는 악의로 한 행위가 된다(통설).

둘째, 실종선고를 직접 원인으로 하여 재산을 취득한 자(예컨대 상속인 등을 말하고, 이들로부터 법률행위에 의하여 재산을 취득한 이른바 전득자(轉得者)는 이에 포함되지 아니한다)가 선의인 경우에는 그 받은 이익이 현존하는 한도에서 반환하여야 한다(민법 제29조 제2항). 그러나 악의인 경우에는 그 받은 이익에 이자를 붙여서 반환하여야 하고, 손해가 있으면 이를 배상하여야 한다(민법 제29조 제2항).

Ⅳ. 법인의 불법행위능력

[사례] 선량한씨는 H학교법인의 대표이사인 오리발씨가 H법인이 운영하는 학교의 강의실확장 등 공사비에 사용하기 위하여 돈을 빌린다고 하기에 돈 10억 원을 빌려주면서, 그 담보로 H법인의 대표이사 오리발씨의 명의로 발행한 당좌수표를 교부받았다. 그 후 선량한씨는 오리발씨가 빌린 돈을 갚지 않기에 당좌수표를 지급 제시하였으나 거절되었다.

학교법인이 다른 사람으로부터 돈을 빌릴 때에는 사립학교법에 의하여 감독관청의 허가를 받아야 하는데, 그러한 허가를 받지 않았기 때문에 선량한씨와 H법인간의 소비대차계약은 무효가 되었을 뿐만 아니라 오리발씨는 그 돈을 개인적인 용도에 모두 써 버렸다. 이러한 경우 선량한씨는 어떤 법적 구제를 받을 수 있을까?

▶ **해설** : 법인(法人)이라 함은 자연인이 아니면서 권리능력이 인정된 것, 즉 권리·의무의 주체가 될 수 있는 것을 말한다. 민법은 법인은 이사 기타 대표자가 그 직무에 관하여 타인에게 가한 손해를 배상할 책임이 있다고 하여 법인의 불법행위책임을 규정하고 있다(제35조 제1항 전단).

오리발씨의 금전차용행위는 외형상 H법인의 직무행위에 포함된다고 볼 수 있다. 또한 선량한씨와 H법인간의 소비대차계약이 무효가 되어 선량한씨는 손해를 입게 되었다. 따라서 선량한씨는 H법인에 대하여 불법행위책임을 추궁하여 손해배상을 청구할 수 있다. 다만 선량한씨가 오리발씨의 대표권남용의 사실을 알았을 때에는 신의칙에 반하므로 H법인은 선량한씨의 악의를 입증하여 책임을 면할 수 있다(대판 1987.10. 13, 86다카1522). 또한 선량한씨는 오리발씨에 대하여도 손해배상을 청구할 수 있다(민법 제35조 제1항 후단). H법인이 선량한씨에게 배상한 경우 H법인은 오리발씨에 대하여 구상권(求償權)을 행사할 수 있다(민법 제65조).

Ⅴ. 물 건

[사례] 인기가수 목청껏씨는 누구도 흉내 낼 수 없는 가창력으로 많은 팬들로부터 지속적인 사랑을 받고 있었다. 그는 말년에 사망하기 전 자기가 죽으면 시신을 「남서울대학병원」에 기증하여 목을 해부 · 연구할 수 있도록 외동딸 목소리양에게 유언하였다. 이 경우 목소리양은 법적으로 유언을 따라야 할 의무가 있는가?

▶ **해설** : 민법에서 물건이라 함은 유체물 및 전기 기타 관리할 수 있는 자연력을 말한다(민법 제98조). 따라서 인체는 물건이 아니나 시체(유해)는 물건이다. 시체의 소유권은 상속인인 목소리양에게 있다.

보통 물건은 사용 · 수익 · 처분 · 포기할 수 있는 데 대하여, 시체는 양도 · 처분할 수 없고 매장 · 화장 · 제사 등만을 할 수 있다. 그러므로 유해를 상속한 목소리양은 유언에 따라 유해를 「남서울대학병원」에 기증하는 처분행위를 할 수 없고, 또한 고인도 생전에 자기의 유해를 「남서울대학병원」에 기증하는 처분행위를 할 수 없다. 따라서 고인이 생전에 유해를 처분했다고 할지라도 목소리양이 법적으로 따라야 할 의무는 없다.

1. 개 념

민법에서 물건이라 함은 유체물(有體物) 및 전기 기타 관리할 수 있는 자연력을 말한다(민법 제98조).

2. 요 건

(1) 유체물이거나 전기 기타 관리할 수 있는 자연력일 것

유체물이라 함은 공간의 일부를 차지하고 사람의 오감(五感)에 의하여 지각할 수 있는 형태를 가지는 물질, 즉 고체 · 액체 · 기체를 말한다. 이에 대하여 무체물이라 함은 자연력(전기 · 음향 · 향기 · 열 등)과 같이 어떤 형체는 없고 다만 사고상의 존재에 지나지 아니하는 것을 말한다. 관리할 수 있는 자연력이라 함은 배타적 지배가 가능한 자연력을 말한다. 민법상의 물건은 유체물과 무체물 중 관리가 가능한 자연력이다.

(2) 관리가 가능할 것

무체물뿐만 아니라 유체물도 관리가 가능하여야 한다.

(3) 외계의 일부일 것

물건은 외계(外界)의 일부이어야 한다. 그러므로 인체는 물론 인체의 일부도 물건이 아니다. 인위적으로 인체에 부착된 의치 · 의안 · 의수(義手) · 의족 등도 신체에 고착되어 있는 한 신체의 일부이며, 물건이 아니다. 그러나 인체의 일부이더라도 생체로부터 분리된 것(예컨대 모발 · 치아 · 혈액 등)은 물건이다.

Ⅵ. 법률행위

1. 불공정한 법률행위(폭리행위)

[사례] 가정형편이 어려운 나약자씨는 제대하자마자 봉제공장을 경영하는 최강자사장에게 1년간 고용되어 일을 하다가 공장에서 사고로 사망하고 말았다. 갑자기 가장을 잃은 나약자씨의 유족들은 충격과 비통 속에서 장례비까지 걱정해야 하는 아주 어려운 처지에 놓이게 되었다.

이 때에 최강자사장의 오른팔인 전무 강경한씨는 재빨리 나약자씨의 부모에게 나타나더니 우선 합의서를 작성해야 최강자사장이 처벌을 받지 않는다고 조르는 바람에 무학력인 나약자씨의 아버지는 5백만 원을 받고 「앞으로 민 · 형사상의 이의를 제기하지 않는다」는 합의서를 써 주었다. 나약자씨의 아버지는 장례를 치르고 나서 여기저기 알아보니 소송을 했더라면 5천만 원 정도는 충분히 받을 수 있었다고 한다. 이미 손해배상문제에 합의서를 작성하고 합의금 5백만 원까지 받았는데 혹시 좋은 방법이 없을까?

▶ **해설** : 이 사례는 불공정한 법률행위(폭리행위)에 관한 문제이다. 여기서 법률행위(法律行爲)라 함은 일정한 법률효과의 발생을 원하는 하나 또는 수개의 의사표시를 불가결의 요소로 하는 법률요건을 말한다. 손해배상에 관한 가해자와 피해자측의 합의도 일종의 법률행위이다. 그런데 모든

법률행위는 공정하여야 효력이 있다. 자식이 죽고 장례비까지 걱정해야 하는 어려운 처지에서 무학력·무경험의 부모가 5백만 원을 받고 한 합의는 불공정한 법률행위라고 할 수 있다.

민법은 당사자의 궁박(窮迫)·경솔 또는 무경험으로 인하여 현저하게 공정을 잃은 법률행위는 무효로 한다고 규정하고 있다(민법 제104조). 어떠한 경우가 현저하게 공정을 잃은 법률행위인가는 구체적인 경우에 법관의 재량에 의하여 결정될 것이다. 아무튼 나약자씨의 부모는 합의가 불공정한 법률행위라고 주장하여 받을 수 있었던 5천만 원 중 5백만 원을 제외한 나머지 4천5백만 원을 청구할 수 있다.

2. 의사와 표시의 불일치(의사의 흠결(欠缺))

(1) 비진의표시

[사례] 일밖에 모르는 강직한씨는 「경기물산주식회사」의 직원이자 노조위원장이다. 얼마 전 그가 심혈을 기울였던 회사와 노조간의 임금협상이 무산되자 도의적 책임을 진다고 하면서 회사에 사표를 제출하였다. 물론 그는 회사가 자신의 능력을 높이 평가하여 사표가 수리되지 않을 것으로 믿고 형식적으로 제출한 것이다.

그런데 의외로 「경기물산주식회사」는 「안타깝지만 본인의 의사가 그렇다면 할 수 없다」고 하면서 사표를 수리하였다. 본심과 다른 강직한씨의 사표는 유효한가?

▶ **해설** : 강직한씨의 사표제출은 비진의표시로서 표시된 대로 효과를 발생하는 것이 원칙이다. 다만 「경기물산주식회사」가 강직한씨의 진의 아님을 알았거나 이를 알 수 있었을 경우에는 무효로 한다. 그러나 「경기물산주식회사」는 강직한씨가 본심이 아닌 형식상의 사표를 낸다는 점을 알 수 없었으므로 사표의 수리는 유효하다.

① 의 의

비진의표시(非眞意表示)라 함은 표의자가 의사와 표시가 일치하지 않는다는 것을 알면서 하는 의사표시를 말한다. 심리유보(心裡留保)·진의 아닌 의사표시 또는 단독허위표시라고도 한다.

그러나 사교적인 명백한 농담, 배우의 무대 위에서의 대사, 교수가 강의실에서 학생에게 표본으로서 어음이나 수표 등을 보여주는 행위 등은 비진의표시가 아니다.

② 효 과

㉠ 원 칙

비진의표시는 표시한 대로 효과를 발생하는 것이 원칙이다(민법 제107조 제1항 본문). 이것은 표의자를 보호하여야 할 필요가 없기 때문이다.

㉡ 예 외

다만 상대방이 표의자의 진의 아님을 알았거나 이를 알 수 있었을 경우에는 무효로 한다(민법 제107조 제1항 단서). 그러나 비진의표시가 예외적으로 무효가 되는 경우에 그 무효는 선의(善意)의 제3자에게 대항하지 못한다(민법 제107조 제2항).

(2) 통정허위표시

[사례] 광운전자회장 정몽주씨는 회사가 부도날 것을 우려하여 자신의 성북동빌라를 친구 이성계씨에게 매매형식으로 가장하여 소유권이전등기를 해 주었다. 그런데 1년 후 이성계씨는 돈에 눈이 어두워 그 빌라를 아무런 사정도 모르는 정도전씨에게 양도하였다. 이 경우 정몽주씨는 성북동빌라를 되찾을 수 있을까?

▶ **해설** : 정몽주씨와 이성계씨간의 가장매매는 통정허위표시로서 원칙적으로 무효이다. 그러므로 정몽주씨는 이성계씨에게 빌라의 반환을 요구할 수 있다. 그러나 통정허위표시의 무효는 선의의 제3자에게 대항하지 못하므로 정도전씨의 빌라의 취득은 유효하다. 따라서 정몽주씨는 이성계씨에게 손해배상을 청구할 수 있다.

① 의 의

통정허위표시(通情虛僞表示)라 함은 표의자가 상대방과 통정(통모)하여 진의 아닌 의사를 표시하는 것을 말한다. 채무자가 자기소유의 부동산에 대한 채권자의 집행을 면하기 위하여 타인과 상의(통모)하여 그 자에게 매도한 것으로 하고 등기명의를 이전하는 경우가 대표적인 예이다.

② 효 과

통정허위표시는 원칙적으로 무효이다. 즉 통정허위표시는 당사자 간에는 언제나 무효이다. 따라서 이행 전에는 이행할 필요가 없고, 이행 후에는 통정허위표시로 이익을 얻은 자는 부당이득반환의 의무를 지게 된다. 다만 그 의사표시의 무효는 선의의 제3자에게 대항하지 못한다(민법 제108조).

그러나 선의의 제3자로부터 다시 전득(轉得)한 자에 대하여는 그가 전득시에 악의이더라도 허위표시의 무효를 가지고 대항하지 못한다.

3. 조 건

[사례] 한때 양심적인 갑부였던 성삼문씨는 친구 김질씨가 「천안영상사업단」을 운영하려고 하니 1억 원을 빌려달라고 하여 「사업이 잘되면 갚으시게」라고 말하고, 또 김질씨도 「사업이 잘되면 갚겠다」고 하여 1억 원을 빌려주었다. 3년 후 파산하여 실업자가 된 성삼문씨는 영화 「남고괴담」으로 수백억을 번 김질씨에게 1억 원을 받아내려고 한다. 법적으로 가능할까?

▶ **해설** : 이 사례는 법률행위의 조건에 관한 문제이다. 조건이라 함은 법률행위의 효력의 발생 또는 소멸을 「장래의 불확실한 사실의 성부(成否)」에 의존하게 하는 법률행위의 부관(附款)을 말한다. 예컨대 사법시험에 합격하면 자동차를 주겠다고 하는 계약이 이에 해당한다.

「사업이 잘되면 갚겠다」는 것을 조건으로 돈을 빌려주고 빌릴 수도 있다. 조건이 충족되었는가의 여부는 객관적으로 판단하여야 한다. 성삼문씨가 애매하고 불리한 조건을 붙였을지라도 객관적으로 보아 김질씨의 사업은 잘되었으므로 조건은 성취되었다고 할 것이다. 따라서 김질씨는 1억 원을 갚아야 할 의무가 있다.

Ⅶ. 기 간

[사례] 사단법인의 사원총회를 1주일 전에 통지한다고 할 때에 사원총회일이 4월 12일이라면 며칠까지 사원에게 총회소집통지가 도착되어야 하나?

▶ **해설** : 민법의 기간계산방법은 기간계산의 역산(逆算)에도 준용되어야 한다. 총회일이 4월 12일이라고 한다면 그 전일인 11일을 기산일로 하여 역산해서 5일이 말일이 되고 그날의 오전 0시에 기간이 만료한다. 따라서 늦어도 4월 4일 자정까지는 사원에게 총회소집통지가 도착되어야 한다.

1. 의 의

기간(期間)이라 함은 어느 시점으로부터 다른 시점까지 계속된 시간을 말한다. 기간의 계산은 법령, 재판상의 처분 또는 법률행위에 다른 정한 바가 없으면 민법의 규정에 의한다(민법 제155조).

2. 계산방법

기간의 계산방법에는 자연적 계산방법과 역법적 계산방법의 두 가지가 있다. 자연적 계산방법은 자연의 시간의 흐름을 순간으로부터 순간까지를 계산하는 방법이고, 역법적(曆法的) 계산방법은 역에 따라 계산하는 방법이다. 민법은 단기간에 관하여는 자연적 계산방법을, 장기간에 관하여는 역법적 계산방법을 채택하고 있다.

(1) 시 · 분 · 초를 단위로 하는 기간의 계산

시 · 분 · 초(秒)를 단위로 하는 기간의 계산은 자연적 계산방법에 의한다. 즉 즉시를 기산점으로 하여 계산한다(민법 제156조). 기간의 만료점은 그 정하여진 시 · 분 · 초가 종료한 때이다.

(2) 일 · 주 · 월 · 년을 단위로 하는 기간의 계산

일 · 주 · 월 · 년을 단위로 하는 기간의 계산은 역법적 계산방법에 의한다.

① 기산점

기간을 일 · 주 · 월 · 년으로 정한 때에는 기간의 초일(初日)은 산입하지 않는 것이 원칙이다(민법 제157조 본문). 그러나 이에는 두 가지 예외가 있다. 첫째, 그 기간이 오전 영시로부터 시작하는 때에는 초일을 산입한다(민법 제157조 단서). 둘째, 연령계산에는 출생일을 산입한다(민법 제158조).

② 만료점

기간을 일 · 주 · 월 · 년으로 정한 때에는 기간말일의 종료로 기간이 만료한다(민법 제159조). 기간을 주 · 월 또는 년으로 정한 때에는 일(日)로 계산하지 아니하고 역에 의하여 계산한다(민법 제160조 제1항). 주 · 월 또는 년의 처음으로부터 기간을 기산하지 아니하는 때에는 최후의 주 · 월 또는 년에서 그 기산일에 해당한 날의 전일로 기간이 만료한다(민법 제160조 제2항). 월 또는 년으로 정한 경우에 최종의 월에 해당일이 없는 때에는(윤년이 있으므로) 그 월의 말일로 기간이 만료한다(민법 제160조 제3항). 기간의 말일이 공휴일에 해당한 때에는 기간은 그 익일(翌日)로 만료한다(민법 제161조).

Ⅷ. 소멸시효

[사례 1] 인기가수 「트와이스」는 2022년 5월 14일 K나이트클럽에서 천만 원을 받기로 계약을 체결하고 노래를 불렀다. 그러나 그날 임금을 받지 못하고 차일피일 미루다가 2024년 5월 14일 사장인 폭력배출신 주먹세씨에게 청구하였다. 「트와이스」는 과연 천만 원을 받을 수 있을까?

▶ **해설** : 연예인의 임금에 대한 채권은 1년의 단기소멸시효에 걸리는 채권이다. 따라서 트와이스는 2023년 5월 14일까지 임금을 청구할 수 있었음에도 불구하고 임금 천만 원을 청구하지 않아 소멸시효기간이 만료되었기 때문에 주먹세씨가 권리의 승인을 하지 않는 한 천만 원을 받을 수 없다.

[사례 2] 지략이 출중하고 인물이 천하절색(天下絶色)인 영화배우 출신 정난정양은 성환 매주리에 「여인천하 까페」를 차렸다. 그런데 단골손님인 윤원형씨는 외상술값을 2년이 넘도록 갚지 않아 정난정양은 2년 6개월 만에 외상술값 3백만 원을 청구하였다. 정난정양은 3백만 원을 받을 수 있을까?

▶ **해설** : 술값은 1년의 단기소멸시효에 걸리는 채권이다. 따라서 정난정양은 1년 내에 술값 3백만 원을 청구하지 않아 소멸시효기간이 만료되었기 때문에 3백만 원을 받을 수 없다.

1. 의 의

소멸시효(消滅時效)라 함은 권리의 불행사라는 사실상태가 일정기간 동안 계속됨으로써 권리소멸의 효과가 발생하는 시효를 말한다.

2. 소멸시효의 요건

모든 권리가 소멸시효에 걸리지는 않는다. 소멸시효에 걸리는 권리는 소유권 이외의 재산권에 한한다. 소유권은 본질상 항구성이 있기 때문에 소멸시효에 걸리지 않는다. 재산권 중에서 가장 중요한 것은 채권이다. 가족권·인격권과 같은 비재산권 등은 소멸시효에 걸리지 않는다. 소멸시효의 요건을 들면 다음과 같다.

(1) 권리(소유권을 제외한 재산권)를 행사할 수 있음에도 불구하고 이를 행사하지 않는 상태가 계속되어야 한다.

(2) 권리의 불행사라는 사실상태가 일정기간(소멸시효기간) 동안 계속되어야 한다.

소멸시효기간은 권리의 종류에 따라 다르다.

① 원 칙

보통의 채권은 10년(민법 제162조 제1항), 상행위로 인한 채권은 5년(상법 제64조)이다.

② 예 외

㉠ 3년의 단기소멸시효에 걸리는 채권

3년의 단기소멸시효(短期消滅時效)에 걸리는 채권으로는 ⓐ 의사·조산사(助産師)·간호사·약사의 치료·근로·조제에 관한 채권, ⓑ 변호사·변리사(辨理士)·공증인·공인회계사·법무사의 직무에 관한 채권, ⓒ 공사의 설계·감독에 종사하는 자의 공사에 관한 채권, ⓓ 수공업자·제조자의 업무에 관한 채권 등을 들 수 있다(민법 제163조).

㉡ 1년의 단기소멸시효에 걸리는 채권

1년의 단기소멸시효에 걸리는 채권으로는 ⓐ 여관·음식점·대석(貸席)·오락장의 숙박료·음식료·대석료·입장료의 채권, ⓑ 의복·침구(寢具)·장구(葬具) 기타 동산의 사용료의 채권, ⓒ 노역인·연예인의 임금에 대한 채권 등을 들 수 있다(민법 제164조).

㉢ 기타의 재산권

기타(채권 및 소유권 이외)의 재산권은 20년이다.

(3) 소멸시효의 중단사유 없이 시효기간이 만료되어야 한다.

① 소멸시효중단의 의의

소멸시효는 권리의 불행사라는 사실상태가 일정기간 동안 계속되어 권리의 존재가 불확실하게 되는 것이므로, 그 기간이 만료하기 전에 권리의 행사 등이 있으면 소멸시효의 진행은 도중에 중단된다. 이것을 소멸시효의 중단이라고 한다.

② 소멸시효의 중단사유

소멸시효의 중단사유에는 권리자에 의한 권리의 행사와 의무자에 의한 권리의 승인이 있다.

㉠ 권리자에 의한 권리의 행사

권리자에 의한 권리의 행사의 가장 전형적인 예는 재판상의 청구(訴의 제기)이다. 채권자가 단순히 최고(독촉)하는 것도 소멸시효가 중단되나 그 효력은 아주 약하며, 최고(催告)가 있은 날로부터 6월 내에 다른 강력한 수단을 사용하지 않으면 소멸시효중단의 효력이 없다(민법 제174조).

㉡ 의무자에 의한 권리의 승인

의무자에 의한 권리의 승인은 특별한 방식이 요구되지 않는다. 원본채권의 존재를 인정하여 이자를 지급하는 것이 대표적인 예이다.

③ 소멸시효의 중단의 효과

소멸시효가 중단된 때에는 중단까지에 경과한 시효기간은 이를 산입하지 아니하고 중단사유가 종료한 때로부터 새로이 진행한다(민법 제178조).

(4) 소멸시효의 정지사유 없이 시효기간이 만료되어야 한다.

소멸시효의 기간이 만료하기 전에 권리의 행사를 곤란하게 하는 사정이 있으면 일정기간 동안 시효의 완성이 유예된다. 이것을 소멸시효의 정지라고 한다. 소멸시효의 정지사유의 대표적인 예를 들면 다음과 같다. 재산을 관리하는 아버지, 어머니 또는 후견인에 대한 제한능력자의 권리는 그가 능력자가 되거나 후임 법정대리인이 취임한 때부터 6개월 내에는 소멸시효가 완성되지 아니한다(민법 제180조).

3. 소멸시효의 효과

소멸시효의 효과는 그 권리가 소멸시효기산일에 소급(遡及)하여 소멸하는 것이다.

제2절 물 권

물권(物權)이라 함은 특정한 물건을 직접 지배하여 이익을 얻는 배타적 권리를 말한다.

Ⅰ. 등기와 인도

1. 등 기

(1) 공시의 원칙과 공신의 원칙

[사례] 서울시청 7급 공무원인 성실한씨는 홀어머니를 모시고 살면서 박봉에 시달리면서도 20년간 부은 적금을 타서 나사기씨로부터 1억 원 상당의 집을 샀다. 물론 성실한씨는 등기부등본을 떼어보고 나사기씨의 명의로 되어 있음을 확인하고 집을 샀다.

그런데 갑자기 원주인씨가 나타나더니 이 집은 나사기씨가 서류를 위조하여 성실한씨에게 매도한 것이라고 주장하며 말소소송을 제기하였다. 등기부등본까지 확인하고 산 성실한씨는 소유권을 주장할 수 없나?(실제로 나사기씨는 원주인씨의 집을 서류를 위조하여 자기명의로 소유권이전등기를 하였다).

▶ **해설** : 부동산등기에는 공신력이 인정되지 아니하므로 성실한씨는 등기부를 열람하고 나사기씨의 집으로 신뢰했더라도 소유권을 취득하지 못한다. 다만 성실한씨는 나사기씨에 대하여 손해배상을 청구하거나 형사고소할 수 있다.

① 의 의

물권(物權)은 그 객체를 「지배할 수 있다」는 지배가능성으로서 나타난다. 이것을 물권의 관념성이라고 한다. 이와 같이 물권은 관념적이기 때문에 소유권을 양수하거나 저당권의 설정을 받으려고 하는 자를 위해서는 그 물건 위에 누가 어떤 내용의 물권을 가지고 있는가를 아는 것이 필요하다. 여기서 물권의 현상은 언제나 외부에서 인식할 수 있는 어떤 표상을 수반하는 것이 필요하게 된다. 이것이 공시방법 내지 공시제도이다.

현행민법은 부동산물권에 관하여는 등기를, 동산물권에 관하여는 인도(引渡)를 각각 공시방법으로서 인정하고 있다. 부동산등기라 함은 국가기관(등기공무원)이 부동산에 관한 권리관계를 부동산등기부(不動産登記簿)에 기재하는 것 또는 기재된 것 그 자체를 말한다. 인도라 함은 점유의 이전을 말한다.

② 공시의 원칙과 공신의 원칙

공시방법이 그 기능을 수행하기 위해서는 다음과 같은 원칙들을 인정하는 것이 필요하게 된다.

㉠ 공시의 원칙

공시(公示)의 원칙이라 함은 물권의 변동은 언제나 외부에서 인식할 수 있는 어떤 표상, 즉 공시방법을 수반하여야 한다는 원칙을 말한다. 다시 말하면 그러한 공시방법을 갖추지 아니하면 물권변동의 효과는 부인된다는 원칙이다. 예컨대 갑으로부터 을에게 물권이 이전하려면 그 이전을 공시하여야 하고(이전등기나 인도 등), 만일에 이를 공시하지 아니하면 갑으로부터 을에게의 물권이전의 효과는 부인된다.

㉡ 공신의 원칙

위의 공시의 원칙이 관철되어 있으면 등기된 권리 등은 존재하는 것으로 추정(推定)된다. 그러나 등기부에 물권자(권리자)로서 기재되어 있는 자라 할지라도 그가 반드시 진실한 물권자(권리자)라는 보증은 없다. 그 이유는 등기가 위조인 경우도 있고, 등기의 원인인 사실(예컨대 매매 등)이 무효 또는 취소인 경우도 있기 때문이다.

외부에서 인식할 수 있는 어떤 표상, 즉 공시방법을 신뢰한 자는 비록 그 공시방법이 진실한 권리관계에 부합하지 않더라도 그 공시된 대로 권리를 취득한다는 원칙이 공신(公信)의 원칙이다.

만일에 공신의 원칙을 인정한다면 거래의 안전은 보호되나 진정한 권리자는 희생당한다. 현행민법은 부동산의 등기에 관하여 공신의 원칙을 채택하지 아니하고 있다. 다만 동산의 점유에 관해서만 이를 인정하고 있다.

(2) 부동산에 관한 권리변동과 등기

[사례] 작년까지 잘 나가던 이놀부씨는 요즈음 사업이 어려워 공장부지(工場敷地)를 라이벌 사업가인 이흥부씨에게 매각하였다. 그런데 얼마 후 공장부지의 값이 오르자 이놀부씨는 전문 땅투기꾼인 부동산씨에게 3배의 값을 받고 이중으로 매각하면서 등기를 넘겨주었다. 이 경우 매각된 공장부지의 소유권은 누구에게 속하는가?

▶ **해설** : 원칙적으로 부동산에 관한 권리변동, 다시 말하면 부동산의 취득·상실·변경 등은 등기하여야 그 효력이 발생한다(민법 제186조). 그러므로 부동산이 이중으로 매도된 경우에 소유권을 취득하는 사람은 먼저 계약을 체결하거나 대금을 지불한 사람이 아니라 먼저 이전등기를 한 사람이다. 따라서 공장부지의 소유권은 부동산씨에게 속한다. 다만 이흥부씨는 이놀부씨에 대하여 손해배상을 청구하거나 배임죄로 형사고소할 수 있다.

① 의 의

이중매매라 함은 부동산소유자가 동일한 부동산을 여러 사람에게 매도하는 경우를 말한다. 매매에 의하여 부동산을 양수하였으나 등기를 이전하지 않은 자는 물권이 아니라 단지 소유권이전청구권이라는 채권을 취득할 뿐이다. 현행민법 하에서는 원칙적으로 부동산에 관한 권리변동은 등기하여야 그 효력이 발생하기 때문이다(민법 제186조).

② 부동산에 관한 권리변동과 등기

㉠ 원 칙

전세를 들어가거나 집을 살 때 우리는 그 집의 등기부를 열람하거나 등기부 등본을 발급받아 보고 이상이 있는지 여부를 확인하게 된다. 또한 매매대금을 모두 지불하고 등기를 넘겨받거나, 돈을 빌려주고 저당권설정등기를 하면 그때서야 비로소 안심하게 된다. 이와 같이 부동산에 관한 거래에서 등기는 매우 중요한 의미를 가진다.

원칙적으로 부동산에 관한 권리변동, 다시 말하면 부동산의 취득·상실·변경 등은 등기하여야 그 효력이 발생한다(민법 제186조). 이것을 형식주의 또는 성립요건주의라고 한다. 예컨대 아파트매매계약을 체결하고 대금을 모두 지불했더라도 그 등기를 넘겨받지 못하면 그 소유권을 취득할 수 없다.

또한 이전등기에 필요한 서류를 모두 다 넘겨 받아두었더라도 실제로 등기를 하지 않으면 그 소유권을 취득할 수 없다. 예컨대 아파트매매계약을 체결하고 대금을 모두 지불했더라도 등기를 하지 않고 있는 사이에 전 주인에 대한 채권자가 그 집을 압류하게 되면 이에 대항할 수 없다. 왜냐하면 내용적으로는 대금을 지불한 매수인이 그 집의 새 주인이라고 하더라도 형식적으로 그 집의 등기(명의)가 전 주인 앞으로 되어 있으면 법률상 그 집의 소유자는 전 주인이기 때문이다.

또한 부동산이 이중으로 매도된 경우에 소유권을 취득하는 사람은 먼저 계약을 체결하거나 대금을 지불한 사람이 아니라 먼저 이전등기를 한 사람이다. 다만 부동산의 이중매매가 제2의 매수인이 매도인의 배임행위에 적극 가담하여 이루어진 경우에는 민법 제103조의 반사회적 법률행위에 해당하여 무효로 된다.

㉡ 예 외

상속·공용징수(토지수용)·판결·경매(경매(競賣)에는 공경매와 사경매가 있다. 여기서 경매는 공경매를 의미한다) 기타 법률의 규정에 의한 부동산에 관한 권리의 취득은 등기를 하지 않더라도 소유권을 취득할 수 있다. 그러나 (이전)등기를 하지 아니하면 그 부동산을 처분하지 못한다(민법 제187조).

(3) 부동산등기부

[사례] 금강산씨는 속리산근처에 있는 10만 평의 과수원을 백두산씨에게 10억 원에 매도하는 계약을 체결하였으나 매매대금의 일부를 받지 못하자, 소유권이전등기는 10억 원을 전부 받을 때 넘겨주기로 하고 우선 백두산씨에게 가등기를 해 주었다. 그러한 사이에 백두산씨의 친구인 한라산씨가 재빨리 매매대금 10억 원을 지불하고 먼저 소유권이전등기를 했다.

그런데 그 후 백두산씨가 금강산씨에게 잔금을 지불하고 가등기에 기하여 본등기를 했다면서 과수원은 자기의 소유라고 주장한다. 과연 이 과수원은 누구에게 소유권이 있나?

▶ **해설** : 가등기는 본등기(소유권이전등기)가 아니고 장차 본등기를 하기 위한 예비등기에 불과하므로 금강산씨는 소유권을 상실하는 것이 아니며 따라서 자기의 과수원에 대하여 가등기 이후에도 계속 처분할 수 있다.

그러나 가등기는 본등기의 순위를 보전하여 주므로 백두산씨는 가등기에 기하여 본등기를 했기 때문에 한라산씨가 본등기를 먼저 했다고 하더라도 백두산씨의 본등기가 우선한다.

① 의 의

부동산물권(소유권 · 지상권 · 전세권 · 저당권 등)이 누구에게 있는가를 일반사람들에게 알리는 방법으로서 현행민법은 등기제도를 채택하고 있다. 부동산등기라 함은 국가기관(등기공무원)이 부동산에 관한 권리관계를 부동산등기부에 기재하는 것 또는 기재된 것 그 자체를 말한다.

등기사무는 부동산의 소재지를 관할하는 지방법원 · 지방법원지원 또는 관할등기소에서 담당한다(부동산등기법 제7조 이하 참조).

② 부동산등기부의 종류

부동산등기부에는 토지등기부와 건물등기부가 있다. 각각 1필(筆)의 토지 또는 1개의 건물에 대하여 1용지를 사용한다(부동산등기법 제15조). 따라서 우리의 부동산등기부는 권리의 객체인 1개의 부동산을 단위로 하여 편성된다(물적 편성주의).

③ **부동산등기부의 구성부분**

1등기용지는 등기번호란·표제부(表題部)·갑구(甲區)·을구의 네 부분으로 되어 있다. 등기번호란에는 각 토지 또는 건물대지의 지번(地番)을 기재한다. 표제부에는 부동산의 표시(토지의 소재지·지번·지목(地目)·평수 등, 건물의 소재지·지번·구조·평수 등)와 그 변경에 관한 사항 및 표시번호란(표시란에 등기할 순서를 적는다)을 기재한다. 그리고 갑구란에는 소유권에 관한 사항, 압류등기, 가압류등기, 가등기 등을 기재한다. 또한 을구란에는 소유권 이외의 권리에 관한 사항을 기재한다(부동산등기법 제15조).

④ **등기의 종류**

㉠ 보존등기와 권리변동의 등기

ⓐ 보존등기

보존등기 내지 소유권보존등기라 함은 미등기(未登記)의 부동산에 관하여 그 소유자의 신청으로, 처음으로 행하여지는 소유권의 등기를 말한다.

어떤 부동산에 관하여 보존등기를 하게 되면 새로 그 부동산의 등기용지가 개설되고, 그 이후에 있어서의 부동산에 관한 권리변동은 모두 이 보존등기를 기초로 하여 행하여지게 된다.

예컨대, 토지의 매립(埋立)이나 건물의 신축으로 부동산소유권을 원시취득한 자가 보존등기를 신청하면, 등기공무원은 새로 그 부동산의 등기용지를 개설하여 표제부에 표시의 등기를 하고, 갑구란에 소유권자가 누구라는 것을 등기한다.

ⓑ 권리변동의 등기

권리변동의 등기라 함은 당해 부동산에 관하여 소유권보존등기를 기초로 하여 그 후에 행하여지는 권리변동(예컨대 소유권의 이전, 저당권의 설정 등)의 등기를 말한다.

(ⅰ) 이전등기

컴퓨터나 사이다 등과 같은 물건, 즉 동산을 매수할 경우에 그 대금을 지불하고 그 물건을 넘겨받으면, 즉 인도(引渡)받으면 그 물건의 소유권을 취득하게 된다.

그러나 토지나 건물 등과 같은 물건, 즉 부동산을 매수할 경우에 그 대금을 지불하고 그 물건을 실제로 넘겨받는 것만으로는 소유권을 취득할 수 없고 등기를 하여야 한다. 이와 같이 부동산의 소유권을 넘겨받는 등기를 이전등기(移轉登記)라 한다.

(ii) 이중매매와 이전등기

이중매매(二重賣買)라 함은 부동산소유자가 동일한 부동산을 여러 사람에게 매도하는 경우를 말한다. 부동산이 이중으로 매도된 경우에 소유권을 취득하는 사람은 먼저 계약을 체결하거나 대금을 지불한 사람이 아니라 먼저 이전등기를 한 사람이다.

(iii) 중간생략등기

(가) 개 념

예컨대 갑(甲)이 그의 부동산을 을(乙)에게 매도하고, 을이 다시 병(丙)에게 그 부동산을 매도한 경우에 등기는 먼저 갑으로부터 을에게 이전등기를 하고, 이어서 병에게 이전등기를 하는 것이 원칙이다.

그런데 거래계의 관행으로서는 종래 그러한 경우에 을에게 이전등기를 생략하여, 직접 갑으로부터 병에게 이전등기를 하는 일이 흔하다. 이것을 중간생략등기(中間省略登記)라고 한다.

이러한 편법은 등록세·양도소득세(讓渡所得稅) 등의 세부담을 경감하고 절차와 비용을 절약하기 위한 것이라 할 수 있다.

(나) 유효 여부

학설(다수설)과 판례는 중간생략등기는 갑·을·병 3자의 합의가 있는 경우에는(중간자의 동의가 있는 경우에는) 유효하다고 한다. 그 이유는 중간생략등기를 모두 무효라고 한다면, 그것을 기초로 하여 행하여진 그 후의 등기도 유효할 수 없다는 결과가 되어 거래의 안전을 크게 해치게 되기 때문이다.

다만 중간생략등기는 부동산투기의 수단으로서 이용되는 경우가 많기 때문에, 부동산등기특별조치법은 이를 금하고 있으며, 이에 위반하면 처벌된다(과태료·벌금·징역 등). 주의할 점은 이 규정도 효력규정이 아니라 단속규정에 지나지 아니하기 때문에, 그에 위반하여 행하여진 중간생략등기가 무효로 되는 것은 아니다.

ⓛ 본등기(종국등기)와 예비등기

ⓐ 본등기

본등기(本登記)는 등기의 본래의 효력(물권변동의 효력)을 발생하게 하는 등기이다. 본등기에는 기입등기·변경등기·회복등기·말소등기가 있다.

(i) 기입등기

기입등기(記入登記)는 새로운 등기원인에 기하여(의하여) 일정한 사항을 등기부에 기입하는 등기이며, 보통 등기라고 하면 기입등기를 말한다. 예컨대 소유권보존등기 · 소유권이전등기 등이 이에 해당한다.

(ii) 변경등기

변경등기는 기존의 등기의 일부를 변경하는 등기이다. 그 중에 등기사항에 착오 또는 유루(遺漏)가 있어서 등기와 실체관계가 일치하지 않아 이를 경정하는 것을 특히 경정등기(更正登記)라고 한다.

(iii) 회복등기

회복등기(回復登記)는 일단 소멸한 등기를 회복하는 등기이다. 이에는 등기부의 전부 또는 일부가 멸실한 때에 이를 회복하는 멸실회복등기와 부당히 말소된 구등기(舊登記)의 전부 또는 일부를 회복하는 말소회복등기가 있다.

(iv) 말소등기

말소등기(抹消登記)는 기존의 등기의 기재를 말소하는 등기이다.

ⓑ 예비등기

예비등기(豫備登記)는 장차 본등기를 하기 위한 준비로서 하는 등기이다. 예비등기에는 가등기와 예고등기가 있다.

(i) 가등기

가등기(假登記)는 부동산물권변동을 목적으로 하는 청구권을 일시적 · 잠정적으로 보전하기 위하여 행하여지는 등기이다. 가등기는 등기로서의 완전한 효력은 없으나, 뒷날에 본등기를 하면 그 본등기의 순위는 가등기의 순위에 의하게 되므로(부동산등기법 제6조 제2항), 본등기의 순위를 보전하여 준다.

예컨대 갑(甲)이 을(乙)과의 매매계약에 의한 소유권이전청구권을 보전하기 위하여 가등기를 하였으나, 그 후 을이 그 부동산을 병(丙)에게 이전하고 병이 본등기를 하였을 경우에, 만일에 갑이 그의 가등기에 기하여 본등기를 하면, 병이 본등기를 먼저 했다고 하더라도 갑의 본등기가 우선한다.

(ii) 예고등기

예고등기(豫告登記)는 등기원인의 무효 또는 취소로 인한 등기의 말소나 회복의 소가 제기된 경우에, 이를 제3자에게 경고하기 위하여 수소법원(受訴法院)의 촉탁(囑託)으로 행하여지는 등기이다.

(4) 등기의 절차

① 등기의 방법

등기는 당사자의 신청에 의하는 것이 원칙이다. 다만 예외적으로 관공서의 촉탁·법원의 명령 또는 등기공무원의 직권으로 행하여진다(부동산등기법 제22조).

② 등기의 신청

㉠ 공동신청주의

등기는 등기권리자와 등기의무자 또는 이들의 대리인이 등기소에 출두하여 공동으로 신청하는 것이 원칙이다(공동신청주의, 부동산등기법 제22조, 제23조, 제24조). 예컨대 갑(甲)이 을(乙)에게 부동산을 매도하는 경우에 이전등기를 신청하는 때에는 을이 등기권리자이고 갑이 등기의무자이다.

다만 대리인이 변호사 또는 법무사인 경우에는 사무원을 등기소에 출석하게 하여 이를 신청할 수 있다(부동산등기법 제24조 제1항 단서).

㉡ 단독신청

다음의 경우에는 예외적으로 등기권리자가 단독으로 신청할 수 있다.

ⓐ 판결 또는 상속으로 인한 등기

ⓑ 가등기

ⓒ 건물의 변경의 등기

ⓓ 미등기부동산의 보존등기 등이 그것이다.

③ 등기신청에 필요한 서면

등기신청에 필요한 서면으로는 ⓐ 신청서, ⓑ 등기원인을 증명하는 서면(저당권설정계약서 등), ⓒ 주민등록등본, ⓓ 등기필증(登記畢證), ⓔ 매도용 인감증명서 등을 들 수 있다.

④ 등기신청의무

㉠ 등기신청이 의무로서 강제되는 경우

위와 같이 부동산등기법은 신청주의를 취하고 있으므로 등기를 신청하고 안 하고는 원칙적으로 당사자의 자유이다. 그러나 부동산등기특별조치법은 예외적으로 등기신청이 의무로서 강제되는 경우를 규정하고 있다. 즉 부동산의 소유권이전을 내용으로 하는 계약을 체결한 당사자는 그 계약이 쌍무계약인 경우(예컨대 매매)에는 반대급부(예컨대 매매의 경우의 대금지급)의 이행이 완료된 날로부터, 그리고 계약이 편무계약(片務契約)인 경우(예컨대 증여)에는 그 계약의 효력이 발생한 날로부터 각각 60일 이내에 소유권이전등기를 신청하여야 한다(부동산등기특별조치법 제2조 제1항).

㉡ 등기신청의무의 해태

등기권리자가 상당한 사유없이 이 부동산등기특별조치법 제2조의 규정에 의한 등기신청을 게을리 하면 과태료가 부과된다(동법 제11조, 제12조). 주의할 점은 부동산등기특별조치법 제2조의 규정은 효력규정이 아니라 단속규정이다.

한편 부동산실권리자명의등기에 관한 법률(약칭 : 부동산실명법)은 과태료대상자가 3년 이내에 등기를 하지 않으면 과징금 등을 부과한다(동법 제10조).

2. 인 도

인도(引渡)라 함은 「점유의 이전」을 말한다. 그리고 「점유」는 물건에 대한 사실상의 지배를 말한다.

※ [부동산매매 거래시 주의할 점]

첫째, 관할 등기소에서 등기부를 열람하거나 등기부등본을 발급받을 것(① 매도인이 등기부상의 소유명의인과 일치하는지 여부 확인할 것, ② 등기부에 저당권, 가압류, 제3자의 가등기나 예고등기가 되어 있는지 여부 확인할 것)

둘째, 매도인의 대리인과 계약을 할 때에는 반드시 매도인의 위임장(부동산의 소재지, 계약의 목적, 본인이 계약에 대한 제반사항을 대리인에게 위임한다는 취지, 본인인감날인, 수임인의 주소 · 성명 · 주민등록번호, 연월일 등을 기재한 서면), 인감증명서, 대리인의 주민등록증 등을 가지고 있는지 확인할 것

셋째, 잔금을 지불할 때에는 매도인으로부터 이전등기에 필요한 서류(① 매매계약서, ② 등기권리증, ③ 매도인의 부동산매도용인감증명서 등)를 교부받을 것

※ [인감증명]

인감증명이라 함은 행정관청이 인감신고자가 현재 사용하는 인감이 신고된 인감임을 증명하여 주는 제도로서 대부분 재산권의 포기나 처분 또는 채무부담행

위 시 본인의 의사를 확인하기 위한 수단으로 사용되고 있다.

인감신고를 하기 위해서는 출원자의 인감(도장)을 행정관청(거주지의 동사무소 등)의 인감대장에 등록하여야 하는데, 인감증명을 발급받기 위해서는 인감신고를 하여야 한다. 신고방법은 본인이 신고하려는 인감을 직접 지참하고 행정관청을 방문하여 주소, 생년월일 등 인감대장 작성에 필요한 사항을 신고하여야 한다.

※ [계약금지급 시 주의할 점]

계약금을 주고받은 단계에서는 매매 당사자 중 어느 일방이 해약할 수 있다. 매도인(판 사람)은 계약금을 배액으로 상환하고, 매수인(산 사람)은 계약금을 포기하고 계약을 해제할 수 있다는 취지의 약정을 한다.

일반적으로 계약하는 당일에 부동산 가격의 10% 정도의 돈을 계약금으로 주고받는 것이 관행이다.

Ⅱ. 저당권

[사례 1] 여성사업가 최똑순씨는 사업을 확장하기 위하여 살고 있는 주택에 저당권을 설정하고 사채업자 황금만씨로부터 3천만 원을 빌렸다. 얼마 전에 최똑순씨는 원금과 이자를 모두 변제하였으나 황금만씨는 저당권등기를 말소하는 데 필요한 비용을 최똑순씨가 부담하지 않으면 말소해 주지 않겠다고 한다. 이 경우 최똑순씨는 저당권말소등기비용을 부담해야 하나?

▶ **해설** : 피담보채권이 소멸하면, 즉 빌린 돈 3천만 원을 변제하면 저당권도 그 부종성(附從性)에 따라 당연히 소멸하게 된다. 그러므로 이론적으로는 돈을 빌려준 황금만씨는 저당권을 말소하여야 한다.

그러나 우리 법제상 경제적 약자인 채무자가 저당권설정등기비용과 저당권말소등기비용을 모두 부담하도록 하고 있다. 따라서 최똑순씨는 저당권말소등기비용을 부담하여야 한다.

1. 저당권의 의의

(1) 개 념

저당권(抵當權)이라 함은 채무자 또는 제3자(物上保證人)가 채무의 담보로서 제공한 부동산 또는 부동산물권(지상권 · 전세권)을 채권자가 질권(質權)처럼 제공자로부터 인도받지 아니하고, 그 목적물을 다만 관념상으로만 지배하여, 변제가 없는 경우에 그 목적물로부터 다른 채권자보다 그 채권의 우선변제를 받을 수 있는 권리를 말한다(민법 제356조).

(2) 목적물

민법은 저당권의 목적이 될 수 있는 것을 부동산과 부동산물권에 한정하고 있다. 그러나 특별법은 광업권 · 어업권 · 공장재단(工場財團) · 광업재단 · 항공기 · 자동차 · 선박 · 일정한 중기(重機)에 대해서도 저당권의 목적이 될 수 있도록 규정하고 있다.

2. 저당권의 성립

저당권은 약정담보물권으로서 당사자간의 저당권설정계약(물권적 합의)과 등기에 의하여 성립하는 것이 원칙이다. 그러나 법정저당권은 이에 대한 예외이다. 토지임대인이 변제기를 경과한 최후 2년의 차임채권(借賃債權)에 의하여 그 지상에 있는 임차인소유의 건물을 압류한 때에는 임대인은 법률상 당연히 저당권을 취득한다(민법 제649조). 이것이 민법상 법률의 규정에 의하여 성립하는 법정저당권이다.

3. 저당권의 효력

(1) 저당권에 의하여 담보되는 채권의 범위

저당권에 의하여 담보되는 채권의 범위는 원본 · 이자 · 위약금 · 채무불이행으로 인한 손해배상 · 저당권의 실행비용에 미친다(민법 제360조). 또한 저당권자는 피담보채권이 일부라도 남아 있으면 저당물 전부에 대하여 저당권을 행사할 수 있다(민법 제370조, 제321조).

(2) 저당권의 효력이 미치는 목적물의 범위

① 부합된 물건과 종물에 대한 효력

저당권의 효력은 저당부동산에 부합(附合)된 물건과 종물에 미친다. 그러나 법률에 특별한 규정 또는 설정행위에 특별한 약정이 있으면 그러하지 아니하다(민법 제358조).

② 과실에 대한 효력

저당권의 효력은 저당부동산의 과실(果實)에는 미치지 못한다(민법 제359조 본문). 그러나 저당부동산에 대한 압류가 있은 후에 저당권설정자가 그 부동산으로부터 수취한 과실 또는 수취할 수 있는 과실에 미친다(민법 제359조 본문).

이때에 저당권자가 과실을 압류한 사실을 저당부동산에 대한 소유권·지상권 또는 전세권을 취득한 제3자에게 통지한 후가 아니면 이들 제3자에게 대항하지 못한다(민법 제359조 단서).

③ 저당지상의 건물에 대한 경매청구권

토지와 건물은 각각 독립한 별개의 부동산이므로, 그 하나를 목적으로 하는 저당권이 다른 쪽에 효력을 미치지 못한다. 다만 토지를 목적으로 하는 저당권을 설정한 후 그 설정자가 그 토지에 건물을 축조한 때에는 저당권자는 토지와 함께 그 건물에 대하여도 경매를 청구할 수 있다. 그러나 건물의 경매대가에 대하여는 우선변제를 받을 권리가 없다(민법 제365조).

④ 물상대위

저당권은 저당물의 멸실·훼손 또는 공용징수로 인하여 저당권설정자가 받을 금전 기타 물건에 대하여도 이를 행사할 수 있다. 이 경우에는 그 지급 또는 인도 전에 압류하여야 한다(민법 제370조, 제342조). 이를 물상대위(物上代位)라고 한다.

(3) 우선변제권

저당권자는 목적물로부터 다른 채권자보다 자기채권의 우선변제를 받을 권리가 있다(민법 제356조). 저당권에 의하여 우선변제를 받는 가장 간편한 방법은 저당물의 소유권을 저당권자에게 이전하여 청산하는 것, 즉 유저당(流抵當)이다.

그러나 저당권에 의하여 우선변제를 받는 가장 전형적인 방법은 민사소송법이 규정한 담보권의 실행을 위한 경매(즉 담보권실행경매)이다. 저당권자는 저당물의 경매청구권이 있다(민법 제363조). 동일 부동산 위에 여러 저당권이 경합하는 경우에 경매대금은 그 설정의 순위에 따라 배당된다.

(4) 저당물 이외의 재산으로부터의 변제

저당권자는 저당물(抵當物)에 의하여 변제를 받지 못한 부분의 채권에 한하여 채무자의 다른 재산으로부터 변제를 받을 수 있다(민법 제370조, 제340조 제1항). 다만 저당물보다 먼저 다른 재산에 관한 배당을 실시하는 경우에는 그러하지 아니하다. 그러나 다른 채권자는 저당권자에게 그 배당금액의 공탁을 청구할 수 있다(민법 제370조, 제340조 제2항).

(5) 법정지상권

저당물의 경매로 인하여 토지와 그 지상건물이 다른 소유자에 속한 경우에는 토지소유자는 건물소유자에 대하여 지상권을 설정한 것으로 본다. 그러나 지료(地料)는 당사자의 청구에 의하여 법원이 이를 정한다(민법 제366조).

4. 제3자의 보호

(1) 경매인

저당물의 소유권을 취득한 제3자도 경매인이 될 수 있다(민법 제363조 제2항).

(2) 제3취득자의 변제

저당부동산에 대하여 소유권·지상권 또는 전세권을 취득한 제3자는 저당권자에게 그 부동산으로 담보된 채권을 변제하고 그 저당권의 소멸을 청구할 수 있다(민법 제364조).

5. 저당권의 침해와 구제

저당권이 침해된 때에는 저당권자는 방해제거 및 방해예방청구권(민법 제370조, 제214조), 손해배상청구권 등을 가진다. 뿐만 아니라 저당권설정자의 책임 있는 사유로 인하여 저당물의 가액이 현저히 감소된 때에는 저당권자는 저당권설정자에 대하여 그 원상회복 또는 상당한 담보제공을 청구할 수 있는 저당물보충청구권을 가진다(민법 제362조).

6. 저당권의 처분제한

저당권은 그 담보한 채권과 분리하여 타인에게 양도하거나 다른 채권의 담보로 하지 못한다(민법 제361조).

7. 저당권의 소멸

저당권은 물권에 공통하는 소멸원인, 담보물권에 공통하는 소멸원인, 경매·제3취득자의 변제 등에 의하여 소멸한다.

8. 특수한 저당권

(1) 근저당

[사례 2] 탤런트 은실이 아버지 장낙도씨는 동생인 장낙천씨가 오토바이 대리점을 개설할 때 동생을 위하여 살고 있는 시가 10억 원의 집을 오토바이 회사에 담보로 제공하였다. 등기부에 채무자는 장낙천, 담보제공자는 장낙도, 채권최고액은 1억 원으로 기재되었다. 그런데 장낙천씨는 형만 믿고 거드름만 피우다가 3억 원의 빚을 지고 도산하였다. 그 결과 오토바이 회사는 장낙도씨에게 3억 원을 갚지 않으면 집을 경매하겠다고 통고해 왔다. 장낙도씨가 장낙천씨를 위하여 변제하여야 할 채무의 범위는 얼마인가?

▶ **해설** : 제3자가 타인의 채무를 위하여 자기의 부동산 위에 저당권 또는 근저당을 설정한 경우에 그 제3자를 물상보증인(物上保證人)이라고 한다. 물상보증인이 된 경우 물상보증인이 변제하여야 할 채무의 범위는 등기된 채권의 최고액의 범위 내에서 실제로 결산기에 존재하는 채권액이다(실제 채무액이 아니다). 따라서 장낙도씨가 변제하여야 할 채무의 범위는 1억 원이다.

물론 채권자인 오토바이 회사는 채권회수를 위하여 경매를 신청할 수 있지만 장낙도씨는 제3자에게 경매되기 전까지 1억 원만 변제하면 근저당의 소멸을 청구할 수 있다.

① 의 의

근저당(根抵當)이라 함은 은행과 상인 또는 도매상과 소매상 사이와 같은 계속적인 거래관계로부터 발생하는 채권에 관하여 최고액을 정하고 결산기에 이 최고액까지를 담보하려는 저당권을 말한다(민법 제357조 제1항).

② 특 징

근저당은 일반저당권과는 달리 계속적인 거래에 따라 채권액이 증감하더라도 그 증감에 관계없이 결산기에 존재하는 채권을 미리 정한 최고액의 한도에서 담보하는 데 그 특징이 있다.

③ 설 정

근저당을 설정하려면 계속적인 융자계약을 하고, 담보할 최고액을 정하며, 이에 관한 저당권설정계약과 등기를 하여야 한다. 이 등기에는 반드시 근저당이라는 취지와 채권의 최고액을 등기하여야 한다. 근저당의 결산기(존속기간)는 등기를 하든 하지 않든 자유이다.

④ 근저당권의 효력

근저당권의 효력은 일반저당권의 효력과 동일하다. 결산기에 저당권을 실행하여 우선변제를 받을 수 있는 액은 등기된 최고액의 범위 내에서 실제로 결산기에 존재하는 채권액이다. 이자는 최고액 중에 산입한 것으로 본다(민법 제357조 제2항). 그러므로 원본과 이자의 합산액이 최고액을 초과하면 그 초과부분은 담보되지 못한다.

(2) 공동저당

공동저당 또는 총괄저당이라 함은 동일한 채권의 담보를 위하여 수개의 부동산 위에 설정된 저당권을 말한다. 예컨대 토지와 그 위의 건물에 각각 저당권을 설정하는 경우가 이에 해당한다.

(3) 재단저당

① 의 의

재단저당(財團抵當)이라 함은 기업에 속하는 토지·건물·기계·기구 기타의 물적 설비와 공업소유권 등으로 구성된 기업재산의 집합, 즉 재단 위에 설정된 저당권을 말한다. 재단저당으로는 공장재단저당과 광업재단저당이 있다. 재단은 한 개의 부동산으로 본다.

② 설 정

재단저당권을 설정하려면 재단목록작성과 소유권보존등기를 하고, 재단 위에 저당권설정등기를 하여야 한다.

③ 우선변제를 받는 방법

재단저당권에 의하여 우선변제를 받는 방법은 경매이다.

(4) 동산저당

동산은 질권의 목적이 될 수 있을 뿐이고, 저당권의 목적은 될 수 없다. 그러나 일정한 동산에 대하여 특별법은 저당권의 목적이 될 수 있도록 규정하고 있다. 그러한 동산으로는 항공기(항공기저당법)・자동차(자동차저당법)・선박(상법)・일정한 중기(중기관리법)가 있다.

제3절 채 권

채권(債權)이라 함은 특정인(채권자)이 특정인(채무자)에 대하여 일정한 행위(급부)를 청구할 수 있는 권리를 말한다.

Ⅰ. 책임재산의 보전

채무자가 금전채무를 이행하지 않을 경우에는 채권자는 채무자의 총재산에 대하여 강제집행을 하여 채무자의 총재산을 압류하고 경매에 붙여 경락대금(競落

代金)으로부터 배당을 받을 수 있다(민사소송법 제525조 이하 참조). 그러나 채권은 그 발생원인·발생시기의 선후·금액의 여하에 관계없이 모두 평등하게 다루어지며, 특히 어떤 채권자만이 우선적으로 변제받을 수 없는 것이 원칙이다(채권자평등의 원칙).

여기서 채권자가 확실하게 우선변제를 받기 위한 방법이 필요하다. 하나는 담보물권제도를 이용하여 채권자평등의 원칙을 깨뜨려 다른 채권자보다 우선변제를 받는 방법이다. 다른 하나는 채권자의 이익을 위하여 채무자의 재산의 감소를 방지하는 방법이다. 그것이 바로 채권자대위권과 채권자취소권이다.

1. 채권자대위권

[사례] 개그맨출신 「(주)나쁜 사람들」의 사장인 주병신씨는 이경구씨 명의로 된 건물을 남희성씨로부터 매수하였다. 그 건물은 원래 이경구씨의 소유였는데, 이를 남희성씨가 매수한 후 등기를 이전하지 않은 상태에서 다시 주병신씨에게 매도한 것이다. 주병신씨는 남희성씨에게 잔금까지 지불했는데 남희성씨는 매매대금을 다 받고서도 이경구씨가 등기를 해 주지 않으니 어떻게 하란 말이냐고 하면서 오히려 큰소리 뻥뻥 치는 등 등기이전을 차일피일 미루고 있었다. 이 경우 주병신씨가 안전하게 등기를 취득할 방법이 없을까?

▶ **해설** : 이 사례는 채권자대위권에 관한 문제이다. 채권자대위권이라 함은 채권자가 자기의 채권을 보전하기 위하여 채무자의 권리를 행사할 수 있는 권리를 말한다.

위 사례의 경우 주병신씨는 남희성씨에게, 남희성씨는 이경구씨에게 등기청구권을 가지고 있다. 만일에 남희성씨가 이경구씨에게 등기청구권을 행사하지 않을 경우에 주병신씨는 남희성씨를 대신하여 직접 이경구씨에 대하여 남희성씨의 등기청구권을 행사할 수 있다.

(1) 의 의

채권자대위권(債權者代位權)이라 함은 채권자가 자기의 채권을 보전하기 위하여 채무자의 권리를 행사할 수 있는 권리를 말한다(민법 제404조). 예를 들면 채권자 갑(甲)에 대한 채무자 을(乙)이 돈이 없어 변제할 수 없음에도 불구하고,

채무자 을이 제3채무자 병(丙)으로부터 받을 돈이 있는데 그 돈을 청구하지 않을 경우에, 즉 소극적으로 책임재산을 감소시킬 경우에, 갑은 을에 갈음하여 병에 대하여 을의 채권을 행사하여 이를 채무자의 일반재산에 보탤 수 있다.

(2) 요 건

첫째, 채권자가 자기의 채권을 보전하기 위한 것이라야 한다.

둘째, 채무자가 자기의 권리를 행사하고 있지 않아야 한다.

셋째, 채권이 이행기에 있어야 한다.

(3) 채권자대위권행사의 방법

① 채권자대위권은 채권자가 채무자의 이름으로 행사하는 것이 아니라 자기의 이름으로 행사하는 것이다.

② 채권자대위권은 채권자취소권과 달리 재판상 행사(소의 제기 등)할 수 있을 뿐만 아니라 재판 외에서 행사할 수도 있다.

(4) 채권자대위권행사의 통지

채권자가 보전행위 이외의 채무자의 권리를 행사한 때에는 채무자에게 통지하여야 한다(민법 제405조 제1항). 채무자가 이 통지를 받은 후에는 그 권리를 처분하여도 이로써 채권자에게 대항하지 못한다(민법 제405조 제2항).

(5) 채권자대위권행사의 효과

채권자대위권행사의 효과는 직접 채무자에게 발생한다.

2. 채권자취소권

[사례] 충북 청주에 사는 우직한씨는 전세 살던 경기아파트가 2022년 7월 14일 갑자기 경매로 넘어갔다. 우직한씨는 입주할 당시인 2021년 4월 14일에 이미 근저당권이 설정되어 있었지만 우직한씨는 집주인 나뻔뻔씨의 인상이 좋아 믿고서 임대차계약을 체결했던 것이다.

졸지에 보증금을 날리게 된 우직한씨는 곧바로 등기부등본을 떼어보았다. 아뿔싸! 부도를 내기 직전인 2022년 4월 24일 나뻔뻔씨는 부인과 자식들에게 시골에 있는 땅을 모두 증여한 것으로 나타났다. 이 경우 우직한씨가 법적으로 구제받을 수 있는 방법은?

▶ **해설** : 이 사례는 채권자취소권에 관한 문제이다. 우직한씨는 취소원인을 안 날(등기부를 열람한 날)로부터 1년, 법률행위 있은 날(증여한 날)로부터 5년 내에 증여행위의 취소 및 원상회복을 법원에 청구할 수 있다(민법 제406조 제2항).

(1) 의 의

채권자취소권(債權者取消權)이라 함은 채무자가 채권자를 해함을 알고 재산권을 목적으로 하는 법률행위를 한 때에 채권자가 그 법률행위의 취소 및 원상회복을 법원에 청구할 수 있는 권리를 말한다(민법 제406조). 이것을 사해행위취소권이라고도 한다.

예를 들면 채무자 을(乙)이 채권자 갑(甲)을 해함을 알고 자기의 유일한 재산을 타인 병(丙)에게 증여하여 자기의 재산을 감소시킴으로써 채권자 갑에 대한 채무의 이행이 불가능하게 된 경우에, 즉 적극적으로 책임재산을 감소시킬 경우에 채권자 갑은 채무자 을의 증여행위의 취소 및 원상회복을 법원에 청구할 수 있다.

(2) 요 건

① 객관적 요건

첫째, 채무자가 법률행위를 하였어야 한다.

둘째, 채권자를 해하는 법률행위를 하였어야 한다. 여기서 채권자를 해한다는 것은 채무초과 또는 무자력으로 되는 것을 의미한다.

셋째, 재산권을 목적으로 하는 법률행위를 하였어야 한다.

② 주관적 요건(악의)

㉠ 채무자의 악의

채무자가 사해행위 당시에 채권자를 해함을 알고 있었어야 한다. 채무자의 악의에 대한 입증책임은 채권자에게 있다. 이 입증은 채무자의 자산상태, 처분행위의 대가, 처분상대방으로부터 쉽게 할 수 있을 것이다.

㉡ 수익자 또는 전득자의 악의

채무자의 사해행위로 인하여 직접 이익을 받은 자(수익자) 또는 이 수익자로부터 이익을 전득(轉得)한 자(전득자)는 그 사해행위 당시 또는 전득당시에 채권자를 해함을 알고 있었어야 한다. 수익자 또는 전득자의 선의에 대한 입증책임은 수익자 또는 전득자에게 있다.

(3) 채권자취소권행사의 방법

① 채권자취소권은 채권자가 자기의 이름으로 행사하는 것이다.

② 채권자취소권은 채권자대위권과 달리 반드시 재판상 행사하여야 한다.

(4) 소의 제기

채권자취소권의 소(訴)는 채권자가 취소원인을 안 날로부터 1년, 법률행위 있은 날로부터 5년 내에 제기하여야 한다(민법 제406조 제2항).

(5) 효 력

채권자취소와 원상회복은 모든 채권자의 이익을 위하여 그 효력이 있다(민법 제407조). 따라서 채권자취소권은 다른 채권자가 없는 경우에 실효성이 크다.

Ⅱ. 보증채무

[사례] 김막역(金莫逆)씨와 박지우(朴之友)씨는 둘도 없는 친구사이로서 소위 죽마고우(竹馬故友)이다. 어느 날 김막역씨가 할부로 자동차를 사게 되었는데, 보증을 서 달라고 하기에 박지우씨는 흔쾌히 H자동차회사에 대해 보증을 서 주었다. 김막역씨는 이 자동차를 타고 주말이면 전국을 관광 다니다가 그만 교통사고를 내고 구속까지 되었다. 그러자 H자동차회사는 박지우씨에게 남은 할부대금을 김막역씨 대신에 갚으라고 통고해 왔다. 이 경우 박지우씨가 할 수 있는 방법은?

▶ **해설** : 보증인은 언제나 주채무자보다 먼저 갚아야 할 의무는 없다. 그러므로 박지우씨는 H자동차회사가 자기에게 채무의 이행을 청구한 때에는 H자동차회사에 다음과 같이 항변할 수 있다.

H자동차회사(채권자)가 박지우씨(보증인)에게 채무의 이행을 청구한 때에는, 박지우씨(보증인)는 김막역씨(주채무자)에게 변제자력이 있다는 사실 및 그 집행이 용이하다는 것을 증명하여 먼저 김막역씨(주채무자)에게 청구할 것을 항변할 수 있다(민법 제437조). 이것을 최고(催告)의

항변권(抗辯權)이라고 한다. 또한 H자동차회사(채권자)가 김막역씨(주채무자)에게 위의 최고를 한 후에 박지우씨(보증인)에게 채무의 이행을 청구한 때에도, 박지우씨(보증인)는 다시 김막역씨(주채무자)에게 변제자력이 있다는 사실 및 그 집행이 용이하다는 것을 증명하여 먼저 김막역씨(주채무자)의 재산에 대하여 집행할 것을 항변할 수 있다(민법 제437조). 이것을 검색(檢索)의 항변권이라고 한다.

1. 의 의

보증채무(保證債務)라 함은 주된 채무에 종속하는 채무로서 주채무자가 이행을 하지 않을 때에 이행할 의무를 지는 채무를 말한다(민법 제428조). 따라서 주된 채무가 존재하지 않으면(주채무가 무효 또는 취소되면), 보증채무는 성립하지 않고, 주된 채무가 변제 등으로 소멸하면 보증채무도 소멸한다. 이것을 보증채무의 부종성(附從性)이라고 한다. 또한 주채무자가 이행을 하지 않을 때에 비로소 보증인은 이행할 의무를 진다. 이것을 보증채무의 보충성이라고 한다.

2. 효 력

(1) 채권자의 권리

채권자는 보증채무의 이행기가 도래하면 보증인에 대하여 그 이행을 청구할 수 있다. 채권자가 보증인에게 청구할 수 있는 보증채무의 범위는 특약이 없는 한 주채무의 이자 · 위약금 · 손해배상 기타 주채무에 종속하는 모든 채무이다(민법 제429조 제1항).

(2) 보증인의 권리

① 부종성에 기한 권리

보증인은 주채무자의 항변으로 채권자에게 대항할 수 있다(민법 제433조 제1항). 보증인이 행사할 수 있는 주채무자의 항변권으로는 주채무의 부존재 또는 소멸의 항변권 · 기한유예의 항변권 · 동시이행의 항변권 등이 있다.

② 보충성에 기한 권리

㉠ 최고의 항변권

채권자가 보증인에게 채무의 이행을 청구한 때에는, 보증인은 주채무자에게 변제자력이 있다는 사실 및 그 집행이 용이하다는 것을 증명하여 먼저 주채무자에게 청구할 것을 항변할 수 있다(민법 제437조). 이것을 최고(催告)의 항변권(抗辯權)이라고 한다.

㉡ 검색의 항변권

채권자가 주채무자에게 위의 최고를 한 후에 보증인에게 채무의 이행을 청구한 때에도, 보증인은 다시 주채무자에게 변제자력이 있다는 사실 및 그 집행이 용이하다는 것을 증명하여 먼저 주채무자의 재산에 대하여 집행할 것을 항변할 수 있다(민법 제437조). 이것을 검색(檢索)의 항변권이라고 한다.

3. 보증인의 구상권

보증인이 변제 기타 자기의 출재(出財)로 주채무를 소멸하게 한 때에는 주채무자에 대하여 구상권을 행사할 수 있다(민법 제444조).

4. 연대보증

[사례] 방만한씨와 인간미씨는 대학동창으로서 둘도 없는 친구 사이이다. 사업가 방만한씨는 사업에 필요한 자금 5천만 원을 K은행으로부터 빌릴 때 친구 인간미씨에게 연대보증을 부탁했고, 이에 인정 많은 인간미씨는 두말하지 않고 연대보증을 서 주었다. 그런데 방만한씨는 사업을 문어발식으로 확장하다 사업에 실패하여 망하게 되었다. 그러자 K은행은 인간미씨에게 5천만 원을 청구하였다. 인간미씨는 이 경우 어떻게 해야 하나?

▶ **해설** : 이 사례는 연대보증에 관한 문제이다. 보증계약서에 「연대하여」라는 문구가 있으면 그 보증은 연대보증으로 보게 된다. 상인간의 거래에서는 대부분이 연대보증이다.

위 사례의 경우 인간미씨는 비록 인정에 못 이겨 서 준 보증이지만 그 형태가 연대보증이므로 주채무자인 방만한씨의 변제자력의 유무에 관계없이 5천만 원 전액을 변제할 채무가 있는 것이다. 다만 인간미씨는 주채무자인 방만한씨에게 구상권을 행사하여 5천만 원을 청구할 수 있다.

(1) 의 의

연대보증(連帶保證)이라 함은 보증인이 주채무자와 연대하여 채무를 부담함으로써 주채무의 이행을 담보하는 보증을 말한다. 연대보증도 보증이므로 부종성이 있다. 따라서 주채무가 성립하지 않으면 연대보증채무도 성립하지 않고, 주채무가 소멸하면 연대보증채무도 소멸한다. 그러나 연대보증에는 보충성이 없다. 따라서 연대보증인은 최고의 항변권과 검색의 항변권이 없다(민법 제437조 단서).

(2) 구상권

연대보증인이 변제 기타 자기의 출재(出財)로 주채무를 소멸하게 한 때에는 주채무자에 대하여 구상권을 행사할 수 있다(민법 제444조). 또한 연대보증인은 다른 연대채무자에 대하여 그 부담부분에 한하여 구상권을 행사할 수 있다(민법 제447조).

Ⅲ. 부당이득

[사례] 이영자씨의 남편 최순형씨는 도박죄로 청량리경찰서에 구속되었다. 이영자씨는 남편 최순형씨를 석방시키기 위해 이리저리 알아보던 중에 전 통일부장관 부인 배정순씨를 만났다. 배정순씨는 경찰서수사과장 김태장씨 부인인 연정화씨가 여고동창인 점을 강조하고, 「비가 올 때는 우산을 준비해야 한다」고 은근히 부추겼다. 몸이 단 이영자씨는 남편 최순형씨의 석방을 부탁하고 밍크코트를 사서 입으라고 2천4백만 원을 건네주었다.

그런데 최순형씨의 죄는 경미하고 반성의 표시가 뚜렷하여 벌금만 내고 석방되었다. 뒤늦게 속은 이영자씨는 땅을 치며 통곡하였다. 이영자씨는 과연 배정순씨에게 준 2천4백만 원을 받아 낼 수 있을까?

▶ **해설** : 이 사례는 불법원인급여에 관한 문제이다. 이영자씨는 불법의 원인으로 인하여 2천4백만 원을 배정순씨에게 주었기 때문에 2천4백만 원의 반환을 청구하지 못한다. 또한 배정순씨는 사기죄 등으로 형사 처벌된다.

1. 부당이득의 의의

부당이득(不當利得)이라 함은 법률상의 원인 없이 타인의 재산 또는 노무로 인하여 이익을 얻고 이로 인하여 타인에게 손해를 가하는 것을 말한다(민법 제741조). 이 경우에 그 이익은 손실자에게 반환하여야 한다. 예를 들면 타인의 토지를 아무런 원인 없이 함부로 사용한 자에 대하여 그 토지의 임대료에 상당하는 이익의 반환을 청구하거나, 세금을 이중으로 납부하였을 때에 두 번째 낸 세금의 반환을 청구할 수 있다.

2. 부당이득의 반환을 청구할 수 없는 경우

(1) 비채변제

채무 없음을 알고 이를 변제한 때에는 그 반환을 청구하지 못한다(민법 제742조). 이것을 비채변제(非債辨濟)라고 한다.

(2) 기한 전의 변제

변제기에 있지 아니한 채무를 변제한 때에는 그 반환을 청구하지 못한다(민법 제743조).

(3) 도의관념에 적합한 비채변제

채무 없는 자가 착오로 인하여 변제한 경우에 그 변제가 도의관념에 적합한 때에는 그 반환을 청구하지 못한다(민법 제744조).

(4) 타인의 채무의 변제

채무자 아닌 자가 착오로 인하여 타인의 채무를 변제한 경우에 채권자가 선의로 증서를 훼멸(毁滅)하거나 담보를 포기하거나 시효로 인하여 그 채권을 잃은 때에는 변제자는 그 반환을 청구하지 못한다(민법 제745조).

(5) 불법원인급여

불법의 원인으로 인하여 재산을 급여하거나 노무를 제공한 때에는 그 이익의 반환을 청구하지 못한다. 그러나 그 불법원인이 수익자에게만 있는 때에는 그러하지 아니하다(민법 제746조).

Ⅳ. 불법행위의 효과

[사례] 미스코리아 출신 영화배우 진선미양은 강남의 유흥업소 사장이자 소문난 바람둥이인 마파람씨와 함께 히로뽕을 맞고 10여 회에 걸쳐 깊은 관계를 가졌다. 이 사실을 뒤늦게 안 마파람씨의 부인 원통해씨는 진선미양과 마파람씨를 간통죄로 고소하였고, 그 결과 진양과 마씨는 구속되어 수원구치소에 수감되었다. 원통해씨는 일이 이렇게 됐고, 어차피 남편과 헤어질 바에야 진양과 마씨를 처벌시키는 것보다 위자료라도 많이 받아야겠다는 생각에 합의금 2억 원(진양 1억 원, 마씨 1억 원)을 주면 간통죄의 고소를 취하(取下)하겠다고 진양과 마씨에게 통보하였다.

그러나 진선미양은 합의금 1억 원이 너무 많고, S물산의 OOO아파트 광고모델로 계약된 상태에서 회사이미지를 실추시키는 행위를 하여 3배의 위약금(6억 원)을 물게 돼 있어 이를 완곡히 거절하자 원통해씨는 법대로 하자고 주장하고 있다. 원통해씨는 과연 위자료를 얼마나 받을 수 있을까?

▶ **해설** : 민법상 간통행위는 불법행위를 구성할 뿐만 아니라 이혼사유가 된다. 이 사례에서 마파람씨는 부인 원통해씨에게 그 불법행위로 인한 정신적 고통에 대한 대가, 즉 위자료(慰藉料)를 지급하여야 한다. 또한 마파람씨와 간통한 진선미양도 원통해씨에게 위자료를 지급하여야 한다.

다만 불법행위로 인한 정신적 고통에 대한 대가, 즉 위자료는 법원이 피해자 및 가해자의 자산·직업·사회적 지위, 가해자의 고의나 과실의 대소, 가해자에 대한 윤리적 비난의 정도 등의 여러 사정을 참작하여 결정하는 것이지, 반드시 가해자의 자산의 몇 퍼센트라는 룰은 없다.

1. 손해배상의 방법

손해배상의 방법은 손해를 금전으로 평가하여 배상하는 금전배상을 원칙으로 한다. 다만 특별한 의사표시가 있으면 예외적으로 원상회복이 인정된다(민법 제763조, 제394조).

2. 손해배상의 범위

(1) 손해배상의 한도

불법행위로 인한 손해배상은 통상의 손해를 그 한도로 한다. 특별한 사정으로 인한 손해는 가해자가 그 사정을 알았거나 알 수 있었을 때에 한하여 배상의 책임이 있다(민법 제763조, 제393조).

요컨대 손해배상의 범위는 피해자 및 가해자의 자산·직업·사회적 지위, 가해자의 고의나 과실의 대소, 가해자에 대한 윤리적 비난의 정도 등의 여러 사정을 참작하여 결정하여야 한다.

(2) 과실상계

피해자에게 과실이 있는 때에는 법원은 손해배상의 책임 및 그 금액을 정할 때에 이를 참작하여야 한다(민법 제763조, 제396조).

(3) 손익상계

불법행위가 피해자에게 손해를 주는 동시에 이익을 주는 경우에는 손해에서 이익을 공제한 것을 진정한 손해로 하여야 한다. 이것을 손익상계(損益相計)라고 한다. 예컨대 생명침해의 경우에 추정수입에서 생활비를 공제하는 것이 이에 해당한다.

(4) 배상액의 경감

배상의무자는 그 손해가 고의 또는 중대한 과실에 의한 것이 아니고 그 배상으로 인하여 배상자의 생계에 중대한 영향을 미치게 될 경우에는 법원에 그 배상액의 경감을 청구할 수 있다. 법원은 배상의무자의 청구가 있는 때에는 채권자(피해자) 및 채무자(배상의무자)의 경제상태와 손해의 원인 등을 참작하여 배상액을 경감할 수 있다(민법 제765조).

제4절
친족 · 상속

Ⅰ. 친 족

1. 성과 이름

[사례] 수원 K고 미술교사 박그림씨는 어느 날 학부형으로부터 자녀상담을 받게 되었다. 그 학부형의 딸의 이름이 시인이고, 아버지의 성명이 원주민씨였던 것이다. 그러다 보니 딸의 이름이 원시인이라 친구들로부터 「왕따」를 당해 학교를 다니기가 어렵다고 하소연하고 있다. 이런 경우 어떻게 해야 하나?

▶ **해설** : 개명을 하려면 원칙적으로 법원의 최종허가를 받아야 한다. 개명을 하기 위해서는 우선 등록기준지나 주소지의 법원에 개명허가신청서를 제출하여야 한다. 신청서에 개명하여야 할 이유를 상세히 기재한 후 관계 증거자료를 함께 법원에 제출하여야 한다.

개명허가신청에 필요한 서류로는 주민등록등본, 주민등록상의 이름이 사용되고 있음을 확인할 수 있는 졸업증명서, 그 동안 본인이 주민등록상의 이름이 사용되고 있음을 증명해 줄 수 있는 이웃주민 2인 이상의 확인서 등이 있다. 법원으로부터 개명하라는 최종허가를 받으면 1개월 이내에 등록기준지 시 · 읍 · 면의 장에게 개명신고를 하면 된다.

2. 혼 인

(1) 약 혼

① 약혼의 의의

약혼(約婚)이라 함은 일남 일녀가 장차 혼인할 것을 목적으로 하는 계약을 말한다.

② 약혼의 성립요건

첫째, 약혼은 당사자간의 합의에 의하여 성립한다.

둘째, 남녀 모두 만 18세에 달하여야 한다. 약혼연령에 이르고 있더라도 미성년자가 약혼하려면 부모 또는 미성년후견인의 동의를 얻어야 한다(민법 제801조).

셋째, 강행규정(민법 제815조)에 위반하는 약혼은 무효이다. 예컨대 8촌 이내의 혈족 사이에서의 약혼은 무효이다.

넷째, 선량한 풍속 기타 사회질서에 위반하는 약혼은 무효이다. 예컨대 배우자 있는 자의 약혼이나 2중 약혼은 무효이다.

③ 약혼의 효과

약혼은 비록 그 불이행이 있더라도 강제이행을 청구하지 못한다(민법 제803조). 이와 같이 약혼당사자의 혼인체결의무는 강제되지 않기 때문에 그 위반을 어떻게 처리할 것인가가 문제되고 있다. 이 점에 관하여 우리 민법은 약혼의 해제와 손해배상청구를 규정하고 있다.

④ 약혼의 해제

㉠ 약혼해제의 사유

약혼당사자의 일방에게 다음 각호의 사유가 있는 때에는 상대방은 약혼을 해제할 수 있다(민법 제804조).

ⓐ 약혼 후 자격정지 이상의 형을 선고받은 경우

ⓑ 약혼 후 성년후견개시나 한정후견개시의 심판을 받은 경우

ⓒ 성병, 불치의 정신병 기타 불치의 병질(病疾)이 있는 때

ⓓ 약혼 후 다른 사람과 약혼 또는 혼인을 한 경우

ⓔ 약혼 후 다른 사람과 간음(姦淫)한 경우

ⓕ 약혼 후 1년 이상 (生死)가 불명한 경우

ⓖ 정당한 이유 없이 혼인을 거절하거나 그 시기를 늦추는 경우

ⓗ 기타 중대한 사유가 있는 경우

㉡ 약혼해제의 방법

약혼의 해제는 상대방에 대한 의사표시로 한다. 그러나 상대방에 대하여 의사표시를 할 수 없는 때에는 그 해제의 원인이 있음을 안 때에 해제된 것으로 본다(민법 제805조).

ⓒ 약혼해제의 효과

약혼이 해제되면 당사자 사이에는 처음부터 약혼이 없었던 것이 된다.

ⓐ 약혼해제로 인한 손해배상의 청구

약혼을 해제한 때에는 당사자 일방은 과실 있는 상대방에 대하여 이로 인한 손해배상을 청구할 수 있다(민법 제806조 제1항).

ⓑ 약혼해제(파혼)로 인한 손해배상의 범위

이 손해배상의 범위에는 재산상 손해 외에 정신상 손해도 포함된다(민법 제806조 제2항).

(ⅰ) 재산상 손해

재산상 손해에는 약혼 및 결혼준비에 쓴 혼사비용 일체(예컨대 약혼식 및 피로연 비용, 중매인 사례금, 교제비, 혼수감 장만에 소비한 금전 등), 약혼 및 결혼준비로 인해 포기한 이익(예컨대 결혼하기 위하여 다니던 직장을 사직한 경우의 봉급 및 수당 등), 파혼으로 인한 충격으로 입원을 하였다면 그 병원비 등이 포함된다.

(ⅱ) 정신상 손해

정신상 손해에 대한 배상은 파혼을 당함으로 인하여 받게 된 정신적 고통에 대한 위자료를 말한다. 예컨대 장래 혼인가능성의 상실, 수치, 굴욕감 등의 자존심 손상, 명예훼손, 건강훼손, 불안감 등이 이에 해당한다.

(ⅲ) 육체상 손해

당사자간의 합의하에 행하여진 약혼 중의 성행위는 특별한 사유가 없는 한 각자의 위험부담이 된다. 뿐만 아니라 실제 정조의 상실에 관한 손해배상을 금전으로 환산하기는 매우 어렵다. 따라서 이에 대한 손해배상의 청구는 어렵다.

ⓒ 약혼예물의 반환청구

약혼예물이라 함은 장차 혼인이 성립될 것을 믿고 행한 증여로서, 법률적으로 볼 때에는 「혼인의 불성립을 해제조건으로 한 증여」이다. 따라서 약혼이 해제되면 이 약혼예물을 서로 반환하여야 한다.

(ⅰ) 당사자 쌍방의 합의하에 파혼하기로 한 경우

당사자 쌍방은 민법상 부당이득의 원리에 따라 약혼할 때 교환하였던 예물을 반환하여야 한다. 즉 자기가 받은 예물은 돌려주고 자기가 준 예물은 돌려달라고 요구하면 된다.

(ii) 일방 당사자에게만 파혼의 책임이 있는 경우

파혼의 책임이 있는 자는 자기가 받은 예물은 상대방에게 돌려주어야 하며, 자기가 준 예물은 상대방에게 돌려달라고 요구할 수 없다. 왜냐하면 자기가 약혼을 깨뜨리고 예물을 돌려달라고 요구하는 것은 신의성실에 위배되기 때문이다.

(2) 혼 인

[사례 1] 김갑순씨는 김갑돌씨와 혼인을 하려고 가족관계등록부를 떼어보니 평소 자기를 끈질기게 따라 다니던 진드기씨라는 청년과 이미 혼인한 것으로 가족관계등록부에 기재되어 있었다. 이 경우 김갑순씨는 어떻게 하여야 할까? 한편 진드기씨는 어떤 책임이 있나?

▶ **해설** : 혼인이 성립하기 위해서는 당사자간에 혼인의사의 합치가 있어야 한다. 그러므로 혼인의사의 합치(합의)가 없는 일방적인 혼인신고는 무효이다. 따라서 김갑순씨는 진드기씨를 피고로 하여 「혼인무효확인소송」을 제기하여 그 판결이 확정되면 판결이 확정된 날로부터 1개월 이내에 판결의 등본과 확정증명서를 첨부하여 혼인관계 정정신청을 시・읍・면사무소에 하면 된다.

한편 진드기씨는 형법상 공정증서원본부실기재죄(형법 제228조 제1항), 동 행사죄(형법 제228조 제2항), 사문서위조죄(형법 제231조), 동 행사죄(형법 제234조) 등에 의하여 처벌된다. 또한 김갑순씨에게는 민법상 손해배상책임을 진다.

[사례 2] 공무원 안락한씨는 10년간의 열애 끝에 정비운씨와 결혼을 하여 아들 하나를 낳고 단란한 가정생활을 누리고 있었다. 그러던 어느 날 부인인 정비운씨가 친정에 다녀오다가 불행하게도 교통사고로 사망하고 말았다. 그러자 가정은 엉망이 되었고, 안락한씨는 안락한씨대로 방황하게 되었으며, 아이는 아이대로 기가 죽어 있었다.

이때 아직 미혼으로 있던 처제 정다운씨가 조카가 불쌍하고 집안일도 돌봐줄 겸 형부네 집으로 오게 되었다. 그날따라 밤늦도록 술에 만취되어 집에 돌아온 안락한씨는 비디오를 보고 있는 처제를 와락 껴안더니 마침내는 넘어설 수 없는 선을 넘고 말았다. 이 사실을 안 처가에서는 「기왕지사 일이 이렇게 되었으니 다른 여자가 들어와서 사는 것보다야 낫지 않겠느냐」며 결혼을 허락하였으나, 본가에서는 「이 무슨 집안망신이냐. 내 눈에 흙이 들어가기 전에는 절대 안 된다」며 펄쩍뛰는 것이었다.

결국 양가는 법대로 해 보자며 소송이 붙게 되었는데, 과연 형부 안락한씨와 처제 정다운씨는 결혼할 수 있을까?

▶ **해설** : 6촌 이내의 혈족의 배우자, 배우자의 6촌 이내의 혈족, 배우자의 4촌 이내의 혈족의 배우자인 인척이거나 이러한 인척이었던 자 사이에서는 혼인하지 못한다(민법 제809조). 여기서 인척이라 함은 혈족의 배우자(며느리, 사위, 형수, 형부, 고모부, 외숙모 등), 배우자의 혈족(장인, 장모, 처남, 처제, 시부모, 시동생 등), 배우자의 혈족의 배우자(처남의 처, 동서, 남편의 자매의 배우자 등) 등을 말한다.

형부와 처제는 2촌 인척 사이이다. 그러므로 형부와 처제 사이에서는 혼인하지 못한다. 따라서 현실적으로 형부 안락한씨와 처제 정다운씨가 혼인했다고 할지라도 민법 제816조 제3호에 의한 혼인에 해당되어 그 혼인은 취소할 수 있다.

① 혼인의 의의

혼인(婚姻)이라 함은 일남 일녀가 평생 동안 공동생활을 할 것을 목적으로 하는 성결합을 말한다.

② 혼인의 성립요건

혼인의 성립요건으로는 실질적 요건과 형식적 요건이 있다.

㉠ 실질적 요건

첫째, 당사자간에 혼인의사의 합치가 있어야 한다.

둘째, 당사자가 혼인적령(婚姻適齡), 즉 남녀 모두 만 18세에 달하여야 한다(민법 제807조).

셋째, 미성년자가 혼인을 할 때에는 부모의 동의를 얻어야 한다. 부모 중 일방이 동의권을 행사할 수 없을 때에는 다른 일방의 동의를 얻어야 하고, 부모가 모두 동의권을 행사할 수 없는 때에는 미성년후견인의 동의를 얻어야 한다(민법 제808조).

넷째, 8촌 이내의 혈족 사이에서는 혼인하지 못한다(민법 제809조 제1항). 6촌 이내의 혈족의 배우자, 배우자의 6촌 이내의 혈족, 배우자의 4촌 이내의 혈족의 배우자인 인척이거나 이러한 인척이었던 자 사이에서는 혼인하지 못한다(민법

제809조 제2항).

다섯째, 중혼(重婚)이어서는 아니 된다. 즉 배우자있는 자는 다시 혼인하지 못한다(민법 제810조).

㉡ 형식적 요건

혼인은 위와 같은 실질적 요건뿐만 아니라 일정한 형식적 요건을 갖추어야 한다. 우리 민법은 사실혼주의를 취하지 않고 법률혼주의를 취하여 「혼인은 가족관계의 등록 등에 관한 법률에 정한 바에 의하여 신고함으로써 그 효력이 생긴다」(민법 제812조 제1항)라고 규정하고 있다. 혼인신고는 당사자 쌍방과 성년자인 증인 2인의 연서(連署)한 서면으로 하여야 한다(민법 제812조 제2항).

③ 혼인의 무효와 취소

㉠ 혼인의 무효

ⓐ 혼인의 무효원인

혼인의 무효원인은 다음과 같다(민법 제815조).

(ⅰ) 당사자간에 혼인의 합의가 없는 때

(ⅱ) 당사자간에 8촌 이내의 혈족 사이인 때

(ⅲ) 당사자간에 직계인척관계(直系姻戚關係)가 있거나 있었던 때

(ⅳ) 당사자간에 양부모계의 직계혈족관계가 있었던 때

ⓑ 혼인무효의 효과

혼인이 무효가 되면 처음부터 전혀 혼인이 없었던 것이 되며, 그들 사이에 태어난 자녀도 혼인 외의 자가 된다. 그리고 만일에 다툼이 있는 경우에는 가정법원에 혼인무효확인의 심판을 청구할 수 있다.

혼인이 무효가 되면 약혼해제의 경우와 같이 당사자의 일방은 과실 있는 상대방에 대하여 이로 인한 손해배상을 청구할 수 있다. 이 손해배상의 범위에는 재산상 손해 외에 정신상 손해도 포함된다(민법 제825조).

㉡ 혼인의 취소

ⓐ 혼인취소원인

혼인의 취소원인은 다음과 같다(민법 제816조).

(ⅰ) 혼인적령에 미달한 자의 혼인

(ⅱ) 부모 등의 동의를 요하는 혼인에 있어서 동의를 얻지 못한 자의 혼인

(iii) 근친혼에 위반한 혼인

(iv) 중혼금지에 위반한 혼인

(v) 혼인 당시 당사자 일방에 부부생활을 계속할 수 없는 악질(惡疾) 기타 중대한 사유가 있음을 알지 못한 혼인

(vi) 사기 · 강박으로 인한 혼인

ⓑ 취소의 방법

혼인의 취소는 일반 법률행위의 취소와는 달리 반드시 취소권자가 법원에 소(訴)의 제기로 하여야 한다(민법 제816조).

ⓒ 취소의 효과

혼인의 취소는 일반 법률행위의 취소와는 달리 그 효력이 기왕(旣往)에 소급하지 아니한다(민법 제824조). 혼인이 취소가 되면 약혼해제의 경우와 같이 당사자의 일방은 과실 있는 상대방에 대하여 이로 인한 손해배상을 청구할 수 있다. 이 손해배상의 범위에는 재산상 손해 외에 정신상 손해도 포함된다(민법 제825조).

④ 혼인의 효과

㉠ 일반적 효과

ⓐ 친족관계의 발생

혼인하면 부부는 서로 배우자라는 신분을 가지게 되므로 친족이 된다(민법 제777조).

ⓑ 성년의제

미성년자가 혼인을 한 때에는 성년자로 본다(민법 제826조의 2).

ⓒ 동거 · 부양 · 협조의 의무

부부는 동거하고 서로 부양하며 협조하여야 한다. 그러나 정당한 이유로 일시적으로 동거하지 아니하는 경우에는 서로 인용하여야 한다. 부부의 동거장소는 부부의 협의에 따라 정한다. 협의가 이루어지지 아니하는 경우에는 당사자의 청구에 의하여 가정법원이 이를 정한다(민법 제826조 제2항).

ⓓ 정조의무

부부는 서로 정조(貞操)를 지킬 의무가 있다. 배우자의 부정행위는 이혼원인이 되며(민법 제840조 제1호), 형법상 간통죄로 처벌을 받는다(형법 제241조). 부정

한 행위를 이유로 하여 이혼소송을 제기할 때에는 그 부정한 행위를 안 날로부터 6월, 그 부정한 행위가 있은 날로부터 2년을 경과하기 전에 재판을 청구하여야 한다(민법 제841조).

ⓔ 부부간의 계약취소권

부부간의 계약은 혼인 중에는 언제든지 부부의 일방이 이를 취소할 수 있다. 그러나 제3자의 권리를 해하지 못한다(민법 제828조).

㉡ 재산상 효과

ⓐ 부부재산계약

부부의 재산관계는 당사자의 자유로운 약정에 의하여 정할 수 있다. 그러나 약정은 혼인성립 전에 하여야 하며, 또한 혼인성립까지 그 등기를 하지 아니하면 이로써 부부의 승계인(상속인) 또는 제3자에게 대항하지 못한다(민법 제829조 제1항, 제4항). 그리고 부부가 혼인성립 전에 부부재산에 관하여 약정을 한 때에는 혼인 중 이를 변경하지 못한다. 다만 정당한 사유가 있는 때에는 법원의 허가를 얻어 변경할 수 있다(민법 제829조 제2항).

ⓑ 법정재산제

부부가 혼인성립 전에 부부재산에 관하여 약정을 하지 않는 경우에는 부부재산관계는 법정재산제에 의한다(민법 제829조 제1항).

(i) 부부별산제

부부의 일방이 혼인 전부터 가진 고유재산과 혼인 중 자기의 명의로 취득한 재산은 그 특유재산으로 하며, 부부는 그 특유재산을 각자 관리, 사용, 수익한다(민법 제830조 제1항, 제831조). 그러나 부부의 누구에게 속한 것인지 분명하지 아니한 재산은 부부의 공유로 추정한다(민법 제830조 제2항).

(ii) 일상가사대리권

부부는 일상의 가사(家事)에 관하여 서로 대리권이 있다. 이 대리권에 가한 제한은 선의의 제3자에게 대항하지 못한다(민법 제827조). 여기서 일상가사라 함은 가정생활상 상시 행해지는 행위로서 아내와 남편으로서의 동거생활을 유지하기 위하여 각각 필요한 범위 내의 법률행위를 말한다.

부부의 공동생활에 통상적으로 필요한 쌀과 부식 등 식료품 구입, 생활용품 등 일용품 구입, 의복 및 침구류 구입, 가옥의 월세 지급 등과 같은 의식주에 관한 사무, 교육비 · 의료비 · 자녀 양육비의 지출에 관한 사무 등은 일상가사에 속한다. 그러나 일상생활비로서 객관적으로 타당한 범위를 넘어선 금전차용, 가옥임대, 채무보증 행위, 부동산처분 행위 등은 일상가사에 속하지 않는다.

(iii) 일상가사채무의 연대책임

부부의 일방이 일상의 가사에 관하여 제3자와 법률행위를 한 때에는 다른 일방은 이로 인한 채무에 대하여 연대책임(連帶責任)이 있다. 그러나 이미 제3자에 대하여 다른 일방의 책임 없음을 명시한 때에는 그러하지 아니하다(민법 제832조).

부부 일방의 금전차용에 대한 다른 일방의 연대책임이 문제되고 있다. 실무상 흔히 발생하는 경우는 부부 일방의 금전차용에 대하여 다른 일방에게 연대책임을 묻는 것인바, 차용금의 액수, 당사자들의 재산상태 등에 따라 구체적인 사건별로 판단하여야 하겠지만 부부의 공동생활에 필요한 자금조달을 목적으로 하는 것이 아니라면 인정하기 어렵다. 대법원은 부부 일방이 운영하는 영업에 사용할 목적으로 금원을 차용한 경우 일상가사의 범위에 포함되지 않는다고 판시하였다(대판 2004.10.15, 2004다24816).

(iv) 생활비용의 부부공동 부담

부부의 공동생활에 필요한 비용은 당사자간에 특별한 약정이 없으면 부부가 공동으로 부담한다(민법 제833조).

(3) 혼인의 해소(이혼)

[사례] 경기도 수원 부잣집 아들 나부자씨는 중매로 고독미양을 만나 교제 6개월 만에 결혼을 하였다. 사실 나부자씨는 고독미양의 고독하고도 정숙한 분위기 그리고 무언가 채워 주고 싶은 모습에 반하여 결혼하였으나, 고독미양이 혼전에 남자관계가 매우 복잡한 것은 물론 처녀도 아니었다. 나부자씨는 고독미양의 혼전의 행위를 문제 삼아 이혼하고자 하는데 그것이 가능할까?

▶ **해설** : 배우자가 혼인 전에 「과거」가 있었다는 것이 민법 제840조 제6호의 「기타 혼인을 계속하기 어려운 중대한 사유」에 해당되어 재판상 이혼원인이 되는가가 문제되고 있다.

부부 사이에 요구되는 정조의무란 혼인한 후부터 발생하는 것이지 혼인 전까지 소급하여 요청되는 것이 아니기 때문에 혼인 전의 사유를 혼인 후의 재판상 이혼원인으로 허용한다면 혼인제도 그 자체는 성립 또는 유지될 수 없다.

그러므로 배우자가 혼인 전에 「과거」가 있었다는 것이 민법 제840조 제6호의 「기타 혼인을 계속하기 어려운 중대한 사유」에 해당되지 아니한다. 따라서 나부자씨는 고독미양의 혼전의 행위를 문제 삼아 이혼할 수는 없다.

① 이혼의 의의

혼인의 해소라 함은 유효하게 성립하여 존속하고 있었던 혼인관계가 장래에 향하여 소멸하는 것을 말한다. 혼인은 배우자의 사망 또는 이혼으로 해소한다. 이혼이라 함은 사망 이외의 원인으로 당사자의 의사에 기하여 혼인을 해소하는 것을 말한다.

② 이혼의 종류

이혼(離婚)에는 협의상 이혼과 재판상 이혼이 있다.

㉠ 협의상 이혼

ⓐ 의 의

협의상 이혼이라 함은 부부가 협의에 의하여 이혼하는 경우를 말한다(민법 제834조). 이 경우에는 그 원인 여하를 묻지 아니한다.

ⓑ 성립요건

(i) 실질적 요건

협의상 이혼이 성립하기 위해서는 이혼에 대한 부부의 자유로운 합의가 있어야 한다. 피성년후견인도 의사능력을 회복하고 있는 때에는 부모 또는 성년후견인의 동의를 얻어 이혼을 합의할 수 있다(민법 제835조).

(ii) 형식적 요건

가정법원의 확인을 받아 「가족관계의 등록 등에 관한 법률」의 정한 바에 의하여 신고를 하여야 한다. 협의상 이혼신고는 당사자 쌍방과 성년자인 증인 2인의 연서(連署)한 서면으로 하여야 한다(민법 제836조).

협의상 이혼을 하려는 자는 가정법원이 제공하는 이혼에 관한 안내를 받아야 하고, 가정법원은 필요한 경우 당사자에게 상담에 관하여 전문적인 지식과 경험을 갖춘 전문상담인의 상담을 받을 것을 권고할 수 있다(민법 제836조의 2 제1항).

가정법원에 이혼의사의 확인을 신청한 당사자는 제1항의 안내를 받은 날부터 다음 각 호의 기간이 지난 후에 이혼의사의 확인을 받을 수 있다(민법 제836조의 2 제2항).

(가) 양육하여야 할 자(포태 중인 자를 포함한다)가 있는 경우에는 3개월, (나) 제1호에 해당하지 아니하는 경우에는 1개월이 그것이다. 양육하여야 할 자가 있는 경우 당사자는 자(子)의 양육과 자(子)의 친권자결정에 관한 협의서를 제출하여야 한다(민법 제836조의 2 제4항).

㉡ 재판상 이혼

ⓐ 의 의

재판상의 이혼이라 함은 부부의 일방에게 일정한 이혼사유가 있는 경우에 가정법원에 청구하여 상대방의 의사에 관계없이 판결로써 이혼할 수 있는 경우를 말한다(민법 제840조).

ⓑ 재판상 이혼원인

재판상 이혼원인은 다음과 같다(민법 제840조).

(ⅰ) 배우자의 부정(不貞)한 행위

여기서 부정한 행위라 함은 간통을 포함하는 보다 넓은 개념으로서, 간통에까지는 이르지 않았다고 하더라도 일부일처제하의 부부의 정조의무에 충실하지 않은 일체의 행위를 말한다.

(ⅱ) 배우자의 악의의 유기(遺棄)

(ⅲ) 배우자 또는 그 직계존속으로부터의 심히 부당한 대우

(ⅳ) 자기의 직계존속에 대한 배우자의 심히 부당한 대우

(ⅴ) 배우자의 생사가 3년 이상 분명하지 아니한 경우

(ⅵ) 기타 혼인을 계속하기 어려운 중대한 사유

(가) 판례에서 인정한 사례

* 경제적 파탄

남편의 방탕, 가계를 돌보지 않고 계를 하는 등 아내의 문란한 행위, 허영에 의한 지나친 낭비, 가정주부의 거액 도박, 가사를 돌보지 않는 춤바람 등

* 정신적 파탄

불치의 정신병, 성격불일치, 애정상실, 극심한 의처증, 수년간 계속된 별거, 심

한 주벽 또는 알코올 중독, 범죄행위 및 실형선고, 신앙의 차이로 인한 극심한 반목, 광신, 자녀에 대한 정신적·육체적 학대 내지 모욕 등

* 육체적 파탄

이유 없는 성교거부, 성적인 불능, 변태성욕, 성병감염, 동성연애, 부당한 피임 등

(나) 판례에서 불인정한 사례

* 사업실패로 인한 채무부담, 심인성 음경발기부전증, 회복가능한 정신병적 증세

* 혼인 전부터의 신앙의 차이, 성격불일치, 애정상실, 연령·학력차이, 복잡한 가정환경

* 재혼부부간에 전처소생의 자식이 있어 불화가 있는 경우

* 부부간에 평소 사소한 일로 자주 부부싸움을 하고, 이전에도 이혼조정신청을 한 번 제기하였다가 서로 화해한 뒤 취하했다는 사실

* 혼수가 빈약하거나 지참금이 적다는 이유

* 과거의 연인을 못 잊어 하며, 첫사랑의 사진과 연애편지들을 보관하고 있는 경우

* 아내가 불가피한 상황에서 강간당한 경우

ⓒ 재판상 이혼의 절차

재판상 이혼에는 「조정이혼」과 「소송이혼」이 있다. 재판상 이혼은 재판에 앞서서 먼저 조정에 회부되는데(조정전치주의), 조정이 성립하면 이혼은 성립한다. 이 때에 성립하는 이혼이 재판상 이혼의 일종인 「조정이혼」이다. 만일에 조정이 성립되지 아니한 경우 당초 조정신청을 한 때에 소를 제기한 것으로 보며, 그 판결의 확정으로 성립하는 이혼이 「소송이혼」이다.

③ 이혼의 효과

㉠ 일반적 효과

이혼은 혼인으로 생겼던 모든 효과를 장래에 향하여 소멸하게 한다.

㉡ 자에 대한 효과

ⓐ 자의 양육책임

당사자는 그 자(子)의 양육에 관한 사항을 협의에 의하여 정한다(민법 제837조 제1항). 제1항의 협의는 다음의 사항을 포함하여야 한다(민법 제837조 제2항).

(ⅰ) 양육자의 결정, (ⅱ) 양육비용의 부담, (ⅲ) 면접교섭권의 행사 여부 및 그 방법이 그것이다. 양육에 관한 사항의 협의가 이루어지지 아니하거나 협의할 수 없는 때에는 가정법원은 직권으로 또는 당사자의 청구에 따라 이에 관하여 결정한다(민법 제837조 제4항).

ⓑ 면접교섭권

자(子)를 직접 양육하지 아니하는 부모의 일방과 자(子)는 상호 면접교섭할 수 있는 권리를 가진다. 가정법원은 자의 복리를 위하여 필요한 때에는 당사자의 청구 또는 직권에 의하여 면접교섭을 제한하거나 배제할 수 있다(민법 제837조의 2).

ⓒ 재산의 분할청구

이혼한 자의 일방은 다른 일방에 대하여 재산분할을 청구할 수 있다(민법 제839조의 2 제1항). 재산분할에 관하여 협의가 되지 아니하거나 협의할 수 없는 때에는 가정법원은 당사자의 청구에 의하여 당사자 쌍방의 협력으로 이룩한 재산의 액수 기타 사정을 참작하여 분할의 액수와 방법을 정한다(민법 제839조의 2 제2항). 재산분할청구권은 이혼한 날부터 2년을 경과한 때에는 소멸한다(민법 제839조의 2 제3항).

(4) 사실혼

사실혼(事實婚)이라 함은 사실상으로는 혼인관계에 있으면서 법률이 정하는 혼인신고를 하고 있지 않기 때문에, 법률상 혼인관계로 인정되지 않는 것을 말한다.

3. 부모와 자

(1) 서 설

친자관계는 혼인관계와 함께 인륜의 기초이며, 부부와 친자로서 이루어지는 가족은 사회와 인간관계의 기초적 존재이다. 친자관계에는 친생친자관계와 법정친자관계가 있다.

친생친자관계는 다시 혼인 중의 출생자와 부모와의 관계, 혼인 외의 출생자와 부모와의 관계로 나누어진다. 법정친자관계는 양친자가 있다.

(2) 친생자

① 혼인 중의 출생자

혼인 중의 출생자 또는 혼인 중의 자(子)라 함은 법률상 혼인관계에 있는 부부 사이에서 포태된 후 출생한 자를 말한다. 처가 혼인 중에 포태(胞胎)한 자(子)는 부의 자로 추정한다. 혼인성립의 날로부터 200일 후 또는 혼인관계종료의 날로부터 300일 내에 출생한 자는 혼인 중에 포태한 것으로 추정한다(민법 제844조).

② 혼인 외의 출생자

혼인 외의 출생자 또는 혼인 외의 자라 함은 법률상 혼인관계에 있지 않은 남녀 사이에서 출생한 자를 말한다.

사실혼관계·무효혼관계·사통관계(私通關係)·부첩관계(夫妾關係) 등으로부터 출생한 자, 혼인 중의 출생자 중에서 친생부인의 소에 의하여 친생이 부인된 자 등이 이에 해당한다.

혼인 외의 출생자(이른바 사생자)는 그 생부나 생모가 이를 자기의 자라고 인정할 수 있다(민법 제855조). 이를 인지(認知)라고 한다.

(3) 양 자

양자제도(養子制度)는 자연혈연적인 친자관계가 없는 사람들 사이에 친자관계를 법적으로 의제하는 것이므로, 혼인과 같이 인간의 본질적인 것이 아니다. 양친자관계는 입양(入養)의 합의에 의하여 성립된다.

(4) 친 권

친권(親權)이라 함은 부 또는 모가 미성년의 자에 대하여 가지는 신분상·재산상의 보호와 감독을 내용으로 하는 권리·의무를 말한다.

(5) 후 견

① 미성년자에 대한 후견의 개시

미성년자에 대하여 친권자가 없거나 친권자가 법률행위의 대리권 및 재산관리권을 행사할 수 없을 때에는 미성년후견인(未成年後見人)을 두어야 한다(민법 제928조).

② 성년후견심판에 의한 후견의 개시

가정법원의 성년후견개시심판이 있는 경우에는 그 심판을 받은 사람의 성년후견인을 두어야 한다(민법 제929조).

Ⅱ. 상 속

1. 의 의

상속이라 함은 사람의 사망으로 일정한 사람이 그 사람의 재산 등을 포함하는 권리·의무를 포괄적으로 승계하는 것을 말한다.

2. 상 속

[사례] 10억 원의 재산을 가지고 있는 김중배씨는 「광운컨트리클럽」에서 골프를 치다가 갑자기 사망하고 말았다. 그는 첫 번째 부인인 김변심씨와의 사이에 1남 2녀를 두었으나 젊었을 때 찢어지게 가난하였다. 그리하여 김변심씨는 변심하여 남사당패 출신인 도망자씨와 제주로 도망갔다가 그곳에서 정식으로 결혼하고 아들을 하나 낳았으나 업보 때문인지 얼마 후 병사하고 말았다.

그 후 김중배씨는 여자아이가 하나 딸린 두 번째 여인과 결혼했으나 그녀는 김중배씨보다 먼저 사망하고 말았다. 말년에 세 번째 여인인 톱탤런트 출신 부도덕양과 혼인신고를 하지 않고 동거에 들어갔다가 「광운컨트리클럽」에서 그만 변을 당하고 말았다. 한편 김중배씨에게는 90이 넘은 노모가 있었다. 10억 원의 상속재산은 법적으로 누가 얼마나 상속받는가?

▶ **해설** : 피상속인의 직계비속과 배우자가 제1순위의 공동상속인이 된다(민법 제1000조 제1항 제1호, 제1003조). 다만 상속인의 범위에서 배우자는 법률상의 배우자를 말하므로 사실혼관계에 있는 부도덕양은 상속인이 될 수 없다.

따라서 장남 2억 5천만 원(10억 원×4분의 1), 장녀 2억 5천만 원(10억 원×4분의 1), 차녀 2억 5천만 원(10억 원×4분의 1), 삼녀 2억

5천만 원(10억 원 × 4분의 1)씩 상속받는다.

(1) 상속의 개시

① 상속의 개시원인

상속의 개시원인으로는 자연인의 사망, 실종선고 등을 들 수 있다.

② 상속의 개시시기(피상속인의 사망시기)

자연인의 사망시기는 실제로 사망이라는 사건이 발생한 때이다. 실종선고의 경우 사망시기는 실종기간의 만료시이다(민법 제28조).

③ 상속의 개시장소

상속은 피상속인의 주소지에서 개시한다(민법 제998조).

(2) 상속인

① 상속인의 범위

상속인의 범위는 피상속인, 즉 사망자의 직계비속 · 직계존속 · 형제자매 · 4촌 이내의 방계혈족 및 배우자이다. 여기서 말하는 배우자는 법률상의 배우자를 말한다.

다만 피상속인은 위에서 든 상속인의 범위에 구애받지 않고 유언으로 상속인을 지정할 수 있다.

② 상속인의 순위

상속인의 순위는 그 범위와 같이 민법에서 획일적으로 규정하고 있다.

㉠ 제1순위

피상속인의 직계비속(直系卑屬)과 배우자가 공동상속인이 된다(민법 제1000조 제1항 제1호, 제1003조). 직계비속 간에는 남녀 · 적서(嫡庶) · 연령에 관계없이 공동상속인이 되며, 태아는 상속순위에 관하여는 이미 출생한 것으로 본다(민법 제1000조 제3항). 동순위의 상속인이 수인(數人)인 때에는 최근친을 선순위로 하고, 동친(同親) 등의 상속인이 수인인 때에는 공동상속인이 된다(민법 제1000조 제2항).

피상속인의 직계비속은 피상속인의 자(子)들 또는 손자들이다. 직계비속으로 자식들과 손자들이 있으면 자식들만 상속인이 된다.

㉡ 제2순위

피상속인의 직계존속(直系尊屬)과 배우자가 공동상속인이 된다(민법 제1000조 제1항 제2호, 제1003조). 동순위의 상속인이 수인인 때에는 최근친을 선순위로 하고, 동친 등의 상속인이 수인인 때에는 공동상속인이 된다(민법 제1000조 제2항).

㉢ 제3순위

피상속인의 형제자매이다(민법 제1000조 제1항 제3호). 자매에는 혼인한 출가자매도 포함한다. 형제자매가 수인인 때에는 공동상속인이 된다(민법 제1000조 제2항).

㉣ 제4순위

피상속인의 4촌 이내의 방계혈족(傍系血族)이다(민법 제1000조 제1항 제4호). 동순위의 상속인이 수인인 때에는 최근친을 선순위로 하고, 동친 등의 상속인이 수인인 때에는 공동상속인이 된다(민법 제1000조 제2항).

피상속인의 4촌 이내의 방계혈족은 3촌 이내의 방계혈족(백부, 숙부, 고모 등)과 4촌 이내의 방계혈족(4촌 형제자매, 고종 형제자매 등)이다.

③ 대습상속

상속인이 될 직계비속 또는 형제자매가 상속개시 전에 사망하거나 결격자(缺格者)가 된 경우에 그 직계비속과 배우자가 있는 때에는 그 직계비속과 배우자가 사망하거나 결격된 자의 순위에 갈음하여 상속인이 된다(민법 제1001조, 제1003조).

이것을 대습상속(代襲相續)이라고 한다. 예컨대 결혼한 자식(장남)이 상속개시 전에 사망한 경우에 그 자식이 있는 때에는 그 자식과 삼촌, 고모들이 공동상속인이 된다.

(3) 상속의 효력

① 일반적 효력

상속인은 상속이 개시된 때로부터(피상속인이 사망한 때로부터) 피상속인의 재산에 관한 포괄적 권리·의무를 승계한다. 그러나 피상속인의 일신(一身)에 전속한 것(예컨대 작가의 저술의무, 연예인의 출연의무 등)은 그러하지 아니하다

(민법 제1005조).

② 상속분

㉠ 의 의

상속분(相續分)이라 함은 공동상속인이 상속할 비율(상속재산의 총액에 대한 분수적(分數的) 비율)을 말한다.

㉡ 상속분의 결정

상속분은 피상속인의 유언(지정상속분) 또는 법률의 규정(법정상속분)에 의하여 결정된다.

ⓐ 지정상속분

피상속인은 유언에 의하여 공동상속인의 상속분을 지정할 수 있다. 그러나 유류분에 반하는 지정은 할 수 없다(민법 제1012조, 제1118조). 만일에 유류분(遺留分)에 반하는 지정을 하였을 경우에는 침해를 받은 상속인은 그 반환을 청구할 수 있다(민법 제1115조).

ⓑ 법정상속분

피상속인이 공동상속인의 상속분을 지정하지 않았을 때에는 그 상속분은 민법의 규정하는 바(민법 제1009조)에 따른다.

(i) 동순위의 상속인이 수인인 때에는 그 상속분은 균분(均分)으로 한다(민법 제1009조).

(ii) 피상속인의 배우자의 상속분은 직계비속과 공동으로 상속하는 때에는 직계비속의 상속분의 5할을 가산하고, 직계존속과 공동으로 상속하는 때에는 직계존속의 상속분의 5할을 가산한다(민법 제1009조 제2항).

(iii) 대습상속인의 상속분은 피대습상속인(被代襲相續人, 사망 또는 결격된 자)의 상속분에 의한다(민법 제1010조 제1항). 그리고 피대습상속인의 직계비속이 수인인 때에는 그 상속분은 피대습상속인의 상속분의 한도에서 전술한 법정상속분에 의하여 정한다. 배우자가 대습상속하는 경우에도 또한 같다(민법 제1010조 제2항).

㉢ 공동상속분의 양수

ⓐ 양수권

공동상속인 중에 그 상속분을 제3자에게 양도한 자가 있는 때에는 다른 공동상속인은 그 가액과 양도비용을 상환하고 그 상속분을 양수(讓受)할 수 있다(민법 제1011조 제1항).

ⓑ 양수기간

양수권은 양도사유를 안 날로부터 3월, 그 양도사유 있은 날로부터 1년 내에 행사하여야 한다(민법 제1011조 제2항).

㉣ 상속분의 산정

공동상속인 중에 피상속인으로부터 재산의 증여(贈與) 또는 유증(遺贈)을 받은 자가 있는 경우에 그 수증재산이 자기의 상속분에 달하지 못한 때에는 그 부족한 부분의 한도에서 상속분이 있다(민법 제1008조).

만일에 수증재산(受贈財産)이 수증자의 상속분을 초과한 때에는 초과분을 반환하여야 한다.

㉤ 기여분

ⓐ 의 의

기여분제도(寄與分制度)라 함은 공동상속인 중에 피상속인의 재산의 유지 또는 증가에 관하여 특별히 기여한 자(피상속인을 특별히 부양한 자를 포함)가 있을 때에, 그 기여자에게 그의 법정상속분 외에 그의 기여에 상당하는 액을 가산한 재산의 취득을 인정함으로써 공동상속인 사이의 형평을 꾀하려는 제도를 말한다.

ⓑ 기여자의 상속분

기여자의 상속분은 상속개시 당시의 피상속인의 재산가액에서 그의 기여분을 공제(控除)한 것을 상속재산으로 하여 법정상속분에 기여분을 가산한 액이다(민법 제1008조의 2 제1항).

ⓒ 기여분의 지정방법

공동상속인 중에 상당한 기간 동거·간호 그 밖의 방법으로 피상속인을 특별히 부양하거나 피상속인의 재산의 유지 또는 증가에 특별히 기여한 자가 있을 때에는 상속개시 당시의 피상속인의 재산가액에서 공동상속인의 협의로 정한 그 자의 기여분을 공제한 것을 상속재산으로 보고 법정상속분에 기여분을 가산한 액으로써 그 자의 상속분으로 한다(민법 제1008조의 2 제1항). 그러나 협의가 되지 아니하거나 협의할 수 없는 때에는 가정법원은 기여자의 청구에 의하여 기여의 시기·방법 및 정도와 상속재산의 액 기타의 사정을 참작하여 기여분을 정한다(민법 제1008조의 2 제2항).

상속개시 후의 인지(認知) 또는 재판의 확정에 의하여 공동상속인이 된 자가 상속재산의 분할을 청구할 경우에, 다른 공동상속인이 이미 분할 기타 처분을 한 때에는 그 상속분에 상당한 가액의 지급을 청구할 권리가 있다(민법 제1014조).

ⓓ 기여분의 한도

기여분은 상속이 개시된 때의 피상속인의 재산가액에서 유증(遺贈)의 가액을 공제한 액을 넘지 못한다(민법 제1008조의 2 제3항). 즉 피상속인의 재산가액에서 피상속인이 다른 데에 유증한 가액을 공제한 액을 넘지 못한다. 예컨대 피상속인의 재산가액이 1억 원이고, 유증의 가액이 3천만 원이라면 기여분은 1억 원에서 3천만 원을 공제한 7천만 원을 넘지 못한다.

③ 상속재산의 공유와 분할

㉠ 상속재산의 공유

공동상속인은 각자의 상속분에 따라 피상속인의 권리의무를 승계하지만(민법 제1007조), 분할이 있을 때까지 상속재산은 그 공유(共有)로 한다(민법 제1006조).

㉡ 상속재산의 분할

ⓐ 분할의 자유

공동상속인은 원칙적으로 언제든지 자유로이 상속재산의 분할을 청구할 수 있다(민법 제1013조 제1항). 다만 피상속인은 상속개시의 날로부터 5년을 초과하지 아니하는 기간 동안 상속재산의 분할을 금지할 수 있다(민법 제1012조).

ⓑ 분할의 방법

(ⅰ) 지정분할

피상속인은 유언으로 상속재산의 분할방법을 정하거나 이를 정할 것을 제3자에게 위탁할 수 있다(민법 제1012조 전단).

(ⅱ) 협의분할

유언에 의한 지정이 없는 경우에는 공동상속인은 협의로 상속재산을 분할할 수 있다(민법 제1013조 제1항).

(ⅲ) 가정법원에 의한 분할

분할의 방법에 관하여 협의가 성립되지 아니한 때에는 공동상속인은 가정법원에 상속재산의 분할을 청구할 수 있다.

현물(現物)로 분할할 수 없거나 분할로 인하여 현저히 그 가액이 감액될 염려가 있는 때에는 가정법원은 물건의 경매를 명할 수 있다(민법 제1013조 제2항, 제269조).

④ 상속회복청구권

상속권이 참칭상속권자(僭稱相續權者)로 인하여 침해된 때에는 상속권자 또는 그 법정대리인은 상속회복의 소를 제기할 수 있다(민법 제999조 제1항). 상속회복청구권은 그 침해를 안 날부터 3년, 상속권의 침해행위가 있는 날부터 10년을 경과하면 소멸된다(민법 제999조 제2항, 2002.1.14 개정).

(4) 상속의 승인과 포기

① 승인과 포기의 기간

상속인은 상속개시 있음을 안 날로부터 3월 내에 단순승인이나 한정승인 또는 포기를 할 수 있다. 그러나 그 기간은 이해관계인 또는 검사의 청구에 의하여 가정법원이 이를 연장할 수 있다(민법 제1019조 제1항). 상속인은 제1항의 승인 또는 포기를 하기 전에 상속재산을 조사할 수 있다(민법 제1019조 제2항).

제1항의 규정에 불구하고 상속인은 상속채무가 상속재산을 초과하는 사실을 중대한 과실 없이 제1항의 기간 내에 알지 못하고 단순승인을 한 경우에는 그 사실을 안 날부터 3월 내에 한정승인을 할 수 있다(민법 제1019조 제3항, 2002.1.14 신설).

② 포기의 방식

상속인이 상속을 포기할 때에는 상속개시 있음을 안 날로부터 3월 내에 가정법원에 포기의 신고를 하여야 한다(민법 제1041조).

3. 유 언

(1) 의 의

유언(遺言)이라 함은 사람이 그의 사후에 있어서의 일정한 법률관계를 정하려는 생전의 최종적 의사표시로서 상대방 없는 단독의 사후행위를 말한다.

(2) 유언의 방식

민법은 「유언은 본법의 정한 방식에 의하지 아니하면 효력이 발생하지 아니한다」(민법 제1060조)라고 규정하여 일정한 방식을 요구하고 이 방식에 따르지 않는 유언은 무효로 하고 있다. 민법이 인정하는 유언의 방식에는 다섯 가지가 있다(민법 제1065조). 자필증서 · 녹음 · 공정증서 · 비밀증서 · 구수증서 등이 그것이다.

① 자필증서에 의한 유언

자필증서(自筆證書)에 의한 유언이라 함은 유언 중 가장 간단한 방식으로서, 유언자가 그 전문(全文)과 연월일 · 주소 · 성명을 자서(自書)하고 날인하는 것을 말한다(민법 제1066조).

② 녹음에 의한 유언

녹음에 의한 유언이라 함은 유언자가 유언의 취지, 그 성명과 연월일을 구술(口述)하고 이에 참여한 증인이 유언의 정확함과 그 성명을 구술하는 것을 말한다(민법 제1067조).

③ 공정증서에 의한 유언

공정증서(公正證書)에 의한 유언이라 함은 유언자가 증인 2인이 참여한 공증인 면전에서 유언의 취지를 구수(口授)하고 공증인이 이를 필기 낭독하여 유언자와 증인이 그 정확함을 승인한 후 각자 서명(署名) 또는 기명날인(記名捺印)하는 것을 말한다(민법 제1068조).

④ 비밀증서에 의한 유언

비밀증서에 의한 유언이라 함은 유언자가 필자(筆者)의 성명을 기입한 증서를 엄봉날인하고 이를 2인 이상의 증인의 면전에 제출하여 자기의 유언서임을 표시한 후 그 봉서표면(封書表面)에 제출연월일을 기재하고 유언자와 증인이 각자 서명 또는 기명날인하는 것을 말한다(민법 제1069조).

⑤ 구수증서에 의한 유언

구수증서(口授證書)에 의한 유언이라 함은 질병 기타 급박한 사유로 인하여 전술한 방식에 의할 수 없는 경우에 유언자가 2인 이상의 증인의 참여로 그 1인에게 유언의 취지를 구수하고 그 구수를 받은 자가 이를 필기 낭독하여 유언자와 증인이 그 정확함을 승인한 후 각자 서명 또는 기명날인하는 것을 말한다(민법 제1070조).

(3) 유언의 효력

유언은 유언자가 사망한 때로부터 그 효력이 생긴다(민법 제1073조 제1항). 유언자는 언제든지 유언 또는 생전행위로써 유언의 전부 또는 일부를 철회할 수 있다(민법 제1108조).

4. 유류분

(1) 유류분의 의의

유류분(遺留分)이라 함은 피상속인의 상속인 중 일정한 근친자에게 보류된 상속재산의 일부로서 피상속인의 생전처분 또는 사인처분(死因處分)으로 빼앗을 수 없는 부분을 말한다. 이에 대하여 피상속인이 자유로이 처분할 수 있는 부분을 자유분 또는 가양분(可讓分)이라고 한다.

(2) 유류분의 포기

유류분권리자는 상속개시 후에 유류분권을 포기할 수 있다.

(3) 유류분의 범위

① 유류분권리자

유류분이 인정되는 자는 법정상속인 중 피상속인의 직계비속·배우자·직계존속·형제자매뿐이다(민법 제1112조).

② 유류분

민법은 법정상속분의 일정비율을 그 자의 유류분으로 한다. 상속인의 유류분은 다음 각호에 의한다(민법 제1112조). ㉠ 피상속인의 직계비속은 그 법정상속분의 2분의 1, ㉡ 피상속인의 배우자는 그 법정상속분의 2분의 1, ㉢ 피상속인의 직계존속은 그 법정상속분의 3분의 1, ㉣ 피상속인의 형제자매는 그 법정상속분의 3분의 1 등이 그것이다.

(4) 유류분반환청구권의 시효

유류분반환청구권은 유류분권리자가 상속의 개시와 반환하여야 할 증여 또는 유증을 한 사실을 안 때로부터 1년, 상속이 개시된 때로부터 10년이 경과하면 소멸한다(민법 제1117조).

제5절
금전의 대차

[사례 1] 방탕한씨는 소문난 도박꾼이다. 대학동창생인 나순진씨는 방탕한씨가 직장으로 찾아와 울면서 앞으로는 도박에서 손을 씻고 고향 청주에 내려가 농사를 짓겠다고 하면서 돈 3천만 원을 빌려달라고 하므로, 설마하면서도 정에 못 이겨 차용증과 도박을 하지 않겠다는 각서를 받고 3천만 원을 빌려주었다.

그런데 「제 버릇 개 못 준다」는 속담처럼 방탕한씨는 이 3천만 원을 가지고 「속리산관광호텔」 카지노에서 도박하다 모두 탕진하고 말았다. 나순진씨는 빌려준 3천만 원이 도박에 사용됐다는 점이 꺼림칙하기는 하였지만 소송을 제기하기로 하였다. 나순진씨는 3천만 원을 받을 수 있을까?

▶ **해설** : 도박에 사용되는 줄 알면서 돈을 빌려 준 경우에는 비록 차용증과 각서를 받았다고 하더라도 소송을 제기하여 돈을 받을 수 없다. 도박은 반사회적 행위이고 범죄행위이기 때문이다(민법 제103조, 형법 제246조 제1항 참조).

그러나 이 사례에서 나순진씨는 도박에 사용되는 줄 모르고 돈을 빌려 준 경우이므로 비록 방탕한씨가 도박하다 탕진했더라도 3천만 원을 받을 수 있다.

[사례 2] 평소 꼼꼼하기로 소문난 신중한씨는 청주에서 평범하게 교사생활을 하며 행복하게 살고 있었다. 그런데 그는 초등학교 친구인 나막가씨에게 3천만 원을 빌려 주었는데 나막가씨는 변제기가 지나도록 갚지 않고 있다가 얼마 전 대전으로 전근하게 되어 가족 전체가 그곳으로 이사를 가 버렸다.

신중한씨는 간신히 나막가씨의 주소를 파악하여 채무를 이행할 것을 독촉하였으나 나막가씨는 3천만 원을 갚을 수 없으니 법대로 하라며 버티고 있다. 이 경우에 채권자 신중한씨가 채권을 변제받을 수 있는 방법은?

▶ **해설** : 금전채무의 변제는 당사자의 특별한 의사표시가 없는 한 채권자의 현주소에서 하는 것이 원칙이다(민법 제467조 제2항). 그러므로 채무자인 나막가씨가 청주로 와서 3천만 원을 갚아야 하며 그에 수반한 교통비 등의 비용도 채무자인 나막가씨가 부담하는 것이 원칙이다.

우리 민사소송법에서는 원칙적으로 채무자의 주소지에서 소송을 제기하여야 하지만, 의무이행지인 변제의 장소에서도 소송을 제기할 수 있도록 하고 있다. 그러므로 채권자 신중한씨는 대전지방법원이나 청주지방법원에 소송을 제기할 수 있다.

[사례 3] K대학 총무과에 근무하는 황진이씨는 재무과에 근무하는 서경덕씨가 교통사고를 내서 그러니 가지고 있는 돈이 있으면 있는 대로 빌려 달라고 사정하는 바람에, 결혼하려고 붓고 있던 월 1푼의 이자가 붙어 있는 적금을 해약하고 천만 원을 빌려 주었다. 서경덕씨는 한 달 만에 갚겠다고 약속해 놓고 열 달 만에 천만 원을 갚았다. 갚으면서 미안했던지 화장품 1세트를 가져왔다. 이 경우에 황진이씨는 서경덕씨에게 손해를 본 적금이자를 청구할 수 있을까?

▶ **해설** : 채무자가 채무의 내용에 좇은 이행을 하지 아니한 때에는 채권자는 손해배상을 청구할 수 있다(민법 제390조). 금전채무불이행의 손해배상액은 법정이율에 의한다. 그러나 법령의 제한에 위반하지 아니한 약정이율이 있으면 그 이율에 의한다(민법 제397조 제1항). 그러므로 금전채무불이행이 있으면 이자의 약정이 없었더라도 법정이자를 청구할 수 있다. 이 법정이자율은 연 5푼(5%)이다(민법 제379조). 이 사례에서 황진이씨는 이행기 이후의 9개월분의 법정이자를 청구할 수 있다.

[사례 4] 사채업자 주식만씨는 K대생 고돌이씨에게 천만 원을 월리 4푼에 3개월간 빌려주기로 약정하고, 3개월의 이자 120만 원을 약정 원본액 천만 원에서 미리 공제하여 실제로는 880만 원을 고돌이씨에게 교부하였다.

그런데 고돌이씨는 3개월이 지나도 돈을 갚지 않으므로 주식만씨는 원본과 지연배상금을 합하여 1,120만 원의 변제를 청구하였다. 이는 인용될 수 있을까?

▶ **해설** : 선이자(先利子)는 소비대차계약을 체결할 때에 미리 지급하는 이자이다. 선이자에서 특히 문제가 되는 것은 소비대차계약을 체결할 때에 이자를

미리 계산하여 이를 선급의 형식으로 원본액에서 공제하여 차액만을 차주(借主)에게 교부하고, 변제기에는 차주에게 명의상의 원본액을 반환시키는 것을 약정하는 계약이다. 예컨대 100만 원을 월리(月利) 4푼으로 3개월간 대차하는 경우에 이자 12만 원을 선급의 형식으로 원본액 100만 원에서 미리 공제하여, 실제로는 차액 88만 원만을 차주에게 교부하고, 3개월 후의 변제기에는 명의상의 원본액 100만 원을 반환시키는 것이다.

이 사례의 경우 주식만씨가 고돌이씨에게 실제로 교부한 금액은 천만 원이 아니라 880만 원인데, 3개월 후에 갚아야 할 금액은 얼마이며, 지연이자는 얼마로 할 것인가가 문제된다. 현재 이자제한법이 폐지되었으므로 선이자로서 120만 원을 공제하고 880만 원을 교부한 것은 유효·적법하다. 그런데 실제로 빌린 돈은 880만 원이므로 880만 원에 대한 월리 4푼으로 계산한 것이 채무액이 될 것이다.

그러므로 880만 원과 그에 대한 이자 105,600원과의 합산액, 즉 8,905,600원이 소비대차계약의 원본액이며, 이것이 차주 고돌이씨가 변제기에 변제하여야 할 금액이다. 그리고 그 후 3개월이 지체되었으므로 주식만씨는 원본액 8,905,600원과 지연배상금 105,600원을 합하여 9,011,200원을 청구할 수 있다. 따라서 주식만씨가 1,120만 원의 변제를 청구한 것은 인용될 수 없다.

≪판 례≫

판례는 선이자 소비대차계약을 유효로 보는 전제하에 이자제한법과의 관계에 대하여 다음과 같이 해석하고 있다. 즉 차주가 실제로 수령한 금액과 그에 대한 이자제한법의 제한이율(연 2할 5푼)에 의한 이자와의 합산액이 당사자 사이에 유효하게 성립한 소비대차계약의 원본액이며, 이것이 차주가 변제기에 변제하여야 할 금액이라고 한다(대판 1981.1.27, 80다2694).

Ⅰ. 차용증

1. 차용증의 의의

차용증(借用證) 또는 차용증서라 함은 명칭 여하를 불문하고 금전을 빌린 사실을 증명하는 문서를 말한다. 금전을 빌린 사실을 증명할 수 있는 문서이면 차용증이라는 명칭이 없더라도 모두 차용증과 같은 효력을 가진다. 그러므로 확인서·지불각서·현금보관증 등도 금전을 빌린 사실을 증명할 수만 있다면 차용증과 같은 효력이 있다.

2. 차용증의 필요성

우리는 살아가면서 때때로 급하게 돈을 쓸 일이 생기게 되어 가까운 이웃으로부터 돈을 빌리게 된다. 그런데 이웃 간의 금전거래가 법적 분쟁으로 발전하게 되는 경우도 있다. 그러므로 금전거래가 법적 분쟁으로 발전하게 되는 것을 방지하기 위해서 금전거래를 할 때에는 반드시 차용증을 작성하는 것이 필요하다.

3. 차용증의 형식과 그 명의인

(1) 차용증의 형식

차용증은 특별한 형식을 요하지 아니한다. 다만 다음 사항은 기재하여야 한다. ① 금액, ② 차용내용, ③ 차용연월일, ④ 대주(貸主)와 차주(借主)의 이름과 도장 등이 그것이다.

(2) 차용증의 명의인

차용증과 관련하여 대주는 누구의 명의로 차용증을 받아야 하는가가 문제된다. 그 이유는 나중에 대주는 차용증의 명의인(名義人)에 대해서만 금액을 반환받을 수 있기 때문이다. 요컨대 차용증은 나중에 금액을 반환받을 수 있는 사람의 명의로 작성하여야 한다.

Ⅱ. 이 자

1. 의 의

이자(利子)라 함은 원본, 즉 원금의 사용료를 말한다. 이율(利率)이라 함은 원금에 대한 비율을 말한다.

2. 종류와 산정

이자는 그 발생원인이 법률의 규정이냐 또는 당사자의 법률행위이냐에 따라 법정이자와 약정이자로 나누어진다. 법정이자는 법정이율로 산정되고, 약정이자는 약정이율로 산정된다. 그러나 약정이율도 특약이 없는 한 법정이율에 의한다. 민사상의 법정이율은 연 5푼이고(민법 제379조), 상사상의 법정이율은 연 6푼이다(상법 제54조).

Ⅲ. 변 제

1. 의 의

변제(辨濟)라 함은 채무의 내용인 급부를 실현하는 채무자 또는 제3자의 행위를 말한다(민법 제460조). 변제가 있으면 채권자는 그 목적을 달성하고 채권은 소멸한다.

2. 변제자

변제자는 원칙적으로 채무자이다. 그러나 채무자 이외의 제3자가 급부를 하여도 채권의 목적을 달성할 수 있을 때에는 채무자 이외의 제3자도 변제할 수 있다(민법 제469조). 다만 제3자가 변제한 때에는 그 제3자는 채무자에 대하여 구상권(求償權)을 갖는 것이 보통이다.

3. 변제수령자

변제를 수령할 수 있는 자는 원칙적으로 채권자이다.

4. 변제장소 · 변제시기 · 변제비용

(1) 변제장소

변제장소는 당사자의 특별한 의사표시가 없는 한 채권자의 현주소이다. 그러나 영업에 관한 채무의 변제장소는 현영업소이다(민법 제467조 제2항).

(2) 변제시기

변제의 시기, 즉 변제기 내지 이행기는 당사자의 의사표시에 의하여 결정된다. 이 당사자의 의사표시에 의하여 결정할 수 없는 경우에 변제기는 채권이 발생한 때이다.

(3) 변제비용

변제비용은 당사자의 특별한 의사표시가 없는 한 채무자가 부담한다. 그러나 채권자의 주소이전 기타의 행위로 인하여 변제비용이 증가된 때에는 그 증가액은 채권자가 부담한다(민법 제473조).

5. 변제의 증거

변제에 의하여 채권 · 채무는 소멸하게 되는데, 나중에 법적 분쟁을 방지하기 위해서는 변제의 증거가 필요하게 된다. 여기서 민법은 다음과 같은 규정들을 두고 있다.

첫째, 변제자는 변제를 받는 자에게 영수증(변제수령의 사실을 증명하는 서면)을 청구할 수 있다(민법 제474조).

둘째, 채권증서가 있는 경우에 변제자가 채무 전부를 변제한 때에는 채권증서의 반환을 청구할 수 있다. 채권이 변제 이외의 사유(채무면제 등)로 전부 소멸한 때에도 같다(민법 제475조).

※ [금전대차 및 차용증과 관련된 사항]

① 대여금을 변제받기 위해서는 채무자에게 돈을 빌려줬다는 사실을 채권자가 입증하여야 하는데, 차용증 등의 문서가 없으면 매우 곤란하다. 채권자가 채무자에게 돈을 입금한 입금표나 거래내역서는 차용증과 같은 효력이 없다.

② 차용증은 가급적이면 공증(公證은 국민들의 재산이나 가족관계에 관한 사항에 대하여 어떠한 사실을 공적으로 증명하여 주는 제도)을 하는 것이 바람직하다. 약속어음공증까지 하면 채무자가 이를 변제하지 않으면 곧 바로 압류(押留)를 할 수 있다.

③ 채무자가 빌린 돈을 변제하지 않는다면 소송(민사소송절차)을 통하여 청구하여야(지급받아야) 할 것이다. 즉 채무자의 재산(부동산, 동산, 자동차 등)에 대하여 법원에 가압류(假押留)를 신청하고, 동시에 지급명령신청(독촉절차)이나 대여금반환청구소송을 하여야 한다.

④ 돈을 빌려준 사실을 입증할 차용증이 없다고 하더라도 증인이 있으면 증인의 진술서를 받고, 증인이 없으면 채무자와 통화한 녹취록, 문자메시지내용 등을 확보하여야 한다.

⑤ 이를 근거로 피의자(채무자) 주소지 관할 경찰서에 사기죄(詐欺罪)로 형사고소를 할 수도 있다. 채무자가 고의로 변제하지 않는다는 것이 확인되면 사기죄가 성립한다. 단순한 채무미변제와 경제악화, 부도 등 사정변경으로 인한 채무미변제는 사기죄가 성립되지 아니한다. 사기죄가 성립하기 위해서는 채무자에게 돈을 빌릴 시점에 범의(고의)가 있고 변제의사와 변제능력이 없어야 한다. 또한 원금이나 이자의 일부를 변제하였다면 사기죄가 성립하지 아니한다.

⑥ 그런데 채권자가 소송에서 승소한다 하더라도 채무자에게 재산이 없다면 채권을 변제받을 수 없다(강제집행을 할 수 없다).

⑦ 개인 사이의 채권소멸시효(債權消滅時效)는 10년이다. 즉 변제기(辨濟期)가 경과한 지 10년이 경과한 돈은 채권의 소멸시효가 완성되었으므로 받을 수 없다. 상거래와 관련된 소멸시효는 5년이다.

⑧ 차용증에 이자에 관한 약정이 없으면 민사상 법정이율은 연 5%이다(법정이자는 연 5%만 청구가 가능하다).

⑨ 「이자제한법」의 최고 이자율은 연 20%이다(2021.7.7 시행). 「이자제한법」

의 최고 이자율 연 20%를 초과하는 부분은 무효이며, 채무자가 최고 이자율을 초과하는 이자를 임의로 지급한 경우에는 초과 지급된 이자는 원금에서 제하고, 원금을 제하고도 남은 때에는 반환을 청구할 수 있다. 「이자제한법」의 최고 이자율 연 20%를 초과하여 이자를 받은 자는 1년 이하의 징역 또는 1천만 원 이하의 벌금에 처한다(병과 가능, 이자제한법 제8조).

「이자제한법」은 개인과 미등록 대부업자(사실상 대부업자)가 적용대상이다. 따라서 다른 법률에 따라 인가·허가·등록을 마친 금융기관 또는 「대부업 등의 등록 및 금융이용자보호에 관한 법률」에 따라 등록한 등록 대부업자에게는 적용되지 않는다. 미등록 대부업자(사실상 대부업자)의 최고 이자율은 「이자제한법」에 따라 연 20%이고, 등록 대부업자의 최고 이자율은 「대부업 등의 등록 및 금융이용자보호에 관한 법률(2021.4.6 개정)」에 따라 연 20%이다. 「대부업 등의 등록 및 금융이용자보호에 관한 법률」의 최고 이자율 연 20%를 초과하여 이자를 받은 등록 대부업자는 3년 이하의 징역 또는 3천만 원 이하의 벌금에 처하며(병과 가능), 그 초과부분은 무효이다(동법 제8조, 제19조).

⑩ 채권추심자(금전대여 채권자, 대부업자, 사실상 대부업자 등)는 ㉠ 채무자 또는 관계인을 폭행·협박·체포 또는 감금하거나 그에게 위계나 위력을 사용하는 행위, ㉡ 정당한 사유 없이 반복적으로 또는 야간(오후 9시 이후부터 다음 날 오전 8시까지를 말한다)에 채무자나 관계인을 방문함으로써 공포심이나 불안감을 유발하여 사생활 또는 업무의 평온을 심하게 해치는 행위, ㉢ 정당한 사유 없이 반복적으로 또는 야간에 전화하는 등 말·글·음향·영상 또는 물건을 채무자나 관계인에게 도달하게 함으로써 공포심이나 불안감을 유발하여 사생활 또는 업무의 평온을 심하게 해치는 행위, ㉣ 채무자의 직장이나 거주지 등 채무자의 사생활 또는 업무와 관련된 장소에서 다수인이 모여 있는 가운데 채무자 외의 사람에게 채무자의 채무금액, 채무불이행 기간 등 채무에 관한 사항을 공연히 알리는 행위를 하여서는 아니 된다(채권의 공정한 추심에 관한 법률(약칭: 채권추심법) 제9조). 제9조를 위반하여 채권추심행위를 한 자는 5년 이하의 징역 또는 5천만 원 이하의 벌금에 처한다(동법 제15조). 채무자는 불법 채권추심행위에 대하여 증인이나 전화 녹취 등 증거자료를 확보하여 수사기관에 고소(告訴)하는 것이 좋다.

[서식] 차용증양식

차용증

귀하로부터 일금 1,000만원을 월 1부(1%)의 이자로 차용하고 2022년 3월 31일까지 지급하겠습니다. 단, 이자는 매월 말일 지급하겠습니다.

특약사항 : 이자지급을 1회라도 지체한 경우 변제기는 즉시 도래하고, 채무자는 즉시 돈을 갚아야 하며, 이때의 이자 또는 지연손해금은 월 2부로 합니다.

2021년 3월 31일

차용인 ○○○(주민등록번호 :)(인)
주소 : ○○도 ○○시 ○○동 77－2번지

연대보증인 ○○○(주민등록번호 :)(인)
주소 : ○○도 ○○시 ○○동 77－3번지

○○○님 귀하

제6절
주택임대차보호법

Ⅰ. 서 설

민법상 무주택서민이 집을 세 들어 사는 방법에는 전세권(민법 제303조 이하)과 임대차(민법 제618조 이하)가 있다. 물권(物權)인 전세권은 전세권자에게 경매청구권과 전세금반환청구권 등(민법 제317조)을 보장하고 있기 때문에 채권(債權)인 임대차보다 강력한 보호를 받고 있다. 물론 임대차계약도 등기를 하면 전세권등기와 같은 효력이 있지만 집주인이 등기를 기피하기 때문에 현실적으로 널리 이용되지 못하고 대부분은 임대차계약이 널리 이용되고 있다.

그러나 임대차계약(이른바 미등기 전세계약)은 민법상 채권적 효력만을 가지고 있으므로 물권보다는 항상 후순위의 효력을 가지고 있다. 따라서 집주인이 임차주택을 매매하거나 그것이 경매되어 소유권을 상실한 경우에는 임차인은 소유권이전등기를 마친 새로운 집주인에게 임대차를 이유로 대항하지 못한다.

이러한 점을 고려하여 1981년에 당시 무주택서민의 주거생활의 안정을 보장하기 위하여 주택임대차보호법(住宅賃貸借保護法)이 제정되었다(2020.12.10 시행). 동법은 주거용 건물의 임대차에 관하여 민법상의 특례를 규정하여 주택의 인도와 주민등록의 전입신고를 마친 경우에는 그 다음 날부터 제3자에 대하여 효력을 가지게 하였다. 특히 소액임차인에게 최우선변제권을 인정함으로써 민법에 대한 특례를 인정하여 임차인을 강력히 보호하고 있다.

Ⅱ. 적용범위

주택임대차보호법은 주거용 건물(이하 주택이라 한다)의 전부 또는 일부의 임대차에 관하여 적용한다. 그 임차주택(賃借住宅)의 일부가 주거 외의 목적으로 사용되는 경우에도 또한 같다(주택임대차보호법 제2조).

첫째, 주거용 건물이라야 하므로 상가(商街)나 사무실의 임대차는 본법이 적용되지 아니하고, 상가건물임대차보호법(商街建物賃貸借保護法)이나 민법의 임대차 규정(민법 제618조 이하)이 적용된다. 주거용 건물에는 등기된 건물뿐만 아니라 미등기건물, 무허가건물이 포함된다.

둘째, 주거용 건물인지 상가용 건물인지의 판단기준시기는 임대차계약 체결당시로 한다. 예컨대 임대차계약 체결당시 점포가 딸린 주거용 건물이었으나 6개월 뒤에 상가용 건물로 변경된 경우에도 주택임대차보호법이 적용된다.

셋째, 임차주택의 일부가 주거 외의 목적으로 사용되는 경우에도 적용된다(주택임대차보호법 제2조 후단). 예컨대 주택에 딸린 가게나 소규모 가내공장을 하는 경우에도 적용된다.

넷째, 주택의 등기를 하지 아니한 전세계약(즉 미등기 전세계약)에 관하여도 주택임대차보호법이 적용된다. 이 경우 전세금은 임대차의 보증금으로 본다(동법 제12조).

다섯째, 일시사용을 위한 임대차임이 명백한 경우에는 적용되지 아니한다(주택임대차보호법 제11조). 일시사용을 위한 임대차는 호텔·여관 등의 방실임대차, 피서지의 민박시설임대차, 공사를 위한 가건물임대차 등을 말한다.

≪판 례≫

1) 구주택임대차보호법(1981.3.5 법률 제3379호) 제2조 소정의 주거용 건물이란 공부상의 표시에 불구하고 그 실지용도에 따라서 정하여야 하고, 또한 건물의 비주거용 부분과 아울러 주거용 부분이 함께 임대차의 목적이 되어 각기 그 용도에 따라 사용되는 경우 그 주거용 부분에 관하여 본법이 적용되느냐의 여부는 구체적인 경우에 따라 합목적적으로 결정하

여야 하며, 더욱이 위 주택임대차보호법이 적용되려면 먼저 임대차계약 체결당시를 기준으로 하여 그 건물의 구조상 주거용 또는 그와 겸용될 정도의 건물의 형태가 실질적으로 갖추어져 있어야 하고, 만일 그 당시에는 주거용 건물부분이 존재하지 아니하였는데 임차인이 그 후 임의로 주거용으로 개조하였다면 임대인이 그 개조를 승낙하였다는 등의 특별한 사정이 없는 한 위 법의 적용은 있을 수 없다(대판 1986.1.21, 85다카1367).

2) 임차주택의 일부가 주거 외의 목적으로 사용되는 경우에도 주택임대차보호법 제2조의 규정에 의하여 그 법률의 적용을 받는 주거용 건물에 포함되나 주거생활의 안정을 보장하기 위한 입법의 목적에 비추어 거꾸로 비주거용 건물에 주거의 목적으로 일부를 사용하는 경우에는 동법 제2조가 말하고 있는 일부라는 범위를 벗어나 이를 주거용 건물이라 할 수 없고 이러한 위 법률의 보호대상에서 제외된다(대판 1987.4.28, 82다카2407).

Ⅲ. 주택임차권의 대항력(對抗力)

[사례 1] 나어린군은 부산 출신 대학 1학년생인데 현재 방 1칸을 임차하여 전입신고를 하고 입주하여 자취를 하고 있다. 그런데 아직 미성년자이기 때문에 부산에 거주하는 아버지가 임대차계약을 체결하였다. 이러한 경우에도 주택임대차보호법의 보호를 받을 수 있을까?

▶ **해설** : 나어린군은 주택임대차보호법의 보호를 받을 수 있다. 그 이유는 임차인인 아버지가 아들을 통하여 점유하는 것으로 되기 때문에(이러한 경우 나어린군은 아버지의 점유보조자가 되는 것이다), 나어린군이 점유(주택의 인도)와 주민등록이라는 대항요건(對抗要件)을 갖춘 이상 임차인인 아버지가 대항력(對抗力)을 취득하는 것으로 되기 때문이다.

[사례 2] 「우미관」 뒷골목의 정치깡패 구마적씨는 주민등록전입신고를 하면서 착오로 임차주택의 소재지 지번을 잘못 기재하여 주민등록부에 다른 지번이 기재되고 말았다. 이러한 경우에도 주택임대차보호법의 보호를 받을 수 있을까?

▶ **해설** : 구마적씨는 현재 상태로는 보호를 받을 수 없다. 왜냐하면 임차인이 착오로 전입신고를 잘못하여 다른 지번에 주민등록이 되어 버린 경우에는 주민등록이 실제 지번과 일치하지 아니하여 주택임대차보호법상의 유효한 공시방법을 갖추었다고 볼 수 없기 때문이다.

따라서 구마적씨는 제3자가 임차주택을 양수받거나 저당권, 압류・가압류의 등기가 되기 전에 실제 지번에 맞도록 주민등록을 신속하게 정정하여야만 그 때부터 비로소 보호를 받을 수 있다.

[사례 3] 구마적씨의 라이벌(rival) 신마적씨는 임차인으로서 임차건물 소재지 지번으로 전입신고를 올바르게 하였는데, 담당공무원의 착오로 주민등록부에 지번이 다소 틀리게 등재되고 말았다. 이러한 경우에도 주택임대차보호법상의 보호를 받을 수 있을까?

▶ **해설** : 신마적씨는 주택임대차보호법상의 보호를 받을 수 있다(대판 1991.8.13, 91다18118).

1. 주택의 인도와 주민등록

임대차는 그 등기(登記)가 없는 경우에도 임차인이 주택의 인도(引渡)와 주민등록을 마친 때에는 그 익일(翌日, 다음 날)부터 제3자에 대하여 효력이 생긴다(주택임대차보호법 제3조 제1항 제1문). 이것을 주택임차권의 대항력(對抗力)이라고 한다. 따라서 집주인이 임차주택을 양도하더라도 임차인은 임대차기간이 만료될 때까지 그 임차주택에서 계속하여 살 수 있고 그 기간이 만료되면 양수인(讓受人)으로부터 보증금을 반환받을 수 있다.

주택의 인도는 주택에의 입주 또는 점유(占有)를 말한다. 이 경우 전입신고(轉入申告)를 한 때에 주민등록이 된 것으로 본다(동법 제3조 제1항 제2문). 전입신고는 가능한 한 빨리하고 적어도 이사하는 날까지는 주민등록전입신고를 마쳐야 한다. 다만 주민등록전입신고시 주의하여야 할 점은 다세대주택인 경우에는 층

수와 호수를 반드시 기재하여야 보호를 받을 수 있다는 것이 최근의 대법원판례이다.

대항력(對抗力)을 존속하기 위해서는 거주 및 주민등록이 계속되어야 한다. 그러나 가족과 함께 점유를 계속하면서 가족의 주민등록은 그대로 둔 채 임차인의 주민등록만 일시적으로 다른 곳으로 옮긴 경우라면 대항력을 상실하지 않는다.

≪판 례≫

1) 임차인이 임대차계약을 체결함에 있어 그 임차주택을 등기부상 표시와 다르게 현관문에 부착된 호수의 표시대로 그 임대차계약서에 표시하고, 주택에 입주하여 그 계약서상의 표시대로 전입신고를 하여 그와 같이 주민등록표에 기재된 후 그 임대차계약서에 확정일자를 부여받은 경우, 그 임차주택의 실제 표시와 불일치한 표시로 행해진 임차인의 주민등록은 그 임대차의 공시방법으로 유효한 것으로 볼 수 없어 임차권자인 피고가 대항력을 가지지 못하므로, 그 주택의 경매대금에서 임대차보증금을 우선변제받을 권리가 없다(대판 1996.4.12, 95다55474).
2) 주택의 임차인이 그 주택의 소재지로 전입신고를 마치고 그 주택에 입주함으로써 일단 임차권의 대항력을 취득한 후 어떤 이유에서든지 그 가족과 함께 일시적이나마 다른 곳으로 주민등록을 이전하였다면 이는 전체적으로나 종국적으로 주민등록의 이탈이라고 볼 수 있으므로 그 대항력은 그 전출 당시 이미 대항요건의 상실로 소멸되는 것이고, 그 후 그 임차인이 얼마 있지 않아 다시 원래의 주소지로 주민등록을 재전입하였다 하더라도 이로써 소멸되었던 대항력이 당초에 소급하여 회복되는 것이 아니라 그 재전입한 때부터 그와는 동일성이 없는 새로운 대항력이 재차 발생하는 것이다(대판 1998.1.23, 97다43468).

2. 대항력(對抗力)의 범위

[사례 1] 한국계(韓國系) 사무라이(samurai) 하야시씨는 주택을 임차하여 입주한 후 사정이 생겨 며칠이 경과한 후에 주민등록전입신고를 마쳤다. 그런데 그 후 등기부를 열

람하여 보니 하야시씨가 임차주택에 입주한 후 전입신고를 하기 전에 임대인인 고노에씨가 은행에서 돈을 차용하면서 저당권을 설정한 사실을 알게 되었다. 임대인인 고노에씨는 주택 이외에는 특별한 재산 없이 빈둥빈둥 놀고먹는 사람인데 만일 저당권실행을 위한 경매절차가 실시된다면 하야시씨는 임차주택을 경락받은 사람에게 대항할 수 있을까?

▶ **해설** : 하야시씨는 대항할 수 없다. 그 이유는 저당권설정등기 전에 주택의 인도와 주민등록을 모두 갖추어야만 주택임차인이 경락인(競落人)에 대하여 대항력(對抗力)을 취득하는데, 하야시씨의 경우는 저당권(抵當權)이 설정된 후에 전입신고를 하였기 때문이다.

[사례 2] 하야시씨의 오른팔 가미소리씨는 가압류등기가 된 집을 임차하여 입주한 후 주민등록을 마쳤다. 그런데 그 후 가압류채권자가 본안소송에서 승소판결을 받아 임차주택에 관한 강제경매신청을 하였다. 이 경우 가미소리씨는 그 강제경매절차에서 임차주택을 경락받은 사람에게 대항할 수 있을까?

▶ **해설** : 가미소리씨는 대항할 수 없다. 그 이유는 가미소리씨가 가압류등기시보다 나중에 대항요건을 모두 갖춘 이상 경락인에게 대항할 수 없기 때문이다. 다만 가미소리씨가 확정일자를 갖추었다면 선순위 가압류채권자보다 우선변제를 받을 수는 없지만 채권액에 비례하여 평등하게 배당을 받게 된다.

(1) 새로운 소유권취득자

임차주택의 새로운 소유권자가 그 소유권을 취득한 원인이 법률행위에 의한 경우(예컨대 매매, 증여, 교환 등의 원인인 경우)는 원칙적으로 소유권이전등기를 마친 자이고, 법률의 규정 등에 의한 경우(예컨대 경매나 국세징수법에 의한 공매처분 등의 경우)는 소유권을 취득한 자이다.

(2) 경락의 경우

첫째, 임차인이 동법상의 대항력을 갖추고 난 후에 담보물권(擔保物權)이 설정되고, 그 담보물권자가 경매를 신청하여 경매절차에 의하여 경락(競落)된 경우에는 임차권자는 담보물권자보다 선순위에 있으므로 임차권은 소멸하지 아니하고 경락인에 대하여도 효력이 생긴다. 예컨대 임차인이 임차주택에 이사를 하면서 주민등록전입신고와 임대차계약서상에 확정일자를 받고 난 후 2개월 후에 집주인이 임차주택을 담보로 N은행에서 사업자금을 빌린 후(저당권) 갚지 못한 경우에 그 은행이 경매를 신청하여 경매절차에 의하여 경락된 경우가 그것이다.

둘째, 임차인이 동법상의 대항력을 갖추기 전에 이미 담보물권이 설정되고, 담보물권자가 경매를 신청하여 경매절차에 의하여 경락된 경우에는 담보물권자가 임차권자보다 선순위에 있으므로 경락대금이 완납되었다면 임차권은 소멸한다.

셋째, 임차주택에 담보물권이 설정된 후 임대차계약을 체결하여 임차인이 동법상의 대항력을 갖추고 난 후에 또 다시 후순위담보물권이 설정된 경우에 후순위담보물권자가 경매를 신청하여 경매절차에 의하여 경락된 경우에는 선순위담보물권이 소멸함과 동시에 임차권도 소멸하므로 경락인에게 대항할 수 없다(대판).

(3) 압류 · 가압류 · 가처분과 가등기의 경우

① 압류 · 가압류 · 가처분등기의 경우

압류 · 가압류 · 가처분등기 후에 대항력을 갖춘 임차인은 압류 · 가압류 · 가처분을 한 자에게 대항하지 못한다. 여기서 압류(押留)는 채무자가 자신의 재산을 마음대로 처분하지 못하도록 하는 강제집행이고, 가압류(假押留)는 판결을 받기 전에 채무자가 자신의 재산을 처분하지 못하도록 미리 묶어두는 제도이며, 가처분(假處分)은 소유권이전등기청구권 · 건물명도청구권 등을 보전하기 위하여 토지나 건물의 소유자가 토지나 건물을 처분하지 못하도록 미리 묶어두는 제도이다.

② 가등기의 경우

가등기(假登記) 후에 대항력을 갖춘 임차인은 가등기에 기하여 본등기(本登記)를 한 자에게 대항하지 못한다. 여기서 가등기라 함은 부동산물권변동을 목적으로 하는 청구권을 일시적 · 잠정적으로 보전하기 위하여 행하여지는 등기를 말한다. 가등기는 등기로서의 완전한 효력은 없으나, 뒷날에 본등기를 하면 그 본등기의 순위는 가등기의 순위에 의하게 되므로(부동산등기법 제91조), 본등기의 순위를 보전하여 준다.

Ⅳ. 임차주택양수인의 임대인지위승계

임차주택의 양수인(讓受人)은 임대인(賃貸人)의 지위를 승계한 것으로 본다(주택임대차보호법 제3조 제4항). 이러한 임대인의 지위승계는 그 요건을 구비하였을 때에 법률의 규정에 의하여 당연히 승계하는 것으로 보기 때문에 임차인과 양수인간의 약정을 필요로 하지 아니한다.

≪판 례≫

임대부동산의 소유권이 이전되고 주택임대차보호법 제3조 제1항, 제2항에 의하여 그 양수인이 임대인의 지위를 승계한 경우에는 임대차보증금반환채무도 부동산의 소유권과 결합하여 일체로서 임대인의 지위를 승계한 양수인에게 이전되는 것이므로, 양도인의 보증금반환채무는 소멸하는 것으로 해석하여야 한다(대판 1994.3.11, 93다29648).

[사례] 「우미관」 뒷골목의 주먹황제 김두한씨의 수하(手下)인 김무옥씨는 주택을 임차하여 입주 후 주민등록을 마쳤는데 임대인인 김영태씨가 임차주택을 다른 사람에게 양도하였다. 김무옥씨는 임차주택의 양수인에게 임차권을 주장할 수 있을까? 만일에 임대차기간이 끝난 후 임대보증금을 반환받지 못하고 있는 사이에 주택이 양도되면 어떻게 되는 걸까?

▶ **해설** : 김무옥씨는 양수인에게 임차권을 주장할 수 있다. 그 이유는 주택임차인이 대항요건을 갖춘 후 주택이 양도되면 양수인은 임대인의 지위를 당연히 승계하는 것으로 되기 때문이다. 따라서 김무옥씨는 양수인과 다시 임대차계약을 체결할 필요 없이 나머지 임대차기간 동안 계속하여 살 수 있고 임대차기간이 만료되면 양수인으로부터 보증금을 반환받을 수 있다. 그리고 임대차기간이 만료된 경우에도 김무옥씨가 보증금을 반환받을 때까지는 임대차관계는 존속하는 것으로 보게 되고, 그 상태에서 임차주택의 양수인은 김영태씨(임대인)의 지위를 승계한 것으로 보게 되므로 설사 양수인이 명도를 청구하는 경우에도 보증금을 반환받을 때까지는 임차주택을 비워 줄 의무가 없다.

V. 주택임차권의 승계

임차인이 상속권자 없이 사망한 경우에 그 주택에서 가정공동생활을 하던 사실상의 혼인관계에 있는 자는 임차인의 권리와 의무를 승계한다(동법 제9조 제1항). 임차인이 사망한 경우에 사망 당시 상속권자가 그 주택에서 가정공동생활을 하고 있지 아니한 때에는 그 주택에서 가정공동생활을 하던 사실상의 혼인관계에 있는 자와 2촌 이내의 친족은 공동으로 임차인의 권리와 의무를 승계한다(동법 제9조 제2항). 이 규정은 사실상 혼인관계에 있는 자의 주거생활의 안정을 보장하기 위한 것이다.

임차인이 사망한 후 1개월 이내에 승계권자가 임대인에 대하여 반대의사를 표시한 경우에는 승계되지 아니한다(동법 제9조 제3항). 제9조 제1항 및 제2항의 경우에 임대차관계에서 생긴 채권·채무는 임차인의 권리의무를 승계한 자에게 귀속한다(동법 제9조 제4항).

※ [사실혼]

사실혼(事實婚)이라 함은 사실상으로는 혼인관계에 있으면서 법률이 정하는 혼인신고를 하고 있지 않기 때문에, 법률상 혼인관계로 인정되지 않는 것을 말한다. 사실혼은 법률혼과 달리 상속권이 인정되지 않는다. 그러나 사실상의 혼인관계에 있는 자도 위자료청구권, 재산분할청구권, 양육권이 있다. 아래에서는 위자료청구권, 재산분할청구권, 양육권에 관하여 간략하게 설명하기로 한다.

※ [위자료]

이혼의 방법(협의 이혼, 재판상 이혼)을 불문하고, 이혼에 관하여 책임이 있는 자는 상대방에게 위자료(정신적 고통에 대한 손해배상)를 지급할 책임이 있다. 위자료(慰藉料)의 액수에 관하여 협의가 되지 아니하거나 협의할 수 없는 때에는 당사자의 청구에 의하여 가정법원이 결정한다.

※ [재산분할청구권]

재산분할청구권은 혼인생활 중에 취득한 재산에 대하여 이혼할 경우에 분할을 청구할 수 있는 권리이다. 재산분할에 관하여 협의가 되지 아니하거나 협의할 수 없는 때에는 당사자의 청구에 의하여 당사자 쌍방의 협력으로 이룩한 재산의 액수 기타 사정을 참작하여 분할의 액수와 방법을 가정법원이 결정한다(민법 제839조의 2 제2항). 재산분할의 대상은 부동산, 예금, 퇴직금, 연금 등이다. 재산분할은 당사자의 귀책사유(예컨대 부정행위)와 관계없이 인정된다. 재산분할청구권은 이혼한 날부터 2년을 경과한 때에는 소멸한다(민법 제839조의 2 제3항).

※ [양육권]

미성년자인 자녀의 양육에 관한 사항(양육자의 결정, 양육비용의 부담, 면접교섭권의 행사 여부 및 그 방법)에 관하여 협의가 되지 아니하거나 협의할 수 없는 때에는 당사자의 청구 또는 가정법원의 직권에 의하여 가정법원이 결정한다(민법 제837조). 양육비는 자녀가 성년이 될 때까지 지급한다. 양육비는 부부의 수입과 자녀의 나이를 고려하여 결정한다.

[사례] 친일파 갑부의 딸 박인애씨는 2년 전부터 김두한씨가 전세보증금 3천만 원에 임차한 주택에서 혼인신고 없이 사실상 혼인관계에 있었는데 최근에 김두한씨가 사망하였다. 그런데 박인애씨와 김두한씨와의 사이에 자녀는 없고 현재 김두한씨의 부모는 생존하고 있다. 이 경우 박인애씨가 위 주택에 대한 임차권을 승계받을 수는 없을까?

▶ 해설 : 민법상 상속인의 범위는 피상속인(被相續人), 즉 사망자의 직계비속 · 직계존속 · 형제자매 · 4촌 이내의 방계혈족 및 배우자이다. 다만 피상속인은 위에서 든 상속인의 범위에 구애받지 않고 유언(遺言)으로 상속인을 지정할 수 있다. 상속인의 순위는 그 범위와 같이 민법에서 획일적으로 규정하고 있다. 제1순위는 피상속인의 직계비속(直系卑屬)과 배우자가 공동상속인이 된다(민법 제1000조 제1항 제1호, 제1003조). 제2순위는 피상속인의 직계존속(直系尊屬)과 배우자가 공동상속인이 된다(민법 제1000조 제1항 제2호, 제1003조). 제3순위는 피상속인의 형제자매이다(민법 제1000조 제1항 제3호). 제4순위는 피상속인의 4촌 이내의 방계혈족(傍系血族)이다(민법 제1000조 제1항 제4호). 동순위의 상속인이 수인(數人)인 때에는 최근친을 선순위로 하고 동친(同親) 등의 상속인이 수인인 때에는 공동상속인이 된다(민법 제1000조 제2항). 동순위의 상속인이 수인인 때에는 그 상속분은 균분(均分)으로 한다(민법 제1009조 제1항). 피상속인의 배우자의 상속분은 직계비속과 공동으로 상속하는 때에는 직

계비속의 상속분의 5할을 가산하고, 직계존속과 공동으로 상속하는 때에는 직계존속의 상속분의 5할을 가산한다(민법 제1009조 제2항).

여기서 말하는 배우자는 법률상의 배우자를 말한다. 따라서 원칙적으로 사실상의 혼인관계에 있는 자는 상속권이 없다. 그러나 주택임대차보호법은 사실상 혼인관계에 있는 자의 주거생활의 안정을 보장하기 위하여 사실상 혼인관계에 있는 자에게 주택임차권의 승계를 규정하고 있다.

따라서 이 사례의 경우 김두한씨의 부모가 위 주택에서 가정공동생활을 하고 있는가의 유무에 따라 박인애씨의 주택임차권의 승계여부가 결정된다. 김두한씨의 부모가 위 주택에서 가정공동생활을 하고 있는 경우에는 그들이 상속인이 되고 박인애씨는 주택임차권을 승계받을 수 없다. 이에 대하여 김두한씨의 부모가 위 주택에서 가정공동생활을 하고 있지 아니한 경우에는 박인애씨와 김두한씨의 부모가 공동으로 주택임차권을 승계 받을 수 있다.

※ [기여분]

공동상속인 중에 피상속인을 특별히 부양하거나 피상속인의 재산의 유지 또는 증가에 특별히 기여한 자가 있을 때에는 공동상속인의 협의로 피상속인의 재산가액에서 기여분(寄與分)을 공제한 것을 상속재산으로 본다. 그러나 협의가 되지 아니하거나 협의할 수 없는 때에는 기여자의 청구에 의하여 가정법원이 기여분을 결정한다(민법 제1008조의 2).

※ [안심상속 원스톱 서비스]

안심상속 원스톱 서비스는 상속인이 금융내역 · 토지 · 자동차 · 세금 · 연금가입 유무 등 사망자 재산의 조회를 시 · 구청, 읍 · 면 · 동주민센터 또는 온라인 「정부24(www.gov.kr)」에서 한 번에 통합 신청하는 서비스이다. 신청 결과는 홈페이지, 문자, 우편을 통하여 확인할 수 있다. 구비서류는 신분증, 가족관계증명서 등 상속관계 증빙서류이다.

Ⅵ. 임대차기간과 계약의 갱신

[사례 1] 이주민씨는 내년에 해외유학을 갈 예정이기 때문에 임대차기간을 1년으로 하는

임대차계약을 체결하고 싶은데 기간의 정함이 없거나 기간을 2년 미만으로 정한 임대차는 그 기간을 2년으로 본다는 주택임대차보호법 제4조 제1항의 규정 때문에 임대차기간을 2년 미만으로 정할 수 없다는 이야기를 주위사람들로부터 들었다. 과연 이것이 사실인가?

▶ **해설** : 전혀 그렇지 않다. 그 이유는 주택임대차보호법이 임대차기간을 최소한 2년으로 규정한 취지는 임차인의 주거생활의 안정을 보장하기 위한 것이므로 임차인이 원하는 경우에는 임대차기간을 2년 미만으로 정하는 것이 얼마든지 가능하기 때문이다. 따라서 이주민씨는 2년 미만으로 정한 임대차기간이 종료한 후에 스스로 임대차기간의 종료를 이유로 임대인에게 임대보증금의 반환을 청구할 수 있다.

결론적으로 기간을 2년 미만으로 정한 임대차의 경우 이주민씨는 사정에 따라 2년 미만으로 정한 기간 또는 주택임대차보호법이 보호하고 있는 2년의 기간 중 어느 하나를 선택하여 주장할 수 있으나 임대인은 2년 미만으로 약정한 기간을 주장할 수 없다.

1. 임대차기간

기간의 정함이 없거나 기간을 2년 미만으로 정한 임대차는 그 기간을 2년으로 본다. 다만 임차인은 2년 미만으로 정한 기간이 유효함을 주장할 수 있다(주택임대차보호법 제4조 제1항). 임대차기간이 종료한 경우에도 임차인이 보증금을 반환받을 때까지는 임대차관계는 존속하는 것으로 본다(동법 제4조 제2항).

2. 계약의 갱신

[사례 2] 이름이 특이하여 친구들로부터 놀림감을 당하는 데다 돈이 없어 서러운 판대기씨는 세입자인데 집주인으로부터 임대차기간이 끝나기 불과 며칠 전에 임대보증금을 인상하여 주거나 그것이 불가능하면 기간 만료와 동시에 집을 비워 달라는 통고를 받았다. 임대차기간이 끝나면 판대기씨는 반드시 집을 비워 주어야 하는 걸까?

▶ **해설** : 판대기씨는 임차주택을 비워 줄 의무가 없다. 판대기씨의 임대차는 묵시적으로 갱신되었으므로 종전의 임대차기간 만료일로부터 2년 동안 계속하여 현재의 보증금으로 그 임차주택에서 살 수 있다. 그 이유는 주

택임대차보호법 제6조 제1항에 의하면 임대인이 임대차기간 만료 전 6개월 전부터 2개월 전까지 임차인에 대하여 갱신거절의 통지 또는 조건을 변경하지 아니하면 갱신하지 아니한다는 뜻의 통지를 하지 아니한 경우에는 그 기간이 만료된 때에 전임대차(前賃貸借)와 동일한 조건으로 다시 임대차한 것으로 보며 이 경우에 임대차의 존속기간은 2년으로 보기 때문이다.

다만 판대기씨가 임대차기간이 만료될 당시에 2기의 차임액에 달하도록 차임을 연체(延滯)하거나 기타 임차인으로서의 의무를 현저히 위반한 경우에는 보호받을 수 없다(주택임대차보호법 제6조 제3항).

[사례 3] 달동네 출신 고달픈씨가 임차하고 있는 주택의 임대차기간이 10일 정도 남아 있다. 고달픈씨는 원래는 기간을 연장하여 계속 현재의 임차주택에 거주할 생각이었는데 갑자기 사정이 생겨 이사 가야 할 형편이 되었다. 이 경우 고달픈씨는 집주인에 대하여 기간만료와 동시에 보증금을 돌려달라고 요구할 수 있을까?

▶ **해설** : 고달픈씨는 바로 보증금을 돌려달라고 요구할 수 없다. 개정 전 주택임대차보호법에서는 임대인에 대한 통지의무기간만을 규정하고 있었으므로 고달픈씨의 경우 기간만료와 동시에 보증금을 돌려달라고 요구할 수 있었다. 그러나 개정 주택임대차보호법에서는 임차인의 경우에도 임대차기간 만료 전 2월까지 통지하지 아니한 때에는(집주인에게 나가겠다는 의사표시를 하지 않으면) 묵시적 갱신이 되는 것으로 하였다(동법 제6조 제1항).

따라서 이 사례의 경우 임대차가 묵시적으로 갱신되었고 그 결과 고달픈씨는 집주인에 대하여 기간만료와 동시에 보증금을 돌려달라고 요구할 수는 없게 되었다. 다만 개정 주택임대차보호법 제6조의 2에 의하면 임대차가 묵시적으로 갱신된 경우 임차인은 언제든지 임대인에 대하여 계약해지의 통지를 할 수 있고, 이 계약해지는 임대인이 그 통지를 받은 날부터 3월이 경과하면 그 효력이 발생한다. 따라서 고달픈씨는 원래의 임대차기간이 만료됨과 동시에 임대인에 대하여 임대차 종료의 통지를 하면 3개월 후에는 집주인에 대하여 보증금을 돌려달라고 요구할 수 있다.

[사례 4] 궁핍한씨는 보증금(保證金) 2천만 원에 월세(月貰) 50만 원으로 2년간 주택을 임차하여 1년 6개월 정도 살다가 그의 사정으로 먼저 이사를 하고 말았다. 이 경우 궁핍한씨는 기간이 만료될 때까지 월세를 계속 지급하여야 하는가?

▶ **해설** : 궁핍한씨는 최초 약정한 2년의 기간이 만료될 때까지 월세를 계속 지급하여야 한다. 계약 당시 특별히 계약해지의 권한이 있다는 점을 명시하지 않았다면 임차인이 계약기간 중에 일방적으로 계약을 해지할 수는 없고, 계약이 계속 유효한 한 임차인의 차임지급의무는 계속 존속하기 때문이다. 그러나 만일에 궁핍한씨가 임차주택을 비운 후 임대인이 다른 사람에게 주택을 임대하였다면 그 기간 동안의 차임은 지급하지 않아도 된다.

(1) 묵시적 갱신(默示的 更新)

임대인이 임대차기간 만료 전 6개월 전부터 2개월 전까지 임차인에 대하여 갱신거절의 통지 또는 조건을 변경하지 아니하면 갱신하지 아니한다는 뜻의 통지를 하지 아니한 경우에는 그 기간이 만료된 때에 전임대차(前賃貸借)와 동일한 조건으로 다시 임대차한 것으로 본다. 임차인이 임대차기간 만료 전 2개월 전까지 통지하지 아니한 때에도(집주인에게 나가겠다는 의사표시를 하지 아니한 때에도) 또한 같다(동법 제6조 제1항, 2020.6.9. 개정). 이것을 묵시적 갱신(默示的 更新)이라고 한다.

제1항의 경우 임대차의 존속기간은 2년으로 본다(동법 제6조 제2항, 2009.5.8 개정). 다만 이 경우에도 임차인은 언제든지 임대인에 대하여 계약해지(契約解止)의 통지를 할 수 있다.

(2) 차임연체와 의무위반

2기의 차임액에 달하도록 차임(借賃)을 연체(延滯)하거나(예컨대 이사 온 지 1개월 그리고 3개월 후에 사글세를 내지 못한 경우) 기타 임차인으로서의 의무를 현저히 위반한 임차인에 대하여는 주택임대차보호법 제6조 제1항의 계약갱신 규정을 적용하지 아니한다(동법 제6조 제3항).

(3) 묵시적 갱신의 경우의 계약의 해지

제6조 제1항에 따라 계약이 갱신된 경우(묵시적 갱신의 경우) 제6조 제2항에도 불구하고 임차인은 언제든지 임대인에 대하여 계약해지(契約解止)의 통지를 할 수 있다(동법 제6조의 2 제1항, 2009.5.8 개정). 이 계약해지는 임대인이 그 통지를 받은 날부터 3월이 경과하면 그 효력이 발생한다(동법 제6조의 2 제2항).

(4) 계약갱신요구권(2020.7.31. 본조신설)

[사례 1] 임차인이 이미 4년 이상 살고 있었던 경우, 주택임대차보호법개정으로 2년 더 살 수 있을까?

▶ **해설** : 개정 주택임대차보호법은 임차인이 임대인에게 계약연장을 요구할 수 있는 갱신요구권을 규정하고 있기 때문에 기존에 거주하던 기간과 관계없이 계약갱신요구권을 행사하면 2년 더 거주할 수 있다.

[사례 2] 계약 만료일까지 1개월이 안 남았는데 계약갱신요구권 행사할 수 있을까?

▶ **해설** : 개정 주택임대차보호법 제6조 제1항은 계약갱신요구권의 행사기간을 임대차기간 만료 전 6개월 전부터 2개월 전까지의 기간으로 규정하고 있기 때문에 계약 만료일로부터 1개월이 남지 않은 경우에는 계약갱신요구권을 행사할 수 없다.

[사례 3] 계약이 묵시적으로 갱신된 경우 향후 계약갱신요구권을 행사할 수 있을까?

▶ **해설** : 임대차계약이 묵시적으로 갱신된 경우 임차인은 2년 더 거주할 수 있게 되고, 나아가 갱신된 임대차계약이 만료 전 6개월 전부터 2개월 전까지의 기간 내에 계약갱신청구권을 행사한 경우 2년 더 거주할 수도 있다.

[사례 4] 임차인이 갱신을 요구하기 전에 임대인이 먼저 갱신을 거절하면 계약갱신이 안되나?

▶ **해설** : 임대인이 갱신을 거절하는 것만으로는 임대차계약이 동일한 조건으로 2년 동안 묵시적으로 갱신되는 것을 차단하는 효과밖에 없다. 따라서 임대인이 임차인에 대하여 갱신거절의 통지를 하였더라도 임차인은 임대차계약만료 전 2개월 전까지 임대인에게 갱신요구권을 행사할 수 있다.

다시 말하면 개정 주택임대차보호법은 종전의 묵시적 갱신과는 별개로 임차인에게 새롭게 적극적인 계약갱신요구권을 부여한 것이다. 따라서 임대인이 임대차기간 만료 전 6개월 전부터 2개월 전까지 임차인에 대하여 갱신거절의 통지 또는 조건을 변경하지 아니하면 갱신하지 아니한다는 뜻의 통지를 하였더라도, 임차인이 같은 기간 내에 계약갱신요구권을 행사하면 임대인에게 주택임대차보호법이 정하는 정당한 갱신거절사유가 없는 이상 임대차계약은 2년 동안 연장된다.

[사례 5] 임차인은 언제까지 갱신요구권을 행사해야 하나?

▶ **해설** : 임차인은 현 임대차계약의 임대차기간 만료 전 6개월 전부터 2개월 전까지(사이에) 갱신요구권을 행사하여야 한다.

[사례 6] 임차인은 계약갱신요구권을 어떻게 행사해야 하나?

▶ **해설** : 임차인이 임대인에 대하여 계약갱신요구권을 행사하는 방법에는 개정 주택임대차보호법에 특별한 규정이 없다. 따라서 특별한 제한이 없으므로 구두(말), 서면(서류), 문자메시지, 이메일 등 어떤 방법으로도 할 수 있다. 다만, 가급적이면 증거가 남는 문자메시지나 메신저(카카오톡・텔레그램 등) 또는 내용증명(특히 향후 분쟁이 생길 가능성을 고려하여 말로만 요구하고 그치는 것보다 우체국에서 계약갱신요구권을 행사한다는 내용이 담긴 내용증명을 발송하고, 그 내용을 한 번 더 문자메시지로 보내는 등 증빙자료를 확보) 등을 활용하는 것이 바람직하다.

[사례 7] 임차인이 계약갱신요구권을 행사한 후 다시 임대차계약서를 써야 하나?

▶ **해설** : 개정 주택임대차보호법에 의하면 임차인의 계약갱신요구권 행사에 따라 갱신되는 임대차는 전 임대차와 동일한 조건으로 다시 계약된 것으로 본다(동법 제6조의 3 제3항). 따라서 임차인이 갱신된 임대차에 대하여 임대인과 반드시 계약서를 다시 작성하여야 하는 것은 아니며, 계약서를 다시 작성하지 않더라도 2년의 임대차기간이 보장되고 대항력과 보증금에 대한 우선변제권도 그대로 유지된다.

제6조에도 불구하고 임대인은 임차인이 제6조 제1항 전단의 기간 이내에 계약갱신을 요구할 경우 정당한 사유 없이 거절하지 못한다. 다만, 다음 각 호의 어느 하나에 해당하는 경우에는 그러하지 아니하다(동법 제6조의 3 제1항).

① 임차인이 2기의 차임액에 해당하는 금액에 이르도록 차임을 연체한 사실이 있는 경우

② 임차인이 거짓이나 그 밖의 부정한 방법으로 임차한 경우

③ 서로 합의하여 임대인이 임차인에게 상당한 보상을 제공한 경우

④ 임차인이 임대인의 동의 없이 목적 주택의 전부 또는 일부를 전대(轉貸)한 경우

⑤ 임차인이 임차한 주택의 전부 또는 일부를 고의나 중대한 과실로 파손한 경우

⑥ 임차한 주택의 전부 또는 일부가 멸실되어 임대차의 목적을 달성하지 못할 경우

⑦ 임대인이 다음 각 목의 어느 하나에 해당하는 사유로 목적 주택의 전부 또는 대부분을 철거하거나 재건축하기 위하여 목적 주택의 점유를 회복할 필요가 있는 경우(㉠ 임대차계약 체결 당시 공사시기 및 소요기간 등을 포함한 철거 또는 재건축 계획을 임차인에게 구체적으로 고지하고 그 계획에 따르는 경우, ㉡ 건물이 노후·훼손 또는 일부 멸실되는 등 안전사고의 우려가 있는 경우, ㉢ 다른 법령에 따라 철거 또는 재건축이 이루어지는 경우)

⑧ 임대인(임대인의 직계존속·직계비속을 포함한다)이 목적 주택에 실제 거주하려는 경우

⑨ 그 밖에 임차인이 임차인으로서의 의무를 현저히 위반하거나 임대차를 계속하기 어려운 중대한 사유가 있는 경우

임차인은 제1항에 따른 계약갱신요구권을 1회에 한하여 행사할 수 있다. 이 경우 갱신되는 임대차의 존속기간은 2년으로 본다(동법 제6조의 3 제2항). 갱신되는 임대차는 전 임대차와 동일한 조건으로 다시 계약된 것으로 본다. 다만, 차임과 보증금은 제7조의 범위에서 증감할 수 있다(동법 제6조의 3 제3항). 제1항에 따라 갱신되는 임대차의 해지에 관하여는 제6조의 2를 준용한다(동법 제6조의 3 제4항). 임대인이 제1항 제8호의 사유로 갱신을 거절하였음에도 불구하

고 갱신요구가 거절되지 아니하였더라면 갱신되었을 기간이 만료되기 전에 정당한 사유 없이 제3자에게 목적 주택을 임대한 경우 임대인은 갱신거절로 인하여 임차인이 입은 손해를 배상하여야 한다(동법 제6조의 3 제5항).

Ⅶ. 차임 또는 보증금의 증감청구권과 월차임 전환시 산정율의 제한

[사례] 가요 「미아」로 데뷔하고 제32회 골든디스크 디지털음원부문 대상을 차지한 아이유양은 자기 소유의 주택을 가수 레드벨벳에게 임대하였다가 2년 기간이 만료하여 재계약을 하려고 한다. 그런데 주택임대차보호법에 보증금의 증액이 20분의 1로 제한되어 있으므로 그 이상은 올릴 수 없다고 말하는 사람이 있다. 이 경우 아이유양은 그 이상 올릴 수 없을까?

▶ **해설** : 아이유양은 보증금의 인상요구를 자유롭게 할 수 있으며 아무런 제한이 없다. 주택임대차보호법 제7조 및 동법시행령 제8조 제1항에 의하여 보증금의 증액청구가 제한되어 있는 것은 임대차기간 중에 특별한 사정이 있어서 보증금을 증액청구하는 경우에만 해당되는 것이며, 임대차기간이 만료한 후 재계약을 하거나 다른 사람과 임대차계약을 하는 경우에는 해당되지 않기 때문이다.

1. 차임 또는 보증금의 증감청구권

약정한 차임(借賃) 또는 보증금(保證金)이 임차주택에 관한 조세, 공과금(公課金) 그 밖의 부담의 증감이나 경제사정의 변동으로 인하여 적절하지 아니하게 된 때에는 당사자는 장래에 대하여 그 증감을 청구할 수 있다. 이 경우 증액청구는 임대차계약 또는 약정한 차임이나 보증금의 증액이 있은 후 1년 이내에는 하지 못한다(동법 제7조 제1항, 2020.7.31. 개정).

차임 또는 보증금의 증액청구는 약정한 차임 또는 보증금의 20분의 1의 금액을 초과하지 못한다. 다만, 특별시 · 광역시 · 특별자치시 · 도 및 특별자치도는 관할 구역 내의 지역별 임대차 시장 여건 등을 고려하여 본문의 범위에서 증액청구의 상한을 조례로 달리 정할 수 있다(동법 제7조 제2항, 2020.7.31. 신설).

2. 월차임 전환시 산정율의 제한

보증금의 전부 또는 일부를 월 단위의 차임으로 전환하는 경우에는 그 전환되는 금액에 다음 각 호 중 낮은 비율을 곱한 월차임(月借賃)의 범위를 초과할 수 없다(주택임대차보호법 제7조의 2, 2016.5.29 개정).

① 은행법에 따른 은행에서 적용하는 대출금리와 해당 지역의 경제 여건 등을 고려하여 대통령령으로 정하는 비율

② 한국은행에서 공시한 기준금리에 대통령령으로 정하는 이율을 더한 비율

주택임대차보호법 제7조의 2 제1호에서 「대통령령으로 정하는 비율」이라 함은 연 1할을 말하고, 제2호에서 「대통령령으로 정하는 이율」이라 함은 연 2퍼센트를 말한다(주택임대차보호법시행령 제9조, 2020.9.29 개정).

Ⅷ. 보증금의 회수

1. 보증금(전액)의 우선변제권

[사례 1] 「박하사탕」, 「공공의 적」, 「광복절특사」, 「실미도」로 탄탄한 연기력을 보여줘 대중에게 강한 인상을 심어준 영화배우 설경구씨는 주택을 임차하여 입주와 주민등록을 마친 후 확정일자까지 받아 두었다. 그런데 설경구씨가 임차하고 있는 주택이 임대차기간 만료 전에 경매절차에 넘어가고 말았다. 임대차기간이 만료하기 전이라도 설경구씨는 우선변제권을 주장할 수 있을까?

▶ **해설** : 설경구씨는 우선변제권을 주장하여 배당요구를 할 수 있다. 개정 전 주택임대차보호법에는 대항력이 있는 경우 주택임대차가 종료된 후가 아니면 우선변제권을 행사할 수 없다는 명문의 규정이 있었으나(구 주택임대차보호법 제3조의 2 제1항 단서), 1999년 개정 주택임대차보호법에서는 그러한 경우에도 임차인의 우선변제권 행사를 금지할 이유가 없다

고 판단하여 위 단서를 삭제하였다.

따라서 이 사례의 경우 설경구씨는 임대차기간이 만료하기 전이라도 우선변제권을 행사할 수 있다.

[사례 2] 50년의 시공간을 넘나들며 현대에서 벌어진 살인사건의 원인을 한국 전쟁의 비극에서 찾는 액션 스릴러 「흑수선」에서 반세기의 세월을 뛰어넘는 사랑의 애절함을 감동적으로 연기한 영화배우 이미연(손지혜 역)씨는 연립주택을 임차하여 입주한 후 주민등록을 하고 확정일자까지 받아두었는데 그녀보다 선순위인 저당권자가 대지에만 경매를 신청하였다. 이러한 경우 이미연씨도 배당요구를 할 수 있을까?

▶ **해설** : 이미연씨는 배당요구를 할 수 있다. 그 이유는 주택의 임차인은 그 대지를 포함한 건물의 사용·수익권을 취득하는 것으로 보아야 하고, 임대차계약 당시 임차인이 보증금 회수를 담보할 수 있는 임차주택이란 대지를 포함한 건물 전체라고 보아야 할 것이기 때문이다.

따라서 이 사례의 경우 이미연씨는 대지의 낙찰대금으로부터도 이미연씨의 순위에 따른 우선변제를 받을 수 있다.

[사례 3] 영화 「만다라」, 「깊고 푸른 밤」, 「남부군」, 「태백산맥」, 「영원한 제국」, 「생과부 위자료 청구소송」, 「인정사정 볼 것 없다」, 「흑수선」, 「취화선」, 「피아노 치는 대통령」, 「실미도」 등에서 「한국을 대표하는 국민배우」로서의 입지를 확고히 다진 안성기씨는 주택을 임차하여 입주 및 주민등록 전입신고를 하고 난 후 확정일자를 받아 두었다. 그런데 나중에 확인하여 보니 집주인이 확정일자를 받은 날과 같은 날짜에 은행에 저당권을 설정해 준 것을 알게 되었다. 이 경우 안성기씨와 저당권자의 권리순위는 어떻게 되나?

▶ **해설** : 안성기씨와 저당권자는 순위에 있어서 동일하다. 그 이유는 임차인과 저당권자 사이의 우선순위는 임차인이 대항요건과 확정일자를 모두 갖춘 날과 저당권의 설정등기가 경료(經了)된(마쳐진) 날의 선후를 기준으로 하기 때문이다. 따라서 임차주택에 대하여 경매절차가 진행되는 경우 안성기씨와 저당권자는 배당에 있어 동일한 순위가 되고 채권액에 비례하여 평등하게 배당을 받게 된다.

(1) 의 의

주택임대차보호법상의 대항요건(주택의 인도와 주민등록)과 임대차계약증서상의 확정일자(確定日字)를 갖춘 임차인은 민사집행법에 의한 경매 또는 국세징수법에 의한 공매시(公賣時) 임차주택(대지를 포함한다)의 환가대금(換價代金)에서 후순위권리자 기타 채권자보다 우선하여 보증금(保證金)을 변제(辨濟)받을 권리가 있다(주택임대차보호법 제3조의 2 제2항). 이것을 보증금의 우선변제권 또는 보증금전액의 우선변제권이라고 한다.

(2) 집행권원에 기한 경매신청

임차인이 임차주택에 대하여 보증금반환청구소송의 확정판결 기타 이에 준하는 집행권원(執行權原, 국가의 강제력에 의하여 실현될 청구권의 존재와 범위를 표시하고 또한 집행력이 부여된 공정증서(예컨대 화해조서, 조정조서, 합동법률사무소가 작성한 공정증서 등))에 따라서 경매(競賣)를 신청하는 경우에는 민사집행법 제41조의 규정에 불구하고 반대의무의 이행 또는 이행의 제공을 집행개시의 요건으로 하지 아니한다(동법 제3조의 2 제1항, 2013.8.13. 개정).

(3) 우선변제를 받기 위한 요건

① 주택임대차보호법상의 대항요건(주택의 인도와 주민등록)을 갖추어야 한다.

② 임대차계약서상의 확정일자를 갖추어야 한다(동법 제3조의 2 제2항).

임대차계약서는 임대인과 임차인이 서명(署名) 또는 기명날인(記名捺印)한 문서의 원본이어야 한다. 확정일자(確定日字)라 함은 그 작성된 일자에 임대차계약서가 존재한다는 사실을 증명하기 위하여 임대차계약서에 공신력 있는 기관(법원·공증인사무소·동주민센터 등)에서 확인인을 찍어주는 것을 말한다. 즉 확정일자는 임대차계약증서에 대하여 그 작성된 일자에 대한 완전한 증거력을 부여하는 것이다. 임차인은 주민등록등본과 임대차계약서를 가지고 법원(등기소)이나 공증인사무소 또는 읍·면사무소, 동주민센터에서 임대차계약서상에 확정일자인(確定日字印)을 부여받는다(주택임대차보호법 제3조의 6 제1항). 확정일자를 받는 데에 임대인의 동의는 필요 없다.

주택의 임대차에 이해관계가 있는 자(해당 주택의 임대인, 임차인)는 확정일자 부여기관에 해당 주택의 확정일자 부여일, 차임 및 보증금 등 정보의 제공을 요청할 수 있다. 이 경우 요청을 받은 확정일자부여기관은 정당한 사유 없이 이를 거부할 수 없다(주택임대차보호법 제3조의 6 제3항). 임대차계약을 체결하려는 자는 임대인의 동의를 받아 확정일자부여기관에 제3항에 따른 정보의 제공을 요청할 수 있다(주택임대차보호법 제3조의 6 제4항).

확정일자를 받은 임대차계약서를 분실할 경우에 대비하여 복사를 해둔다. 확정일자를 받은 임대차계약서를 분실할 경우에 경매시 배당요구할 수 없다.

확정일자를 먼저 받고 주택의 인도와 주민등록을 나중에 마치면 주택의 인도와 주민등록을 모두 마친 다음 날부터 우선변제권이 발생한다.

③ 임차인은 임차주택을 양수인에게 인도하여야 한다(주택임대차보호법 제3조의 2 제3항).

임차인이 보증금을 반환받기 위해서는 임차주택을 비웠다는 양수인이 발급한 인도확인서(또는 임차주택을 명도받았다는 경락인의 명도확인서)를 법원에 제출하여야 한다.

④ 임차인은 법원이 정한 배당요구의 종기까지 배당요구를 하여야 한다(민사집행법 제88조).

⑤ 이해관계인의 이의가 없어야 한다.

임차인의 우선변제의 순위와 보증금에 대하여 이의(異議)가 있는 이해관계인은 경매법원 또는 체납처분청에 이의를 신청할 수 있고, 이의신청이 있는 때에는 이의신청인이 7일 이내에 임차인을 상대로 소를 제기하여 소송의 결과에 따라 배분한다(주택임대차보호법 제3조의 2 제4항 · 제5항 · 제6항).

※ [경매절차]

① 경매신청(경매신청은 서면으로 하여야 한다) →

② 법원의 경매개시결정(목적부동산을 압류, 등기부에 기입등기, 경매개시결정 정본은 채무자에게 송달한다) →

③ 배당요구의 종기결정 및 공고(구 민사소송법에서는 낙찰기일까지 배당요구를 할 수 있었으나, 새로운 민사집행법에서는 법원이 정한 배당요구의 종기까지만 배당요구를 할 수 있도록 하고 있다. 배당요구의 종기는 경매개시결정에 따른 압류의 효력이 생긴 때부터 1주일 내에 결정하되, 종기는 첫 매각기일 이전의 날로 정하게 된다) →

④ 매각의 준비(점유관계, 차임 또는 보증금의 액수 기타 현황에 관하여 조사를 명하고, 감정인에게 부동산을 평가하게 하여 그 평가액을 참작하여 최저매각가격(최저입찰가격)을 정한다) →

⑤ 매각기일(경매법원이 목적부동산에 대하여 실제 매각을 실행하는 날을 말한다. 구 민사소송법에서는 입찰기일이라는 용어를 사용하였다) 및 매각결정기일(매각을 한 법정에서 최고가매수신고인에 대하여 매각허가 여부를 결정하는 날을 말한다. 매각기일로부터 통상 7일 이내이다. 구 민사소송법에서는 경락기일 또는 낙찰기일이라는 용어를 사용하였다)의 지정, 공고, 통지 →

⑥ 매각의 실시(매각기일에 집행관이 집행보조기관으로서 미리 지정된 장소에서 매각을 실시한다) →

⑦ 매각허부결정절차(매각기일에 최고가입찰인이 정해지면, 집행법원은 매각결정기일에 이해관계인의 의견을 들은 후 낙찰의 허부를 결정한다) →

⑧ 매각(낙찰)대금의 납부(낙찰허가결정이 확정되었을 때에는 법원은 대금지급기일을 정하여 낙찰자에게 낙찰대금의 납부를 명한다) →

⑨ 배당절차(법원은 배당기일을 정하여 이해관계인과 배당을 요구한 채권자에게 통지하여 배당을 하게 된다) →

⑩ 소유권이전등기 등의 촉탁, 부동산인도명령(집행법원은 매수인을 위하여 소유권이전등기 등을 등기관에 촉탁하게 된다. 또한 매수인은 대금 완납 후에는 인도명령을 신청할 수 있다)

(4) 임차권등기명령제도

[사례 1] 영화 「박봉곤 가출사건」, 「올가미」, 「키스할까요」, 「인정사정 볼 것 없다」, 「피아노 치는 대통령」, 드라마 「겨울연가」에서 신선한 이미지를 보여줌으로써 많은 대중들의 주목을 받고 있는 최지우양은 주택을 임차하여 입주 후 주민등록과 확정일자를 갖추고 살다가 2년의 임대차기간이 모두 지났는데도 집주인이 보증금을 반환하지 않고 있던 중 갑자기 다른 곳으로 이사를 가야만 하게 되었다. 이사를 가면 대항력과 우선변제권을 상실하여 보증금 반환을 받지 못한다고 말하는 사람들이 있는데, 이 경우 최지우양은 보증금을 반환받을 수 없나?

▶ **해설** : 주택임대차보호법 개정 전에는 이사를 가게 되면 대항력과 우선변제권

을 모두 상실하기 때문에 이사를 가기가 어려웠으나, 주택임대차보호법 개정 후에는 임차권등기명령제도를 이용하여 임차권등기가 경료되면(마쳐지면) 이사를 가고 주민등록을 옮기더라도 최지우양이 이미 취득한 대항력과 우선변제권을 상실하지 않기 때문에 이사를 가더라도 보증금을 반환받을 수 있다.

[사례 2] 영화 「초록물고기」, 「접속」, 「8월의 크리스마스」, 「쉬리」, 「텔미썸딩(Tell me something)」, 「이중간첩」에 출연하여 한국 영화의 「흥행 수표」로 불리는 영화배우 한석규씨는 임차권등기명령제도를 이용하여 등기를 한 후 이사를 가려고 한다. 어떤 절차를 밟아야 하며 비용은 얼마나 드는 걸까?

▶ **해설** : 한석규씨는 임차권등기명령을 받기 위해서는 임차주택의 소재지를 관할하는 지방법원 · 지방법원지원 또는 시 · 군법원에 임차권등기명령신청서를 제출하면 된다.

임차권등기명령신청서에는 당사자 및 법정대리인의 표시, 신청의 취지 및 이유, 임차권등기의 원인이 된 사실 등을 기재하여야 하며, 첨부서류로는 임대차의 목적인 임차주택을 특정할 수 있는 자료를 비롯하여 임차인의 거주사실확인서, 주민등록 등본, 확정일자부 임대차계약서 등이 있고, 임대차의 목적이 주택의 일부분인 경우에는 그 도면도 제출하여야 한다.

임차권등기명령신청서에는 2,000원의 수입인지를 붙여야 하고, 관할법원에 사법부전산망이 설치되어 있는 경우에는 당사자 1인당 3회분의 송달료(2,700 × 3 = 8,100원)를 현금으로, 설치되어 있지 아니한 경우(2000. 12월말 현재 전국의 시 · 군법원 중 남양주, 고양, 포천, 김포, 용인, 광명, 오산, 안산, 광주, 이천, 안성, 동해, 보령, 아산, 당진, 음성, 경산, 영주, 구미, 양산, 진해, 김해, 마산, 사천, 거제, 여수, 고흥, 광양, 완도, 김제, 익산, 서귀포를 제외한 나머지 시 · 군법원)에는 당사자 1인당 1회분의 송달료(2,700원)를 우표로 납부하여야 한다. 그 밖에 임차권등기촉탁에 필요한 비용으로 등기촉탁수수료 1,000원과 등록세 및 등록세액의 20%인 교육세를 납부하여야 한다. 등록세액은 차임 있는 임대차의 경우에는 월 차임액의 1000분의 2이고(단 등록세액이 3,000원 미만인 경우에는 3,000원), 주택임대차보호법 제12조의 등기하지 아니한 전세계약의 경우에는 3,000원이다.

① 의 의

임차권등기명령제도(賃借權登記命令制度)는 임대차가 종료된 후 보증금을 반환받지 못한 임차인에게 단독으로 임차권등기를 경료할(마칠) 수 있도록 함으로써 자유롭게 주거를 이전할 수 있는 기회를 보장하기 위한 제도를 말한다.

종래에는 임대차가 종료된 후 보증금을 반환받지 못한 상태에서 임차인이 다른 곳으로 이사가거나 주민등록을 옮기면 임차인이 종전에 가지고 있던 대항력과 우선변제권을 상실하게 되어 보증금을 반환받는 것이 사실상 어렵게 되는 문제점이 있었다. 그래서 1999년 3월 1일부터 시행되는 개정 주택임대차보호법이 위와 같은 주택임대차제도의 문제점을 해소하기 위하여 임차권등기명령제도를 도입하였다.

② 신 청

임대차가 종료된 후 보증금을 반환받지 못한 임차인은 임차주택의 소재지를 관할하는 지방법원·지방법원지원 또는 시·군법원에 임차권등기명령을 신청할 수 있다(주택임대차보호법 제3조의 3 제1항).

③ 기재사항

임차권등기명령의 신청에는 다음 각호의 사항을 기재하여야 하며, 신청의 이유 및 임차권등기의 원인이 된 사실은 이를 소명(疎明, 당사자가 그 주장하는 사실에 관하여 법관에게 일단 진실한 것 같다는 추측이 생기도록 하는 것, 또는 이를 위하여 당사자가 증거를 제출하는 것)하여야 한다(동법 제3조의 3 제2항).

㉠ 신청의 취지 및 이유

㉡ 임대차의 목적인 주택(임대차의 목적이 주택의 일부분인 경우에는 그 도면을 첨부한다)

㉢ 임차권등기의 원인이 된 사실(임차인이 대항력을 취득하였거나 우선변제권을 취득한 경우에는 그 사실)

㉣ 기타 대법원규칙이 정하는 사항(예컨대 임차인과 임대인의 주소·성명, 임차인의 주민등록번호 등)

④ 항 고

임차권등기명령신청을 기각(棄却)하는 결정에 대하여 임차인은 항고(抗告, 결정에 대한 상소를 말하는 것)할 수 있다(동법 제3조의 3 제4항).

⑤ 임차권등기의 경료

임차권등기명령의 집행에 의한 임차권등기가 경료(經了)되면(마쳐지면) 임차인은 대항력(동법 제3조 제1항)과 우선변제권(동법 제3조의 2 제2항)을 취득한다. 다만 임차인이 임차권등기 이전에 대항력 또는 우선변제권을 취득한 경우에는 그 대항력 또는 우선변제권은 그대로 유지되며, 임차권등기 이후에는 대항요건을 상실하더라도 이미 취득한 대항력 또는 우선변제권을 상실하지 아니한다(동법 제3조의 3 제5항).

임차권등기명령의 집행에 의한 임차권등기가 경료된 주택을 그 이후에 임차한 임차인은 보증금 중 일정액의 최우선변제권(동법 제8조)이 없다(동법 제3조의 3 제6항). 다시 말하면 새로운 임차인은 종전의 임차인보다 후순위로 밀려난다.

⑥ 임차권등기비용

임차인은 임차권등기명령의 신청 및 그에 따른 임차권등기와 관련하여 소요된 비용을 임대인에게 청구할 수 있다(동법 제3조의 3 제8항).

※ [임차권등기명령신청서류의 작성요령]

① 임차권등기명령신청서류의 구성

㉠ 임차권등기명령신청서류는 다음과 같이 이루어져야 한다.

ⓐ 「임차권등기명령신청서」라는 제목의 서면

ⓑ 다음과 같은 종류의 각종 첨부서류

(i) 임대인의 소유로 등기된 주택에 대하여는 등기부등본

(ii) 임대인의 소유로 등기되지 아니한 주택에 대하여는 건축물관리대장 등 즉시 임대인의 명의로 소유권보존등기를 할 수 있음을 증명할 서면

(iii) 임대차계약의 체결사실 및 그 계약내용을 증명하기 위한 임대차계약증서 사본

(iv) 임차인이 신청 당시에 이미 주택임대차보호법 제3조 제1항의 규정에 의한 대항력을 취득한 경우에는 임차주택을 점유하기 시작한 날과 주민등록을 마친 날을 소명하는 서류(주민등록등본 등), 제3조의 2 제2항의 규정에 의한 우선

변제권을 취득한 경우에는 임차주택을 점유하기 시작한 날과 주민등록을 마친 날을 소명하는 서류 및 공정증서로 작성되거나 확정일자가 찍혀있는 임대차계약증서 사본

(v) 임대차목적물에 관한 등기부상의 용도가 공장·점포 등과 같이 주거시설이 아닌 경우에는 임대차계약체결시부터 현재까지 주거용으로 사용하고 있음을 증명하는 서류(건물사진 등 이용현황을 증명할 수 있는 자료)

ⓒ 소송대리인이 있는 경우에는 신청서에 그의 성명 등을 기재한 후, 위임장·등기부등본 등 그 자격을 증명하는 서면을 첨부하여야 한다.

ⓛ 임차인은 임차권등기명령신청서류를 법원에 제출하기 전에 임차권등기명령신청서의 기재에 누락이 있는지 여부와 필요한 첨부 서류를 모두 구비하였는지 여부를 잘 확인한다.

② 임차권등기명령신청서의 작성방법

㉠ 당사자란

「신청인(임차인)」란에는 성명을 한글로 정확하게 기재하고, 주민등록번호와 주소를 정확히 기재하여야 한다. 그리고 연락할 전화(FAX 또는 휴대)번호는 향후 법원이 신청인에게 연락할 때 필요하기 때문에 생략함이 없이 정확하게 기재하여야 한다.

「피신청인(임대인)」란에는, 성명 또는 명칭, 주소 또는 사무소소재지를 확인하여 정확히 기재하여야 한다.

㉡ 신청취지란

신청취지란에는 신청인이 임차권등기명령신청에 의하여 어떠한 내용의 임차권등기명령을 구하는지 여부를 명확히 기재하여야 하고 구체적 기재례는 신청서양식을 참조하기 바란다.

기재시에 주의할 사항은, 첫째 임차보증금액은 계약시에 임대인에게 지급한 금액이 아니라 신청 당시까지 임대인으로부터 반환받지 못한 잔존 임대보증금액을 말하고, 둘째 주택임대차보호법 제12조의 등기하지 아니한 전세계약의 경우에는 차임란을 공란으로 하며, 셋째 주택의 일부에 대한 임차권등기명령신청을 하는 경우에는 예컨대 「별지목록 기재 건물에 관하여……」부분을 「별지목록 기재 건물 중 별지도면 표시 ㉠, ㉡, ㉢, ㉣, ……, ㉠의 각 점을 순차로 연결한

선내부분 방 ○○m^2에 관하여……」라고 임대차의 목적을 특정하여 기재하고, 그 목적인 부분을 표시한 건물도면을 첨부하여야 한다.

㉢ 신청이유란

「신청이유」란의 기재내용은 신청인이 제기한 임차권등기명령신청이 타당한지 여부를 판단하는 데 중요한 자료가 되므로 임차권등기명령의 발령을 구하는 이유를 간결하고 구체적으로 기입하여야 한다.

즉 임대차계약의 체결 일자, 임차보증금액 및 차임 등 계약내용과 임대차기간의 만료 등 그 계약이 종료한 원인 사실을 기재하고, 임차인이 신청당시에 이미 주택임대차보호법 제3조 제1항의 규정에 의한 대항력을 취득한 경우에는 임차주택을 점유하기 시작한 날과 주민등록을 마친 날을, 제3조의 2 제2항의 규정에 의한 우선변제권을 취득한 경우에는 임차주택을 점유하기 시작한 날, 주민등록을 마친 날과 임대차계약증서상의 확정일자를 받은 날을 각각 기재하여야 한다.

그리고 위와 같은 기재 내용은 신청이유란에 「별지와 같다」라고 기재하고 별도의 용지에 현재까지의 경과를 날짜 순서에 따라 구체적이고 상세하게 기재한 다음 신청서 바로 다음에 첨부하여야 한다.

[서식] 주택임차권등기명령신청서

주택임차권등기명령신청서

수입인지
2,000원

신 청 인(임차인) 성 명 : (—)
주 소 :
연락 가능한 전화(FAX 또는 휴대)번호 :
피신청인(임대인) 성 명 :
주 소 :

신 청 취 지

별지목록 기재 건물에 관하여 아래와 같은 주택임차권등기를 명한다라는 결정을 구합니다.

아 래

1. 임대차계약일자 : 20 . . .
2. 임차보증금액 : 금 원, 차임 : 금 원
3. 주민등록일자 : 20 . . .
4. 점유개시일자 : 20 . . .
5. 확 정 일 자 : 20 . . .

신 청 이 유

첨 부 서 류

1. 건물등기부등본 1통
2. 주민등록등본 1통
3. 임대차계약증서 사본 1통
4. 부동산목록 5통

20 . . .

신 청 인 ㊞

○ ○ 지방법원 ○ ○ 지원 귀중

㈜ 1. 이 신청서를 접수할 때에는 당사자 1인당 3회분의 송달료(8,100원)를 현금으로 송달료수납 은행에 납부하시기 바랍니다.
2. 임차보증금액란에는 신청 당시까지 반환받지 못한 금액을 기재하고, 주택임대차보호법 제12조의 등기하지 아니한 전세계약의 경우에는 차임란을 공란으로 하여 주십시오.
3. 주택의 일부에 대한 임차권등기명령신청을 하는 경우에는 예컨대 "별지목록 기재 건물에 관하여…" 부분을 "별지목록 기재 건물 중 별지도면 표시 ㉠, ㉡, ㉢, ㉣,…, ㉠의 각 점을 순차로 연결한 선내부분 방 ○○m^2에 관하여…"라고 임대차의 목적을 특정하여 기재하고, 그 목적인 부분을 표시한 건물도면을 첨부하셔야 합니다.

(5) 경매에 의한 임차권의 소멸

임차권은 임차주택에 대하여 민사집행법에 의한 경매가 행하여진 경우에는 그 임차주택의 경락(競落)에 의하여 소멸한다. 다만 보증금이 전액 변제되지 아니한 대항력이 있는 임차권은 그러하지 아니하다(동법 제3조의 5).

2. 보증금 중 일정액의 최우선변제권

[사례 1] 천안시에 사는 부유한씨의 20억 원 주택에 2022년 2월 1일 남서울은행의 1번 저당권(9억 원)이 설정되고, 2022년 2월 11일 가난한씨가 보증금 8천만 원에 이사와 동시에 같은 날 주민등록전입신고를 마치고 계약서상에 확정일자인을 받았고, 2022년 2월 21일 궁색한씨가 보증금 7천만 원에 이사와 동시에 주민등록전입신고를 마치고 계약서상에 확정일자인을 받았고, 2022년 2월 28일 옹색한씨는 보증금 6천만 원에 이사와 동시에 주민등록전입신고를 마쳤으나 계약서상에 확정일자인을 받지 않았다. 2022년 3월 11일 전당포씨의 2번 저당권(1억 원)이 설정되었다.

그런데 전당포씨의 경매신청으로 부유한씨의 20억 원 주택은 김부자씨에게 11억5천만 원에 경락되었다. 남서울은행, 가난한씨, 궁색한씨, 옹색한씨, 전당포씨는 각각 얼마나 변제를 받을 수 있을까?

▶ **해설** : 우선 천안시에서는 6천만 원 이하의 보증금으로 입주한 임차인에게만 2천만 원의 최우선변제권이 인정되므로 옹색한씨만 우선하여 2천만 원을 변제받는다.

다음에 가난한씨와 궁색한씨에게 우선변제권이 인정되나(대항요건과 확정일자를 갖추었으므로) 선순위저당권자보다는 우선하지 못하므로 우선 남서울은행이 9억 원을 변제받고, 나머지 금액인 2억3천만 원 중에서 가난한씨는 8천만 원, 궁색한씨는 7천만 원이 배당되어 변제받고, 전당포씨는 8천만 원을 변제받는다.

[사례 2] 서울시에서 주택가액이 6천만 원인 집에 김속빈씨가 천만 원, 김강정씨가 천5백만 원, 안실속씨가 천5백만 원의 보증금을 각각 내고 주민등록을 마치고 세 들어 살고 있었다. 그런데 그 후 저당권자의 신청에 의하여 이 집에 대한 경매가 실행되었다면 김속빈씨, 김강정씨, 안실속씨는 각각 얼마나 변제를 받을 수 있을까?(다만 이 경우 누구도 확정일자를 받지 않았다고 가정한다).

▶ **해설** : 우선 서울특별시에서는 1억5천만 원 이하의 보증금으로 입주한 임차인에게 최우선변제권이 인정되므로 김속빈씨, 김강정씨, 안실속씨 모두 최우선변제권이 인정된다. 그리고 각 보증금 중 일정액의 합산액이 주택가액의 2분의 1을 초과하는 경우에는 그 각 보증금 중 일정액의 합산액에 대한 각 임차인의 보증금 중 일정액의 비율로 그 주택가액의 2분의 1에 해당하는 금액을 분할한 금액을 각 임차인의 보증금 중 일정액으로 본다(주택임대차보호법시행령 제10조 제3항).

이 사례의 경우 각 보증금 중 일정액은 김속빈씨가 천만 원, 김강정씨가 천5백만 원, 안실속씨가 천5백만 원이고, 각 보증금 중 일정액의 합산액은 4천만 원(천만 원 + 천5백만 원 + 천5백만 원)이며, 주택가액의 2분의 1은 3천만 원이다. 각 보증금 중 일정액의 합산액(4천만 원)이 주택가액의 2분의 1(3천만 원)을 초과하므로 김속빈씨는 750만 원(3천만 원 × 천만 원/4천만 원 = 750만 원), 김강정씨는 1,125만 원(3천만 원 × 천5백만 원/4천만 원 = 1,125만 원), 안실속씨는 1,125만 원(3천만 원 × 천5백만 원/4천만 원 = 1,125만 원)을 변제받는다.

[사례 3] 서울시에서 고생만씨, 배고파씨, 허기진씨는 같은 주택의 방을 각각 7천만 원, 6천만 원, 5천만 원에 임차하여 입주 및 주민등록을 마쳤으나 확정일자는 받지 않았다. 위 주택이 2억4천만 원에 경매될 경우 고생만씨, 배고파씨, 허기진씨는 각각 얼마나 배당받을 수 있을까?

▶ **해설** : 우선 서울특별시에서는 1억5천만 원 이하의 보증금으로 입주한 임차인에게 최우선변제권이 인정되므로 고생만씨, 배고파씨, 허기진씨 모두 최우선변제권이 인정된다. 그리고 각 보증금 중 일정액의 합산액이 주택가액의 2분의 1을 초과하는 경우에는 그 각 보증금 중 일정액의 합산액에 대한 각 임차인의 보증금 중 일정액의 비율로 그 주택가액의 2분의 1에 해당하는 금액을 분할한 금액을 각 임차인의 보증금 중 일정액으로 본다(주택임대차보호법시행령 제10조 제3항).

이 사례의 경우 각 보증금 중 일정액은 고생만씨가 5천만 원, 배고파씨가 5천만 원, 허기진씨가 5천만 원이고, 각 보증금 중 일정액의 합산액은 1억5천만 원(5천만 원 + 5천만 원 + 5천만 원)이며, 주택가액의 2

분의 1은 1억2천만 원이다.

따라서 각 보증금 중 일정액의 합산액이 1억5천만 원이 되어 주택가액의 2분의 1(1억2천만 원)을 초과하므로 고생만씨, 배고파씨, 허기진씨 각자는 각각의 계약시점이나 보증금 액수에 관계없이 주택가액의 2분의 1에 해당하는 금액(1억2천만 원)을 평등하게 분할한 금액인 4천만 원까지 최우선변제권, 즉 4천만 원씩 배당받게 된다.

[사례 4] 어수룩씨는 보증금 1억1천만 원, 계약기간 1년으로 2022년 4월 30일 서울 소재의 주택을 임차하고 입주와 동시에 주민등록을 옮기긴 하였으나 확정일자를 받지 않았다. 그런데 어수룩씨가 입주하기 전에 이미 채권액 4천만 원의 저당권이 설정되어 있었으며, 그가 입주하고 주민등록을 마친 이후로도 채권액 4천만 원의 저당권이 설정되었다. 위 주택의 시세는 현재 약 2억 원 정도인데 위 주택이 경매될 경우 그는 얼마나 배당을 받을 수 있을까?

▶ **해설** : 우선 어수룩씨는 대항요건(對抗要件)을 갖추었으나 선순위 저당권자가 있으므로 경락인(競落人)에게 대항할 수 없으며, 확정일자(確定日字)를 갖추지 않았으므로 우선변제권도 행사할 수 없다.

다만 어수룩씨가 임차한 주택의 선순위 저당권이 2021년 5월 11일 이후에 설정되었다면 어수룩씨는 서울지역의 소액임차인으로서 최우선변제권을 행사하여 주택가액의 2분의 1의 범위 안에서 5천만 원까지는 1순위로 배당받을 수 있을 것이다.

(1) 의 의

임차인은 보증금 중 일정액(소액보증금)을 다른 담보물권자(擔保物權者)보다 우선하여 변제받을 권리가 있다(주택임대차보호법 제8조 제1항). 이것을 보증금 중 일정액의 최우선변제권(最優先辨濟權)이라고 한다.

(2) 최우선변제를 받을 수 있는 보증금의 범위

① 임차인이 1인인 경우

우선하여 변제받을 수 있는 임차인 및 보증금 중 일정액의 범위와 기준은 주택가액(대지의 가액을 포함한다)의 2분의 1의 범위 안에서 대통령령으로 정한다(주택임대차보호법 제8조 제3항).

우선하여 변제받을 수 있는 보증금 중 일정액의 범위는 서울특별시에서는 임차보증금이 1억5천만 원 이하인 경우에는 5천만 원까지, 수도권정비계획법에 따른 과밀억제권역(서울특별시는 제외한다), 세종특별자치시, 용인시, 화성시 및 김포시에서는 임차보증금이 1억3천만 원 이하인 경우에는 4천3백만 원까지, 광역시(수도권정비계획법에 따른 과밀억제권역에 포함된 지역과 군지역은 제외한다), 안산시, 광주시, 파주시, 이천시 및 평택시에서는 임차보증금이 7천만 원 이하인 경우에는 2천3백만 원까지, 기타의 지역에서는 임차보증금이 6천만 원 이하인 경우에는 2천만 원까지이다(주택임대차보호법시행령 제10조, 제11조, 2021.5.11 개정, 2021.5.11 시행). 예컨대 서울특별시에서 주택가액이 1억5천만 원인 주택에 보증금 7천만 원으로 세 들어 살고 있는 경우에는 임대차계약체결전에 저당권(抵當權)이 설정되어 있더라도 5천만 원까지는 그 저당권자보다 우선하여 변제받을 수 있다.

그러나 임차인의 보증금 중 일정액이 주택가액의 2분의 1을 초과하는 경우에는 주택가액의 2분의 1에 해당하는 금액에 한하여 우선변제권이 있다(동법시행령 제10조 제2항). 예컨대 서울특별시에서 주택가액이 2천만 원인 주택에 보증금 천2백만 원으로 세 들어 살고 있는 경우에는 천만 원까지 최우선변제권이 있다.

제10조 및 제11조의 개정규정은 이 영 시행 당시 존속 중인 임대차계약에 대해서도 적용하되, 이 영 시행 전에 임차주택에 대하여 담보물권을 취득한 자에 대해서는 종전의 규정에 따른다(주택임대차보호법시행령 부칙 제2조, 2018.9.18).

※ [소액임차인에 대한 규정의 개정 경과]

<table>
<tr><th>구 분</th><th colspan="2">지 역</th></tr>
<tr><th>시 기</th><th>서울·광역시(군지역 제외)</th><th>기타 지역</th></tr>
<tr><td>84.1.1.~87.11.30.</td><td>300만 원 이하</td><td>200만 원 이하</td></tr>
<tr><td>87.12.1.~90.2.18.</td><td>500만 원 이하</td><td>400만 원 이하</td></tr>
<tr><td>90.2.19.~95.10.18.</td><td>2,000만 원 이하 임차인 중 700만 원 한도</td><td>1,500만 원 이하 임차인 중 500만 원 한도</td></tr>
<tr><td>95.10.19.~2001.9.14.</td><td>3,000만 원 이하 중 1,200만 원 한도</td><td>2,000만 원 이하 중 800만 원 한도</td></tr>
<tr><td rowspan="2">2001.9.15.~2008.8.20.</td><td>서울, 수도권 중 과밀억제권역 4,000만 원 이하 중 1,600만 원 한도</td><td rowspan="2">기타지역은 3,000만 원 이하 중 1,200만 원 한도</td></tr>
<tr><td>광역시(인천광역시 제외)는 3,500만 원 이하 중 1,400만 원 한도</td></tr>
</table>

<table>
<tr><td rowspan="2">2008.8.21.~2010.7.20.</td><td>서울, 수도권 중 과밀억제권역 6,000만 원 이하 중 2,000만 원 한도</td><td rowspan="2">기타지역은 4,000만 원 이하 중 1,400만 원 한도</td></tr>
<tr><td>광역시(인천광역시 제외)는 5,000만 원 이하 중 1,700만 원 한도</td></tr>
<tr><td rowspan="3">2010.7.21.~2013.12.31</td><td>서울시는 7,500만 원 이하 중 2,500만 원 한도</td><td rowspan="3">기타지역은 4,000만 원 이하 중 1,400만 원 한도</td></tr>
<tr><td>수도권정비계획법에 따른 과밀억제권역은 6,500만 원 이하 중 2,200만 원 한도</td></tr>
<tr><td>광역시, 안산시, 용인시, 김포시, 광주시는 5,500만 원 이하 중 1,900만 원 한도</td></tr>
<tr><td rowspan="3">2014.1.1.~2016.3.30</td><td>서울시는 9,500만 원 이하 중 3,200만 원 한도</td><td rowspan="3">기타지역은 4,500만 원 이하 중 1,500만 원 한도</td></tr>
<tr><td>수도권정비계획법에 따른 과밀억제권역은 8,000만 원 이하 중 2,700만 원 한도</td></tr>
<tr><td>광역시, 안산시, 용인시, 김포시, 광주시는 6,000만 원 이하 중 2,000만 원 한도</td></tr>
<tr><td rowspan="3">2016.3.31.~2018.9.17</td><td>서울시는 1억 원 이하 중 3,400만 원 한도</td><td rowspan="3">기타지역은 5,000만 원 이하 중 1,700만 원 한도</td></tr>
<tr><td>수도권정비계획법에 따른 과밀억제권역은 8,000만 원 이하 중 2,700만 원 한도</td></tr>
<tr><td>광역시, 세종특별자치시, 안산시, 용인시, 김포시, 광주시는 6,000만 원 이하 중 2,000만 원 한도</td></tr>
<tr><td rowspan="3">2018.9.18.~2021.5.10</td><td>서울시는 1억1천만 원 이하 중 3,700만 원 한도</td><td rowspan="3">기타지역은 5천만 원 이하 중 1,700만 원 한도</td></tr>
<tr><td>수도권정비계획법에 따른 과밀억제권역, 세종특별자치시, 용인시 및 화성시는 1억 원 이하 중 3,400만 원 한도</td></tr>
<tr><td>광역시, 안산시, 김포시, 광주시, 및 파주시는 6천만 원 이하 중 2,000만 원 한도</td></tr>
</table>

2021.5.11.～현재	서울시는 1억5천만 원 이하 중 5,000만 원 한도	기타지역은 6천만 원 이하 중 2,000만 원 한도
	수도권정비계획법에 따른 과밀억제권역, 세종특별자치시, 용인시, 화성시 및 김포시는 1억3천만 원 이하 중 4,300만 원 한도	
	광역시, 안산시, 광주시, 파주시, 이천시 및 평택시는 7천만 원 이하 중 2,300만 원 한도	

※ [수도권정비계획법에 의한 과밀억제권역]

수도권정비계획법에 의한 과밀억제권역이라 함은 수도권 안에서 인구와 산업이 지나치게 집중되었거나 집중될 우려가 있어 그 이전 또는 정비가 필요한 지역을 말한다(수도권정비계획법 제6조 제1항). 과밀억제권역은 서울특별시, 인천광역시(강화군, 옹진군 등은 제외), 의정부시, 구리시, 하남시, 고양시, 수원시, 성남시, 안양시, 부천시, 광명시, 과천시, 의왕시, 군포시, 남양주시, 시흥시이다.

② 임차인이 2인 이상인 경우

㉠ 각각 독립한 가정생활을 하는 경우

각 보증금 중 일정액의 합산액이 주택가액의 2분의 1을 초과하는 경우에는 그 각 보증금 중 일정액의 합산액에 대한 각 임차인의 보증금 중 일정액의 비율로 그 주택가액의 2분의 1에 해당하는 금액을 분할한 금액을 각 임차인의 보증금 중 일정액으로 본다(주택임대차보호법시행령 제10조 제3항). 예컨대 서울특별시에서 주택가액이 6천만 원인 주택에 3인이 각각 보증금 천5백만 원으로 세들어 살고 있고, 독립한 가정생활을 하고 있는 경우에는 각 보증금 중 일정액의 합산액이 4천5백만 원이 되어 주택가액의 2분의 1을 초과하므로 임차인 각자는 1천만 원까지 최우선변제권이 있다.

㉡ 가정공동생활을 하는 경우

1인의 임차인으로 보아 각 보증금을 합산한다(동법시행령 제10조 제4항). 이것은 최우선변제권의 남용을 방지하기 위한 것이다. 예컨대 서울특별시에서 주택가액이 4억 원인 주택에 2인이 각각 보증금 8천만 원으로 세 들어 살고 있고,

가정공동생활을 하고 있는 경우에는 보증금합산액이 1억6천만 원이 되어 다른 담보물권자보다 우선하여 변제받을 수 없다.

(3) 최우선변제를 받기 위한 요건

① 임차인이 임차주택에 대한 경매신청의 등기 전에 주택임대차보호법상의 대항요건(주택의 인도와 주민등록)을 갖추어야 한다(동법 제8조 제1항).

이것은 집주인이 저당권자(抵當權者) 등에게 부당한 손해를 끼치는 폐단을 방지하기 위한 것이다.

② 임차인은 법원이 정한 배당요구의 종기까지 배당요구를 하여야 한다(보증금전액의 우선변제권과 동일).

③ 이해관계인의 이의가 없어야 한다(보증금전액의 우선변제권과 동일).

3. 소액사건심판법의 준용

소액사건심판법(少額事件審判法) 제6조(소장(訴狀)의 송달과 준비명령) · 제7조(기일지정) · 제10조(증거조사에 관한 특칙) 및 제11조의 2(판결에 관한 특례)의 규정은 임차인이 임대인에 대하여 제기하는 보증금반환청구소송에 관하여 이를 준용(準用, 법적 개념으로 필요한 경우 그 한도에서 변경을 가하여 적용한다는 것)한다(주택임대차보호법 제13조). 즉 소액사건심판법의 일부조항을 준용함으로써 소송절차가 신속히 진행될 수 있도록 하였다.

Ⅸ. 강행규정과 부칙

[사례] 가난 구제는 나라님도 못한다며 신세한탄을 하는 허덕여씨는 나풍요씨로부터 주택을 임차하면서 임대차기간을 2년으로 약정하였는데 나풍요씨가 위 주택에 직접 거주하기 위하여 집을 비워 달라고 하는 경우에는 언제든지 집을 비워주어야 한다는 조건이 달려 있었다. 위 조항에 따라 집주인인 나풍요씨가 집을 비워 줄 것을 요구하면 허덕여씨는 집을 비워주어야 하는 걸까?

▶ **해설** : 위 약정은 임차인에게 최소한 2년 동안의 임대차기간을 보장하고 있는 주택임대차보호법 제4조 제1항에 정면으로 배치되는 것이므로, 임차인에게 불리하다. 그러므로 위 약정은 주택임대차보호법 제10조(이 법의 규정에 위반된 약정으로서 임차인에게 불리한 것은 그 효력이 없다)에 의하여 효력이 없다. 따라서 허덕여씨는 집주인의 요구에도 불구하고 2년 동안 임차주택에서 계속 거주할 수 있다.

1. 강행규정

주택임대차보호법의 규정에 위반된 약정으로서 임차인에게 불리한 것은 그 효력이 없다(주택임대차보호법 제10조).

2. 부 칙

주택임대차보호법은 2020년 12월 10일부터 시행한다(부칙 제1조). 주택임대차보호법시행령은 2021년 5월 11일부터 시행한다(부칙 제1조).

※ [보증금 반환받는 방법]

임차주택이 양도된 경우에 대항요건(주택의 인도와 주민등록)을 갖추면 양수인에게, 대항요건을 갖추지 못하면 양도인에게 보증금을 청구한다. 만일에 보증금을 반환받지 못한 경우에는 다음과 같은 방법에 의하여 문제를 해결한다.

첫째, 합의에 의하여 문제를 해결한다.

둘째, 이사 가기 전에 임차권등기명령을 신청한다.

셋째, 전대차(轉貸借)를 이용한다. 여기서 전대차라 함은 임차인이 임차물(賃借物)을 제3자에게 임대하는 계약을 말한다. 다만 전대차는 집주인의 동의와 임차인이 이사를 간 주소지에서 주민등록전입신고한 날로부터 14일 이내에 전차인(轉借人)이 주택의 인도와 주민등록전입신고를 마칠 것을 요한다.

넷째, 민사조정(民事調停)을 이용한다. 여기서 민사조정이라 함은 판결에 의하지 않고 판사와 조정위원 앞에서 양보와 타협에 의하여 분쟁을 해결하는 제도를 말한다. 민사조정이 성립하면 확정판결과 동일한 효력을 갖는다.

다섯째, 해당 주택의 소재지를 관할하는 주택임대차분쟁조정위원회(www.hldcc.or.kr)에 분쟁조정을 신청할 수 있다(주택임대차보호법 제21조). 주택임대차분쟁조정위원회는 분쟁의 조정신청을 받은 날부터 60일 이내에 그 분쟁조정을 마쳐야 한다(동법 제23조). 주택임대차분쟁조정위원회의 조정안을 당사자들이 수락하는 경우 조정이 성립되고, 조정안의 내용과 같은 합의가 당사자 간에 있는 것으로 본다. 나아가 각 당사자 간에 금전, 그밖에 대체물의 지급 또는 부동산의 인도에 관하여 강제집행을 승낙하는 취지의 합의가 있는 경우에는, 그 내용이 기재된 조정서 정본에 집행력이 부여되므로 법원의 판결 없이도 강제집행을 할 수 있도록 하였다(동법 제26조~제27조).

여섯째, 가압류(假押留)를 신청한다. 그 이유는 채무자가 소송 진행 중에 자신의 재산을 제3자에게 팔아넘기는 경우, 채권자는 승소판결을 받더라도 그 재산에 대하여 강제집행을 할 수 없기 때문이다.

일곱째, 공증인사무소에서 약속어음을 공증(公證)한다. 약속어음을 공증하면 확정판결과 동일한 효력을 갖는다. 공증비용은 보증금에 따라 다르나 소송비용에 비하여 매우 저렴하다.

여덟째, 임차인이나 임대인의 주소지에서 보증금반환청구소송을 제기한다.

※ [세입자가 주택임대차계약 체결 전후에 주의할 점]

첫째, 관할 등기소(登記所)에서 등기부(登記簿)를 열람하거나 등기부등본을 발급받고(① 선순위저당권 등이 설정되었는지 여부 확인할 것, ② 잔금을 지불하기 전에 등기부등본을 다시 한번 발급받을 것), 등기부상 드러나지 않는 최우선변제권 있는 소액임차인과 확정일자를 받은 임차인의 유무를 확인할 것

둘째, 주택임대차보호법상의 대항요건(주택의 인도와 주민등록)을 갖출 것

셋째, 임대차계약서상의 확정일자를 갖출 것

넷째, 법원이 정한 배당요구의 종기까지 배당요구를 할 것

다섯째, 임대차기간은 원칙적 4년이며(주택임대차보호법 제4조 제1항, 제6조의3 제2항), 임차인은 임대인과 달리 임대차기간을 선택할 수 있음

여섯째, 보증금반환이 불안하다고 생각될 경우에는 전세보증금 반환보증보험(집주인이 보증금반환을 거부하거나 집값 하락 등으로 세입자가 보증금반환을 받기 어려울 경우에 주택도시보증공사가 대신 보증금을 내주는 상품, 2018년 2월 1일부터 시행)에

가입할 것

※ [임차주택의 수리 및 비용부담]

① 임대인 부담

난방, 상·하수도, 전기시설 등 임차주택의 주요설비에 대한 노후·불량으로 인한 수선은 민법 제623조, 판례상 임대인이 부담한다.

② 임차인 부담

임차인의 고의·과실에 기한 파손, 전구 등 통상의 간단한 수선, 소모품 교체 비용은 민법 제623조, 판례상 임차인이 부담한다.

[서식] 부동산임대차계약서

임대인과 임차인은 아래 표시 부동산에 관하여 계약 내용과 같이 합의하여 임대차계약을 체결한다.

1. 부동산의 표시

소재지	서울시 동대문구 경희대로 26-1				
구조	방 2개, 부엌, 욕실	용도	주거	면적	$90m^2$ (평)
보증금	1억 원(100,000,000원)				

2. 계약 내용

제1조 : 위 부동산의 임대차에 있어 임차인은 임대차보증금을 아래와 같이 지불하기로 한다.

보증금	금 원정(₩)
계약금	금 원정은 계약시 지불하고
중도금	금 원정은 년 월 일 지불하며
잔금	금 원정은 년 월 일 중개업자 입회하에 지불한다.

제2조 : 임차기간은 년 월 일부터 년 월 일까지로 한다.

제3조 : 임대인은 위 부동산을 임대차 목적대로 사용·수익할 수 있는 상태로 하여 년 월 일까지 임차인에게 양도한다.

제4조 : 임차인은 임대인의 동의 없이는 위 부동산의 구조나 용도 등을 변경하거나 전대·임차권의 양도 또는 담보제공을 하지 못하며 임대차 목적 이외의 용도에 사용할 수 없다.

제5조 : 임차인이 임대인에게 중도금(중도금 약정이 없을 때에는 잔금)을 지불하기 전까지는 임대인은 계약금을 배액으로 상환하고, 임차인 또한 계약금을 포기하고 이 계약을 해제할 수 있다.

제6조 : 임대차물건에 관한 중개수수료는 이 계약 체결과 동시에 계약당사자 쌍방이 각각 지불한다.

※특약사항

이 계약을 증명하기 위하여 계약당사자가 이의 없음을 확인하고 각자 서명·날인한다.

년 월 일

3. 계약당사자 및 중개업자

임대인	주소				
	주민등록번호		전화		성명 (인)
임차인	주소				
	주민등록번호		전화		성명 (인)
중개업자	주소				
	상호		전화		성명 (인)

[서식] 보증금반환청구소송의 소장

소 장

원고 : ○○○

주소 : 서울 ○○ 구 ○○ 동 ○○ 번지

피고 : ○○○

주소 : 서울 ○○ 구 ○○ 동 ○○ 번지

임대차 보증금 반환청구의 소

청 구 취 지

1. 피고는 원고에게 금 50,000,000원 및 이에 대한 이 사건 소장부본 송달일 다음 날부터 완제일까지 연 2할5푼의 비율에 의한 금원을 지급하라.
2. 소송비용은 피고의 부담으로 한다.
3. 위 제1항은 가집행할 수 있다.

라는 판결을 구합니다.

청 구 원 인

1. 피고는 원고와 2000. 10. 15. 서울 ○○구 ○○동 ○○번지 소재 피고 소유주택에 대하여 임대차보증금 5,000만 원, 임대차기간 2000. 10. 16.~2002. 10. 15.(2년간)인 임대차 계약을 체결하였습니다.
2. 원고는 위 임대차 기간이 끝날 때까지 위 주택에서 거주하다가 계약기간이 끝나자 피고에 대하여 임대차 보증금을 반환해 줄 것을 청구하였습니다. 그러나 피고는 아무런 이유도 밝히지 않고 임대차보증금의 반환을 미루어 오고 있습니다. 이에 원고는 새로운 집으로 이사하기 위하여 2002. 11. 24. 위 주택을 피고에게 명도하고 ○○동 ○○번지로 이사하기에 이르렀습니다. 그럼에도 불구하고, 피고는 아직도 임대차 보증금을 반환하지 않고 있으므로 이를 반환받기 위하여 이 사건 청구에 이른 것입니다.

입 증 방 법

1. 갑 제1호증 전세계약서 1통
2. 갑 제2호증 주민등록등본 1통
3. 기타의 입증방법은 추후 변론시 제출하겠습니다.

첨 부 서 류

1. 소장부본 1통
2. 송달료 납부서 1통

2002. . .

위 원고 ○○○ (인)

서울지방법원 귀중

제7절 상가건물임대차보호법

Ⅰ. 서 설

상가건물의 임대차에서 일반적으로 경제적·사회적 약자인 임차인들은 임대료 인상문제, 임대인의 해지권한 남용, 임대차기간의 불안정성, 월세산정시 고율의 이자율 적용문제, 임대보증금의 미반환문제, 임차건물에 대한 등기의 어려움 등 각종 형태의 불이익을 감수하고 있지만 이들 임차인들을 사회적으로 보호하기 위한 법적 장치가 없는 바, 이러한 상가건물의 임대차에서 사회적·경제적 약자인 임차인들을 보호함으로써 임차인들의 경제생활의 안정을 도모하기 위하여 상가건물임대차보호법이 제정되었다.

상가건물임대차보호법은 상가건물 임대차에 관하여 민법에 대한 특례를 규정하여 국민 경제생활의 안정을 보장함을 목적으로 한다(동법 제1조).

Ⅱ. 적용범위

첫째, 상가건물임대차보호법은 상가건물(제3조 제1항의 규정에 의한 사업자등록의 대상이 되는 건물을 말한다)의 임대차(임대차 목적물의 주된 부분을 영업용으로 사용하는 경우를 포함한다)에 대하여 적용한다. 다만, 대통령령이 정하는 보증금액을 초과하는 임대차에 대하여는 그러하지 아니하다(상가건물임대차보호법 제2조 제1항). 상가건물임대차보호법 제2조 제1항 단서에서 「대통령령이 정하는 보증금액」은 ① 서울특별시의 경우 9억 원, ② 수도권정비계획법에 따른 과밀억제권역(서울특별시는 제외한다) 및 부산광역시의 경우 6억9천만 원, ③

광역시(수도권정비계획법에 따른 과밀억제권역에 포함된 지역과 군지역, 부산광역시는 제외한다), 세종특별자치시, 용인시, 화성시, 안산시, 김포시 광주시 및 파주시의 경우 5억4천만 원, ④ 그 밖의 지역의 경우 3억7천만 원이다(상가건물임대차보호법시행령 제2조 제1항, 2019. 4. 2 개정).

상가건물임대차보호법 제2조 제1항 단서의 규정에 의한 보증금액을 정함에 있어서는 당해 지역의 경제여건 및 임대차 목적물의 규모 등을 감안하여 지역별로 구분하여 규정하되, 보증금(保證金) 외에 차임(借賃)이 있는 경우에는 그 차임액에 은행법에 의한 은행의 대출금리 등을 감안하여 대통령령이 정하는 비율을 곱하여 환산한 금액을 포함하여야 한다(상가건물임대차보호법 제2조 제2항). 상가건물임대차보호법 제2조 제2항의 규정에 의하여 보증금 외에 차임이 있는 경우의 차임액은 월 단위의 차임액으로 한다(상가건물임대차보호법시행령 제2조 제2항). 상가건물임대차보호법 제2조 제2항에서 「대통령령이 정하는 비율」이라 함은 1분의 100을 말한다(상가건물임대차보호법시행령 제2조 제3항).

둘째, 상가건물임대차보호법은 목적건물의 등기하지 아니한 전세계약(미등기전세계약)에 관하여 이를 준용한다. 이 경우 「전세금」은 「임대차의 보증금」으로 본다(상가건물임대차보호법 제17조).

셋째, 상가건물임대차보호법은 일시사용을 위한 임대차임이 명백한 경우에는 이를 적용하지 아니한다(동법 제16조).

Ⅲ. 대항력

1. 대항력

임대차(賃貸借)는 그 등기(登記)가 없는 경우에도 임차인(賃借人)이 건물의 인도(引渡)와 부가가치세법 제8조, 소득세법 제168조 또는 법인세법 제111조의 규정에 의한 사업자등록을 신청한 때에는 그 다음 날부터 제3자에 대하여 효력이 생긴다(상가건물임대차보호법 제3조 제1항).

2. 임차건물양수인의 임대인지위승계

임차건물의 양수인(讓受人)은 임대인의 지위를 승계한 것으로 본다(동법 제3조 제2항).

Ⅳ. 확정일자 부여 및 임대차정보의 제공 등

상가건물임대차보호법 제5조 제2항의 확정일자는 상가건물의 소재지 관할 세무서장이 부여한다. 관할 세무서장은 해당 상가건물의 소재지, 확정일자 부여일, 차임 및 보증금 등을 기재한 확정일자부를 작성하여야 한다. 이 경우 전산정보처리조직을 이용할 수 있다. 상가건물의 임대차에 이해관계가 있는 자는 관할 세무서장에게 해당 상가건물의 확정일자 부여일, 차임 및 보증금 등 정보의 제공을 요청할 수 있다. 이 경우 요청을 받은 관할 세무서장은 정당한 사유 없이 이를 거부할 수 없다. 임대차계약을 체결하려는 자는 임대인의 동의를 받아 관할 세무서장에게 제3항에 따른 정보제공을 요청할 수 있다. 확정일자부에 기재하여야 할 사항, 상가건물의 임대차에 이해관계가 있는 자의 범위, 관할 세무서장에게 요청할 수 있는 정보의 범위 및 그 밖에 확정일자 부여사무와 정보제공 등에 필요한 사항은 대통령령으로 정한다(동법 제4조 2015.5.13 개정).

Ⅴ. 보증금의 회수

1. 보증금(전액)의 우선변제권

(1) 의 의

상가건물임대차보호법상의 대항요건을 갖추고 관할 세무서장으로부터 임대차계약서상의 확정일자(確定日字)를 받은 임차인은 민사집행법에 의한 경매 또는 국세징수법에 의한 공매시(公賣時) 임차건물(임대인소유의 대지를 포함한다)의

환가대금(換價代金)에서 후순위권리자 그 밖의 채권자보다 우선하여 보증금(保證金)을 변제받을 권리가 있다(상가건물임대차보호법 제5조 제2항). 이것을 보증금의 우선변제권 또는 보증금전액의 우선변제권이라고 한다.

(2) 집행권원에 기한 경매신청

임차인이 임차건물에 대하여 보증금반환청구소송의 확정판결 그 밖에 이에 준하는 집행권원에 기한 경매(競賣)를 신청하는 경우에는 민사집행법 제41조의 규정에 불구하고 반대의무의 이행 또는 이행의 제공을 집행개시의 요건으로 하지 아니한다(동법 제5조 제1항).

(3) 우선변제를 받기 위한 요건

① 상가건물임대차보호법상의 대항요건(건물의 인도와 사업자등록신청)을 갖추어야 한다(동법 제5조 제2항).

② 관할 세무서장으로부터 임대차계약서상의 확정일자를 갖추어야 한다(동법 제5조 제2항).

③ 임차인은 임차건물을 양수인에게 인도하여야 한다(동법 제5조 제3항).

④ 임차인은 법원이 정한 배당요구의 종기까지 배당요구를 하여야 한다(민사집행법 제88조).

⑤ 이해관계인의 이의가 없어야 한다.

임차인의 우선변제의 순위와 보증금에 대하여 이의가 있는 이해관계인은 경매법원 또는 체납처분청에 이의를 신청할 수 있다. 이의신청을 받은 경매법원 또는 체납처분청은 이해관계인이 이의신청일부터 7일 이내에 임차인을 상대로 소를 제기한 것을 증명한 때에는 당해 소송의 종결시까지 이의가 신청된 범위 안에서 임차인에 대한 보증금의 변제를 유보하고 잔여금액을 배분하여야 한다. 이 경우 유보된 보증금은 소송의 결과에 따라 배분한다(상가건물임대차보호법 제5조 제4항 · 제6항).

(4) 임차권등기명령제도

① 신 청

임대차가 종료된 후 보증금을 반환받지 못한 임차인은 임차건물의 소재지를 관할하는 지방법원·지방법원지원 또는 시·군법원에 임차권등기명령을 신청할 수 있다(동법 제6조 제1항).

② 기재사항

임차권등기명령의 신청에는 다음 각호의 사항을 기재하여야 하며, 신청의 이유 및 임차권등기의 원인이 된 사실은 이를 소명(疎明)하여야 한다(동법 제6조 제2항).

㉠ 신청의 취지 및 이유

㉡ 임대차의 목적인 건물

㉢ 임차권등기의 원인이 된 사실(임차인이 대항력을 취득하였거나 우선변제권을 취득한 경우에는 그 사실)

㉣ 기타 대법원규칙이 정하는 사항

③ 항 고

임차권등기명령신청을 기각(棄却)하는 결정에 대하여 임차인은 항고(抗告)할 수 있다(동법 제6조 제4항).

④ 임차권등기의 경료

임차권등기명령의 집행에 의한 임차권등기가 경료(經了)되면 임차인은 대항력(동법 제3조 제1항의 규정)과 우선변제권(동법 제5조 제2항의 규정)을 취득한다. 다만, 임차인이 임차권등기 이전에 이미 대항력 또는 우선변제권을 취득한 경우에는 그 대항력 또는 우선변제권이 그대로 유지되며, 임차권등기 이후에는 대항요건을 상실하더라도 이미 취득한 대항력 또는 우선변제권을 상실하지 아니한다(동법 제6조 제5항).

임차권등기명령의 집행에 의한 임차권등기가 경료된 건물을 그 이후에 임차한 임차인은 보증금 중 일정액의 최우선변제권(동법 제14조의 규정)을 받을 권리가 없다(동법 제6조 제6항).

⑤ 임차권등기명령의 시행에 관하여 필요한 사항

임차권등기의 촉탁, 등기관의 임차권등기 기입 등 임차권등기명령의 시행에 관하여 필요한 사항은 대법원규칙으로 정한다(동법 제6조 제7항).

⑥ 임차권등기비용

임차인은 임차권등기명령의 신청 및 그에 따른 임차권등기와 관련하여 소요된 비용을 임대인에게 청구할 수 있다(동법 제6조 제8항).

(5) 경매에 의한 임차권의 소멸

임차권은 임차건물에 대하여 민사집행법에 의한 경매가 실시된 경우에는 그 임차건물이 매각되면 소멸한다. 다만, 보증금이 전액 변제되지 아니한 대항력이 있는 임차권은 그러하지 아니하다(동법 제8조).

2. 보증금 중 일정액의 최우선변제권

(1) 의 의

임차인은 보증금 중 일정액을 다른 담보물권자보다 우선하여 변제받을 권리가 있다(상가건물임대차보호법 제14조 제1항). 이것을 보증금 중 일정액의 최우선변제권(最優先辨濟權)이라고 한다.

(2) 최우선변제를 받을 수 있는 보증금 중 일정액의 범위와 기준

최우선변제를 받을 수 있는 보증금 중 일정액의 범위와 기준은 임대건물가액(임대인소유의 대지가액을 포함한다)의 2분의 1의 범위 안에서 당해 지역의 경제여건, 보증금 및 차임 등을 고려하여 대통령령으로 정한다(동법 제14조 제3항).

① 임차인이 1인인 경우

우선하여 변제받을 수 있는 보증금 중 일정액의 범위는 서울특별시에서는 보증금액(차임이 있는 경우 상가건물임대차보호법 제2조 제2항의 규정에 의하여 환산한 금액의 합계)이 6천5백만 원 이하인 경우에는 2천2백만 원까지, 수도권정비계획법에 따른 과밀억제권역(서울특별시는 제외한다)에서는 보증금액이 5천5백만 원 이하인 경우에는 1천9백만 원까지, 광역시(수도권정비계획법에 따른 과밀억제권역에 포함된 지역과 군지역은 제외한다), 안산시, 용인시, 김포시 및 광주시에서는 보증금액이 3천8백만 원 이하인 경우에는 1천3백만 원까지, 그 밖의 지역에서는 보증금액이 3천만 원 이하인 경우에는 1천만 원까지이다(상가건물임대차보호법시행령 제6조, 제7조 제1항, 2013.12.30 개정).

그러나 임차인의 보증금 중 일정액이 상가건물의 가액의 2분의 1을 초과하는 경우에는 상가건물의 가액의 2분의 1에 해당하는 금액에 한하여 우선변제권이 있다(동법시행령 제7조 제2항).

② 임차인이 2인 이상인 경우

하나의 상가건물에 임차인이 2인 이상이고, 그 각 보증금 중 일정액의 합산액이 상가건물의 가액의 2분의 1을 초과하는 경우에는 그 각 보증금 중 일정액의 합산액에 대한 각 임차인의 보증금 중 일정액의 비율로 그 상가건물의 가액의 2분의 1에 해당하는 금액을 분할한 금액을 각 임차인의 보증금 중 일정액으로 본다(동법시행령 제7조 제3항).

(3) 최우선변제를 받기 위한 요건

① 임차인이 건물에 대한 경매신청의 등기 전에 상가건물임대차보호법상의 대항요건을 갖추어야 한다(동법 제14조 제1항).

② 임차인은 법원이 정한 배당요구의 종기까지 배당요구를 하여야 한다(민사집행법 제88조).

③ 이해관계인의 이의가 없어야 한다(상가건물임대차보호법 제14조 제2항).

3. 소액사건심판법의 준용

소액사건심판법(少額事件審判法) 제6조 · 제7조 · 제10조 및 제11조의 2의 규정은 임차인이 임대인에 대하여 제기하는 보증금반환청구소송에 관하여 이를 준용(準用)한다(상가건물임대차보호법 제18조).

Ⅵ. 임대차기간

기간의 정함이 없거나 기간을 1년 미만으로 정한 임대차(賃貸借)는 그 기간을 1년으로 본다. 다만, 임차인은 1년 미만으로 정한 기간이 유효함을 주장할 수 있다(상가건물임대차보호법 제9조 제1항). 임대차가 종료한 경우에도 임차인이 보증금을 반환받을 때까지는 임대차관계는 존속하는 것으로 본다(동법 제9조 제2항).

Ⅶ. 계약갱신 요구

1. 계약갱신요구권

임대인(賃貸人)은 임차인(賃借人)이 임대차기간 만료 전 6개월 전부터 1개월 전까지 사이에 행하는 계약갱신 요구에 대하여 정당한 사유 없이 이를 거절하지 못한다. 다만, 다음 각호의 1의 경우에는 그러하지 아니하다(상가건물임대차보호법 제10조 제1항).

① 임차인이 3기의 차임액에 달하도록 차임(借賃)을 연체(延滯)한 사실이 있는 경우

② 임차인이 거짓 또는 기타 부정한 방법으로 임차한 경우

③ 서로 합의하여 임대인이 임차인에게 상당한 보상을 제공한 경우

④ 임차인이 임대인의 동의 없이 목적 건물의 일부 또는 전부를 전대한 경우

⑤ 임차인이 임차한 건물의 전부 또는 일부를 고의 또는 중대한 과실로 파손한 경우

⑥ 임차한 건물의 전부 또는 일부가 멸실되어 임대차의 목적을 달성하지 못할 경우

⑦ 임대인이 목적 건물의 전부 또는 대부분을 철거하거나 재건축하기 위해 목적 건물의 점유 회복이 필요한 경우

⑧ 기타 임차인이 임차인으로서의 의무를 현저히 위반하거나 임대차를 계속하기 어려운 중대한 사유가 있는 경우

임차인의 계약갱신요구권은 최초의 임대차기간을 포함한 전체 임대차기간이 10년을 초과하지 않는 범위 내에서만 행사할 수 있다(동법 제10조 제2항, 2018.10.16 개정). 갱신되는 임대차는 전 임대차와 동일한 조건으로 다시 계약된 것으로 본다. 다만, 차임과 보증금은 제11조의 규정에 의한 범위 내에서 증감할 수 있다(동법 제10조 제3항).

2. 묵시적 갱신

임대인이 임대차기간 만료 전 6개월 전부터 1개월 전까지 임차인에 대하여 갱신거절의 통지 또는 조건의 변경에 대한 통지를 하지 아니한 경우에는 그 기간이 만료된 때에 전임대차(前賃貸借)와 동일한 조건으로 다시 임대차한 것으로 본다. 이 경우에 임대차의 존속기간은 1년으로 본다(동법 제10조 제4항).

3. 묵시적 갱신의 경우의 계약의 해지

제10조 제4항의 경우 임차인은 언제든지 임대인에 대하여 계약해지의 통고를 할 수 있고, 임대인이 그 통고를 받은 날로부터 3월이 경과하면 그 효력이 발생한다(동법 제10조 제5항).

4. 계약갱신의 특례

상가건물임대차보호법 제2조 제1항 단서에 따른 보증금액을 초과하는 임대차의 계약갱신의 경우에는 당사자는 상가건물에 관한 조세, 공과금, 주변 상가건물의 차임 및 보증금, 그 밖의 부담이나 경제사정의 변동 등을 고려하여 차임과 보증금의 증감을 청구할 수 있다(동법 제10조의 2, 2013.8.13 신설).

Ⅷ. 차임 또는 보증금의 증감청구권과 월차임 전환시 산정율의 제한

1. 차임 또는 보증금의 증감청구권

차임 또는 보증금이 임차건물에 관한 조세, 공과금 기타 부담의 증감이나 경제사정의 변동으로 인하여 상당하지 아니하게 된 때에는 당사자는 장래에 대하여 그 증감을 청구할 수 있다. 그러나 증액의 경우에는 대통령령이 정하는 기준에 따른 비율을 초과하지 못한다(상가건물임대차보호법 제11조 제1항). 차임 또는 보증금의 증액청구는 청구당시의 차임 또는 보증금의 100분의 9의 금액을 초과하지 못한다(상가건물임대차보호법시행령 제4조).

차임 또는 보증금의 증액청구는 임대차계약 또는 약정한 차임 등의 증액이 있은 후 1년 이내에는 이를 하지 못한다(상가건물임대차보호법 제11조 제2항).

「감염병의 예방 및 관리에 관한 법률」 제2조 제2호에 따른 제1급감염병에 의한 경제사정의 변동으로 차임 등이 감액된 후 임대인이 제1항에 따라 증액을 청구하는 경우에는 증액된 차임 등이 감액 전 차임 등의 금액에 달할 때까지는 같은 항 단서를 적용하지 아니한다(상가건물임대차보호법 제11조 제3항, 2020.9.29. 신설).

2. 월차임 전환시 산정율의 제한

보증금의 전부 또는 일부를 월 단위의 차임으로 전환하는 경우에는 그 전환되는 금액에 다음 각 호 중 낮은 비율을 곱한 월차임의 범위를 초과할 수 없다. ① 은행법에 의한 금융기관에서 적용하는 대출금리 및 당해 지역의 경제여건 등을 감안하여 대통령령이 정하는 비율, ② 한국은행에서 공시한 기준금리에 대통령령이 정하는 배수를 곱한 비율이 그것이다(동법 제12조, 2013.8.13 개정).

상가건물임대차보호법 제12조 제1호에서 「대통령령이 정하는 비율」이라 함은 연 1할2푼을 말하고, 제12조 제2호에서 「대통령령이 정하는 배수」라 함은 4.5배를 말한다(상가건물임대차보호법시행령 제5조, 2013.12.30 개정).

Ⅸ. 권리금

1. 권리금의 정의와 권리금 계약

(1) 권리금의 정의

권리금(權利金)이라 함은 임대차 목적물인 상가건물에서 영업을 하는 자 또는 영업을 하려는 자가 영업시설·비품, 거래처, 신용, 영업상의 노하우, 상가건물의 위치에 따른 영업상의 이점 등 유형·무형의 재산적 가치의 양도 또는 이용대가로서 임대인, 임차인에게 보증금과 차임 이외에 지급하는 금전 등의 대가를 말한다(상가건물임대차보호법 제10조의 3 제1항, 2015.5.13. 신설).

(2) 권리금 계약

권리금 계약이라 함은 신규임차인이 되려는 자가 임차인에게 권리금을 지급하기로 하는 계약을 말한다(상가건물임대차보호법 제10조의 3 제2항, 2015.5.13. 신설).

2. 권리금 회수기회 보호 등

임대인은 임대차기간이 끝나기 3개월 전부터 임대차 종료 시까지 다음 각 호의 어느 하나에 해당하는 행위를 함으로써 권리금 계약에 따라 임차인이 주선한 신규임차인이 되려는 자로부터 권리금을 지급받는 것을 방해하여서는 아니 된다. 다만, 제10조 제1항 각 호의 어느 하나에 해당하는 사유가 있는 경우에는 그러하지 아니하다(동법 제10조의 4 제1항, 2015.5.13 신설). ① 임차인이 주선한 신규임차인이 되려는 자에게 권리금을 요구하거나 임차인이 주선한 신규임차인이 되려는 자로부터 권리금을 수수하는 행위, ② 임차인이 주선한 신규임차인이 되려는 자로 하여금 임차인에게 권리금을 지급하지 못하게 하는 행위, ③ 임차인이 주선한 신규임차인이 되려는 자에게 상가건물에 관한 조세, 공과금, 주변 상가건물의 차임 및 보증금, 그 밖의 부담에 따른 금액에 비추어 현저히 고액의 차임과 보증금을 요구하는 행위, ④ 그 밖에 정당한 사유 없이 임대인이 임차인이 주선한 신규임차인이 되려는 자와 임대차계약의 체결을 거절하는 행위가 그것이다.

다음 각 호의 어느 하나에 해당하는 경우에는 제1항 제4호의 정당한 사유가 있는 것으로 본다(동법 제10조의 4 제2항, 2015.5.13 신설). ① 임차인이 주선한 신규임차인이 되려는 자가 보증금 또는 차임을 지급할 자력이 없는 경우, ② 임차인이 주선한 신규임차인이 되려는 자가 임차인으로서의 의무를 위반할 우려가 있거나 그 밖에 임대차를 유지하기 어려운 상당한 사유가 있는 경우, ③ 임대차 목적물인 상가건물을 1년 6개월 이상 영리목적으로 사용하지 아니한 경우, ④ 임대인이 선택한 신규임차인이 임차인과 권리금 계약을 체결하고 그 권리금을 지급한 경우가 그것이다.

임대인이 제1항을 위반하여 임차인에게 손해를 발생하게 한 때에는 그 손해를 배상할 책임이 있다. 이 경우 그 손해배상액은 신규임차인이 임차인에게 지급하기로 한 권리금과 임대차 종료 당시의 권리금 중 낮은 금액을 넘지 못한다(동법 제10조의 4 제3항, 2015.5.13 신설).

제3항에 따라 임대인에게 손해배상을 청구할 권리는 임대차가 종료한 날부터 3년 이내에 행사하지 아니하면 시효의 완성으로 소멸한다(동법 제10조의 4 제4항, 2015.5.13 신설).

임차인은 임대인에게 임차인이 주선한 신규임차인이 되려는 자의 보증금 및 차임을 지급할 자력 또는 그 밖에 임차인으로서의 의무를 이행할 의사 및 능력에 관하여 자신이 알고 있는 정보를 제공하여야 한다(동법 제10조의 4 제5항, 2015.5.13 신설).

Ⅹ. 전대차관계에 대한 적용 등

제10조, 제10조의 2, 제10조의 8, 제11조 및 제12조는 전대인(轉貸人)과 전차인(轉借人)의 전대차관계에 적용한다(상가건물임대차보호법 제13조 제1항, 2015.5.13 개정). 임대인의 동의를 받고 전대차계약을 체결한 전차인은 임차인의 계약갱신요구권 행사기간 범위 내에서 임차인을 대위하여 임대인에게 계약갱신요구권을 행사할 수 있다(동법 제13조 제2항).

Ⅺ. 강행규정

상가건물임대차보호법의 규정에 위반된 약정으로서 임차인에게 불리한 것은 그 효력이 없다(상가건물임대차보호법 제15조).

Ⅻ. 부 칙

상가건물임대차보호법은 2020년 9월 29일부터 시행한다(동법 부칙 제1조). 상가건물임대차보호법시행령은 2020년 12월 10일부터 시행한다(상가건물임대차보호법시행령 부칙).

제6장 | 상 법

실질적 의미의 상법이라 함은 상법사항을 정하는 법규범의 전체를 말한다. 이에 대하여 형식적 의미의 상법이라 함은 상법이라는 명칭이 붙여진 성문의 상사 기본법전을 말한다. 현행 상법전은 5편으로 구성되어 있는데, 제1편 총칙, 제2편 상행위, 제3편 회사, 제4편 보험, 제5편 해상으로 되어 있다.

제1절 총 칙

Ⅰ. 지배인

[사례] 「경기물산주식회사」 지배인 안정직씨는 개인적인 목적을 위하여 빌 게이츠로부터 3천만 원을 차용한 경우에 「경기물산주식회사」는 빌 게이츠에게 변제할 책임이 있는가?

▶ **해설** : 이 사례는 지배권의 남용에 관한 문제이다. 지배인의 영업에 관한 행위의 여부는 주관적으로 판단하는 것이 아니라 객관적으로 판단하여야 한다. 그러므로 이 사례에서 지배인 안정직씨가 유흥비조달 등과 같은 개인적인 목적을 위하여 한 행위일지라도 영업에 관한 행위가 될 수 있

다. 따라서 빌 게이츠가 선의인 경우에는 영업주인 「경기물산주식회사」는 변제할 책임이 있다. 다만 빌 게이츠가 악의인 경우에는 변제할 책임이 없다.

1. 의 의

지배인(支配人)이라 함은 영업주에 의하여 선임되고 일반적인 포괄적 영업대리권이 영업주에 의하여 부여된 상업사용인을 말한다. 여기서 상업사용인(商業使用人)이라 함은 고용관계에 의하여 특정상인에 종속되어 영업상의 노무에 종사하는 자를 말한다.

2. 선임과 종임

지배인을 선임할 수 있는 자는 영업주인 상인 또는 지배인의 선임을 수권 받은 대리인이다(상법 제10조). 지배인의 종임(終任)은 대리권의 소멸 또는 고용계약의 종료에 의한다(민법 제689조). 지배인의 선임과 종임은 등기사항이다(상법 제13조).

3. 지배인의 권한

(1) 내 용

지배인은 영업주에 갈음하여 그 영업에 관한 재판상 또는 재판 외의 모든 행위를 할 수 있다(상법 제11조 제1항). 그 영업에 관한 행위의 여부는 주관적으로 판단하는 것이 아니라, 객관적으로 판단하여야 한다. 이를테면 지배인이 개인적인 목적을 위하여 한 행위(예컨대 유흥비조달, 금전소비대차 등)일지라도 영업에 관한 행위가 될 수 있다. 또한 지배인은 지배인이 아닌 점원 기타의 사용인을 선임 또는 해임할 수 있다(상법 제11조 제2항).

(2) 제 한

지배인의 대리권에 대한 제한은 선의의 제3자에게 대항하지 못한다(상법 제11조 제3항). 지배인이 영업주의 대리권의 제한에 위반한 경우 영업주는 지배인을 해임할 수 있고, 손해배상을 청구할 수 있다.

4. 공동지배인

지배인의 대리권은 강력하기 때문에 그 남용을 억제하기 위하여 영업주인 상인은 수인(數人)의 지배인에게 공동으로 대리권을 행사하게 할 수 있다(상법 제12조 제1항). 이를 공동지배인이라고 한다. 다만, 이 경우에도 상대방의 영업주에 대한 의사표시는 수인의 지배인 중의 1인에 대하여 할 수 있다(상법 제12조 제2항).

5. 표현지배인

표현지배인(表現支配人)이라 함은 지배인이라는 명칭이 부여되어 있을지라도 지배권이 부여되어 있지 않은 자를 말한다. 본점 또는 지점의 영업주임 기타 유사한 명칭(예컨대, 지점장·출장소장 등)을 가진 사용인은 본점 또는 지점의 지배인과 동일한 권한이 있는 것으로 본다(상법 제14조 제1항). 그러나 재판상의 행위에 관하여는 그러하지 아니하다(상법 제14조 제1항 단서).

Ⅱ. 상호권

[사례] 서울특별시 성북구 월계동에 본점을 두고 있는 「보령제약주식회사」는 2002년 2월 14일 충북 청주시 대성동에 지점을 설치하였다. 그런데 김종필이란 약사가 2002년 4월 14일 충북 청주시 대성동에 「보령약국」이란 상호로 약국을 설치하여 영업을 개시하였다. 이 때에 「보령제약주식회사」는 김종필씨에 대하여 상호의 폐지를 청구하는 동시에 손해배상을 청구하였다. 이러한 법적 구제가 가능한가?

▶ **해설** : 「보령제약주식회사」와 「보령약국」과는 그 영업의 양상(영업의 종류·범위·시설·규모 등)은 물론 그 고객을 달리하므로 「보령제약주식회사」의 일반고객이 「보령약국」을 「보령제약주식회사」의 영업으로 오인·혼동할 우려가 없다(대판 1976.2.24, 73다1238). 따라서 「보령제약주식회

사」는 김종필씨에 대하여 상호의 폐지와 손해배상을 청구할 수 없다.

1. 상호권의 의의

상호권이라 함은 상인이 적법하게 선정한 상호에 대하여 가지는 권리를 말한다. 여기서 상호(商號)라 함은 상인이 영업상 자기를 표시하기 위하여 사용하는 명칭을 말한다.

2. 상호권의 내용

(1) 미등기상호의 보호

등기되어 있지 않은 상호라 할지라도 상법상 보호된다.

① 상호사용권

적법하게 선정한 상호를 사용하는 상인은 타인의 간섭이나 침해를 받지 아니하고 상호를 사용할 수 있는 권리가 있다. 이를 상호사용권이라고 한다.

② 상호전용권

상인은 부정한 목적으로 자기의 영업으로 오인할 수 있는 상호를 사용하는 자가 있는 경우에 배척할 권리를 가진다. 이를 상호전용권(商號專用權)이라고 한다. 상법 제23조는 「① 누구든지 부정한 목적으로 타인의 영업으로 오인할 수 있는 상호를 사용하지 못한다. ② 제1항의 규정에 위반하여 상호를 사용하는 자가 있는 경우에 이로 인하여 손해를 받을 염려가 있는 자는 그 폐지를 청구할 수 있다」라고 하여 상호전용권을 규정하고 있다.

③ 손해배상청구권

상호권자가 상호전용권을 행사하였을지라도 부정사용으로 인하여 손해가 있는 때에는 그 배상을 청구할 수 있다(상법 제23조 제3항).

(2) 등기상호의 보호

① 상호등기제도

상호는 이를 사용하는 자와 거래의 상대방에 대하여 중대한 관계가 있으므로 상법은 그 공시(公示)를 위한 상호등기제도를 두고 있다. 회사에 있어서는 상호는 설립등기 할 때에 등기사항이기 때문에 반드시 등기하지 않으면 안 된다(상법 제180조, 제271조 제1항, 제317조 제2항 제1호, 제549조 제2항 제1호). 그러나 개인상인에 있어서는 상호는 등기를 하거나 하지 않거나 자유이다.

② 상호사용권

상호를 등기한 상호권자는 미등기상호의 경우와 같이 타인의 간섭이나 침해를 받지 아니하고 상호를 사용할 수 있는 권리가 있다. 이를 상호사용권이라고 한다.

③ 상호전용권

상호를 등기한 자는 부정한 목적으로 자기의 영업으로 오인할 수 있는 상호를 사용하는 자가 있는 경우에 그 사용의 폐지를 청구할 수 있는 권리를 가진다(상법 제23조 제2항). 이를 상호전용권이라고 한다.

㉠ 요건의 완화

등기상호의 경우에는 미등기상호의 경우와 달리 손해를 받을 염려의 유무와 관계없이 상호전용권이 인정된다.

㉡ 부정목적의 추정

상호를 등기하면 동일한 특별시·광역시·시·군에서 동종영업으로 타인이 등기한 상호를 사용하는 자는 부정한 목적으로 사용하는 것으로 추정(推定)한다(상법 제23조 제4항).

④ 동일 또는 유사상호의 등기배척권

타인이 등기한 상호는 동일한 특별시·광역시·시·군에서 동종영업의 상호로 등기하지 못한다(상법 제22조). 등기가 배척되는 상호는 등기된 상호와 동일한 상호뿐만 아니라 확연히 구별할 수 없는 상호도 이에 포함된다(비송사건절차법 제214조).

만일에 타인이 이 규정에 위반하여 동일한 상호를 등기하였을 때에는 먼저 상호를 등기한 자는 그 말소를 청구할 수 있다. 등기배척규정은 행정구역의 변경 또는 지점의 설치로 인하여 후발적으로 등기가 중복된 경우에는 적용되지 않는다.

⑤ 손해배상청구권

상호를 등기한 상호권자가 상호전용권을 행사하였을지라도 부정사용으로 인하여 손해가 있는 때에는 미등기상호의 경우와 같이 그 배상을 청구할 수 있다(상법 제23조 제3항).

Ⅲ. 명의대여자의 책임

[사례] 약사면허증을 취득한 허준씨는 유의태씨에게 자기의 약사면허증을 사용하여 영업을 할 것을 허락하였다. 사업에 실패한 유의태씨는 약사면허증을 근거로 하여 「경기제약주식회사」로부터 3천만 원 상당의 약을 3개월 후 조건으로 들여왔다. 그런데 어이없게도 유의태씨의 과실로 약국이 불이나 약 전체가 불타버렸다. 유의태씨는 무일푼의 사나이였다. 이 경우에 「경기제약주식회사」가 3천만 원을 받을 수 있는 방법은?

▶ **해설** : 명의대여자인 허준씨는 거래상대방인 「경기제약주식회사」가 명의대여의 사실을 알았거나 알지 못한 데 대하여 중대한 과실이 있는 경우가 아닌 한 명의사용인인 유의태씨와 연대하여 변제할 책임이 있다. 따라서 「경기제약주식회사」는 허준씨에 대하여 3천만 원을 청구할 수 있다.

1. 의 의

상법 제24조는 「타인에게 자기의 성명 또는 상호를 사용하여 영업을 할 것을 허락한 자는 자기를 영업주로 오인하여 거래한 제3자에 대하여 그 타인과 연대하여 변제(辨濟)할 책임이 있다」라고 하여 명의대여자(名義貸與者)의 책임을 규정하고 있다. 이것은 거래의 안전을 보호하기 위하여 명의대여자의 책임을 명문으로 규정한 것이다.

2. 책임의 요건

(1) 명의사용의 허락

여기서 말하는 명의는 자기의 성명 또는 상호이다. 명의사용의 허락방식에는 명시적인 허락은 물론 묵시적인 허락(타인이 자기의 성명 또는 상호를 사용하여 영업을 하고 있음에도 불구하고 이를 적극적으로 저지하지 아니한 경우)도 포함된다.

(2) 명의대여의 외관

명의사용인이 명의대여자의 명의를 사용함으로써 명의사용인의 영업이 명의대여자의 영업인 것과 같은 외관(外觀)이 존재하여야 한다.

(3) 거래상대방의 오인

명의대여자는 거래상대방이 자기를 영업주로 오인한 경우에 책임이 있다. 그러므로 명의대여자는 거래상대방이 명의대여의 사실을 알았거나 알지 못한 데 대하여 중대한 과실이 있는 경우에는 책임이 없다.

3. 명의대여자의 책임의 범위와 내용

(1) 책임의 범위

명의대여자가 허락한 영업범위 내에서 명의사용인과 제3자간의 거래로 인하여 발생한 채무이다. 이에는 거래 자체로 인하여 발생한 채무뿐만 아니라 거래와 관련하여 발생한 채무가 포함된다. 그러나 거래로 인한 채무가 아닌 불법행위로 인한 채무는 포함되지 않는다.

(2) 책임의 내용

명의대여자는 자기를 영업주로 오인하여 거래한 제3자에 대하여 명의사용인과 연대하여 변제할 책임이 있다.

제2절 상행위

Ⅰ. 상행위

[사례] 어리숙씨는 얼마 전 컴퓨터대리점을 운영하는 나억지씨의 부인 신경질씨가 남편

의 사업자금이 필요하니 돈을 빌려달라고 하여 천만 원을 월 2푼 이자로 빌려주면서 필요하면 언제든지 돌려받기로 하고 신경질씨명의의 차용증을 받았다. 그런데 신경질씨는 남편의 사업이 부진하다면서 이자를 연체하더니 어리숙씨가 원금 천만 원 및 연체된 이자의 지급을 요구하였음에도 불구하고 돈이 없으니 마음대로 하라며 히스테리에 걸린 사람처럼 흥분하며 막무가내로 버티고 있다.

어리숙씨는 할 수 없어 사업등록자인 신경질씨의 남편 나억지씨에게 원금 천만 원 및 이자의 지급을 요구하였더니 나억지씨는 자신이 빌리지 않았기 때문에 갚을 책임이 없다며 역시 무작정 버티고 있다. 어리숙씨는 큰소리로 천생연분이 따로 없다고 하면서 분을 삭이지 못하고 있는데, 과연 어리숙씨는 신경질씨로부터만 돈을 받을 수 있는 것인가?

▶ **해설** : 부인이 일상가사의 목적이 아닌 사업자금 명목으로 돈을 차용한 경우에는 원칙적으로 남편에게 책임이 없다. 그러나 남편의 사업자금 명목으로 돈을 차용하고 실제로 사업자금으로 사용한 경우에는 상법이 적용될 수 있다. 상법 제47조는 상인이 영업을 위하여 하는 행위는 상행위로 보고 상인의 행위는 영업을 위하여 하는 것으로 추정한다고 규정하고 있다. 그러므로 위 사례의 경우와 같이 사업자금을 차용한 행위는 충분히 상행위로 인정받을 수 있을 것으로 보이며, 판례도 상인의 금전차용행위는 반증(反證)이 없는 한 영업을 위하여 하는 것으로 추정하고 있다(대판 1993.10.26, 92다55008).

또한 상법 제57조는 수인(數人)이 그 1인 또는 전원에게 상행위가 되는 행위로 인하여 채무를 부담한 때에는 연대하여 변제할 책임이 있다고 규정하고 있다. 그러므로 신경질씨를 그 남편과 동업관계에 있는 상인으로 볼 경우에는 신경질씨의 남편인 나억지씨도 연대하여 변제할 책임이 있으므로 그 남편인 나억지씨에게도 사업자금의 변제를 청구할 수 있다.

요컨대 신경질씨를 단순한 남편사업의 영업보조자로 본다 하더라도 신경질씨의 사업자금 차용행위는 보조적 상행위로 볼 수 있고, 또한 상행위의 대리는 대리인(代理人)이 본인을 위한 것임을 표시하지 아니하더라도 본인에 대하여 효력이 있으므로(상법 제47조, 제48조), 신경질씨가 사업자금을 차용하고 사업을 위하여 사용한 것에 대하여 그 남편인 나억지씨는 대리행위의 효과에 의하여 본인으로서의 책임이 있다. 판례도 영업보조자의 영업에 관한 계약은 본인을 위한 것임을 표시하지 아니하여도 본인에 대하여 효력을 인정하고 있다(대판 1956.12.15, 4289민상 527).

따라서 위 사례의 경우 신경질씨를 상인으로 보든 영업보조자로 보든 신경질씨의 남편 나억지씨는 변제할 책임이 있으므로 어리숙씨는 신경질씨의 남편 나억지씨를 상대로 대여금반환청구소송을 제기할 수 있다.

Ⅱ. 공중접객업

[사례] 제비족 신바람씨는 「경기카바레」에서 몸을 푼 후 강남의 「제비호텔」로 사우나를 갔다가 유부녀 안정숙씨로부터 선물 받은 라이터를 그냥 라커에 집어넣고 열쇠를 잠근 다음 욕실에 들어갔는데, 나와 보니 문이 열려 있고 라이터가 없어졌다. 종업원이 잠깐 화장실에 간 사이에 일어난 일인데, 「제비호텔」측에서는 라이터를 맡기지 아니하였으므로 책임질 수가 없다고 한다. 신바람씨는 어떻게 하여야 할까?

▶ **해설** : 공중접객업자는 손님이 맡긴 물건에 대해서는 당연히 책임을 져야 하지만 비록 손님(객)으로부터 특별한 임치를 받지 아니한 경우에도 그 시설 내에 휴대한 물건이 자기 또는 그 사용인의 과실로 인하여 멸실 또는 훼손된 때에는 그 손해를 배상할 책임이 있다(상법 제152조 제2항).

위 사례의 경우 신바람씨가 라이터를 맡기지 않았어도 자물쇠로 잠글 수 있는 라커룸에 집어넣었고, 그 물건이 없어진 이유가 종업원이 잠깐 화장실에 가느라고 자리를 비운 사이에 일어난 것이므로, 종업원의 과실로 인한 멸실이라고 할 수 있다. 따라서 신바람씨는 「제비호텔」측에 대하여 손해배상을 청구할 수 있다(대판 1992.2.11, 91다21800).

1. 공중접객업자의 의의

공중접객업(公衆接客業)이라 함은 객의 집래(集來)를 위한 시설에 의한 거래를 영업으로 하는 것을 말하며, 이러한 행위를 영업으로 하는 자를 공중접객업자라고 한다(상법 제151조). 여기서 객의 집래를 위한 시설이라 함은 공중이 집래하여 이용하기에 적합한 인적·물적 시설을 말하며, 이에는 극장·여관·음식점·

목욕탕 · PC방 등이 있다.

2. 공중접객업자의 책임

(1) 임치를 받은 물건에 대한 책임

① 책임의 가중

공중접객업자는 객으로부터 임치(任置)를 받은 물건의 멸실 또는 훼손에 대하여 불가항력으로 인함을 증명하지 아니하면 그 손해를 배상할 책임을 면하지 못한다(상법 제152조 제1항). 이것은 물건을 받았다는 사실만으로 그 손해에 대하여 법률상 당연히 책임을 져야 하는 결과책임을 명문화한 것으로서, 특히 공중접객업자의 책임을 가중한 것이다.

② 책임의 감면

임치를 받은 물건에 대한 책임규정은 강행법규가 아니므로 당사자간의 특약에 의하여 감면할 수 있다. 그러나 객의 휴대물에 대하여 책임이 없음을 게시한 것만으로는 공중접객업자는 그 책임을 면하지 못한다(상법 제152조 제3항).

(2) 임치를 받지 않은 물건에 대한 책임

① 책임의 경감

공중접객업자는 객으로부터 특별한 임치를 받지 아니한 경우에도 그 시설 내에 휴대한 물건이 자기 또는 그 사용인의 과실로 인하여 멸실 또는 훼손된 때에는 그 손해를 배상할 책임이 있다(상법 제152조 제2항).

② 책임의 요건

임치를 받지 않은 물건에 대한 책임은 과실책임이며, 과실에 대한 입증책임은 객에게 있다. 임치를 받지 않은 물건에 대한 책임규정도 강행법규가 아니므로 당사자간의 특약에 의하여 감면할 수 있다. 그러나 객의 휴대물에 대하여 책임이 없음을 게시한 것만으로는 공중접객업자는 그 책임을 면하지 못한다(상법 제152조 제3항).

(3) 고가물에 대한 책임

① 책임의 면제

화폐 · 유가증권 기타의 고가물(高價物)에 대하여는 객이 그 종류와 가액을 명시하여 임치하지 아니하면 공중접객업자는 그 물건의 멸실 또는 훼손으로 인한 손해를 배상할 책임이 없다(상법 제153조).

② 고의에 의한 불법행위책임

명시하지 않은 고가물이 공중접객업자 또는 그 사용인의 고의로 인하여 멸실 또는 훼손된 때에는 불법행위책임을 진다고 본다.

(4) 책임의 소멸시효

① 단기소멸시효

공중접객업자의 책임은 공중접객업자가 임치물을 반환하거나 객이 휴대물을 가져간 후 6월을 경과하면 소멸시효(消滅時效)가 완성한다(상법 제154조 제1항). 그러나 이 규정은 공중접객업자나 그 사용인이 악의인 경우에는 적용하지 아니한다(상법 제154조 제3항).

② 일반상사소멸시효

공중접객업자나 그 사용인이 악의인 경우에는 단기소멸시효는 적용되지 않고 공중접객업자의 책임은 5년의 일반상사소멸시효에 의하여 소멸한다(상법 제64조).

제3절
회 사

Ⅰ. 주식의 양도(주주의 변동)

[사례] 골프로 국위선양을 하고 있는 「광운물산주식회사」의 주주인 박세리씨는 김미현씨에게 주식을 양도하는 계약을 체결하였다. 그런데 이를 이행하지 않고 있다가, 다시 박지

은씨에게 주식을 양도하고 주권을 현실적으로 교부하였다. 이 경우 김미현씨와 박지은씨 중 누가 주주가 되는가? 또 이 경우 김미현씨가 대금을 지급하였다면 어떻게 되는가?

▶ **해설** : 이 사례는 주식의 양도에 관한 문제이다. 여기서 주식(株式)은 자본의 균등한 구성단위로서의 의미와 사원으로서의 지위라는 의미를 가지고 있고, 주식의 양도라 함은 주식을 법률행위에 의하여 이전하는 것을 말한다. 주식의 양도는 무기명주식뿐만 아니라 기명주식도 주권의 교부에 의한다(상법 제336조 제1항). 즉 주식의 양도는 합의(양도의 의사표시)와 주권의 교부에 의하여 그 효력이 발생한다.

따라서 박세리씨가 김미현씨에게 주식양도의 의사표시를 하였다 할지라도 주권을 박지은씨에게 교부하였으므로 박지은씨가 주주가 된다. 이것은 김미현씨가 주식대금을 지급한 경우에도 마찬가지이다. 다만 김미현씨는 박세리씨에 대하여 채권불이행책임을 물을 수 있을 뿐이다.

1. 주식양도의 의의

주식의 양도라 함은 주식을 법률행위에 의하여 이전하는 것을 말하며 그것은 양수인에게는 승계취득의 일종이라고 할 수 있다.

2. 주식양도의 제한

주식의 양도는 주주의 주식매수청구가 인정되는 특별한 경우(합병 · 영업양도 등)를 제외하고는 주주가 투하자본을 회수할 수 있는 유일한 방법이므로 원칙적으로 그 자유가 보장되어야 한다.

그러나 한편으로는 기업의 매수(M&A)로부터 국내기업의 지배권을 보호하고 종업원지주제도의 효율적인 운영을 위하여 주식의 양도가 제한되어야 한다. 주식양도의 제한으로는 정관에 의한 제한, 계약에 의한 제한, 상법과 특별법에 의한 제한 등을 들 수 있다.

(1) 정관에 의한 제한

상법 제335조 제1항은 「주식은 타인에게 이를 양도할 수 있다. 다만, 주식의 양도는 정관이 정하는 바에 따라 이사회의 승인을 얻도록 할 수 있다」라고 규정하고 있다. 이 규정에 위반하여 이사회의 승인을 얻지 아니한 주식의 양도는 회사에 대하여 효력이 없다(상법 제335조 제2항).

아무튼 정관에 이와 같은 규정을 둘 경우에 주주는 주식을 양도하려고 할 때에는 이사회의 승인을 얻어야 하고, 이사회는 이에 대하여 승인을 거부할 수 있다. 이사회가 승인을 거부할 경우에 주주는 회사에 대하여 양도의 상대방의 지정 또는 그 주식의 매수를 청구할 수 있다(상법 제335조의 2).

(2) 계약에 의한 제한

회사의 정관에 주식의 양도를 제한하는 규정이 없거나 있는 경우에도 회사와 주주간, 주주 상호간, 그리고 주주와 제3자간의 개별적인 계약에 의하여 주식의 양도를 제한할 수 있다.

(3) 상법 · 특별법에 의한 제한

법정책적으로 상법 또는 특별법에 의하여 주식의 양도 또는 취득을 제한하는 경우가 있다. 즉 상법은 권리주의 양도(상법 제319조, 제425조)와 주권발행 전의 주식의 양도(상법 제335조 제3항)를 제한하고 있으며, 자기주식(상법 제341조)과 자회사에 의한 모회사주식의 취득을 금지하고 있다(상법 제342조의 2). 또한 특별법에 의하여 주식의 양도를 제한하는 경우가 있다.

3. 주식양도의 방법

주식의 양도는 무기명주식뿐만 아니라 기명주식도 주권의 교부에 의한다(상법 제336조 제1항). 즉 주식의 양도는 합의와 주권의 교부에 의하여 그 효력이 발생한다.

Ⅱ. 주식회사 대표이사의 손해배상책임

[사례] 어정쩡씨는 K주식회사의 대표이사 피말려씨와 K주식회사 사무실의 각종 비품을 모두 인수하기로 하면서 천만 원을 지급하였으나, 대표이사 피말려씨가 비품들을 모두

처분하여 받을 수 없게 되었다. 현재 K주식회사는 경영이 워낙 부실하여 회사의 채무를 변제할 수 없는 상황인데, 이 경우 어정쩡씨는 대표이사 피말려씨 개인을 상대로 손해배상을 청구할 수 있을까?

▶ **해설** : 어정쩡씨는 K주식회사로부터 K주식회사 사무실의 비품 모두를 양도받기로 하면서 그 대금 천만 원을 지급하였으므로 그 비품에 대한 권리를 가지고 있는 것이며, K주식회사의 대표이사 피말려씨는 그 사무실의 비품을 어정쩡씨에게 인도하여야 할 의무가 있다.

상법 제210조는 「회사를 대표하는 사원이 그 업무집행으로 인하여 타인에게 손해를 가한 때에는 회사는 그 사원과 연대하여 배상할 책임이 있다」라고 하여 합명회사(合名會社) 대표사원의 제3자에 대한 손해배상책임을 규정하고 있으며, 이 규정은 주식회사의 대표이사에게도 준용되고 있다(상법 제389조 제3항). 또한 상법 제401조 제1항은 「이사가 악의 또는 중대한 과실로 인하여 그 임무를 해태(懈怠)한 때에는 그 이사는 제3자에 대하여 연대하여 손해를 배상할 책임이 있다」라고 규정하고 있다.

그러므로 K주식회사 대표이사 피말려씨가 K주식회사 사무실을 비워줄 때 그 사무실의 비품을 모두 처분한 것은 대표이사 피말려씨의 업무집행에 속한다고 할 것이고, 동시에 대표이사 피말려씨의 악의 또는 중대한 과실로 인한 임무해태로 인하여 어정쩡씨의 그 비품에 대한 회수청구를 할 수 없게 함으로써 대표이사 피말려씨는 어정쩡씨에 대하여 손해배상책임이 있다. 따라서 어정쩡씨는 K주식회사 대표이사 피말려씨 개인에 대하여 상법 제210조, 제389조 제3항 및 제401조 제1항 등에 의하여 직접 손해배상을 청구할 수 있다.

제4절
보 험

Ⅰ. 보험약관의 설명의무

[사례] 김안구씨는 생활설계사 최억지씨의 권유로 상해보험을 들게 되었고, 막상 눈을 다쳐 보험금을 신청하였다. 이 경우 김안구씨는 생활설계사 최억지씨의 보험계약설명을 믿고 보험을 가입하였음에도 보험약관을 확인해 보지 않은 이유로 약관내용대로의 보험금만을 지급받아야 되는가?

▶ **해설** : 대법원은 보통보험약관의 구속력에 관하여 「보통보험약관이 계약당사자에 대하여 구속력을 갖는 것은 그 자체가 법규범적 성질을 가진 약관이기 때문이 아니라 보험계약 당사자 사이에서 계약내용에 포함시키기로 합의하였기 때문이라고 볼 것인바, 일반적으로 당사자 사이에서 보통보험약관을 계약내용에 포함시킨 보험계약서가 작성된 경우에는 계약자가 그 보험약관의 내용을 알지 못하는 경우에도 그 약관의 구속력을 배제할 수 없는 것이 원칙이나 다만 당사자 사이에서 명시적으로 약관의 내용과 달리 약정한 경우에는 위 약관의 구속력은 배제된다」라고 판시하고 있다(대판 1990.4.24, 89다카24070 : 대판 1985.11.26, 84다카2543).

위 사례의 경우 김안구씨와 보험회사간의 보험계약은 생활설계사 최억지씨가 설명한 내용이 보험계약의 내용으로 되어 이것이 보통보험약관에 우선한다고 할 것이다. 그러므로 김안구씨는 보험회사에 대하여 보험가입시 최억지씨가 설명한 내용대로 보험금을 청구할 수 있다. 또한 김안구씨는 소송을 제기하기 전에 금융감독원에 설치된 금융분쟁조정위원회에 조정신청을 할 수도 있다. 금융분쟁조정위원회의 조정안을 당사자가 수락한 경우에는 금융감독기구설치 등에 관한 법률에 의하여 재판상 화해와 같은 효력이 인정된다.

Ⅱ. 생명보험과 손해배상

[사례] 건설회사에 근무하는 한마는씨는 한 달 전에 부인이 고속도로에서 교통사고로 사망하였다. 그런데 부인의 죽음으로 비통에 잠겨있던 한마는씨에게 보험회사에서는 그가 15년 전에 그 부인 앞으로 들어 두었던 생명보험이 있으므로 손해배상액에서 그 보험료만큼 빼고 주겠다고 한다. 과연 그것이 정당한가?

▶ **해설** : 일반적으로 교통사고로 인한 손해배상을 청구할 경우에 그 사고로 인한 이득이 피해자 측에 있는 경우에는 그 이득을 공제하도록 되어 있다. 그러나 생명보험은 공제할 수 없다. 왜냐하면 생명보험은 이미 불입한 보험료의 대가를 받는 것이지 교통사고로 인하여 전혀 예기치 아니하였던 이득을 보는 것은 아니기 때문이다. 따라서 한마는씨는 공제되지 아니한 손해배상금 전액을 청구하여 지급받을 수 있다.

제5절 유가증권(어음 및 수표)

Ⅰ. 어 음

[사례 1] 평소 성격이 너무 신중한 K대생 소심한군은 친구에게 30만 원을 빌려주면서 차용증서를 써 달라고 했더니 그 친구는 껄껄 웃으면서 어음을 한 장 써주었다. 차용증서 대신 어음을 받아도 될까?

▶ **해설** : 돈을 빌려주면서 어음을 받을 경우에는 대여금청구권과 어음금청구권이 발생한다. 따라서 소심한군은 어음을 받아도 상관없다.

[사례 2] 한라장사출신 사업가 이만귀씨는 물품대금으로 6개월 전에 어음을 받았는데 그 어음이 부도가 났다. 이만귀씨는 어떻게 해야 될까?

▶ **해설** : 어음소지인인 이만귀씨는 어음발행인이나 기타 배서인에 대하여 어음금을 청구할 수 있다. 또한 물품을 공급받은 자에 대하여 물품대금청구소송을 할 수도 있다.

1. 어음의 의의

어음이라 함은 일정한 금액의 지급을 목적으로 하는 유가증권을 말한다. 어음에 관하여는 상법전과는 별도로 어음법에서 규정하고 있다. 어음은 엄격한 요식증권(要式證券)이므로 어음법에서 정한 기재사항을 모두 명확하게 기재하지 않으면 무효가 될 수도 있다.

2. 어음의 종류

어음에는 환어음과 약속어음의 두 가지가 있다. 어음법은 환어음에 관하여 상세한 규정을 두고 있고, 약속어음에 관하여는 대부분 환어음에 관한 규정을 준용하고 있다.

(1) 환어음

① 환어음의 의의

환(換)어음이라 함은 발행인이 제3자인 지급인에 대하여 증권에 기재된 금액을 일정일에 증권상의 권리자에게 지급할 것을 위탁하는 형식의 지급위탁증권을 말한다. 이 점에서 환어음은 지급약속형식인 약속어음과 본질적으로 다르다.

② 발행인 · 인수인 · 지급인 · 배서인의 책임

환어음의 발행인은 어음의 지급과 인수에 대한 담보책임을 부담한다. 따라서 환어음의 지급인이 어음을 인수하고 만기에 지급을 하면 발행인은 전혀 책임을 지지 않는다. 그러나 지급인이 인수를 거절하거나 인수는 하였으나 지급을 하지 않은 경우에는 발행인은 소구의무(遡求義務)를 이행하고 어음을 환수한 때에는 인수인에 대하여 책임을 물을 수 있다.

지급인은 인수를 함으로써 만기에 어음금을 지급할 의무를 진다. 환어음의 수취인은 환어음을 타인에게 배서하여 양도할 수 있다. 이 경우 배서인(背書人)은 반대의 문언이 없으면 인수와 지급에 대한 담보책임을 진다.

(2) 약속어음

① 약속어음의 의의

약속(約束)어음이라 함은 발행인 자신이 일정금액을 일정한 자에게 일정일에 지급할 것을 약속하는 지급증권을 말한다. 약속어음에는 발행인 자신이 어음금액의 지급을 약속하는 것이므로 발행인 이외에 지급인은 존재하지 아니하고 발행인의 발행시부터 주채무자의 지위를 아울러 가지게 된다.

② 환어음에 관한 규정의 준용

약속어음은 신용을 증권화하고 금전지급의 수단으로 이용되는 점 등에서 증권자체의 법률적 성격은 환어음과 동일하므로 환어음에 관한 규정이 다수 준용되고 있다.

Ⅱ. 수 표

[사례 1] 천하장사출신 개그맨 간호동씨는 사업을 하다 실패하여 그만 수표를 부도내고 부정수표단속법위반으로 재판을 받고 있다. 처벌을 받지 않으려면 부도수표를 언제까지 회수해야 될까? 부도수표를 제1심 판결선고 후에 회수해도 처벌을 면할 수 있을까?

▶ **해설** : 부정수표단속법 제2조 제4항은 부정수표를 발행하거나 작성한 자가 그 수표를 회수하거나 회수하지 못하였을 경우라도 수표소지인의 명시한 의사에 반하여는 각 공소를 제기할 수 없다고 규정하고 있다. 이와 같이 부정수표발행죄는 일종의 반의사불벌죄(反意思不罰罪)라고 할 수 있다.

따라서 간호동씨의 부도수표의 회수나 수표소지인의 처벌불원의 의사표시는 제1심 판결선고 전까지 하여야 한다. 다만 항소심에서 간호동씨의 부도수표의 회수나 수표소지인의 처벌불원의 의사표시가 있는 경우에는 중요한 양형자료가 되어 가벼운 처벌을 받을 수 있다.

[사례 2] 백두장사출신 백장사씨는 물품대금으로 받은 수표가 알고 보니 부정수표였다. 그러나 백씨는 돈이 급하여 그냥 배서하고 유통을 시켰다. 법적으로 아무런 문제가 없을까?

▶ **해설** : 부정수표단속법 제2조는 부정수표를 발행하거나 작성한 자는 5년 이하의 징역 또는 수표금액의 10배 이하의 벌금에 처한다고 규정하고 있다. 따라서 백장사씨는 부정수표임을 알고 유통시켰으므로 부정수표단속법 위반으로 형사 처벌된다.

1. 수표의 의의

(1) 수표의 개념

수표(手票)라 함은 발행인이 제3자인 은행에 대하여 수취인 기타 정당한 소지인에게 일정한 금액을 지급할 것을 위탁하는 형식의 유가증권을 말한다.

(2) 수표의 제도적 의의

수표는 지급의 안전과 신속을 도모하고 현금의 보관으로부터 생기는 도난·화재·횡령 등의 위험을 피하기 위하여 발달한 기술적인 제도이다.

2. 수표와 어음과의 차이

수표와 환어음은 모두 발행인이 제3자에 대하여 일정한 금액의 지급을 위탁하는 유가증권(지급위탁증권)이라는 점에서 같지만 수표는 지급수단이라는 점에서 신용수단인 환어음과 구별된다. 또한 수표는 발행인 자신이 일정한 금액의 지급을 약속하는 약속어음과는 근본적으로 다르다.

이와 같이 수표는 금전의 지급위탁이라는 점에서 환어음과 같고, 그 법적 성질과 형식도 환어음과 매우 유사하다. 또한 수표는 매우 엄격한 요식증권(要式證券)이라는 점에서 어음과 같다.

3. 수표법의 체계

그러나 수표는 어음과 발달의 경로를 달리하고 또 경제적 기능도 전혀 다르므로 어음과 유사하여도 어음과는 달리 별종의 증권으로 다루고 있다. 이에 따라 우리 법제도 어음법 외에 별도로 수표법을 두고 있다.

제7장 | 소송법

소송법(訴訟法, law of procedure)이라 함은 국가재판권의 구체적 행사를 통하여 법의 내용을 실현시키기 위한 절차를 규정한 법규의 총체를 말한다.

제1절 형사소송법

형사소송(刑事訴訟)이라 함은 형사재판에 관한 절차, 즉 국가의 형벌권을 구체적으로 실현함을 목적으로 하는 소송절차를 말한다. 이러한 형사소송에 관한 법규의 총체가 형사소송법이다.

Ⅰ. 고 소

[사례] 극단적인 성격을 가진 K대생 강건한군과 나약한군은 체육대회 후 학교 앞 단란주점에서 술을 먹고 나오다가 전과자씨와 시비가 붙어 전과자씨의 얼굴에 상처를 입히고 말았다. 전과자씨는 전치 3주의 진단서를 첨부하여 강군과 나군을 폭행죄로 고소하였고,

며칠 후 관할경찰서에서 폭행죄로 조사할 것이 있으니 출두하라는 통지가 날라 왔다. 강군과 나군은 폭행죄로 처벌받을까?

▶ **해설** : 강건한군과 나약한군은 전과자씨의 고소로 이미 입건되었다. 수사기관이 피의자신문조서(被疑者訊問調書)를 작성하는 경우 수사기관은 그 조서를 열람하게 하거나 읽어 주어야 한다. 검사가 편파수사를 할 경우 피의자인 강건한군과 나약한군은 당해 검찰청의 장에게 사건의 재배당을 요구할 수 있다.

형법 제260조 제1항은 「사람의 신체에 대하여 폭행을 가한 자는 2년 이하의 징역, 500만 원 이하의 벌금, 구류(拘留) 또는 과료(科料)에 처한다」라고 하여 폭행죄를 규정하고 있다. 또한 상습적으로 폭행죄를 범한 자는 3년 이상의 유기징역에 처해진다(폭력행위 등 처벌에 관한 법률 제2조 제1항). 그러므로 강건한군과 나약한군은 일단 폭행죄로 처벌된다.

폭력으로 입건된 경우 검찰에서 소환하지 아니하고 이를테면 벌금 70만 원 예납하라고 통지할 수도 있다(경찰조사만 한 경우). 이것은 검사가 벌금 70만 원을 구형하여 약식명령(略式命令)을 하겠다는 것을 의미한다. 검사가 구형한 벌금액이 법원의 약식명령의 벌금액이 되는 것이 보통이다. 예납한 벌금액과 약식명령의 벌금액이 서로 상이한 경우에는 그 차액을 반환 받거나 납부하여야 한다.

피고인 또는 검사는 약식명령의 고지를 받은 날로부터 7일 이내에 서면으로 약식명령을 한 법원에 정식재판의 청구를 할 수 있다(형사소송법 제453조).

그러나 강건한군과 나약한군이 전과자씨와 합의하고, 학생이라는 점과 초범이라는 점(초범가정)이 참작된다면 기소유예처분을 받을 가능성이 높다.

1. 의 의

(1) 개 념

고소(告訴)라 함은 범죄의 피해자 또는 그와 일정한 관계에 있는 자(피해자의 법정대리인 등), 즉 고소권자가 수사기관에 대하여 범죄사실을 신고하여 범인의 처벌을 희망하는 의사표시를 말한다.

이에 대하여 고발(告發)이라 함은 고소권자와 범인 이외의 제3자가 수사기관에 대하여 범죄사실을 신고하여 범인의 처벌을 희망하는 의사표시를 말한다.

(2) 고소와 친고죄 및 반의사불벌죄

① 친고죄

친고죄(親告罪)라 함은 고소권자의 고소가 없으면 처벌할 수 없는 죄를 말한다. 예컨대 간통죄, 강간죄, 사자(死者)에 대한 명예훼손죄 등이 이에 해당한다.

② 반의사불벌죄

반의사불벌죄(反意思不罰罪)라 함은 고소권자의 고소가 없어도 수사기관이 수사를 하여 공소를 제기할 수 있고, 법원에서도 유죄판결을 내릴 수 있지만 피해자가 처벌을 원하지 아니한다는 의사를 명시적으로 표시한 경우에는 처벌할 수 없는 죄를 말한다. 예컨대 폭행죄, 협박죄, 명예훼손죄, 단순 교통사고 등이 이에 해당한다. 처벌불원의 의사표시는 고소취소의 경우와 같이 제1심 판결선고 전까지 할 수 있다(형사소송법 제232조).

2. 고소권자

범죄의 피해자는 고소할 수 있다(동법 제223조). 그러나 자기 또는 배우자의 직계존속은 고소하지 못한다(동법 제224조). 성폭력범죄와 가정폭력범죄에 대하여는 형사소송법 제224조의 고소제한규정에 불구하고 자기 또는 배우자의 직계존속을 고소할 수 있다(성폭력범죄의 처벌 및 피해자보호 등에 관한 법률 제18조, 가정폭력범죄의 처벌 등에 관한 특례법 제6조). 여기서 범죄피해자라 함은 범죄로 인하여 직접적으로 피해를 본 자를 말한다. 이에는 자연인뿐만 아니라 법인, 법인격 없는 사단·재단도 포함된다.

피해자의 법정대리인은 독립하여 고소할 수 있다. 피해자가 사망한 때에는 그 배우자, 직계친족 또는 형제자매는 고소할 수 있다. 다만 피해자의 명시한 의사에 반하여 고소할 수 없다(형사소송법 제225조). 여기서 법정대리인은 법률상 대리권을 갖는 자를 말한다.

3. 고소기간

원칙적으로 고소기간의 제한은 없고 공소시효가 완성되지 않는 한(예컨대 폭행죄는 그 공소시효인 3년 이내에는) 언제든지 고소할 수 있다.

그러나 친고죄의 경우에는 고소기간의 제한이 있다. 즉 친고죄의 경우에는 범인을 알게 된 날로부터 6월을 경과하면 고소하지 못한다(동법 제230조). 특히 업무상 위력 등에 의한 추행죄 · 공중밀집장소에서의 추행죄 · 통신매체이용음란죄 등 성폭력범죄 등의 친고죄의 경우에는 범인을 알게 된 날로부터 1년을 경과하면 고소하지 못한다(성폭력범죄의 처벌 및 피해자보호 등에 관한 법률 제19조). 다만 고소할 수 없는 불가항력의 사유가 있는 때에는 그 사유가 없어진 날로부터 기산한다.

간통죄의 경우에는 혼인이 해소되거나 이혼소송을 제기한 후가 아니면 고소할 수 없고, 이 경우에 다시 혼인을 하거나 이혼소송을 취하한 때에는 고소는 취소한 것으로 간주된다(형사소송법 제229조).

4. 고소의 방식

고소는 서면 또는 구술로써 검사 또는 사법경찰관에게 하여야 한다(동법 제237조). 고소는 대리인으로 하여금 하게 할 수 있다(동법 제236조). 사법경찰관이 고소를 받은 때에는 신속히 조사하여 관계서류와 증거물을 검사에게 송부하여야 한다(동법 제238조).

5. 고소의 취소

(1) 고소취소권자

고소를 취소할 수 있는 자는 고소를 제기한 자이다. 고소를 대리한 자는 고소를 취소할 수 없다.

(2) 고소취소방식

고소의 취소는 수사단계에서는 서면 또는 구술로써 검사 또는 사법경찰관에게 하여야 하고, 재판단계에서는 재판부에 하여야 한다. 다만 재판단계에서는 처벌을 원하지 아니한다는 내용의 합의서가 재판부에 제출되었다 할지라도 유효한 고소취소가 될 수 없다. 따라서 합의서가 제출된 후에 고소인이 법정에서 고소취소의 의사가 없다고 진술하면 처음부터 고소는 취소되지 않는 것으로 된다.

(3) 고소취소시기

고소의 취소는 제1심 판결선고 전까지 할 수 있다(동법 제232조 제1항). 공범 중 1인에 대한 제1심 판결선고가 있은 후에는 제1심 판결선고 전의 다른 공범에 대하여도 고소를 취소할 수 없다.

(4) 고소취소효과

고소를 취소한 자는 다시 고소하지 못한다(동법 제232조 제2항).

6. 고소불가분의 원칙

고소불가분(告訴不可分)의 원칙은 고소의 효력이 불가분이라는 원칙으로서 친고죄의 고소에 대해서만 인정되는 원칙이다. 즉 친고죄의 공범 중 그 1인 또는 수인에 대한 고소 또는 그 취소는 다른 공범자에 대하여도 효력이 있다(동법 제233조).

7. 고소사건의 관할

고소사건의 관할(管轄)은 범죄지, 피고소인의 주소지·거소지 또는 현재지이다(동법 제4조).

8. 고소의 처리

사법경찰관이 고소를 수리한 때에는 신속히 조사하여 관계서류와 증거물을 2개월 이내에 검사에 송부(送付)하여야 한다(동법 제238조). 고소사건을 경찰로부터 송치 받은 검사는 고소를 수리한 날로부터 3개월 이내에 수사를 완료하여 공소제기 여부를 결정하여야 한다(동법 제257조).

Ⅱ. 전과기록

[사례] K대생 소심해씨는 조그만 일로 박피해씨를 폭행한 죄로 2003년 3월 17일에 벌금 90만 원을 선고받고 이를 납부한 적이 있었다. 이제 대학졸업반으로서 취직시험을 눈앞에 두고 있는 소심해씨는 상당히 불안하다.

흔히들 사람들이 「호적에 빨간 줄 올라갔다」고 말하듯이 호적에 전과기록이 남아있고 또 그로 인하여 취직시험에 합격하고도 신원조회과정에서 이것이 드러나 채용되지 않을까 두렵기 때문이다. 소심해씨는 철없던 시절에 한 번 실수한 것이 이렇게 큰 짐이 될 줄은 꿈에도 생각하지 못했다. 소심해씨의 걱정은 단순한 기우일까?

▶ **해설** : 전과자라 함은 전과기록에 범죄경력이 기재되어 있는 자를 말한다. 전과기록(前科記錄)이라 함은 수형인명부(受刑人名簿)·수형인명표(受刑人名票) 및 범죄경력자료를 말한다(형의 실효 등에 관한 법률 제2조 제7호, 2002.12.5 개정). 여기서 수형인명부라 함은 자격정지 이상의 형을 받은 수형인을 기재한 명부로서 검찰청 및 군검찰부에서 관리하는 것을 말하고(동법 제2조 제2호, 2002.12.5 개정), 수형인명표라 함은 자격정지 이상의 형을 받은 수형인을 기재한 명표로서 수형인의 본적지 시·구·읍·면사무소에서 관리하는 것을 말하며(동법 제2조 제3호, 2002.12.5 개정), 범죄경력자료라 함은 수사자료표 중 벌금 이상의 형의 선고·면제 및 선고유예, 보호감호, 치료감호, 보호관찰 그 밖에 대통령령이 정하는 사항에 관한 자료를 말한다(동법 제2조 제5호, 2002.12.5 개정). 이 때의 수사자료표(搜査資料票)라 함은 수사기관이 피의자의 지문을 채취하고 피의자의 인적사항과 죄명 등을 기재한 표(전산입력되어 관리되거나 자기테이프, 마이크로필름 그 밖에 이와 유사한 매체에 기록·저장된 표를 포함한다)로서 경찰청에서 관리하는 것을 말한다(동법 제2조 제4호, 2002.12.5 개정).

지방검찰청 및 지청과 보통검찰부에서는 자격정지 이상의 형을 선고한 재판이 확정되면 지체 없이 수형인명부에 기재하여야 한다(동법 제3조). 지방검찰청 및 지청과 보통검찰부에서는 자격정지이상의 형을 선고받은 수형인에 대한 수형인명표를 작성하여 수형인의 본적지 시·구·

읍·면사무소에 송부하여야 한다(동법 제4조). 사법경찰관은 피의자에 대한 수사자료표를 작성하여 경찰청에 송부하여야 한다. 다만 즉결심판 대상자, 사법경찰관이 수리한 고소 또는 고발사건 중 불기소처분사유에 해당하는 사건의 피의자는 그러하지 아니하다(동법 제5조).

수사자료표에 의한 범죄경력조회 및 수사경력조회와 그 회보(回報)는 다음 각호의 1에 해당하는 경우에 그 전부 또는 일부에 대하여 조회목적에 필요한 최소한의 범위 내에서 할 수 있다. ① 범죄수사 또는 재판을 위하여 필요한 경우, ② 형의 집행 또는 사회봉사·수강명령의 집행을 위하여 필요한 경우, ③ 보호감호·치료감호·보호관찰 등 보호처분 또는 보안관찰업무의 수행을 위하여 필요한 경우, ④ 수사자료표의 내용을 확인하기 위하여 본인이 신청하는 경우, ⑤ 다른 법률에서 범죄경력조회 및 수사경력조회와 그 회보를 하도록 규정되어 있는 경우, ⑥ 그 밖에 국가의 안전보장이나 공공의 안녕·질서유지 또는 공무수행을 위하여 범죄경력조회 및 수사경력조회와 그 회보가 불가피하다고 인정되는 경우로서 대통령령이 정하는 경우가 그것이다(동법 제6조 제1항, 2002.12.5 개정). 수사자료표를 관리하는 자 또는 직무상 수사자료표에 의한 범죄경력조회 또는 수사경력조회를 하는 자는 그 수사자료표의 내용을 누설하여서는 아니 된다(동법 제6조 제2항, 2002.12.5 개정). 형의 실효 등에 관한 법률 제6조 제1항 또는 제2항의 규정에 위반하여 수사자료표의 내용을 회보하거나 누설한 자는 3년 이하의 징역 또는 3천만원 이하의 벌금에 처한다(동법 제10조 제1항, 2002.12.5 개정).

위 사례의 경우 기업체에서 본적지 시·구·읍·면사무소에 신원조회를 의뢰하더라도 수형인명표에는 자격정지 이상의 형만 기재되기 때문에 벌금형을 선고받은 소심해씨는 문제가 되지 않는다. 또한 수사자료표에 의한 범죄경력조회도 일정한 경우에 조회목적에 필요한 최소한의 범위 내에서 할 수 있기 때문에 문제가 되지 않는다.

Ⅲ. 강제수사와 영장주의

[사례] 평소 독재와 독선을 비판해 오던 K대생 신민주양은 1997년 4월 4일 한총련 출범

식을 앞두고 등교 길에 교문 앞에서 갑자기 영장도 없이 체포되었다. 신민주양은 자기가 왜 체포되었는지, 어디로 가는지 영문도 모르는 채 경찰차에 태워져 경기파출소로 끌려갔다. 이것은 불법체포가 아닐까?

▶ **해설** : 헌법과 형사소송법은 수사기관이 강제수사를 함에는 원칙적으로 사전에 법관의 영장을 요하는 영장주의를 채택하고 있다. 헌법 제12조 제5항과 형사소송법 제200조의 5 · 제72조에 의하면 누구든지 체포 또는 구속의 이유와 변호인의 조력을 받을 권리가 있음을 고지 받지 아니하거나 변명할 기회를 준 후가 아니면 체포 또는 구속을 당하지 아니한다. 체포 또는 구속을 당한 자의 가족 등 법률이 정하는 자에게는 그 이유와 일시 · 장소가 지체 없이 통지되어야 한다. 이것을 영미법상으로는 미란다(Miranda)의 원칙이라고 한다.

다만 현행범인이거나 긴급체포 · 구속(피의자가 사형 · 무기 또는 장기 3년 이상의 징역이나 금고에 해당하는 죄를 범하였다고 의심할 만한 상당한 이유가 있고, 피의자가 증거를 인멸할 염려가 있거나 피의자가 도망하거나 도망할 염려가 있는 경우의 체포 · 구속)의 경우에는 영장 없이도 구속할 수 있으나, 이 경우에도 체포 또는 구속의 이유와 변호인의 조력을 받을 권리가 있음을 고지하고, 변명할 기회를 준 후가 아니면 체포할 수 없다.

그러므로 위 사례의 경우 신민주양은 체포 · 구속이유 등을 고지 받지 아니하였으므로 불법체포라고 할 수 있다. 따라서 신민주양이 나중에 불기소처분을 받거나 무죄판결을 받은 때에는 국가에 대하여 형사보상을 청구할 수 있다(헌법 제28조, 형사보상법).

참고로 사법경찰관이 피의자를 구속한 때에는 10일 이내에 피의자를 검사에게 인치(引致)하지 아니하면 석방하여야 하고(형사소송법 제202조), 검사가 피의자를 구속한 때 또는 사법경찰관으로부터 피의자를 인치 받은 때에는 10일 이내에 공소를 제기하지 아니하면 석방하여야 한다(형사소송법 제203조). 다만 지방법원판사는 검사의 신청에 의하여 수사를 계속함에 상당한 이유가 있다고 인정한 때에는 10일을 초과하지 아니하는 한도에서 검사의 구속기간의 연장을 1차에 한하여 허가할 수 있다(형사소송법 제205조).

제2절

민사소송법

민사소송(民事訴訟)이라 함은 사적 분쟁의 공권적·강행적 해결을 위한 절차를 말하고, 민사소송법이라 함은 민사소송에 관한 법규의 총체를 말한다.

Ⅰ. 민사분쟁의 해결방법

[사례] 나항변씨는 어쩌다가 예의라고는 전혀 없는 반짐승씨에게 2천만 원을 빌려주었는데 반짐승씨가 갚기로 한 날짜가 지나도록 이를 갚지 아니하였다. 나항변씨는 여러 번에 걸쳐 갚을 것을 요구하였으나 반짐승씨는 곧 갚겠다는 말만 되풀이하고 있다가 이제는 뻔뻔스럽게 돈을 빌린 사실 조차 없다고 주장한다. 이러한 경우에 나항변씨는 어떠한 방법에 의해서 2천만 원을 되찾을 수 있을까?

▶ **해설** : 나항변씨는 반짐승씨에게 일정한 기일까지 2천만 원을 변제하지 아니하면 소송을 제기하겠다는 내용의 편지를 작성하여 내용증명우편을 발송한다. 그리고 소송을 제기하기 전에 민사조정절차를 이용한다.

1. 민사소송을 통한 분쟁의 해결

원시시대에는 자신의 권리를 침해받은 개인이 자신의 힘으로 자기의 권리를 지켜야만 하였는데 오늘날과 같은 문명사회에서는 이러한 자력구제(自力救濟)를 금지하고 개인 상호간의 사적인 생활관계에서 발생하는 법률상의 권리분쟁에 대하여 국가가 법원이라는 재판기관을 두고 국가의 공권력에 의해서 이를 해결하는 절차를 두고 있는데 이를 민사소송절차라고 한다.

사적 생활영역으로 발생하는, 사법상의 권리관계를 대상으로 하는 민사소송과 구별되는 것으로서 행정소송이 있다. 이는 행정청의 위법한 처분 그 밖에 공권력의 행사·불행사 등으로 인한 국민의 권리 또는 이익의 침해를 구제하고, 공법상의 권리관계 또는 법적용에 관한 다툼을 적정하게 해결하는 절차를 말한다(행정소송법 제1조). 또 민사소송은 민사사건을 그 대상으로 한다는 점에서 국가의 사인(私人)에 대한 형벌권의 존부의 확정을 목적으로 하는 형사소송과 구별되며, 사적 생활영역 중에서도 특히 신분관계에 관한 분쟁의 해결을 위해서는 가사소송에 의해야 한다.

민사소송은 3가지의 과제 즉 사법상의 권리관계의 확정·실현·보전의 과제를 가지며 이에 따라 각각 판결절차·강제집행절차·보전절차로 나누어진다. 일반적으로 민사소송이라고 할 때에는 협의의 의미에서의 민사소송, 즉 소의 제기로부터 확정판결에 이르는 절차를 나타내는 판결절차를 의미하지만, 광의의 의미에서는 이 외에 소송 전에 하는 가압류(假押留)·가처분절차인 보전절차와 확정판결 후 권리자에게 궁극적으로 만족을 얻게 하는 강제집행절차까지도 포함된다.

2. 민사소송에 갈음하는 분쟁해결방법(alternative dispute resolution, ADR)

민사분쟁을 민사소송을 통해서 해결하는 것이 반드시 옳다고 할 수는 없다. 차라리 민사분쟁은 사적 자치에 의하여 자주적으로 해결하는 편이 분쟁해결 후의 당사자간의 원만한 관계유지를 위해서도 더 유리할 것이다. 민사소송에 갈음하는 분쟁해결방법에는 화해·조정(調停)·중재(仲裁)가 있다.

(1) 화 해

화해(和解)에는 재판외의 화해(사법상의 화해)와 재판상의 화해가 있으며, 후자는 다시 제소전화해(提訴前和解)와 소송상의 화해로 나누어진다.

재판외의 화해는 당사자가 서로 양보하여 당사자간의 분쟁을 끝낼 것을 약정하는 민법상의 화해계약(민법 제731조)을 의미하는 것이다. 우리 주변에서 교통사고가 발생했을 때 가해자와 피해자 사이에 이루어지는 「합의」가 대표적인 예이다.

재판상의 화해 중 제소전화해는 소송계속 전에 분쟁당사자의 일방이 법원에 화해신청을 하여 양 당사가가 법원에 출석하여 화해하는 것이며, 소송상의 화해는 소송계속 중에 당사자가 서로 양보하여 합의한 내용을 법원에 진술하는 형식으로 이루어지는 화해이다. 이러한 재판상의 화해는 법원의 관여하에 성립하는 것이기 때문에 화해가 조서(調書)에 기재되면 확정판결과 동일한 효력이 발생한다(민사소송법 제220조, 2002.1.26 전문개정).

(2) 조 정

조정(調停)은 제3자가 개입하여 양 당사자의 주장을 절충하여 서로 양보하고 타협하도록 주선함으로써 화해에 이르도록 도와주는 절차이다 예를 들면 임차인(세입자)이 전세보증금을 돌려받아야 하는데 집주인은 당장 여유가 없고 집값은 폭락하고 또 집주인에게 다른 재산도 없는 경우가 있을 수 있다. 이러한 경우 임차인이 소송을 제기한다고 하더라도 전세보증금을 돌려받는 것이 쉬운 일이 아니다.

이러한 경우에 조정제도를 이용하면 양 당사자는 소송에서 얻을 수 없는 양 당사자의 의견이 잘 조화된 융통성 있는 해결책, 예를 들면 임차보증금의 일부 감액이나 임대차기간의 연장 등을 얻을 수 있는 것이다. 조정절차를 이용하기에 적합한 사건으로는 교통사고, 인간관계가 중요한 친척 · 친구사이의 사건, 증거나 계산이 복잡한 사건, 의료사고, 환경오염사고 등을 들 수 있다. 조정에서 당사자의 화해의 알선을 위해서 개입하는 제3자는 법관이나 법원에 설치된 조정위원회 또는 행정부 산하의 각종 조정위원회가 될 수 있다. 제3자의 개입이 있기는 하지만 궁극적으로는 당사자간의 합의가 있어야 조정이 성립하므로 자주적 분쟁해결방법의 하나인 것이다.

법원에 의한 조정으로는 민사조정(민사조정법), 가사조정(가사소송법 제49조 이하) 등이 인정되고 있으며, 행정조정위원회에 의한 조정으로는 소비자분쟁조정위원회(소비자보호법 제45조), 의료심사조정위원회(의료법 제54조의 2), 환경분쟁조정위원회(환경분쟁조정법 제4조 이하)에 의한 조정이 있다.

조정이 성립하여 조정조서가 작성되면 이는 재판상 화해의 효력 즉 확정판결과 동일한 효력이 있다. 따라서 위 사례에서 반짐승씨가 나항변씨에게 천4백만원을 지급하기로 조정이 성립하였음에도 불구하고 반짐승씨가 계속해서 이를 이행하지 않는 경우에는 나항변씨는 조정조서에 근거하여 반짐승씨의 재산에 대하여 강제집행을 할 수 있다.

민사조정에 관해서는 뒤에서 구체적으로 설명하기로 한다.

(3) 중 재

중재(仲裁)는 양 당사자가 자신들의 분쟁을 사인(私人)인 특정의 중재인의 중재판정에 맡기기로 합의하고 이에 따라서 분쟁을 해결하는 절차를 말한다.

중재는 우선 중재계약이 있어야만 중재제도를 이용할 수 있다는 점에서 자주적인 분쟁해결방법 중의 하나라고 할 수 있으나 일단 중재계약이 성립하면 사적(私的) 재판이라 할 수 있는 중재인의 판정(判定)에 따라야만 한다는 점에서 강행적 분쟁해결방법이기도 하다. 이 점에서 앞에서 설명한 재판상의 화해나 조정과 구별된다. 이러한 중재제도는 법원의 재판에 비하여 분쟁을 신속·저렴하게 해결할 수 있을 뿐만 아니라, 특별한 전문지식과 경험을 필요로 하는 분야, 특히 국제상사거래상의 분쟁 등에서 양 당사자가 믿을 수 있는 전문가를 중재인으로 선정할 수 있으므로 적정하고 실정에 맞는 해결책을 얻을 수 있다는 장점이 있다.

3. 민사소송보다 간편한 분쟁해결절차

(1) 민사조정절차

① 민사조정절차의 의의

㉠ 민사조정절차의 개념

민사조정절차는 조정담당판사 또는 법원에 설치된 조정위원회가 분쟁당사자로부터 주장을 듣고 여러 사정을 참작하여 조정안을 제시하고 상호 양보와 타협을 통하여 합의에 이르게 함으로써 분쟁을 평화적이고, 간이·신속하게 해결하는 제도이다.

㉡ 소송절차와의 차이점

민사분쟁을 해결하는 절차에는 크게 소송절차와 조정절차가 있다. 소송절차는 분쟁당사자 쌍방이 권리를 주장하고 다툼 있는 사실관계에 대한 증거를 제출하면 법원이 어느 당사자의 주장이 옳은지를 판단하여 판결로서 분쟁을 강제적으로 해결하는 제도이다. 이에 대하여 민사조정절차는 분쟁당사자로부터 주장을 듣고 여러 사정을 참작하여 상호 타협과 양보에 의하여 평화적으로 해결되는 제도이다.

㉢ 민사조정절차의 장점

첫째, 소송과 같은 엄격한 절차를 거치지 아니하고 자유로운 분위기에서 자신의 의견을 충분히 말할 수 있다.

둘째, 소송에 비하여 신속한 해결이 가능하다. 민사조정을 신청하면 빠른 시일 내에 조정기일이 정해지고, 대부분 한번의 출석(기일)으로 종료된다.

셋째, 비용이 저렴하다. 소송에 비하여 인지대가 5분의 1로 저렴하다.

넷째, 당사자간의 상호 타협과 양보에 의하여 분쟁을 해결하므로 감정대립이 남지 아니한다.

다섯째, 조정담당판사 또는 조정위원회가 딱딱한 법정이 아닌 자유로운 분위기의 조정실에서 당사자의 말을 충분히 듣고 실정에 맞게 분쟁을 해결하고, 비공개로 진행되기 때문에 비밀이 철저히 보장된다.

② 민사조정신청서의 작성과 제출법원

㉠ 민사조정신청서의 작성

민사조정신청을 하기 위해서는 먼저 민사조정신청서를 작성하여야 한다. 민사조정신청서는 변호사나 법무사에게 의뢰하여 작성할 수도 있고, 또 본인이 스스로 작성할 수도 있다.

신청서 양식은 각급 법원에 비치된 양식을 이용할 수 있으며, 꼭 비치된 양식을 사용하지 않아도 무방하다. 법원의 용지규격이 A4 규격이므로 A4 용지에 작성하여 제출하여도 무방하다.

㉡ 민사조정신청서의 구분

민사조정신청서는 「당사자 표시」, 「신청취지」, 「분쟁의 내용」, 「증거서류」로 구분되어 작성하게 된다.

ⓐ 「당사자 표시」

신청인과 피신청인의 성명과 주소 및 연락 가능한 전화(휴대전화, 팩스)번호를 정확히 빠짐없이 기재하여야 한다.

ⓑ 「신청취지」

현재 신청인과 피신청인 사이에 분쟁 중인 법률관계에 대하여 신청인이 어떠한 해결을 구하는지를 결론만 간단하게 기재하여야 한다.

ⓒ 「분쟁의 내용」

현재 피신청인과 사이에 다툼이 있는 사실관계를 간략하고 요령 있게 정리하여 기재하여야 한다.

ⓓ 「증거서류」

민사조정신청을 이유 있게 하는 증거서류를 첨부하도록 한다.

㉢ 준비서류 등(조정수수료, 송달료)

민사조정신청서를 작성하였다면 다음과 같은 준비가 필요하다. 이를 법원에 제출(민사조정신청)하기 위해서는 조정수수료를 첨부하여야 한다. 이는 소송제기시의 인지액에 해당하는 것이며, 그 액수는 인지액의 5분의 1이다. 또한 조정신청서 및 조정기일소환장 등의 송달을 위한 일정액의 송달료를 미리 납부하여야 한다.

※ [조정수수료]

조정신청금액	조정수수료액
1,000만 원 미만	조정신청금액×0.1%
1,000만 원 이상~1억 원 미만	조정신청금액×0.09%+1,000원
1억 원 이상~10억 원 미만	조정신청금액×0.08%+11,000원

㉣ 제출법원

민사조정신청은 피신청인의 주소지, 근무지, 사무소 또는 영업소의 소재지, 분쟁목적물의 소재지, 손해발생지를 관할하는 법원에 신청서를 제출하면 된다.

③ 조정신청서를 제출한 다음의 절차

㉠ 조정기일의 통지와 출석

조정신청서를 제출하면 얼마 후에 법원으로부터 신청인과 피신청인(상대방)에게 조정기일이 통지된다. 본인이 출석하는 것이 원칙이며, 조정담당판사의 허가가 있으면 친족이나 피용인 등을 보조인이나 대리인으로 출석하게 할 수 있다.

㉡ 조정기일의 불출석

조정기일에 신청인이 두 번 출석하지 않으면 조정신청은 취하된 것으로 되며, 상대방(피신청인)이 출석하지 아니하면 조정담당판사가 직권으로 조정에 갈음하는 결정을 하게 된다.

㉢ 조정의 성립

조정이 성립되면 그 합의내용을 조서에 기재하게 된다. 이 조서를 조정조서라고 한다. 이 조정조서의 내용은 재판상 화해와 동일한 효력이 있다. 여기서 재판상 화해와 동일한 효력이 있다는 것은 확정판결과 동일한 법적 효력이 있다는 것을 의미한다. 만일에 상대방이 조정조항에서 정한 의무를 성실하게 이행하지 않는 경우에는 조정조서에 기하여 강제집행을 할 수 있다.

㉣ 조정에 갈음하는 결정

조정기일에 출석하여 서로 의견을 나누었음에도 불구하고 합의가 성립하지 아니하는 경우, 법원은 상당한 이유가 없는 한 직권으로 조정에 갈음하는 결정을 하게 된다.

㉤ 이의신청

이 조정에 갈음하는 결정에 대하여 당사자들이 그 결정문을 받아보고 2주일 이내에 이의신청을 하지 않으면 그 결정에 동의하는 것으로 보게 되어 그 결정 내용대로 조정이 성립된 것과 같은 효력이 생기게 된다. 당사자가 조정에 갈음하는 결정을 송달받고 2주일 이내에 이의신청을 하면 소송절차로 이행된다.

㉥ 조정절차에서 소송절차에 이행될 경우의 조치

조정신청시에 소송이 제기된 것으로 처리되고, 처음부터 소송을 제기하였다면 소장에 첨부하여야 할 인지액에서 조정신청할 때 납부한 수수료를 공제한 차액만을 추가로 인지 및 심급에 따른 송달료(2,700 × 8)를 첨부하면 된다.

(2) 독촉절차(지급명령절차)

독촉절차는 소송절차, 조정절차와 함께 법원이 관여하는 주요한 민사분쟁 해결절차의 하나이다. 이에 관해서는 뒤에서 설명하기로 한다.

Ⅱ. 소의 제기

[사례] K대생 홍길동씨는 친구 일지매씨에게 1999년 9월 9일 천만 원을 월 3부의 이자

를 받기로 하고 원금은 1999년 11월 30일까지 갚으라고 하고 빌려주었다. 그러나 일지매씨는 이자는 물론 원금조차도 갚지 않아 홍길동씨는 여러 번 독촉하였으나 지금까지도 갚지 않고 있다.

채권자 홍길동씨는 채무자 일지매씨의 재산상태를 조사해 보았더니 약간의 가재도구(장롱 · 맷돌 · 뒤주 · 멍석 · 절구통 등)와 화폐(상평통보)가 있을 뿐이다. 홍길동씨는 어떻게 제소할 수 있을까?

▶ **해설** : 2천만 원 이하의 지급을 청구하는 소송에 대하여는 소액사건심판법(少額事件審判法)이 적용된다. 소액사건심판법은 지방법원 및 지방법원지원에서 소액민사사건(2천만 원 이하의 금전 · 대체물 · 유가증권의 일정한 수량의 지급을 목적으로 하는 사건)을 간이한 절차에 따라 신속히 처리하기 위하여 민사소송법에 대한 특례를 규정한 법이다(동법 제1조).

당사자의 배우자 · 직계혈족 · 형제자매 · 호주는 법원의 허가 없이 소송대리인이 될 수 있고(소액사건심판법 제8조 제1항), 간단하게 소송절차가 진행되며, 단 1회의 재판으로도 종결되므로 변호사의 도움 없이 당사자 스스로 소송을 할 수 있다는 점에서 대단히 간편하고 경제적이다.

위 사례의 경우 홍길동씨는 소장(서식 1 참조)을 직접 작성하고 차용증서와 인지를 첨부하여 일지매씨의 주소지를 관할하는 법원에 제출하면 1회 정도의 재판기일을 거쳐 바로 판결을 받을 수 있다.

[서식 1]

소 장

원고 : 홍길동

경기도 수원시 팔달구 이의동 산 94-6(전화 : 031-249-1234)

피고 : 일지매

경기도 수원시 권선구 교동 77-2(전화 : 031-249-5678)

대여금 청구의 소

청 구 취 지

1. 피고는 원고에 대하여 10,000,000원정 및 이에 대하여 1999. 11. 30일부터 완제일까지 연 2할 5푼의 비율에 의한 돈을 지급하라.
2. 소송비용은 피고의 부담으로 한다.
3. 위 제1항은 가집행할 수 있다.

라는 판결을 구합니다.

청 구 원 인

피고는 원고에게 1999. 9. 9일 일금 천만 원을 월 3부의 이자를 지불하기로 약정하고 원금은 1999. 11. 30일까지 변제하기로 하고 차용하여 간 사실이 있으나 피고는 원고에 대하여 이자도 지급하지 않을 뿐만 아니라 원금도 변제하지 않아 수차에 걸쳐 지급을 독촉하였으나 현재에 이르기까지 변제에 응하지 않고 있어 부득이 본 청구에 이르게 되었습니다.

입 증 방 법

1. 차용증서

첨 부 서 류

1. 소장부본과 납부서 각 1통

2000. 3. 3.

원고 홍길동 (인)

수원지방법원 귀중

[서식 2]

답 변 서

사건 : 99가합99 대여금

원고 : 홍길동

경기도 수원시 팔달구 이의동 산 94-6(전화 : 031-249-1234)

피고 : 일지매

경기도 수원시 권선구 교동 77-2(전화 : 031-249-5678)

위 사건에 관하여 피고는 다음과 같이 답변합니다.

청구취지에 대한 답변

1. 원고의 청구를 기각한다.
2. 소송비용은 원고의 부담으로 한다.

라는 판결을 구합니다.

청구원인에 대한 답변

피고는 원고로부터 원고가 주장하는 바와 같은 금 10,000,000원을 차용한 일이 없습니다.

2000. 4. 4.

피고 일지매 (인)

수원지방법원 귀중

[서식 3]

증 인 신 청 서

사건 : 99가합99 대여금

원고 : 홍길동

경기도 수원시 팔달구 이의동 산 94-6(전화 : 031-249-1234)

피고 : 일지매

경기도 수원시 권선구 교동 77-2(전화 : 031-249-5678)

위 사건에 관하여 원고는 주장사실을 입증하기 위하여 다음과 같이 증인을 신청합니다.

다 음

1. 증인 : 임꺽정

   주소 : 경기도 수원시 장안구 영화동 77-7

2. 증인심문사항 : 별지와 같다.

2000. 5. 5.

원고 홍길동 (인)

수원지방법원 귀중

[서식 4]

항 소 장

원고 : 홍길동

경기도 수원시 팔달구 이의동 산 94-6(전화 : 031-249-1234)

피고 : 일지매

경기도 수원시 권선구 교동 77-2(전화 : 031-249-5678)

위 당사자간 수원지방법원 99가합99 대여금청구사건에 관하여 2000. 6. 6. 같은 법원에서 선고한 제1심판결에 대하여 원고는 전부 불복하므로 항소를 제기합니다(원고는 위 판결을 2000. 6. 12. 송달받았음).

원판결의 표시

원고의 청구를 기각한다.

소송비용은 원고의 부담으로 한다.

항 소 취 지

1. 원판결을 취소한다.
2. 피고는 원고에게 금 10,000,000원을 지급하라.
3. 소송비용은 제1심과 제2심 모두 피고의 부담으로 한다.

항 소 이 유

추후 제출하겠습니다.

첨 부 서 류

항소장부본 및 납부서 각 1부

2000. 6. 16

원고 홍길동 (인)

서울고등법원 귀중

Ⅲ. 독촉절차(지급명령절차)

[사례] 「경기문방구」를 운영하는 공정한씨는 같은 동네에 사는 부당한씨에게 3천만 원을 빌려주었다. 공정한씨는 여러 번에 걸쳐 3천만 원을 갚을 것을 요구하였으나 부당한씨는 차일피일 미루기만 한다. 부당한씨가 자신의 채무를 인정하지 않는다면 당장 민사소송이라도 제기해서 3천만 원을 받아내겠지만 그렇지도 않고 또 막상 민사소송을 제기한다고 해도 문방구 때문에 법원에 갈 시간도 없다.

공정한씨는 다행히 여러 명의 증인과 차용증을 가지고 있다. 친구가 얘기하기를 민사소송을 거치지 않고도 돈을 갚으라는 법원의 명령을 간단하게 받을 수 있는 방법이 있다고 한다. 이 경우 공정한씨는 어떻게 하여야 할까?

▶ **해설** : 공정한씨는 독촉절차를 통하여 지급명령을 받고 이에 대하여 부당한씨가 이의를 신청하지 않는다면 공정한씨는 그 지급명령에 기하여 부당한씨의 재산에 대해 강제집행을 실시하여 3천만 원을 받을 수 있다.

1. 의 의

(1) 개 념

독촉절차는 소송절차, 조정절차와 함께 법원이 관여하는 주요한 민사분쟁 해결절차의 하나이다. 독촉절차라 함은 채무자가 주로 대여금, 물품대금, 임대료 등 금전지급채무를 변제하지 않는 경우에 채권자가 법정에 나오지 않고서도 신속하고 적은 소송비용으로 채권자의 지급명령신청만에 의하여 이루어지는 약식의 분쟁해결절차를 말한다.

(2) 독촉절차의 장단점

① 독촉절차의 장점

첫째, 독촉절차는 채권자가 법정에 나오지 않고서 지급명령을 신청한 채권자가 제출한 서류만을 심사하고 지급명령을 발령하므로 시간과 노력을 절약할 수 있다.

둘째, 독촉절차는 채권자의 지급명령신청만에 의하여 이루어지는 약식의 분쟁해결절차이다. 따라서 채무자가 지급명령에 대하여 이의신청을 하면 통상의 소송절차로 이행되지만, 만일에 이의신청을 하지 아니하여 지급명령이 확정되면 채권자는 확정된 지급명령에 기하여 강제집행을 신청하여 신속하게 분쟁해결을 할 수 있다.

셋째, 채권자는 지급명령을 신청할 때에 소송의 10분의 1에 해당하는 수수료와 당사자 1인당 5,400원의 송달료만 납부하면 되므로, 소송절차에 비하여 소요되는 각종 비용이 저렴하다.

넷째, 지급명령이 확정되면 확정판결과 동일한 효력이 있다. 또한 지급명령이 확정될 때에는 원칙적으로 별도의 집행문 부여 없이 강제집행할 수 있도록 강제집행상의 특례를 규정하고 있다.

② 독촉절차의 단점

확정된 지급명령에는 확정판결·조정과는 달리 기판력이 없기 때문에 확정판결·조정보다는 그 효력이 미약하다.

(3) 지급명령절차가 주로 이용되는 경우

독촉절차는 채권자가 법정에 나오지 않고서도 신속하고 적은 소송비용으로 민사분쟁을 해결할 수 있다는 데 그 장점이 있지만, 상대방이 지급명령에 대하여 이의신청을 하면 결국은 통상의 소송절차로 옮겨지는 잠정적 분쟁해결절차의 구조를 가지고 있다. 따라서 예컨대 돈을 빌린 사람이 빌린 사실은 인정하면서도 여러 가지 핑계를 대면서 차일피일 빌린 돈을 갚지 않으려고 하는 경우에 독촉절차를 이용하면 신속하고 적은 소송비용으로 분쟁을 해결할 수 있다.

그러나 상대방이 돈을 빌린 기억이 없다든지 이미 갚았다고 말하고 있어 지급명령신청을 하더라도 채무자가 이의신청을 하여 소송절차로 이행될 가능성이 높은 경우에는 독촉절차를 이용하기보다는 직접 조정신청 또는 소송을 제기하는 편이 더 바람직할 수 있다.

(4) 지급명령의 송달불능과 이에 대한 조치

지급명령이 발령되면 먼저 채무자에게 지급명령 정본을 송달한다. 그런데 채권자가 지급명령신청서에 기재한 주소에 채무자가 실제로 거주하지 않는 등의 이유로 지급명령 정본이 송달되지 아니하면 법원은 채권자에게 일정한 보정기한 내에 송달가능한 채무자의 주소를 보정하거나 주소보정이 어려울 때에는 민사소송법 466조 제항에 의거 소제기신청을 할 수 있다(민사소송법 2002.1.26 전문개정). 그리고 채권자가 주소보정을 하면 보정된 주소로 재송달을 하고, 소제기신청을 하면 통상의 소송절차로 이행되어 처음부터 소를 제기한 경우와 같이 재판절차가 진행된다. 그러나 채권자가 만일 위와 같은 조치를 취하지 아니한 채 보정기한을 도과시킨 경우에는 지급명령신청서가 각하되므로 채권자는 이점을 주의하여야 한다.

한편 채무자가 지급명령 정본을 송달받고도 이의신청을 하지 아니한 채 2주일이 경과한 때에는 지급명령이 확정되고 채권자는 채무를 이행하지 않는 채무자의 재산에 대하여 확정된 지급명령에 기한 강제집행을 신청할 수 있다. 따라서 채무자는 지급명령 정본을 송달받으면 불복 여부에 관한 의사를 결정하여 불복이 있으면 2주일이 경과하기 전에 지체 없이 이의신청을 하여야 한다는 점을 주의하여야 한다.

(5) 지급명령에 대한 이의신청

채무자는 지급명령 정본을 송달받은 후 2주일이 경과하기 전에는 언제든지 지급명령에 대한 이의신청을 할 수 있다. 그리고 이의신청을 하면 지급명령은 그 효력을 상실하고 통상의 소송절차로 옮겨진다.

2. 지급명령신청서의 작성과 제출법원

(1) 지급명령신청서의 작성

지급명령신청을 하기 위해서는 먼저 지급명령신청서를 작성하여야 한다. 지급명령신청서는 변호사나 법무사에게 의뢰하여 작성할 수도 있고, 또 본인이 스스로 작성할 수도 있다. 신청서 양식은 각급 법원에 비치된 양식을 이용할 수 있다.

지급명령신청서에는 채권자와 채무자의 성명과 주소 및 연락 가능한 전화(휴대전화, 팩스)번호를 정확히 빠짐없이 기재하여야 한다. 또한 청구금액, 그 금액을 청구할 수 있게 하는 이유(예컨대 「채권자는 2000. 0. 0. 채무자에게 금○○원을 대여하였다」든지 「채권자는 2000. 0. 0. 채무자에게 ●●을 금○○원에 매도하고 인도하였다」든지 하는 기재와 같이 청구를 이유 있게 하는 사실관계를 간략하고 요령 있게 정리하여 청구원인란에 기재하여야 한다)를 정확히 빠짐없이 기재하여야 한다.

(2) 준비서류 등(독촉수수료, 송달료)

지급명령신청서를 법원에 제출(지급명령신청)하기 위해서는 독촉수수료를 첨부하여야 한다. 이는 소송제기시의 인지액에 해당하는 것이며, 청구금액에 비례하여 증액되고 이점은 소송절차와 동일하지만, 기본적으로 그 액수는 인지액의 10분의 1이다. 또한 일정액의 송달료를 미리 납부하여야 한다.

※ [독촉수수료]

청구 금액	독촉 수수료액
1,000만 원 미만	청구금액×10,000분의 5
1,000만 원 이상~1억원 미만	청구금액×10,000분의 4.5+500원
1억 원 이상~10억 원 미만	청구금액×10,000분의 4+5,500원
10억 원 이상	청구금액×10,000분의 3.5+55,500원

(3) 제출법원

지급명령신청은 청구금액의 많고 적음에 관계없이 채무자의 주소지, 근무지, 사무소 또는 영업소의 소재지를 관할하는 지방법원, 지방법원 지원, 시 · 군법원에 신청서를 제출하면 된다.

[서식] 지급명령신청서

지 급 명 령 신 청

채권자 : 공정한

서울 서대문구 충정로 3가 185-1

전화(휴대폰)번호 02-390-5263, 016-401-5263

팩스번호 02-390-5263, e-mail 주소: likelaw@dreamwiz.com

우편번호 120-013

채무자 : 부당한

서울 노원구 월계동 447-1

전화(휴대폰)번호 02-940-5114, 016-401-5264

우편번호 139-701

청 구 취 지

채무자는 채권자에게 금 30,000,000원 및 이에 대하여 이 사건 지급명령 정본이 송달된 다음날부터 다 갚을 때 까지 연 2할 5푼의 비율에 의한 지연손해금과 다음 독촉절차비용을 지급하라는 명령을 구함.

다 음

독촉절차비용 금 ○○○○○원

(내역 : 송달료 ○○○원, 인지대 ○○○원)

청 구 원 인

채권자는 채무자에게 2002. 11. 1. 금 30,000,000원을 변제기일 2003. 1. 31.로 약정하고 대여하였던바, 변제기일이 지난 현재까지 지급하여 주지 않으므로 본 신청에 이르게 되었습니다.

첨 부 서 류

1. 차용금증서 사본 1통
1. 송달료납부서 1통

2003. 3. 31.

위 채권자 공 정 한 (인)

서울지방법원 귀중

제8장 | 노동법

제1절
의 의

노동법이라 함은 종속된 노동자를 대상으로 하여 그 종속성을 극복하기 위하여 국가가 실업상태의 노동자의 고용을 보장하고 개별노동자의 유리하고 공정한 노동조건을 보장하며, 그것보다 더욱 유리한 노동조건을 노동자 자신의 주체적인 집단적 참여에 의해 확보하도록 보장하는 법체계를 말한다.

제2절
사 례

[사례 1] 오진실씨는 뼈빠지게 회사만을 위하여 충성을 다 바쳐 근무해 왔으나 그 동안 다니던 회사에서 IMF 한파로 인한 경기침체를 이유로 갑자기 해고되었다. 극도의 배신감에 떨고 있던 중 직장동료들은 사장이 그에게 해고를 미리 예고하지 않았으므로 무효라고 충고한다. 오진실씨는 어떻게 하여야 할까?

▶ **해설** : 근로기준법에 의하면 사용자는 근로자를 해고하고자 할 때에는 적어도 30일 전에 그 예고를 하여야 하며 30일 전에 예고를 하지 아니한 때에는 30일분 이상의 통상임금을 지급하여야 한다. 다만 천재(天災)·사변(事變) 기타 부득이한 사유로 사업계속이 불가능한 경우 또는 근로자가 고의로 사업에 막대한 지장을 초래하거나 재산상 손해를 끼친 경우로서 노동부령이 정하는 사유에 해당하는 경우에는 그러하지 아니하다(근로기준법 제32조).

따라서 위 사례의 경우는 단지 경기침체를 이유로 한 해고이고 또 예고되지 아니한 해고이므로 오진실씨는 30일분 이상의 통상임금을 청구할 수 있다. 또한 위 사례의 경우는 정당한 이유 없는 해고에 해당하므로 오진실씨는 그 회사를 계속 다니고 싶은 생각이 있다면 노동위원회에 그 구제신청을 할 수도 있다(근로기준법 제33조). 만일에 해고를 예고하지 아니하고 근로자를 해고한 경우에는 사용자는 2년 이하의 징역 또는 천만 원 이하의 벌금에 처한다(근로기준법 제113조).

[사례 2] 허망해씨는 「경희건설주식회사」에 근무하는 사원이다. 그런데 어느 날 「경희건설주식회사」가 도산하게 되었는데, 그 동안 IMF 한파로 회사사정이 좋지 않아 허망해씨는 지난 6개월간의 임금을 받지 못했다.

그런데 알고 보니 회사의 재산은 채권자에 의해 모두 질권(質權)이나 저당권(抵當權)이 설정되어 있어 허망해씨는 잘못하면 퇴직금은 물론 밀린 임금을 한 푼도 받지 못할 위기에 처하게 되었다. 허망해씨는 과연 퇴직금과 밀린 임금을 받을 수 있을까? 만일에 사용자가 전 재산을 제3자 앞으로 소유권을 이전해 버린 경우에는 어떻게 되는가?

▶ **해설** : 근로기준법에 의하면 최종 3월분의 임금·최종 3년간의 퇴직금·재해보상금(災害補償金)에 해당하는 채권은 사용자의 총재산에 대하여 질권 또는 저당권에 의하여 담보된 채권, 조세·공과금 및 다른 채권에 우선하여 변제되어야 한다(동법 제37조 제2항). 따라서 허망해씨는 최종 3월분의 임금과 최종 3년간의 퇴직금 지급을 청구하는 소송을 제기하여 승소하게 되면 판결문을 근거로 사용자의 총재산에 대하여 강제집행에 착수하여 우선변제를 받을 수 있다.

그러나 강제집행에 착수하기 전에 이미 사용자의 재산이 제3자에게 양도된 경우에는 강제집행에 착수할지라도 우선변제를 받을 수 없다. 다만 사용자가 근로자들의 임금과 퇴직금 지급을 면할 목적으로 제3자와 공모하여 허위로 제3자에게 재산을 양도한 경우에는 허망해씨는 민법 제406조의 채권자취소권을 행사하여 그 법률행위의 취소 및 원상회복을 법원에 청구하여 그 소유권을 다시 사용자명의로 회복시킨 후에 강제집행을 할 수는 있다.

[사례 3] 나건실씨는 「경희전자주식회사」 생산업체에서 성실하게 근무하고 있는 사원이다. 어느 날 그 회사는 황당하게도 월급 대신 대형TV를 나건실씨에게 주었다. 그의 집에는 물론 TV가 있을 뿐만 아니라 아는 친구나 일가친척도 거의 없어 그것을 팔기도 매우 힘들다. 임금을 이렇게 현물로 지급하여도 적법한가?

▶ **해설** : 근로기준법 제43조는 「임금은 통화로 직접 근로자에게 그 전액을 지급하여야 한다. 다만 법령 또는 단체협약에 특별한 규정이 있는 경우에는 임금의 일부를 공제하거나 또는 통화 이외의 것으로 지급할 수 있다」라고 하여 예외적인 경우에 한하여 임금의 일부를 현금 이외의 것으로 지급할 수 있도록 규정하고 있다.

따라서 「경희전자주식회사」가 대형TV를 주면서 그것이 임금의 일부가 아닌 전체 임금에 갈음하여 대형TV를 주었다면 비록 단체협약에 따라 주었다고 할지라도 이는 위법이다. 근로기준법 제43조에 위반한 사업자는 3년 이하의 징역 또는 3천만 원 이하의 벌금에 처한다(동법 제109조).

[사례 4] 가수가 꿈인 K대생 방탄소년단은 방학을 이용하여 수원에 있는 중소기업체에서 한 달에 180만 원씩을 받기로 하고 두 달 동안 아르바이트를 했다. 그러나 방탄소년단은 첫 달 임금 180만 원을 받았으나, 사업주 나기망씨는 경기가 어렵다는 이유로 차일피일 미루며 나머지 180만 원을 지급하지 않았다. 방탄소년단은 이 경우 어떻게 하면 밀린 임금을 받을 수 있을까?

▶ **해설** : 방탄소년단은 첫째, 사업주 나기망씨에게 임금미지급의 부당함을 설명하고, 밀린 임금을 일정한 기일까지 지급할 것을 독촉하며, 만일에 이를 이행하지 않을 경우 소송을 제기하겠다는 내용의 편지를 작성하여 내용

증명을 발송한다.

둘째, 임금을 체불한 경우에는 근로기준법에 위반되므로 사업체 관할 지방노동관서인 수원지방노동사무소(031-259-0203~5) 근로감독과에 신고(진정)하면 사실조사(체불임금확인) 후 신속히 분쟁을 해결할 수 있고, 경우에 따라서는 사업주 나기망씨는 형사처벌 될 수도 있다.

셋째, 입증자료(임금지급각서, 근로감독관이 작성한 체불임금확인서 등)를 가지고 법원에 지급명령을 신청하거나 소액사건 심판을 청구할 수 있다. 지급명령절차는 서류만을 심사하므로 채권자가 법정에 나오지 않고서도 신속하고 적은 소송비용으로 분쟁을 해결할 수 있다. 소액사건은 3천만 원 이하의 금전 등의 지급을 목적으로 하는 사건이다.

[서식] 표준근로계약서 양식

표준근로계약서

_________(이하 "사업주"라 함)과(와) _________ (이하 "근로자"라 함)은 다음과 같이 근로계약을 체결한다.

1. 근로계약기간 : 년 월 일부터 년 월 일까지

※ 근로계약기간을 정하지 않는 경우에는 "근로개시일"만 기재

☞ 노사가 협의하여 결정하는 일을 하기로 한 기간

2. 근무장소 :

☞ 일을 수행하기 위한 장소를 명기

3. 업무의 내용 :

☞ 어떤 일을 할지에 대한 내용을 기재

4. 소정근로시간 : 시 분부터 시 분까지 (휴게시간 : 시 분~ 시 분)

☞ 노사가 법정근로시간 내(하루 8시간, 주40시간)에서 하루에 몇시간을 일할지 정한 시간을 기재, 휴게시간은 4시간에 30분, 8시간인 경우 1시간 이상을 주도록 소정근로시간 내에서 기재함

5. 근무일/휴일 : 매주 일(또는 매일단위)근무, 주휴일 매주 요일

☞ 일주일 중 어떤 날에 근무할지를 명기하며, 주 중 근무하기로 한 날을 만근 하였을 경우 부여하는 유급휴일(주휴일)을 어느 요일로 할지 결정하여 명기

6. 임 금

- 월(일, 시간)급 : _______________ 원

☞ 임금을 시간급으로 정할지, 주급으로 정할지, 월급으로 정할지 결정하여 그 금액 명기

- 상여금 : 있음 ( ) _______________ 원, 없음 ( )

☞ 상여금이 있으면 그 내용 및 금액에 대해 기재

- 기타급여(제수당 등) : 있음 ( ), 없음 ( )

_________________원, _________________원

_________________원, _________________원

☞ 가족수당, 자격증 수당 등 지급하기로 한 수당이 있으면 해당 내용에 대해 기재

- 임금지급일 : 매월(매주 또는 매일) _______일(휴일의 경우는 전일 지급)

☞ 임금을 매월 언제 지급할 것인지에 대해 기재

- 지급방법 : 근로자에게 직접지급(　　), 근로자 명의 예금통장에 입금(　　)

☞ **임금을 계좌로 지급할 것인지 등에 대해 노사간 협의 후 기재**

7. 연차유급휴가

- 연차유급휴가는 근로기준법에서 정하는 바에 따라 부여함

☞ **①1년간 총 소정근로일의 80%이상 출근자에게 15일부여, 1년 초과 매 2년마다 1일씩 가산, 한도 25일**

②1년 미만 또는 1년간 80% 미만 출근자에게 1개월 개근시 1일 부여

8. 사회보험 적용여부(해당란에 체크)

□ 고용보험　□ 산재보험　□ 국민연금　□ 건강보험

☞ **사회보험 적용에 대한 해당 내용을 기재**

9. 근로계약서 교부

- 사업주는 근로계약을 체결함과 동시에 본 계약서를 사본하여 근로자의 교부요구와 관계없이 근로자에게 교부함(근로기준법 제17조 이행)

☞ **근로기준법 제17조에 따라 근로계약 체결시 근로자에게 교부하여야 함을 알려주는 내용**

10. 기 타

- 이 계약에 정함이 없는 사항은 근로기준법령에 의함

년　　월　　일

(사업주) 사업체명 :　　　　(전화 :　　　　)

주 소 :

대 표 자 :　　　　(서명)

(근로자) 주 소 :

연 락 처 :

성 명 :　　　　(서명)

[사례 5] 평소 유머가 풍부하여 친구들로부터 인기가 좋은 K대 졸업생인 김익살씨는 H기업 인턴사원이었는데, 임금을 받지 못하고 있다. 어떻게 하면 김익살씨는 임금을 받을 수 있을까?

▶ **해설** : 인턴사원의 경우 대학교에서 정부로부터 보조를 받아 임금을 지급하고 인턴사원을 신청한 회사에 파견 보내는 경우, 각 구청에서 공공근로사업으로 각 기업체에 파견하는 경우, 일반기업체에서 인턴사원의 명칭을 사용하여 수습직원 형식으로 사용하는 경우 등 다양하다. 그런데 인턴사원의 경우에 정부 보조금을 이유로 임금지급을 거부하는 회사가 있다.

회사에서 어떤 형식의 인턴사원으로 채용되었던지 실제로 회사에 취업하여 근로를 제공한 경우 1차적인 임금 지급의무는 회사측에 있다. 정부에서 보조를 받은 대학이나 구청에서 지급하기로 하였더라도 그것은 임금지급 후 원지급기관과 회사와의 문제일 뿐이다.

따라서 이 사례의 경우 김익살씨는 1차적으로 노무를 수령한 회사측에 임금 지급을 청구할 수 있다. 해결이 안 되면 [사례 4]와 동일한 방법으로 구제받을 수 있다.

※ [근로자에 대한 특별보호]

① 사업주와 「어떤 일을, 몇 시간 동안, 얼마를 받고 할 것인가」 등 근로조건에 대하여 서면으로 사업주와 근로계약서를 작성하고 한 부를 받아 보관하여 사후에 문제가 발생할 것에 대비하여야 한다.

② 근로자는 같은 회사에서 3개월 미만 일한 경우에는 최저임금법상 최저임금의 90% 이상, 3개월 이상 계속 일한 경우에는 최저임금(9,160원, 2022.1.1~2022.12.31까지) 이상을 임금으로 지급받아야 한다. 최저임금은 1인 이상 근로자를 사용하는 모든 사업 또는 사업장에 적용된다.

③ 1주일 동안 일하기로 정한 날짜를 개근하였다면 하루의 휴일을 받을 수 있으며, 1개월을 개근했다면 월간휴가(1일)를 받을 수 있다.

④ 단시간근로자(1주간의 소정근로시간이 15시간 이상인 근로자)의 임금산정 단위는 「시간급」을 원칙으로 한다.

⑤ 사업주가 근로자와 합의하여 최저임금액보다 낮은 임금을 지급한다고 정하더라도 그것은 당연히 무효가 되며, 이 경우에는 최저임금액을 지급하여야 한

다. 최저임금 지급의무 위반의 경우 3년 이하의 징역 또는 2천만 원 이하의 벌금에 처한다(병과 가능, 최저임금법 제28조).

※ [단시간근로자]

단시간근로자(통상 근로자의 1주간의 소정근로시간에 비하여 짧은 근로자로서 1주간의 소정근로시간이 15시간 이상인 근로자)는 주휴수당을 받을 수 있고, 1개월 이상 근무한 경우 다음 달에 1일의 유급휴가를 받을 수 있으며, 여성의 경우 생리휴가를 받을 수 있다. 그리고 4대 보험(고용보험, 산재보험, 건강보험, 국민연금)이 적용된다. 또한 1년 이상 근무한 경우 퇴직금(30일분 임금)을 받을 수 있다.

이에 대하여 초단시간근로자(1주간의 소정근로시간이 15시간 미만인 근로자)는 주휴수당, 유급휴가, 퇴직금을 받을 수 없다. 다만 산재보험은 적용된다.

※ [직장 내 괴롭힘 금지법]

2019년 7월 16일부터 직장 내 괴롭힘을 금지하는 개정된 「근로기준법」이 시행되었다. 직장 내 갑질을 제재할 수 있는 법적인 근거가 비로소 마련되었다. 그 결과 은밀하게 이루어지는 직장 내 괴롭힘에 대하여 어느 정도 법적인 처벌 요건이 마련되었다.

① 직장 내 괴롭힘의 금지(근로기준법 제76조의 2, 2019.1.15. 신설)

사용자 또는 근로자는 직장에서의 지위 또는 관계 등의 우위를 이용하여 업무상 적정범위를 넘어 다른 근로자에게 신체적·정신적 고통을 주거나 근무환경을 악화시키는 행위(이하 "직장 내 괴롭힘"이라 한다)를 하여서는 아니 된다.

② 직장 내 괴롭힘 발생 시 조치(근로기준법 제76조의 3, 2019.1.15. 신설)

누구든지 직장 내 괴롭힘 발생 사실을 알게 된 경우 그 사실을 사용자에게 신고할 수 있다(근로기준법 제76조의 3 제1항). 사용자는 제1항에 따른 신고를 접수하거나 직장 내 괴롭힘 발생 사실을 인지한 경우에는 지체 없이 당사자 등을 대상으로 그 사실 확인을 위하여 객관적으로 조사를 실시하여야 한다(근로기준법 제76조의 3 제2항, 2021. 4. 13. 개정). 사용자는 제2항에 따른 조사 기간 동안 직장 내 괴롭힘과 관련하여 피해를 입은 근로자 또는 피해를 입었다고 주장하는 근로자(이하 "피해근로자 등"이라 한다)를 보호하기 위하여 필요한 경우 해당 피해근로자 등에 대하여 근무장소의 변경, 유급휴가 명령 등 적절한 조치를 하여야 한다. 이 경우 사용자는 피해근로자 등의 의사에 반하는 조치를 하여서는 아니 된다(근로기준법 제76조의 3 제3항). 사용자는 제2항에 따른 조사 결과 직장 내 괴롭힘 발생 사실이 확인된 때에는 피해근로자가 요청하면 근무장소의 변경, 배치전환, 유급휴가 명령 등 적절한 조치를 하여야 한다(근로기준법 제76조의 3 제4항). 사용자는 제2항에 따른 조사 결과 직장 내 괴롭힘 발생 사실이 확인된 때에는 지체 없이 행위자에 대하여 징계, 근무장소의 변경 등 필요한 조치를 하여야 한다. 이 경우 사용자는 징계 등의 조치를 하기 전에 그 조치에 대하여 피해근로자의 의견을 들어야 한다(근로기준법 제76조의 3 제5항). 사용자는 직장 내 괴롭힘 발생 사실을 신고한 근로자 및 피해근로자 등에게 해고나 그 밖의 불리한 처우를 하여서는 아니 된다(근로기준법 제76조의 3 제6항). 제76조의 3 제6항을 위반한 자는 3년 이하의 징역 또는 3천만 원 이하의 벌금에 처한다(근로기준법 제109조). 제2항에 따라 직장 내 괴롭힘 발생 사실을 조사한 사람, 조사 내용을 보고받은 사람 및 그 밖에 조사 과정에 참여한 사람은 해당 조사 과정에서 알게 된 비밀을 피해근로자등의 의사에 반하여 다른 사람에게 누설하여서는 아니 된다. 다만, 조사와 관련된 내용을 사용자에게 보고하거나 관계기관의 요청에 따라 필요한 정보를 제공하는 경우는 제외한다(근로기준법 제76조의 3 제7항, 2021. 4. 13. 신설). 사용자(사용자의 「민법」 제767조에 따른 친족 중 대통령령으로 정하는 사람(사용자의 배우자, 사용자의 4촌 이내의 혈족, 사용자의 4촌 이내의 인척)이 해당 사업 또는 사업장의 근로자인 경우를 포함한다)가 제76조의 2를 위반하여 직장 내 괴롭힘을 한 경우에는 1천만 원 이하의 과태료를 부과한다(근로기준법 제116조, 2021. 4. 13. 신설).

③ 직장 내 괴롭힘 금지법의 한계

첫째, 직장 내 괴롭힘 금지법은 근로기준법 적용 제외 대상인 5인 미만 사업장에 대해서는 적용되지 않는다.

둘째, 사용자가 직장 내 괴롭힘 발생 사실을 신고한 근로자 및 피해근로자 등에게 해고나 그 밖의 불리한 처우를 하는 것에 대해서만 처벌조항(3년 이하의 징역 또는 3천만 원 이하의 벌금)이 있고, 직장 내 괴롭힘 발생 시 특별한 조치(근로기준법 제76조의 3 제1・2・3・4・5항)를 하지 않더라도 처벌조항이 없다.

[사례 6] K대생 박치기군은 방학 중에 피자배달전문업체인 「사담 후세인 피자」에서 오토바이로 피자를 배달하다가 머리를 다치는 사고를 당하였다. 이 경우 박치기군은 산업재해보상을 받을 수 있을까?

▶ **해설** : 다친 것이 업무상 재해로 인정되면 재해보상의 대상이 된다. 산업재해보상보험법에서 「업무상의 재해」라 함은 업무상의 사유에 의한 근로자의 부상 · 질병 · 신체장해 또는 사망을 말한다(동법 제4조 제1호). 재해보상의 책임자는 사업주이고, 사업주가 산업재해보상보험에 가입한 경우에는 산업재해보상보험법에 따라 보험이 급여된다.

업무상 재해인가 아닌가가 문제되는 경우가 있다. 나중에 회사가 협조를 해주면 증명하기가 쉽지만 그렇지 않은 경우도 많기 때문에 사고 발생 직후 당시 상황을 본 동료의 진술서라도 받아놓는 것이 좋다. 이미 퇴사한 동료라도 필요하면 증인으로 세울 수 있다.

재해보상에 의한 급여청구는 사고 난 다음날로부터 3년 안에 청구하여야 한다. 재해보상으로 지급되는 급여는 박치기군(근로자)이 입은 재해를 충분하게 보상하지 못할 수 있으므로 박치기군은 재해보상급여와는 별도로 사업주를 상대로 손해배상을 청구할 수도 있다.

[사례 7] 1997년 H전자는 IMF 경제위기를 이유로 입사시험에 합격한 사람들의 입사를 취소하였다. 이에 대하여 채용내정자 서러운씨 등 11명은 경영악화를 이유로 공채합격자들의 입사를 취소한 것은 부당하다며 H전자를 상대로 종업원지위 확인청구소송을 제기하였다. H전자의 입사취소결정은 정당한가?

▶ **해설** : 대법원은 「피고가 입사통보를 취소한 때는 IMF 구제금융이 시작돼 경영상의 필요가 있었던 만큼 원고들에 대한 정리해고는 정당하다」고 판시하여 원고들의 상고를 기각하였다(대판 주심 박재윤 대법관 2000.12.7). 따라서 H전자의 입사취소결정은 정당하다. 다만 서러운씨 등이 최종합격통보를 받아 H전자 측과 정당한 근로계약관계가 성립된 만큼 H전자는 입사예정일부터 해고통보일까지의 임금은 지급하여야 한다.

[사례 8] 노동자씨는 종업원 수 5인인 K제조회사에서 프레스조작공으로 일하여 오던 중 작동미숙으로 좌측 제3수지 원위지골부위절단상을 입고 병원치료를 받았다. K제조회사는

근로복지공단에 산재보험성립신고를 하지 않았다고 하는데, 노동자씨는 이 경우 산재보험 혜택을 받을 수 없을까?

▶ **해설** : 산업재해보상보험법 제5조는 「이 법은 근로자를 사용하는 모든 사업에 적용한다. 다만, 사업의 위험률·규모 및 사업장소 등을 참작하여 대통령령이 정하는 사업은 그러하지 아니하다」라고 규정하고 있다. 여기서 대통령령이 정하는 사업은 공무원연금법 또는 군인연금법에 의하여 재해보상이 행하여지는 사업, 선원법 또는 사립학교교원연금법에 의하여 재해보상이 행하여지는 사업, 가사서비스업, 상시근로자의 수가 1인 이상이 되지 아니하는 사업, 농업·임업(벌목업을 제외한다)·어업·수렵업 중 법인이 아닌 자의 사업으로서 상시근로자수가 5인 미만인 사업 등을 말한다(산업재해보상보험법시행령 제3조). 또한 산업재해보상보험법 제7조 제1항은 「이 법의 적용을 받는 사업의 사업주는 당연히 산업재해보상보험의 보험가입자가 된다. 다만 제5조 단서의 규정에 의한 이 법의 적용을 받는 사업의 사업주는 그러하지 아니하다」라고 규정하고 있다.

그러므로 산업재해보상보험(산재보험)은 일반보험처럼 사업주가 임의로 그 가입을 결정하는 것이 아니라 법률이 정하는 일정요건에 해당되는 사업장은 그 사업주의 보험성립신고 여부와 관계없이 그 날로부터 산업재해보상보험법에 의하여 보험관계가 자동적으로 성립되는 것이다.

따라서 사업장이 위 사례에서와 같은 제조업인 경우에는 상시 고용근로자의 수가 1인 이상인 경우라면 사업주가 보험성립신고를 하지 아니하였더라도, 노동자씨(근로자)는 근로복지공단으로부터 보험급여액의 전부를 받을 수 있다(산업재해보상보험법시행령 제3조 제1항 제5호). 그리고 근로복지공단이 노동자씨(근로자)에 대하여 보험급여를 지급하는 경우에는 대통령령이 정하는 바에 의하여 그 급여액의 전부 또는 일부를 사업자인 K제조회사(보험가입자)로부터 징수할 수 있다(산업재해보상보험법 제72조 제1항 제1호).

[사례 9] 10년 전 남편과 이혼하고 딸 둘을 키우며 어떤 어려움에도 굴하지 않고 몹시 모질고도 끈덕지게 살아온 김억척씨는 K건설회사에서 시공하는 건축공사장에 인부로 취업하여 작업하던 중 미끄러져 넘어지면서 부상을 입었다. 산재보험에서 휴업보상금과 장

해보상금을 수령하였으나 김억척씨가 생각하기에 너무 적은 것 같은데, 그녀는 소송을 통하여 추가로 청구할 수 있을까?

▶ **해설** : 산업재해보상보험법에서 「업무상의 재해」라 함은 업무상의 사유에 의한 근로자의 부상·질병·신체장해 또는 사망을 말한다(동법 제4조 제1호). 근로자가 사업장에서 일을 하던 중 부상·질병·신체장해 또는 사망 등 업무상의 재해(災害)를 당한 경우에 치료(요양급여)는 물론 각종 보험급여(휴업급여, 장해급여, 간병급여, 유족급여, 상병보상연금(傷病補償年金), 장의비(葬儀費) 등)를 받게 하는 제도를 산업재해보상보험이라고 하는데, 산업재해보상보험법에서 이를 규정하고 있다(동법 제38조 제1항).

산업재해보상보험법상의 보험급여는 근로자가 업무상의 사유로 재해를 당한 경우 사업주의 고의·과실 여부에 관계없이 보험급여를 해주는 것이며, 근로자가 보험급여를 받았다하더라도 그 재해가 사업자의 고의·과실로 인한 경우에는 민사상 불법행위로 인한 손해배상을 청구할 수도 있다. 이 경우 산업재해보험급여액이 예상한 손해배상청구액 보다 적을 때에는 김억척씨는 사업자를 상대로 민사상 손해배상청구소송을 제기하여 부족한 만큼 더 지급하라는 판결을 받을 수 있다.

다만 그 소송과정을 통하여 사고발생에 있어서 사용자측에 고의·과실이 있었음이 입증되어야 한다는 점, 사고발생에 관하여 근로자 본인의 과실이 있었다면 과실상계라고 하여 손해배상금액이 적당한 비율로 감축될 수도 있다는 점, 그리고 손해 및 가해자를 안 날로부터 3년, 불법행위를 한 날로부터 10년 내에 청구를 하여야 한다는 점 등에 주의하여야 한다.

그리고 수급권자(보험급여를 받을 수 있는 자)인 김억척씨가 동일한 업무상 재해에 대하여 민법 기타 법령에 의한 보험급여에 상당한 금품을 받은 때에는 근로복지공단은 그 한도에서 산업재해보험급여를 지급하지 아니한다. 또한 수급권자인 김억척씨(근로자)가 업무상 재해로 인하여 보험급여를 받았거나 받을 수 있는 경우에는 보험가입자(사업자)는 동일한 사유에 대하여 근로기준법에 의한 재해보상책임이 면제된다(산업재해보상보험법 제48조, 민법 제750조).

[사례 10] 개인건축업자 경영자씨는 총 공사대금 천5백만 원인 개인주택 증축공사를 도급(都給)받아 한숨만씨를 포함한 3인의 일용잡부를 고용하였고, 한숨만씨는 공사현장 2층에서 일하던 중 발판이 무너져 추락하면서 다리골절상을 입고 노동능력상실율 30%의 판정을 받았다. 이 경우 한숨만씨는 산업재해보상보험법상의 장해보상을 받을 수 있을까? 그리고 만일에 장해보상을 받을 수 없다면 민사상 손해배상을 청구할 수는 있을까?

▶ **해설** : 먼저 위 사례의 경우 산업재해보상보험법의 적용 여부를 살펴보면 산업재해보상보험법시행령 제3조 제1항 제3호에 의하면 건설공사 중 총 공사금액이 2천만 원 미만인 공사는 산업재해보상보험법이 적용되지 아니한다. 그러므로 한숨만씨는 산업재해보상보험법에 정한 보상급여는 받을 수 없다. 따라서 한숨만씨는 고용주인 건축업자 경영자씨를 상대로 한 민사상 손해배상청구소송을 제기하여야 한다.

우선 청구할 수 있는 손해배상청구액의 범위로는 치료비, 치료기간 동안의 휴업손해, 노동능력상실에 따른 일실수익(逸失收益), 위자료 등이 될 수 있다. 다만, 위 손해배상액에서 본인의 과실부분 만큼은 공제될 것이다. 그리고 일반적으로 소송제기를 위하여 필요한 서류로는 치료비 영수증, 진단서, 호적등본, 주민등록등본 등이다. 또한 이러한 불법행위로 인한 손해배상청구권은 한숨만씨(피해자)가 손해 및 가해자를 안 날로부터 3년, 불법행위를 한 날로부터 10년 이내에 행사하여야 함을 주의하여야 한다(민법 제766조).

참고로 손해배상청구소송을 제기하기 전에 건축업자 경영자씨 소유의 재산을 조사하여 재산을 타인에게 빼돌리지 못하도록 미리 가압류하여 보전조치를 취해둠으로써 강제집행재산을 확보해 두는 것이 바람직하다.

[사례 11] 얼마 전 K대생 고인돌군의 아버지 고혈압씨는 회사에서의 과중한 업무수행으로 평소의 지병인 당뇨병증세가 악화되어 뇌혈관장해로 사망을 하였다. 그러자 고인돌군은 근로복지공단에 유족급여신청을 하였으나 근로복지공단으로부터 업무와 인과관계가 없다 하여 유족급여의 부지급결정을 받았다. 고혈압씨는 사망하기 전에 평소보다 현저하게 과중한 업무수행으로 인한 과로로 평소의 지병인 당뇨병증세가 악화되어 뇌혈관장해가 발생하여 사망한 것인데, 이 경우 고인돌군은 어떠한 방법으로 구제받을 수 있을까?

▶ **해설** : 산업재해보험급여를 받을 권리가 있는 자를 수급권자라고 하는데, 통상

업무상 재해를 당한 근로자나 그 유족 등이 될 것이다. 수급권자가 산업재해보험급여를 청구하였다가 근로복지공단으로부터 산업재해보험급여를 지급하지 않겠다는 결정을 받았거나, 지급하는 결정을 받았다 하더라도 그 액수에 불만이 있다면 근로복지공단에 심사청구를 할 수 있다(산업재해보상보험법 제88조 제1항).

이러한 심사청구는 당해 보험급여에 관한 결정을 행한 근로복지공단의 소속기관을 거쳐 근로복지공단에 제기하여야 한다(동법 제88조 제2항). 그리고 이러한 심사청구는 보험급여에 관한 결정이 있음을 안 날로부터 90일 이내에 하여야 한다(동법 제88조 제3항). 심사청구서를 접수한 근로복지공단의 소속기관은 5일 이내에 의견서를 첨부하여 심사청구서를 근로복지공단에 송부하여야 한다(동법 제88조 제4항). 그리고 근로복지공단은 심사청구서를 송부받은 날로부터 원칙적으로 50일 이내에 심사청구에 관한 결정을 하여야 한다. 다만 부득이한 사유로 인하여 그 기간 내에 결정을 할 수 없을 때에는 1차에 한하여 10일을 넘지 아니하는 범위 내에서 그 기간을 연장할 수 있다(동법 제89조 제1항).

이러한 근로복지공단의 심사청구에 대한 결정에 불복이 있는 자는 심사청구에 대한 결정이 있음을 안 날로부터 90일 이내에 당해 보험급여에 관한 결정을 행한 근로복지공단의 소속기관을 거쳐 산업재해보상보험심사위원회에 재심사청구를 할 수 있다(동법 제90조). 산업재해보상보험심사위원회는 재심사청구를 받은 날로부터 원칙적으로 50일 이내에 재결을 하여야 한다(동법 제92조). 그리고 이러한 산업재해보상보험심사위원회의 재결에 대하여 다투기 위해서는 재결서를 받은 날로부터 90일 이내에 행정소송을 제기하여야 한다. 또한 위와 같은 심사청구, 재심사청구를 거치지 아니하고도 처분이 있음을 안 날로부터 90일 이내, 처분이 있은 날로부터 1년 이내에 곧바로 행정소송을 제기할 수도 있다(행정소송법 제18조 · 제20조).

따라서 고인돌군의 경우에는 근로복지공단의 유족급여 부지급결정의 통지를 받은 날로부터 90일 이내에 근로복지공단에 심사청구를 하고 그 결과에 따라 재심사청구, 행정소송절차를 통하여 다투거나, 곧바로 행정소송을 제기하여 다툴 수 있다.

제9장 | 경제법

제1절
의 의

경제법(economic law)이라 함은 국민경제에 관하여 국가가 어떤 정책을 입안하거나 지도하거나 조정하거나 또는 규제하는 법규의 전체를 말한다.

제2절
사 례

Ⅰ. 부당한 표시 · 광고행위

[사례] 나뚱보씨는 최근에 갑자기 체중이 증가하여 신경이 날카로워졌다. 아침 신문을 넘기다가 5개월만 복용하면 10㎏이 빠진다는 약 광고를 보게 되었다. 50만 원이라는 돈이 약간 부담되기는 하였으나, 최근에 회사일로 시간이 없어서 운동할 시간이 거의 없었기 때문에, 과감하게 결단을 내려 약을 구입하였다. 그러나 5개월 동안 꾸준히 약을 복용하

였지만 처음 광고와 달리 전혀 효과가 없었다. 이 경우에 나뚱보씨는 피해구제를 받을 수 있을까?

▶ **해설** : 나뚱보씨는 이 경우에 실제로는 다이어트의 효과가 전혀 없는데도 마치 약을 먹으면 살이 빠질 수 있는 것처럼 허위 · 과장광고를 하였기 때문에, 공정거래위원회에 허위 · 과장광고라고 신고할 수 있고, 판매회사를 상대로 법원에 손해배상청구소송을 제기할 수 있다.

또한 표시 · 광고의 공정화에 관한 법률에 의하면 공정거래위원회가 허위 · 과장광고를 시정조치하거나 일시 중지할 것을 명할 수 있다. 또한 허위 · 과장광고를 한 사업주는 2년 이하의 징역 또는 1억5천만 원 이하의 벌금에 처한다.

1. 서 설

오늘날 현대사회에서는 소비자들이 하나하나 상품의 품질을 검사하는 것이 불가능하기 때문에, 대부분 광고에 의존해서 상품을 구입하고 있다. 이와 같이 광고의 중요성이 커짐에 따라 허위 · 과장광고에 대하여 엄격히 처벌하는 것이 필요하다. 이에 관한 법이 표시 · 광고의 공정화에 관한 법률(1999.2.5 제정 법률 제5814호)이다.

표시 · 광고의 공정화에 관한 법률은 상품 또는 용역에 관한 표시 · 광고에 있어서 소비자를 속이거나 소비자로 하여금 잘못 알게 하는 부당한 표시 · 광고를 방지하고 소비자에게 바르고 유용한 정보의 제공을 촉진함으로써 공정한 거래질서를 확립하고 소비자를 보호함을 목적으로 한다(동법 제1조).

2. 부당한 표시 · 광고행위의 금지 등

(1) 부당한 표시 · 광고행위의 금지

사업자는 소비자를 속이거나 소비자로 하여금 잘못 알게 할 우려가 있는 표시 · 광고행위로서 공정한 거래질서를 저해할 우려가 있는 다음 각호의 행위를 하거나 다른 사업자로 하여금 이를 행하게 하여서는 아니 된다(표시 · 광고의 공정화에 관한 법률 제3조 제1항).

① 허위 · 과장의 표시 · 광고
② 기만적인 표시 · 광고
③ 부당하게 비교하는 표시 · 광고
④ 비방적인 표시 · 광고

표시 · 광고의 공정화에 관한 법률 제3조 제1항 각호의 행위에 대한 구체적인 내용은 대통령령으로 정한다(동법 제3조 제2항).

(2) 시정조치

공정거래위원회는 사업자가 표시 · 광고의 공정화에 관한 법률 제3조 제1항의 규정에 위반하여 부당한 표시 · 광고행위를 하는 때에는 당해 사업자 등에 대하여 그 시정을 위한 다음 각호의 조치를 명할 수 있다(동법 제7조).

① 당해 위반행위의 중지
② 법위반사실의 공표
③ 정정광고
④ 기타 위반행위의 시정을 위하여 필요한 조치

(3) 임시중지명령

공정거래위원회는 표시 · 광고행위가 다음 각호의 요건을 갖춘 때에는 사업자에 대하여 당해 표시 · 광고행위를 일시 중지할 것을 명할 수 있다(동법 제8조).

① 표시 · 광고행위가 표시 · 광고의 공정화에 관한 법률 제3조 제1항의 규정에 위반한다고 명백하게 의심될 것
② 당해 표시 · 광고행위로 인하여 소비자 또는 경쟁사업자에게 회복하기 어려운 손해가 발생할 우려가 있어 이를 예방하기 위한 긴급한 필요가 있다고 인정될 것

3. 부당한 표시 · 광고행위의 유형 및 기준지정고시

공정거래위원회는 부당한 표시 · 광고행위의 유형 및 기준을 지정 · 고시하고 있다. 대표적인 예를 들면 다음과 같다.

① 한국 ○○협회라고 해서 마치 정부기관인 것처럼 광고하는 것
② 일부 상품이 할인임에도 대부분이 할인인 것처럼 광고하는 것

③ 도심으로부터 10분 거리의 아파트라고 광고했는데, 알고 보니 심야에 택시로 10분 거리인 경우
④ 일산권 · 분당권이라고 광고했는데, 일산 · 분당과는 한참 떨어진 경우
⑤ 자신이 국내에서만 최고인데도 세계 최고라고 광고하는 것
⑥ 단지 일본에서 일정 기간 기술 연수한 사실을 일본 A사와 기술제휴를 하였다고 광고하는 것
⑦ 전년도 재고분의 학습참고서를 표지만 바꾸어 개정신판, 완전신판이라고 광고하는 것
⑧ 단순히 수험교재 판매사업자로서 학원을 운영하지 않음에도 마치 학원인 것처럼 학원개강 등으로 표시 · 광고하는 경우
⑨ 바나나 인공향으로 제조했음에도 바나나 주스 원액이 함유된 것처럼 광고하는 것
⑩ 냉장기나 온방기의 경우 적정 사용면적은 15평인데도 24평인 것처럼 과장하여 광고하는 것

4. 손해배상

사업자는 표시 · 광고의 공정화에 관한 법률 제3조 제1항의 규정에 위반하여 부당한 표시 · 광고행위를 함으로써 피해를 입은 자가 있는 경우에는 당해 피해자에 대하여 손해배상의 책임을 진다(동법 제10조 제1항). 제1항의 규정에 의하여 손해배상의 책임을 지는 사업자는 그 피해자에 대하여 고의 또는 과실이 없음을 들어 그 책임을 면할 수 없다(동법 제10조 제2항).

5. 벌 칙

① 표시 · 광고의 공정화에 관한 법률 제3조 제1항의 규정에 위반하여 부당한 표시 · 광고행위를 하거나 또는 다른 사업자로 하여금 이를 행하게 한 사업자
② 동법 제7조의 규정에 의한 명령에 응하지 아니한 자 등은 2년 이하의 징역 또는 1억5천만 원 이하의 벌금에 처한다(동법 제17조).

Ⅱ. 약관의 구속력

[사례] 한일어업분쟁 때문에 꽁치를 잡는 일이 쉽지 않아 어업을 포기하고 서울에 올라온 문어발씨는 K시설관리공단과 점포임대차계약을 체결하였다. 그런데 K시설관리공단의 점포임대차계약서에는 다음과 같은 조항이 있다. 「갑(K시설관리공단 : 임대인)은 임대료를 제반 물가상승 및 상가관리 운영상 이를 인상 조정하며 을(임차인)은 이의를 제기하지 못한다」. 문어발씨는 법에 대하여 문외한이라 일단 계약을 체결하였으나 생각해보니 황당하였다. 이 조항은 구속력이 있는가?

▶ **해설** : 이 사례는 사업자가 일방적으로 정한 약관(約款)의 구속력에 관한 문제이다. 이 사례와 관련하여 공정거래위원회는 1996년 9월 30일에 「임대차계약에 있어서 임대료는 임대목적물의 경제적 가치를 쌍방이 서로 평가하여 적정하다고 인정되는 선에서 합의하게 되는데 계약기간 중이라도 '제반 물가상승 및 상가관리 운영상' 약정한 차임이 상당하지 아니한 때에는 계약당사자가 장래에 대한 차임의 증감을 청구하여 서로 조정할 수 있음이 원칙임에도 불구하고, 임대인에게만 임대료 인상조정권을 부여하고 임차인은 그에 따른 이의를 제기치 못하도록 규정한 동 약관조항은 상당한 이유 없이 급부내용을 사업자가 일방적으로 변경할 수 있도록 권한을 부여하는 조항임과 동시에 법률의 규정에 의한 고객의 항변권, 상계권 등의 권리를 상당한 이유 없이 배제하는 조항으로 약관법 제10조 제1호, 제11조 제1호에 해당된다」라고 의결하여 K시설관리공단에 대하여 시정명령을 내렸다(공정위심결 1996.9.30, 9606약이0825).

1. 서 설

계약의 내용은 양 당사자의 자율적인 협상과정을 거쳐서 그 내용이 정하여진다. 그런데 사업자가 그 내용을 일방적으로 정하고 상대방(고객)은 그 내용을 그대로 수용하여 계약을 체결하는 식으로 계약을 체결하는 경우가 흔히 있다. 약관(約款)에 의한 계약이 바로 그것이다. 약관에 의한 계약을 체결하는 경우 그 내용은 일반적으로 그 약관을 만든 사업자에게 유리하게 되어 있을 가능성이 크다. 그래서 약관의 규제에 관한 법률은 약관에 의한 계약에 대하여 계약의 공정성을 기하기 위하여 특별한 규제를 가하고 있다.

2. 약관의 의의

약관(約款)이라 함은 그 명칭이나 형태 또는 범위를 불문하고 계약의 일방당사자가 다수의 상대방과 계약을 체결하기 위하여 일정한 형식에 의하여 미리 마련한 계약의 내용이 되는 것을 말한다(약관의 규제에 관한 법률 제2조 제1항).

3. 약관의 명시 · 설명의무

사업자는 계약체결에 있어서 고객에게 약관의 내용을 계약의 종류에 따라 일반적으로 예상되는 방법으로 명시하고, 고객이 요구할 때에는 당해 약관의 사본을 고객에게 교부하여 이를 알 수 있도록 하여야 한다(약관의 규제에 관한 법률 제3조 제1항). 또한 사업자는 약관에 정하여져 있는 중요한 내용을 고객이 이해할 수 있도록 설명하여야 한다(동법 제3조 제2항).

사업자가 제1항 및 제2항의 규정에 위반하여 계약을 체결한 때에는 당해 약관을 계약의 내용으로 주장할 수 없다(동법 제3조 제3항).

4. 개별약정의 우선

약관에서 정하고 있는 사항에 관하여 사업자와 고객이 약관의 내용과 다르게 합의한 사항이 있을 때에는 당해 합의사항은 약관에 우선한다(약관의 규제에 관한 법률 제4조).

5. 약관의 해석

약관은 신의성실의 원칙에 따라 공정하게 해석되어야 하며 고객에 따라 다르게 해석되어서는 아니 된다. 약관의 뜻이 명백하지 아니한 경우에는 고객에게 유리하게 해석되어야 한다(약관의 규제에 관한 법률 제5조).

6. 불공정약관조항의 일반원칙

신의성실의 원칙에 반하여 공정을 잃은 약관조항(約款條項)은 무효이다. 약관에 다음 각호의 1에 해당되는 내용을 정하고 있는 경우에는 당해 약관조항은 공정을 잃은 것으로 추정된다(약관의 규제에 관한 법률 제6조).

① 고객에 대하여 부당하게 불리한 조항

② 고객이 계약의 거래형태 등 제반사정에 비추어 예상하기 어려운 조항

③ 계약의 목적을 달성할 수 없을 정도로 계약에 따르는 본질적 권리를 제한하는 조항

7. 약관의 심사청구 등

(1) 약관의 심사청구

약관조항과 관련하여 법률상의 이익이 있는 자, 소비자보호법에 의하여 등록된 소비자단체, 한국소비자원 및 사업자단체는 약관의 규제에 관한 법률 위반여부에 관한 심사를 공정거래위원회에 청구할 수 있다(약관의 규제에 관한 법률 제19조).

(2) 표준약관의 심사청구

사업자 및 사업자단체는 건전한 거래질서를 확립하고 불공정한 내용의 약관이 통용되는 것을 방지하기 위하여 일정한 거래분야에서 표준이 되는 약관(이하 「표준약관」이라 한다)을 정할 수 있다(동법 제19조의 2 제1항).

사업자 및 사업자단체는 공정거래위원회에 제1항의 표준약관의 내용이 약관의 규제에 관한 법률에 위반되는지 여부에 관한 심사를 청구할 수 있다(동법 제19조의 2 제2항).

8. 조 사

공정거래위원회는 시정을 위한 조치를 권고하거나 명하기 위하여 필요하다고 인정되는 경우 및 약관의 심사청구를 받은 경우에는 약관이 약관의 규제에 관한

법률에 위반된 사실이 있는지 여부를 확인하기 위하여 필요한 조사를 할 수 있다(약관의 규제에 관한 법률 제20조).

9. 약관의 심의와 통지

공정거래위원회는 약관의 내용이 약관의 규제에 관한 법률에 위반되는지 여부에 대하여 심의하기 전에 당해 약관에 의하여 거래를 한 사업자 또는 이해관계인에 대하여 당해 약관이 심사대상이 되었다는 사실을 통지하여야 한다(약관의 규제에 관한 법률 제22조).

10. 벌 칙

(1) 과태료

약관의 규제에 관한 법률 제20조의 규정에 의한 조사를 거부 · 방해 또는 기피한 자는 5천만 원 이하의 과태료(過怠料)에 처한다(동법 제34조 제1항). 제3조 제1항 또는 제2항의 규정에 위반한 사업자에 대하여는 500만 원 이하의 과태료에 처한다(동법 제34조 제2항).

(2) 과태료의 부과 · 징수

약관의 규제에 관한 법률 제34조 제1항 및 제2항의 규정에 의한 과태료는 대통령령이 정하는 바에 의하여 공정거래위원회가 부과 · 징수한다(동법 제34조 제3항).

제2편

법과 생활 판례

제1장 | 헌법재판소 결정

제1절
사형제도

헌법재판소는 형법 제250조에 대한 위헌소원심판에서 「1. (가) 생명권(生命權) 역시 헌법 제37조 제2항에 의한 일반적 법률유보의 대상이 될 수밖에 없는 것이나, 생명권에 대한 제한은 곧 생명권의 완전한 박탈을 의미한다 할 것이므로, 사형(死刑)이 비례의 원칙에 따라서 최소한 동등한 가치가 있는 다른 생명 또는 그에 못지아니한 공공의 이익을 보호하기 위한 불가피성이 충족되는 예외적인 경우에만 적용되는 한, 그것이 비록 생명을 빼앗는 형벌이라 하더라도 헌법 제37조 제2항 단서에 위반되는 것으로 볼 수는 없다.

(나) 모든 인간의 생명은 자연적 존재로서 동등한 가치를 갖는다고 할 것이나 그 동등한 가치가 서로 충돌하게 되거나 생명의 침해에 못지아니한 중대한 공익을 침해하는 등의 경우에는 국민의 생명 · 재산 등을 보호할 책임이 있는 국가는 어떠한 생명 또는 법익이 보호되어야 할 것인지 그 규준을 제시할 수 있는 것이다. 인간의 생명을 부정하는 등의 범죄행위에 대한 불법적 효과로서 지극히 한정적인 경우에만 부과되는 사형은 죽음에 대한 인간의 본능적 공포심과 범죄에 대한 응보욕구가 서로 맞물려 고안된 "필요악"으로서 불가피하게 선택된 것이며 지금도 여전히 제 기능을 하고 있다는 점에서 정당화될 수 있다. 따라서

사형은 이러한 측면에서 헌법상의 비례의 원칙에 반하지 아니한다 할 것이고, 적어도 우리의 현행 헌법이 스스로 예상하고 있는 형벌의 한 종류이기도 하므로 아직은 우리의 헌법질서에 반하는 것으로 판단되지 아니한다.

2. 형법 제250조 제1항이 규정하고 있는 살인의 죄는 인간생명을 부정하는 범죄행위의 전형이고, 이러한 범죄에는 그 행위의 태양이나 결과의 중대성으로 미루어 보아 반인륜적 범죄(反人倫的 犯罪)라고 규정 지워질 수 있는 극악한 유형의 것들도 포함되어 있을 수 있는 것이다. 따라서 사형을 형벌의 한 종류로서 합헌(合憲)이라고 보는 한 그와 같이 타인의 생명을 부정하는 범죄행위에 대하여 행위자의 생명을 부정하는 사형을 그 불법효과의 하나로서 규정한 것은 행위자의 생명과 그 가치가 동일한 하나의 혹은 다수의 생명을 보호하기 위한 불가피한 수단의 선택이라고 볼 수밖에 없으므로 이를 가리켜 비례의 원칙에 반한다고 할 수 없어 헌법에 위반되는 것이 아니다」라고 하여 사형제도에 대하여 합헌결정을 선고하였다(헌재결 1996. 11. 28, 95헌바1).

제2절 분묘기지권 시효취득

헌법재판소는 분묘기지권 시효취득에 대한 위헌소원심판에서 「1. 사건개요

○ 청구인은 부천시 오정구 소재 임야(이하 '이 사건 임야'라 한다)에 관하여 소유권이전등기를 마친 소유자이고, 이 사건 임야에 있는 합장묘(이하 '이 사건 분묘'라 한다)는 조선 후기에 설치되어 그 후손들에 의해 관리되다가 1957년경 황○○의 아버지가 관리하기 시작하였고 이어 황○○이 관리하여 왔다.

○ 청구인은 이 사건 분묘에 대해 '장사 등에 관한 법률'에 따라 분묘개장 허가를 받은 후 분묘를 굴이하고 화장하여 유골을 공원묘원에 봉안하여 두었다.

○ 황○○은 청구인을 상대로 손해배상을 구하는 소를 제기하여 일부 승소하였고, 청구인의 항소 및 상고는 기각되었다. 청구인은 상고심 계속 중 분묘기지

권의 시효취득에 관한 관습법 등에 대하여 위헌법률심판제청신청을 한 후 각하되자(대법원 2017카기1003), 이 사건 헌법소원심판을 청구하였다.

2. 심판대상

○ 분묘기지권에 관한 관습법 중 "타인 소유의 토지에 소유자의 승낙 없이 분묘를 설치한 경우에는 20년간 평온·공연하게 그 분묘의 기지를 점유하면 지상권과 유사한 관습상의 물권인 분묘기지권을 시효로 취득하고, 이를 등기 없이 제3자에게 대항할 수 있다."는 부분 및 "분묘기지권의 존속기간에 관하여 당사자 사이에 약정이 있는 등 특별한 사정이 없는 경우에는 권리자가 분묘의 수호와 봉사를 계속하는 한 그 분묘가 존속하고 있는 동안은 분묘기지권은 존속한다."는 부분(이하 통칭하여 '이 사건 관습법'이라 한다).

3. 결정주문

○ 분묘기지권에 관한 관습법 중 "타인 소유의 토지에 소유자의 승낙 없이 분묘를 설치한 경우에는 20년간 평온·공연하게 그 분묘의 기지를 점유하면 지상권과 유사한 관습상의 물권인 분묘기지권을 시효로 취득하고, 이를 등기 없이 제3자에게 대항할 수 있다."는 부분 및 "분묘기지권의 존속기간에 관하여 당사자 사이에 약정이 있는 등 특별한 사정이 없는 경우에는 권리자가 분묘의 수호와 봉사를 계속하는 한 그 분묘가 존속하고 있는 동안은 분묘기지권은 존속한다."는 부분은 헌법에 위반되지 아니한다.

4. 이유의 요지

- 이 사건 관습법의 헌법소원 대상성

○ 이 사건 관습법은 법률과 같은 효력을 갖고 있으므로 헌법소원심판의 대상이 되고, 단지 형식적 의미의 법률이 아니라는 이유로 그 예외가 될 수는 없다.

- 제한되는 기본권 및 심사기준

○ 이 사건 관습법에 따라 분묘기지권이 성립·존속하는 경우 해당 토지의 소유자는 분묘의 수호·관리에 필요한 상당한 범위 내에서 토지소유권의 행사를 제한받을 수밖에 없고, 이 사건 관습법이 과잉금지원칙을 위반하여 토지소유자의 재산권을 침해하는지를 심사함에 있어서는, 이 사건 관습법 성립 전후의 역사적 배경과 관습법으로서 수행해 왔던 역할, 재산권의 대상인 토지의 특성 및

헌법 제9조에 따른 전통문화의 보호 등을 고려하여 완화된 심사기준을 적용한다.

- 과잉금지원칙 위배 여부

○ 비록 오늘날 전통적인 장묘문화에 일부 변화가 생겼다고 하더라도 우리 사회에는 분묘기지권의 기초가 된 매장문화가 여전히 자리 잡고 있고, 분묘를 모시는 자손들에게 분묘의 강제적 이장은 경제적 손실을 넘어 분묘를 매개로 형성된 정서적 애착관계 및 지역적 유대감의 상실로 이어질 수밖에 없으며, 이는 우리의 전통문화에도 배치되므로, 이 사건 관습법을 통해 분묘기지권을 보호해야 할 필요성은 여전히 존재한다.

○ 이 사건 관습법은 평온·공연한 점유를 요건으로 하고 있어 법률상 도저히 용인할 수 없는 분묘기지권의 시효취득을 배제하고 있고, 분묘기지권을 시효취득한 경우에도 분묘의 수호·관리에 필요한 상당한 범위 내에서만 인정되는 등 토지 소유자의 재산권 제한은 그 범위가 적절히 한정되어 있으며, 단지 원칙적으로 지료지급의무가 없다거나 분묘기지권의 존속기간에 제한이 없다는 사정만으로 이 사건 관습법이 필요한 정도를 넘어서는 과도한 재산권 제한이라고 보기는 어렵다.

○ 분묘기지권은 조상숭배사상 및 부모에 대한 효사상을 기반으로 오랜 세월 우리의 관습으로 형성·유지되어 왔고 현행 민법 시행 이후에도 대법원 판결을 통해 일관되게 유지되어 왔는바, 이러한 전통문화의 보호 및 법률질서의 안정이라는 공익은 매우 중대하다.

○ 따라서 이 사건 관습법은 과잉금지원칙에 위배되어 토지소유자의 재산권을 침해한다고 볼 수 없다.

5. 결정의 의의

○ 헌법재판소는 이 사건에서 관습법이 헌법소원심판의 대상이 된다고 본 선례(헌재 2016. 4. 28. 2013헌바396등 결정)의 입장을 유지하였다.

○ 헌법재판소는 이 사건에서 관습법이 재산권을 침해하였는지 여부에 관한 심사기준을 처음으로 제시하였는바, 재산권 침해 여부를 과잉금지원칙에 따라 심사하되 이 사건 관습법 성립 전후의 역사적 배경과 관습법으로서 수행해 왔던 역할, 재산권의 대상인 토지의 특성 및 헌법 제9조에 따른 전통문화의 보호 등

을 고려하여 심사기준을 완화하였다.

○ 이 사건 관습법은 오랜 세월 우리의 관습으로 형성・유지되어 왔고 현행 민법 시행 이후에도 대법원 판결을 통해 일관되게 유지되어 온 것인바, 헌법재판소는 장묘문화의 변화, 임야의 경제적 가치 상승 등 그간 변화된 사정에도 불구하고 이 사건 관습법이 헌법에 위배되지 않는다고 판단하였다」라고 하여 2020년 10월 29일 재판관 7:2의 의견으로, 분묘기지권에 관한 관습법 중 "타인 소유의 토지에 소유자의 승낙 없이 분묘를 설치한 경우에는 20년간 평온・공연하게 그 분묘의 기지를 점유하면 지상권과 유사한 관습상의 물권인 분묘기지권을 시효로 취득하고, 이를 등기 없이 제3자에게 대항할 수 있다."는 부분 및 "분묘기지권의 존속기간에 관하여 당사자 사이에 약정이 있는 등 특별한 사정이 없는 경우에는 권리자가 분묘의 수호와 봉사를 계속하는 한 그 분묘가 존속하고 있는 동안은 분묘기지권은 존속한다."는 부분은 모두 헌법에 위반되지 않는다는 결정(합헌)을 선고하였다(헌재결 2020.10.29., 2017헌바208).

제3절
2회 이상 음주운전 시 가중처벌 사건

헌법재판소는 도로교통법 제148조의 2 제1항(2회 이상 음주운전 시 가중처벌 사건)에 대한 위헌소원심판에서 「1. 사건개요

○ 청구인들(2019헌바446, 2021헌바77)은 음주운전 금지규정을 2회 이상 위반(각 2019. 8. 17., 2019. 11. 7. 위반)하였다는 공소사실로 기소되어 형사재판 계속 중 도로교통법 제148조의2 제1항, 구 도로교통법 제148조의2 제1항에 대하여 위헌법률심판제청신청을 하였으나 기각되자, 각각 이 사건 헌법소원심판을 청구하였다.

○ 제청법원(2020헌가17)은 2019. 11. 28. 음주운전 금지규정을 2회 이상 위반하였다는 공소사실로 기소된 피고인에 대한 형사재판 계속 중 직권으로 도로

교통법 제148조의2 제1항에 대하여 이 사건 위헌법률심판을 제청하였다.

2. 심판대상

○ 이 사건 심판대상은 구 도로교통법(2018. 12. 24. 법률 제16037호로 개정되고, 2020. 6. 9. 법률 제17371호로 개정되기 전의 것) 제148조의2 제1항 중 '제44조 제1항을 2회 이상 위반한 사람'에 관한 부분(이하 '심판대상조항'이라 한다)이 헌법에 위반되는지 여부이다.

[심판대상조항]

구 도로교통법(2018. 12. 24. 법률 제16037호로 개정되고, 2020. 6. 9. 법률 제17371호로 개정되기 전의 것)

제148조의2(벌칙) ① 제44조 제1항 또는 제2항을 2회 이상 위반한 사람(자동차등 또는 노면전차를 운전한 사람으로 한정한다)은 2년 이상 5년 이하의 징역이나 1천만 원 이상 2천만 원 이하의 벌금에 처한다.

[관련조항]

도로교통법(2018. 3. 27. 법률 제15530호로 개정된 것)

제44조(술에 취한 상태에서의 운전 금지) ① 누구든지 술에 취한 상태에서 자동차등(「건설기계관리법」 제26조 제1항 단서에 따른 건설기계 외의 건설기계를 포함한다. 이하 이 조, 제45조, 제47조, 제93조 제1항 제1호부터 제4호까지 및 제148조의2에서 같다), 노면전차 또는 자전거를 운전하여서는 아니 된다.

3. 결정주문

○ 구 도로교통법(2018. 12. 24. 법률 제16037호로 개정되고, 2020. 6. 9. 법률 제17371호로 개정되기 전의 것) 제148조의2 제1항 중 '제44조 제1항을 2회 이상 위반한 사람'에 관한 부분은 헌법에 위반된다.

4. 이유의 요지

● 죄형법정주의의 명확성원칙 위반 여부

○ 심판대상조항의 문언, 입법목적과 연혁, 관련 규정과의 관계 및 법원의 해석 등을 종합하여 볼 때, 심판대상조항에서 '제44조 제1항을 2회 이상 위반한 사람'이란 '2006. 6. 1. 이후 도로교통법 제44조 제1항을 위반하여 술에 취한 상태에서 운전을 하였던 사실이 인정되는 사람으로서, 다시 같은 조 제1항을 위

반하여 술에 취한 상태에서 운전한 사람'을 의미함을 충분히 알 수 있으므로, 심판대상조항은 죄형법정주의의 명확성원칙에 위반된다고 할 수 없다.

● 책임과 형벌 간의 비례원칙 위반 여부

○ 심판대상조항은 음주운전 금지규정을 반복하여 위반하는 사람에 대한 처벌을 강화하기 위한 규정인데, 그 구성요건을 '제44조 제1항을 2회 이상 위반'한 경우로 정하여 가중요건이 되는 과거 음주운전 금지규정 위반행위와 처벌대상이 되는 재범 음주운전 금지규정 위반행위 사이에 아무런 시간적 제한이 없고, 과거 위반행위가 형의 선고나 유죄의 확정판결을 받은 전과일 것을 요구하지도 않는다.

○ 그런데 과거 위반행위가 예컨대 10년 이상 전에 발생한 것이라면 처벌대상이 되는 재범 음주운전이 준법정신이 현저히 부족한 상태에서 이루어진 반규범적 행위라거나 사회구성원에 대한 생명·신체 등을 '반복적으로' 위협하는 행위라고 평가하기 어려워 이를 일반적 음주운전 금지규정 위반행위와 구별하여 가중처벌할 필요성이 있다고 보기 어렵다. 범죄 전력이 있음에도 다시 범행한 경우 재범인 후범에 대하여 가중된 행위책임을 인정할 수 있다고 하더라도, 전범을 이유로 아무런 시간적 제한 없이 무제한 후범을 가중처벌하는 예는 찾기 어렵고, 공소시효나 형의 실효를 인정하는 취지에도 부합하지 않으므로, 심판대상조항은 예컨대 10년 이상의 세월이 지난 과거 위반행위를 근거로 재범으로 분류되는 음주운전 행위자에 대해서는 책임에 비해 과도한 형벌을 규정하고 있다고 하지 않을 수 없다.

○ 도로교통법 제44조 제1항을 2회 이상 위반한 경우라고 하더라도 죄질을 일률적으로 평가할 수 없고 과거 위반 전력, 혈중알코올농도 수준, 운전한 차량의 종류에 비추어, 교통안전 등 보호법익에 미치는 위험 정도가 비교적 낮은 유형의 재범 음주운전행위가 있다. 그런데 심판대상조항은 법정형의 하한을 징역 2년, 벌금 1천만 원으로 정하여 그와 같이 비난가능성이 상대적으로 낮고 죄질이 비교적 가벼운 행위까지 지나치게 엄히 처벌하도록 하고 있으므로, 책임과 형벌 사이의 비례성을 인정하기 어렵다.

○ 반복적 음주운전에 대한 강한 처벌이 국민일반의 법감정에 부합할 수는

있으나, 결국에는 중벌에 대한 면역성과 무감각이 생기게 되어 법의 권위를 실추시키고 법질서의 안정을 해할 수 있으므로, 재범 음주운전을 예방하기 위한 조치로서 형벌 강화는 최후의 수단이 되어야 한다. 심판대상조항은 음주치료나 음주운전 방지장치 도입과 같은 비형벌적 수단에 대한 충분한 고려 없이 과거 위반 전력 등과 관련하여 아무런 제한도 두지 않고 죄질이 비교적 가벼운 유형의 재범 음주운전 행위에 대해서까지 일률적으로 가중처벌하도록 하고 있으므로 형벌 본래의 기능에 필요한 정도를 현저히 일탈하는 과도한 법정형을 정한 것이다.

○ 그러므로 심판대상조항은 책임과 형벌 간의 비례원칙에 위반된다.

5. 결정의 의의

○ 이 사건은 반복적인 음주운전 금지규정 위반행위에 대한 가중처벌을 규정하는 도로교통법 조항에 대하여 헌법재판소가 처음으로 위헌 여부를 판단한 사건이다.

○ 헌법재판소는 과거 위반 전력 등과 관련하여 아무런 제한을 두지 않고 죄질이 비교적 가벼운 재범 음주운전행위까지 일률적으로 법정형의 하한인 징역 2년, 벌금 1천만 원을 기준으로 가중처벌하도록 하는 것은 책임과 형벌 사이의 비례성을 인정할 수 없다고 보아 헌법에 위반된다고 판단하였다」라고 하여 2021년 11월 25일 재판관 7:2의 의견으로, 2회 이상 음주운전 금지규정을 위반한 사람을 2년 이상 5년 이하의 징역이나 1천만 원 이상 2천만 원 이하의 벌금에 처하도록 규정한 구 도로교통법 제148조의 2 제1항 중 '제44조 제1항을 2회 이상 위반한 사람'에 관한 부분이 헌법에 위반된다는 결정(위헌)을 선고하였다(헌재결 2021.11.25, 2019헌바446, 2020헌가17, 2021헌바77(병합)).

제4절

피상속인의 4촌 이내의 방계혈족을 4순위 법정상속인으로 규정한 민법 조항

헌법재판소는 민법 제1000조 제1항 제4호(피상속인의 4촌 이내의 방계혈족을 4순위 법정상속인으로 규정한 민법 조항)가 헌법에 위반되는지 여부에 관한 위헌제청심판에서 「1. 사건개요

○ ■■기금은 제청법원에 망 고○○(2017. 1. 10. 사망, 이하 '망인'이라고 한다)를 상대로 구상금청구의 소를 제기하였는데, 소 제기 전에 망인이 사망하였고, 1순위 법정상속인인 망인의 배우자와 직계비속이 상속을 포기하였으며, 2순위 법정상속인인 망인의 부모가 사망한 사실을 알게 되자, 당사자표시정정신청을 통해 3순위 법정상속인인 망인의 형제 고□□로 피고를 정정하였다.

○ 그러나 이후 고□□ 또한 소 제기 전에 상속을 포기하였고, 4순위 법정상속인인 망인의 4촌 이내의 방계혈족 중 3촌 이내의 혈족은 모두 사망하였다는 사실이 밝혀졌다. 이에 ■■기금은 제청법원에 망인의 4촌 9인으로 피고를 정정해 달라는 당사자표시정정신청을 하였다.

○ 제청법원은 2018. 5. 16. 피상속인의 4촌 이내의 방계혈족을 4순위 법정상속인으로 규정하고 있는 민법 제1000조 제1항 제4호에 대하여 직권으로 위헌법률심판을 제청하였다.

2. 이유의 요지

● 재산권 및 사적 자치권 침해 여부 - 소극

○ 심판대상조항은 상속 순위에 관한 법률적 분쟁을 사전에 예방하고자 하는 규정인 동시에 우리 민법이 취하고 있는 혈족상속의 원칙을 입법한 것으로 볼 수 있다. 혈족상속의 전통은 혈족들이 경제적으로 상호부조하고 깊은 정서적 유대감을 공유하던 과거의 혈족사회에서 유래한 것이기는 하나, 오늘날 변화된 사회상을 고려하더라도 그 의미를 현저히 상실하여 상속권 부여의 기준이 되지 못

할 정도에 이르렀다고 보기 어렵다(헌재 2018. 5. 31. 2015헌바78 참조).

○ 심판대상조항은 피상속인의 4촌 이내의 방계혈족을 일률적으로 4순위 법정상속인으로 규정함으로써, 경우에 따라서는 피상속인의 채무를 승계하도록 하거나 상속 포기, 소송 대응 등 상속에 관한 법률관계를 형성하도록 강제한다.

그러나 피상속인의 4촌 이내의 방계혈족 자신의 개인적 사정이나 피상속인과의 친소(親疏)관계 등 주관적 요소를 일일이 고려하여 상속인의 기준을 법률에 규정하기 어렵고, 이러한 요소를 고려하여 상속인의 기준을 정할 경우 상속을 둘러싼 법적 분쟁을 사전에 예방한다는 입법취지를 달성하기 어렵게 될 우려가 있다. 또한, 오늘날 1인 가구가 늘어나는 등 가족 형태가 다양화됨에 따라 피상속인이 자녀나 배우자, 형제자매 없이 사망하는 경우도 있을 수 있는데, 상속인이 없는 재산의 경우 법정의 절차를 거쳐 최종적으로는 국가에 귀속된다는 점을 고려하면(민법 제1058조 제1항 참조), 심판대상조항은 피상속인의 4촌 이내의 방계혈족을 상속인에 포함시켜 혈족 상속을 최대한 보장하고 상속에 대한 국가의 개입을 최소화하기 위한 것으로도 볼 수 있다.

○ 심판대상조항은 피상속인의 4촌 이내의 방계혈족을 상속인의 범위에 포함시키되 그 순위를 피상속인의 직계비속·직계존속 및 형제자매에 이어 4순위로 정하고 있을 뿐, 피상속인의 4촌 이내의 방계혈족에게 상속의 효과를 확정적으로 귀속시키지는 아니한다. 민법은 제1019조 내지 제1021조에서 상속인으로 하여금 법정의 고려기간 내에 상속을 단순승인 또는 한정승인하거나 상속을 포기할 수 있도록 하는 한편 상속인의 구체적 상황에 따라 고려기간의 기산점을 달리 하거나 특별한정승인을 할 수 있도록 규정함으로써, 상속의 효과를 귀속 받을지 여부에 관한 상속인의 선택권을 보장하고 상속인에게 불측의 부담이 부과되는 것을 막는 법적 장치를 마련하고 있다.

○ 그렇다면 입법자가 피상속인의 4촌 이내의 방계혈족을 일률적으로 4순위 법정상속인으로 규정한 것이 자의적인 입법형성권의 행사라고 보기 어렵고, 구체적 사안에서 피상속인의 4촌 이내의 방계혈족이 개인적 사정으로 고려기간 내에 상속포기를 하지 못하여 피상속인의 채무를 변제하게 되는 경우가 발생할 수 있다는 이유만으로 심판대상조항이 입법형성권의 한계를 일탈하였다고 볼 수도 없다.

○ 따라서 심판대상조항은 피상속인의 4촌 이내의 방계혈족의 재산권 및 사적 자치권을 침해하지 아니한다」라고 하여 2020. 2. 27. 재판관 전원일치의 의견으로 피상속인의 4촌 이내의 방계혈족을 4순위 법정상속인으로 규정한 민법(1990. 1. 13. 법률 제4199호로 개정된 것) 제1000조 제1항 제4호는 헌법에 위반되지 아니한다는 결정을 선고(합헌)하였다(헌재결 2020.02.27, 2018헌가11).

제2장 | 대법원 판례

제1절
양심의 자유

대법원 전원합의체(주심 김재형 대법관)는 2018년 11월 1일 현역병 입영을 거부했다가 병역법 위반 등 혐의로 기소된 '여호와의 증인' 신도 오모(34)씨에 대한 사건에서 「① 양심적 병역거부도 병역법 제88조 1항이 규정하고 있는 '정당한 사유'에 해당한다. 병역법 제88조 1항은 현역입영 또는 소집 통지서(모집에 의한 입영 통지서를 포함한다)를 받은 사람이 '정당한 사유' 없이 이에 응하지 않은 경우 3년 이하의 징역에 처하도록 하고 있다.

② 병역법 제88조 1항의 '정당한 사유'가 있는지를 판단할 때에는 병역법의 목적과 기능, 병역의무의 이행이 헌법을 비롯한 전체 법질서에서 가지는 위치, 사회적 현실과 시대적 상황의 변화 등은 물론 피고인이 처한 구체적이고 개별적인 사정도 고려할 수 있다. 병역의무자가 처한 구체적이고 개별적인 사정이 병역의 이행을 감당하지 못하도록 한다면 정당한 사유에 해당할 수 있고, 그 사정이 대다수의 다른 이들에게는 존재하지 않는 것이라 하더라도 마찬가지이다.

③ 헌법 제19조는 '모든 국민은 양심의 자유를 가진다'고 규정하여 인간의 존엄성을 유지하는 기본조건이자 민주주의 존립의 불가결한 전제로서 양심의 자유를 보장하고 있는데, 양심은 개인의 소신에 따른 다양성이 보장돼야 하고 그 형

성과 변경에 외부적 개입과 억압에 의한 강요가 있어서는 안되는 윤리적 내심영역이며 양심에 따라 결정을 하는 내심의 자유뿐만 아니라 그와 같이 형성된 양심에 따른 결정을 외부로 표현하고 실현할 수 있는 자유도 포함된다. 개인이 스스로 자신의 양심을 적극적으로 표출한 것이 아니라, 국가가 그 사람의 양심에 반하는 작위의무를 부과한 것에 대하여 소극적으로 응하지 않은 경우, 국가가 그 사람에게 형사처벌 등 제재를 가함으로써 의무이행을 강제하는 소극적 양심실현의 자유에 대한 제한은 기본권에 과도한 제한이 되거나 기본권의 본질적 내용에 대한 위협이 될 수 있다.

④ 양심적 병역거부를 인정할 것인지는 헌법 제19조의 양심의 자유 규정과 헌법 제39조 국방의 의무 규범 사이의 충돌과 조정의 문제로서, 병역법상 '정당한 사유'라는 문언의 해석을 통해 해결해야 하는데, 양심적 병역거부는 소극적 양심실현의 한 모습으로서 헌법상 국방의 의무 자체를 부정하는 것이 아니라 국방의 의무를 구체화하는 법률에서 병역의무를 이행하는 방법으로 정한 집총이나 군사훈련을 수반하는 행위를 할 수 없다는 이유로 그 이행을 거부할 뿐이며, 양심적 병역거부자들에게 형사처벌 등 제재를 통해 집총과 군사훈련을 수반하는 병역의무의 이행을 강제하는 것은 양심의 자유에 대한 과도한 제한이 되거나 양심의 자유의 본질적 내용에 대한 위협이다.

⑤ 자유민주주의는 다수결의 원칙에 따라 운영되지만 소수자에 대한 관용과 포용을 인정해야만 그 정당성을 확보할 수 있다는 점에서 국민 다수의 동의를 받지 못했다는 이유로 양심적 병역거부자들의 존재를 국가가 언제까지나 외면하고 있을 수는 없다. 양심적 병역거부자들의 신념에 선뜻 동의할 수 없더라도 이제 이들을 관용하고 포용할 수 있어야 한다. 따라서 진정한 양심에 따른 병역거부라면, 그러한 양심적 병역거부는 병역법 제88조 1항의 정당한 사유에 해당한다.

⑥ '정당한 사유'에 해당하는 진정한 양심적 병역거부를 판단하는 기준도 양심적 병역거부라는 신념이 △깊고 △확고하며 △진실해야 한다. 여기에 해당하는지 여부에 대한 입증책임은 검사에게 있다.

⑦ 양심적 병역거부를 '정당한 사유'로 인정할 것인지는 대체복무제의 존부와 논리필연적인 관계에 있지 않다. 대체복무제는 양심적 병역거부를 인정했을 때

제기될 수 있는 병역의무의 형평성 문제를 해소하는 방안이다. 현재 대체복무제가 마련되어 있지 않다거나 향후 도입될 가능성이 있더라도, 병역법 제88조 1항 위반으로 기소된 피고인에게 정당한 사유가 인정된다면 처벌할 수 없다고 보는 것이 타당하다」라고 하여 종교적 신념을 이유로 군입대를 거부하는 이른바 '양심적 병역거부'를 병역법 위반죄로 처벌할 수 없다고 판시하였다(대판 2018.11.1, 2016도10912).

제2절
섬마을 여교사 성폭력 사건

피고인들은 지난 2016년 5월 신안군의 한 섬마을 초등학교에서 여교사를 성폭행하기로 마음먹고 여교사를 불러 술을 먹인 후 여교사가 술에 만취하자 관사에 데려다준다는 이유로 여교사를 집단 강간한 혐의 등으로 기소되었다. 이들은 자정을 전후해 두 차례 범행을 저질렀다. 이들은 1차 범행에서 피해자가 강하게 저항해 범행에 실패하자 자정 이후 피해자가 잠이 들었을 때 다시 찾아가 2차 범행을 저질러 성폭행하였다. 이 과정에서 이모씨는 범행장면을 휴대전화로 촬영하기까지 하였다.

1심 법원은 「학부모로서 범행을 공모하고 피해자 주거에 침입한 뒤 반항이 불가능한 상태에서 성폭행해 죄질이 불량하다」며 김씨에게 징역 18년, 이씨에게 징역 13년, 박씨에게 징역 12년을 선고하였다.

반면 2심 법원은 1심과 같이 유죄를 인정하면서도 「피해자와 합의했고 피해자가 처벌을 원하지 않는다고 탄원하고 있는 점 등을 참작하였다」며 징역 10년과 8년, 7년으로 감형하였다.

그러나 2017년 10월 대법원은 「원심이 무죄로 판단한 부분에 대하여 공모공동정범, 합동범의 관계를 인정할 수 있다」며 사건을 광주고법으로 돌려보냈다(2017도6594). 즉 2심을 파기하고 환송하였다. 1차 범행 역시 3명이 함께 저지른 것으로 인정된다는 취지이다. 공모공동정범이라 함은 2명 이상이 범죄를 공모한 뒤 그 공모자 중 일부만 실행에 나아간 경우 실행을 담당하지 않은 사람에게도 공동으로 범죄 책임이 있다는 법리이다. 합동범은 공동정범보다 범위가 좁은 개념으로, 2명 이상이 합동하여 일정한 죄를 범한 경우 특히 여러 명이 현장에서 시간적 · 장소적으로 협동하는 것을 의미한다.

파기환송심인 광주고법 형사4부(재판장 최인규 부장판사)는 구속기소된 김모(39)씨에게 징역 10년을 선고한 원심을 취소하고 징역 15년을 선고하였다. 같은 혐의로 기소돼 징역 8년을 선고 받았던 이모(35)씨에게는 징역 12년을, 징역 7년을 선고 받았던 박모(50)씨에게는 징역 10년을 각각 선고하였다. 이들에게는 40시간의 성폭력치료프로그램 수강명령도 선고하였다(2018.01.29, 2017노474). 재판부는 대법원의 파기환송 취지에 따라 이들이 저지른 범행에서 공모 · 합동관계를 인정하였다.

재판부는 「피고인들의 친분이 두텁고 범행 당시 수시로 전화통화를 하면서 각자 차량을 이용하여 비교적 일사불란하게 범행 장소로 이동하였다가 각자 주거지로 돌아온 과정 등에 비춰 볼 때 피고인들의 합동 또는 공모관계를 인정할 수 있다. 학부형인 피고인들이 교사인 피해자를 상대로 저지른 성폭력 범죄는 우리 사회와 국민에게 커다란 충격을 주었다. 건장한 남자들이 자정을 전후로 약 2시간 30분에 걸쳐 서로 만났다 헤어지기를 반복하면서 항거불능 상태에 있는 피해자를 상대로 성폭력 범죄를 저질러 죄질이 나쁘고 그에 대한 비난 가능성도 매우 크다. 다만 피고인들이 원심 판결 선고 후 피해자와 모두 합의해 피해자가 피고인들을 용서하고 선처해 주기를 탄원하고 있는데다 범행 이전에는 동종 범죄로 처벌받은 전력이 없는 점 등을 참작해 형을 정하였다」라고 판시하였다.

재상고심을 맡은 대법원 형사3부(주심 조희대 대법관)도 「원심의 판단은 정당하다」며 성폭력범죄의 처벌 등에 관한 특례법상 강간치상 혐의로 기소된 김모(39)씨, 이모(35)씨, 박모(50)씨에게 각각 징역 15년, 12년, 10년을 선고한 원심을 확정하였다(대판 2018.04.10., 2018도2666).

제3절
업무상 위력 등에 의한 간음

법원은 안희정 前 충남도지사의 여비서 김지은씨에 대한 업무상 위력 등에 의한 간음과 관련하여 1심에서 「권력적 상하관계에 놓인 남녀가 성관계를 가졌다는 사실만으로 처벌할 수는 없다. 상대방의 자유의사를 제압할 정도의 위력이 존재하고 행사돼야 하는데, 안 전 지사가 평소 자신의 위력을 행사하거나 이를 남용해 피해자나 직원의 자유의사를 억압했다는 증거가 부족하다」라고 하여 무죄를 선고하였다.

이에 대하여 서울고법 형사12부(재판장 홍동기 부장판사)는 「피해자 김지은씨의 진술이 주요 부분에서 일관성 있고, 그가 직접 경험하지 않고는 말하기 어려운 부분이나 감정을 진술한 만큼 신빙성이 있다. 성범죄 사건에서 피해자의 진술이 사소한 부분에서 다소 일관성이 없거나 최초 진술이 다소 불명확하게 바뀌었다 해도 그 진정성을 함부로 배척해선 안 된다. 김씨가 성폭행 피해 경위를 폭로하게 된 경위도 자연스럽고, 안 전 지사를 무고할 동기나 목적도 찾기 어렵다.

안 전 지사는 (당시) 현직 도지사이자 여당의 차기 대권주자로 자신의 감독과 보호를 받는 수행비서를 피해자의 의사에 반하여 업무상 위력으로 네 차례 간음하였다. 안 전 지사와 김씨는 도지사와 비서라는 관계로, 김씨가 지시에 순종해야만 하는 등 취약한 처지에 있었다. 범행이 상당 기간 반복되는 등 죄질이 매우 불량하다」라고 하여 안희정 전 충남도지사에 대하여 징역 3년 6개월을 선고하였다(서울고법 2019.02.01, 2018노2354).

그리고 대법원 형사2부(주심 김상환 대법관)는 2019년 9월 9일 업무상 위력 등에 의한 간음 등의 혐의로 기소된 안 전 지사에게 징역 3년 6개월을 선고한 원심을 확정하였다(대판 2019.09.09, 2019도2562).

제3편
법학 입문

제1장 | 법의 본질

제1절
사회생활과 법

인간은 언제나 사회생활을 하고 있다. 로빈슨 크루소적인 완전히 고립된 생활은 현실적인 것이 아니다. 사회를 떠난 인간의 생활이란 있을 수 없으며 인간은 숙명적으로 사회적 존재인 것이다. 그리스의 철학자 아리스토텔레스(Aristoteles)는 「인간은 사회적 동물이다」라고 하였고, 독일의 법학자 기에르케(Otto von Gierke)는 「인간이 인간인 까닭은 인간과 인간의 결합에 있다」라고 하였다. 이 주장들은 인간과 사회는 불가분의 관계에 있다는 것을 표현한 말이다.

태고시대부터 오늘에 이르기까지 인간은 언제나 사회생활을 하여 왔다는 사실은 긍정되지 않으면 아니 된다. 그런데 인간의 사회생활은 질서 있는 공존이어야 한다. 그것이 소박한 원시사회이든 복잡 다양한 문명사회이든, 사회에서 한결같이 요구되는 것은 질서이며 질서 없는 사회에는 혼란과 파괴가 있을 뿐이다.

그런데 인간은 누구든지 그 마음 가운데 「천사와 같은 본성」과 「악마와 같은 본성」을 아울러 가지고 있다. 인간본성의 이와 같은 극단적 양면성은 인간의 사회생활에 있어서 어떤 형태의 규범이 요구된다는 것을 의미한다.

모든 인간이 공통적으로 지니는 이 두 가지 심성(心性)이 사회생활에 있어서 어떻게 나타나는가에 대하여는 시대, 환경 그리고 개개인의 생활사정에 따라 다르다. 여기서 천사와 같은 심성을 「협동」, 악마와 같은 심성을 「투쟁」이라는 말로 바꾸어 인간의 사회생활과 관련시켜 생각할 때 협동은 인간이 가지는 이타심의 표현으로서 타인을 위한 생활이며, 투쟁은 이기심의 표현으로서 자기만을 위한 생활이라 할 수 있다.

이 점에 대하여 독일의 사회학자 퇴니스는 인간의 이러한 측면을 나누어 「이타」와 「협동」이 강조되는 사회를 공동사회, 「이기」와 「투쟁」이 강조되는 사회를 이익사회로 정의하였다. 오늘날 우리들이 영위하고 있는 사회생활의 형태 또는 내용은 당연히 이익사회라 할 수 있다. 홉스(Thomas Hobbes)는 인간의 생활상태를 분석하여 「만인(萬人)의 만인에 대한 투쟁」이라고 갈파하여 인간의 사회생활의 격심한 생존경쟁을 강조하였다.

여기에 바로 모든 인간은 사회생활을 원만히 유지하기 위하여 이기심과 투쟁을 억제하고 만인이 사회생활을 함에 있어서 준수할 것을 강요하는 일정한 기준을 필요로 하게 되었으니 이것을 규범이라고 한다. 여기서 규범이라 함은 「봄이 가면 여름이 온다」, 「해가 지면 날이 어두워진다」는 것과 같은 자연법칙을 말하는 것이 아니라 「사람을 죽이지 말라」, 「남의 물건을 훔치지 말라」는 것과 같이 인간이 사회생활의 질서를 유지하기 위하여 인간에 의하여 만들어진 인간의 법칙을 말한다. 그 규범에는 도덕 · 관습 · 종교 · 법규범 등 여러 가지 규범이 있으나 오늘날 우리들의 생활에 있어서 가장 밀접한 관계를 가지는 규범은 법규범이다. 「사회 있는 곳에 법이 있다」라는 법언(法諺)은 인간의 사회생활과 규범이 불가분의 관계에 있다는 것을 표현한 명구이다.

제2절
법의 의의

법이라 함은 사람의 사회생활에 있어서 행위의 준칙으로서 국가권력에 의하여 강행되는 사회규범을 말한다.

Ⅰ. 법은 행위의 준칙이다

법은 사람이 자기의 의사에 의하여 하는 행위의 준칙이다. 따라서 법은 사람의 행위를 규율하는 작용을 한다. 즉 법이 대상으로 하고 있는 것은 사람의 행위이며, 이러한 행위는 사람의 의사에 기한 신체의 외부적 동정(動靜)을 말한다. 그러므로 수면 중의 동작과 같이 의사에 기하지 않은 행위나 외부에 나타나지 아니한 행위는 법의 대상이 되지 아니한다.

그리고 행위에는 적극적으로 외부의 어떤 변경을 가져오는 행위와 어떤 의무를 지고 있는 사람이 그 의무에 위반하여 소극적으로 어떤 것을 하지 않음으로써 나타나는 행위가 있다. 전자를 적극적 행위 또는 작위라고 하고, 후자를 소극적 행위 또는 부작위(不作爲)라고 한다. 예컨대 타인에게 폭행을 가한다든가, 타인에게 노무(勞務)를 제공하는 행위는 작위에 해당하고, 수유(授乳)를 하여야 할 어머니가 수유하지 않는다든가, 구조를 하여야 할 의무가 있는 자가 그대로 방치하는 행위는 부작위에 해당한다.

그리고 준칙이라 함은 사람의 판단의 기초가 되는 표준을 말한다. 이와 같이 법은 사람이 자기의 의사에 의한 행위, 즉 작위 또는 부작위의 준칙이다.

Ⅱ. 법은 사회규범이다

법은 사회규범(社會規範)의 일종이다. 규범(norm)이라 함은 사회질서를 유지하기 위하여 사회의 구성원이 준수하여야 할 행위의 준칙을 말한다. 「사람을 죽이지 말라」, 「남의 물건을 훔치지 말라」 등과 같이 모든 인간이 하여야 할 또는 하여서는 아니 될 행위의 표준을 말한다.

이와 같이 법은 사회규범이라는 점에서 자연계의 법칙인 자연법칙과는 본질적으로 다르다. 자연법칙(natural law, Naturgesetz)은 「봄이 가면 여름이 온다」, 「해가 지면 날이 어두워진다」 등과 같이 일정한 원인이 있으면 반드시 「그러하게 되어 있는」 결과를 표시하는 존재(be, Sein)의 법칙, 「인과(因果)의 법칙」, 「필연의 법칙」인 것이다. 이에 대하여 사회규범은 「마땅히 그러하여야 하는」 관계를 표시하는 당위(當爲, ought to, Sollen)의 법칙인 것이다.

따라서 자연법칙은 위반되는 사실의 발생이 있을 수 없으며, 어느 시대나 어느 장소를 막론하고 타당한 법칙인 것이다. 이에 대하여 사회규범에 있어서는 모든 사람이 그대로 따라가는 것은 아니며, 적어도 그에 위반되는 사실의 존재를 전제로 하고 있는 것이다. 사회규범에는 법외에 도덕 · 관습 · 종교 등이 있다.

원시사회에서는 모든 사회규범이 융화 · 미분화(未分化)되었으나 사회가 발달함에 따라 법과 다른 사회규범이 분화하게 되었다.

Ⅲ. 법은 국가권력에 의하여 강행되는 규범이다

법은 강제규범이다. 법규범이 가지는 본질은 강제성(compulsion)이라 할 수 있다. 법은 국가의 승인에 의하여 비로소 법으로서의 존재를 가지게 된다. 그 다음에 법은 그 중심 권력에 의하여 사회의 구성원에 대한 강제력을 발휘하게 된다. 법이 법인 까닭은 법에 위반하는 자에 대하여 권력을 가지고 강제력을 발동함으로써 스스로 그 의사를 실현하는 점에 있다. 따라서 법에 있어서 일정한 범죄에 대하여는 일정한 형벌을 과할 것을 규정하고 있고, 채무를 스스로 이행하지 않는 경우에는 강제집행이나 손해배상을 규정하고 있다.

켈젠(Hans Kelsen)은 「법에 있어서 강제는 본질적 속성이다」라고 하였고, 예링(Rudolf von Jhering)은 「강제력 없는 법은 타지 않는 불, 비치지 않는 등불과 같이 그 자체 모순(矛盾)이다」라고 하였으며, 칸트(Immanuel Kant)는 「법과 강제기능은 동일하다」라고 하였고, 파운드(Roscoe Pound)는 「법은 정치적으로 조직화된 강제력의 체계적 적용에 의한 사회통제(social control)이다」라고 하여 법의 본질을 강제성에서 찾았다.

그리고 법을 성문화하는 한 가지의 이유도 법의 강제성의 담보에 있다고 할 것이다. 법은 이와 같이 국가에 의하여 승인되고 그 국가권력에 의하여 강제된다는 점에서 다른 사회규범과 구별되나 이는 국가권력을 배경으로 하는 국내법에 대하여는 타당하지만 국제법에 있어서는 강제의 방법이 국내법과 같이 완전하지 못하다.

제3절 법의 구조

일반적으로 국가의 모든 법질서는 존재형태는 각기 다를지라도 그 논리적 성격을 달리하는 세 종류의 법규범, 즉 행위규범 · 강제규범 · 조직규범으로 구성되어 있다. 법은 이와 같은 세 가지 주된 형태로 이루어진 복합체로서 서로 관련을 맺으면서 국가의 조직과 작용을 규정하고 법질서를 유지하고 있다.

Ⅰ. 행위규범(명령규범)

법규범은 제1차적으로 사회생활의 질서를 유지하기 위하여 일반인에게 특정사항을 명령하거나 금지하는 행위규범으로 나타난다. 예컨대 헌법 제12조 제3항의 「체포 · 구속 · 압수 또는 수색을 할 때에는 적법한 절차에 따라 검사의 신청에 의하여 법관이 발부한 영장을 제시하여야 한다」라든가 민법 제2조 제2항의 「권리는 남용하지 못한다」 등의 규정은 행위규범으로서 질서유지를 위한 제1차적인 기능을 갖고 있다. 이러한 행위규범의 구조에서만 본다면 법규범은 도덕이나 관습 등 다른 사회규범과 같이 강제성이 포함되어 있지 않는 점에서 동일하다.

Ⅱ. 강제규범(제재규범 · 재판규범)

조직화된 공동사회에 있어서 법의 실현은 법적으로 규제된 방법에 의하여 이루어지게 된다. 따라서 법규범은 제1차적인 행위규범만을 규율하는 것이 아니라 이러한 규범이 관철될 수 있는 절차까지도 규율하게 된다.

이러한 의미에서 행위규범은 그에 위반되는 행위에 대하여 일정한 강제효과가 귀속된다고 하는 규정과 결합됨으로써 비로소 법규범으로서의 의미를 갖게 되는 것이다. 예컨대 형법 제250조 제1항의 「사람을 살해한 자는 사형·무기 또는 5년 이상의 징역에 처한다」라는 규정은 「사람을 죽이지 말라」는 행위규범을 전제로 하여, 이에 대한 위반행위가 있는 경우에는 형벌을 가한다는 강제규범이다.

따라서 법은 행위규범과 강제규범의 복합체, 즉 두 개의 이질적인 규범으로 구성되는 복합구조를 가진 규범체계로서 파악할 수 있는 것이다. 이를 법규범의 복합구조라고도 한다. 이와 같이 법이 이중적 구조를 갖는 이유는 법의 실효성을 확보하기 위한 수단을 의미하는 동시에, 어떠한 행위를 하거나 또는 하지 않는 자는 일정한 처벌을 받을 것이라는 것을 미리 예고함으로써 일반인의 예측가능성과 법적 안정성을 보장하여 주는 데 있다.

구체적으로 법규범이 강제되는 양상은 다양하게 나타난다. 현존하는 법적 의무의 강행의 경우, 예컨대 채무자가 지급의무를 이행하지 않는 경우에는 채무자는 채권자의 제소에 의하여 법원으로부터 지급판결을 받게 된다. 채무자가 계속하여 지급하지 않는 경우에는 판결에 의하여 그에 대하여 강제집행이 행하여 질 수 있다. 이로 인하여 채무자의 지급의무가 강제적으로라도 이행되도록 한다.

그러나 의무가 이미 위반되어 있는 경우에는 형사적인 제재만을 과할 수 있게 된다. 즉 의무위반에 대하여 형벌을 과함으로써 다른 일반인으로 하여금 의무위반을 하지 않도록 동기를 부여하며(일반예방), 또한 위반자 자신으로 하여금 장래에는 이러한 의무를 다시는 위반하지 않도록 영향을 주게 된다(특별예방).

법규범의 강제성은 또한 위법행위가 무효로 선언되거나 취소됨으로써 보장될 수 있다. 예컨대 헌법위반의 법률(입법행위)은 헌법재판소의 구체적 규범통제절차에 의하여 무효로 선언될 수 있고, 위법한 행정행위는 행정소송절차에 의하여 취소될 수 있으며, 부당한 법원의 판결(사법행위)은 상소에 기하여 상소심(上訴審)에 의하여 파기될 수 있다.

Ⅲ. 조직규범

법규범에서는 이러한 행위규범과 강제규범 외에도 행위규범과 강제규범을 통합하고 그 존립기초와 작용방식에 관하여 규정하는 조직규범이 존재한다. 조직규범이라 함은 구체적으로 법의 제정·집행·적용을 담당하는 기관의 조직과 이 조직을 구성하는 기관에 일정한 권한을 부여하는 규범을 말한다. 이러한 조직규범이 개개의 법체계를 전체로서 통괄하여 국가의 근본조직과 정치운영의 원칙을 규정함으로써 법은 사회질서를 유지하고 그 기능을 발휘할 수 있게 된다.

따라서 법은 도덕규범 등과 같이 단층구조로 존재하는 것이 아니라, 조직규범을 기초로 하여 그 위에 행위규범과 강제규범이 불가분하게 연결되어 있는 복합체로서 하나의 실정법질서를 구성하고 있다고 할 수 있다.

국가의 가장 기본적인 조직규범은 물론 헌법이지만, 헌법의 위임을 받아서 다시 국가기관의 조직과 권한을 정하는 법(예컨대 국가공무원법·국회법·정부조직법·법원조직법 등)도 조직규범에 속한다.

조직규범은 국민일반의 사회생활을 직접적으로 규율하는 것이 아니라는 점에서 행위규범과 구별되며, 또 위반행위에 대하여 직접 강제력을 발동하는 것이 아니라는 점에서 강제규범과 구별된다.

제2장 | 법과 다른 사회규범

제1절 서 설

사회규범에는 법규범 이외에도 도덕 · 관습 · 종교 등 여러 가지가 있다. 문화가 발달하지 못한 원시사회에서는 모든 사회규범이 미분화상태이었으나 사회가 발달함에 따라 법과 다른 사회규범이 분화하게 되었고, 법은 국가권력과 결합하여 독립된 사회규범이 되었다. 따라서 법도 사회규범이므로 다른 사회규범과 어떠한 차이가 있으며, 어떠한 관계가 있는가를 살펴봄으로써 법을 더욱 명확히 이해할 수 있다고 본다.

제2절 법과 도덕

법과 도덕은 다 같이 사회규범이다. 그리고 이 양자는 가장 밀접한 관계를 가지고 사회생활의 질서를 유지해 가고 있다. 예컨대 「타인의 물건을 훔치지 말라」,

「살인을 하지 말라」라는 인간의 행위기준은 도덕의 요청이면서 동시에 법의 명령이므로, 법과 도덕은 밀접한 관계가 있고 또한 유사점이 있다. 그러면 법과 도덕은 어떠한 관계가 있고 어떠한 차이가 있는가. 이에 관해서는 근본적인 두 입장이 있다.

자연법론자(自然法論者)들에 의하면 인간이 만드는 법은 그보다 더 궁극적인 도덕에 기초하고 그에 합치되어야만 법으로서의 효력을 가지는 것이며, 「부정당한 법」(unjust law)이란 있을 수 없다고 주장하여 법과 도덕은 일원적(一元的)인 것이라고 한다. 그러나 이 세상에는 인간이 제정하는 실정법이 힘을 발휘하고 있는 것이며, 부정당한 법을 법이 아니라고 한다면 무엇이라고 설명하여야 할 것인가가 문제되고 있다.

이에 대하여 법실증주의자(法實證主義者)들에 의하면 법의 내용이 도덕에 반할지라도 법은 법이라고 보아 법과 도덕은 이원적(二元的)인 것이라고 한다. 따라서 악법도 법이기 때문에 아무리 사악한 법일지라도 적법한 절차에 따라 제정되기만 하면 법으로서의 효력을 가진다고 한다. 시민은 이 법을 준수하여야 할 의무를 지며, 다만 자기의 양심에 의하여 그 법을 준수하지 않으려고 결단하는 것은 법의 문제가 아니라 도덕의 문제라고 한다. 악법의 문제에 관해서는 뒤에 가서 다시 설명하겠다.

법과 도덕의 관계에 관해서는 이와 같이 견해가 대립하고 있다. 따라서 법과 도덕의 문제는 예링이 말한 바와 같이 「법철학의 케이프 혼」(Cape Horn der Rechtsphilosophie)이라 할 수 있으며 매우 어려운 문제인 것이다.

Ⅰ. 법과 도덕의 차이

법과 도덕은 다 같이 사회규범으로서 밀접한 관계가 있음은 앞에서도 설명한 바와 같다. 도덕적 요구가 법의 내용이 되었다고 해서 그것이 도덕이 아닌 것이 아님은 물론이다. 따라서 법전 속에 규정되어 있던 도덕규범이 어떠한 경우에 법전 속에서 삭제되는 일이 있을지라도 도덕의 영역에서 이탈하는 것이 아니다. 그렇다고 법과 도덕의 내용이 전적으로 일치하는 것은 아니다.

그러면 법과 도덕은 어떠한 차이가 있는가. 이에 관해서는 학자들의 견해가 대립하고 있으나 그 중 주요한 학설을 들면 다음과 같다.

1. 법의 현실성과 도덕의 이상성

이 견해에 의하면 법은 현실을 바탕으로 하여 전체 사회구성원에게 행하여지는 규범이므로 사회평균인을 대상으로 하여 보통사람이면 누구나 지킬 수 있는 행위를 요구하는 데 대하여 도덕은 「너의 원수를 사랑하라」는 것과 같이 사회평균인이 지키기 어려운 높은 이상을 지향한다는 것이다. 그러나 법도 현실사회의 도덕적·윤리적 발전을 위하여 높은 이상을 추구하는 경우가 있고(예컨대 교육법 제1조에서 규정하고 있는 「홍익인간」의 이상), 도덕도 사회평균인으로서 행할 수 있는 현실적인 규범을 내용으로 하는 경우(예컨대 공중도덕이나 교통도덕)도 있으므로 이 견해는 타당하다고 할 수 없다.

2. 법의 타율성과 도덕의 자율성

칸트(Kant)에 의하여 주장된 이 견해에 의하면 법은 외부적인 힘을 요인으로 하는 타율성을 그 본질로 하는 데 대하여, 도덕은 개인의 양심에 기초를 둔 자율성을 그 본질로 한다고 한다. 그러나 법이 부여하는 의무도 자신이 의욕을 갖고 실행하는 한 자율적일 수가 있는 것인 데 대하여, 도덕도 자기 자신을 규율할 뿐만 아니라 타인도 규율한다는 점에서는 타율적이 된다. 또한 법이나 도덕은 현실적으로는 모두 외부로부터 강요되고 그 실효성은 타율적인 것이므로 이 견해는 타당하다고 할 수 없다.

3. 법의 외면성과 도덕의 내면성

슈타믈러(Stammler)에 의하여 주장된 이 견해에 의하면 법은 인간의 외면적 행위를 규율하는 데 대하여, 도덕은 인간의 내면적 의사를 규율한다고 한다. 예컨대 법에서는 살인에 대한 의사나 생각을 갖고 있다고 할지라도 그것이 외부의 행위로 나타나지 않는다면 법적으로 처벌되지 않으나, 도덕에서는 마음속의 살

의도 금지된다고 한다.

이 견해는 물론 일면의 진리를 내포하고 있으나 상대적 의미의 구별에 지나지 않음을 쉽게 알 수 있게 된다. 인간의 행위는 내부적 요소로서의 의사와 외부적 요소로서의 작위나 부작위 등의 태도로 구성되는 것이고 양자의 관계는 서로 분리할 수 없는 하나의 통일체로서 성립하는 것이다.

그러므로 법적 평가는 내부적 의사에도 미쳐서 고의 · 과실 · 선의(善意) · 악의(惡意)에 대한 법적 평가가 달라지게 되는 것이므로 법이 도덕에 있어서도 외부적인 태도가 어떠하든 의사만 훌륭하면 충분하다고 보지는 않게 된다. 따라서 법이 인간의 내면적 의사에 대하여 관심을 갖지 않는 것도 아니고, 도덕도 또한 외면적 행위에 대하여 관심을 갖지 않는 것도 아니므로 이 견해는 타당하다고 할 수 없다.

4. 법의 양면성과 도덕의 일면성

이 견해에 의하면 법은 권리 · 의무의 양면성을 가지는 데 대하여, 도덕은 의무의 일면성(片面性)만을 가진다고 한다. 즉 법적 의무에는 이에 대응하는 권리가 있으나, 도덕적 의무에는 이에 대응하는 권리가 없고 자신의 양심에 기초를 둔 양심적 의무만이 일방적으로 존재한다고 한다.

그러나 법에도 권리만이 있거나 의무만이 있는 경우도 있다. 예컨대 권리자의 일방적인 의사표시에 의하여 일정한 법률관계를 발생 · 변경 · 소멸시키는 취소권 · 추인권(追認權) 등과 같은 형성권(形成權)은 법률상의 권리이지만 이에 대응하는 의무는 존재하지 않는다. 또한 자연채무(自然債務)는 법률상의 채무이지만 이 의무자의 상대방은 자기의 권리로서 그 의무의 이행을 청구할 수가 없다. 따라서 이 견해는 타당하다고 할 수 없다.

5. 법의 강제성과 도덕의 비강제성

이 견해에 의하면 법은 강제성이 있어 이에 위반하는 경우에는 권력적인 제재가 예정되어 있는 데 대하여, 도덕은 사회적으로 강제되는 것뿐이고 그 위반에 대하여 사회의 일반적인 비난이 가하여질 뿐 조직화된 권력에 의하여 제재가 가해지는 일은 없다. 예컨대 연로자를 공경하라든지 선생님을 존경하라든지 하는 것을 요구하는 경우에 연로자에게 불친절하다든지 선생님에게 불경(不敬)하다든지 하는 경우에, 세상 사람들은 그 사람을 비난하고 경멸할 것이므로 거기에는 어느 정도 사회적 비난에 의한 강제가 있다고 말할 수 있으나 아무리 비난을 받을지라도 상관없다는 염치없고 비양심적인 사람에 있어서는 이러한 강제는 아무런 구실도 하지 못한다.

그러나 법 속에서는「타인의 물건은 훔치지 말라」,「타인에게서 빌린 돈은 갚아야 한다」고 규정하는 경우에, 이에 따르지 않는 자에 대하여는 국가권력에 의하여 형벌을 과한다든지 압류를 한다든지 하는 방법으로 강제를 하게 된다. 말하자면 법에 의한 강제는 도덕에 의한 강제보다도 훨씬 현실적인 힘에 의하여 가해지는 것이다.

6. 결 론

생각건대 법과 도덕과의 차이는 당해 규범을 관철시키는 기술 내지 방법에 있다고 본다. 즉 법의 준수는 법적으로 조직화된 관철절차에 의하여 강제되는데 대하여, 도덕의 경우는 자유의사에 의한 준수나 사회적 압력에 의하여 강요되는 준수를 의미한다. 예컨대 타인의 돈을 갚지 않는 채무자에 대하여는 법원에 반환청구소송을 제기할 수 있고, 이 경우 법관은 지급하지 않는 채무자에 대하여 지급할 것을 명하며 필요한 경우에는 집행관(執行官)이 그 판결을 집행하게 된다는 확실한 가능성이 존재한다. 따라서 법은 국가적 공권력에 의하여 담보된 강제성을 일반적 속성으로 하고 있다는 점에서 도덕과 구별된다.

독일의 법학자 예링(Rudolf von Jhering)도「강제력 없는 법은 타지 않는 불, 비치지 않는 등불과 같이 그 자체 모순(矛盾)이다」라고 하여 법의 일반적 속성을 강제성에서 찾았다. 강제성의 유무를 법과 도덕의 구별기준으로 보는 견해가 통설이고 이론적으로도 타당하다.

Ⅱ. 법과 도덕의 관계

이상에서 법과 도덕의 차이에 관하여 고찰하였다. 양자는 다 같이 사회생활을 규율하는 사회규범으로서 근대에 이르러 분화되었을 뿐만 아니라 법의 근원은 도덕이므로 양자는 서로 밀접한 관계를 가지고 있다.

그 관계를 보면 에드문트 칸(Edmund Cahn)이 지적한 바와 같이 법과 도덕은 그 내용에 있어서 중복된다. 예컨대 빌린 물건의 반환을 명한다든지 부부가 서로 협력부조할 것을 요구하고 있는 민법의 규정은 도덕의 요청과 일치하는 것이고, 살인·강도를 처벌하는 형법의 규정은 도덕과 합치하고 있는 것이다. 또 한 가지 밀접한 관계를 들면 법의 내용이 도덕으로 전화(轉化)되는 것도 있다. 예컨대 도시의 교통법규가 오랜 시행 끝에 깊숙이 뿌리 박혀 하나의 교통도덕으로 전화되는 경우가 그것이다. 라드브루흐(G. Radbruch)는 이것을 「도덕의 왕국에의 법의 귀화(歸化)」라고 하였다.

또한 법으로서는 존재하나 도덕과는 별로 관계가 없는 것이 있다. 예컨대 좌측통행을 하여야 한다는 교통법규, 소송절차를 정하는 법(예컨대 형사소송법·민사소송법 등), 정부의 조직·법원의 조직을 정하는 법(예컨대 정부조직법·법원조직법 등) 등은 직접적으로는 도덕과 관계가 없다.

끝으로 법은 국가의 강제력에 의하여 그 실효성이 보장되지만, 도덕심이나 양심과 같은 것의 뒷받침이 없이는 법을 아무리 엄격하게 규정하고 처벌한다고 할지라도 그 실효성이 보장되기 어렵다. 이것을 옐리네크(Georg Jellinek)는 「법은 도덕의 최소한」(ethisches Minimum)이라고 하여 도덕 중에서 그 실현을 강제할 필요가 있는 것을 법으로 한다고 하고, 슈몰러(Gustav Schmoller)는 「법은 도덕의 최대한」(ethisches Maximum)이라고 하여 도덕이 사회생활의 전면에 확대됨을 지적하였다.

제3절

법과 관습

Ⅰ. 관습의 개념

관습(慣習, custom, Gewohnheit)이라 함은 일정한 행위가 특정범위의 다수인 사이에 계속적이고 반복적으로 관행되어 짐으로써 그 범위 내의 사람들에게 그에 의거하여 행동하지 않으면 아니 된다는 의식을 발생하게 하는 사회규범을 말한다. 이것은 일종의 사회적 관습이지만 그것이 준수되어야 한다는 사회구성원의 의식이 강력히 작용하고 있다. 그러나 관습은 현실생활 속에서 무의식적으로 발생된 사회생활의 준칙이기 때문에 법·도덕·종교 등에 비하여 이상성이 희박한 무자각적인 규범이다.

관습은 사회의 관행에 의하여 발생하여 그에 기반을 두는 것이기 때문에 불합리성도 많으나 현실성을 가지고 있어 다른 사회규범보다 실제적 의미가 강하다.

문화가 발달하지 못한 미개사회에서는 인간이 사회적이기는 하였으나 자아의식이나 독립적 판단력이 없어 자기가 속하는 집단 속에서 단순한 모방에 의하여 행동하는 데 그쳤다. 따라서 이때에는 법·도덕·종교 등은 미분화된 상태로 관습 속에 포함되어 있었다. 그러나 사회가 발달함에 따라 단순한 관습만으로는 도저히 사회생활의 질서를 유지해 나갈 수가 없게 되었다. 그리하여 관습과 같이 이상성이 희박한 무자각적인 규범 이외에 이상성이 뚜렷한 자각적인 규범이 필요하게 되었고, 여기에 관습의 분화작용의 계기(契機)가 마련되게 된 것이다.

Ⅱ. 법과 관습의 구별

법과 관습은 그 내용 면에서 구별하기보다는 성립과 효력 면에서 구별하여야 할 것이다.

첫째, 법은 국가권력에 기초하여 성립되는 데 대하여, 관습은 다수인의 임의의 자발적 모방에 의하여 성립된 것이다(성립 면에서의 구별).

둘째, 법은 국가권력에 의하여 강행(실현)되는 데 대하여, 관습은 사회적으로 강제되는 것뿐이고 그 위반에 대하여 사회의 비난을 받게 될 뿐이다. 즉 법은 국가권력(조직적 권력)에 의하여 강행되는 데 대하여, 관습은 비조직적 사회에 의하여 강행된다(효력 면에서의 구별).

Ⅲ. 법과 관습의 관계

법과 관습의 관계를 보면, 관습이 법의 내용을 형성하거나 그 기초 또는 소재를 형성하는 경우가 있으며 법의 연원의 하나인 관습법은 관습을 실체로 하여 성립하는 것이고, 또 법은 어떤 때에는 관습에 의한 것을 규정하거나 관습을 고려하여 법률관계를 정한 것을 법 중에 규정하는 경우도 있다.

그리고 이와 같은 관습이 국가권력에 의하여 승인되고 강행되면 그때부터는 관습이 아니라 관습법이라는 법의 일종이 된다. 여기서 말하는 관습은 아직 관습법에까지 이르지 아니한 것을 말한다. 이것을 「사실인 관습」이라고 한다.

제4절

법과 종교

Ⅰ. 종교의 개념

종교라 함은 초인격적인 신을 대상으로 하고 이에 대한 개인적인 내심적 신앙을 기초로 하여 절대자에게 귀의하기 위하여 성립하는 규범을 말한다. 따라서 영혼의 구원을 목적으로 하는 종교는 신자에게 일정한 계율을 제시한다. 일찍이 원시사회에서는 제정일치사상에 의하여 법과 종교가 혼동되어 양자는 미분화 상태였다. 특히 중세 서구에서는 기독교와 법이 상호 혼합되어 종교가 최고 권위의 가치기준이어서, 평등사상 · 이자금지(利子禁止) · 혼인 등에 관한 종교적 계율이 교회법(教會法, cannon law)이라는 이름으로 일반사회를 규율하였다.

이로 인하여 유럽각국의 법전은 기독교적 영향을 받지 않은 것이 거의 없었으며 오늘날 실정법 가운데 종교에 관한 규정이 여러 곳에 남아 있다. 그러나 근세 이래 교회의 세속화와 함께 정교분리(政教分離)가 이루어져서, 법은 국가법을 의미하게 되고 교회법은 종교내부에서만 적용되는 자치법적 효력을 가지게 되었다.

Ⅱ. 법과 종교의 구별

법과 종교는 다음과 같은 점에서 구별된다.

첫째, 법은 국가권력에 의하여 강행되는 데 대하여, 종교는 조직적 사회력, 특히 국가권력에 의하여 강제되지 아니하고 종교를 믿는 각 개인의 신앙을 바탕으로 하여 성립하고 존속한다.

둘째, 법에는 신앙의 요소가 없는 데 대하여, 종교에는 신앙의 요소가 있으므로 이러한 신앙이 없는 자에게는 규범적 가치가 없게 된다.

셋째, 규범준수의 정도가 종교에 있어서는 평균인의 표준을 능가하는 경우가 있게 된다.

Ⅲ. 법과 종교의 관계

종교는 유한한 인간이 무한절대자를 신앙함으로써 초월과 구원에 이르려는 노력이므로 그 자체는 선한 것이기 때문에, 법은 최대한 종교의 가치와 자유를 보장하여 주지 않으면 안 되었다. 오늘날에도 독일과 같이 국가와 교회가 밀접하게 관계하면서 교회법이 적용되는 국가들이 있고, 이란과 같은 회교국가들도 있으며, 스페인 · 이탈리아 등은 가톨릭교회가 사실상의 국교로 되어 있고, 태국과 같은 불교국가도 있다.

그리하여 동서양의 종교는 다양하지만 대다수 근대국가들이 헌법과 법률을 통하여 종교의 자유와 정교관계를 규정하였다. 현대에 있어서도 아무리 과학화와 세속화를 주장할지라도 종교의 가치는 점차 고조되고 있으며 법은 종교를 최대한 존중하는 추세에 있다.

법과 종교는 그 속성이 어떤 권위에 대한 복종이 공통적이며, 법학과 신학은 절대적인 가치의 추구와 독단적인(dogmatic) 성격을 갖는다는 점에서 매우 유사하다. 법과 종교는 사회정의와 평화의 실현을 위한다는 점에서 궤도를 함께 하고 있기 때문에, 서로 협력하고 그 조화를 모색하는 것이 타당하다.

제3장 | 법 계

제1절 서 설

법은 인간의 사회적 생활관계를 규율하는 규범이므로 각 국가 또는 민족의 생활문화와 밀착하여 발달하지 않을 수 없다. 따라서 그들이 빚어낸 문화나 민족성에 의하여 또는 그 국가나 민족의 정치적·사회적 제 상태 및 관습 등에 따라 법은 각각 특색 있는 법문화권(法文化圈)을 창조해 왔다. 그것은 마치 인간에게 혈통이 있는 것과 같이 법에도 그 계통이 있어 국가나 민족에 따라 특색 있는 법의 발달을 보게 되었기 때문이다.

각국의 문화는 끊임없이 서로 교류되고 융합하는 현상을 나타낸다. 정도가 높은 문화는 정도가 낮은 문화권에 흘러 들어가서 문화를 병합하고 변화시킨다. 법문화도 다른 문화와 같이 어느 정도 국가나 민족을 초월한 계통이 이루어지는데, 여러 국가 또는 여러 민족의 법이 법의 계수(繼受) 등에 의하여 동일한 계통에 속하는 경우에 이것을 법의 계통 또는 법계(legal family, legal system)라고 한다.

대표적인 법계(法系)로는 대륙법계·영미법계·사회주의법계 등을 들 수 있다.

제2절
대륙법계

현대의 법계 중에서 가장 광범한 분포를 갖고 있는 것은 대륙법계이다. 오늘날 우리나라를 비롯하여 세계 대부분의 국가들이 대륙법계에 속한다. 대륙법계는 로마법계와 게르만법계로 구성되어 있다.

Ⅰ. 로마법계

로마법은 기원 전 753년 도시국가의 형태로 출발한 로마초기로부터 기원 후 6세기 중엽의 동로마제국의 유스티니아누스 황제가 「로마법대전」을 완성하기에 이르기까지 약 1300년에 걸쳐 형성·발전했던 법을 말한다.

Ⅱ. 게르만법계

게르만법계는 게르만민족이 기원 전 1세기경에 역사에 그 모습을 나타내기 시작한 이래 중세를 통하여 다양한 발전을 보이고 근대법질서에 대하여 로마법계에 이어 중대한 영향을 준 법계를 말한다.

게르만법계의 특징으로는 법실무자보다는 주로 법학자들에 의하여 형성된 점, 시민간의 관계를 규율하기 위하여 사법 중심으로 발전한 점, 성문법주의에 입각하고 있는 점 등을 들 수 있다.

제3절 영미법계

영미법계는 영국과 미국을 중심으로 하여 발전한 법계이다. 영국 · 미국 · 캐나다 · 오스트레일리아 · 뉴질랜드 등이 영미법계에 속한다. 우리나라도 최근에 행정법을 비롯한 많은 법 분야에서 영미법을 도입하고 있다.

영미법계의 특징으로는 법학자들보다는 법실무자들(법관들)에 의하여 개인간의 분쟁을 해결하는 판결을 통하여 형성된 점, 본질적으로는 공법적 성격을 띠고 있는 점, 불문법주의에 입각하고 있는 점 등을 들 수 있다.

제4절 사회주의법계

사회주의법계(Socialistic legal family)는 중국을 비롯한 공산국가들의 법계이다. 원래 이들은 대륙법계의 국가들이었으며, 따라서 로마 · 게르만법의 요소들을 상당히 가지고 있다. 예컨대 법의 분류 · 각종 법률용어 등이 거의 대륙법계에서 유래된 것이다.

그러나 공산주의이론이라는 전혀 차원이 다른 이념을 기초로 하기 때문에, 이러한 피상적 유사성에도 불구하고 그 근본에 있어서는 매우 차이가 있는 것이다. 마르크스주의를 기초로 새로운 경제구조를 목표로 생산수단을 국유화함에 따라 개인간의 관계는 퇴색하여 사법(私法) 자체가 크게 위축되었다. 그러므로 대륙법계와는 달리 철저하게 공법이 주도하고 있다. 또한 법규정이 정의 또는 도덕관념에 결부되기보다는 집권계급의 지배수단으로 생각하여 적어도 이론상으로는 국가와 법의 사멸(死滅)을 주장하고 있다.

제4장 | 법의 목적

제1절 서 설

법을 더욱 명확히 이해하기 위해서는 법의 목적 내지 이념을 이해하는 것이 요구된다. 법의 목적(Zweck des Rechts)이라 함은 법을 정립하고 실현함에 있어서 법에 의하여 달성하려고 하는 현실의 목적을 말한다. 법의 목적은 인간이 실현하려고 하는 가치이며 법의 생명인 것이다. 법은 현실의 사회생활관계를 규율하는 것이나 그 사회생활관계는 인간의 목적 활동에 의하여 추진되고 발전되어 간다. 따라서 그것을 규율하는 법에도 목적이 있음은 물론이다.

법의 목적 내지 이념은 인간이 법에 의하여 실현하려고 하는 사회생활의 실천목표이며 그것은 법의 배후에서 법의 원동력이 되는 하나의 이념가치이다.

법의 목적에 대해서는 가치관의 입장에 따라서 여러 견해가 대립되어 왔으나 일반적으로 라드브루흐가 법의 목적으로서 제시한 정의·합목적성·법적 안정성의 내용이 그 타당성을 인정받고 있으므로 여기에서도 이에 따라서 법의 목적을 고찰하기로 한다.

제2절 법의 목적에 대한 견해

그리스의 철학자인 플라톤(Platon)과 아리스토텔레스(Aristoteles)는 정의를 원칙으로 한 도덕생활의 실현이 법의 목적이라고 하였다.

프랑스의 사상가인 루소(Jean Jacques Rousseau)는 개인의 자유와 평등을 확보하고 발달시키는 것이 법의 목적이라고 하였다.

칸트(Immanuel Kant)는 도덕적 개인인격의 확보를 위하여 봉사하는 것이 법의 목적이라고 하였다.

독일의 관념론 철학자인 피히테(Johann Gottlieb Fichte)는 민족의 유지와 발달을 법의 목적이라고 하였다.

벤덤(Jeremy Bentham)은 최대다수의 최대행복을 얻게 하는 것이 법의 목적이라고 하였다.

예링(Rudolf von Jhering)은 그의 저서 「법에 있어서의 목적」(Der Zweck im Recht)에서 「목적은 전체 법의 창조자이다」라고 하여 「사회의 제 생활조건의 확보」가 법의 목적이라고 하였다.

레너(Karl Renner)는 「경제적 기본권의 확보와 실현」을 법의 목적이라고 하였다.

라드브루흐(Gustav Radbruch)는 법의 목적에는 정의·합목적성·법적 안정성의 세 가지가 있다고 하였다. 이 외에도 법의 목적에 대한 여러 학자들의 견해가 있으나, 여기서는 법의 목적을 개개의 제정법에 있어서의 목적과 모든 법에 공통된 법의 목적으로 나누어 고찰하기로 한다.

제3절

제정법에 있어서의 목적

모든 법에는 그 특유의 목적이 있다. 법의 목적은 인간이 그 법에 의하여 실현하려고 하는 가치이며 법의 목적은 다양하다. 예컨대 근로기준법 제1조는 「이 법은 헌법에 의하여 근로조건의 기준을 정함으로써 근로자의 기본적 생활을 보장 · 향상시키며 균형 있는 국민경제의 발전을 도모함을 목적으로 한다」라고 하여 그 법의 입법목적을 명시하고 있다.

그러면 이와 같이 입법목적을 명시한 법만이 목적을 가지고 있고 그렇지 않은 법은 목적을 가지고 있지 않은가 하면 그렇지 않다. 입법목적을 명시하지 않은 법이라도 편의상 목적을 규정하지 않았을 뿐이고 모든 법규는 반드시 그 목적을 가지고 있다. 형법은 입법적으로 목적을 명시하고 있지 않으나 범죄로부터 사회를 방위하고 불법한 침해로부터 법익을 보호함이 그 목적이다.

그러나 개별적인 법의 목적은 그 법의 연구에서 논할 문제이며 여기서는 보다 더 일반적인 입장에서 법이 공통적으로 가지는 일반적인 법의 목적에 관해서 설명하기로 한다.

제4절

법일반에 공통된 목적

라드브루흐는 법일반에 공통된 목적으로서 정의 · 합목적성 · 법적 안정성을 들고 있다.

Ⅰ. 정 의

법의 목적은 정의(正義)의 실현에 있다. 정의는 인간이 사회생활을 하는 데 있어서 마땅히 지켜야 할 생활규범의 이념이다. 정의는 평등한 사회관계를 내용으로 하며 인간관계의 조화를 이룩하는 사회질서의 이념이므로 법과 불가분의 관계를 맺고 있다. 옛날부터 법이 정의론(正義論)과 관련하여 설명되어 온 것을 비추어 보거나, 법이란 말과 정의란 말이 외국어에서 공통되고 있는 것을 보아도 알 수 있다. 즉 라틴어에서 jus(법)는 justitia 또는 justum(정의)과 통하고, 독일어에서 Recht는 법이라는 의미도 있고, 정의라는 의미도 있다. 영어에서 justice는 재판이라는 의미와 함께 정의라는 의미도 있다.

이와 같이 옛날부터 법은 정의로운 것으로 만들어지고 사상적으로도 법의 목적은 정의의 실현에 있다고 생각하였다. 그러나 구체적으로 정의란 무엇인가에 관해서는 학자들의 견해가 오랫동안 대립하여 왔다. 여기서는 정의의 개념을 시대별로 전개하여 보고자한다.

1. 고대의 정의론

고대 그리스의 자연철학에서는 정의를 삼라만상(森羅萬象)의 자연적인 것으로 인정하고 인간의 주관적 판단을 초월하는 것으로 보았다. 그 후 프로타고라스(Protagoras)는 인간을 만물의 척도라고 하면서, 정의에 대한 객관적인 가치척도를 부정하고 주관적 상대주의를 대표하였다.

(1) 소크라테스의 정의론

프로타고라스를 비롯한 소피스트(Sophist)들의 주관적 상대주의를 배척하고 인간의 실천생활의 신념에 확고한 기반을 제공한 사람은 소크라테스였다. 그는 법과 정의를 동일하게 보고, 법과 정의는 개인적인 이해관계에서 나오는 것이 아니고 인간의 본성에서 나오는 것이라고 하였다. 소크라테스가 악법에 따라 죽음을 받아들인 것은 실정법의 우위를 인정한 것이 아니라 소극적·수동적인 저항권을 행사하였던 것이다.

(2) 플라톤의 정의론

플라톤은 정의를 인간의 이성에서 발견하려 하였다. 그는 덕을 지혜·용기·절제·정의의 네 가지로 나누고, 정의의 본질이란 공동생활 속에서 분수를 지키는 것, 즉 각인이 그 고유한 생활범위를 자기에 속하는 특별한 덕으로써 승화시키고 유지하는 종합에 있는 것이라고 보았다. 이러한 플라톤의 정의관은 계급적 정의이며, 정의란 각 계층간의 정당한 관계이며 이를 지킴으로써 이성이 지배하여 각자가 직분을 다하고 하층계급도 이성의 지휘를 따르도록 하려는 것이었다.

(3) 아리스토텔레스의 정의론

① 정의의 개념

정의의 개념을 최초로 이론화한 것은 아리스토텔레스(Aristoteles)였다. 그는 정의의 개념을 우선 윤리학의 견지에서 고찰하고 정의를 사람이 이행하여야 할 최고의 덕이라고 함과 동시에 정의는 단순한 개인의 도덕이 아니고 각자가 타인과의 관계에 있어서 실현하여야 할 길, 즉 어디까지나 사회적인 도덕이라고 하였다.

② 정의의 분류

아리스토텔레스는 정의를 특수적 정의와 일반적 정의로 나누었다. 특수적 정의라 함은 법의 구체적 원리에 따라 각인의 정신상·물질상의 이해를 평등하게 하는 것을 말한다. 특수적 정의는 다시 평균적 정의(commutative justice)와 배분적 정의(distributive justice)로 나누어진다.

평균적 정의(平均的 正義, 교환적 정의·등분적 정의)라 함은 개인 상호간의 거래에 있어서 급부와 반대급부, 손해와 배상, 범죄와 형벌 등이 조화를 이루는 이념을 말한다. 이에 대하여 배분적 정의(配分的 正義)라 함은 사회가 각 개인에 대하여 그 능력과 노력에 응하여 명예·재화·납세 등에 관하여 국가와 국민 또는 단체와 구성원간의 관계를 상대적으로 조화시키는 이념을 말한다. 여기에는 각 개인의 능력·공적에 따르는 개인차에 의한 대우가 있고 그 개인차는 국가나 단체에 공헌하는 비율에 따라 결정하게 된다. 예컨대 부자에게 세율을 높게 하고 능력 있는 자에게 봉급을 많이 주는 것 등이 이에 해당한다.

일반적 정의라 함은 사회의 일원인 개인으로 하여금 사회를 위하여 필요한 힘을 쓰게 하는 것으로서 국가의 위급을 구출하기 위하여 순국하는 것을 말한다. 이러한 일반적 정의는 평등과 관계가 없는 것이다.

아무튼 아리스토텔레스의 정의론은 개인주의와 단체주의의 양 측면을 고려하고 그 조화를 꾀한 것으로서 후세의 정의론에 결정적인 영향을 미쳤다.

(4) 울피아누스의 정의론

고대로마의 울피아누스(Ulpianus)는 정의를 「각자에게 그의 몫을 돌리려는 항구적 의지」라고 하였는 바, 이는 오늘날까지 정의에 대한 거의 표준적인 설명으로 받아들여지고 있다.

2. 중세의 정의론

(1) 아우구스티누스의 정의론

중세에서는 법철학은 가톨릭신학의 일부분으로서 발전하였다. 교부철학(敎父哲學)의 대표자인 아우구스티누스는 교회의 국가에 대한 근본적인 우월성을 인정하고 국가에 대하여는 인간생활의 질서를 유지하기 위한 수단으로서의 의의를 부여하였다. 그는 정의를 사랑과 같은 것으로 보고 유일한 신을 신봉하는 것이 곧 정의라고 하였다.

(2) 토마스 아퀴나스의 정의론

스콜라철학의 대표자인 토마스 아퀴나스(Thomas Aquinas)는 아리스토텔레스 철학을 그리스도교적 입장에서 새로이 해석하려고 하였다. 그는 지혜·용기·절제·정의를 4대 덕목으로서 들고, 정의를 일반적 정의와 특수적 정의로 나누었다. 그에 의하면 일반적 정의는 지상의 모든 덕망을 포괄하는 것인 데 대하여, 특수적 정의는 배분적 정의와 평균적 정의로 나누어진다고 하였다.

요컨대 아우구스티누스, 토마스 아퀴나스 같은 학자들은 당시의 그리스도적 세계관에 근거하여 정의를 신의 뜻에 따르면서 사랑을 실천하는 것으로 이해하였다.

3. 근세의 정의론

근대와 더불어 다시 비종교화된 사회과학적 이론으로 수많은 이론가들이 정의에 대하여 추구하였다.

(1) 흄의 정의론

흄(David Hume)은 「정의는 효용성의 목적을 위하여 인간의 이성이 만들어낸 덕이다. 정의는 인간의 본능적 감정에서가 아니라 인간생활에 유익한 경향에 대한 이성의 반성에서 생긴 것이다」라고 하여 정의의 본질이 전적으로 사회에 대한 효용성에 있다고 보았다.

(2) 홉스의 정의론

홉스(T. Hobbes)는 정의와 부정의를 구별하는 기준은 국가권력의 의사결정에 있다고 보았다.

(3) 칸트의 정의론

칸트(Immanuel Kant)는 「도덕형이상학(道德形而上學)」에서 「정의가 소멸하면 인간이 지상에서 존재한다는 것은 전혀 가치가 없다」고 하여 정의의 가치를 주장하였고, 정의의 원칙을 평등의 원리로 이해하고 형벌론에서도 응보(應報)를 정의의 실현이라고 하였다.

(4) 라이프니쯔의 정의론

라이프니쯔(Leibniz)는 보편적 정의를 자연법의 3단계로서 설명하였는데, 첫째는 엄격법의 단계로서 「타인을 해치지 말라」는 근본원칙의 광정적 정의(匡正的正義)이고, 둘째는 형평의 단계로서 「각인에게 자기의 몫을 나누어 주라」는 근본원칙의 배분적 정의이며, 셋째는 경건과 성실의 단계로서 「성실하게 살아라」는 근본원칙의 보편적 정의라고 하였다.

요컨대 근세의 정의론은 인간중심주의(Humanism)에 기초한 자연법적인 정의론이라고 할 수 있다.

4. 현대의 정의론

위에서 설명한 수많은 정의론을 배경으로 하여 현대의 법학은 정의의 문제에 접근하고 있다. 여기서는 대표적인 법철학자인 켈젠과 라드브루흐의 이론을 고찰하고자 한다.

(1) 켈젠의 정의론

순수법학(純粹法學)의 창시자로 알려진 한스 켈젠(Hans Kelsen)은 법실증주의자답게 정의의 상대성을 강조한다. 켈젠은 그의 저서 「정의란 무엇인가」(What is Justice?)에서 전통적으로 내려오는 정의의 여러 가지 형식을 검토·비판하고 상대주의적 입장에서 정의가 절대적으로 무엇인가를 말하는 것은 불가능하다고 한다. 「정의에 대하여 자신의 견해만이 정당하고 절대적으로 타당한 것이라고 하는 것은 자신의 감정적 행위를 합리적으로 정당화하려는 요구가 너무나 절실하여 생기는 자기기만」이라고 하면서, 절대적 정의론을 주장하는 것은 공허한 도식이라고 논박한다.

「착한 일을 하고 악한 일을 하지 말라」는 정의론은 무엇이 착하고 무엇이 악한지를 묻는 질문에 대답을 할 수 없다고 논박한다. 결국 켈젠에 의하면 정의를 규정짓는 것은 실제적으로 실정법(實定法)이며, 정의의 객관적 기준은 도대체 있을 수 없다고 한다. 그리하여 자기는 절대적·보편적 정의를 제시할 수는 없고, 나에게 있어서의 정의만 얘기할 수 있는데, 그것이 바로 자유의 정의, 평화의 정의, 민주주의 즉 관용의 정의라고 한다.

(2) 라드브루흐의 정의론

현대 법철학의 거장인 라드브루흐(G. Radbruch)의 정의관은 그의 생애에 있어서 다소 유동적으로 전개되었던 것으로 보인다. 1932년 그의 저서 「법철학」(Rechtsphilosophie)을 낼 때까지만 해도 그에게 있어서 정의는 법이념의 한 가치를 의미했을 뿐이다. 즉 정의는 합목적성과 법적 안정성(Rechtssicherheit)과 함께 법이 봉사하여야 할 가치(이념)로 이해되어졌다. 다시 말하면 법의 이념으로서 정의만 문제 삼을 수는 없다는 생각이 강하였다.

그렇다면 그는 정의를 무엇으로 이해하였던가? 그는 우선 법에서 말하는 정의는 윤리적인 선(善)의 한 현상 형식, 즉 인간의 자질이나 덕목으로 보는 것과는 구별되어야 한다고 본다. 그 이유는 이러한 주관적 의미의 정의는 마치 진리와 성실과의 관계와 같이 객관적 정의를 지향하는 심정에 지나지 아니하기 때문이다. 법에서 말하는 정의는 객관적 정의로서 그것은 인간의 의지, 심정, 성격, 즉 인간자체를 평가하는 정의가 아니라 인간 상호간의 관계, 이상적인 사회질서를 대상으로 하는 정의이다.

그러나 이러한 객관적 정의에도 두 가지가 있는데, 하나는 어떤 법률의 적용 또는 준수를 「정의롭다」고 할 때도 있고, 다른 하나는 법률 그 자체를 「정의롭다」고 말할 때도 있다. 라드브루흐에 의하면 전자는 합법성(Rechtlichkeit)을 의미하고, 후자는 실정법 자체를 평가하는 정의로서 그 본질은 평등(Gleichheit)이라고 한다.

이리하여 라드브루흐는 정의론을 평등의 입장에서 아리스토텔레스의 평등론적 정의론과 유사하게 설명한다. 즉 평균적 정의는 절대적 평등(예컨대 손해와 배상간의 평등)을 의미하고, 배분적 정의는 비례적 평등(예컨대, 부담능력을 표준으로 하는 과세, 능력에 따라 주어지는 보수, 빈곤의 정도에 따른 보호 등)을 의미한다고 한다.

이렇게 볼 때 평균적 정의는 적어도 두 사람의 인간을 필요로 하고, 배분적 정의는 적어도 세 사람의 인간을 필요로 한다. 앞의 두 사람은 서로 평등한 권리를 가지지만, 뒤의 최소한의 세 사람의 경우에 다른 두 사람에게 부담을 과하거나 이익을 주는 관계에 서게 된다. 따라서 평균적 정의는 병렬관계에 있는 정의이고, 배분적 정의는 상하관계에서 타당하다. 평균적 정의는 사법(私法)의 정의이고, 배분적 정의는 공법의 정의이다.

라드브루흐는 이 두 정의 가운데 배분적 정의가 정의의 원형(Urform)이라고 한다. 그 이유는 평균적 정의는 평등한 권리를 가진 자간의 정의이고, 따라서 당사자에게 평등한 권리, 평등한 교환능력, 평등한 신분을 부여해 주는 배분적 정의의 작용을 전제로 하고 있기 때문이다. 뿐만 아니라 평균적 정의는 배분적 정의에 대하여 어떤 절대적 가치를 나타내는 것이 아니라 오히려 두 개의 이기주의를 동시에 최고도로 만족시키기 위하여 봉사하는 합목적적인 절차를 보여주는 것이라고 할 수 있다고도 한다. 이리하여 라드브루흐는 이 배분적 정의 속에서 정의의 개념을 발견하고, 정의의 개념 속에서 법개념을 발견할 수 있다고 한다.

그러나 라드브루흐는 정의에서부터 바로 「바른 법」(das richtige Recht)의 개념이 도출되어지는 것은 아니며, 그렇게 되자면 다른 원칙들이 보충되어야 한다고 주장한다. 그 이유는 그는 아무리 배분적 정의라 할지라도 무엇을 평등한 것으로 취급하고 무엇을 불평등한 것으로 취급해야 하는가 하는 내용을 분명히 말해 주지 않는, 그야말로 형식적 성격을 띤 개념이기 때문이다. 이렇게 볼 때 라드브루흐에게 있어서 정의는 법의 세 가지 이념의 하나로서만 의의를 갖게 되는 것에 불과하다.

그러나 이러한 견해가 나치스경험을 통하여 만년에는 상당히 수정되었다고 보는 것이 일반적 견해이다. 그 이유는 라드브루흐가 내건 다른 법이념인 합목적성과 법적 안정성에 의하여 독재정부가 결단과 선택에 의하여 자의적으로 법을 운영해 나갈 때 그에 대하여 정의의 개념을 다시 동원하지 않으면 그것을 잘못되었다고 평가할 수가 없기 때문이다. 여기서 정의를 다른 법이념과 동렬(同列)에서 생각할 수 있겠는가 하는 근본적 의문이 제기된다.

5. 동양의 정의론

(1) 유교사상

공자(孔子)에 의하여 창시된 유가사상은 한 무제 시대에 국학(國學)으로 채택되어 한 제국의 사회지도이념으로 정립되고 그 이후 중국 역대 왕조의 사상적 지주가 되어 왔으며, 윤리·도덕·가치관 등에 깊은 영향을 끼쳐왔고 한국·일본 등에 전파되어 동아시아 유교문화권을 형성하는 데 결정적 역할을 하였다. 동양의 유교사상(儒教思想)에서는 법의 기본은 예(禮)와 의(義)였다. 예는 고대에 있어서 거의 모든 사회규범을 포함한 것으로 도덕규범이라고도 할 수 있을 것이다. 예(禮)를 법의 이념으로서 서양의 정의와 같이 보려는 견해도 있다. 예(禮)는 행위규범이라는 점에서, 행위규범의 정당성의 기준이 되는 정의와 상이하다. 유교에 있어서 정의개념에 해당하는 것은 의(義)라고 할 것이다.

(2) 도가사상

도가(道家)에서는 무위자연(無爲自然)을 주장하고 소극적 정치를 최고의 정치로 보았다. 이들은 법의 중요성을 무시했기 때문에 그 이념인 의(義)도 무시하고 자연법칙에만 따르도록 강조하였다.

(3) 법가사상

법가사상(法家思想)은 법에 기초한 정치사상과 구세관을 제시하였다. 유가(儒家)나 도가들이 법을 경시한 데 대하여, 법가(法家)는 인치주의(人治主義)를 배격하고 법치주의를 주장하였다. 그들은 사회진화에 관하여 현저히 현실주의적인 견해를 취하여 법의 우위를 주장하였다. 법가는 법의 목적이 사회질서의 유지에 있음을 명백히 하고, 법의 적용은 평등하여야 한다고 하여 유가의 계급적 법적용에 반대하였다.

특히 법가사상을 대표하는 한비자(韓非子)는 정치·사회 신분상의 고하·귀천·존비를 막론하고 잘못이 있으면 처벌을 하고 잘하면 반드시 시상(施賞)을 한다는 공정·공평한 법 집행의 원칙을 제시하였다. 이와 같이 한비자는 법이 일단 제정되면 군주도 모든 백성들과 마찬가지로 법을 준수하고 복종하여야 한다는 사실을 천명하고 있는데, 이것은 법은 신하·관료·백성들만 지키는 것이 아니라 군주 자신도 법을 철저히 지켜야 한다는 사실을 분명히 하였다. 다시 말하면 신하·관료·백성들만이 법을 지키는 것이 아니고 군주 자신도 법을 지켜야 한다는 군주의 존법(尊法)·준법(準法)을 주창하였다. 그러나 한비자의 법치사상 속에는 인간의 천부적 평등성, 보편국가의 수립과 보편법의 제정, 정의사회의 구현, 그리고 인간 생존을 위한 기본권의 존중 등의 개념과 사상은 근본적으로 부재하였다.

이와 같이 법치주의를 강력히 주장한 법가도 법의 이념으로서의 평등이라든가 정의를 주장하지는 않았다. 이들은 법의 실존성을 중심으로 법의 효용을 중시하였을 뿐 정의개념의 정립에는 뒤졌다고 할 것이다.

요컨대 동양의 사상에서는 법과 정의의 중요성이 잘 인식되지 않았다.

6. 결 론

이상에서 본 바와 같이 정의의 개념은 과거에는 동서양에 있어서 많은 차이가 있었으나, 오늘날 정의의 개념은 세계 각국에서 어느 정도 통일성을 보이고 있다. 정의의 개념은 아리스토텔레스(Aristoteles)에 따라 평등으로 파악하는 것이 전통이나 오늘날에 와서는 이에 부가하여 기본적 인권의 존중을 드는 것이 일반적인 경향이다. 제2차 세계대전 후의 국제연합헌장은 인권의 존중과 정의의 원칙에 입각하여 국제사회를 건설하려 하고 있다.

세계인권선언의 전문에서도 「인류사회의 모든 성원의 생명의 존엄과 평등하고 불가양의 권리를 인정하는 것은 자유와 정의와 평화의 기초이다」라고 하고 있다. 제1차 세계대전 후의 독재정권을 경험한 세계 각국의 국민은 각자에게 각자의 것을 준다는 정의의 격식이 지나치게 형식적이며 이것으로는 정당성의 구체적 기준을 제시할 수 없다고 보고, 실질적 정의의 내용을 확정하려고 노력하고 있다.

정의의 내용이 아리스토텔레스 이래로 평등이라고 주장되었으나 무엇이 평등인가를 명백히 한다는 것은 쉬운 일이 아니다. 「같은 것은 같게, 불평등한 것은 불평등하게」라고 하는 평등을 논할 때, 그것이 합리적 차별이냐 아니냐의 문제에 초점이 맞추어진다.

평균적 정의는 절대적 평등을 의미한다. 이에 대하여 배분적 정의는 상대적 평등을 의미한다. 배분적 정의의 기준에는 특정한 척도가 없다. 각자에게 그의 것을 주기 위해서 특수의사나 자의(恣意)를 배제하고 무사 공평하게 인간관계를 규율하는 것이 배분적 정의의 요청이다.

아무튼 정의의 본질은 평등에 있는 것이며 평등은 보편타당한 성격을 띠는 것이다. 그러므로 누구든지 어디에서나 정의를 지향하는 사람은 합치될 수 있는 소지가 있다. 정의가 개별적인 경우에 적용될 때 형평(衡平, equity)으로 나타난다. 그러나 이러한 정의라는 보편적 가치가 아무리 중요하다 할지라도 구체적 · 개별적인 경우에 내용적으로 무엇이 정당하다고 가르쳐 주지 않는 것이기 때문에, 이것만으로는 하나의 공허한 형식에 지나지 아니한다. 법이 정의만 지향한다고 할 경우에 실제의 적용에 있어서는 불합리한 결과를 초래할 위험이 클 것이다.

그래서 법에 있어서 구체적인 정당성을 실현시킬 수 있는 두 번째의 이념 내지 가치가 필요하게 된다. 그것이 바로 합목적성이라는 이념이다.

Ⅱ. 합목적성

1. 합목적성의 의의

합목적성은 목적에 맞추어 방향을 결정하는 원리를 의미하는데, 법에 있어서 합목적성이라 함은 개인과 전체와의 관계에 있어서 개인적 이익과 사회적 이익을 균형 있게 발전시키는 기술을 말한다.

2. 가치의 기본형태

라드브루흐에 의하면 세계관적 가치의 입장에서 가치체계에는 세 가지의 기본형태 즉 개인가치 · 단체가치 · 문화가치가 있다고 한다. 각종의 가치형태 중에서 어느 것을 우위로 보느냐 하는 세계관에 따라 개인주의 · 단체주의 · 문화주의로 나누어진다.

개인주의는 인간이 궁극적 가치로 지향되며, 개인의 자유와 행복이 최대한 보장되도록 노력한다. 따라서 국가를 포함한 단체는 개인보다 하위의 가치에 서게 되며, 모든 개인이 평등하게 보장되도록 평균적 정의가 강조된다.

단체주의 또는 초개인주의(超個人主義)는 단체(예컨대 민족이나 국가)를 최고의 가치로 신봉하고, 개인 인격은 단체의 부분으로 단체의 가치를 실현하는 범위 안에서 인정되고 존중된다. 여기서는 단체를 유지 · 발전시키기 위하여 단체의 입장에서 개인들에게 비례적인 평등을 실현시키면서 배분적 정의에 중점을 두게 된다.

문화주의 또는 초인격주의는 개인도 단체도 아닌 인간이 만든 문화 또는 작품을 최고의 가치로 신봉하는 주의이다. 수천만의 노예의 목숨보다 피라미드가 위대하다고 보고, 불난 집에서 아이보다 라파엘의 그림을 먼저 꺼낼 것을 장려하는 견해이다.

이 세 가지 가운데 어느 하나의 선택과 결정이 이루어지면 그것을 절대적인 것으로 믿고 끝까지 밀고 나가야 한다는 것이 상대주의(相對主義, Relativismus)의 정신이다. 이러한 점에서 진정한 상대주의는 회의주의(懷疑主義)나 파괴주의 또는 부정주의와는 구별된다.

3. 현행헌법과 합목적성

현행헌법은 전문에서 「……자유민주적 기본질서를 더욱 확고히 하여 정치·경제·사회·문화의 모든 영역에 있어서 각인의 기회를 균등히 하고 능력을 최고도로 발휘하게 하며……안으로는 국민생활의 균등한 향상을 기하고 밖으로는 항구적인 세계평화와 인류공영에 이바지함으로써……」라고 하여 헌법이 지향하는 목적을 천명하고 있다.

이와 같이 법이 궁극적으로 어떠한 목적을 추구해야 하며 그 목적을 실현하는 데 합치하는가는 중요한 문제이다.

Ⅲ. 법적 안정성

1. 법적 안정성의 의의

「부정의로운 법도 무질서보다는 낫다」는 괴테(Goethe)의 표현도 있지만, 법의 제1차적 기능은 사회질서를 유지하고 분쟁이 발생한 경우에 평화를 회복하고 유지하는 데 있다. 법은 법 그 자체의 안정성과 사회질서의 안정성을 요구한다. 법의 안정성이 보장되면 사회질서의 안정도 보장되는 것이 원칙이다. 그 이유는 법이란 행위규범인 동시에 재판규범이므로 그것이 자주 변경되면 국민은 행동지침을 잃게 되며, 사회도 안정될 수 없기 때문이다. 따라서 법의 제정과 개정은 신중히 이루어져야 한다.

여기서 법적 안정성이라 함은 법에 의하여 안심하고 사회생활을 할 수 있는 것, 즉 법질서가 동요됨이 없이 어떠한 행위가 옳은 것이고, 어떠한 권리가 보호되며, 어떠한 책임이 어떻게 추궁되느냐가 일반에게 확실히 알려져 있어서, 사람들이 법의 권위를 믿고 안심하고 행동할 수 있는 상태를 말한다.

어떠한 사실이 계속되는 경우 법적 안정성의 원칙에 따라 그 상태를 인정하여 기존 사실화하는 경우도 있다. 소멸시효(消滅時效)·취득시효·공소시효(公訴時效) 등도 법적 안정성을 위한 것이다.

2. 법적 안정성의 유지요건

법적 안정성을 유지하기 위한 요건을 들면 다음과 같다.

첫째, 법은 함부로 변동되어서는 아니 된다. 법이 함부로 개정되는 경우, 즉 조령모개식(朝令暮改式)의 법의 개정은 법적 안정성을 해친다. 법이 언제 개정되었는지 언제 개정될지 항상 불안하여 안심하고 사회생활을 할 수 없기 때문이다.

둘째, 법은 국민의 의식에 합당하여야 한다. 법이 너무 엄하다거나 국민의 정의감정에 반한다거나 해서는 아니 되며, 사회의 실정에 순응하고 정의의 요구에 따라서 변화할 수 있는 정도의 탄력성을 법에 부여하는 것이 오히려 필요하다.

셋째, 법은 명확하여야 한다. 불명확한 법에 의하여 처벌되거나 단속을 받게 되면 국민은 항상 불안하기 때문이다.

넷째, 법은 실제로 행하여져야 한다. 예컨대, 사람의 신체를 상해한 자는 7년 이하의 징역, 10년 이하의 자격정지 또는 1천만 원 이하의 벌금에 처한다(형법 제257조 제1항)라는 규정이 있을지라도 이것이 행하여지지 않으면 불법으로 사람을 상해하는 자가 많아지므로 사람들은 안심하고 사회생활을 할 수 없게 된다. 이것이 행하여지면 사람들은 안심하는 동시에 스스로 이러한 범죄를 행하지 않으면 처벌되지 않는다는 안심감을 갖게 된다.

Ⅳ. 법이념의 내적 통일

1. 정의·합목적성·법적 안정성의 관계

정의·합목적성·법적 안정성의 세 이념은 어떠한 관계가 있는가? 극단적으로 정의만을 강조하면 「세상은 망하더라도 정의는 세워라」(Fiat justitia preat mundus)라고 하고, 「정의만이 통치의 기초이다」(justitia fundamentum regnorum)라고 한다. 이에 대하여 합목적성을 강조하면 「민중의 행복이 최고의 법률이다」(salus populi suprema lex est)라고 하고, 「국민이 원하는 것이 법이다」라고 한다. 또 법적 안정성을 강조하면 「악법도 법이다」(dura lex, sed lex)라고 하고, 「정의(법)의 극치는 부정의(불법)의 극치」(Summum ius, summa injuria)라고 한다. 이와 같이 세 이념 사이에는 상호간에 긴장하면서 모순을 보여 준다.

특히 정의만을 강조하면 법적 안정성이 해쳐지고, 법적 안정성만을 강조하면 정의를 망각하는 경우가 생긴다. 실정법이 아무리 안정적으로 시행될지라도 그것이 부정의로우면 그것은 시체의 정숙과 묘지의 평화에 지나지 않는다.

2. 자연법론자와 법실증주의자의 입장

자연법론자들은 정의를 무시하는 법은, 「법률의 모습은 띠고 있으나 불법」이라고 주장하고 더 이상 법으로서의 효력이 인정되지 아니한다고 한다. 법실증주의자들은 법이 적법한 절차에 따라 제정되었으면 부정의로운 법(악법)일지라도 법은 법이라고 주장하는데, 다만 국민은 도덕적 양심에 의하여 이러한 악법을 거부하고 저항할 수 있다고 한다. 우리는 자연법론의 입장에서든 법실증주의의 입장에서든 법의 부정의, 악법에 대하여는 비판적으로 대처해 나가지 않으면 아니 될 것이다. 또 이것이 민주주의를 실현해 나가기 위하여 누구에게나 부여된 과제이고 의무라고 할 것이다.

이렇게 본다면 결국 법의 세 가지 이념인 정의 · 합목적성 · 법적 안정성은 상호 모순(矛盾)되는 입장에 서 있으면서 동시에 상호 협력하고 보완하는 관계에 서 있다고 할 것이다.

아무튼 정의 · 합목적성 · 법적 안정성 사이의 모순 · 충돌에 대하여 현행헌법 제37조 제2항은 「국민의 모든 자유와 권리는 국가안전보장 · 질서유지 또는 공공복리를 위하여 필요한 경우에 한하여 법률로써 제한할 수 있으며, 제한하는 경우에도 자유와 권리의 본질적인 내용을 침해할 수 없다」라고 규정하고 있다. 이 규정은 법의 이념인 자유와 권리 · 국가안전보장 · 질서유지 · 공공복리의 상관관계를 규정한 것으로 중요한 의의가 있다.

현행헌법은 정의·합목적성·법적 안정성이 충돌하는 경우에 이의 조화적인 조정을 원칙으로 하면서 궁극적으로는 정의의 원칙인 인간의 자유와 권리의 본질적 우선을 규정하고 있다고 보아야 할 것이다. 즉 현행헌법은 자연법의 원리에 입각하여 기본권의 천부인권성(天賦人權性)을 인정하고 그 본질적 내용의 침해금지를 규정하고 있다.

제5장 | 법 원

제1절 서 설

법원(法源, Rechtsquelle) 또는 법의 연원(sources of law)은 여러 가지 의미로 사용되고 있다. 첫째, 법이 어떠한 형태를 가지고 존재하고 있는가, 둘째, 법규범으로서의 타당근거는 무엇인가 하는 것이다.

일반적으로 법원 또는 법의 연원(淵源)이라고 하면 첫째 의미로 사용된다. 이렇게 볼 때 법원은 법규범이 문장의 형식으로 나타나는가 또는 불문(不文)의 형식으로 나타나는가에 따라 성문법과 불문법으로 대별된다.

제2절
법원의 분류

Ⅰ. 성문법

성문법(written law, geschriebenes Recht)이라 함은 그 규범적 의사를 문장에 의하여 표현하고 문서의 형식으로 제정한 법을 말한다. 입법기관에 의하여 제정되므로 제정법(Gesetzrecht)이라고도 한다. 성문법은 불문법과 달리 반드시 문서의 형식을 가지며 일정한 입법절차를 거쳐 제정되는 법규인 것이다.

근대 국가는 국민의 자유와 권리를 보장할 목적으로 법치주의를 그 통치원리로 채택하고 있으므로, 명시적인 법규로서 국민의 행위를 규율하는 것을 원칙으로 하고 있으며, 따라서 근대 국가의 대부분의 법이 성문법으로 되어 있다. 성문법은 권력자의 의사가 문장의 형식으로 나타난 것이며, 이것은 현대사회에 있어서 가장 중요한 법원으로서의 지위를 차지한다. 그러나 성문법이 실정법질서에서 차지하는 지위는 각국에 따라 동일하지 아니하다. 영미법계의 국가에서는 불문법을 원칙으로 하며 성문법의 범위는 극히 국한되어 있다. 이에 대하여 대륙법계의 국가에서는 성문법을 원칙으로 하고 있다. 대륙법계(大陸法系)의 국가들, 즉 독일 · 프랑스 · 이탈리아 · 북유럽 · 라틴 아메리카국가들 · 한국 · 일본 등은 성문법 특히 법전(Code, Gesetzbuch)을 갖고 있다.

성문법은 법의 문장화 · 고정화로 인하여 필연적으로 단점을 가지고 있다. 성문법의 단점으로는 다음을 들 수 있다.

첫째, 실질적으로 볼 때, 국민의 확신 · 사회적 필요를 무시하고, 입법자의 자의적(恣意的) 입법에 흐르게 되며, 국가 내에서 상호 대립하는 정당의 각기 다른 정책의 타협 결과 성문법이 불철저하고 모순을 포함한다.

둘째, 성문법은 문장에 의하여 표현된 법이기 때문에 문장의 성질상 그것이 어느 사상의 내용을 완전히 표현하지 못하거나 또는 잘못 표현하는 경우도 있는 것이므로 입법자 이외의 사람은 그 내용을 정확하게 포착하기가 어렵다.

셋째, 고정적인 성문법은 항상 변천하는 사회생활의 현실적 수요에 응하지 못하게 되는 것이다.

그러나 법의 성문화는 다음과 같은 장점도 가지고 있는데, 성문법의 장점으로는 다음을 들 수 있다.

첫째, 성문법은 법의 존재와 그 의미를 명확히 하는 것이기 때문에 법적 행동을 하는 데 매우 편리하다.

둘째, 성문법은 국가권력의 전횡으로부터 국민의 자유와 권리를 보장하는 데도 필요하다. 각국의 헌법이 일반적으로 성문법화하는 것도 바로 그 때문이다. 형법 등은 법관의 주관적 자의, 권력의 남용을 방지함으로써 범죄인의 특별이익을 보호하기 위하여 그 성문화가 요청되는 것이며, 그러한 목적으로 나타난 것이 죄형법정주의(罪刑法定主義, nulla poena sine lege), 법률불소급(法律不遡及)의 원칙 등이다.

우리나라의 성문법으로는 성문헌법·법률·명령·규칙·자치법규·조약 등이 있다.

1. 성문헌법

우리 국민의 기본권을 보장하고 국가의 통치체제를 규정하는 국가의 기본법인 동시에 최고법으로서의 헌법은 명문으로 제정한 성문헌법이다. 헌법은 그 이상의 상위규범이 없는 최고의 법 또는 최상급의 법이다. 헌법의 실질적 최고규범성은 국가 내에서 타당하는 법질서나 권한은 헌법에 근거하며 헌법에 의해서 창설되는 명제에서 나온다. 그 결과 헌법에 반하는 권한이 있다면 그것의 법적 자격은 인정되지 아니한다. 즉 헌법에 반하는 그러한 행위가 치자(治者)로부터 나올지라도 효력이 없다.

헌법의 형식적 최고규범성은 경성헌법성(硬性憲法性)이라고도 할 수 있다. 즉 경성헌법은 그 채택과정에 있어서 법률보다 까다로운 절차에 의해서 이루어진다. 따라서 헌법에 위배되는 법률이나 명령은 그 저촉되는 부분에서 무효이고 헌법의 개정도 일반 법률의 개정과는 달리 특별한 절차에 의해서 이루어진다.

우리나라 헌법은 1948년 7월 12일에 국회를 통과하게 되었고, 동년 7월 17일에 국회의장 이승만이 서명·공포하였으며, 공포한 날로부터 시행되었다. 그 동안 9차에 걸쳐 개정이 있었다.

2. 법 률

법률이라는 말에는 광의와 협의의 두 가지 의미가 있다. 넓은 의미의 법률이라 함은 법(law, Recht) 그 자체를 말한다. 이에 대하여 좁은 의미의 법률이라 함은 헌법에서 말하는 법률, 즉 국회에서 의결되어 대통령이 서명·공포하여 제정되는 법률(act, Gesetz)을 말한다. 여기서 말하는 법률이라 함은 협의의 법률을 말한다.

법률은 그 수·종류·성질 등의 점에 있어서 국가법체계 가운데 매우 중요한 지위를 차지하고 있다.

법률은 헌법의 하위에 있기 때문에 헌법에 위배되는 법률은 효력이 없으나 그렇지 않은 법률은 헌법 다음가는 효력을 가지기 때문에 명령·규칙이 법률에 위배될 수 없다. 또한 법률 상호간에는 우열의 관계가 없으나 법률내용에 모순이 있을 때에는 신법이 구법에 우선하고, 특별법이 일반법에 우선하여 적용된다.

법률제정권은 국회에 속하는 것이므로(헌법 제40조), 국회는 유일한 입법기관이다. 법률의 성립과정은 보통 법률안의 제출, 법률안의 의결, 확정된 법률의 공포라는 3단계로 나누어진다. 법률안의 제출은 국회의원과 정부가 할 수 있고(헌법 제52조), 본회의에 붙여진 법률안의 의결은 재적의원 과반수의 출석과 출석의원 과반수의 찬성이 있어야 하며(헌법 제49조), 대통령은 국회에서 의결된 법률안이 정부에 이송된 날로부터 15일 이내에 공포하여야 한다(헌법 제53조 제1항). 그러나 법률은 공포와 동시에 효력을 발생하는 것이 아니고, 특별한 규정이 없는 한 공포한 날로부터 20일을 경과함으로써 효력을 발생한다(헌법 제53조 제7항).

3. 명 령

명령(order, Verordnung)이라 함은 국회의 의결을 거치지 아니하고 행정기관에 의하여 제정되는 법규를 말한다. 그러므로 명령은 국회의 의결을 거치지 않는 점에서 협의의 법률과 다르나 국가의 법이라는 점에서는 법률과 같다. 그리고 양자의 형식적 효력에 있어서는 명령은 법률의 하위에 위치하므로 명령에 의하여 법률을 개폐할 수 없다.

(1) 대통령령 · 총리령 · 부령

명령은 그 제정주체에 따라 대통령령 · 총리령 · 부령으로 나누어진다. 대통령령에 관해서는 헌법 제75조가, 총리령과 부령에 관해서는 헌법 제95조가 이를 규정하고 있다. 대통령령 · 총리령 · 부령도 그 성질에 따라 법규명령과 행정명령으로 나누어지고, 법규명령은 다시 위임명령과 집행명령으로 나누어진다.

(2) 법규명령과 행정명령

법규명령이라 함은 행정기관이 헌법에 근거하여 국민의 자유와 권리에 관한 사항(법규사항)을 정하는 것으로, 대외적 · 일반적 구속력이 있는 법규로서의 성질을 가지는 명령을 말한다. 행정기관에 의한 법규명령의 제정은 형식적 의미에서는 행정이지만 실질적 의미에서는 입법작용이다.

이에 대하여 행정명령이라 함은 특별권력관계의 존재를 전제로, 행정기관이 헌법상의 근거를 요하지 아니하고 그 고유의 권한으로서 국민의 자유 또는 권리와 직접 관계가 없는 사항(非法規事項)을 정하는 것으로, 행정기관 내부에서만 효력이 있는 내규(內規)로서의 성질을 가지는 규칙을 말한다. 행정명령은 행정규칙 또는 행정내규라고도 한다.

(3) 위임명령과 집행명령

위임명령이라 함은 헌법에 근거하고 또 법률의 위임에 따라 발하는 명령을 말한다. 법률의 위임이라 함은 일정한 사항에 관하여 법률이 스스로 규정하지 아니하고, 명령으로써 규정하도록 수권하는 것을 말한다. 위임명령은 법률에 의한 위임이 있어야 하므로 위임한 법률에 종속한다.

이에 대하여 집행명령이라 함은 헌법에 근거하여 법률을 집행하는 데 필요한 세칙을 정하는 명령을 말한다. 여기서 법률을 집행한다는 것은 법규의 규정을 구체적인 경우에 적용하여 법을 완성시키는 것을 말한다. 집행명령은 특정의 법률(母法)에 종속한다.

4. 규 칙

규칙이라 함은 국가기관에 의하여 정립되고, 규칙이라는 명칭을 가진 모든 법형식을 말한다. 규칙에는 국회규칙(헌법 제64조 제1항), 대법원규칙(헌법 제108조), 헌법재판소규칙(헌법 제113조 제2항), 중앙선거관리위원회규칙(헌법 제114조 제6항) 등이 있다.

5. 자치법규

지방자치단체는 법령의 범위 안에서 자치에 관한 규정을 제정할 수 있는 자치입법권을 가진다. 자치법규라 함은 이러한 자치입법권에 의하여 지방자치단체가 제정하는 법규를 말하며, 이에는 조례와 규칙이 있다.

조례(條例)라 함은 지방의회가 법령의 범위 안에서 그 지방사무에 관하여 제정하는 자치법규를 말한다. 이에 대하여 규칙이라 함은 지방자치단체의 장이 법령과 조례의 범위 안에서 그 권한에 속하는 사무에 관하여 제정하는 자치법규를 말한다.

자치법규는 그 지방자치단체의 지역 안에서만 효력을 갖는다. 헌법 제117조 제1항은「법령의 범위 안에서 자치에 관한 규정을 제정할 수 있다」라고 하고 있으므로, 조례의 형식적 효력은 법률과 명령보다 하위에 있다. 규칙은 지방자치단체의 장이 법령 또는 조례가 위임한 범위 안에서 그 권한에 속하는 사무에 관하여 제정하는 법(지방자치법 제16조)이므로 그 효력은 조례보다 하위에 있다.

6. 조약과 국제법규

조약(treaty, Vertrag)이라 함은 조약 · 협약 · 협정 · 규약 · 헌장 · 의정서(議定書)

등 명칭 여하를 묻지 아니하고, 문서에 의한 국가간의 합의를 총칭한다.

조약은 국가 자체의 권리·의무를 내용으로 하는 것이나, 나아가서는 그 당사국 내의 국민의 권리·의무까지도 규정하는 경우가 많이 있다. 이러한 경우에 조약이 그 국가의 국민에 대하여 당연히 효력을 발생하느냐가 조약이 법원으로 인정되느냐에 관한 문제이다.

이에 관하여 현행헌법 제6조 제1항은 「헌법에 의하여 체결·공포된 조약과 일반적으로 승인된 국제법규는 국내법과 같은 효력을 가진다」라고 하여 조약과 일반적으로 승인된 국제법규가 국내법의 법원임을 명시하고 있다.

Ⅱ. 불문법

불문법(unwritten law, ungeschriebenes Recht)이라 함은 성문법 이외의 법으로서 문자로 표현되지 아니하고 입법기관의 절차를 거치지 아니하고 생겨나는 법을 말한다. 법의 역사는 불문법에서 성문법으로 발전하여 왔으며, 오늘날에 있어서는 불문법은 보충적 효력을 가지고 있다.

그러나 현대가 아무리 성문법주의라고 할지라도 복잡 다양하고 유동 변천하는 사회현상을 성문법만으로는 규율할 수 없다. 여기에 불문법의 법원으로서의 중요성이 있는 것이다.

불문법에는 관습법·판례법·조리 등이 있다.

1. 관습법

(1) 관습법의 의의

관습법(customary law, Gewohnheitsrecht)이라 함은 사회의 관행에 의하여 발생한 생활규범이 사회적·경제적 사정으로 법적 확신과 법적 효력을 인정받게 됨으로써 성립된 법형식을 말한다. 인류가 사회생활을 하는 동안에 모든 생활분야에서 여러 가지 관습이 발생하는 것이 일반적이다. 그런데 그 관습 전부가 관습법으로 되는 것은 아니고, 그 중에서도 법질서를 구성할 만큼 가치가 있는 관습만이 법적 구속력을 취득하여 관습법으로 되는 것이다. 관습법은 관행의 반복성과 법적 확신이 요구된다.

(2) 관습법의 성립근거

관습법의 성립근거, 즉 관습법이 법으로서의 효력을 가지는 근거에 관해서는 관행설, 법적 확신설, 국가승인설 등이 대립하고 있다.

① 관행설

관행설에 의하면 어떤 사실에 관하여 같은 행위가 오랫동안 관행(慣行)되면 그 관행이 관습법이 된다고 한다. 이 설은 「관습이기 때문에 법이다」(Es ist Rechtens, weil es Gewohnheit ist)라고 한다.

이 설은 독일의 법학자 찌텔만(Ernst Zitelmann), 비노그라도프(Vinogradoff) 등에 의하여 주장되었다.

② 법적 확신설

법적 확신설에 의하면 다수인이 관습을 법이라고 확신할 때, 다수인이 어느 관습에 따르는 것이 권리 또는 의무라고 확신할 때 관습이 관습법이 된다고 한다.

이 설은 사비니(Friedrich Karl von Savigny), 푸흐타(George Friedrich Puchta), 라반트(Paul Raband), 기르케(Otto von Gierke) 등 역사법학파에 의하여 주장되었다.

③ 국가승인설

국가승인설은 국가가 어떤 관습의 내용을 법으로 승인함으로써 관습법이 성립한다고 한다. 이 설은 라손(Adolf Lasson), 빈딩(Karl Binding) 등에 의하여 주장되었다.

④ 사 견

생각건대 관습법의 성립근거를 법적 확신에서 구하는 법적 확신설이 타당하다고 본다. 왜냐하면 사회일반의 관념상 어느 관습에 따르는 것이 법으로서 강제되어야 한다고 확신할 때 그 관습이 법적 구속력을 가지게 되는 것이며 국가의 승인은 필요 없기 때문이다.

(3) 관습법의 성립요건

법적 확신설에 의한 관습법의 성립요건을 들면 다음과 같다.

첫째, 관행이 존재하여야 한다. 둘째, 관습이 법적 가치를 가진다는 법적 확신이 있어야 한다. 셋째, 관습이 선량한 풍속 기타 사회질서에 반해서는 안 된다.

(4) 관습법의 효력

관습법의 효력을 우리나라의 성문법과의 관계에서 본다면, 민법 제1조는「민사(民事)에 관하여 법률에 규정이 없으면 관습법에 의하고 관습법이 없으면 조리(條理)에 의한다」라고 규정하고 있다. 따라서 이것은 관습법에 대한 성문법의 우월성을 인정함과 동시에 성문법에 대한 관습법의 보충적 효력을 인정한 것이다.

2. 판례법

(1) 판례법의 의의

판례(legal precedents, Gerichtsgebrauch)라 함은 일정한 법률문제에 관하여 동일취지의 판결이 반복됨으로써 재판의 방향이 대체로 확정되었을 때에 성립하는 재판의 선례를 말하며, 그 선례가 그 후의 판결을 구속할 때, 판례는 법원(法源)으로 되고, 이것을 판례법(case law, Judikaturrecht)이라고 한다.

판례법은 관습법의 특수한 형태인데, 법원(法院)에서 형성된 것이라는 점에서 일반적 관습법과는 다르다.

법원의 판결은 구체적 사건의 해결을 본질로 하나, 그 속에 포함되어 있는 일반적인 합리성은 다른 유사한 사건에 관하여도 동일한 해결을 하게 마련이다. 여기에 판례에 의한 법규범이 성립할 여지가 있는 것이다.

(2) 판례의 법원성

그런데 이러한 판례가 법원이 될 수 있느냐에 관해서는 학설이 대립하고 있다. 불문법주의를 취하는 영미법계의 국가에 있어서는 판례법이 주요한 법원이 되고, 성문법은 종속적인 법원이 된다. 이에 대하여 성문법주의를 취하는 대륙법계의 국가에서는 판례가 법원(法院)에 대하여 법적 구속력을 가지지 않는 것이 원칙이다.

우리나라는 성문법주의를 취하는 대륙법계국가이다. 그런데 문제가 되는 것은 법원조직법 제8조의 「상급법원의 재판에 있어서의 판단은 당해 사건에 관하여 하급심을 기속한다」라는 규정이다. 그러나 이 규정도 하급심이 상급법원의 지시에 따라 재판을 하여야 한다는 것은 아니고, 이를테면 파기환송사건의 판결에서 상급법원이 행한 법적 판단에 하급심법원이 기속된다는 것을 의미할 뿐이다. 이러한 상급법원의 법적 판단에 하급심법원이 기속되어야 함은 계층적인 상소제도를 인정하고 있는 이상 불가피하다. 그렇지 않을 경우에는, 상소사건은 하급심법원과 상급법원 사이에 무한히 반복되어 해결이 날 수 없게 될 뿐만 아니라 법원의 통일성을 유지할 수 없다.

이것은 어디까지나 당해 사건에 한하여 그러한 것이고, 다른 사건인 경우에는 동일한 문제에 대해서도 하급심법원이 상급법원과 다른 견해를 판시할 수 있다. 그러나 사실상 상급법원의 판결에 하급심법원이 구속되는 것은 불가피하다. 이러한 의미에서 우리나라는 성문법주의를 취하는 대륙법계국가이지만, 판례의 법원성을 인정하여야 한다.

3. 조 리

(1) 조리의 의의

조리(條理, law of nature, Natur der Sache)라 함은 일반사회의 정의감에 비추어 반드시 그러하여야 할 것이라고 인정되는 사물의 본질적 법칙 또는 사물의 도리를 말한다. 이것은 정의, 형평, 사회통념, 사회적 타당성, 신의성실, 선량한 풍속 기타 사회질서, 경험법칙 등으로 표현되기도 한다.

(2) 조리의 법원성

조리는 법과 관련하여 보면 다음과 같은 점에서 법원성을 인정할 수 있다. 첫째, 조리는 실정법 및 계약의 내용을 결정하는 기준이 된다. 둘째, 법률이 존재하지 아니할 때에, 그것에 따라 재판하여야 할 기준이 된다. 법률을 아무리 정밀하게 규정하여도 구체적인 사건을 재판할 때에 그에 적합한 법률이 없는 경우가 있다. 이 경우에 법원은 법률이 없음을 이유로 재판을 거절할 수 없는데, 이 경우에 법관은 조리에 의하여 재판할 수밖에 없다.

우리 민법 제1조는 「민사에 관하여 법률에 규정이 없으면 관습법에 의하고 관습법이 없으면 조리에 의한다」라고 규정하여 조리의 법원성을 인정하고 있다. 그러나 형법에서는 죄형법정주의가 적용되는 결과(형법 제1조) 적용할 법이 없으면 무죄가 된다.

제6장 | 실정법과 자연법

제1절
서 설

법학개론을 공부하면서 실정법과 자연법을 다루어 보는 것은 매우 유익한 일일 것이다. 특히 법학을 아무리 열심히 공부하더라도 자연법이 무엇인지 머리에 분명히 떠오르지 않는 것은 실정법은 이해하고 암기하면 되지만 자연법은 발견하고 감지(感知)하여야 하기 때문이다.

법의 역사를 본다거나, 오늘날에도 고차원적인 법의 문제가 등장하면 자연법의 문제가 자주 등장한다. 법 내지 법학의 역사는 곧 실정법과 자연법의 긴장과 대립, 또는 법실증주의(legal positivism, Rechtspositivismus)와 자연법사상의 대립의 역사라고 해도 과언이 아닐 것이다. 그러므로 우리는 실정법과 자연법의 개념과 그 관계를 고찰하여야 할 필요가 있다.

제2절
실정법

Ⅰ. 의 의

실정법(實定法, positive law, positives Recht)이라 함은 특정한 시대와 특정한 사회에서 효력을 가지고 있는 법규범을 말한다. 실정법은 성문법이 보통이지만 예외적으로 관습법·판례법·조리 등과 같은 불문법도 있다.

Ⅱ. 법형식

실정법의 법형식에는 성문법으로 헌법·법률·명령·규칙·자치법규 등이 있다. 헌법은 국가의 최고의 실정법으로서 기본권규정과 같이 자연법을 실정화한 규정들을 포함하고 있다. 법률은 국회에서 제정되는 법규범이다. 법률은 헌법의 범위 안에서 제정되어야 하고 헌법에 위배되는 내용의 법률은 효력을 상실하게 된다. 법률은 국회에서 제정하고 개폐하며 국민의 자유와 권리를 보장하고 국민에게 의무를 부과하는 것이다. 명령은 국회의 의결을 거치지 아니하고 행정기관에 의하여 제정되는 법규이다. 명령은 법률의 하위에 위치하므로 명령에 의하여 법률을 개폐할 수 없다. 명령은 그 제정주체에 따라 대통령령·총리령·부령으로 나누어진다. 대통령령·총리령·부령도 그 성질에 따라 법규명령과 행정명령으로 나누어지고, 법규명령은 다시 위임명령과 집행명령으로 나누어진다. 규칙에는 국회규칙·대법원규칙·헌법재판소규칙·중앙선거관리위원회규칙 등이 있다. 자치법규에는 조례와 규칙이 있다.

이와 같이 국내법은 헌법을 정점으로 하여 법률·명령·규칙·자치법규 등의 순서로 상하의 단계구조(Hierarchie)를 이루고 있다. 이에 관해서는 이미 설명한 제5장 법원을 참조하기 바란다.

제3절
자연법

Ⅰ. 의 의

아무리 실정법의 체계가 거대하게 구성되어 있다 할지라도, 그것이 정당한 것인가의 여부에 관한 기준은 실정법 그 자체로서는 기준이 될 수 없다. 물론 실정법을 제정할 때에 그 주체인 인간이 지식과 가치를 기울여 가능한 한 정당한 법질서를 만들려고 노력하겠지만, 이 세상의 모든 법질서가 정당하다고는 말할 수 없다.

이 정당성 여부에 관한 평가의 기준은 그것을 초월한 어떤 영원한 객관적 질서에 의하지 않으면 아니 될 것이다. 그 기준을 법학에서는 자연법(自然法, natural law, Naturrecht)이라고 부른다. 일반적으로 자연법이라 함은 국가가 만든 법이 아니라 오히려 국가의 법이 준수하여야 할 법규범을 말한다.

Ⅱ. 전통적 자연법론

자연법의 존재를 인정하고 자연법이 실정법의 기준이 되어야 한다고 주장하는 자연법론은 고대 그리스로부터 시작된 것이다. 즉 자연법론은 그리스의 플라톤(Platon)과 아리스토텔레스(Aristoteles)에 의하여 이론화되었고, 그 후 스토아(Stoa)학파를 거쳐 중세의 스콜라(Schola)학파에 이르러 가톨릭신학과 종교철학을 기반으로 하여 그 이론체계가 완성되었다. 이것을 전통적 자연법론이라고 하는데, 전통적 자연법론자들의 주장을 요약하면 다음과 같다.

첫째, 전통적 자연법론자들은 인간적 권위에 의하여 좌우될 수 없는 영구·불변한 질서가 어디인가에 존재한다고 인정하여 이것을 자연의 질서 또는 신의 질서라고 생각하였다.

둘째, 전통적 자연법론자들은 이러한 질서에 맞추어 살아가는 것이 인간에 있어서의 본래적·자연적인 경향이 된다고 생각하였으며, 인간이 자신을 영구·불변한 질서에 맞추어 나갈 수 있는 것은 인간이 이성적 존재이기 때문이며, 그러한 의미에서 이 이성을 자연의 이성 또는 정당한 이성이라고 하였다.

셋째, 자연법의 내용에 관하여 로마의 법학자들은 「각자에게 그의 것을 주는 것」이라고 하였으며, 아퀴나스(T. Aquinas)는 「선을 행하라」라고 하였다.

넷째, 전통적 자연법론자들은 자연법은 실정법에 대한 평가기준이 된다고 하였다. 즉 실정법은 자연법에 맞추어 제정되고 해석되어야 하며, 그렇지 않은 실정법은 법이 아니며, 따라서 그 정당한 효력을 가질 수 없다고 보았다.

Ⅲ. 근대의 자연법론

그러나 17세기 이후 개인주의·합리주의 및 공리주의(功利主義)의 사상이 대두됨에 따라 종래의 전통적 자연법론에서 신학적 유대를 끊고 사변이성(思辨理性)의 자족론(自足論) 위에 새로운 자연법을 구축하였다. 이것을 근대자연법론이라고 한다.

근대의 자연법론자들의 주장을 요약하면 다음과 같다.

첫째, 근대의 자연법론자들은 자연법을 자연적 권리, 다시 말하면 모든 인간이 인간이기 때문에 당연히 갖는다고 생각되는 인권 또는 국민의 기본적 권리라고 한다.

둘째, 근대의 자연법론자들은 인간이 이러한 인권을 가지고 있다는 것은 인간이 이성적 존재인 점을 고려할 때에 지극히 당연하고 자명한 것이라고 하여, 인권을 국가의 실정법보다 선존(先存)한다고 한다.

Ⅳ. 현대의 자연법론

현대의 자연법론자들은 자연법을 인간의 본성(Natur der Mensch)과 사물의 본성(Natur der Sache)에 근거하여 시대와 민족, 국가와 사회를 초월하여 보편타당하게 적용되는 객관적 질서라고 한다. 현대의 자연법론자들은 자연법은 실정법에 대한 평가기준이 되며, 자연법에 위반된 실정법은 무효라고 한다.

제7장 | 법의 분류

제1절
서 설

법의 분류는 이미 법원(法源)에서 살펴본 바와 같은 형식으로 존재하는 법이 어떠한 표현방식으로 나타나는가를 문제로 함으로써 실정법의 표현형식으로서 법의 종류를 설명하려는 것이다.

법은 그 분류의 기준에 따라서 여러 가지 종류로 분류할 수 있는데, 크게는 성문법과 불문법으로 분류되고, 그 규율하는 내용 및 지배영역에 따라서 국내법과 국제법으로 분류되며, 그것이 규율하는 생활관계에 따라서 공법과 사법 및 사회법으로 분류되고, 그 내용에 따라서 실체법과 절차법으로 분류되며, 그 효력범위에 따라서 일반법과 특별법 및 원칙법과 예외법으로 분류되고, 그 효력에 따라서 강행법과 임의법으로 분류되며, 그 성립 또는 제정자료에 따라서 고유법과 계수법으로 분류된다.

제2절
국내법과 국제법

Ⅰ. 의 의

법은 그것이 규율하는 내용 및 그 지배영역이 미치는 범위에 따라서 국내법과 국제법으로 나누어진다.

국내법이라 함은 한 국가에 의하여 인정되고, 그 국가의 통치권이 미치는 범위 안에서만 효력을 가지는 법으로서, 국가와 국민간의 관계와 국민과 국민간의 권리·의무관계를 규율하는 법을 말한다. 이에 대하여 국제법이라 함은 국제사회에 있어서 주로 국가와 국가와의 권리·의무관계를 규율하는 법을 말한다. 국제법의 주요한 법원으로는 조약·국제관습법 등이 있다.

Ⅱ. 국내법과 국제법의 차이

국내법과 국제법의 본질적인 차이점은 법을 인정하는 주체와 그 효력의 측면에서 볼 수 있다. 즉 국내법의 주체는 한 국가인 데 대하여, 국제법의 주체는 다수의 국가 내지 국제조직이다. 따라서 국내법은 국가의 단독의사에 의하여 행하여지는 법인 데 대하여, 국제법은 국가간의 합의에 의하여 여러 국가사이에 행하여지는 법이다.

또 효력의 면에 있어서도 국내법은 국가적 사회를 기초로 하여 법이 적용·집행되는 관계로 국내에서만 효력을 가지며 그 강제의 방법과 기구가 정비되어 있는 데 대하여, 국제법은 국제사회를 기반으로 하여 국가 사이 또는 국제조직 사이에서만 효력을 가지므로 국내법에 비하여 그 강제성이 약하다.

Ⅲ. 국내법과 국제법과의 관계

국내법과 국제법과의 관계에 관해서는 양자가 각기 다른 법체계에 속한다고 보는 이원론(二元論)과 양자가 동일한 법체계에 속한다고 보는 일원론(一元論)이 대립하고 있다.

이원론에 의하면 국내법은 국내에서만 효력이 있는 데 대하여, 국제법은 국제관계에서만 효력이 있기 때문에, 서로 저촉되는 경우에도 아무런 영향을 미치지 않는다고 한다. 그러나 일원론에 의하면 국내법과 국제법은 동일한 법체계에 속하고, 양자가 저촉될 경우에는 문제가 된다고 한다. 일원론에도 국내법과 국제법 중 어느 것이 우선하는 것으로 보는가에 따라 국내법우위론과 국제법우위론이 대립하고 있다. 한국헌법학계에서는 국내법우위론이 다수설이다.

Ⅳ. 국제법과 국제사법의 구별

국제법과 국제사법(private international law, conflict of law, Internationales Privatrecht)은 이를 구별하여야 한다. 국제법 가운데 국제공법과 국제사법이 있는 것이 아니라 국제법은 국제공법만을 가리키는 국가간의 법을 의미하는 것이다.

이에 대하여 국제사법은 국제법이 아니라 국내법에 속하는 법으로서, 한 국가 안에 있어서의 자국민과 외국인 사이의 법률관계를 정하는 데 있어서 자국법을 적용할 것인가 그 외국인의 본국법을 적용할 것인가를 정하는 법이다.

제3절
공법과 사법 및 사회법

Ⅰ. 공법과 사법

1. 공법과 사법의 구별에 관한 학설

법을 공법과 사법으로 나누는 것은 로마법 이래의 전통이지만, 무엇을 기준으로 하여 양자를 구별할 것이냐에 관해서는 학설이 대립하고 있다.

(1) 이익설

이 설은 법이 보호하는 이익을 기준으로 하여, 공익의 보호를 목적으로 하는 법이 공법이고, 사익의 보호를 목적으로 하는 법이 사법이라고 한다. 이 설은 울피아누스(Ulpianus)에 의하여 주장되었다.

그러나 이 설은 공익과 사익이 어떻게 구별되느냐 하는 또 다른 하나의 문제를 가지고 있을 뿐만 아니라 원래 법은 국가·사회생활에 관한 규범이기 때문에 한편으로는 공익을, 다른 한편으로는 사익을 동시에 보호의 목적으로 하는 것이므로, 법이 보호하는 이익을 공익과 사익으로 명확히 구별할 수는 없다고 할 것이다.

(2) 주체설

이 설은 법률관계의 주체를 기준으로 하여, 국가 기타 공공단체 상호간 또는 그들과 사인간의 관계를 규율하는 법이 공법이고, 사인 상호간의 관계를 규율하는 법이 사법이라고 한다. 이 설은 옐리네크(Georg Jellinek)에 의하여 주장되었다.

그러나 이 설에 대해서는 국가 기타 공공단체에 대해서는 왜 사인과 다른 취급을 하지 않으면 아니되느냐 하는 비판이 제기된다. 뿐만 아니라 국가 기타 공공단체와 사인간의 법률관계라 할지라도 그것이 권력복종의 관계가 아니라 전혀 대등한 입장에서 매매와 같은 계약을 하는 경우에는 그러한 계약관계는 보통의 사인 상호간의 관계와 다를 바 없고, 따라서 그것을 규율하는 법은 사법이어야 함에도 불구하고 이 설에 의하면 공법에 속하게 된다고 하는 비판이 제기된다. 따라서 이 설은 타당하다고 할 수 없다.

(3) 법률관계설

이 설은 법률관계의 성질을 기준으로 하여, 불평등관계 또는 권력·복종관계를 규율하는 법이 공법이고, 평등관계를 규율하는 법이 사법이라고 한다.

그러나 이 설에 의하면 국제법은 공법인데도 국가간의 평등한 관계를 규율하는 것이기 때문에 사법으로 간주되는 모순이 생긴다. 또한 민법에 있어서의 부모와 자와의 관계를 규율하는 친족법은 사법인데도 이 설에 의하면 불평등한 관계를 규율하는 것이기 때문에 공법으로 간주되는 모순이 생긴다. 따라서 이 설은 타당하다고 할 수 없다.

(4) 통치관계설

이 설은 통치권의 발동 여부를 기준으로 하여, 국가통치권의 발동에 관한 법이 공법이고, 그렇지 않은 법이 사법이라고 한다.

그러나 이 설에 의하면 국제법이 통치권의 발동이라는 국가권력의 대내적 관계를 규율하는 것이 아니기 때문에 사법관계로 간주되는 모순이 생긴다. 따라서 이 설은 타당하다고 할 수 없다.

(5) 생활관계설

이 설은 인간의 생활관계를 기준으로 하여, 국민으로서의 국가생활관계를 규율하는 법이 공법이고, 사인으로서의 사회생활관계를 규율하는 법이 사법이라고 한다.

즉 이 설에 의하면 정치적 권력자로서의 지위에 있는 국가 기타 공공단체 상호간 및 그들과 사인간의 관계를 규율하는 법은 정치적 생활관계를 규율하는 것으로서 공법이고, 정치적 권력자로서의 지위를 떠난 국가 기타 공공단체 상호간 및 그들과 사인간의 관계 그리고 사인 상호간의 관계를 규율하는 법은 민사적 생활관계를 규율하는 것으로서 사법이라고 한다. 이것을 생활관계기준설이라고도 한다. 이설은 푸흐타(G. F. Puchta)에 의하여 주장되었다. 이 설이 오늘날 가장 유력한 설이다.

2. 공법과 사법의 구별실익(구별필요성)

공법과 사법을 구별하여야 할 필요성을 들면 다음과 같다.

첫째, 재판관할과 재판절차의 결정기준이 다르다(절차법적 의의). 우리나라 행정소송법은 민사소송법과 달리 소(訴)의 제기절차(행정심판전치주의) 등에 관하여 특칙을 두고 있다. 따라서 이러한 특칙이 적용되는 행정사건인지 또는 민사사건인지를 결정하기 위해서는 계쟁(係爭)중인 구체적 법률관계가 공법관계인지 사법관계인지를 결정하지 않으면 아니 된다.

둘째, 적용법규 및 법원리의 결정기준이 다르다(실체법적 의의). 우리 실정법은 공법이 지배하는 분야와 사법이 지배하는 분야로 나누어 법규의 적용을 달리하고 있기 때문에, 특정한 법률관계에 적용할 법규 및 법원칙을 결정하기 위하여 공법과 사법의 구별이 필요하다. 예컨대, 의무불이행의 경우 집행수단에 있어서 행정대집행법(行政代執行法)에 의하는가 민사상의 집행방법에 의하는가를 결정할 필요가 있다.

Ⅱ. 사회법

1. 사회법의 의의

개인주의·자유주의적 사상에 기초를 둔 근대시민법의 원리는 자본주의경제사회를 고도로 발달시켰으나, 고도로 발달한 자본주의경제사회에서는 자본의 집중으로 인한 부의 편재(偏在), 소수의 유산자와 무산대중 간의 분배를 둘러싼 갈등과 대립, 주기적인 경제적 공황, 실업자의 대량배출 등 여러 가지 모순과 부조리가 심화되었기 때문에, 정치적·사회정책적 입장에서 그 수정이 불가피하게 되었다. 그리하여 종래의 자유방임의 원리 내지 개인본위에 갈음하여, 규제적 원리 내지 사회공동본위의 견지에서 점차 새로운 입법이 기도되어, 그러한 것들이 이미 현대법의 중요한 법역을 형성하게 되었는데, 그것이 바로 사회법이다.

사회법(social law, Sozialrecht)이라 함은 인간의 사법적 생활관계에 있어서 사회적·경제적 약자를 공법적인 규제와 간섭을 가하여 보호하며 실질적인 평등을 실현하려고 하는 법을 말한다. 즉 사회법은 공·사양법의 중간영역 내지 공사종합법(公私綜合法)이라고도 불리는 제3의 법역(法域)이라고 할 수 있다.

2. 사회법의 법역

사회법에는 노동법·경제법·사회보장법 등이 있다.

(1) 노동법

노동법(labour law, Arbeitsrecht)이라 함은 자본주의 경제구조 아래서 점차 증대되어 가는 임금노동자의 지위향상을 위하여 국가가 권력적으로 근로관계에 개입·간섭하는 각종 규제적 법규를 말한다.

노동법에는 근로기준법·노동조합 및 노동관계조정법·노동위원회법·근로자참여 및 협력증진에 관한 법률 등이 있다.

(2) 경제법

경제법(Wirtschaftsrecht)이라 함은 균형 있는 국민경제의 성장 및 안정과 그 수급관계의 조정을 목적으로 하여 사적 경제활동에 대한 국가의 규제를 규정하고 있는 법규를 말한다. 독점규제 및 공정거래에 관한 법률 등이 이에 해당한다.

노동법이 근로자의 생활을 보호하기 위한 근로자의 법인 데 대하여, 경제법은 기업가의 과도한 경제적 활동을 규제하기 위한 기업가의 법이다.

(3) 사회보장법

사회보장법(law of social security)이라 함은 자본주의의 발달에 따라 점차 증대한 사회적 약자 내지 빈민계층에 대하여 그것을 각자의 책임으로 보지 아니하고, 오히려 사회국가의 책임으로서 그의 생존권을 보장하기 위하여 마련된 일련의 법규를 말한다. 사회보장법에는 국민기초생활보장법·의료보호법 등이 있다.

헌법 제34조는 「① 모든 국민은 인간다운 생활을 할 권리를 가진다. ② 국가는 사회보장·사회복지의 증진에 노력할 의무를 진다. ③ 국가는 여자의 복지와 권익의 향상을 위하여 노력하여야 한다. ④ 국가는 노인과 청소년의 복지향상을 위한 정책을 실시할 의무를 진다. ⑤ 신체장애자 및 질병·노령 기타의 사유로 생활능력이 없는 국민은 법률이 정하는 바에 의하여 국가의 보호를 받는다. ⑥ 국가는 재해를 예방하고 그 위험으로부터 국민을 보호하기 위하여 노력하여야 한다」라고 하여 사회보장제도를 위한 입법정신을 규정하고 있다.

제4절
실체법과 절차법

Ⅰ. 의 의

실체법과 절차법의 구별은 법의 내용 즉 그 규정하는 사항에 의한 분류이다. 실체법(substantive law)이라 함은 권리·의무의 실체적 사항 즉 그 성질·종류·내용·주체 및 그의 발생·변경·소멸 등을 규정하는 법을 말한다. 헌법·형법·민법·상법 등 대부분의 법이 이에 해당한다.

이에 대하여 절차법(adjective law)이라 함은 권리·의무의 실현절차 즉 그의 행사·보전·이행강제 등을 규정하는 법을 말한다. 형사소송법·민사소송법·비송사건절차법·부동산등기법 등이 이에 해당한다.

Ⅱ. 실체법과 절차법의 관계

실체법과 절차법의 구별은 법전과 법전 사이에 있어서 뿐만 아니라 동일한 법전 중의 법규정 사이에 있어서도 인정된다(이때에는 실체적 규정, 절차적 규정이라 한다). 예컨대, 실체법인 민법전 중에도 법인설립의 절차와 같은 절차적 규정이 포함되어 있는 경우가 있고, 또 절차법인 부동산등기법 중에도 가등기(假登記)의 효력과 같은 실체적 규정이 포함되어 있는 경우가 있다.

권리의 실현에는 반드시 그것을 위한 일정한 절차를 필요로 한다. 따라서 실체법과 절차법은 절대적으로 분리되어 있는 것이 아니라 양자는 밀접하게 제휴하며 일체가 되어 권리의 보호·실현에 이바지하는 것이다.

Ⅲ. 실체법과 절차법의 구별실익

실체법과 절차법의 구별실익은 재판과 법의 개정에 있다.

첫째, 법원은 실체법이 없다고 하여 재판을 거절할 수는 없다. 그러나 비록 실체법이 있다고 할지라도 재판에 관한 절차법이 없는 경우에는 법원이 임의적인 절차에 따라 재판을 할 수는 없다. 또 실체법과 절차법이 저촉될 경우에는 실체법에 따라 재판하여야 한다.

둘째, 실체법이 개정되었을 때에는 구법시대(舊法時代)의 법률관계에 대해서는 법률불소급(法律不遡及)의 원칙에 의하여 구법이 적용되는 것이 원칙인 데 대하여, 절차법이 개정되었을 때에는 오히려 소급효가 인정되어 구법시대의 법률관계에 대해서도 신법을 적용하는 것이 보통이다.

제5절 일반법과 특별법

Ⅰ. 의 의

일반법과 특별법의 구별은 법의 효력범위 즉 법의 효력이 미치는 범위가 일반적이냐 특수적이냐에 의한 분류이다. 일반법 또는 보통법(general law)이라 함은 사람·장소·사항 등에 관하여 그 효력에 특수한 제한이 없이 일반적으로 적용되는 법을 말한다. 형법·민법 등이 이에 해당한다.

이에 대하여 특별법(special law)이라 함은 그 효력이 특수적·부분적으로 일정한 범위 안에 있어서만 적용되는 법을 말한다. 법의 효력은 사람·장소·사항 등과 관계가 있으므로 일반법과 특별법의 구별도 이에 따라 분류할 수 있다.

Ⅱ. 일반법과 특별법의 구별표준

1. 사람을 표준으로 하는 구분

적용되는 사람을 표준으로 하여, 법의 효력이 국민전체에 대하여 미치는 법을 일반법(신분적 일반법)이라 하고, 어떤 특수한 신분이나 직업을 가진 사람에게만 미치는 법을 특별법(신분적 특별법)이라고 한다. 형법·민법 등은 일반법인 데 대하여, 국가공무원법·군형법·외국인토지법 등은 공무원·군인·외국인에게만 적용되는 특별법이다.

2. 장소를 표준으로 하는 구분

적용되는 장소를 표준으로 하여, 법의 효력이 국가의 전 영역에 걸쳐서 미치는 법을 일반법이라 하고, 그 국가영역의 일부에만 미치는 법을 특별법이라고 한다. 지방자치법·형법·민법·상법 등은 일반법인 데 대하여, 지방자치단체의 조례는 그 지방자치단체의 관할구역 안에서만 적용되는 특별법이다.

3. 사항을 표준으로 하는 구분

적용되는 사항을 표준으로 하여, 법의 효력이 어떤 사항 전반에 걸쳐서 미치는 법을 일반법이라 하고, 특수한 사항에 대해서만 미치는 법을 특별법이라고 한다. 민법은 민사(民事)에 대하여 적용되는 일반법인 데 대하여, 상법은 상사(商事), 즉 상거래라고 하는 특수한 사항에 대해서만 적용되는 특별법이다.

Ⅲ. 일반법과 특별법의 구별실익

일반법과 특별법의 구별은 절대적인 것이 아니라 상대적인 것이다. 예컨대, 상법은 민법에 대해서는 특별법이지만, 은행법 · 보험업법 등 상거래 중 특수한 사항을 규정하는 법에 대해서는 일반법인 지위에 있다. 또한 일반법과 특별법의 구별은 법전과 법전 사이에만 존재하는 것이 아니라, 동일한 법전 중의 법규정 사이에도 존재한다. 형법 제250조 제2항의 존속살인(尊屬殺人)의 규정은 형법 제250조 제1항의 보통살인의 규정에 대한 특별규정이다.

일반법과 특별법을 구별하는 실익은 일정한 사항에 관하여 적용될 법이 병존(竝存)하는 경우에 「특별법은 일반법에 우선한다」는 원칙이 일반적으로 승인된다고 하는 데 있다. 예컨대, 상사에 관해서는 특별법인 상법이 우선적으로 적용되며, 상법에 규정이 없는 경우에 일반법인 민법이 적용되는 것이다.

제6절 원칙법과 예외법

Ⅰ. 의 의

원칙법과 예외법의 구별도 법의 효력범위에 의한 분류라는 점에서는 일반법 · 특별법의 구별과 유사한 것이지만 반드시 동일한 것은 아니다.

원칙법이라 함은 일정한 사항에 대하여 일반적으로 적용되는 법을 말하고, 예외법이라 함은 위의 일정한 사항에 대한 예외적인 사항에 대하여 원칙법을 배제하고 특수적으로 적용되는 법을 말한다.

예컨대, 민법 제3조의 「사람은 생존한 동안 권리와 의무의 주체가 된다」라는 규정은 사람의 권리능력에 관한 원칙규정(원칙법)인 데 대하여, 민법 제762조의 「태아는 손해배상의 청구권에 관하여는 이미 출생한 것으로 본다」라는 규정은 예외규정(예외법)이라고 할 수 있다. 즉 태아는 아직 출생하지 아니하였으므로 원칙적으로는 권리와 의무의 주체, 즉 법인격자가 될 수 없으나 실생활의 필요상 손해배상의 청구권에 관하여는 예외적으로 법인격자가 될 수 있는 것이다.

Ⅱ. 원칙법과 예외법의 구별실익

원칙법과 예외법의 구별은 그 적용사항에 본질적인 차이가 있기 때문에, 특수한 사항에 관하여 원칙법을 적용한다면 오히려 불합리한 결과를 초래하므로 그 취급을 전혀 달리하려는 입법정책에 근거를 둔 것이다. 따라서 원칙법과 예외법에 있어서는 일반법과 특별법에 있어서와 같이 보충적 관계는 없다.

예외법은 어디까지나 원칙법에 대한 예외적 법규이며, 적용범위의 여하에 구애됨이 없으므로 일반법이나 특별법 어느 쪽에도 존재한다. 원칙법과 예외법은 하나의 법규정 중에 포함되는 경우가 많다. 하나의 법조문 중 「단서(但書)」의 규정은 대부분이 예외규정이다.

원칙법과 예외법을 구별하는 실익을 들면 다음과 같다. 첫째, 예외법은 엄격하게 해석하여야 한다는 법해석의 일반원칙이 있으므로 명백한 예외규정에 대해서는 함부로 확장해석을 하여서는 아니 된다고 하는 것이다. 둘째, 거증책임(擧證責任)에 있어서 원칙법적용의 전제요건인 사실의 거증책임은 원고(原告) 또는 청구자가 지는 데 대하여, 예외법적용의 전제요건인 사실의 거증책임은 피고(被告) 또는 피청구자가 지는 것이 원칙이다.

제7절
강행법과 임의법

Ⅰ. 의 의

강행법과 임의법은 당사자의 의사에 의하여 법의 적용을 배제할 수 있느냐의 여부에 따른 분류이다.

강행법(imperative law, zwingendes Recht)이라 함은 당사자의 의사 여하를 불문하고 그 적용이 강요되는 법을 말하며, 임의법(dispositive law, nachgiebiges Recht)이라 함은 당사자의 의사에 의하여 그 적용이 배제될 수 있는 법을 말한다.

민법 제105조의 「법률행위의 당사자가 법령 중의 선량한 풍속 기타 사회질서에 관계없는 규정과 다른 의사를 표시한 때에는 그 의사에 의한다」라고 한 것은 임의법을 규정한 것이다. 원래 법은 모두 원칙적으로 강행되어야 할 것이므로 임의법도 일단 당사자의 의사에 의하여 적용하기로 한 다음에는 강행된다는 점에 있어서는 강행법과 같으나, 다만 당사자가 미리 반대의 의사를 표시함으로써 그 적용을 배제할 수 있다는 점에 있어서 임의법은 강행법과 다르다.

Ⅱ. 강행법과 임의법의 구별판단

행정법 · 형법 · 형사소송법 · 민사소송법 등 공법은 그 내용의 실현을 강행할 필요가 있기 때문에 대체로 강행법에 속한다. 그러나 공법 중에도 제1심 재판관할에 관한 당사자의 합의의 유효성을 인정하고 있는 규정(민사소송법 제26조)은 임의법에 속한다.

이에 대하여 민법 · 상법 등 사법은 당사자의 의사를 존중하여 사적자치에 맡기는 경우가 많기 때문에 임의법에 속한다. 그러나 사법 중에도 권리능력 · 친족 · 상속 등에 관한 규정, 회사법, 어음법, 수표법 등은 강행법에 속한다.

개개의 법규가 강행법이냐 임의법이냐를 판단하는 것은 법문 중에 명시되고 있는 경우 외에는 쉬운 일이 아니다. 이러한 법규는 각 조항의 성질 · 내용 · 입법취지 등을 고려하여 구체적으로 판단하여야 할 것이다. 대체로 법문 중에 「…하여야 한다」, 「…하지 못한다」 등의 형식으로 규정된 것은 강행규정이다. 이에 대하여 법문 중에 「특별한 의사표시가 없으면」, 「다른 의사표시가 없으면」 등의 형식으로 규정된 것은 임의규정이다.

Ⅲ. 강행법과 임의법의 유형

강행법은 다시 효력규정과 단속규정으로 나누어진다. 효력규정이라 함은 그 규정에 위반되는 행위의 법률상의 효과가 부정되는 규정(예컨대, 민법 제5조의 미성년자의 능력에 관한 규정)을 말한다. 이에 대하여 단속규정(團束規定)이라 함은 국가가 일정한 행위를 단속할 목적으로 금지 · 제한하는 데 불과하기 때문에, 그 규정에 위반하여도 벌칙의 적용이 있을 뿐 그 행위 자체의 효력에는 영향을 미치지 않는 규정(예컨대, 식품위생법 제20조와 제23조의 무허가음식점의 영업행위에 관한 규정)을 말한다.

임의법도 다시 보충규정과 해석규정으로 나누어진다. 보충규정이라 함은 당사자의 의사표시의 내용에 빠진 것이 있는 경우에 이를 보충하는 규정을 말한다. 이에 대하여 해석규정이라 함은 당사자의 의사표시가 불명확한 경우에 이것을 일정한 의미로 해석하는 규정을 말한다.

Ⅳ. 강행법과 임의법의 구별실익

강행법과 임의법을 구별하는 실익은 당사자가 법규의 내용과 다른 의사표시 기타의 행위를 한 경우에, 그 의사표시 기타의 행위의 효력을 법규와 달리 하는

데 있다. 즉 의사표시 기타의 행위가 강행법규에 위반한 경우에는 무효이거나(민법 제103조) 취소할 수 있거나(민법 제5조 제2항), 또는 일정한 제재를 받게 된다(민법 제97조).

이에 대하여 의사표시 기타의 행위가 임의법규에 위반한 경우에는 유효하거나 적어도 불법한 것으로 되지는 않는다.

제8절
고유법과 계수법

Ⅰ. 의 의

고유법과 계수법은 법의 성립 또는 제정자료에 의한 분류이다. 고유법(native law, einheimisches Recht)이라 함은 특정국가의 전통적인 고유의 도덕·관습 기타 사회적 제 조건을 기초로 하여 형성된 법을 말한다. 이에 대하여 계수법(繼受法, adopted law, rezipiertes Recht)이라 함은 외국으로부터 계수한 법 또는 그것을 자료로 하여 제정된 법을 말한다.

근대 유럽제국은 로마법을 계수하여 그들의 고유법으로 발전시켰으며, 우리나라도 이러한 유럽제국의 법 가운데 독일과 프랑스의 법을 계수하여 이를 근간으로 하고, 다시 최근에는 영미법 특히 미국법을 많이 계수하여 현행법을 이루고 있는 것이다.

Ⅱ. 고유법과 계수법의 구별실익

고유법과 계수법을 구별하는 실익은 그 법규가 어느 것에 속하느냐에 따라 법의 해석이나 연구방법에 있어서 상당한 차이를 가져온다는 데 있다. 즉 고유법은 자국의 법제를 연역적(演繹的)·귀납적(歸納的) 방법에 의하여 연구하면 되지만, 계수법은 그 모법을 발달시킨 국가의 역사적·문화적 제 특성을 고려하여 연구하여야 한다는 데 있다.

제9절
조직법과 행위법

Ⅰ. 의 의

조직법이라 함은 사람의 행위의 기초 또는 수단이 되는 조직·제도를 정하는 법을 말한다. 헌법·법원조직법·형사소송법·민사소송법 등이 이에 해당한다.

이에 대하여 행위법이라 함은 사회생활에 있어서 사람의 행위 그 자체를 규율하는 법을 말한다. 형법·민법·상법 등이 이에 해당한다.

Ⅱ. 조직법과 행위법의 구별실익

조직법과 행위법의 구별실익은 조직법은 엄격하게, 행위법은 비교적 자유롭게 해석하여 이론상·실제상 적용할 수 있다는 데 있다. 그 이유는 조직법은 대체로 강행법적 성격을 가지고 있고, 행위법은 대체로 임의법적 성격을 가지고 있기 때문이다.

제8장 | 법의 효력

제1절
서 설

법은 사회생활을 규율하는 규범이므로 법의 생명은 그것이 현실사회에서 실현되는 데 있고, 실현되려면 그 법이 효력이 있어야 한다. 법의 효력(validity of law)이라 함은 법이 그 규범의미대로 실현될 수 있는 상태에 있는 것을 말한다. 법이 그 효력이 없다면 그 법은 아무런 존재가치도 없다.

그러나 법규범이 사실상 실현되지 않는다고 하여 당장 법규범으로서의 의미를 상실하여 버리는 것은 아니다. 예컨대 형법 제269조 제1항은 「부녀가 약물 기타 방법으로 낙태한 때에는 1년 이하의 징역 또는 200만 원 이하의 벌금에 처한다」라고 하여 낙태죄를 규정하고 있으나, 오늘날 인구증가를 억제하는 것이 국가정책이며, 따라서 가족계획을 강력히 실시하고 있으므로 낙태행위는 거의 처벌을 하지 않는 실정이어서 본조는 사문화(死文化)되고 있다. 따라서 이러한 법규범은 현실에서 실현되지 못하고 있다. 그러나 이처럼 사실상 실현되지 않는 법규범이라고 해서 당장 법규범으로서의 존재의미를 상실하는 것은 아니다.

이와 같이 그 법규범이 실현되든 되지 아니하든 간에 「법은 준수되어야 한다」는 당위성(Sollen)은 내재하고 있는 것이다. 이것이 「법의 실정성(實定性)」이며, 곧 법의 근거가 되어서 법은 실행되어야 한다는 강제성을 갖게 된다.

그런데 법의 효력·실정성의 문제는 두 가지 측면으로 나누어진다. 하나는 법은 현실사회에서 그것이 실현되어야 하는 타당성과 실효성이 합치될 때 본래의 효력을 가지는데, 이것을 법의 실질적 효력이라고 한다. 다른 하나는 실정법은 시간적·공간적·인적으로 한정된 범위 안에서 효력을 가지는데, 이것을 법의 형식적 효력이라고 한다.

제2절 법의 실질적 효력

법이 그 효력을 가지려면 규범적 타당성과 사실적 타당성을 아울러 가져야 한다. 타당성이 없는 법은 실효성이 있다고 할지라도 악법에 불과할 것이고, 실효성이 없는 법은 아무리 타당성이 있다고 할지라도 현실을 규제하는 실정법으로서의 임무를 다하지 못할 것이다.

그러므로 법의 효력은 양자를 의미한다. 즉 법이론상 타당한 법률이 현실적으로 그 효력을 발휘하고 있는 상태를 말하며 또한 이것을 학리상 법의 이중구조성이라고 한다.

Ⅰ. 법의 타당성

법규범은 행위규범의 측면에서 볼 때 현실적으로 그 규범의 내용대로 지켜지느냐가 아니라, 그와 같이 지켜지기를 요구하는 「당위」의 관계에서 이해할 수 있다. 행위규범으로서의 법은 사람에게 명령이나 금지의 형식을 통하여 행위의 준칙을 제공한다. 그러나 현실적으로 그러한 명령이나 금지는 항상 준수되는 것이 아니라 침해되기도 하고 무시되기도 하므로 행위규범으로서의 법이 요구하는 바는 「현실상 그 규정대로 실현되기를 요구하는 것」이다.

이와 같이 법 자체가 실현되어야 한다는 당위성의 요구를 법의 타당성이라고 하며, 이는 법이 구속력을 가질 수 있는 법의 가치를 의미한다.

Ⅱ. 법의 실효성

법의 실효성이라 함은 일정한 명령·금지 등을 요구하는 행위규범에 위반하는 일이 현실적으로 발생할 때, 그 위반자에 대하여 강제집행을 한다거나 형벌을 가하여 강제규범을 발동하는 것을 말한다. 즉 강제규범으로서의 법규범이 조직적인 국가권력에 의하여 실현되는 것을 말한다. 예컨대 형법 제297조는 「폭행 또는 협박으로 부녀를 강간한 자는 3년 이상의 유기징역에 처한다」라고 하여 강간행위를 금지하고 있는(행위규범) 동시에, 이에 위반하면 3년 이상의 유기징역에 처할 것(강제규범)을 규정하고 있다. 이와 같이 일정한 행위에 의하여 침해된 행위규범으로서의 법이 강제규범으로서의 법에 의하여 회복됨으로써 그것은 법으로서의 실효성을 갖게 된다.

그런데 현대사회에서 법의 실효성을 보장하는 것은 어디까지나 국가권력이기 때문에, 개인의 실력이나 폭력에 의한 자력구제(self-help)는 원칙적으로 인정되지 않는다.

Ⅲ. 타당성과 실효성의 관계

법이 효력을 갖기 위해서는 규범적 타당성과 사실적 실효성을 동시에 가져야 한다. 법이 이와 같은 이중적 구조성 가운데 그 어느 한 쪽이라도 결여되는 경우에는 실정법으로서의 존재가치를 잃게 된다.

법은 타당성이 있으나 실효성이 없으면 사문화될 것이며, 이와 반대로 실효성은 있으나 타당성이 없으면 그것은 악법에 불과할 것이다. 따라서 법은 실효성보다도 타당성을 중시하여 악법을 거부하는 동시에 저항권을 강조하여야 한다.

제3절 법의 형식적 효력

법의 효력(validity of law, Geltung des Rechts)이라 함은 법이 적용되는 범위 즉 규범력을 말한다. 법은 그 효력이 있으므로 법으로서의 구실을 하는 것이다. 법이 그 효력이 없다면 그러한 법은 존재이유를 잃게 된다.

그런데 법의 효력은 무한한 것이 아니라 일정한 범위 안에서만 미치는 것이다. 고대 함무라비 법전(code of Hammurabi)이 오늘날에 와서는 효력이 없는 것은 시간적 제한이 있기 때문이고, 미국에서 제정된 법이 우리나라에 적용되지 않는 것은 장소적 제한이 있기 때문이며, 우리나라 법이 외국인에게 적용되지 않는 것은 인적 제한이 있기 때문이다.

법은 이와 같이 일정한 사회에 적용되는 것이다. 따라서 법은 시간적·장소적·인적 및 사항적 제한을 받으며 그 한계 밖에서는 효력을 가지지 못한다. 여기서는 법의 효력을 시간적 효력, 인적 효력, 장소적 효력으로 나누어 설명하기로 한다.

Ⅰ. 법의 시간적 효력

1. 법의 시행 및 폐지

법이 제정되었을지라도 법이 시행되기 전이나 법이 폐지되면 법의 효력은 생기지 않는다. 즉 법은 시행과 더불어 그 효력을 발생하고 폐지함으로써 그 효력이 상실되는데, 이 기간을 법의 유효기간 또는 시행기간이라고 한다.

(1) 법의 시행

성문법의 효력은 시행일로부터 폐지일까지 계속된다. 성문법은 공포됨으로써 그 효력이 당연히 발생하는 것이 아니고 시행일이 도래함으로써 그 효력을 발생한다.

그런데 법을 시행하려면 공포를 하여야 하는데, 법의 공포라 함은 법의 성립과 내용을 국민에게 알리는 것을 말한다. 공포일로부터 시행일까지는 상당한 기간이 경과해야만 하는데, 이 기간을 법의 주지기간(周知期間)이라고 한다.

법의 시행일은 공포된 개개의 법령에 개별적으로 규정하기도 하고, 만일에 그러한 규정이 없으면 공포한 날로부터 20일이 경과함으로써 시행되는 것을 원칙으로 하고 있다(헌법 제53조 제7항, 법령 등 공포에 관한 법률 제13조). 공포는 관보에 게재하는 방법에 의한다. 시행일을 개개의 법령에 개별적으로 규정하는 경우에는 대체로 부칙(附則)에 명시한다.

(2) 법의 폐지

법의 폐지라 함은 법이 그 구속력을 잃는 것을 말한다. 법의 폐지에는 명시적 폐지와 묵시적 폐지가 있다.

① 명시적 폐지

명시적 폐지라 함은 명문의 규정에 의하여 법이 폐지되는 것을 말한다. 명시적 폐지에는 두 가지 경우가 있다.

첫째, 그 시행기간이 정하여진 경우에 그 기간의 종료로 그 법은 당연히 폐지된다. 이러한 법을 한시법(限時法, Zeitgesetz)이라 한다.

둘째, 신법(新法)에서 명문규정으로 구법(舊法)의 전부 또는 일부를 폐지한다고 규정한 경우에 구법은 당연히 폐지된다. 공직선거 및 선거부정방지법 부칙 제2조의 「대통령선거법 · 국회의원선거법 · 지방의회의원선거법 및 지방자치단체의 장선거법은 이를 폐지한다」는 규정이 대표적인 예이다.

② 묵시적 폐지

묵시적 폐지라 함은 명문의 규정에 의한 법의 폐지가 아닌 것을 말한다. 묵시적 폐지에는 두 가지 경우가 있다.

첫째, 신법과 구법이 저촉되는 경우이다. 즉 동일사항에 관하여 신법과 구법이 저촉·모순되는 때에는 그 저촉(抵觸)의 한도에서 구법은 묵시적으로 당연히 폐지된 것으로 된다. 그 이유는 국가의사는 통일적인 것이어야 하기 때문이다. 여기서는 「신법은 구법을 개폐한다」(Lex posterior derogat egipriori)라는 원칙이 지배한다. 그러나 일반법의 변경에 의하여 기존의 특별법은 영향을 받지 아니하므로 일반법인 신법은 특별법인 구법을 개폐(改廢)하지 못한다. 이 원칙을 「일반신법은 특별구법을 개폐하지 못한다」는 원칙이라고 한다.

둘째, 법의 목적 사항의 소멸로 인하여 법이 폐지되는 경우이다. 이 경우에는 법이 규율할 사항이 완전히 소멸되어 버렸으므로 자연히 법이 폐지되는 경우이다.

2. 법률불소급의 원칙

(1) 의 의

법률불소급(法律不遡及)의 원칙이라 함은 법은 그 시행기간 중에 발생한 사항에 대해서만 적용되고 그 시행 이전에 발생한 사항에 대하여는 적용되지 않는다는 원칙을 말한다. 만일에 소급효를 인정하게 된다면 구법시대에는 적법하였던 행위가 전혀 예상하지 않았던 신법에 의하여 부적법한 행위로 되는 경우가 있게 되어 법생활의 안정을 기대할 수 없다. 그러므로 이 원칙은 법률생활의 안정성과 기득권존중의 요구로 인정되는 법적용상의 원칙(법해석적용상의 제한)이고, 「소급효 있는 법은 제정조차 금한다」고 하는 「입법상의 원칙」은 아니다.

법률불소급의 원칙과 밀접한 관계가 있는 것은 특히 형법에 관해서이다. 법률불소급의 원칙은 형법에 있어서만은 입법상의 원칙으로 확립되었다. 만일에 행위시에 존재하지 않았던 형벌법규가 사후에 제정되어 소급하여 적용되는 경우에는 국민의 기본권이 침해되므로 죄형법정주의(罪刑法定主義, principle of legality, Grundsatz nulla poena sine lege)의 요청상 행위자에게 불이익을 주는 형벌법규의 소급은 금지되어야 한다. 따라서 일찍부터 「법률 없으면 범죄 없고, 법률 없으면 형벌 없다」(Nulla poena sine lege)라는 법언(法諺)이 지배하여 왔다. 현행 헌법 제13조 제1항은 「모든 국민은 행위시의 법률에 의하여 범죄를 구성하지 아니하는 행위로 소추(訴追)되지 아니하며……」라고 하여 법률불소급의 원칙을 규정하고 있다. 또 형법 제1조 제1항은 법률불소급의 원칙을 구체화하여 「범죄의 성립과 처벌은 행위시의 법률에 의한다」라고 규정하고 있다.

(2) 예 외

그러나 법률불소급의 원칙은 때로는 입법상의 필요에 의하여 소급효를 인정하는 경우도 있다. 법률불소급의 원칙은 행위자에게 불이익을 주는 소급을 금지하는 것을 내용으로 하는 것이므로, 만일에 소급효를 인정하는 것이 행위자에게 오히려 이익을 주는 경우에는 소급효를 인정하는 것이 타당하다고 본다. 따라서 형법 제1조 제2항은 「범죄 후 법률의 변경에 의하여 그 행위가 범죄를 구성하지 아니하거나 형이 구법보다 경한 때에는 신법에 의한다」라고 하여 신법의 소급효를 인정하고 있다.

그런데 입법자가 소급효를 인정하는 이유를 들면 다음과 같다.

첫째, 법이 그 적용을 받는 자에 대하여 크게 불이익을 주지 않는 범위 안에서 법의 획일화를 기하기 위하여 일률적으로 신법을 적용하려고 하는 경우이다.

둘째, 법이 도덕적 이상 또는 국민경제의 요구 등의 고려에서 그 종래의 불건전하고 부적합한 법적 상태를 일소(一掃)하여 합리화시키려는 경우이다.

셋째, 더욱 유리한 신법에 균점(均霑)시키려는 경우이다.

3. 한시법

제3공화국헌법은 부칙 제1조 제2항에서 「국가재건비상조치법은 이 헌법의 시행과 동시에 그 효력을 상실한다」라고 하여 국가재건비상조치법의 효력상실시기를 명문으로 규정하고 있다. 이와 같이 특정의 법률이 그 효력발생시기와 효력상실시기를 스스로 정하여 제정된 법률을 한시법이라고 한다.

한시법은 실정법 중 매우 드문 예이지만, 때때로 특수한 경우, 특수한 내용을 위해서 한시법으로 법을 제정하는 경우가 있다. 따라서 한시법은 법으로서의 효력발생과 효력상실에 대하여 시간적으로 일정한 제한을 받고 있다.

4. 경과법

법령의 제정·개폐가 있었을 때에 구법시행시의 사항에 대하여는 구법을 적용하고, 신법시행 후의 사항에 대하여는 신법을 적용하는 것이 원칙이다. 그러나 어떤 사항이 구법시대에 발생하여 신법시대까지 계속하여 진행하고 있는 경우에 그 사항에 그 구법을 적용할 것인가, 아니면 신법을 적용할 것인가가 문제된다.

이 문제를 해결하기 위하여 만든 법을 경과법(經過法, transitive law, transitorisches Recht) 또는 시제법(時際法)이라고 한다. 이것은 대체로 본법의 부칙에서 규정하는 것이 보통이다. 민법부칙 제5조에서 「구법에 의하여 처가 부(夫)의 허가를 요할 사항에 관하여 허가 없이 그 행위를 한 경우에도 본법 시행일 후에는 이를 취소하지 못한다」라고 규정하고 있는 것이 그 대표적인 예이다. 그러나 때로는 상법시행법과 같이 별도로 규정하고 있는 경우도 있다.

Ⅱ. 법의 인적 효력

1. 원 칙

법의 사람에 관한 효력이라 함은 법이 어떤 사람에게 적용되느냐 하는 것을 말한다. 이에 관해서는 종래부터 근본적으로 속인주의와 속지주의가 대립하고 있다. 옛부터 「로마인은 로마법의 지배를 받고, 게르만인은 게르만법의 지배를 받는다」는 말과 같이 어느 국가의 법은 그 국가의 국민에게 적용된다. 속인주의(屬人主義)라 함은 그 나라의 국적을 가진 자는 국내에 있는 자는 물론이고 국외에 있는 자도 본국법의 지배를 받는다는 주의를 말하며, 이는 대인고권(對人高權)의 결과에서 오는 효력이다.

그러나 국가의 대인고권은 타국의 영토고권(領土高權)과 서로 충돌하기 때문에 타국에 있는 자국민은 타국의 영토고권의 행사로 그 재류국의 법이 적용되고 본국법은 적용되기 어렵다. 이것은 자국에 있어서도 동일하다. 자국에 있는 타국민은 속인주의에서 벗어나게 되기 때문에 자국의 영토고권을 적용하여 자국에 있는 타 국민에게도 자국법을 적용한다. 이를 속지주의(屬地主義)라고 한다.

그러면 속인주의와 속지주의가 서로 충돌하게 될 경우에 어느 법을 먼저 적용하여야 할 것인가가 문제된다. 이 문제는 속인주의가 사람에 대한 국가권익을 중시하는 데 대하여, 속지주의는 장소에 대한 국가권익을 중시하는 데서 오는 충돌로 인하여 제기된다. 이에 대하여 국제사회에서는 원칙적으로 속지주의가 적용되고 이로써 충분하지 못할 경우에 속인주의를 병용한다.

2. 예 외

속인주의와 속지주의의 원칙에 대하여는 다음과 같은 예외가 있다.

(1) 대통령과 국회의원의 특권

법의 사람에 관한 효력에서 또 하나의 중요한 예외로서 생각하여야 할 것이 있다. 국가정책상 특수한 신분을 가진 자에게 국법의 적용을 배제하는 경우가 있는데, 대통령과 국회의원의 특권이 바로 그것이다.

헌법 제84조는 「대통령은 내란 또는 외환(外患)의 죄를 범한 경우를 제외하고는 재직 중 형사상의 소추를 받지 아니한다」라고 하여 대통령의 형사상의 특권을 규정하고 있고, 헌법 제44조는 「① 국회의원은 현행범인(現行犯人)인 경우를 제외하고는 회기 중 국회의 동의 없이 체포 또는 구금되지 아니한다. ② 국회의원이 회기 전에 체포 또는 구금된 때에는 현행범인이 아닌 한 국회의 요구가 있으면 회기 중 석방된다」라고 하여 국회의원의 불체포특권을 규정하고 있으며, 헌법 제45조는 「국회의원은 국회에서 직무상 행한 발언과 표결에 관하여 국회 외에서 책임을 지지 아니한다」라고 하여 국회의원의 면책특권을 규정하고 있다. 이것은 대통령이나 국회의원이 임기 중 안심하고 직무를 수행할 수 있도록 하기 위한 것이다.

(2) 특별법에 의한 인적 효력의 제한

법은 모든 국민에게만 평등하게 제한 없이 적용하여야 하지만 일정한 범위의 사람에게만 적용되는 경우가 있다. 국가공무원법은 국가공무원에게만, 군형법은 군인 및 군무원에게만, 노동법은 노동자에게만 적용되는 것이 그 대표적인 예이다.

(3) 치외법권을 갖는 자

치외법권(extraterritoriality)이라 함은 외국인이 재류국의 국내법에 따르지 아니하고 본국법에 따르는 국제법상의 특권을 말한다. 외국의 원수와 그 가족 및 수행원, 외교사절과 그 가족 및 수행원, 국제기구의 직원, 군함의 승무원, 책임있는 지휘관을 가진 군대 등은 치외법권을 가진 자로서 이들은 재류국의 법의 적용을 받지 않고 그 본국법의 적용을 받는다.

치외법권은 재류국의 재판권 · 경찰권 · 과세권 등으로부터의 면제를 내용으로 하는데, 이러한 특별한 신분을 갖는 자들은 국가예의상 또는 직무수행의 편의상 재류국의 법에 따르지 아니하고 본국법에 따른다는 것이 국제법상 인정되어 있다.

Ⅲ. 법의 장소적 효력

1. 원 칙

법의 장소에 관한 효력이라 함은 법이 어떠한 지역적 범위에서 적용되느냐 하는 것을 말한다. 그런데 법이 사람의 행위를 규율하는 이상, 법의 장소적 적용범위는 결국 법의 사람에 대한 적용범위의 문제와 일치하는 경우가 많은 것이다. 한 국가의 법은 그 국가의 영역에 걸쳐서 내국인 · 외국인을 막론하고 적용된다.

따라서 법은 자국의 영역 안에서만 적용되고, 그 영역 밖에서는 적용되지 않는다는 것이 원칙이다.

2. 예 외

법의 장소적 효력의 원칙에 대한 예외를 들면 다음과 같다. 첫째, 타국의 영역 안에 있는 자국의 원수 · 외교사절 등은 자국법이 적용된다. 둘째, 영토 안의 일부지역에서만 시행되는 법(예컨대 조례나 규칙)은 그 지방자치단체의 지역에 한하여 적용된다.

제9장 | 법의 적용과 해석

제1절
서 설

법은 실천적 사회규범으로서 법의 생명은 그의 실천에 있다. 법은 오직 그것이 「존재한다」고 하는 데 그쳐서는 아니 되며, 그것이 실제로 사회에 있어서 행하여지는 것, 즉 현실적이고도 효과적으로 사회를 규율하여 구성원인 사람들로 하여금 법규범을 지키도록 하며, 그에 위반하지 않도록 지배·구속하는 힘을 발휘하는 것이 아니면 그 존재가치는 상실되고 만다.

이와 같이 법은 그 자체만으로는 아무런 의미가 없는 것으로 법은 그 내용에 있어서 사회생활의 구체적 사실을 규율하여야 하는 실천적 성격을 가지고 있는 것이다. 그러나 법이 규정하는 내용은 일반적이고 추상적이기 때문에 법을 실제의 사회생활에서 발생한 구체적 사실에 적용하기 위해서는 법의 의미·내용을 그 사실에 결부시킬 수 있도록 구체화하여야 한다.

요컨대 법은 「적용」되어야 하며 법을 적용하기 위한 전제로서 반드시 법은 해석되어야 하는 것이다.

제2절

법의 적용

Ⅰ. 법적용의 의의

법의 적용이라 함은 법의 내용을 사회생활의 구체적 사실에 실현시키는 것을 말한다. 법의 정립은 그 성질상 일반적·추상적인 규범내용으로서 나타나기 때문에, 어떠한 구체적인 사건에 대하여 법률효과가 발생하려면 법의 적용이라는 과정을 통하지 않으면 아니 된다.

법의 적용의 가장 전형적인 형태는 재판이지만, 행정에 있어서도 법을 기준으로 하여 판단이 이루어질 때에는 법의 적용이 있는 것이다. 행정면에 있어서의 법의 적용을 보통 법의 집행이라고 한다. 오늘날의 법치주의하에 있어서는 모든 사회현상이 법적용의 대상이 된다고 할 수 있다.

Ⅱ. 법적용의 순서

법의 적용에 관한 재판과정에 있어서는 세 단계로 이루어진다. 먼저 법이 적용될 구체적 사실을 확정한다(사실의 확정). 다음으로 확정된 사실에 적용될 법조문을 찾고 해석한다(법의 발견과 해석). 그리고 그 구체적 사실에 대하여 법을 적용한다(법의 적용). 예컨대 「A가 B를 살해하였다」는 사실이 있는 경우에, 먼저 정말 A가 B를 살해한 사실이 있는지의 여부를 정확하게 확정하고, 다음으로 과연 살해한 사실이 드러나면 「사람을 살해한 자는 사형·무기 또는 5년 이상의 징역에 처한다」라는 형법 제250조 제1항을 발견하고 해석하며, 마지막으로 A에 대하여 징역 10년을 적용한다.

이와 같이 법의 적용 특히 그 전형적 형태인 재판은 적용될 추상적 법규를 대전제로 하고 구체적 사건을 소전제로 하여 결론을 이끌어 내는 3단논법(Syllogism)적인 논리적 형식으로 행하여진다.

제3절
사실의 확정

Ⅰ. 사실확정의 의의

법규를 적용하려면 먼저 소전제가 되는 사실을 확정하여야 한다. 다시 말하면 「살인」 행위를 했다는 사실(위에서 A의 살인행위)을 확정하지 못하면 어떠한 법규를 적용할 것인지 결정하지 못할 것이다.

사실의 확정이라는 것은 사회적 사실을 있는 그대로 자연적으로 인식하는 것이 아니라 법적으로 인식하는 것이다. 사실의 확정은 법의 적용에 있어서 그 전제가 되는 것으로서 이것을 사실문제라고 하고, 법의 해석에 관한 문제를 법률문제라고 한다. 사실의 확정은 원칙적으로 증거에 의하여 하여야 하는 것이나 실제에 있어서는 입증이 불가능하거나 곤란한 경우가 있기 때문에 법은 일정한 사실을 「추정」하거나 「의제」하는 경우가 있다.

Ⅱ. 사실확정의 방법

1. 입 증

법의 적용과정에 있어서 그 기초가 되는 것은 법의 적용을 받게 될 사실의 존부(存否)와 그 존재의 태양(態樣)의 확정인데, 이러한 사실의 확정에 있어서 근거가 되는 것을 증거라고 한다. 증거를 일정한 법칙에 따라 주장하는 것을 입증이라고 하며, 입증책임은 원칙적으로 그 사실의 존부를 주장하는 당사자가 진다.

사실을 확정하기 위한 입증방법에는 증명과 소명(疎明)의 두 가지가 있다. 증명은 당사자가 법원으로 하여금 그 사실관계에 대하여 확신을 갖도록 하는 입증을 말하고, 소명이라 함은 확신을 갖게 하지는 못할지라도 다만 그러할 것이라는 개연적 심증을 갖게 하는 정도의 입증을 말한다.

2. 추 정

추정(推定, Vermutung)이라 함은 주위의 사정이나 사물의 성질에 비추어 일단 사실의 존재 또는 부존재를 추론하는 것을 말한다. 즉 추정은 일정한 사실이 명백하지 않은 경우에 입증의 번거로움을 덜기 위하여 그 사실의 존재 또는 부존재를 일단 가정하고 그에 따르는 법적 효과를 인정하는 것이다. 법문에 「추정한다」라고 규정하는 경우가 그것이다.

추정은 주로 편의상의 고려에서 잠정적으로 사실의 존부를 인정하는 데 불과한 것이므로, 추정된 사실과 다른 사실을 주장하는 자는 반증(反證)을 들어 추정의 효과를 전복시킬 수 있다. 예컨대 민법 제844조 제1항은 「처가 혼인 중에 포태(胞胎)한 자는 부의 자로 추정한다」라고 규정하고 있다. 그러나 만일에 사실은 그 자가 처의 불륜행위로 인한 타인의 자라는 것이 입증된다면 추정의 효과는 생기지 않는다. 이것은 입증의 번거로움을 덜기 위하여 우선 사실대로 확정하여 보자는 것이다.

3. 의 제

의제(擬制, Fiktion) 또는 간주(看做)라 함은 공익 기타의 이유로 사실의 존재 또는 부존재를 법정책적으로 확정하는 것을 말한다. 법문에 「간주한다」 또는 「본다」라고 규정하는 경우가 그것이다.

의제 또는 간주는 추정과는 달리 법정책적으로 사실의 존부를 확정시키는 것이므로 실제에 있어서 진실에 반하는 결정이라 할지라도 반증을 들어서 그 결정을 전복시킬 수 없다. 예컨대 민법 제28조는 「실종선고를 받은 자는 전조의 기간(부재자의 생사는 5년간, 전지(戰地)에 임한 자 등은 1년간)이 만료한 때에 사망한 것으로 본다」라고 규정하고 있다. 따라서 비록 실종선고를 받은 자가 생존하고 있다고 할지라도 생존이라는 반증을 들어 실종선고의 효과를 전복시키지 못하며, 이 효과를 전복시키려면 실종선고를 취소하여야 한다.

사실의 확정에 있어서 추정과 의제를 비교해 볼 때 추정보다 의제의 효력이 더 강하다고 할 수 있다.

제4절 법의 해석

Ⅰ. 법해석의 의의

법의 해석이라 함은 법을 구체적인 사실에 적용하기 위해서 법규의 의미를 체계적으로 이해하고, 법의 목적에 따라서 그 의미·내용을 명확히 하는 이론적·기술적 조작을 말한다.

법은 구체적인 사회생활에 널리 적용되기 위한 것이므로 법규정은 일반적이고 추상적인 성격을 띠고 있는 것이다. 뿐만 아니라 법규정상의 용어는 사회의 일상생활에서 사용되는 것과 다른 의미를 가질 수 있으며, 다른 학문분야에서 사용되는 것과도 다른 의미를 가질 수 있다. 예컨대 민법에서 사용되는 행위능력과 일상생활에서 사용되는 행위능력은 전혀 다르고, 민법에서 성년이라는 것과 생물학에서 성년이라는 것은 전혀 다르다. 또한 법에서 선의·악의라는 것과 일상생활에서 선의·악의라는 것은 상당히 다르다.

이와 같이 일반적이고 추상적인 법규의 내용을 구체적 사실에 적용할 수 있도록 명백히 하고 구체화하며 또한 법적인 의미를 정확하게 밝혀내는 작업을 법의 해석이라고 할 수 있다.

법이란 자연질서에 근거하여 그 사회의 공동선을 목적으로 그 사회의 도덕·

관습·필요성 등 합리적 가치요소들을 반영하는 강제규범이기 때문에 입법자가 처음부터 이 모든 것을 완전히 파악하지 못할 수도 있고, 또한 법적 공동체가 계속 발전하여감에 따라 입법자가 법을 제정할 당시의 상황과는 달라질 수도 있으므로 법을 적용하는 단계에서 구체적 상황에 맞도록 법규정의 의미를 명확히 하는 것은 매우 중요하고 필요한 일이다.

Ⅱ. 법해석의 필요성

관습법이나 판례법에 관해서도 법의 해석이 문제될 수 있으나, 법의 해석이 특히 문제되는 것은 성문법에 관해서이다. 성문법은 추상적인 법규로 되어 있고, 그 법규는 추상적인 언어·문장으로 표현되어 있으므로 성문법은 그 성질상 불완전성을 면할 수 없다. 따라서 추상적인 성문법을 구체적 사실에 적용하기 위해서는 반드시 해석이라는 과정을 거쳐야 한다.

또한 성문법 중에는 그 법규에 탄력성·포괄성을 부여하기 위하여 매우 추상적이고 막연하게 규정하고 있으므로 그 내용을 알기 위해서는 해석을 통하지 않으면 안 되는 것이 있다. 불가항력·선량한 풍속·정당한 사유 등이 그 대표적인 예이다.

Ⅲ. 법해석의 방법

법의 해석은 그 구속력의 여부에 따라 유권해석과 학리해석으로 나누어지고, 학리해석은 그 방법에 따라 다시 문리해석과 논리해석으로 나누어진다.

1. 유권해석

유권해석(有權解釋, authentic interpretation)이라 함은 권한을 가진 국가기관에 의하여 행하여지는 해석을 말한다. 유권해석은 공적인 구속력을 가지므로 공권해석이라고도 한다. 유권해석은 그것을 행하는 기관에 따라 다시 입법해석 · 사법해석 · 행정해석으로 나누어진다.

(1) 입법해석

입법해석(legislative interpretation)이라 함은 입법기관인 국회가 법문의 규정으로써 법의 의미를 명백히 확정하는 것을 말한다. 즉 입법의 수단에 의하여 법규의 의미 · 내용을 명백히 확정하는 것을 말한다.

이것은 실질적으로는 법의 해석이 아니라 법규인 것이며, 새로운 법의 정립이다. 그것은 독립된 법규를 이루고 있으므로 법규해석 또는 법정해석이라고도 한다. 예컨대 민법 제98조의 「본법에서 물건이라 함은 유체물 및 전기 기타 관리할 수 있는 자연력을 말한다」라는 규정은 물건의 정의에 관한 입법해석이다.

(2) 사법해석

사법해석(judicial interpretation)이라 함은 사법기관인 법원이 법을 구체적인 사실에 적용(재판)함에 있어서 행하는 해석을 말한다. 보통 판결의 형식으로 나타나므로 재판해석이라고도 한다. 사법해석은 소송당사자를 구속함은 물론, 그것이 반복되어 판례로서 굳어지면 매우 강력한 구속력을 가지게 된다.

사법해석에 대해서는 재판의 심급제도에서 오는 제약이 있다. 즉 상급법원의 해석이 당해 사건에 관하여 하급법원의 해석보다 우월한 효력을 가지는 것이다(법원조직법 제8조).

(3) 행정해석

행정해석(administrative interpretation)이라 함은 행정관청이 법을 집행함에 있어서 행하는 해석을 말한다. 행정관청이 스스로의 판단에 의하여 법을 해석 · 집행하는 경우도 있고, 상급관청이 법의 해석에 관하여 훈령(訓令) · 지시 · 회답 등의 형식으로 지시를 주는 경우도 있다. 어느 것이나 행정해석으로서 일단 구속력이 인정된다.

그러나 행정해석이 잘못되었을 경우에는 행정심판을 통하여 상급관청의 해석에 의하여, 또는 행정소송을 통하여 법원의 해석에 의하여 취소 또는 변경되는 경우가 있다. 최종적으로는 사법해석이 행정해석보다 우월한 것이다.

2. 학리해석

학리해석(學理解釋, doctrinal interpretation) 또는 무권해석(無權解釋)이라 함은 개인의 학리적 사고에 의하여 법규의 의미·내용을 명백히 확정하는 것, 특히 법학자가 학설로서 전개한 법해석을 말한다. 유권해석이 국가권력을 배경으로 하여 권위를 가지고 직접 유효하게 적용·실시되는 해석인 데 대하여, 학리해석은 비록 학리적으로는 공정 타당한 해석이라 할지라도, 그것이 곧 권위 있는 것이라고 인정될 수 없는 해석이다. 그러나 학리해석은 학문적 입장에서 객관적으로 행하여지는 해석이다. 그러므로 학리해석은 한편으로는 유권해석에 대한 유력한 참고의견이 되고, 다른 한편으로는 기존의 유권해석의 과오를 지적하여 이를 철회(撤回) 또는 변경시키는 원동력이 되기도 한다.

종래의 법학은 학리해석에 주력을 기울여 왔으며, 학리해석은 법학의 발전에 커다란 공헌을 하였다. 보통 법의 해석이라고 할 때에는 학리해석을 말한다. 학리해석은 문리해석과 논리해석으로 나누어진다.

(1) 문리해석

문리해석(文理解釋, grammatical interpretation) 또는 문언해석(文言解釋)이라 함은 법규의 문자 및 문장의 의미를 하나하나 밝힌 후에 다시 조문 전체의 문장의 구성을 검토하여 그 의미·내용을 명백히 확정하는 해석을 말한다. 성문법은 법규의 의미를 문자로 표시한 법이기 때문에 법규의 의미는 무엇보다도 먼저 그 문언에 따라 있는 그대로 해석되지 않으면 안 된다. 문리해석은 법해석의 첫 단계이다.

그러나 법에는 법 특유의 개념·용어·표현방법과 논리구성 그리고 법 상호간의 체계적 관련 등이 있기 때문에, 문리해석 하나만으로는 사회의 현실에 맞는 구체적 타당성을 가진 올바른 해석을 기대할 수 없다. 논리해석이 필요하게 되는 것도 바로 그 때문이다.

(2) 논리해석

논리해석(logical interpretation)이라 함은 법규의 문자나 문장의 문법적 의미에 구애받지 아니하고 또 입법자의 심리적 의사에 관계없이 법문의 논리적 추리에 따라 법규의 의미・내용을 명백히 확정하는 해석을 말한다.

이것은 법규의 심리적・주관적 의의를 초월한 객관성의 보장에 이바지하지만, 지나친 형식논리에 빠지면 개념법학의 폐단, 즉 법이 실제 사회에 적합하지 않게 되는 모순(矛盾)이 발생하게 된다. 논리해석에는 다음과 같은 방법이 있다.

① 확장해석

확장해석(intentive interpretation)이라 함은 법규의 문장의 의미가 너무 협소하기 때문에 문리해석에 의하는 경우보다 그 의미를 확장하여 해석하는 것을 말한다. 예컨대 「차마통행금지(車馬通行禁止)」라고 하는 푯말이 있는 경우에 「마」를 「우마(牛馬)」로 확장하여 소의 통행도 금지되는 것이라고 해석하는 것이다.

② 축소해석

축소해석이라 함은 확장해석과는 반대로, 법규의 문장의 의미가 너무 넓기 때문에 법규의 참된 의미를 밝히는 것이 불충분한 경우에 문리해석에 의하는 경우보다 그 의미를 축소 또는 한정하여 해석하는 것을 말한다. 예컨대 「제차통행금지(諸車通行禁止)」라는 푯말이 있는 경우에 금지의 목적에 비추어 유모차나 자전거는 통행해도 무방하다고 해석하는 것이다. 이 경우는 「제 차」를 유모차・자전거 등이 포함되지 않는 것으로 축소 해석한 것이다.

③ 반대해석

반대해석이라 함은 어떤 사항에 관하여 금지 또는 허용규정이 있는 경우에 그것 이외의 사항에 대해서는 반대의 원칙이 적용된다고 해석하는 것을 말한다. 예컨대 「미성년자금연」이라는 규정이 있는 경우에 성년자의 흡연은 허용된다고 해석하거나, 「야간통행금지」라는 규정이 있는 경우에 주간의 통행은 허용된다고 해석하는 것이다.

④ 물론해석

물론해석(勿論解釋)이라 함은 법문이 규정하는 사항의 입법정신에 비추어 당연한 것이라고 해석하는 것을 말한다. 예컨대 「우마차통행금지」라는 푯말이 있는 경우에 그것이 사람의 통행에 위해를 방지하기 위한 것이라는 입법정신에 비추어 자동차의 통행도 물론 금지된다고 해석하는 것이다.

⑤ 보정해석

보정해석(補正解釋) 또는 변경해석이라 함은 법문의 자구가 잘못되었다거나 표현이 부정확하다고 인정되는 경우에, 법문의 자구를 보정 또는 변경하는 해석을 말한다. 예컨대 고물영업법 제24조 제1항의 「허가의 취소」는 소급적으로 그 효력을 상실하게 하는 본래의 의미의 취소가 아니라 다만 장래에 향해서만 그 효력을 상실하게 하는 철회라고 해석하는 것이다.

그러나 보정해석은 법적 안정성을 해치지 않는 범위 안에서 허용된다고 할 것이다. 여기에 보정해석의 한계가 있다.

⑥ 연혁해석

연혁해석은 법이 성립한 연혁 특히 법의 제안이유서나 의사록, 정부위원의 설명 등을 자료로 하여, 법규의 의미·내용을 보충하여 그의 참 의미를 발견하려고 하는 해석을 말한다.

⑦ 목적해석

목적해석 또는 목적론적 해석이라 함은 법의 목적에 따라 행하는 해석을 말한다. 개개의 법의 목적뿐만 아니라 법일반에 공통된 목적을 고려하여야 한다. 또한 법의 제정 당시의 목적뿐만 아니라 법의 적용시에 요청되는 법의 목적도 고려하여야 한다.

⑧ 유추해석

유추해석(類推解釋)이라 함은 서로 비슷한 A, B라는 두 사실이 있는데, A라는 사실에 관해서만 규정이 있는 경우에, B에 관해서도 A와 마찬가지의 결과를 인정하는 해석을 말한다. 예컨대 「권리능력 없는 사단(社團)」의 법률관계에 관하여는 민법에 규정이 없으므로 법인의 규정을 유추 적용하여야 한다고 해석하는 것이다.

㉠ 확장해석과의 차이

확장해석은 법규의 자구를 그 목적에 적합하게 하기 위하여 법규의 범위 안에서 그 자구의 의미를 확장하는 것이다. 이에 대하여 유추는 법규가 없는 경우에 어떤 법규의 의미를 그 법규 외의 사항에 적용하는 것이다.

㉡ 반대해석과의 차이

반대해석은 법문의 언어적 표현과는 반대의 의미로 해석하므로 그 법문에 근거를 두고서 해석하는 것이다. 이에 대하여 유추는 문제가 되는 사실에 관하여 법규가 존재하지 않을 경우에 다른 법규를 가져다가 적용하는 해석이다.

㉢ 준용과의 차이

준용(準用)이라 함은 비슷한 사항에 관하여 법규를 제정할 때에 법률을 간결하게 할 목적으로 다른 유사한 법규를 유추 적용할 것을 규정하는 것을 말한다. 준용은 입법기술상의 방법인데 대하여, 유추는 법해석상의 방법이다.

㉣ 형법에서의 유추해석의 금지

형법에서는 유추해석이 금지되고 있다. 유추해석을 허용한다면 형법에 명시되어 있지 아니한 행위가 처벌되어 개인의 지위가 위태롭게 되기 때문이다.

Ⅳ. 법해석의 한계

법을 해석한다는 것은 일반적 · 추상적인 법규의 의미 · 내용을 그 법공동체(法共同體)의 사실개념과 가치개념을 기준으로 구체적 타당성 있게 명백히 확정하는 것이기 때문에, 법을 해석하는 데에는 일정한 한계가 있다.

예컨대 「야간에 타인의 주거에 침입하여 타인의 재물을 절취한 자는 10년 이하의 징역에 처한다」라는 규정이 있는 경우에, 「야간」을 어떻게 해석할 것인가와 관련하여 저녁 19시 또는 20시 이후라든가, 해가 진 뒤라든가 아니면 관공서의 퇴근시간 이후라고 그 사회의 사정에 따라 해석하는 것은 가능하지만 정오라든가 오전 10시라고 해석하는 것은 불가능하다. 즉 이러한 개념은 그 법공동체의 사실개념을 기준으로 하여 그 용어가 가지는 일반적 의미의 한계 내에서 타당성 있게 결정되는 것이다.

제10장 | 법의 제재

제1절
서 설

제재(制裁)라 함은 국가권력을 배경으로 하여 법규위반자에 대하여 과하는 불이익처분을 말한다. 제재는 법규의 실효성을 확보하는 수단이므로 법이 곧 제재는 아니다. 제재는 필요악으로서 그것이 과하여지지 않더라도 법이 잘 준수되는 사회상태가 바람직하다. 그리고 제재는 이것을 받는 자에게는 고통을 가져오며, 그것은 생명의 박탈, 자유의 구속, 재산적 손실, 법인격의 박탈, 강제노역 등으로 나타난다.

제2절
법의 제재의 종류

법의 제재는 국내법상의 제재와 국제법상의 제재로 나누어지고, 국내법상의 제재는 다시 헌법상의 제재, 행정법상의 제재, 형법상의 제재, 사법상의 제재로 나누어진다.

Ⅰ. 국내법상의 제재

1. 헌법상의 제재

헌법상의 제재라 함은 헌법에 규정된 제재를 말한다. 이에는 정당해산제도, 탄핵제도 등이 있다.

(1) 정당해산제도

헌법 제8조 제4항은「정당의 목적이나 활동이 민주적 기본질서에 위배될 때에는 정부는 헌법재판소에 그 해산을 제소할 수 있고, 정당은 헌법재판소의 심판에 의하여 해산된다」라고 하여 정당해산제도를 규정하고 있다.

(2) 탄핵제도

① 의 의

탄핵제도(彈劾制度)라 함은 일반적인 사법절차나 징계절차에 따라 소추하거나 징계하기가 곤란한 행정부의 고위직공무원이나 신분이 보장된 공무원인 법관·선거관리위원회위원 등이 직무상 중대한 비위(非違)를 범한 경우에, 이를 국회가 소추(訴追)하여 처벌하거나 파면하는 제도를 말한다.

② 탄핵소추

㉠ 탄핵소추기관

현행헌법은「국회는 탄핵의 소추를 의결할 수 있다」(제65조 제1항)라고 하여, 국회를 탄핵소추기관으로 하고 있다.

㉡ 탄핵소추대상자

현행헌법은 탄핵소추대상자로서 ⓐ 행정부의 주요구성원인 대통령·국무총리·국무위원·행정각부의 장, ⓑ 헌법재판소재판관·법관, ⓒ 중앙선거관리위원회위원·감사원장·감사위원, ⓓ 기타 법률이 정한 공무원을 들고 있다(제65조 제1항).

㉢ 탄핵소추사유

현행헌법은 「직무집행에 있어서 헌법이나 법률을 위배한 때」(제65조 제1항)라고 하여, 탄핵소추의 사유를 포괄적으로 규정하고 있다.

㉣ 탄핵소추의 발의와 의결

국무총리 · 국무위원 · 행정각부의 장 · 헌법재판소재판관 · 법관 · 중앙선거관리위원회위원 · 감사원장 · 감사위원 · 기타 법률이 정한 공무원에 대한 탄핵소추는 국회재적의원 3분의 1 이상의 발의가 있어야 하며, 그 의결은 국회재적의원 과반수의 찬성이 있어야 한다. 다만 대통령에 대한 탄핵소추는 국회재적의원 과반수의 발의와 국회재적의원 3분의 2 이상의 찬성이 있어야 한다(헌법 제65조 제2항).

㉤ 탄핵소추의 효과

탄핵소추의 의결을 받은 자는 탄핵심판이 있을 때까지 그 권한행사가 정지된다(헌법 제65조 제3항).

③ 탄핵심판

㉠ 탄핵심판기관

현행헌법은 순수한 사법기관인 법원이나 순수한 정치기관인 국회가 아닌, 「정치적 사법기관」인 헌법재판소로 하여금 탄핵심판을 담당하게 하고 있다(헌법 제111조 제1항).

㉡ 탄핵의 결정

헌법재판소에서 탄핵의 결정을 할 때에는 9인의 재판관 중 6인 이상의 찬성이 있어야 한다(헌법 제113조 제1항).

㉢ 탄핵결정의 효과

탄핵결정은 공직으로부터 파면함에 그친다. 그러나 이에 의하여 민사상이나 형사상의 책임이 면제되지는 아니한다(헌법 제65조 제4항). 헌법재판소법은 「탄핵결정에 의하여 파면된 자는 결정 선고가 있은 날로부터 5년을 경과하지 아니하면 공무원이 될 수 없다」(동법 제54조 제2항)라고 하여 일정기간의 공직취임을 금지하고 있다.

2. 행정법상의 제재

행정법상의 제재라 함은 행정법규에 위반한 자에 대하여 과하는 제재를 말한다. 이에는 공무원에 대한 제재와 일반국민에 대한 제재가 있다.

(1) 공무원에 대한 제재

공무원에 대한 제재에는 공무원의 직무행위에 대한 제재와 공무원에 대한 신분상의 제재가 있다. 공무원의 직무행위에 대한 제재라 함은 공무원의 직무상의 명령·처분이 위법·부당한 경우에 이를 취소·변경하는 것을 말한다. 공무원에 대한 신분상의 제재에는 파면·해임·정직·감봉·견책(譴責) 등이 있다.

(2) 일반국민에 대한 제재

일반국민에 대한 제재에는 행정벌과 행정강제가 있다.

① 행정벌

㉠ 행정벌의 의의

행정벌이라 함은 행정법상의 의무불이행에 대하여 일반통치권에 의거하여 과하는 제재를 말한다.

㉡ 행정벌의 종류

행정벌에는 행정형벌과 행정질서벌이 있다. 행정형벌은 행정법상의 의무위반에 대하여 과하는 제재로서 형법상의 형을 과하는 행정벌이다. 이에 대하여 행정질서벌은 행정법상의 질서유지를 위하여 과하는 제재로서 그 수단은 과태료(過怠料)이다.

② 행정강제

㉠ 행정강제의 의의

행정강제라 함은 행정청이 행정목적의 실현을 확보하기 위하여 사람의 신체 또는 재산에 실력을 가하여 의무를 이행시키거나 의무가 이행된 것과 동일한 상태를 실현하는 사실적 작용을 말한다.

㉡ 행정강제의 종류

행정강제에는 행정상 강제집행과 행정상 즉시강제가 있다.

ⓐ 행정상 강제집행

행정상 강제집행에는 대집행 · 집행벌 · 직접강제 · 행정상 강제징수가 있다.

(i) 대집행

대집행(代執行)이라 함은 대체적(代替的) 작위의무를 불이행한 경우에 당해 행정청이 의무자가 행할 행위를 스스로 행하거나 제3자로 하여금 이를 행하게 하고 그 비용을 의무자로부터 징수하는 것을 말한다.

(ii) 집행벌

집행벌이라 함은 부작위의무 또는 비대체적 작위의무를 불이행한 경우에 그 의무이행을 간접적으로 강제하기 위하여 과하는 과태료를 말한다.

(iii) 직접강제

직접강제라 함은 행정법상의 의무불이행이 있는 경우에 직접적으로 의무자의 신체 또는 재산에 실력을 가하여 의무가 이행된 것과 동일한 상태를 실현하는 작용을 말한다.

(iv) 행정상 강제징수

행정상 강제징수라 함은 행정법상의 금전납부의무를 불이행한 경우에 행정청이 의무자의 재산에 실력을 가하여 의무가 이행된 것과 동일한 상태를 실현하는 작용을 말한다.

ⓑ 행정상 즉시강제

행정상 즉시강제라 함은 목전(目前)에 급박한 행정상의 장해를 제거할 필요가 있는 경우에 미리 의무를 명할 시간적 여유가 없을 때 또는 그 성질상 의무를 명하여서는 목적달성이 곤란한 때에 즉시 사람의 신체 또는 재산에 실력을 가하여 행정상 필요한 상태를 실현하는 작용을 말한다.

3. 형법상의 제재

형법상의 제재라 함은 형법 기타 형벌법규에 위반한 자에 대하여 과하는 제재로서의 형벌을 말한다. 이에는 사형 · 자유형 · 명예형 · 재산형이 있다.

(1) 사 형

① 사형의 의의

사형(死刑)이라 함은 수형자의 생명을 박탈하는 것을 내용으로 하는 형벌을 말한다. 생명형이라고도 한다. 현행 형법상 여적죄(與敵罪, 제93조)는 절대적 법정형으로서 사형만을 과할 수 있는 죄이고, 기타는 상대적 법정형으로서 법관의 재량에 의하여 사형과 자유형을 선택적으로 과할 수 있게 하였다.

② 사형존폐의 문제

사형존폐의 여부에 관해서는 견해가 대립하고 있다.

㉠ 사형폐지론의 논거

첫째, 사형은 야만적이고 잔혹하므로 인도주의적 견지에서 허용되지 아니한다.

둘째, 사형은 일반사회인이 기대하는 것과 같은 위하적(威嚇的) 효과가 없다.

셋째, 사형은 형벌의 개선적 기능 및 교육적 기능을 전혀 가지지 못한다.

넷째, 오판에 의하여 사형이 집행된 경우에는 회복이 불가능하다.

다섯째, 사형은 인간의 존엄과 가치의 전제가 되는 생명권을 침해하는 것이므로 헌법에 반하는 형벌로 허용되지 아니한다.

여섯째, 사형은 권력자·독재자 등에 의하여 남용되고 악용되어 온 형벌이므로 허용되어서는 아니 된다.

일곱째, 사형은 강자보다는 약자에게 선고되므로 불공평한 제도이기 때문에 허용되어서는 아니 된다.

㉡ 사형존치론의 논거

첫째, 사형은 사람의 생명을 박탈하는 형벌이므로 사형의 위하적(威嚇的) 효과를 부정할 수 없다. 생명은 인간이 본능적으로 애착을 가지는 것이므로 사형의 예고는 범죄에 대한 강력한 억압력을 기대할 수 있다.

둘째, 사형의 폐지는 하나의 이상론이지만 특정한 사회의 문화가 이를 요구할 때에는 별도리가 없다.

셋째, 형벌의 본질이 응보(應報)에 있는 이상 극악한 범죄인에게는 사형의 길밖에 없다.

③ 세계 각국의 사형제도 현황

세계 최초로 사형제도를 폐지한 국가는 포르투갈(형법에 규정)이다. 국제엠네스티

(국제사면위원회, the Amnesty International) 보고서에 의하면 2017년 10월 10일 현재 사형제도를 폐지한 국가는 104개국이고, 한국을 비롯한 실질적 사형폐지국가(한국은 지난 20년간 사형집행이 이루어지지 않아 실질적 사형폐지국가로 분류)는 37개국이며, 사형제도를 존치시킨 국가는 중국을 비롯하여 57개국이다.

④ 사형의 집행방법

㉠ 사형의 집행방법

사형은 오랜 역사를 가지고 있는 형벌이며, 형벌의 역사는 사형의 역사라고 할 수 있다. 근대 이전에는 사형에 처할 범죄는 살인죄에 한하지 않고, 비교적 경미한 범죄에 있어서도 모두 사형이 인정되었다. 사형의 역사에 비추어 볼 때 살인자에 의하여 살해된 사람보다 법관에 의하여 살해된 사람의 수가 많다고까지 할 수 있다(Kaufmann 주장). 뿐만 아니라 사형의 집행방법도 대단히 다양하고 잔인하였던 것이다. 교수형(絞首刑), 총살형, 참수형(斬首刑), 화형(火刑), 익살형(溺殺刑), 생매장 등이 대표적인 예이다. 현재 미국에서는 교수형, 총살형, 전기살, 가스살, 주사살 등이 인정되고 있다.

㉡ 현행법상 사형의 집행방법

현행법상 사형은 교정시설의 사형장에서 교수(絞首)에 의하여 집행한다. 공휴일과 토요일에는 사형을 집행하지 아니한다(형의 집행 및 수용자의 처우에 관한 법률 제91조). 군형법(제3조)에서는 총살형이 인정된다.

(2) 자유형

① 자유형의 의의

자유형(自由刑)이라 함은 수형자를 교도소 등의 시설에 구금하여 그 자유를 박탈하는 것을 내용으로 하는 형벌을 말한다. 자유형은 17 · 18세기 이래 형벌체계의 중심을 이루고 있다. 그러나 자유형은 단순히 범죄인을 사회로부터 격리함으로써 사회방위를 목적으로 하는 데 그치지 않고, 원칙적으로 정역(定役)에 복무하게 하여 범죄인의 사회적응성을 회복시키고 악성을 교화 · 개선하여 사회복귀를 목적으로 하는 합목적적 교육형제도로 변천하였다.

② 자유형의 종류

자유형에는 징역 · 금고 · 구류가 있다.

㉠ 징 역

징역(懲役)은 교도소에 구치하여 정역(定役)에 복무하게 하는 형벌이다. 징역에는 무기징역과 유기징역이 있는데 무기징역은 종신형이고, 유기징역은 1월 이상 30년 이하이다(형법 제42조). 다만 유기징역을 가중할 때에는 50년까지 연장할 수 있고, 감경할 때에는 그 형기의 2분의 1로 할 수 있다(형법 제42조 단서, 제55조 제1항).

㉡ 금 고

금고(禁錮)도 교도소에 구치하는 형벌로서 정역에 복무하지 않는 점을 제외하고는 징역과 같다. 그러나 금고도 수형자의 신청에 의하여 작업을 과할 수 있다(행형법 제38조).

㉢ 구 류

구류(拘留)는 1일 이상 30일 미만의 기간 교도소에 구치하는 형벌이다(형법 제46조, 제68조). 구류는 자유형이라는 점에서 징역·금고와 같고, 그 기간이 단기라는 점에서 징역·금고와 구별된다. 또한 정역에 복무하지 않는다는 점에서 금고와 같고 징역과 구별된다. 그러나 수형자의 신청에 의하여 작업을 과할 수 있다는 점에서 금고와 같고 징역과 구별된다.

(3) 명예형

① 명예형의 의의

명예형(名譽刑)이라 함은 범죄자의 일정한 자격을 박탈하거나 일정기간 정지시키는 것을 내용으로 하는 형벌을 말한다.

② 명예형의 종류

명예형에는 자격상실과 자격정지가 있다.

㉠ 자격상실

자격상실은 사형, 무기징역 또는 무기금고의 판결을 받은 자에 대하여 그 형의 효력으로서 일정한 자격을 당연히 상실하게 하는 것이다. 여기서 일정한 자격이라 함은 공무원이 되는 자격, 공법상의 선거권과 피선거권, 법률로 요건을 정한 공법상의 업무에 관한 자격, 법인의 이사, 감사, 지배인 기타 법인의 업무에 관한 검사역이나 재산관리인이 되는 자격을 말한다(형법 제43조 제1항).

㉡ 자격정지

자격정지는 유기징역 또는 유기금고의 판결을 받은 자에 대하여 그 형의 집행이 종료하거나 면제될 때까지 공무원이 되는 자격, 공법상의 선거권과 피선거권, 법률로 요건을 정한 공법상의 업무에 관한 자격을 당연히 정지하거나, 따로 판결로서 전기(前記) 자격상실에 관한 일정한 자격의 전부 또는 일부를 일정기간(1년 이상 15년 이하) 정지시키는 것이다(형법 제41조, 제43조 제2항, 제44조 제1항).

(4) 재산형

① 재산형의 의의

재산형(財産刑)이라 함은 재산적 이익을 박탈하는 것을 내용으로 하는 형벌을 말한다.

② 재산형의 종류

재산형에는 벌금, 과료, 몰수가 있다.

㉠ 벌 금

벌금(罰金)은 재산형의 일종으로서 그 금액은 5만 원 이상이다. 다만 감경하는 경우에는 5만 원 미만으로 할 수 있다(형법 제45조). 벌금은 판결확정일로부터 30일 이내에 납입하여야 한다. 단 벌금을 선고할 때에는 동시에 그 금액을 완납할 때까지 노역장에 유치할 것을 명할 수 있다(형법 제69조 제1항). 또한 벌금을 납입하지 아니한 자는 1일 이상 3년 이하의 기간 노역장에 유치하여 작업에 복무하게 한다(형법 제69조 제2항).

㉡ 과 료

과료(科料)는 재산형의 일종으로서 그 금액은 2천 원 이상 5만 원 미만이다(형법 제47조). 과료를 납입하지 아니한 자는 1일 이상 30일 미만의 기간 노역장에 유치하여 작업에 복무하게 한다(형법 제69조 제2항). 과료는 그 금액이 적고 비교적 경미한 범죄에 대하여 과하여지는 점을 제외하고는 벌금과 같다.

㉢ 몰 수

몰수(沒收)는 재산형의 일종으로서 범죄행위에 대한 제공물(예컨대 살인에 사용한 권총), 범죄행위로 인한 취득물과 그 대가물을 강제적으로 국가의 소유로 이전하는 형벌이다.

4. 사법상의 제재

사법상의 제재라 함은 민법·상법 등의 사법법규에 위반한 자에 대하여 과하는 제재를 말한다. 이에는 손해배상·강제집행·실권 등이 있다.

(1) 손해배상

손해배상(損害賠償)이라 함은 채무불이행(민법 제390조 이하) 또는 불법행위(민법 제750조 이하) 등으로 타인에게 손해를 가한 자는 그 손해를 배상하여야 하는 것을 말한다. 손해배상의 방법은 금전배상을 원칙으로 하고 있으며(민법 제394조, 제763조), 명예훼손의 경우에는 손해배상과 함께 사죄의 광고 등 적당한 처분을 명할 수 있다(민법 제763조).

(2) 강제집행

강제집행(强制執行)이라 함은 민사상의 채무자가 채무를 이행하지 아니한 경우에 국가가 권리자의 청구에 의하여 공권력으로서 강제적으로 이행하도록 하는 제재를 말한다(민법 제389조, 민사소송법 제469조 이하).

(3) 실 권

실권(失權)이라 함은 일정한 권리를 갖는 자가 법에 위반한 경우에 법률상의 자격 또는 권리를 상실하게 하는 제재를 말한다. 친권의 상실(민법 제924조), 소멸시효에 의한 권리의 상실(민법 제162조) 등이 대표적인 예이다.

Ⅱ. 국제법상의 제재

국제법상의 제재라 함은 국제법을 위반한 국가에 대하여 과하는 제재를 말한다. 이에는 전쟁·무력제재·경제봉쇄 등이 있다. 국제법은 국제사회에 있어서 여러 가지 분쟁을 규율함으로써 국제질서를 유지하고 있으나, 국제사회는 국가권력과 같은 조직적인 중앙권력이 확립되어 있지 아니하므로 강제규범으로서의 성격이 불완전하다.

그러나 오늘날 대부분의 국가가 국제법을 준수하고 있으며, 국제연합이라는 국제조직이 여러 분야에서 활동하고 있으므로 세계의 평화와 안전이 어느 정도 유지되고 있다고 할 수 있다.

제11장 | 법률관계

제1절 서 설

인류의 사회생활은 법규범에 의하여 규율되는 생활관계와 도덕 · 관습 · 종교 등의 규범에 의하여 규율되는 생활관계로 나누어진다. 전자 즉 법에 의하여 규율되는 인간의 생활관계를 법률관계라고 하고, 후자 즉 법적으로 아무런 관계가 없는 인간의 생활관계를 사실관계라고 한다. 예컨대 물건의 매매에 있어서 목적물의 인도(引渡)와 대금지급관계는 법률관계이고, 친구와 공원에서 만나기로 한 약속과 같은 것은 사실관계이다.

위의 법률관계의 내용을 분석하여 보면 매도인 A는 매수인 B에게 대금을 청구할 권리(right, Recht) 즉 대금청구권아 있는 데 대하여, 매도인 A는 매수인 B에게 목적물을 인도할 의무(duty, Pflicht) 즉 목적물인도채무를 부담하게 되는 것이다. 요컨대 법률관계는 권리와 의무의 관계로 되어 있다.

그러나 인류의 생활관계가 법률관계로서 법생활권(法生活圈)에 포함되는 경계는 상대적인 것이며, 각 시대의 사회상태, 문화발달의 정도에 따라서 다르다. 즉 봉건시대에는 법률관계가 의무본위로 구성되었다. 이에 대하여 근대에는 법률관계가 권리본위로 구성되었다. 현대에 와서는 법률관계가 권리본위로부터 권리 · 의무융합본위로 수정을 받고 있다. 그러나 법률관계라고 하면 권리본위로 인식되었기 때문에 「권리능력」, 「권리주체」 등과 같이 표현하고 있으나 그 내용은 「권리의무능력」, 「권리의무주체」라고 이해하여야 한다.

제2절
권리와 의무

Ⅰ. 권리의 본질

현대인은 자칫하면 자기의 권리에 대하여는 110% 요구하고, 의무는 10%도 이행하지 않는 이기적인 면을 보일 정도로 권리란 말이 유행되고 있다. 그런데 권리 그 자체가 무엇인가에 관해서는 학설이 대립하고 있다. 의사설 · 이익설 · 절충설 · 법력설 등이 그것이다.

1. 의사설

의사설(Willenstheorie)은 권리는 법에 의하여 부여된 의사의 힘 또는 의사의 지배라고 하여 권리의 본질을 의사에서 찾으려는 견해이다. 이 설은 칸트와 헤겔에서 기원하여(의사의 자유) 사비니, 빈트샤이트(Bernhard Windscheid) 등의 역사법학파에 의하여 주장되었다.

이 설에 의하면 의사능력이 있는 자만이 권리를 향유할 수 있다고 하고, 의사능력이 없는 자는 권리를 향유할 수 없다고 한다. 그러나 현행법은 의사무능력자도 권리를 향유할 수 있기 때문에 이 설은 타당성이 없다.

2. 이익설

이익설(Interessentheorie)은 권리를 법에 의하여 보호되는 이익이라고 한다. 이 설은 예링이 이익법학과 목적법학의 이론에 입각하여 주장한 것이다.

이 설에 의하면 친권(親權)과 같이 권리자에게 아무런 이익을 주지 않는 권리는 권리가 아닌 것으로 되는 데 대하여, 반사적 이익은 사람에게 이익을 주는 이상 권리에 속한다고 한다. 따라서 이 설은 타당성이 없다.

3. 절충설

절충설(gemischte Theorie)은 권리를 「이익의 보호를 위하여 법이 인정하는 의사력」이라고 한다. 이 설은 옐리네크가 주장한 것으로 의사설과 이익설의 결점을 그대로 가지고 있기 때문에 타당성이 없다.

4. 법력설

법력설(rechtliche Machttheorie)에 의하면 권리는 법이 일정한 이익을 향수하게 하기 위하여 사람에게 부여한 법률상의 힘이라고 한다. 이 설은 메르켈(Adolf, Josef Merkel), 레겔스베르거(Ferdinand Regelsberger), 에넥케루스(Ludwig Enneccerus) 등에 의하여 주장되었다(통설). 이 설은 의사설과 이익설을 종합 발전시킨 것으로 타당성의 근거로서 다음과 같은 것을 든다.

첫째, 의사능력이 없는 자나 권리의 존재를 알지 못하는 자도 권리의 주체가 될 수 있다고 하는 점에서 의사설의 결점을 보완하고 있고, 둘째, 이익을 바로 권리로 보지 않고 이익을 향수하는 수단을 권리라고 봄으로써 이익설의 결점을 보완하고 있다. 그러나 이 설은 법 이전의 권리로서 인정되고 있는 자연권(自然權)의 권리성에 관하여는 아무런 해결을 하지 못하므로 타당성이 없다.

5. 권리부인설

권리부인설은 법은 의무를 본위로 하는 것이지 권리를 본위로 하는 것이 아니라고 하여 권리의 개념을 법학상 배제하였다. 이 설은 프랑스의 꽁뜨(Auguste Comte), 듀기(L. Duguit) 등에 의하여 주장되었다.

이 설은 권리만능을 지양하고 권리에는 의무가 수반되는 것으로 권리론이 수정되어 가는 추세에 있다고 할지라도 타당성이 없다.

Ⅱ. 권리의 개념

통설인 법력설(法力說)에 의하면 권리는 특정의 생활이익을 향수하게 하기 위하여 특정인에게 법에 의하여 부여된 법률상의 힘이라고 한다. 이러한 법력설의 입장에서 권리의 개념을 나누어 설명하면 다음과 같다.

1. 권리는 특정한 생활이익을 향수하게 하기 위한 것이다

모든 법적 인격자는 특정한 생활이익을 향수하기 위하여 활동하고 있다. 여기서 이익이라 함은 재산적 이익은 물론 사회생활을 하는 데 있어서 가지는 이익(예컨대 생명 · 신체 · 자유 · 명예 등)을 말한다. 법에 의하여 보호되는 생활이익을 법익(法益, Rechtsinteresse)이라고 한다. 그리고 권리의 내용인 생활이익도 특정되어야 한다.

2. 권리는 특정의 법적 인격자에게 부여한다

여기서 특정의 법적 인격자라 함은 「인(人)」을 말한다. 이에는 자연인과 법인이 포함된다. 특정의 권리를 가질 수 있는 자를 권리의 주체라고 한다. 주체 없는 권리란 존재할 수 없다.

3. 권리는 법에 의하여 부여된 것이다

권리는 법에 의하여 부여된 것이다. 그러므로 권리가 먼저 존재하고 그 권리를 보호하기 위하여 법이 존재하는 것이 아니라, 법이 먼저 존재하고 그 법에 의하여 권리가 부여되는 것이다. 따라서 법이 없는 권리는 존재할 수 없다. 이와 같이 권리는 법과 분리할 수 없는 관계를 가진다. 다만 여기서 말하는 권리는 법 이전의 권리인 자연법상의 권리와는 구별되어야 한다.

4. 권리는 법률상의 힘이다

권리는 이익을 전제로 한다. 특정한 이익에 관하여 권리를 가지는 자는 특정인 또는 불특정인에 대하여 작위 또는 부작위(不作爲)를 청구하는 힘을 법에 의하여 부여받고 있다. 여기서 힘이라 함은 법률상의 힘이라는 점에서 완력, 폭행과 같은 사실상의 힘과 구별되며, 그것은 법적 절차에 의하여 소기의 목적을 달성할 수 있는 법적 능력 내지 자격을 말한다.

Ⅲ. 권리와 구별하여야 할 개념

1. 권 한

권한(權限, competence, Kompetenz)이라 함은 공법상 또는 사법상에 있어서 국가・공공단체 또는 법인의 기관・대리인 등이 법률상 유효하게 그의 행위를 할 수 있는 범위를 말한다. 예컨대, 대통령의 권한・행정관청의 권한・이사의 권한・대리인의 권한 등이 이에 해당한다.

2. 권 원

권원(權原, title, Rechtstitel)이라 함은 어떠한 법률적 또는 사실적 행위를 하는 것을 정당화하는 법률상의 원인 내지 근거를 말한다. 예컨대 타인의 토지에 물건을 부속시키는 권원은 지상권・임차권 등이다(민법 제256조). 다만 점유(占有)에 있어서는 점유를 정당하게 하느냐의 여부를 묻지 않고 점유를 하기에 이른 모든 원인이 포함된다.

3. 권 능

권능(權能, Befugnis)이라 함은 권리 속에 포함된 개개의 작용을 말한다. 즉 한 개의 권리가 있으면, 그로부터 여러 가지 권능이 나오는 것이다. 예컨대 소유권이라는 권리로부터 사용의 권능·수익의 권능·처분의 권능 등이 나오는 것이다.

4. 반사적 이익

반사적 이익(反射的 利益, objektives Reflexrecht)이라 함은 법의 규정 결과 각 사람이 저절로 받게 되는 이익을 말한다. 반사적 이익은 적극적으로 어떠한 힘이 부여되어 있는 것이 아니기 때문에 타인에 의하여 그 향유를 방해받을지라도 권리를 주장하여 보호를 청구하지 못한다. 예컨대 국민기초생활보장법의 규정결과 생활보호대상자들이 받는 이익이 이에 해당한다.

Ⅳ. 권리의 분류

권리는 법에 의하여 부여된 법률상의 힘이므로 법에 근거하여서만 존재할 수 있기 때문에 법을 떠나서는 생각할 수 없다. 그런데 법을 공법·사법·사회법으로 분류하는 데 대응하여 권리는 공권·사권·사회권으로 분류된다.

1. 공 권

공권이라 함은 공법상 부여된 권리를 말한다. 공권은 국내법상의 공권과 국제법상의 공권으로 나누어진다.

(1) 국내법상의 공권

국내법상의 공권은 국가적 공권과 국민적 공권으로 나누어진다.

① 국가적 공권

국가적 공권이라 함은 국가 기타 공공단체가 공법인으로서 그 자체의 존립을 위하여 가지는 권리와 국민에 대하여 가지는 권리를 말한다.

국가적 공권은 그 작용에 따라 입법권(legislative power), 행정권(administrative power), 사법권(judicial power)으로 나누어지고, 그 목적에 따라 조직권·

재정권 · 형벌권 · 군정권 · 경찰권 등으로 나누어지며, 그 내용에 따라 강제권 · 명령권 · 형성권 등으로 나누어진다.

② 국민적 공권

국민적 공권이라 함은 국민이 국가 기타 공공단체에 대하여 가지는 권리를 말한다. 국민적 공권은 자유권 · 참정권 · 청구권 등으로 나누어진다.

(2) 국제법상의 공권

국제법상의 공권이라 함은 국가가 국제법상의 주체로서 가지는 권리를 말한다. 국제법상의 공권에는 평등권 · 자위권(自衛權) · 독립권 등이 있다.

2. 사 권

사권(私權)이라 함은 사법상 부여된 권리를 말한다. 사권도 그 기준에 따라 여러 가지로 분류된다.

(1) 내용에 의한 분류

① 인격권

인격권이라 함은 권리자의 인격과 분리할 수 없는 권리를 말한다. 이에는 생명권 · 신체권 · 자유권 · 성명권(姓名權) · 정조권(貞操權) 등이 있다.

② 신분권

신분권이라 함은 신분법상의 특정한 지위에 기하여 부여된 권리를 말한다. 이에는 친족권(예컨대 친권 · 후견권 등)과 상속권이 있다. 신분권은 일신전속적(一身專屬的) 권리이므로 양도 또는 타인의 대리행사가 허용되지 아니한다.

③ 사원권

사원권이라 함은 사단법인을 구성하는 사원이 그 사원의 지위에 기하여 법인에 대하여 가지는 권리를 말한다. 이에는 법인의 운영에 참가하는 것을 내용으로 하는 공익권과 사원이 법인으로부터 경제적 이익을 받는 것을 내용으로 하는 자익권이 있다.

전자에는 결의권 · 소수사원권(少數社員權) 등이 있고, 후자에는 시설이용권 · 이익배당청구권 등이 있다.

④ **재산권**

재산권이라 함은 그 권리의 내용이 경제적 가치가 있고 금전으로 평가할 수 있는 권리를 말한다. 이에는 물권·채권·무체재산권 등이 있다. 물권은 물건을 직접 지배하여 배타적으로 이익을 얻는 권리이며, 이에는 소유권·점유권·지상권·지역권·전세권·유치권·질권·저당권 등이 있다. 채권은 특정인이 다른 특정인에 대하여 특정한 행위를 요구하는 권리이다. 무체재산권은 저작권·특허권·상표권 등과 같이 사람의 정신적 산출물을 독점적으로 지배하는 것을 내용으로 하는 권리이다.

(2) 권리의 작용에 의한 분류

① **지배권**

지배권이라 함은 권리의 객체를 직접·배타적으로 지배하는 권리를 말한다. 이에는 물권·무체재산권·친족권 등이 해당한다.

② **청구권**

청구권이라 함은 특정인이 다른 특정인에 대하여 일정한 행위 즉 작위 또는 부작위를 요구하는 권리를 말한다. 채권이 그 대표적인 예에 해당하나 그 외에 물권·무체재산권·친족권·상속권 등의 일부도 이에 해당한다.

③ **형성권**

형성권(形成權)이라 함은 권리자의 일방적 의사표시에 의하여 일정한 법률관계를 발생·변경·소멸시키는 권리를 말한다. 이에는 동의권·취소권·해제권·추인권(追認權)·포기권 등이 해당한다.

④ **항변권**

항변권(抗辯權)이라 함은 일정한 사유에 기하여 타인의 청구권의 행사를 거절할 수 있는 권리를 말한다. 동시이행의 항변권(민법 제536조)이 이에 해당한다. 항변권은 상대방의 현존하는 청구권의 실행을 저지하는 소극적·수동적인 권리로서의 특색을 가진다.

(3) 권리의 이전성에 의한 분류

① **일신전속권**

일신전속권(一身專屬權)이라 함은 권리의 성질상 양도·상속 등으로 타인에게 이전할 수 없는 권리를 말한다. 인격권 · 신분권 등이 이에 해당한다.

② 비전속권

비전속권이라 함은 권리의 성질상 양도 · 상속 등으로 타인에게 이전할 수 있는 권리를 말한다. 재산권이 이에 해당한다.

(4) 권리의 독립성에 의한 분류

① 주된 권리

주된 권리라 함은 다른 권리에 종속되지 않고 완전히 독립하여 존재하는 권리를 말한다. 원본채권 등이 이에 해당한다.

② 종된 권리

종된 권리라 함은 다른 권리(주된 권리)에 종속하여 존재하는 권리를 말한다. 원본채권에 대한 이자채권 등이 이에 해당한다. 종된 권리는 주된 권리가 소멸하면 그와 동시에 소멸하는 데 대하여, 주된 권리는 종된 권리가 소멸하여도 그 자체 독립한 권리이므로 소멸하지 않는다.

(5) 권리의 효력범위에 의한 분류

① 절대권

절대권 또는 대세권(對世權)은 모든 사람에게 대항할 수 있는 권리로서 모든 사람으로 하여금 침해하지 아니할 의무를 부담시키는 배타성 있는 권리이다. 물권 · 무체재산권 · 인격권 등이 이에 해당한다.

② 상대권

상대권 또는 대인권(對人權)은 특정인에게만 대항할 수 있는 권리로서 배타성 없는 권리이다. 채권이 이에 해당한다.

3. 사회권

사회권이라 함은 사회법상 인정된 권리이다. 사회법이 공 · 사양법의 중간적 · 혼합적 영역에 성립되어 있는 관계로 사회권도 공권 · 사권의 중간적 · 혼합적 성격을 가지고 있다. 사회권은 국민이 인간다운 생활을 확보하기 위하여 필요한 일정한 급부와 배려를 국가에 대하여 요구할 수 있는 권리이다. 자본주의의 진전과 더불어 자본의 집중으로 인한 부의 편재, 소수의 유산자와 무산대중간의 분배를 둘러싼 갈등과 대립, 빈곤의 확대와 실업자의 범람 등이 심각한 사회문제로 제기되었고, 그 결과 발생한 권리가 사회권이다.

우리 헌법상 교육을 받을 권리(제31조), 근로의 권리(제32조), 근로3권(제33조), 인간다운 생활을 할 권리(제34조), 환경권(제35조), 보건권(제36조) 등이 이에 해당한다.

Ⅴ. 의 무

1. 의무의 의의

(1) 의무의 개념

의무(義務)라 함은 일정한 행위를 하여야 할 또는 하여서는 아니 될 법률상의 구속을 말한다. 예컨대 타인에게 돈을 빌린 사람은 돈을 갚아야 할 의무가 있고, 국민은 국가에 대하여 납세의무가 있는 것이다.

그런데 의무는 이에 대응하는 권리가 있다. 앞의 예에서 돈을 빌려 준 사람은 돈을 받을 권리가 있고, 또한 돈을 빌려간 사람은 돈을 갚을 의무가 있는 것과 같이 권리와 의무는 서로 대응한다.

이와 같이 권리와 의무는 서로 대응하는 것이 보통이나, 어떤 것은 권리만 있고 의무가 없는 것이 있는가 하면(예컨대 취소권 · 추인권 등), 또 어떤 것은 의무만 있고 권리가 없는 것도 있다(예컨대 무능력자의 감독자의 의무). 또한 동일사항이 권리인 동시에 의무인 경우도 있다(예컨대 민법 제913조의 친권).

(2) 의무와 책임

의무와 책임은 구별하여야 한다. 의무는 일정한 행위를 하여야 할 또는 하여서는 아니 될 법률상의 구속을 의미하는 데 대하여, 책임은 의무위반에 대하여 가하여지는 넓은 의미의 제재(예컨대 형벌 · 강제집행 · 손해배상 등의 불이익)를 받게 되는 기초를 의미한다. 즉 책임은 의무의 담보(擔保)이다.

따라서 의무에는 책임이 따르는 것이 보통이나 소멸시효완성 후의 채무(자연채무)와 같이 의무에 책임이 따르지 않는 것도 있다.

2. 의무의 종류

의무는 그 주체에 따라 공의무와 사의무로 나누어지고, 그 내용에 따라 작위의무와 부작위의무로 나누어진다.

(1) 공의무와 사의무

① 공의무

공의무는 공법상 받는 법률상의 구속이다. 공의무도 공권과 같이 국제법상의 공의무와 국내법상의 공의무로 나누어진다. 국제법상의 공의무는 국가가 다른 국가에 대하여 지는 의무이고, 국내법상의 공의무는 국민이 국가 기타 공공단체에 대하여 지는 의무(납세의 의무 · 국방의 의무 · 교육의 의무 · 근로의 의무 · 환경보전의 의무 등)와 국가 기타 공공단체가 국민에 대하여 지는 의무(국가의 국민의 기본권보장의무 등)로 나누어진다.

② 사의무

사의무(私義務)는 사법상 받는 법률상의 구속이다. 채무를 비롯하여 재산법상의 여러 가지 의무, 친족법상의 여러 가지 의무 등이 이에 해당한다.

(2) 작위의무와 부작위의무

작위의무 또는 적극적 의무는 일정한 행위를 적극적으로 할 것을 내용으로 하는 의무이다. 금전채무 · 물건의 반환의무 등이 이에 해당한다. 작위의무는 대개 법의 명령규정에 의하여 발생한다.

이에 대하여 부작위의무(不作爲義務) 또는 소극적 의무는 의무자가 일정한 행위를 하지 않을 것을 내용으로 하는 의무이다. 타인의 소유권을 침해하지 않을 의무 등이 이에 해당한다. 부작위의무는 법의 금지규정에 의하여 발생한다. 그리고 부작위의무 가운데 특히 타인의 일정한 행위를 참고 받아야 할 의무를 수인의무(受忍義務) 또는 용인의무(容忍義務)라고 한다. 예컨대 강제집행의 경우에 있어서 집행관의 압류를 받아들이고 이의를 제기하지 않을 의무가 이에 해당한다.

찾아보기

ㄱ

ㄴ

ㄷ

ㄹ

ㅁ

ㅂ

ㅅ

ㅇ

저자 약력

이환경
충북 청주 출생
청주대학교 법과대학 졸업
경희대학교 대학원 법학과 졸업(법학박사)
광운대 · 경기대 · 항공대 · 청주대 · 남서울대 · 대전대 · 상지대 · 우송정보대 강사 역임
경기대학교 사회교육원 교수 역임
경기대학교 법학부 대우교수 역임
현, 경희대학교 외래교수

현대인의 법과 생활

초판 1쇄 발행 / 2022년 2월 18일
초판 2쇄 발행 / 2022년 9월 16일

저자 이환경
발행처 형설출판사
경기도 파주시 회동길 37-23 · 전화 (031) 955-2361~4 · 팩시밀리 (031) 955-2341
발행인 장진혁
등록 라-제9호 · 1962년 5월 1일
홈페이지 http://www.hyungseul.co.kr
e-mail hs@hyungseul.co.kr

정가 39,000원

ISBN 978-89-472-8596-4 93360

현대인의

법과 생활

MEMO

MEMO